中央党史和文献
研究宣传专项引
导资金重点项目

大别山革命历史回忆资料丛编

土地革命战争时期卷　下

主编：田青刚

本卷主编：孙启正　牛长立

中原出版传媒集团
中原传媒股份公司

大象出版社
·郑州·

★ 目 录 ★

回忆红军第二十五军的长征

◎ 徐海东

　　1934年3月，鄂豫皖省委决定红二十五军在安徽的宿松、太湖、潜山、桐城、舒城和湖北的陂、罗、孝创建根据地，成立皖西、鄂东两道委，领导开展根据地工作。红二十五军就在上述两地区继续坚持斗争、打击敌人。

　　同年9月初，在太湖、潜山之间的陶家河，与敌上官云相部的四十七师激战两天一夜，我军伤亡较大。红二十五军转移到六安、霍山之间，接到郑位三同志派陈锦秀同志化装送来的信："宝珊、海东、焕先同志：中央派人送来重要指示，已到我处，请你们接信后，火速率领红二十五军到鄂东来找我们。"我们接信后，立即布置了皖西的工作，又组建了红二十五军留守处，当日率领红二十五军西进。从出发地到鄂东必须通过敌人四道封锁线。第一道封锁线是从商城到麻城，我们进至汤池与敌一〇九师激战，将敌4个连全部歼灭，通过了第一道封锁线。同日又继续通过敌人在商城到经扶（新集）的第二道封锁线，在大柳树与敌一〇七师激战，消灭敌2个团，缴获很多。在此休息了两小时，准备急行军。接着，通过西余集进至光山、汪桥附近，休息半日，准备干粮，以便连夜通过一百三十华里长的敌人的第三、第四道封锁线。下午五时，由该地出发，十时左右通过了敌人在双柳树至经扶的第三道封锁线。在通过第四道封锁线时，天已拂晓，我军与敌人接触，突破敌人的封锁，急行二十五里到了斛山寨（属光山县）。休息不足两小时，敌人集中4个师的兵力（刘镇华六四、六五师，东北军一一七、一二〇师），并有飞机配合，包围我军。我军与敌激战,由上午 11 时战至黄昏,将敌 4 个师全部打垮,缴获很多,俘敌近 4000 余人。为急于西进去鄂东,当场将俘虏全部释放。此战斗我军伤亡较大,七十五师政委姚志修同志及二二四团政委均在此战斗中光荣牺牲,七十四师师长负伤。当晚将伤员全部安置后,立即出发西进,进至罗山、宣化店北殷家湾与郑位三等同志会合,当日看了中央派程子华同志送来的指示。指示的内容大意是:经过敌人第四、第五次"围剿",鄂豫皖根据地受到暂时的失败,人力、物力、粮食已空,红二十五军应离开老根据地,另找地区发展新根据地。老根据地应留独立团、游击队、便衣队坚持斗争。红二十五军在哪地区开辟新根据地,中央不做决定(因中央不了解实际情况),由鄂豫皖负责同志根据以下三个条件自行选择:第一、地形好,第二、敌人力量薄弱,第三、群众条件好。看了指示后,省委立即召开会议讨论中央指示,会议决定留一小部分干部和地方武装坚持鄂豫皖根据地斗争,省委与红二十五军一同长征。我军在何家冲休整两天,即由该地出发,突破敌人在三里城到五里店的封锁线,进至朱塘店,与堵击我军的东北军一二九师激战,将敌全部击溃。在该地,我军做了越过平汉铁路的准备,随后即由东双河附近横越平汉铁路,向湖北随、枣前进。在枣阳七里冲与堵击我军的敌四四师萧之楚激战后,我军转进桐柏、唐河之间的平氏,向泌阳、方城前进。在方城北独树镇与庞炳勋部激战 9 小时之久(上午 11 时打到下午 8 时),我军当晚突破敌人封锁线,进入伏牛山区。敌人亦分两路,沿平行道路追击我军。我军在拐河与敌人激战数小时,冲破敌人阻击,向南召、卢氏之间前进。经栾川、卢氏、黑裕、官铺、兰草,由鸡头关进入陕西,当日打下三要司(黄家村),消灭守军杨虎城 4 个连,活捉营长及 4 个连长。当我军继续前进到余家河时,敌人第六〇、六十一师(蔡廷锴旧部)由河南朱阳关追来,在余家河展开激烈的战斗。从上午 9 时战至黄昏,我军将该敌全部打垮,敌人损失惨重,我军伤亡也很大,徐海东、程子华同志均负伤。这样经过数次战斗后,我军给追击的敌人以沉重的打击,敌人堵击我军的计划完全破产,不得不全部退回河南。我军继续前进,经竹林关到湖北郧西的一、二、三天门,又转入陕西余家河、兰草一带,转向西进,经杨家斜、红岩子、凤凰嘴,打下镇安。在镇安休息数日,发动群众打土豪、分粮食、抗捐、抗税,扩大我军政治影响。由镇安出发到黑山街,经米粮川又转至凤凰嘴。敌四二师刘彦彪旅所辖 3 个团,追击我军。我军在蔡玉窑与敌激战，歼敌一个营，随即向曹家坪前进。敌人仍尾追我军，我军在葛牌镇又消灭刘彦彪旅5个营，残敌即逃。

我军在葛牌镇休整一星期，过旧历年。休整后，我军西进，又经大泾川、青花匾毛坪（敌人一个排投降）前进，打下宁陕，在此发动群众。

这时杨虎城警备二旅旅长张瑞生所辖3个团赶来，追击我军，我军继续西进，打下佛坪（袁家庄）。敌人继续追击，我军进至华阳，准备消灭该敌。在华阳与敌激战，消灭该旅2个团，旅长张瑞生负重伤，第四团团长被俘。华阳群众条件较好，故在此停留9天，发动群众，组织了华阳游击队，派魏文建同志留在华阳，任华阳游击队长（此时是在1935年2月间）。

红二十五军转向东进，经老佛坪翻越天谷山，进入柴家关，在此地发动群众斗争。后我军又继续东进，打下柞水。这时杨虎城的独立二旅旅长张汉明所辖2个团追击我军，在蔡玉窑与我军激战。我军又经曹家坪，向葛牌镇前进，在九间房消灭张汉明旅5个营，活捉旅长张汉明。在葛牌镇停留8天，于1935年3月间，省委在此召开扩大会议，正式改组鄂豫皖省委为鄂豫陕省委（原省委由徐宝珊［书记］、吴焕先、徐海东、郑位三、程子华等组成，改选后由徐宝珊［书记］、吴焕先［副书记］、徐海东、赵凌波、田守尧、李隆贵、张明先组成）。会议并决定红二十五军今后的任务是："创造鄂豫陕革命根据地。"会后我军即根据会议决定继续东进，打下雒南，占领柏峪寺，发动群众组织了雒南游击队。我军转进龙珠塞，在此停留一星期，进行整训及发动群众。后进至典雅子、大小泾川一带，停留半月之久，主要任务是发动群众组织游击队。共组织3个游击队，同时成立了鄂陕工委和游击司令部，领导该区工作，派郭述申同志任工委书记兼游击司令部政委，陈先瑞同志任游击司令（此时在1935年4月底）。

5月初，敌人正式向鄂豫陕游击根据地进行第一次"围剿"。敌人进攻的兵力包括东北军8个师（24个团）、萧之楚1个师（6个团）、杨虎城4个旅（11个团），共计41个团的兵力。我军转进九棵树休息5日，省委开会决定对敌人的战略是"先疲后打"。

敌人由四路分进合击。接近我军时，我军为了疲劳敌人，于当晚急行军，经漫川关附近，再经七里狭进峦庄，又经青油河到商南与东北军一一七、一二〇师激战。当时我军为了提高部队的战斗情绪，改善部队物质生活，决定一部牵制敌人，一部急行军，打下河南荆紫关，打垮守军别廷芳一个营，活捉萧之楚的军需长，缴获大量物资，补充了我军，提高了我军战斗情绪。当晚由此出发经4天急行军，共走了560里，进入陕南的黑山街，将追击我军的敌人，远远摆脱在后面。我军在此等待迎击敌人，提出了"哪个敌人先接近，就消灭哪个敌人"的口号。3天后唐嗣桐部与我军接触，我军即采取诱敌深入的战术，将敌杨虎城部警备一旅由旅长唐嗣桐所辖2个团诱入袁家沟口（因为小河口、袁家沟口是我军群众基础最好的地方，该地区有农民领袖袁英臣所组成的独立营，袁任营长，我们派夏云庭同志任政委），将其全部歼灭，活捉旅长唐嗣桐。经过了这一战役，我军最后粉碎了敌人对鄂豫陕革命根据地第一次"围剿"。我军在长期行军作战当中，缺乏物资。鉴于山外人口密集、物资丰富，省委决定出终南山（秦岭），扩充新兵，解决物资困难并扩大我军政治影响。6月底，我军从杨家斜出发，经石嘴子出山，占领后更子、尹家卫。在后更子、尹家卫（接驾回）、子午镇一带进行扩军，补充物资，威逼西安，扩大我军政治影响。占领尹家卫后，得到敌人的《大公报》，始知我红一、四方面军已在川西北会合、先头部队已越过松潘北上的消息。当时西安的敌人——于学忠部的一个军，经凤翔、宝鸡西调，毛炳文的部队，也经西南公路西调。当时我们估计：我红一、四方面军一定会合北上。因此，红二十五军在子午镇西二十里处，停留一天，省委在此召开紧急会议，讨论了红二十五军的行动。会议决定："为配合主力，牵制敌人，使主力顺利完成北上任务，红二十五军应立即离开陕南西征，陕南留郑位三、陈先瑞等同志坚持鄂豫陕游击根据地。"红二十五军即由该地出发，经鳌屋、虢县、新口子（骆峪口）、佛坪、西江口、留坝西进。在双石铺与胡宗南的别动队4个连遭遇，我军将该敌全部歼灭，活捉胡宗南高级少将参议（姓何，名字忘记），获得很多情报材料。根据俘获的少将参议的口供及其他情报证实：我红一、四方面军确实已在川西北会合，先头部队已越过松潘北上，胡宗南部的主力全部西调，堵击我军主力北上，敌人后防留驻天水。得到这个可靠的消息后，红二十五军决定立即西出甘肃，牵制胡宗南的主力，打破敌人堵击我主力北上的计划。此时正是1935年8月1日，我军在双石铺停留一天，纪念八一建军节并补充干粮，准备继续西进。8月2日即从该地出发，打下两当（于学忠先头部队后退九十里），急向天水挺进，打下天水北关，天水敌人告急，当夜由甘谷急调一个旅增援天水。我军即转向凤凰山、沿河镇，强渡渭水，打下秦安。继向通渭前进，威逼静宁，牵制毛炳文。

我军在兴隆镇休整3天，主要是为了争取少数民族（回族）群众的力量。由于我们执行了少数民族政策及良好的纪律，少数民族群众对我们帮助很大（报告消息、当向导等）。休整以后，继续进军，打下隆德，当日黄昏与毛炳文从兰州调来的增援部队激战，红二十五军即转进六盘山，经瓦亭、三官口，威逼平凉，在白水镇打垮马鸿宾一个旅（消灭该部一个营左右），继向泾川挺进，在泾川消灭马开基全团（团长马开基被当场击毙），红二十五军政委吴焕先同志在此战役中光荣牺牲。红二十五军又向西进，威逼崇信，在西南公路牵制敌人17天之久。敌人毛炳文、马鸿宾一部尾追我军。因当时不知我红一、四方面军行动方向的准确消息，我军决定进陕北与刘志丹等同志会合，即经平凉东四十里铺，强渡泾水，经镇原西峰镇合水进入陕北根据地，在永坪镇与刘志丹等同志会合，改编为红十五军团。当时敌人正对陕北根据地进行第三次"围剿"，红十五军团取得了劳山、榆林桥战役的胜利，直接迎接中央的到来，胜利地与中央会合。

原载河南人民出版社编辑：《燎原》第一辑，河南人民出版社，1980年，第149～154页。

红二十五军的长征

◎ 程子华　刘　震　郭述申　刘华清　韩先楚　陈先瑞

在纪念中国工农红军长征胜利 50 周年的时候，回顾红二十五军的长征，当时过来的老战士都记忆犹新。那艰苦坎坷的征途，那惊心动魄的战斗，牺牲了多少同志，造就了许多英雄，在红军长征的史册上写下了光辉的一页。

一

中国工农红军第二十五军，是在红四方面军主力撤离鄂豫皖根据地后，于 1932 年 11 月重新组建的一支革命武装。

重建后的红二十五军，在极其艰难困苦的岁月，独立坚持了鄂豫皖边区的武装斗争，先后取得了郭家河、长岭岗、斛山寨等战斗的胜利，歼敌正规军数以万计。但是，由于王明"左"倾路线的危害和敌人的残酷"围剿"，根据地的形势仍很严峻。红二十五军是继续坚持老根据地的斗争还是实行战略转移的问题，历史地提到了鄂豫皖省委面前。

关于战略转移问题，党中央曾有过两次指示，省委也有过半年多的酝酿，准备摆脱困境，开辟新的革命根据地。正在这时，党中央和中革军委副主席周恩来派程子华于 1934 年 9 月到达鄂豫皖革命根据地，并带来了党中央和周副主席的指示。

1934年11月11日，中共鄂豫皖省委在光山县花山寨召开常委会，讨论红二十五军实行战略转移的问题。程子华传达了党中央和周恩来的口头指示。周恩来明确指出："红军主力要作战略转移，去建立新根据地。这样，部队就能得到发展，同时也就能把敌军主力引走，减轻鄂豫皖根据地的压力。根据地的敌军减少了，留下的部分武装就能够长期坚持,也就能够保存老根据地。"[①] 省委根据党中央有关文件精神和周恩来副主席的指示，认真分析了鄂豫皖革命根据地两年来斗争形势的演变，一致认为：鄂豫皖边区军民虽然进行了极其艰苦的斗争，但是根据地的人力物力被敌人严重摧残，当前敌人占绝对优势，根据地的严重局面短时期难以根本改变；在老根据地边沿恢复、开辟根据地，经过在朱堂店和陶家河两个地区的尝试，成绩都不很大；红军本身已不易得到补充、发展，难以开创新的局面。因此，会议一致认为红二十五军应该实行战略转移，创建新的革命根据地，谋求新的发展，发挥更大作用。于是决定：（1）省委立即率领红二十五军实行战略转移，为发展红军和创建新根据地而斗争；（2）以平汉铁路以西鄂豫边界的桐柏山区和豫西的伏牛山区为初步目标；（3）为宣传党的抗日主张，扩大我党我军政治影响，行动中部队对外称为"中国工农红军北上抗日第二先遣队"；（4）留一部分武装再组建红二十八军，继续坚持鄂豫皖边区的武装斗争。会议还讨论了部队整编问题。省委决定由党中央派来的程子华担任红二十五军军长，吴焕先任政治委员，徐海东任副军长。

　　红二十五军实行战略转移是及时的、正确的。从此，跳出困境，摆脱强敌，走上了宽阔的发展道路。

<h1 style="text-align:center">二</h1>

　　1934年11月16日，红二十五军近3000名指战员，高举"中国工农红军北上抗日第二先遣队"的旗帜，由罗山县何家冲出发，开始长征。

　　当时，敌东北军9个师和"豫鄂皖三省追剿队"（以下简称"追剿队"）5个支队，

---

① 引自程子华：《为党掌握武装而斗争》，载《红旗》1978年第8期。

总共40多个团，已麇集于鄂东北。我军越过平汉铁路后，蒋介石急令"追剿队"5个支队和东北军一一五师，跟踪追击；令驻河南省南阳、泌阳、方城、叶县一带的四十军和驻湖北老河口（光化）一带的四十四师迎面堵截，企图趁我孤军远征之际，将我军围歼于桐柏山区。

我军进入桐柏山区后，发现这里靠平汉铁路和汉水较近，回旋范围狭小，敌又大兵压境，难以立足发展。于是省委果断决定：迅速掉头北上，跳出敌人的合围，经由驻马店西北山区转向伏牛山挺进。

为了隐蔽北上意图，迷惑和调动敌人，我军先以少数部队佯攻湖北枣阳县城，吸引了各路敌人向枣阳集中。22日，红二十五军主力乘夜冲破敌"追剿队"第五支队的拦阻，绕道泌阳城东，乘虚北上。

泌阳东北，有许多地主豪绅盘踞的围寨，而且大都配有一定数量的武装，我军行进中不时受到骚扰阻拦。为争取时间迅速北上，省委决定开展政治攻势。军政委吴焕先对部队进行紧急动员，严格要求遵守群众纪律，不打土豪，不进围寨，沿途所需粮草，一律购买。所经围寨，事先都给寨主头目写信，宣传我党抗日救国主张，晓以民族大义，促其勿加阻拦。因而顺利通过了围寨地区，赢得了时间。

11月26日，我军准备越过许（昌）南（阳）公路，直抵伏牛山东麓。下午1时许，到达方城县独树镇附近，正要穿过公路时，突然遭到敌人的猛烈阻击。原来，我军掉头北上后，敌人即判断我军有经独树镇、保安寨西进之意图，遂调四十军一一五旅和骑兵团在此堵截。这天，恰遇寒流降临，冷风刺骨，雨雪交加，我先头部队发现敌人较迟，加之寒冷饥饿，战士们一时拉不开枪栓，以至被迫后撤。敌人乘机发起冲击，并从两翼实施包围，情况十分险恶。在此危急时刻，军政委吴焕先赶到军前，指挥部队就地抵抗。他从交通队员身上抽出一把大刀，高声呼喊："同志们，现在是生死存亡的关头，决不能后退！共产党员跟我来！"带领部队冒着敌人的密集火力，奋不顾身地冲上前去，与敌人展开白刃搏斗。就在这时，副军长徐海东带领后卫部队跑步赶到。经过一番恶战，终于打退了敌人的进攻。接着，我军向敌人发起冲击，以图冲过公路，但未能奏效。于是，转入防守，并以反冲击打退敌人多次进攻。天黑后，全军绕道保安寨以北的沈庄附近，连夜穿过许南公路。翌日拂晓，进入伏牛山东麓。随后，又在拐河打退敌人的尾追、夹击，得以胜利前进。

独树镇战斗，是我军长征途中一次极为险恶的战斗。在地形平坦和气候恶劣的条件下，遭到突然袭击，能否击退敌人进攻，突出重围，关系到全军的生死存亡。全体指战员在军领导的带领下，不畏强敌，英勇拼搏，终以顽强的战斗作风和大无畏的革命精神，挫败了敌人的围追堵截，很快进入伏牛山区。

伏牛山区，为豫西"内乡王"别廷芳的势力范围，反动统治严密，加之这一带地域狭窄，人烟稀少，粮食和物资都很缺乏，创建根据地比较困难。我军一进入伏牛山，敌四十军和"围剿队"主力便相继跟来。因此，省委决定继续西进，直奔豫陕边界的商洛山区。

蒋介石为防堵我军入陕，在我军进入伏牛山之前，就将驻开封的第六十师调至卢氏县城以南之朱阳关、五里川一带，控制了入陕大道，企图堵歼我军。12月4日，我军进入卢氏县境，敌"追剿队"第二支队也跟踪追至。在敌前堵后追的情势下，我军当即改变路线，另择小路从卢氏城南与洛河之间神速西进。敌六十师筹谋多日的堵截防线被我军置于背后。

12月8日，我军从豫陕交界的铁锁关（又名箭杆岭）进入陕西境内。当日下午，在洛南县①三要司歼灭陕军1个营。9日进至庚家河。10日上午，省委在庚家河召开会议，研究了在鄂豫陕边区创建新的革命根据地问题，并决定改鄂豫皖省委为鄂豫陕省委。这时，敌六十师突然奔袭而来，我军在东山坳口的排哨，当即与敌军接火。战斗一开始，敌人就夺占了坳口的有利地形，向我军发起猛攻。军领导迅速组织部队实施反击，夺回了坳口，后续部队跑步占领南北两侧高地。这时，敌人两个团的兵力增援上来，再次向我军发起攻击，于是全线展开了激烈的争夺战。我军全体指战员英勇反击，殊死奋战，以刺刀、手榴弹与敌人拼搏。经过20多次的反复冲杀，终将敌人打垮，毙伤敌人800余名。我军也伤亡200余人，军长程子华、副军长徐海东均负重伤。

庚家河战斗，是红二十五军长征中又一次顽强的战斗，最后打垮了敌人对我军的连续追堵。至此，红二十五军粉碎了20余倍于己之敌的围追堵截，长驱1800余里，胜利地完成了第一次战略转移。

---

① 时称雒南县。

三

鄂豫陕三省边界地区，北靠秦岭，南濒汉江，悬崖峻叠，地势险要，便于开展游击战争。这里，封建势力和反动政府对人民的压迫剥削极为残酷，兵灾匪祸连年不断，人民苦难深重，反抗强烈。渭（南）华（县）起义部队、红四方面军、红三军和红二十六军，先后在这一带传播过革命影响。尽管当地党组织已遭到破坏，但群众自发的抗捐抗粮斗争，仍然此起彼伏。因此，省委在庚家河会议上做出了《关于创建新苏区、新的革命根据地的决议草案》，不失时机地解决了新苏区选择和当前方针任务等重大问题。

1935 年 1 月，当我们创建新根据地的工作刚刚开始时，蒋介石又调集四十军一一五旅 2 个团，四十四师一三○旅 3 个团，配合陕军一二六旅、警二旅、警卫团等部，对我军发动第一次"围剿"，企图在我军立足未稳时加以歼灭。

为粉碎敌人"围剿"，创建根据地，省委决定以武装斗争为先导，消灭敌人有生力量，以求站稳脚跟。这是创建根据地的先决条件。1 月下旬，陕军一二六旅、警二旅向我军逼近。为各个击破进攻之敌，我军北上袁家沟口，然后进至蔡玉窑，并以一部兵力袭占柞水县城，分散了跟追之敌。2 月 1 日，当敌一二六旅追至蔡玉窑时，我军突然予以打击，歼其一个多营。5 日，我军又在蓝田县葛牌镇以南之文公岭高地，再歼该旅两个多营。2 月下旬，我军得知红四方面军发动陕南战役的消息，遂又决定西进，配合红四方面军作战，一路上，连克宁陕、佛坪两座县城。3 月 8 日，进到洋县华阳镇。这时，敌警二旅尾追而来。我军于 10 日拂晓在石塔寺附近设伏，打垮警二旅 5 个多营，毙、伤、俘敌六七百名，敌旅长张飞生被击伤。4 月初，我军东返商洛地区。至此，粉碎了敌人的第一次"围剿"。

一边作战，一边开辟根据地，把粉碎敌人的"围剿"同创建根据地结合起来，是红二十五军创建新苏区的突出特点。我军攻克镇安县城后，即在镇安、旬阳、郧西、山阳等 4 县边区横扫民团，宣传"抗捐、抗税、抗粮、抗债、抗丁"，发动群众，打土豪分田地，摧毁保甲制度，建立苏维埃政权。蔡玉窑、文公岭战斗后，我军乘胜在蓝田、商县、山阳、镇安、柞水等 5 县边区开展群众工作，分配土地，建立区、乡、村苏维埃政权，抓紧根据地建设。打垮警二旅后，我军又开辟了华阳地区，建立了7个乡的革命政权，将60户地主恶霸的3200多亩土地分给了1000多户农民，900多石粮食分给了贫苦群众。广大群众高兴地唱道："二月初六炮声响，警备二旅垮个光，华阳建起苏维埃，土豪恶霸一扫光；分田分财又分粮，穷人翻身把家当；吃饭莫忘红廿五，翻身莫忘共产党。"4月18日，我军攻克洛南县城，接着又在洛南、商县、商南、卢氏等4县边区，没收分配了地主的土地和财物，建立苏维埃政权，创建了豫陕边革命根据地。

在主力部队集中打仗的同时，还派出部分干部和部队到地方工作，开展游击战争，巩固扩大根据地，是红二十五军创建根据地的又一个特点。省委先后派郭述申、郑位三、陈先瑞等领导干部带2个主力连队和部分干部做地方工作，组建了6个游击师和3个游击大队，成立了洛南、华阳游击队。为了加强根据地的领导和统一指挥游击武装，成立了鄂陕、豫陕特委和鄂陕游击总司令部、豫陕游击师，有力地促进了根据地的建设，支援和配合了主力部队的行动。

创建根据地，不仅要有战争胜利的保证，也要有坚强的思想领导。鄂豫陕省委在创建根据地的初期，先后三次召开会议，统一思想，做出决策。郧西会议，就"红二十五军能否在鄂豫陕边区单独创建根据地"的问题，进行了讨论，做出了《为完全打破敌人进攻，争取春荒斗争的彻底胜利，创建新苏区的决议案》；华阳会议批评了少数同志认为"红二十五军力量单薄，独自创建根据地有困难"，提出入川会合红四方面军的错误主张，仍"坚持在鄂豫陕边区创建新区的任务不动摇……照省委庚家河之决定不变"[1]；葛牌镇会议，总结了入陕4个月的经验，进一步坚定了粉碎敌人"围剿"，开创新苏区的斗争信心。

根据地的建立，为战斗胜利提供了保障，战斗胜利又促进了根据地的建设。到5月初，红二十五军发展到3700多人，地方游击师、抗捐军发展到2000多人，成立了鄂陕边区苏维埃政府和10个区、48个乡、314个村的苏维埃政权，苏区人口近50万，耕地面积90多万亩，初步建成了鄂豫陕革命根据地，造成了"工农武装割据"的斗争局面。

---

① 见吴焕先1935年7月17日《关于红二十五军的行动、个别策略及省委工作情况的报告》。

根据地的建立与发展，必然引起敌人的恐慌与不安，"围剿"与反"围剿"斗争势在难免。1935年4月，蒋介石命令原进攻鄂豫皖苏区的东北军第六十七军和驻郑州的第九十五师开入陕南，会同第四十军、第四十四师和陕军一部，共30多个团的兵力，向我军发动第二次"围剿"，并限令在"5、6、7"三个月内将我军消灭。我军针对敌人10倍于我的兵力和陕南山大沟深、敌人运动和补给均有困难等情况，决定采取"诱敌深入，先拖后打"的作战方针，以运动战与游击战相结合，首先打乱"围剿"部署，然后寻机歼敌，以打破敌人的围攻。

6月初，我军北上商县、洛南地区，转到外线捕捉战机。当敌军向东南的进攻矛头改为向北时，我军又掉头向东南，包围商南县城，打下富水关，把北顾之敌又牵向东南。接着，远程奔袭了敌后方补给站荆紫关，迫使敌六十七军、四十四师和陕军警一旅等部，向荆紫关蜂拥而来。这时，敌人已被拖得相当疲劳，锐气大减，其"围剿"部署被我军完全打乱。

25日，我军转到根据地边沿的黑山街，继续诱敌深入。29日下午，敌警一旅追到了黑山街附近，我军稍与之接触后即向袁家沟口退去。袁家沟口及其以西的桃园岭一带，是一条长10多里的深沟，两侧山高林密，便于部队隐蔽。这一带又是根据地中心区域，群众基础很好。军领导决定在这里设伏歼敌。7月2日拂晓，敌人正在袁家沟口村西集合，军首长立即发出攻击命令。冲锋号一响，各种武器突然向密集之敌猛烈射击，敌人顿时乱成一团。这时，群山号响，满谷杀声，我军像尖刀一样插向敌群，同敌人展开白刃格斗。敌旅长唐嗣桐率残部占据一个小寨子顽抗，经我军多次猛攻，活捉唐嗣桐，余部全歼。袁家沟口战斗，是一次极为出色的歼灭战，毙、伤、俘敌1700余人。战后，我军乘胜北出终南山，威逼西安。至此，敌人妄图在3个月内消灭我军的计划宣告破产。

四

红二十五军撤离鄂豫皖苏区后，即与党中央失去联系，只是从报上得悉中央红军和红四方面军已在川西会师，并有北上动向。当时，蒋介石正调集几十万大军，向川、陕、甘地区集结，妄图围堵我红军主力。因此，红二十五军又一次面临着新的重大战略抉择。

1935年7月15日，即威逼西安的第3天，原鄂豫皖省委交通员石健民同志，经由西安到达军部驻地子午镇，及时送来了党中央数月前发出的几份文件，也带来了中央红军和红四方面军已在川西会师并有北上动向的确切消息。当晚，鄂豫陕省委在长安县沣峪口召开紧急会议，决定率红二十五军西征北上，以"配合主力红军在西北的行动，迅速创造西北新的伟大的巩固的革命根据地"[①]。会议还确定将鄂陕、豫陕两特委合并，组成新的鄂豫陕特委，统一领导各游击武装力量，继续坚持鄂豫陕边区根据地的革命斗争。

鄂豫陕省委在远离党中央的情况下，独立自主做出这一战略决策，完全符合全国革命形势发展的需要，符合党中央、毛泽东同志率领红军主力北上抗日的战略意图，也反映了红二十五军全体指战员与红军主力会师的热切愿望。

1935年7月16日，红二十五军4000名指战员又踏上了继续长征的道路。这时，敌五十一军——三师已跟踪尾追而来。我军经由辛口子折入秦岭山中，南下佯攻汉中，然后转向西北挺进。8月1日，占领川陕公路要地双石铺，歼敌一部，俘敌少将参议1名，缴获大批文件和报纸。7月22日《大公报》报道：红军主力"已越过6000米的巴朗山，向北行进……似有窥甘青交界之洮州、岷县、西固等处"。敌人的口供和报纸进一步证实了我红军主力正在北上。军领导决定立即进入甘肃境内，直捣敌人后方，配合红军主力北上行动。

这时，蒋介石接连从成都"行辕"发出5道电令，始则要求加强封锁，防我入甘；继而督饬陕军各部"不分省界，跟踪追击"，要五十一军"轻装截堵"，围歼我军；并在8月10日的电报中声称："查徐海东匪西窜原因在策应朱毛，我军应采用内线作战要领，先以优势兵力迅速解决徐匪，再行以全力回击朱毛。"当时，敌胡宗南纵队、新编十四师、第三军、新编第一军及三十五师，均部署于川西北和甘南边境、渭河沿线和西（安）兰（州）公路上，防我红军主力北上，红二十五军进入甘南，进一步牵制了敌人，减轻了红军主力的压力。

8月初，在攻克两当，继克天水北关，北渡渭河，占领秦安以后，于8月14

[①] 见鄂豫陕省委1935年7月25日、30日写给郑位三等同志的信。

日又威逼静宁县城，切断了横贯陕甘两省的交通大动脉西兰公路。15日，进入兴隆镇暂作休整。

兴隆镇是回民群众聚居的地区，为尊重回族人民的宗教信仰和风俗习惯，军政委吴焕先对全体指战员进行了党的民族政策教育，制定了"三大禁令、四项注意"：禁止驻扎清真寺，禁止打回族的土豪，禁止在回民家中吃大荤；注意尊重回族人民的风俗习惯，注意用回民水桶在井里打水，注意回避青年妇女，注意实行公买公卖。他还召集当地的知名人士和阿訇开座谈会，宣传党的抗日救国主张和红军的政策。我军的实际行动，扩大了党和红军的影响。后来，中央红军到达陕北时，毛泽东同志还夸奖红二十五军路过陇东回民区留下的良好影响，说我们的民族政策水平高，执行得好！

8月17日，我军沿西兰公路东进，一举攻克隆德县城。接着翻越六盘山，直抵平凉城下。20日，在马莲铺以东，冒雨将追敌三十五师一部分打垮。21日，由泾川县城以西翻越王母宫塬，徒涉汭河。时值大雨倾盆，部队刚过了一半，山洪暴发，河水突涨，军直属队和在塬上担任后卫任务的部队被阻于汭河北岸。就在这时，敌三十五师二〇八团1000余人，从塬上向我军突然袭来。我后卫部队在塬上四坡村与敌军展开激战。这时，我先头渡河部队已难以回援，后卫部队处于背水作战，形势极为不利。吴焕先政委见此情景，立即带领百余人冲上塬头，直插敌人的腰部。他向战士们高呼："压住敌人就是胜利，决不能让敌人逼近河边！"战士们不顾泥泞路滑，从侧后向敌人发起冲击。与此同时，塬上部队也实行反击。在我军夹击之下，敌人纷纷溃散。战斗中，吴焕先政委壮烈牺牲。这一噩耗，更激起指战员们的无比愤怒，一鼓作气将敌人全部消灭。焕先同志是鄂豫皖革命根据地创始人之一，是鄂豫陕省委和红二十五军的卓越领导者，在指战员中享有崇高的威望。他的牺牲，全体指战员无不悲痛落泪。他的革命精神和英雄事迹，鼓舞着广大指战员继续战斗。

9月7日，我军到达陕甘革命根据地保安（今志丹）县的豹子川，鄂豫陕省委在此开会，决定徐海东任军长，程子华任政委。9月15日，在陕甘边党政领导和人民群众的欢迎声中，到达延川县永坪镇。至此，红二十五军经过两个月的艰苦转战，打退了敌人的围追堵截，行程4000余里，胜利完成了长征，成为红军长征中先期到达陕北的第一支队伍。

红二十五军到达陕北后，与红二十六、二十七军合编为红十五军团，以劳山、榆林桥战役的胜利，迎接了党中央、毛主席的到来。在党中央、毛主席的直接指挥下，参加了直罗镇战役，为党中央把全国革命大本营设在西北，举行了"奠基礼"！

红二十五军的长征，是一次有计划、有准备、有步骤的战略转移，历时 10 个月，胜利完成了创建新苏区的战略任务，同时也有效地保存了两块革命根据地。撤离鄂豫皖革命根据地时，留下的红二十八军，英勇坚持了三年游击战争，抗日战争开始后，这支 3000 人的武装编为新四军第四支队。撤离鄂豫陕根据地时，留下的武装组建为红七十四师，同样坚持了鄂豫陕边的游击战争，这支 2000 多人的队伍，随后奉命改编为八路军——五师留守处，不久改为西北留守兵团警备第四团。

历史证明，红二十五军的长征，为我党保存了一支强有力的武装，配合了中央红军长征的胜利进行，为陕甘宁边区根据地的巩固和发展做出了应有的贡献。红二十五军长征中牺牲的烈士，永垂不朽！

1986 年 1 月于北京

原载中国人民解放军历史资料丛书编审委员会编：《红军长征·回忆史料（1）》，解放军出版社，1990 年，第 192～201 页。

红二十五军的长征

◎ 程子华

从瑞金到鄂豫皖

我在"红大"学习不久，鄂豫皖省委派宣传部长成仿吾经上海到瑞金，向中央汇报工作，并要求派军事干部到鄂豫皖去。中央决定派我去。1934 年 6 月，中革军委副主席周恩来同志和我谈话，他说：当前在鄂豫皖地区，敌人用碉堡、封锁线，以"驻剿"和"追剿"部队对我军交替地攻击、堵击、追击，把我根据地压缩分割成小块。根据地缩小了，红军不断伤亡，难以得到人力、物力的补充。如果继续削弱，以至被消灭，那么根据地也就没有了。出路是什么呢？他说：中央决定红军主力要作战略转移，建立新的根据地。这样，部队才能得到发展。把敌军主力引走了，减轻鄂豫皖根据地的压力，留下的部分武装就能长期坚持，也就能够保存老根据地。周副主席讲如何建立新区时指出：根据地要选择在敌人力量较为薄弱的地方；我党在群众中有较大的革命影响，或者是那里的群众容易争取；地形要便于我军作战；另外，还应该有比较丰足的粮食和其他物质条件。周副主席考察分析形势和前途是这样的清晰，他对鄂豫皖根据地人民和红军的深切关心，他对党和革命极端负责的精神，成为催我前进的一股巨大的力量。在他对鄂豫皖根据地和红军的战略指导下，红二十五军实行战略转移并取得了胜利。这是周副主席领导我们反对消极、被动、单纯防御的"左"倾机会主义路线的光辉范例。

写到这里，我想插一段往事。1975年，我在中央党校读书班结业后，住在那里等候分配工作。这时成仿吾是党校顾问，就住在附近。有一次我俩谈起1934年那段事情，他讲，1933年夏，他从鄂豫皖到上海后，找不到党的关系。他想起了鲁迅先生，估计他可能是党员，就到北四川路内山书店去找内山完造。内山完造与鲁迅关系很深。他找到内山完造后，说有要紧事情必须见鲁迅先生。内山完造说：你过两天来听信吧。两天后内山完造告诉他说：明天下午你到四川路咖啡馆去，鲁迅在那里等你。仿吾按时到了那家咖啡馆，见鲁迅和茅盾一起在那里喝咖啡。仿吾坦率地讲了自己从鄂豫皖苏区到上海，有要紧事通过上海党组织找党中央，问鲁迅能不能帮助联系。鲁迅说可以。这样仿吾才找到了党的关系。我为什么要写这一段呢？因为不少人看鲁迅的《而已集》《三闲集》，只知仿吾、鲁迅笔战激烈，关系不好。上述事情可看出，他二人虽有笔墨之争，但在有关党的利益之时，仿吾毅然找鲁迅，鲁迅先生也毅然帮仿吾接上党的关系。这种以大局为重的精神，是值得我们学习的。

1934年5月中旬，敌人已占领广昌。我离开瑞金，由交通员带路，离开苏区。因敌情严重，在白区我们已不能在白天赶路，夜间也只能走山路小道，避开村庄，白天在山上草棚里睡觉、吃饭，比以前那次我从上海进苏区艰苦多了。我们到大埔县后，坐小火轮到潮州，再坐火车到汕头，又乘船到上海。由鄂豫皖省委派在上海的交通员石健民同志带路，乘船到汉口。我在报上看到参加大冶兵暴的郭子明，当时任湘鄂赣部队参谋长，作战牺牲，刘振山任鄂东南独立三师师长，在木石港作战牺牲了。我们一块在国民党军队做兵运工作，一块参加大冶兵暴，他们的牺牲使我感到分外悲痛。我在报纸上还看到在红军大学和我同班学习的龚楚和孔荷宠叛变投敌的消息，我痛恨他们在革命遇到挫折时的无耻行为。

我和交通员石健民要由汉口大智门车站乘火车去柳林，那时，我是有钱人打扮，进站时，石在我前面顺利通过，我被宪兵留住，问我是到哪里去的。我说是到鸡公山去游览。宪兵搜完箱子，还要搜身看手。我左手指因受过伤已伸不直，恰巧我手里有把扇子，就用左手握着扇，举起右手让那人察看手上有没有使过枪的硬皮。他没有看出什么，又查我的左手，我就握着扇子让他看，他没发现我受过枪伤的手指，但检查后还是叫我坐在候车室的凳子上不让走。石健民发觉我没有跟上，就下车到门口来找我，我用目光示意叫他不要进来。因为如被宪兵发现我们两人是一块走的，他就可能分别审问我俩，口供不一致，就会被敌人逮捕。直到火车快开了，那家伙才放我走。上车后，我不知道石健民在哪一节车厢，就从前往后一节车厢一节车厢地找过去。走了好几节车厢才看见石坐在那里，我没有和他打招呼，找一个位子坐下。开车后，我从行李包里拿出一套衣服，走进厕所换下了身上原来那身衣服，把它卷起来塞到便池洞里。火车到柳林车站，我和石下了车，在车站附近一个同志家里住了几天，然后步行出发。只走了十几里路，忽然一支埋伏着的武装把我们抓住，原来他们是来接我们的便衣队。他们要把我送到鄂东北道委书记郑位三同志那里。途中都是夜间走路，所见到的村庄、房屋被国民党烧掠一空，饿死的老百姓没人掩埋。到了道委，我们吃的菜是南瓜叶子。

这时已是1934年9月，鄂豫皖省委和红二十五军到皖西北去了。郑位三是省委委员，当即写信给省委，说我已到达，建议省委率领红二十五军赶回鄂东北，研究下一步的行动计划。

一、鄂豫皖边区概况

在等待省委回鄂东北的40多天里，我和郑位三以及在鄂东北道委机关工作的程坦、刘华清等，经常在一起交谈，使我了解到鄂豫皖苏区的历史和现状。

鄂豫皖革命根据地，位于三省交界处，南濒长江，北抵淮水，东接江淮平原，西扼平汉铁路，大别山脉雄峙于中央，俯瞰武汉、信阳、安庆，战略地位重要。早在北伐战争时期，董必武、陈潭秋等就在这里建立了党组织并开展农民运动。1927年，这里举行了著名的黄（安）麻（城）起义，建立了工农红军和革命政权。1931年成立了红四方面军。革命根据地最盛时期，曾拥有6座县城，26个县政权，人口达350多万，面积4万多平方公里。主力部队红四方面军曾发展到4万多人，各种地方武装人数有20多万。但是，由于王明错误路线以及军事作战指导方针上的错误，没有能粉碎敌人"围剿"。1932年10月，红四方面军主力被迫撤离鄂豫皖苏区。鄂豫皖边区的革命形势急剧恶化。20多万敌军乘机大举进攻，同时进行划区"清剿",在其占领区推行保甲制度,对残存的苏区农村,一方面实行经济封锁,另一方面烧房屋、抢粮食、杀群众。当时边区军民对红军主力的撤离缺乏思想和组织准备,陷入混乱,根据地只剩下鄂东北的黄、麻、光、罗四县边界毗连的小块苏区,以及檀树岗、天台山、西高山和皖西北的葛藤山、熊家河等几个山区。地方党政组织遭到破坏,群众生活极端困难。

11月底,中共鄂豫皖省委以留在边区的5个红军主力团为基础,重新组建了红二十五军,决心排除万难,独立坚持鄂豫皖边区的斗争。1932年底到1933年初,红二十五军抓住敌军调动、兵力减少的战机,积极歼敌,连续取得了郭家河、潘家河、杨泗寨等战斗的胜利,边区革命形势出现转机,鄂东北根据地由几小块连成一片,皖西北根据地也部分得到恢复,红二十五军由重建时的7000人,发展到3个师、9个团,1万多人。皖西北的几个团组建了红二十八军,地方武装扩编为10个游击师,各县、区还成立了战斗营、战斗连,党组织恢复,人民群众恢复生产,革命热情重新高涨。

这以后的半年时间,王明"左"倾路线在鄂豫皖边区又产生了严重恶果。1933年5月,红二十五军奉命去夺取敌重兵扼守、工事坚固的七里坪,苦战43天,久攻不下,部队减员几千人。鄂东北、皖西北两个根据地又缩小了。敌人动用14个师又4个独立旅的兵力,发动了第五次"围剿",采用了增筑碉堡、扩建和封锁公路、切断两个根据地的联系等手段。可是省委却根据王明错误路线,采取以消极防御方针为指导的中心区保卫战方针。于是两个根据地的中心区相继丢失,红二十五军大幅度减员,部队再次缩小。10月初,红二十五军通过黄麻公路封锁线时,被敌人截断,一部分到皖西北,编入红二十八军,一部分转到鄂东北。到11月中下旬,部队作战又连连失利,剩下的人数不足1000,鄂东北地区县以下党政组织全部遭到破坏,群众生活极度艰难。皖西北情况也与此大致相似。正当鄂东北遭受严重挫折时,省委开会讨论了转变斗争方针等问题,决定派省委宣传部长成仿吾去中央汇报情况,要求派干部加强省委和红二十五军的领导。成仿吾进入中央苏区,军委副主席周恩来及其他中央领导听取了成仿吾的汇报。1934年1月27日,中央军委的一个同志写了《关于鄂豫皖苏区战争经验的研究及今后作战的建议》(以下简称《建议》)。《建议》认为,当前主要目的是保存战斗骨干,在适宜的时候,实行有计划的战略退却,可以从罗山地区退到豫南的桐柏山区建立新苏区。这个《建议》的主张和当时教条主义者的所谓"不放弃一寸土地"的口号是不同的。2月25日，中央将《建议》转发给鄂豫皖省委，所加的按语说："只作你们执行中央军事指示时一个参考的材料。"

这时，蒋介石正在调整和部署进攻鄂豫皖边区的兵力，把装备精良的东北军从华北调到鄂豫皖，到4月中旬，敌总兵力达到16个师又4个独立旅。6月下旬制订了一个从7月1日到10月10日的"围剿"计划，采取的方针是："一面划区驻剿，一面用竭泽而渔的方法，作一网打尽之图"。具体部署是把兵力分为两部分：一部分是"驻剿"部队，划区占领我几小块根据地周围的所有城镇和重要村庄，每个点驻一个连到一个团的兵力，并在黄麻公路两侧部署了4道封锁线，又从信阳到广水的平汉铁路线之间，配置近一个师的兵力护路。另外一部分约2个师又6个团组成4个"追剿队"，跟踪追击我军主力。同时，每隔五里、十里筑一个碉堡，扼住重要的公路线，构成纵横交错的封锁网，敌人扬言要在3个月内，把我军"完全扑灭，永绝后患"。

红二十五军是在原地坚持，还是实行战略转移，就成为当时急需做出决定的首要问题。省委在接到军委一个同志的"建议"后，曾设法在根据地边沿创建新的根据地，但因敌军强大和碉堡封锁而未能成功。可是要到远地去，既不了解情况又没有把握，省委在给中央的报告中说：红军主力6个团要通过几千里地的白区，即使战争中不受损失，但疾病、掉队也会造成很大减员，建议暂不远离。当时中央和军委在指示中一方面说，当前任务是保全队伍，去创建新的根据地，但另一方面又说原则上同意仍留在原苏区继续行动。省委讨论后，决定留在原地，牵制敌兵力，使之无法增兵江西。这样，就由徐宝珊、吴焕先率领红二十五军转战到皖西北与红二十八军会合，合编为红二十五军。红二十八军留下部分兵力，加上抽调的地方部队，新组建红八十二师，在原地坚持斗争。

红二十五军在军事上改变了以前那种内线分兵防御的打法，采用积极向外线捕捉战机，乘隙击虚的方针，连续取得了长岭岗、郝集、太湖等战斗的胜利。尤其是长岭一战，歼灭敌东北军5个营，缴获了一批武器弹药，增强了部队的战斗力，提高了士气，沉重地打击了敌人的嚣张气焰。这期间，几小块根据地也有所恢复和扩大，党组织也得到恢复和发展。但是，由于敌我力量悬殊，小的胜利不能从根本上改变日趋不利的形势。面临的问题仍是：在老苏区边沿开辟新根据地行不通；如果走出去，兵力不足 4000 人，能不能打破优势敌人的围追堵截？到新区站不站得住脚？最伤脑筋的是不知道到哪里去好，省委举棋不定。

以上是我在和郑位三、程坦、刘华清等同志交谈时，所知道的鄂豫皖苏区的情况。对于下一步的行动方针，我结合个人对周恩来同志指示的体会，谈了自己的想法：敌人搞"竭泽而渔"，企图耗尽根据地的人力、物力，把我们搞垮。我们不能让敌人牵着鼻子走，困守在"鱼塘"里，等着敌人把水抽干抓鱼。郑位三同志说：过去中央也有指示，要红二十五军走出去创建新根据地，我们在根据地附近搞了几次，失败了。也搞成了两块，但物质、人力条件都有限，活动余地不大。可是要走远，对外面情况不了解，往哪儿走呢？我说，可以到伏牛山去，我在太原国民师范读书时，就听说过土匪头子樊钟秀拉了支队伍，打进山西，被赶出山西后，回伏牛山盘踞了多年。土匪能在那里站住脚，共产党领导的军队为什么不能在那里建立根据地呢！这样，我、郑位三、程坦、刘华清等的看法一致了。

省委和红二十五军回来后，于 11 月 11 日，在光山县花山寨举行了第十四次省委常委会议。这次会议我没有参加，会后，郑位三同志向我传达了省委常委会讨论的情况和决定。会议上常委们一致同意周副主席的指示，认为红二十五军应该打出去创建新根据地。至于转移的方向，会议认为向东、南、北都不合适，向西比较容易发展。西面鄂豫陕边是三个省的边缘地带和接合部，是蒋介石和杨虎城分别割据的地方，我们可以利用他们之间的矛盾，那里又是山区。会议还决定省委率红二十五军实行战略转移，为创建新根据地和发展红军而斗争，并以平汉路西鄂豫边界的桐柏山区和豫西的伏牛山区为初步目标。为了宣传党的抗日主张，扩大我党我军的政治影响，行动中部队称为"中国工农红军北上抗日第二先遣队"。会议讨论了部队的整编问题，郑位三同志告诉我，省委决定由我担任红二十五军军长。我对郑位三说，周副主席要我做参谋长，请你报告省委，我不当军长。郑以后告诉我，省委已经作了决定，不改变了。吴焕先为红二十五军政治委员，徐海东为副军长，戴季英为参谋长，郑位三为政治部主任。部队撤销师一级建制，由军部直辖二二三、二二四、二二五等 3 个团和 1 个手枪团。全军 2980 多人。花山寨会议后，省委给在皖西北的省委常委、皖西北道委书记高敬亭同志发出指示，说明会议的决议，并责成他组织鄂豫皖边区党的新领导机构，并以八十二师和地方武装为基础，再次组建红二十八军，继续坚持鄂豫皖边区的武装斗争。

二、长征开始和激战独树镇

1934 年 11 月 16 日省委率红二十五军从罗山县何家冲出发，开始长征。出发前向指战员进行了打出去创建新苏区的动员。部队实行轻装，减少不必要的辎重，妥善安置了伤病员。出发的人，每人准备三天干粮、两双草鞋。出发时，省委发布了《中国工农红军北上抗日第二先遣队出发宣言》。17 日，在朱堂店以南的罗古寨击退敌"追剿队"第五支队的进攻，当晚在信阳城以南的东双河和柳林之间越过了平汉铁路，进入桐柏山区。蒋介石闻讯后，急令"追剿队"5 个支队和东北军第一一五师跟踪追击，并令驻河南省南阳一带的庞炳勋第四十军和驻湖北省老河口一带的萧之楚第四十四师迎头堵截，妄图以 30 多个团的优势兵力阻我西进，趁我军脱离老根据地孤军远出之际，将我军包围消灭。

我军进入桐柏山区后，经中共鄂豫边工委介绍情况和实地观察，感到这里靠平汉路和汉水太近，回旋范围小，又有敌重兵追堵，不易立足。省委研究，决定向伏牛山区前进。当时为了隐藏北上意图，迷惑和调动敌人，我军继续西进，并派少数部队佯攻枣阳县城。敌军果然纷纷向枣阳集中，我军却突然从枣阳城北掉头东进，转向东北方向，且在桐柏县以西的歇马岭一带，击退敌"追剿队"第二支队的进攻。当我军驻韩庄时，当夜得知西面 30 里路的湖阳镇下午到了敌军。省委分析认为，西有敌军堵击，东有敌军追击，必须要跳出敌军前后夹击。我们没有军用地图，靠一本袖珍地图行动。从地图上看到驻马店西北有一片山地（1930年以后出版的袖珍地图没有这片山地），决定向东北方向转移。省委认为我任军长后还没有和部队见过面，就集合部队由我讲话进行动员。我给部队讲了当时的敌情，说明我们行军不能走直路，应该弯曲前进。我军向东北方向转移，由鄂豫边工委书记张星江带路，越过陡峭高山，次日早抵达平氏镇，跳出了敌军的夹击。在平氏镇休息一天，黄昏出发，经泌阳城南和城东，于第二天早上，到达驻马店西北山区的王店、土凤园、小张店一带。跟踪而来的敌"追剿队"第二支队向土凤园发动进攻，我军直属队和二二五团予敌以打击后，沿小道赶到王店与军主力会合，向西北急进，意图是越过许昌至南阳的公路进入伏牛山。我军以二二四团、二二五团和军直属队为前梯队先行出发，以二二三团为后梯队阻击尾追之敌，掩护全军行进。我军采取了急行军甩掉尾追敌军的行动。

这一天，正碰到寒流，气温突然下降，北风刺骨，雨雪交加，我军指战员衣服单薄，又被雨雪湿透，饥寒交迫，十分疲劳。当天下午1时，我前梯队进至独树镇附近，准备由七里岗通过公路。可是，敌一一五旅和骑兵团已抢先到达，并占领了七里岗、砚山铺一线阵地，突然向我行军队形猛烈射击。当时能见度差，我军发现敌人较迟，加上战士们手指冻僵，拉不开枪栓，以致被迫后撤。敌乘机猛烈冲击，且从两翼包围，情况险恶。在这危急时刻，军政委吴焕先抢先到达先头团，当机立断地稳住部队，指挥二二四、二二五团就地抵抗。他向战士们大声疾呼："同志们！就地卧倒，坚决顶住，决不能后退！"战士们趴在泥泞地上，利用地形地物，顽强抗击敌人。吴焕先从交通队身上抽出一把大刀，高声呼喊："同志们！现在是生死关头，决不能后退！共产党员跟我来！"他带领部队冒着敌人密集的火力，奋不顾身地冲上前去，与敌人展开白刃搏斗。这时副军长徐海东率二二三团跑步赶到，立即投入战斗，经过一番恶战，终于打退了敌人的进攻。接着，军领导指挥二二三团向七里岗之敌发起冲击，想冲开一道缺口，冲过公路。但是，由于敌人的疯狂阻击，连冲三次，都没有成功。于是命令部队转为固守七里岗、砚山铺以南村庄，并以反突击打退敌人多次进攻。天黑以后，全军在杨楼集结整理，经研究后，认为若后面追敌赶到，形成前后夹击，对我军十分不利，必须迅速绕过当面敌军。但是，经过一天急行军和激烈战斗，当夜又下着大雨，部队进屋吃饭、休息，难以集合，干部们只好逐房赶出战士集合，向东行进，由保安镇越过公路。第二天早晨，上了伏牛山，战士们都喜形于色，非常活跃。因为长期习惯山地作战，这些天全在平原上紧张地行军作战，很不习惯，现在又上了山，战士们高兴是很自然的。

独树镇战斗是红二十五军长征途中的恶战之一，天时地利都不好，敌几万步骑兵前堵后追，但终于把敌人甩掉，胜利进入了伏牛山。这是什么原因呢？一是共产党员以身作则奋勇当先；二是全军指战员上自军领导、下至每一个战士的顽强战斗精神；三是我军遵守群众纪律，秋毫无犯，得到了群众的拥护和支援；四是地下党组织的支持，例如张星江同志的帮助。他一直到卢氏才离开我军。事隔52年，1986年3月，河南省唐河县委同志到北京找我，要我为张星江烈士纪念碑、唐河革命烈士展览馆和星江小学题词，并带来了材料，我才知道张星江同志于1936年3月27日，领导孤峰山夺枪斗争，为掩护部队突围壮烈牺牲。他是河南省唐河县毕店乡张心一村人，1905年出生在一个贫农家庭。1927年加入共产主义青年团，1928年加入共产党。曾历任中共唐河县委委员、南阳中心县委书记、鄂豫边特委和临时省委委员、鄂豫边工委书记、鄂豫边省委书记和鄂豫边红军游击队指导员，是鄂豫边区第二次国内革命战争时期党的主要领导人之一。1934年1月，曾代表鄂豫边省委参加在瑞金召开的中共六届五中全会和全国第二次苏维埃代表大会，并当选为主席团成员。我在这里加入这一段文字，以表达我对张星江烈士的敬意。

三、省委会议和庚家河战斗

12月初，我军到达卢氏县叫河，发现敌第六○师（原十九路军部队）由开封乘陇海铁路火车到灵宝下车，已在卢氏县以南去陕西的朱阳关和五里川两条通道构筑工事，控制了入陕通道。那时，敌"追剿队"第二支队也跟踪追来，我军又处于被敌前堵后追境地，情况危急。当时得到消息，卢氏县城没有敌人的正规军，只有地方武装。军部决定改变入陕路线，且在一个货郎小贩的帮助下找到一条小道。我军派手枪团到朱阳关附近号房子，虚张声势，主力部队却由那个小贩带路，由小道经深山峡谷，在晚上从卢氏城南与洛河之间一里多宽的隘路神速西进，把敌六○师的堵截防线置于背后，直奔豫陕交界的铁锁关。12月8日，我军进入陕南境内。这时，敌冯钦哉第四十二师二四八团、二五二团，已进至洛南县城和三要司等地迎堵我军。8日下午，我先头部队进至三要司，与敌二四八团三营接触，敌凭借三要司南面的九泉山高地进行顽抗。我军以二二五团由九泉山东南侧攀登陡崖，进行正面攻击，其余部队迂回至高地西侧向敌人攻击。我二二五团三营八连首先登上山头，与敌人拼刺刀肉搏，其他部队勇猛夹击，战斗到黑夜，全歼守敌一个营。9日，我军翻越蟒岭，进至洛南县的庚家河。

10日上午，省委在庚家河召开第十八次常委会。会上考虑到，伏牛山区地域狭窄，人烟稀少，粮食和物资缺乏，特别是凭险据守的地主围寨很多，群众都在围寨里，我军不能做群众工作，敌人又紧追而来，要在此建立根据地很难。会议决定到以陕南为中心的鄂豫陕边区创建新的革命根据地。敌第六〇师突然由鸡头关方向奔袭而来。我军在庾家河东山坳口的排哨，由于过度疲劳疏忽了，到发现敌人时，敌先头部队已迂回上来，占领了有利地形，向我军发起猛攻。省委当即停止开会。军领导迅速指挥部队进行反击，强攻山头阵地。徐海东同志率领二二三团以猛烈冲击夺回了东山坳口，二二四、二二五团则跑步攻占坳口南北两侧高地，协同二二三团将进攻之敌打退。激战中，徐海东同志负了重伤。这时敌第三五五、三五七两团相继增援到来，再次向我军发起攻击，于是全线展开激烈的争夺战，我也负了重伤。吴焕先政委指挥部队英勇反击，以刺刀、手榴弹与敌拼搏，经20多次反复冲杀，终于将敌人打垮。战至黄昏，敌人向卢氏方向退去。这次战斗共毙伤敌人800余名，我军也伤亡200余人。这次战斗的胜利，最后打垮了敌人对我军的追堵，我军长驱1800余里，胜利地完成了第一次战略转移，为开辟鄂豫陕革命根据地奠定了基础。当时，我才到军部，对部队和干部情况不太了解。在长征途中，部队先头和后卫都常遇到敌军阻击或追击，总是徐海东和吴焕先两人分别在前卫和后卫指挥部队行动。

省委庾家河会议虽然由于敌人的进攻而中断，但仍及时做出了《关于创建新的革命根据地的决议》草案，解决了选择新区和当前方针任务等重大问题。决议草案指出鄂豫陕边区敌人力量薄弱、群众生活苦容易发动斗争、同川陕红军可配合等有利条件。决议草案提出摆在面前的任务是：为创建鄂豫陕苏区而斗争。立即加强和扩大红二十五军，加强争取群众的工作，要求每个党团员和战士都要做群众工作，组织群众，武装群众，解除民团武装，消灭国民党军，建立苏维埃政府，建立党和群众的秘密组织。在执行政策上特别提出要反对没收富农和工商业者的财产等过左做法。省委庾家河会议的决定，对于鄂豫陕根据地的创建和红二十五军的发展壮大有重要意义。

我因伤了动脉血管，流血过多，约两三个月是昏迷的，不能吃饭，只是喝鸡汤。当时，部队没有纱布，用白布代纱布。没有消毒药，用碳酸水煮过，剪成细布塞进伤口。我一双手化脓，有10个伤口，塞进布条时很痛。这里我要说明：我和海东负重伤，睡在担架上，徐宝珊肺病重，也睡担架。作战时，总有约一个营保护我们，作战指挥和创建根据地的重担，都落到吴焕先同志肩上。他在部队有很高威信，因此受到全军的爱戴，是全军的领导核心。我因负伤不能参加会议，只是清醒后，才与吴焕先同志等商谈作战和创建根据地及其他工作。

这时我见到钱信忠同志给我治伤，我问他，你认识我吗？他先是觉得很突然，想了一会儿才说，好像在上海宝隆医院时见过杨虎城部队一个连长。我说对了，1930年5月，我在攻打瑞昌城时负伤，7月到上海在宝隆医院治伤，那时那个杨虎城部队的连长就是我。钱信忠说他后来曾在国民党李默庵部当医生，在鄂豫皖战斗时被红军俘虏，就参加了红军，仍做医务工作。这里我想起一段有关他的事。钱信忠同志参加红军后表现很好，红军主力有时转移，常留他在山上森林里医治伤员，他都能在完成任务后归队。但红二十五军长征中，保卫部门有同志怀疑他会逃跑，要枪毙他。我负伤后，他天天来给我换药。有一次，他一面换药一面掉泪，我问他是怎么回事，他说有人要杀他。我就对当时负责保卫工作的戴季英说：红军缺乏医务人员，战士们负伤后缺人治疗。红四方面军战略转移后，伤病员隐蔽在山上，钱在晚上才能给伤员治疗，敌人搜山很疯狂，他如要逃跑，早就跑了，现伤病员治疗离不开他，我们留下他好。戴季英同意了，钱信忠安然渡过了那一关。

四、鄂豫陕根据地的创建

鄂豫陕三省边界地区，包括陕西省东南部的洛南、商县、商南、山阳、镇安、柞水、旬阳、宁陕，湖北省西北部的郧西、郧阳，河南省西部的卢氏、淅川等县。北靠秦岭，南濒汉江，山大而多，地势险要，缺少公路。这里的土地和山林大部掌握在地主手里，封建势力和反动政府对人民的压迫剥削极为残酷，苛捐杂税多达几十种。抓丁、派夫、高利贷，再加上兵灾匪祸，人民苦难深重，反抗强烈。这一带受党和红军的影响很早，1928年5月，渭（南）华（县）起义的部队，曾在这里组织过农民协会。1932年冬，红四方面军、红三军先后过境。1933年5月，陕北红二十六军曾南下经过这里。以上这些，都给当地人民以深刻影响。1934年底，尽管地方党组织已遭到破坏，但群众自发的抗捐抗粮斗争仍不断发生。

当时陕西省是杨虎城的地盘，杨与蒋介石矛盾很深。我军神速入陕，蒋介石来不及统一鄂豫陕三省军队的指挥。原来追堵我军的敌人，大部没有进入陕西省境内。陕西的杨虎城忙于对付北边的陕北红军和南面的川陕红四方面军，在西面又受到蒋介石嫡系朱绍良、胡宗南的威胁，一时未能集中很多兵力对付我军。我军则在庾家河会议后，利用敌人的矛盾，抓紧时机发动群众，全力开展创建根据地的工作。

12月11日，我军在洛南县蔡家川进行整编，把二二四团分别编入二二三团和二二五团。同时抽调手枪团二分队与当地的一支农民武装组成陕南抗捐第一军，就地开展群众工作，扩大武装力量，并成立了商洛特委。我军主力则以大回旋的行动，先南下郧西，又北返洛南，再东到卢氏，西到蓝田，一方面大面积调查了解地形和社会情况，一方面以武装斗争为先导，扫除民团武装和反动政权，摧毁国民党在乡村的统治基础。我军所到之处，严格执行群众纪律，并没收土豪恶霸的财物分给贫苦农民。广大贫苦农民从苦难中逐渐觉醒，知道红军是自己的军队，共产党是穷人的救星。省委确定先在鄂陕边界的镇安、山阳、旬阳、郧西等四县边区发动群众，提出"抗捐、抗债、抗粮、抗夫、抗丁"的五抗斗争口号，号召群众起来斗争。此外，还派出二二三团的七连和一些干部，到地方上去发动群众，做开辟新区的工作。1935年1月初，我军由蓝田县境再度南下，9日攻克镇安县城，歼敌保安队一部，救出大批"抗捐犯"，又缴获了许多布匹和棉花，解决了全军的冬衣问题。发动群众，建立苏维埃基层政权，在镇安和郧西的部分地区，成立了第一批区、乡苏维埃。同时，部队进行休整，扩大了400多新战士。到1月底，在南部四县开创了第一块革命根据地。

五、粉碎敌第一、第二次"围剿"

1935年1月，蒋介石令驻河南的第四十军——五旅两个团开入陕南，驻湖北省均县的第四十四师一三〇旅3个团进到上津、白河，统归杨虎城指挥，配合陕军第一二六旅、警二旅、警卫团对我军发动第一次"围剿"。1月下旬，陕军一二六旅、警二旅进至镇安县城东南地区，向我军逼近。我军为争取主动，各个击破来犯的敌人，由山阳、郧西交界处北上袁家沟口，再转凤凰嘴，出现在敌人背后。陕军一二六旅、警二旅又回头向我军尾追，我军进至蔡玉窑，以一部兵力袭占柞水县城，吸引敌警二旅西进，分散尾追敌军。2月1日，当陕军一二六旅单独追至蔡玉窑时，我军突然予以打击，歼敌一个营。战后，我军又向北转移到蓝田的葛牌镇。5日陕军一二六旅两个团向葛牌镇进攻，我军得到群众报告，冒雪事先占领了葛牌镇以南的文公岭一带高地。下午2时，敌二五一团首先向我军进攻，被我军阻于阵地前沿。接着敌二四八团增援上来。我军集中机枪猛烈压制，阻止了增援的敌人。同时分由正面和左翼反击下去，歼敌两个多营，余敌向南溃退。

以上两次战斗，陕军一二六旅损失严重，一时不敢再来进攻。我军乘胜在蓝田、商县、山阳、镇安、柞水五县边区打土豪，分田地，发动群众，建立地方游击队和抗捐军，扩大红军力量。当时，贫苦群众看到我军纪律严明，连打胜仗，纷纷参加红军。原红四方面军留在这里的伤员，也带着群众赶来参加。我军还以部分枪支武装群众，发展地方游击队，并派干部到地方上去工作，在红岩寺和袁家沟口等地，建立了第三、第四路游击师。同时先后在蓝田县葛牌镇、柞水县袁家沟口等地建立区、乡苏维埃政权，开创了第二块革命根据地。在政策方面，我军宣布：保证贸易自由，反对奸商，取消苛捐杂税和厘金关卡，实行统一的累进税。我们提出只没收反革命分子的商业资产，保护正当经商和行商，对小商户免税。我军释放战俘，宣布：愿回家的发给路费，愿当红军的分配工作，欢迎白军士兵当红军，哗变来参加红军的优待。当时有陕军警一旅的一个连起义参加了红军。

北部五县边区的开辟，对敌人造成新的威胁，因而驻蓝田的陕军警卫团，在敌四十军一一五旅配合下，于2月中旬，向葛牌镇进攻。我军为掌握主动，南下郧西地区。2月19日，省委在郧西二天门召开第二十次常委会，总结入陕后两个月的斗争并分析形势。会议就红二十五军能否在鄂豫陕边区单独创建根据地问题，进行了一场思想斗争。早在庾家河战斗后，省委有少数同志认为：领导干部伤亡较大，以红二十五军力量单独创建新苏区有困难，主张入川会合红四方面军。随着敌人发动进攻，加上春荒给部队补给增添了新的困难，更助长了这一思想。会议批评了这种思想情绪，作了《为完全打破敌人进攻，争取春荒斗争的彻底胜利，创造新苏区的决议案》，并对各项具体工作进行了适当安排。会后，省委决定建立鄂陕特委和鄂陕游击司令部，统一领导鄂陕地区南部四县、北部五县和华阳地区的工作。同时分别将镇安、郧西、山阳等地的抗捐军和游击队编为第五、第六、第七、第九路游击师，把二二三团七连扩编为战斗营，坚持对敌斗争。

这时得知红四方面军发动了陕南战役，前锋已到汉中以西的消息。为配合他们，我军于2月下旬由郧西地区西进，克宁陕、佛坪两县城，消灭了守城的保安队。3月8日，进到洋县华阳镇。但是，由郧西尾追而来的敌警二旅也进到华阳镇以东地区。为解除背后威胁，打开华阳地区的局面，我军决心消灭该敌。3月10日拂晓前，我军从华阳镇向东南返15里，在石塔寺附近设伏。上午，敌警二旅进入我军伏击地域。我军从山上树林里突然出击，向敌猛冲，打垮敌5个多营，毙伤200余名，俘团长以下400余名，缴获长短枪500余支。敌旅长张飞生受伤，藏匿在敌尸堆里装死，后乘夜逃走。战后，我军乘胜开辟华阳地区，在短时间内建立了7个乡的革命政权。将3200多亩土地和900多石地主恶霸的粮食，分给了贫苦群众。接着又派出几十名骨干到地方，分别组建了华阳、茅坪两支游击队和数百人的抗捐军。至此，初步建成了第三块革命根据地。3月下旬，我军主力东返葛牌镇，陕军警三旅紧追不舍；4月9日，我军在九间房进行伏击，将警三旅基本歼灭。至此，彻底粉碎了敌人的第一次"围剿"。

九间房战斗后，附近的几块根据地已连成一片。4月中旬，省委在葛牌镇召开扩大会议，进一步在全体同志中坚定了创建鄂豫陕根据地的决心。会议改选了省委，新的省委由10人组成，徐宝珊为书记，吴焕先为副书记。会后我军东进，攻克洛南县城。以后又进至洛南、商县、商南、卢氏等4县的边区，大力进行开辟根据地的工作，先后在孙家山、庾家河等地建立了一批乡苏维埃，成立了游击队，开创了第四块革命根据地。攻克洛南城后，青壮年纷纷参加红军，半个月内吸收新战士600名，洛南附近几座小煤窑的一些工人也参加了红军。红二十五军入陕5个月，歼陕军一二六旅3个多营和警二、警三旅大部，先后攻占县城5座。到5月初，红二十五军发展到3700多人，地方游击师、抗捐军2000多人，发展党员38人，成立了鄂陕、豫陕2个特委和10个区、46个乡、314个村的政权，人口近50万，耕地面积90多万亩，初步建立了鄂豫陕革命根据地。总结5个月的斗争经验，敌人不让我们创建根据地，站稳脚跟，我们是在取得连续战斗胜利情况下，才有利地创建了根据地，也只有创建了根据地才有了依托以更好打胜仗。所以我军抽出部队和干部做群众工作。

红二十五军的胜利，使反动派大为震惊。蒋介石于 1935 年 4 月 20 日，命令东北军王以哲第六十七军 3 个师和驻郑州的唐俊德第九十五师开入陕南，同第四十军、第四十四师和陕军一部，共 30 多个团的兵力，统由杨虎城指挥，向我军发动第二次"围剿"。这时我军正在进行战备整训。不幸，徐宝珊同志病逝于龙驹寨，吴焕先代理省委书记。5 月上旬，敌人开始行动，第六十七军 9 个团和九十五军 3 个团展开在洛南县城以东以北，向南进攻；四十四师 4 个团由郧西县上津向北进攻，四十军 5 个团和陕军三十八军 4 个团、警一旅 2 个团、警二旅 2 个团、特一旅 2 个团，则从南到北配置在安康、镇安、柞水、蓝田一线，在西面堵截我军。我军觉察敌企图后，南下郧西地区。5 月下旬，省委在郧西开会，研究反"围剿"的作战方针和计划。我因伤重仍未参会，只是向政委吴焕先同志介绍了中央苏区反击敌军第三次"围剿"时，以先拖后打的作战方针，取得了第三次反"围剿"胜利的经验。省委决定：陕南山大、无公路、人口少，敌军后方补给困难，必然采取速战速决作战方针。我游击师就地坚持，发动群众坚壁清野，广泛开展游击战；红军主力则采用"诱敌深入，先拖后打"的方针。6 月初，我军由郧西县二天门出发，向北直插商县地区。4 日夜、5 日晨，先后在商县的商洛镇附近，与敌一一〇师、一二九师遭遇，毙伤敌团长以下 200 余人，缴获部分武器。战后，我军继续向北，插到敌六十七军背后，又东转庾家河地区。我军向北跳到外线后，敌原来部署北面敌军向南、南面敌军向北合击我军的矛头改为都向北。我军又掉头向东南，大踏步前进，继续在外线调动、分散和疲惫敌人，创造战机。6 月 10 日，我军从庾家河出发奔向东南，13 日包围商南县城，14 日打下富水关，进占青山街，俘敌四十四师营长以下官兵 170 多人。这一突然行动，使北顾商县、洛南之敌，又被牵向东南尾追我军。我军又远程奔袭荆紫关。这里是鄂豫陕三省边界，有敌四十四师的后方临时补给站，由一个营驻守。我军以手枪团化装成敌四十四师部队，经 130 多里急行军，于 16 日午前，通过敌外围警戒线，受到敌警戒部队的列队迎接，我军未费一枪一弹将其缴械并迅速进到荆紫关城下，守敌发觉，急闭城门向我军开火。这时我二二三团跑步赶到，搭人梯强行登上城头，占领了全城，残敌向东南逃走。这次战斗，歼敌一个多连，活捉敌第四十四师军需处长，并缴获大批军用物资。这时敌六十七军 3 个师、第四十师和陕军警一旅等部，均向荆紫关蜂拥而来。但敌人的部署已被我军打乱，部队也拖得相当疲劳。敌四十四师因疾病和逃亡，多数连队减员三分之一以上。6月17日，我军离开荆紫关向西挺进。杨虎城急调部队向西防我军北进；同时令第三十八军4个团、第四十军一一五旅进到漫川关、上津一带，迎头堵击。多日来，为调动和拖垮敌人，我军日夜行军作战，十分艰苦。吴焕先政委多次讲话，说明在敌强我弱情况下，不能和敌硬拼，要等把敌人进攻部署打乱，拖疲劳了，再回头打它。这样，部队始终保持了旺盛的战斗情绪。我军头顶烈日，沿着鄂陕交界的崇山峻岭急速西进。22日，在山阳县姚家湾击退敌四十军一一五旅一部的阻拦后，由西岔河冒大雨转向西北。25日，回到根据地边沿的黑山街。这时，各路敌人都被甩在后面，距我军最近的敌警一旅，也离我军有4天路程。6月29日下午，敌警一旅追到黑山街附近。我军向西退到袁家沟口以西的桃园岭一带，这里是一条长10多里的深沟，两侧山高林密，便于部队隐蔽，利于伏击。这一带又是开辟比较早的根据地，群众基础好，我军即决定以这里为战场。7月1日，警一旅追到了袁家沟口。我军连夜循来路返回桃园岭。我军的部署是：二二三团占领袁家沟口北面一线高地，二二五团2个营占领袁家沟口西南的东沟和李家沟东侧高地，另一个营占领桃园岭及其以东地区，第三、四路游击师在袁家沟口以南高地，控制沟口，断敌退路，并担任警戒。2日拂晓，发现敌军在袁家沟村西集合，尖兵已向西出发。我军部立即发出攻击命令，冲锋号一响，各种火器突然向密集之敌猛烈射击。我二二三团首先从北面发起冲击，猛扑敌人。出敌不意，敌军当即乱成一团，慌忙向西逃跑，被我二二五团居高临下迎头打击。这时各个连队都插向敌群，与敌人展开白刃格斗，经激战，敌人大部被歼。旅长唐嗣桐率残部向南突围，遭我二二五团一部和第三路游击师阻击。敌人占据一个小寨子顽抗，经我军多次猛攻，到午后将其全歼。战斗过程中，杨虎城一再电令离战场不到40里路的一一〇师增援，但该敌始终未敢前进一步。袁家沟口一仗，全歼敌警一旅，毙伤敌300余人，俘敌旅长唐嗣桐以下1400余人，缴获各种枪支千余条及许多军用品。我军仅伤亡80余人。唐嗣桐承认，士兵"肥的拖瘦，瘦的拖死"。这一仗是第二次反"围剿"中的第二个大胜利。战后，主力部队进行休整，游击师负责打扫战场，广大群众组织救护和转运伤员，许多山村的群众热情慰劳红军。袁家沟口区苏维埃还召开群众大会，庆祝红军打了大胜仗。为继续掌握主动,把敌人调出根据地,扩大影响,补充兵员和物资,根据省委决定,我军北出终南山,威逼西安,前锋直抵西安以南 20 余里的杜曲、子午镇一带。西安敌人大为震动,本来由华北调来要开赴天水阻止中央红军北上的东北军第五十一军也不敢动了。至此,敌第二次"围剿"被打破,根据地也进一步巩固了。

六、西出甘肃配合红军主力北上

1935 年 7 月 15 日,原鄂豫皖省委交通员石健民同志,勇敢地冲破敌军封锁,从西安带来了中央文件和报纸,我们才了解到:1935 年 1 月,党中央在长征途中召开了遵义会议。6 月中旬,中央红军在四川西部的懋功地区和红四方面军会合后,已北上青海、甘肃边境了。我们还了解到,日本帝国主义正加紧向华北扩张,国民党政府与日本签订了《何梅协定》,华北形势岌岌可危,民族危机严重。石健民同志是为我军能适时地采取进军计划而果断行动的。

石健民同志是个贫苦农民子弟,湖北黄安(今红安)县人,生于 1905 年,只读过几年私塾,在药铺当过学徒,懂得一点医道。他 1926 年加入中国共产党,1927 年参加了黄(安)麻(城)农民暴动。1928 年,在鄂东北根据地做交通员工作。1932 年 10 月,红四方面军主力撤离鄂豫皖苏区之后,吴焕先同志留任鄂东北游击总司令,石健民同志在司令部任参谋主任。不久,石健民同志担任鄂豫皖省委的交通员,奔走于武汉、上海、郑州等地,在工作中积累了经验,成为一名出色的红色交通员,与上海中央局经常联系,当我由中央苏区到上海时,就是由他接我到鄂东北道委,以后他又带着文件去上海。当红二十五军攻下子午镇,威逼西安时,石健民同志把个人的生死置之度外,冒着极大的危险给我们带来了文件和报纸,使我们得知中央红军与红四方面军已在川西会合,并继续北上的消息。石健民曾随红二十五军行动了几天,当时吴焕先同志给中央写了个报告,交给石健民同志带出去,设法交给中央,石健民离开了红二十五军。1939 年石健民在新四军工作,有一次在执行交通任务时,不幸被敌人逮捕,牺牲在立煌县,时年 34 岁。石健民同志到的当天,省委就在长安县沣裕口召开紧急会议,认真分析了形势,认为:敌军在川甘边界阻止红军北上,我军西出甘肃破坏敌军后方,配合主力红军的行动,是当前最主要的任务。省委也考虑到陕南的情况，活动范围不大，物资不能供给扩大了的红军的需要，北上与陕甘红军会合，就可以更好地配合中央红军在西北的行动。于是省委决定应率红二十五军西征北上。会议还决定合并鄂陕、豫陕两特委组成鄂豫陕特委，由郑位三和陈先瑞两同志领导当地的游击队等武装继续坚持鄂豫陕革命根据地的斗争。

7月16日，红二十五军从沣裕口出发，为了迷惑敌人，沿秦岭北麓冒雨向汉中方向前进。7月27日，到达留坝县的江口镇，击溃当地民团。由于连续十多天的行军作战，部队相当疲劳，决定休整两天，进行西征北上的思想动员和物资准备工作。同时，部队进行整编，将第四路游击师280余人，分别编入各团，并把沿途收容的游击队员和伤员也补入连队。这时，军部二二三、二二五团和手枪团，包括军直属队，全军近4000人。

7月30日，我军从江口镇出发转向西北。这时敌胡宗南纵队、鲁大昌新编第十四师、王均第三军、邓宝珊新编第一军和马鸿宾第三十五师，都部署在四川西北和甘南边境、渭河沿线和西（安）兰（州）公路上，防我主力红军北上。根据这种情况，红二十五军经留坝县北上，占领双石铺，然后决定进入甘肃境内，破坏敌后方，配合中央红军的北上行动。8月3日，我军攻占甘肃两当县城，然后翻越麦积山，直逼天水城下，攻占天水城北关。敌人急调第三军十二师一部回援，同我军一水相隔的敌五十一军一一四师踌躇不前。11日，我军从新阳镇北渡渭河，进占秦安县城。我军神速西进，敌人极为震惊。8月12日，我军弃秦安县城北进。14日，威逼静宁县城，切断了西兰公路。

15日，我军进入静宁县城北50里的兴隆镇，这里是回民聚居区。我军制定了"三大禁令、四项注意"：禁止驻扎清真寺，禁止打回族中的土豪，禁止在回民家中吃大荤；注意回族的风俗习惯，注意要用回民水桶在井里打水，注意回避青年妇女，注意实行公买公卖和不准在回民面前说猪骂猪等。吴焕先政委召集当地知名人士和阿訇开座谈会，宣传抗日救国主张、红军的政策和纪律，并讲明我军只是稍作停留，不征粮要款，不拉夫抓丁，以解除其思想顾虑，还拜访了清真寺，赠送了匾额和礼品。清真寺的阿訇也按照民族礼节，宴请了我军领导人，并赶着一群染了红色的肥羊到军部回拜。部队普遍开展群众工作，帮助群众干活，街头巷尾，到处打扫得干干净净。

军医院同志热情为群众治病，院长钱信忠亲自为一腹胀病患者扎针治疗。我军的实际行动，使当地回族人民深受感动，"红军好"的消息很快传遍了回民地区。

七、政委吴焕先壮烈牺牲

8月17日，我军沿西兰公路东进，攻克隆德县城。当日黄昏继续东进，连夜翻越六盘山，直逼平凉县城。西兰公路是敌军由内地通往甘肃的唯一交通干线。我军活动了18天，使敌交通断绝。蒋介石在8月10日电报中曾称："查徐海东匪军西窜原因在策应朱、毛，我军应采用内线作战要领先以优势兵力迅速解决徐匪，再行以全力回击朱、毛。"敌第三十五师一面令一〇五旅一部增援平凉，一面令骑兵团等向泾川县城集中，妄图将我军逐出陇东地区。我军为牵制敌人，于20日绕过平凉县城，南渡泾河，沿公路进至白水镇。敌一〇五旅3个步兵团尾追而来。傍晚，我军冒大雨到马莲铺以东，抢占打虎沟高地，歼敌一个多营。因连日暴雨，公路北侧的泾河河水猛涨，再北渡泾河已很困难，而公路南侧，又被一道几十里宽的高塬所阻，回旋余地很小。我军暂时撤离公路，南渡泾河的支流汭河，佯作进攻灵台转向陕西模样，实则计划西去威逼崇信县城，继续切断西兰公路，并积极探听中央红军的行动消息。8月21日，我军离开白水镇向东，徒涉汭河。部队刚过了一半，山洪暴发，河水突涨，军直属队和二二三团被阻于汭河北岸。就在这时，敌三十五师一〇四旅二〇八团1000余人，乘机向我军突袭。我先头部队均已渡过汭河，难以回援，后卫部队背水作战，形势极为不利。二二三团一、二营投入战斗，由西南方向反击敌人。战斗一打响，吴焕先政委带领交通队和学兵连100余人，从河边冲到塬上，直插敌军阵地。他向战士们振臂高呼："同志们！压住敌人就是胜利，绝不能让敌人逼近河边！一定要坚决地打！"战士们不顾泥泞路滑，迅速抢占了塬上制高点，从侧翼向敌人发起冲击。我二二三团三营在重机枪火力的掩护下，集中力量实行反击，形成对峙夹攻之势，敌纷纷溃散。战斗在激烈进行时，亲临前线指挥作战的吴焕先政委，不幸中弹牺牲。这一噩耗，激起指战员们对敌人的无比仇恨，与敌人拼刺刀肉搏，将敌人压到一条烂泥沟里，全部歼灭，并击毙了敌团长。

吴焕先同志是鄂豫皖革命根据地和红四方面军创始人之一。早在1926年，他就从事农民运动，参加领导著名的黄麻起义。1931年以后，他历任中共鄂豫皖省委委员、中国工农红军第四军十二师政治部主任等职。1932年10月，红四方面军主力撤离鄂豫皖时，他留任鄂东北游击总司令。他根据鄂豫皖省委决定，主持重建红二十五军，先后担任军长、政治委员。他在领导红二十五军坚持鄂豫皖边区武装斗争中，有着不可磨灭的丰功伟绩。

在省委书记徐宝珊病重、我和徐海东都身负重伤的严重时刻，他勇挑革命重担，主持全面工作。徐宝珊同志病逝后，他代理鄂豫陕省委书记，肩负最繁重的责任。红二十五军北出终南山，威逼西安时，得知中央红军消息后，吴焕先同志在长安县沣峪口主持召开了省委紧急会议，做出西出甘肃，直逼敌后方，配合红军北上的决定。在远离中央领导、又与兄弟红军隔绝的情况下，省委能够独立做出战略决策，这是与吴焕先同志的通观全局的战略远见、坚决果断的革命胆略分不开的。

长征到达陕南时，吴焕先同志曾多次说过，消灭敌人一个团，都不如缴获一部电台，有了电台就可以与党中央取得联系，及时得到党中央的指示。为了向中央报告情况，我们从沣峪口出发的第二天，他连夜写了一份长达8000字的书面报告，就红二十五军的作战行动、有关斗争策略和省委工作中的进步和缺点，如实向中央作了反映。西征北上途中，吴焕先同志常派手枪团搜集各种报纸，借以了解主力红军的行动消息和川、陕、甘边的战事动向。记得打下川陕公路要地双石铺后，就是从截俘敌少将参议的口供和几张《大公报》上，进一步获悉主力红军正在北上的确切消息。吴焕先同志及时向部队提出"迎接党中央"和"迎接主力红军"的战斗口号，鼓励全体指战员奋勇向前，积极策应主力红军的北上行动。

长征途中，部队每路过一地，吴焕先同志都不顾个人劳累，深入了解当地的社会状况和民情风俗，及时地制定出新的政策、策略。我军从泌阳以东地区路过时，沿途地主武装盘踞的围寨很多，为争取时间急速北上，吴焕先同志曾请政治部提出不进围寨，不打土豪，部队所需粮草，一律实行购买；并指示给寨主头目写信，散发《北上抗日出发宣言》，宣传党的抗日救国主张，使其明了民族大义，沿途勿加阻拦。这些政策措施都收到良好的效果，保证部队顺利穿过豫西平原。

吴焕先同志在红军中长期从事军事和政治领导工作，没有受过系统的军事教育，但他能够在革命战争中学习战争，长期的战争实践造就了他的军事才能，提高了他的作战指挥艺术，成为一名英勇善战的军事家。在多次极为险恶的战斗中，他不顾个人安危，身先士卒，冲锋在前，使部队一次次化险为夷，转败为胜。吴焕先同志牺牲时，只有28岁。他的牺牲是红二十五军以至中国革命力量的一个重大损失。

这以后，我军一面在崇信、灵台之间活动，一面派人四处搜集报纸，访问客商，极力寻求有关中央红军的消息。敌人则调动军队，逐渐向我军合围。省委和军部决定北上陕北苏区，与陕甘红军会合。我军在甘肃南部行动，从8月14日到31日，截断西兰公路达18天。敌人不得不一再抽调兵力对付我军。我们起到了牵制敌军、配合中央红军北上的积极作用。

我军过泾河后，兼程前进，经过多次战斗和艰难行军。其中，在合水县板桥镇，我军继续北上，军直属队和大部分部队已经出发，因负责同志讲话时间长，致使掩护部队出发晚，敌骑兵部队袭来，我掩护部队打退敌骑兵进攻后，接着去追击敌人。敌骑兵从两翼包围上来，我追击部队被冲散，徐海东同志骑马撤退，敌骑兵紧追海东同志，并说，要捉活的。所幸我出发部队闻知敌人进攻后，部分队伍回援，打退了敌人，救出了徐海东和一些同志。我军于1935年9月7日，到达陕甘革命根据地保安县的豹子川。

9日，部队进至永宁山，和陕甘党组织取得了联系。中共陕甘边特委和军委一面报告西北工委，一面派习仲勋、刘景范同志到永宁山迎接红二十五军。又经四天行军，受到沿途群众的欢迎和慰问，于9月15日，到达延川县永坪镇。至此，红二十五军胜利地完成了第二次长征，全军总共还有3700多人。

到达永坪后，中共西北代表团和陕甘党政领导机关及红二十六军、二十七军召开了欢迎红二十五军群众大会，给红二十五军指战员极大鼓舞。

在这以前鄂豫陕省委召开会议，决定由徐海东任军长，我代理省委书记兼任军政治委员，戴季英任军参谋长，郭述申任军政治部主任。同时对部队作了和陕甘红军会师的政治动员，要求部队虚心向兄弟部队陕甘红军学习。

原载中共中央党史研究室编：《红军长征纪实丛书·红二十五军》卷1，中共党史出版社，2016年，第20～45页。

红二十五军的战略转移

◎ 王诚汉

红军第二十五军,在鄂豫皖省委和程子华、吴焕先、徐海东等率领下所进行的战略转移——长征,是极其艰苦和曲折的。这支队伍从 1934 年 11 月撤离鄂豫皖苏区后,在与党中央失去联系的情况下独立转战,历尽艰难险阻,打破敌人一次又一次围追堵截,先于鄂豫陕边创建了苏区,后为迎接党中央和配合主力红军北上,毅然离开苏区继续西征北进。在此期间,因得不到党中央行动的确切消息,同时迫于敌情,于 1935 年 9 月进入陕北与陕甘红军会合。尔后这两支红军同心协力,团结战斗,使陕甘苏区进一步巩固与发展,成为红一、二、四方面军长征的立脚点,为党中央把全国革命的大本营放在西北做出了重大贡献。

一、新的战略起点

1932 年 6 月,国民党军集中 30 多万兵力突然对鄂豫皖苏区发动第四次"围剿",由于张国焘的错误战略指导,红四方面军苦战数月未能打破敌人进攻,主力于 10 月越过平汉铁路向西转移,留下红二十五军一部兵力会同部分地方武装重建新的红二十五军。随后在中共鄂豫皖省委领导下,经艰苦奋战,扭转了苏区的严重斗争局面。至 1933 年春,红二十五军的兵力发展到约 1.3 万人,成为坚持苏区斗争的有力支柱。

当时，鄂豫皖苏区因遭受敌人第四次"围剿"和"清乡"的严重摧残，亟待恢复元气；红军辗转连续作战，疲乏不堪，亦迫切需要休整。但是，省委领导人受王明"左"倾路线的影响，不顾实际情况和徐海东等同志的反对，强令红军"趁热打铁"，大举反攻，夺回七里坪、新集、红安县城等中心城市。红二十五军围攻七里坪40余天，打攻坚战、阵地战、消耗战，兵力损失近半，被迫撤围。接着，敌人的第五次"围剿"就开始了。

敌人对鄂豫皖苏区的第五次"围剿"，共出动兵力82个团10万余人。红二十五军艰苦鏖战1年零3个多月，虽取得葛藤山、长岭岗、太湖、扶山寨等重要战斗的胜利，但自身损失也很大。鄂豫皖苏区所面临的形势是：第一，敌以数十倍于红军的兵力，用碉堡和封锁线压缩根据地，用"驻剿"与"追剿"对红军交替进攻；红二十五军这时兵力已不足3000人，处境艰险，有耗无补，难以组织有力的反击。第二，苏区日益缩小，粮食奇缺，人口锐减，物力、财力枯竭。第三，在老区难以恢复和再开辟新的苏区。虽然红军指战员进行了极其艰苦的斗争，但苏区的严重局面无法扭转，打破敌人"围剿"已不可能。在此形势下，中共鄂豫皖省委从1934年3月起，几次收到中共中央、中央革命军事委员会要求红二十五军实行战略转移、创建新根据地的指示。同年9月，党中央和中革军委又派程子华到达苏区，传达了周恩来关于红军主力要作战略转移，建立新根据地的指示。11月11日，鄂豫皖省委在光山县花山寨召开会议，决定红二十五军向平汉铁路以西实行战略转移，以保存有生力量，求得更大发展；留下部分地方武装（后建为红二十八军）坚持苏区斗争。随即对部队进行整编，并调整了军领导成员，根据徐海东的提议，省委决定程子华任军长，吴焕先任政委，徐海东由军长改任副军长。16日，红二十五军以中国工农红军北上抗日第二先遣队的名义，从河南罗山县何家冲出发，次日冲破敌人平汉铁路封锁线，离开鄂豫皖苏区，开始长征。

敌人围追堵截，红军英勇战斗。11月26日，红二十五军进至方城县独树镇附近时，遭到先期到达的敌四十军一一五旅和骑兵团阻击。当时因遇寒流，雨雪交加，部队饥寒交迫，一时陷入被动。吴焕先、徐海东带头冲锋陷阵，率领指战员们反复冲杀，敌我伤亡都很大。战至黄昏，我军终于迫敌暂停进攻，于当夜胜利突围。28日，敌四十军骑兵第五师第一一五旅、骑兵团分别追来，从南北两面夹击红军。徐海东当即命令前卫第二二三团立即抢过澧河，第二二五团则迅速抢占上马村高地，击退敌骑兵团和第一一五旅的进攻，掩护军直属队和第二二四团顺利过河。12月10日，敌第六十师对刚进至雒南（今洛南）县庚家河（今属丹凤县）地区的红二十五军发动突然袭击。正在开会的军领导立即登上山头，指挥部队与敌人展开激烈的争夺战。战斗异常艰苦激烈，从上午一直打到黄昏，反复冲杀20余次，终于打退敌人的进攻。这次战斗杀伤敌人数百，红军伤亡也很大，军长程子华、副军长徐海东均负重伤。战后，部队进行整编，将第二二四团分别编入第二二三团和第二二五团，由3个步兵团缩编为2个步兵团。至此，红二十五军经过近一个月的艰苦转战，初进桐柏山，继入伏牛山，后又转进陕南，以2000余人的兵力粉碎了20余倍于己之敌的围追堵截，胜利地完成了战略转移的第一步任务。

在转移中，红二十五军有效地保存了有生力量，经受了严峻的考验和锻炼，提高了部队的战斗力。行军作战中领导身先士卒，广大指战员英勇顽强作战，表现了高度的政治觉悟。特别是独树镇和庚家河两次战斗，吴焕先、徐海东亲自率领部队冲向阵地，以巧妙的指挥为后续部队打开了通道。实践证明，红二十五军在党领导下从长期的战争实践中锻炼出来的战斗作风是过硬的，这是红二十五军能压倒一切敌人和困难而不被敌人和困难所压服的重要原因之一。历史事实也充分证明，红二十五军在强敌压境、无力粉碎敌人"围剿"的形势下，实行战略转移是完全必要的、正确的。如果不顾敌强我弱力量悬殊的客观实际，死死困守苏区，消耗自己的有生力量，那就只有被敌人不断削弱，甚至被消灭。

毛泽东同志曾经指出，战争的流动性和苏区领土的不固定性，是土地革命战争的重要特点之一，也是弱小的红军赖以保存自己、消灭敌人的一种有效战略手段。红二十五军胜利突破敌人的包围，跳到外线转战，待机破敌，寻找新的立脚点，既保存和发展了自己，又调动了敌人，从而为红二十八军坚持原苏区的斗争创造了条件。从这个意义上说，红二十五军的长征也是它走向新的胜利的战略起点。

二、开创鄂豫陕苏区

如何选择敌人统治的薄弱环节，开创新的苏区，迅速发展壮大自己，这是摆在转战中的红二十五军面前的一个根本问题。

1934年12月10日，鄂豫皖省委在雒南县庾家河会议上研究了在鄂豫陕三省边界地区创建新苏区问题。会议分析了该地区的敌情、民情和自然地理情况，认为敌人在这里统治力量比较薄弱，人民生活贫困，容易发动群众，党和红军在这一带有一定影响；同时这里山大沟深、丛林茂密，回旋余地较大，便于活动，适合创建新的苏区。会议最后做出了《关于创建新苏区、新的革命根据地的决议草案》，决定红二十五军当前的根本任务就是在这一地区深入发动群众，做好宣传工作，把群众组织起来，迅速扩大红军，以打破敌人进攻、创建新的苏区。同时决定中共鄂豫皖省委改为鄂豫陕省委。

为贯彻省委决议，部队整编后，以一部分兵力就地发动群众，以主力主动出击，开辟了鄂豫陕边、陕东南5个县和华阳等几块苏区。1935年1月，敌人向红军发动第一次"围剿"。红二十五军经蔡玉窑、文公岭两战，予敌第一二六旅以重创，并乘胜在蓝田、商县、山阳、镇安、柞水5县部分地区开辟苏区，建立游击武装。接着，连克宁陕、佛坪两县城，于3月上旬进抵洋县华阳镇，在华阳东南的石塔寺附近打垮敌警备第二旅5个营，毙伤敌人200余人，俘敌团以下官兵400余人。战斗结束后，又乘胜开辟了华阳地区，建立了华阳、石塔寺等7个乡政权，组织了华阳、茅坪两支游击队和几百人的抗捐军。与此同时，红军还先后在蓝田县葛牌镇，柞水县曹家坪和山阳县小河口、袁家沟口、牛耳川、杜家沟等地建立了区、乡苏维埃政权和华阳地区的苏维埃政权。敌人第一次"围剿"至此被粉碎。葛牌镇会议后，红军乘胜东进。4月18日晚，徐海东指挥部队攻占雒南县城。当晚部队进城后，遵照军部命令，对群众秋毫无犯，部队均露宿在街道两旁。尔后进至雒南、商县以东，深入发动群众，扩大红军，组织地方武装，开辟了豫陕边苏区。到5月初，红二十五军主力发展到3700多人，地方游击师、抗捐军发展到2000多人，成立了中共鄂陕、豫陕两个特委，5个县工委，以及鄂陕边区苏维埃政府和2个县13个区、40多个乡300多个村的苏维埃政权，初步建成了鄂豫陕苏区。

5月上旬，敌人集中30多个团的兵力对鄂豫陕苏区发动第二次"围剿"。鄂豫陕省委在郧西开会研究反"围剿"的作战方针和计划。会议根据鄂豫皖时期反"围剿"的成功经验、程子华介绍的中央苏区三次反"围剿"的战法和徐海东的建议，决定红二十五军主力首先北上，争取歼敌一部，然后采取"诱敌深入，先疲后打"的方针打破敌人"围剿"。据此，红二十五军于6月初自郧西向北，直插商县地区，尔后经商南远程奔袭敌荆紫关兵站，歼敌一个营，缴获了大批弹药物资。接着又连续4天急行军，转移到山阳县袁家沟口一带隐蔽待机歼敌。等到第4天，敌警备第一旅赶来，吴焕先、徐海东指挥红二十五军发起猛烈进攻，经过激战，毙伤俘敌1700余人，缴获各种枪1600余支。其他敌军不敢再追，敌"围剿"又被打破。

为了补充自己和调动敌人，红二十五军在袁家沟口战斗后，又经杨家斜、石嘴子、后更子等地，北出终南山，前锋直抵西安以南10余公里的韦曲、杜曲。并在引驾回、子午镇进行扩军，补充物资，做群众工作，扩大红军的政治影响。

红二十五军自离开鄂豫皖苏区以后，因与党中央失去联系，对全国革命斗争形势不甚了解，只是在进逼西安时，从国民党的报纸上得知中央红军和红四方面军已在川西会师，并有北上的动向。为了配合主力红军行动，鄂豫陕省委于7月15日在长安县沣峪口召开紧急会议，一致认为配合主力红军行动是当前的重要任务。徐海东在会上强调指出，能牵制敌人，策应党中央和红军主力北上，对全国革命也有意义；在此行动中，即使我们这3000多人都牺牲了，也是光荣的。会议最后决定红二十五军立即西征北上。在当时复杂多变的情况下，红二十五军领导人能通观全局果断地做出西征北上的战略决策，是非常难能可贵的。它完全符合全国革命形势发展的需要，也反映了红二十五军全体指战员与主力红军会师的热切愿望。

在开辟鄂豫陕苏区期间，中国共产党领导红二十五军有机地把武装斗争、土地革命和苏区建设三者结合起来，省委和军部先后派出5名军、团领导干部带领2个主力连到地方去宣传群众、组织群众、建党建政，配合红军主力打破了敌人两次大规模的"围剿"，创建了4块苏区，人口逾50万。这一胜利充分显示了各级党组织的坚强领导，正如毛泽东同志所指出的："红色政权的长期存在并且发展……须有一个要紧的条件，就是共产党组织的有力量和它的政策的不错误。"

军事上的正确指导，也是红二十五军取得以上胜利的一个重要原因。尤其是吴焕先、徐海东智勇兼备，在红二十五军指战员中有极高的威望，是团结全军、指挥全军、克敌制胜、化险为夷的核心。在陕南的两次反"围剿"斗争中，他们运用灵活机动的战略战术，先调动、分散、拖垮敌人，打乱敌方部署，进而捕捉战机、集中兵力打击敌人。这种运动战与游击战相结合、大胆迂回、诱敌深入、先疲后打的战略战术，使红二十五军在极端艰苦的条件下连战皆捷，屡胜强敌。

三、辗转北上陕北

1935 年 7 月中旬，红二十五军从沣峪口地区出发，西征北上。这时，军仍直辖第二二三、第二二五团，连同直属队、手枪团，全军共约 4000 人。红二十五军经鄠县（今户县）、盩厔（今周至）、江口镇等地，于 31 日占领陕甘交界的双石铺（今凤县县城），歼敌一部，俘敌少将参议一名，获得一些文件和报纸。其中《大公报》7 月 22 日报道：红军"朱、毛部已越过 6000 米的巴朗山，向北行进……似有窥甘青交界之洮州、岷县、西固等处"。综合敌人的口供、文件、报纸所提供的情报，证实中央红军正在北上，而敌胡宗南部、新编第十四师鲁大昌部、第三军王均部、新编第一军邓宝珊部及第三十五师马鸿宾等部，则部署于川西北和甘南边境及渭河沿线与西（安）兰（州）公路上，企图阻止我主力红军北上。据此，红二十五军领导人当机立断，决定乘敌后方空虚，立即进入甘肃境内，并袭击天水县城，威胁敌人后方，打乱各路敌人的堵击部署，配合主力红军北上。8 月 3 日，红二十五军攻占两当县城，然后翻越麦积山，直扑天水城下，于 9 日攻下天水县城北关，歼敌一部。随即，放弃攻占天水的计划，于 11 日从新阳镇强渡渭水，打下秦安县城。接着经魏店北进，截断西兰公路的交通，威逼静宁县城，15 日进抵静宁县城以北的兴隆镇，在此休整 3 天。红二十五军迅速西进，出敌意外，使敌一片慌乱。蒋介石从 7 月 26 日起由成都"行辕"发出五道电令，调兵遣将，始则防止红二十五军入甘，继则围追堵截，再则抽调其"围剿"我主力红军的部队，企图"先以优势兵力迅速解决"红二十五军，然后全力回击正在北上的主力红军。

8 月 17 日，红二十五军沿西兰公路东进，一举攻克隆德县城，歼敌一个营大部。随即，部队连夜越过六盘山，击破敌第三十五师第一〇五旅一部的截击，逼近平凉县城。20 日，在平凉的白水镇和马莲铺以东的打虎山，打垮马鸿宾部第三十五师第一〇五旅，歼敌一个多营；21 日在泾川县城西南的四坡村，冒雨消灭前来突袭的敌第三十五师第一〇四旅第二〇八团1000多人，击毙敌团长马开基。在战斗中，红二十五军政治委员、代理鄂豫陕省委书记吴焕先不幸牺牲，这是红二十五军的重大损失。在此情况下，省委常委临时商定，鉴于军长程子华战伤未愈，由徐海东兼任军政委和省委书记。随后，红二十五军继续西进，威逼崇信县城，并在崇信县与灵台县之间积极活动，每天都派人搜集报纸，访问客商，千方百计打听党中央和主力红军的行踪，但始终未获确切消息。正在这时，敌毛炳文部又配合马鸿宾部从背后追来，红军处境十分不利。于是，红二十五军决定立即进入陕北苏区，与陕甘红军会师。

9月初，红二十五军强渡泾水，经镇原、庆阳、合水县境，沿陕甘边界的山区北进，7日到达合水县东北的豹子川（今属华池县）。中共鄂豫陕省委在此召开会议，决定由徐海东任军长，程子华任政委。9日，部队进抵保安（今志丹）县永宁山，和陕甘党组织取得联系。陕甘政府和红军代表习仲勋、刘景范等领导同志赶来热烈欢迎。尔后，我军3400余人经4天行军，到达陕北延川县与刘志丹领导的陕甘红军胜利会师。

红二十五军在两个月的时间内，西进甘肃南部，北越西兰公路，经过多次激战，攻占敌据点、城镇，打退和歼灭了尾追之敌，纵横陕甘宁三省，成为红军长征中最先到达陕北的队伍。红二十五军西征北上取得巨大胜利，主要在于战略决策的正确，全军继续发扬机动灵活的战术和英勇顽强的作风，从而为红军长征历史写下了光辉的一页。

四、革命大本营的奠基礼

团结是力量的源泉，是胜利的保证。红二十五军同陕甘红军会师后，紧密团结奋斗，形成了一股坚强的革命力量，为迎接党中央和红军第一、第二、第四方面军，将革命大本营奠基西北，开创抗日新局面，做出了积极贡献。

陕甘、陕北苏区，是陕甘和陕北人民在党的领导下，经过长期艰苦斗争创建的。当陕甘边特委和西北工委得知红二十五军到达永宁山的消息后，极为振奋。西北工委立即发出了《为迎接红二十五军北上给各级党部的紧急通知》，要求各级党组织立即动员起来，发动群众开欢迎会、庆祝会，送慰问品，欢迎红二十五军。红二十五军从永宁山出发，沿途群众送水送饭，送粮送柴，送鞋送袜，到处都可以看到欢迎红二十五军的标语、传单。陕北人民无微不至的关怀，使广大指战员深受感动。徐海东、程子华要求全军整顿军容风纪，切实执行群众纪律，和群众打成一片，虚心向陕甘红军学习，团结协作，并肩战斗。

9月18日，红二十五军和陕甘红军在永坪镇召开盛大的联欢会。会后，在中共西北代表团和陕甘晋省委的主持下，将陕甘红军和红二十五军合编为红十五军团，徐海东任军团长，程子华为政治委员，刘志丹为副军团长兼参谋长，高岗任政治部主任、郭述申任副主任。军团下辖第七十五、第七十八、第八十一师，共7000余人。

红二十五军和陕甘红军的会师，是中国工农红军在西北大会师的前奏。这两支红军的会师和组建成红十五军团，对于粉碎敌人的"围剿"、巩固和扩大陕甘苏区、迎接党中央和主力红军北上、推动革命的发展，都有着重要的意义。

红十五军团成立后，为粉碎敌人对陕甘苏区发动的第三次"围剿"，军团首长决定，采取"围点打援"的战法，以一部兵力围攻甘泉，调动延安敌人来援，军团主力则在劳山地区设伏，打敌援兵。9月下旬，部队经3天急行军，到达甘泉以西的王家坪一带集结。徐海东和刘志丹带着团以上干部到劳山实地察看地形，在劳山公路两侧埋下伏兵。10月1日，敌一一〇师几千人马钻进了红军的伏击圈。红军立即发起猛攻，经激烈战斗，击毙敌师长何立中以下1000余人，俘敌3700多人。10月25日，红十五军团乘胜强攻榆林桥，再歼敌第一〇七师4个营，并俘虏敌团长高福源以下1800余人。

就在红十五军团进行榆林桥战斗之前，党中央和红一方面军（当时为陕甘支队）于10月19日到达陕北吴起镇，并确定立脚陕甘边，开创新局面。11月初，毛泽东、彭德怀等到红十五军团部接见了徐海东、程子华、郭述申等。徐海东向毛泽东汇报了当前的敌情，并坚定表示敌人的第三次"围剿"完全可以粉碎。临走时，毛泽东派人交给他一部电台，要他带到前方使用。11月3日，中华苏维埃中央政府任命徐海东为西北革命军事委员会委员；同时决定红十五军团编入红一方面军建制。

对红十五军团与中央红军的胜利会师，敌人大为恐慌，急忙调整部署，发起新的进攻。红一方面军决定，集中兵力向南作战，首先在直罗镇一带歼灭敌人一两个师，尔后视敌情转移兵力，各个歼敌。红十五军团按照红一方面军领导的指示，进行了充分的战前准备。20日，敌第五十七军先头第一〇九师在飞机掩护下进入直罗镇。21日拂晓，在红一方面军领导统一指挥下，红一军团由北向南、红十五军团由南向北，向敌人发起猛攻。敌人在红军的突然、强大的攻势下迅速被全歼。此战共毙伤俘敌1个师又1个团，计6300余人，打了一个漂亮的歼灭战，彻底粉碎了敌人的第三次"围剿"，为党中央把全国革命大本营放在西北举行了奠基礼。

11月30日，毛泽东在鄜县（今富县）东村召开庆祝会师和直罗镇战役胜利的大会上，对直罗镇战役作了精辟的总结。他指出："我们胜利的原因：一、两个军团的会合与团结（这是基本的）；二、战略与战役枢纽的抓住（葫芦河与直罗镇）；三、战斗准备的充分；四、群众与我们的一致。"红二十五军长征的历史，也是中国革命的一部壮丽史诗。它以奇迹般的转战开辟了鄂豫陕苏区，后与陕甘红军胜利会师，组建了红十五军团，取得了劳山、榆林桥作战的胜利，巩固和发展了陕甘苏区，随后参加了著名的直罗镇战役。所有这些，都为迎接万里转战的党中央和红军主力、开创西北革命的新局面做出了重大贡献。1946年9月，周恩来同美国记者李勃曼谈道："红军长征到陕北以后，东北军即开始围攻。徐海东部首先把东北军打垮了1个师、1个旅，后来又打垮了1个师。于是东北军官兵不愿内战，要求抗日。中共在这种情况下，开始向东北军进行统一战线工作，双方取得默契，互不攻击，推动了西安事变的发生。"

原载《徐海东纪念文集》编委会编：《徐海东纪念文集》，军事科学出版社，2000年，第67～76页。

从红二十五军到红十五军团

◎ 张池明

红二十五军

1932 年 6 月间，蒋介石自任鄂豫皖三省"剿匪"总司令，调集 26 个师又 5 个旅共 30 余万人，对鄂豫皖苏区进行大规模的第四次"围剿"。红军第四方面军从 8 月开始进行了两个月的英勇苦战，虽然歼灭敌军万余人，但未能扭转战局，终于 1932 年 10 月撤出鄂豫皖苏区，向川陕地区实行战略转移。留在苏区的有中共鄂豫皖省委部分同志，还有分散各地掩护红四方面军转移的部队，共 5 个团及 1 个特务营，约 7500 余人。加上苏区各县独立师、团、营，共 1 万余人。他们在一时失去统一领导和指挥的情况下，各自为战，独立自主地坚持苏区反"围剿"的游击战争。

面对国民党军 20 多万兵力（除以 10 万兵力追击红四方面军外）大举"围剿"的严重局势，如何粉碎敌人的"围剿"、保卫苏区、挽救危局，亟待省委做出回答。中共鄂豫皖省委和鄂东北道委、鄂东南道委、皖西道委的决定是：尽快集中分散在各地有战斗力的部队，重新组建鄂豫皖的主力红军。

鄂东北（包括豫东南部分地区），以吴焕先为首的游击总司令部为指挥中心，集中原红七十五师 1 个团、原红二十七师 2 个团及地方武装，在中共鄂豫皖省委领导下，坚持了鄂东北、豫东南苏区的斗争。

皖西北（包括豫东南部分地区），以刘士奇为首的东路军为指挥中心，在中共鄂皖工作委员会（其前身为皖西北道委）领导下，集中原红二十七师1个团及几个县的独立团、营，于1932年10月2日在皖西北英山县金家铺组建了共4个团的红二十七军（又称东路军），刘士奇为军长，郭述申为政治委员（兼），吴保才为副军长，江求顺为政治部主任。下辖第七十九师（师长徐海东，政治委员王建南），师辖第一团、第三团；第八十一师（未成立师部）；军部直辖第二团、第五团。全军共4500余人。红二十七军掩护2万多地方干部、群众和伤员突破敌人包围，转战外线游击，在东线牵制了敌人7个师的兵力。他们经英山、罗田、蕲春、宿松、太湖、潜山、衙前（今岳西县）、桐城、舒城、霍山、六安等县，进行了数十次战斗，歼敌4000余人，打破敌围追堵截，于1932年11月转回恢复和保卫以金家寨（今金寨）、商城县为中心的皖西北苏区。不久，又从金家寨、商城、光山等县转战到鄂东北，在黄安（今红安）县七里坪、檀树岗地区找到了省委和鄂东北游击总司令部。

1932年11月29日，省委在檀树岗举行会议，认为红四方面军不会返回苏区，要依靠现有力量粉碎敌人的"围剿"，保卫苏区。因此，决定红二十七军与红二十五军及鄂东北游击总司令部合编为红二十五军，军长吴焕先，政治委员王平章，下辖第七十四师（师长徐海东，政治委员戴季英）、第七十五师（师长姚家芳，政治委员高敬亭），全军7000余人；撤销中共鄂皖工委，恢复中共皖西北道委会，并决定撤销中共豫东南道委会，将这一地区分别划归鄂东北道委和皖西北道委领导。为恢复和保卫皖西北苏区，1933年1月上旬，根据省委决定，以两个团及军部特务营为基础，在鄂东北麻城县大畈组建红二十八军，军长廖荣坤，政治委员王平章（兼），下辖第二四四团、第二四六团及特务营，全军共3000余人。红二十八军组建后，从鄂东北转战到皖西北苏区。

独立坚持鄂豫皖苏区根据地斗争的红军，在敌15个师又3个旅及民团、保安团重点"围剿"的严重形势下，经过艰苦奋战，先后进行了新集（今新县）以南郭家河、黄安东北九龙长岭、新集以南杨泗寨、商城东北门坎山等中心苏区保卫战，打退了敌人多次进攻，歼灭了敌军一部，扩大了红军主力部队。

王明"左"倾路线取得了在党中央的领导地位，他们一再要求鄂豫皖苏区的党和红军死守苏区，不失一寸土地。命令红军首先夺回七里坪、河口、黄安县；第二步夺回新集和光（山）麻（城）交通线中心地带，把整个失去的苏区连成一片。因此，省委于1933年4月间，不顾敌强我弱的实际情况，盲目执行"左"倾路线，贸然决定围攻敌人重兵设防的七里坪。

为执行夺回苏区失去城镇的任务，省委决定集中红军主力作战，即撤销红二十八军，充实红二十五军，编成第七十三、七十四、七十五师，共约1.3万人。军长吴焕先，政治委员戴季英，副军长廖荣坤、徐海东，政治部主任高敬亭。全军于1933年5月2日夜开始进入七里坪外围阵地构筑工事，同敌人对峙。经过一个半月苦战，虽给敌人很大打击，但既未围死敌人，又屡攻不下。由于伤亡、饥饿和疾病，加之"肃反"错误，使部队减员近半。6月13日，省委决定撤围。此后，红二十五军再次整编，撤销第七十三师，缩编为2个师，全军共约6000余人。

这时，敌人第五次"围剿"已经开始，刘镇华为"鄂豫皖三省边区剿匪总司令"。敌大肆向我苏区增兵，实行"三光"政策，血洗大别山，企图彻底消灭红军、摧毁苏区。在"左"倾路线影响下，红军失去主动，不敢离开苏区一步，忽东忽西，被动应战，但仍提出要誓死保卫中心苏区。经过麻城的福田河、黄土岗，新集的双山门、王家湾、光裕山、太平寨，黄安的长冲、老君山、天台山，金家寨的汤家汇、南溪、双河、瓦屋基等大小十几次战斗，都未能给敌人歼灭性打击。1933年10月，敌集中兵力向皖西北我军合围。我军向鄂东北转移时，在通过潢（川）麻（城）公路封锁线时遭敌拦击。后卫部队及后方机关1000多人被敌切断，在徐海东（因病重坐担架在后）指挥下返回皖西北，在南溪附近与道委会合，决定与皖西北的红八十二师合并，重建红二十八军，军长徐海东，政治委员郭述申。下辖第八十二师、第八十四师，全军共2300余人，继续坚持皖西北的斗争。

省委于1933年10月曾向党中央报告鄂豫皖的斗争形势及困难处境。党中央于当年底回信，指示保存红军力量，准备实行战略退却，可向平汉铁路西桐柏山区转移，建立新的根据地。省委于1934年3月收到上述指示，经过讨论，考虑对苏区外边情况不了解，认为我军力量弱小，脱离苏区即失去依托，担心损失了红军，又丢掉了苏区。因此一面请示中央暂不转移，一面试图到苏区的边沿地区，恢复老区同时开辟新区。

1934年初，蒋介石调东北军到鄂豫皖进行新的"围剿"。4月，红二十五军乘敌调动之机转移到皖西北，在商城县豹子岩与红二十八军会师，并进行第三次整编。

撤销红二十八军，合并到红二十五军，军长徐海东，政治委员吴焕先，政治部主任郭述申。下辖第七十四师、第七十五师，全军共 3000 余人。为贯彻中央建立新苏区的指示，红二十五军先后在河南罗山县朱堂店和安徽英山县陶家河等地区开辟了几小块新区，但由于强敌进攻，都未站住脚。此后，我军乘东北军布防之机，先后在光山县高山寨、罗山县长岭岗、六安县郝集、商城汤泉池和大柳树、光山县扶山寨等地打了几个歼灭战，使我军枪支弹药得到大量补充，士气大振。

1934 年 6 月，省委又收到党中央 2 月指示和 6 月复信后，继续讨论红二十五军战略转移问题。10 月底，因敌人进攻，部队撤出陶家河，准备从皖西北进到鄂东北视情况再做决定。省委准备率部队转回鄂东北，决定留下高敬亭和八十二师 1 个多团坚持皖西北斗争。11 月 4 日，部队正从皖西北向鄂东北转移途中，接郑位三来信，说中央派程子华到鄂豫皖工作，请省委率红二十五军速来鄂东北。省委率领部队不顾一切疲劳和减员，连续冲破敌人四道封锁线，昼夜兼程，且战且走，到达鄂东北。

11 月 11 日，省委领导在河南光山县花山寨会见了郑位三、程子华，并举行省委常委会议。根据党中央过去的文件指示和程子华要郑位三向省委常委会议转达的周恩来副主席的口头指示，会议决定：红二十五军立即进行战略转移，对外称"中国工农红军北上抗日第二先遣队"；部队进行第四次整编，由 2 个师缩编为 3 个步兵团和 1 个手枪团，全军共 2900 余人；机关和干部进行部分调整，由程子华任军长，吴焕先仍为政治委员，徐海东由军长改为副军长，戴季英为参谋长（先为军政治部主任），郑位三为军政治部主任（先为省委秘书长），郭述申为军政治部副主任（由于"左"倾路线的错误政策，曾一度调为团政治处主任）；原师职干部均改为团职干部。高敬亭留在皖西北道委工作，未参加会议，由省委去信，告知留他在鄂豫皖统一领导党政军民工作（后为中共鄂豫皖特委书记和红二十八军政治委员），继续坚持大别山根据地的斗争。部队进行政治动员，为隐蔽我军行动意图，只说要准备"打远游击"；安置伤病员，减轻行李装备，布置鄂东北工作。接着省委（实际兼军党委）即率领红二十五军 2900 余人开始长征。

11 月 16 日，全军从罗山县何家冲出发，次日在朱堂店以南之罗古寨打垮敌"追剿纵队"第五支队。这是我军撤出苏区的最后一仗。当夜，迅速越过平汉铁路，按预定计划向桐柏山挺进。当我军进入桐柏山地区时，敌人以重兵合围，企图在这个地区消灭我军。由于我们在桐柏地区难以立脚，省委毅然决定迅速通过豫西平原，继续向伏牛山地区前进。22日，派小部队佯攻枣阳，并扬言西进以迷惑敌人。我军主力却突然折向东北，击退敌第五、第三"追剿队"的拦阻和追击，绕道泌阳，向东跳出敌人包围圈，北上象河镇，再转向西北，日夜兼程前进。

26日，途经许（昌）南（阳）公路时，敌第四十军早已严密封锁公路，并形成对我军包围，"追剿队"也在后边尾追而来。时值风雪交加，能见度很低。在我军前卫团接近方城县独树镇附近公路时，敌军突然向我行军纵队发动猛烈攻击，我先头部队被迫后退，全军面临着覆没的危险。这时，军政治委员吴焕先不顾个人安危，手持大刀，跑上前去命令部队坚决顶住敌人，不许后退。徐海东副军长带领后卫掩护团跑步赶到，经浴血奋战打退敌人进攻，坚持到黑夜，我军乘隙偷过敌人封锁线，转危为安。

我军进入伏牛山边缘地区后，敌军依然紧追不舍，且前进道路上围寨林立，对我军行动十分不利。由于我军执行正确统战政策，沿途先送信安民，说明不打土豪、不进围寨、借路通过、北上抗日，因而倍受欢迎，使我军顺利进入伏牛山区。经过行军的沿途调查和亲眼所见，这里并不是开辟根据地的理想地区，各方面条件不利于我军活动，于是省委又果断决定继续向陕南前进。陕西南部山区跨三省边界，敌人统治势力比较薄弱，人民群众热切盼望红军。但我军刚进到栾川以西，即得知敌第六十师早已从开封车运灵宝，进到卢氏以南朱阳关一线设防，堵截我军西进。我军即改变路线，派手枪团对朱阳关佯动，主力择小路绕过朱阳关，乘黑夜沿着卢氏县城脚下神速通过，直奔豫陕边界。12月8日，翻过箭杆岭的铁锁关，歼灭守关的陕军部队，于陕西雒南（今洛南）县的三要司再歼陕军1个营，胜利进入陕南。

10日，部队进抵陕南雒南县庚家河（今属丹凤县）。省委常委开会讨论创建鄂豫陕根据地问题时，又遭敌第六十师突然袭击。敌人已占领庚家河东山高地，我军再次处于险境。省委立即停止开会，军首长迅速赶到山上指挥部队实施反击，强攻山头阵地。副军长徐海东率领第二二三团以猛烈的冲击夺回了东山隘口，其他两个团紧密配合，经激战终于打垮敌人的进攻，歼敌300余人，挽救了危局，程子华、徐海东均负重伤。11日，部队在雒南县蔡家川进行第五次整编。因庚家河战斗中我军干部、战士伤亡100余人，且开辟鄂豫陕苏区须抽调干部和部队到地方工作，故部队再次缩编，撤销第二二四团，分别补入第二二三团和第二二五团。中共鄂豫皖省委改为鄂豫陕省委。部队在吴焕先等率领下，连续转战鄂豫陕三省边区，先后在三要司、蔡玉窑、文公岭、镇安县、郧西县等地打了几个胜仗，站住了脚。同时派干部和部队到地方开展群众工作，建立了中共鄂陕特委和游击司令部。不久，又建立了豫陕特委和游击师。部队连续在洋县华阳、蓝田县九间房歼灭陕军警二旅和警三旅大部，粉碎了敌人第一次"围剿"。接着，在镇安县袁家沟口又全歼陕军警一旅，粉碎了敌人第二次"围剿"。至此，鄂豫陕革命根据地进一步扩大。

1935年6月，为打乱敌人部署、将敌引出苏区，并发展根据地、扩大红军力量和政治影响，省委决定部队北出终南山，相机歼敌，威逼西安。出山后，进到引驾回、子午镇一带开展群众工作，前锋直抵西安附近的韦曲、杜曲一带。这时，从国民党报纸上得知党中央和中央红军在川西与红四方面军会师，有北上的动向。省委交通员石健民同志这时也从上海经西安找到部队，证实党中央和中央红军已经长征。7月15日，省委当机立断，决定红二十五军立即西进，配合主力红军北上，迎接党中央。16日，省委率领红二十五军主力近4000人从长安县沣峪口出发，继续长征。

当时，省委来不及召集鄂陕、豫陕两特委领导人安排工作。部队出发后，由吴焕先写信给郑位三、陈先瑞等，决定他们留在陕南继续领导鄂豫陕苏区工作并坚持根据地的武装斗争。为隐蔽我军意图、迷惑敌人，部队先向鄠县（今户县）、盩厔（今周至）西进，然后突然向南，折到厚畛子、佛坪，并扬言进攻汉中。在留坝县江口稍作休整，即继续前进，经庙台子进占川陕公路要地双石铺（今凤县县城）。夺取两当县城后，翻秦岭、袭天水、渡渭河、占秦安、逼静宁，北进兴隆镇。这里为回民聚居地区，我军执行党的少数民族政策，尊重回民风俗，并提出"三大禁令"，同时积极宣传党的抗日救国主张，受到回族人民欢迎。在此休息两天，继续东进，打下隆德县城，翻越六盘山，切断西（安）兰（州）公路，牵制南线敌人，阻敌西调堵截中央红军北上。在西兰公路中段，活动于平凉、华亭、崇信、灵台、泾川等地，与敌周旋18天。经多方打听，未得到党中央和主力红军的消息。这时，蒋介石集中兵力首先对付我军，于是省委决定北进陕甘苏区。

当时连日大雨，山洪暴发。8月21日，我军徒涉泾川汭河，但当部队刚过一半时，河水突然猛涨，军机关和直属队及在塬上担任后卫的第二二三团被阻于汭河北岸。

就在这时，敌第三十五师马开基团突然袭来，吴焕先、徐海东奋勇指挥部队反击。经激战，全歼其1个整团。战斗中，吴焕先不幸中弹牺牲。部队渡河后，掩埋了吴焕先烈士的遗体。次日，全军怀着沉痛的心情继续行军，经镇原、庆阳进至合水板桥镇后，敌第三十五师骑兵追来。徐海东带伤赶回后卫部队指挥反击，韩先楚指挥1个营打退敌人，掩护了全军行动。板桥战斗是红二十五军长征的最后一仗。全军3400余人，胜利进入陕北苏区。

吴焕先牺牲，郑位三留在鄂豫皖特委工作。9月7日，部队进到甘肃合水县豹子川（今属华池县）稍作停留，并调整了干部。由徐海东任军长，程子华任政治委员，戴季英仍任参谋长，郭述申任政治部主任。同时教育部队谦虚谨慎，遵守纪律，搞好团结，向陕甘党政军民学习，做好迎接会师工作。

红十五军团

1935年9月15日，红二十五军到达陕北苏区延川县永坪镇，胜利结束了历时10个月、途经5个省的伟大长征。

9月16日，刘志丹总指挥率红二十六军和红二十七军从东线赶到永坪镇附近与红二十五军胜利会师。

17日，中央派驻陕北苏区代表团召集中共西北工委和鄂豫陕省委举行联席会议，决定成立中共陕甘晋省委，撤销西北工委和鄂豫陕省委。为统一指挥、集中力量作战，同时决定将红二十五军、红二十六军、红二十七军合编为红十五军团，徐海东为军团长，程子华为政治委员，刘志丹为副军团长兼参谋长，高岗为政治部主任，郭述申为政治部副主任。军团辖3个师，红二十五军编为第七十五师（二二三团、二二四团、二二五团），红二十六军编为第七十八师（二三二团、二三四团、骑兵团），红二十七军编为第八十一师（二四一团、二四三团、补充团），全军团共7500多人。

18日，永坪镇举行党政军民万人联欢大会庆祝会师，并动员粉碎敌人第三次"围剿"。会后，红十五军团即发起劳山战役，全军团迅速进到洛河川的下寺湾、王家坪一带集结。28日，红八十一师包围甘泉，军团领导亲到劳山察看地形并部署任务。月底，部队按围城打援的作战部署进入伏击地区。10月1日，在大小劳山全歼东北军第——〇师师部及第六二八团、六二九团全部。10月25日进行榆林桥战斗,又全歼东北军第一〇七师六一九团及六二〇团1个营。

为扩大苏区、创造战场,红七十八师于11月12日前后围攻鄜县(今富县)的张村驿、东村(东林寨)、羊泉塬、套通等敌据点。这时,毛主席、党中央已率领中央红军到达吴起镇(今吴起县城),11月2日进到洛河川的下寺湾地区。5日,毛主席、彭德怀司令员等中央领导来到道佐铺军团部接见了徐海东、程子华、郭述申,并听取了徐海东关于战斗情况的汇报。毛主席高兴地说,扫掉鄜县地区的几个敌人据点很有必要,并指示要准备打好下一仗,彻底粉碎敌人对陕甘苏区的第三次"围剿"。同时派人给军团带来一部电台,以保持军团和党中央及军委的联系。

与此同时,红十五军团与红一军团在鄜县地区胜利会师。会师后,红十五军团编入红一方面军序列。中央军委先后调大批干部到红十五军团工作,使红十五军团的军事、政治、后勤等各方面工作都得到进一步加强。

为彻底粉碎敌人的第三次"围剿",11月21日,红一军团和红十五军团在中央军委和毛主席、周副主席直接指挥下,进行了具有历史意义的直罗镇战役。此役,全歼东北军第一〇九师和第一〇六师的六一七团,粉碎了敌人的"围剿",巩固了陕甘苏区,为党中央把全国革命大本营放在西北举行了奠基礼。

12月,党中央在陕北瓦窑堡(今子长县城)召开政治局会议,做出《中央关于目前政治形势与党的任务决议》,确定了红军的战略方针,提出红一方面军的任务是打通抗日路线,巩固扩大苏区。因此,部队经短期休整和准备,由红一方面军组成"中国人民抗日先锋军",在毛主席(兼政治委员)、彭德怀司令员亲自指挥下,于1936年2月20日东渡黄河,进行东征战役。红一军团为左路军,红十五军团为右路军,从沟口与河口两处渡河进入山西。渡河后,红一军团在中阳县的关上村歼敌1个团;红十五军团直捣义牒镇、围攻石楼城,在隰县的蓬门歼敌1个营又两个连。阎锡山集中10多个团在孝义县的阳泉曲阻击我军东进。我两个军团3月7日于大麦郊会合后,在方面军直接指挥下对敌发动进攻,双方伤亡甚大,我军主动撤出战斗。然后,以红一军团改为右路军,南下洪洞、临汾、襄陵,向侯马南进;红十五军团改为左路军,从灵石县双池镇(今属交口县)出发,北上文水、交城,袭击晋祠,威逼太原,挺进晋西北。由于蒋介石急调中央军7个师10余万兵力进攻，使我军在山西的预定任务不能不有所改变。经过两个半月的东征作战，歼灭大量敌人，扩大了红军，宣传了党和红军抗日救国主张，扩大了政治影响。4月中旬，红十五军团在孝义县大麦郊进行整编，由两个师（红八十一师东征时已调出红十五军团，归中央军委直接指挥）编为3个师（小团制）。5月初，根据中央发表的停止内战、一致抗日的宣言，红军西渡黄河，回到陕北苏区。

为了发展陕甘苏区，援助绥远抗战，扩大红军抗日力量，迎接红二、四方面军北上，红一方面军组成中国人民红军西方野战军，彭德怀任司令员兼政治委员，指挥红一方面军出师西征。1936年5月20日部队先后出动，红一军团为左路军，红十五军团为右路军。红一军团西出陇东，挺进西（安）兰（州）公路线上。红十五军团经安塞、靖边越过长城，占领宁条梁、小桥畔，一路攻克定边、盐池；另一路攻安边，进红城水，占豫旺县城、会宁县城、同心城和靖边的打拉池，纵横驰骋陕甘宁绥广大地区，直捣马家军的河东防线。10月间，红十五军团在会宁县、红一军团在静宁县，先后与红四、二方面军胜利会师。红二十五军长征以来，先后参加了与陕甘红军、中央红军和红二、四方面军的大会师。

10月下旬，蒋介石调集5个军的兵力向我军进攻。中央的作战方针是诱敌深入，集中兵力给胡宗南部以歼灭性打击，钳制王均、毛炳文两部相机给以打击，对东北军则进行争取工作。10月底，红十五军团逐次向豫旺县、同心城地区转移，在海原县何家堡配合红一军团歼敌2个团后奉命迅速向山城堡地区集中。此时，胡宗南部已分三路北进。11月21日，红十五军团配合兄弟部队对山城堡之敌七十八师实施猛烈攻击，经一昼夜激战，全歼敌一个整旅另两个团，粉碎了敌人的进攻。山城堡战役，是我军在十年内战中的最后一仗。

战后，红十五军团集结在庆阳、甜水堡地区进行暂时休整。这时，西安事变发生，红十五军团奉命南调，经咸阳、西安以南迅速开进陕西商县、雒南地区，协同友军防备国民党军进攻西安。西安事变和平解决，结束了十年内战。红十五军团奉命开进甘肃省庆阳县驿马关地区进行整训，准备出师东进抗日。

原载《徐海东纪念文集》编委会编：《徐海东纪念文集》，军事科学出版社，2000年，第77～87页。

在红军长征中

◎ 张池明

在红军长征中（上）

红二十五军离开鄂豫皖苏区，进行战略转移，我知道在领导上酝酿了很久。中央早在2月对鄂豫皖的指示中就说，你们经过了一年多的艰苦奋斗，最后苏区受到暂时的失败。为了保存干部和红军的力量，你们主力应向西转移，过平汉铁路，到鄂豫边桐柏、随县、枣阳、新野一带，创建新的苏区和新的主力红军。同时，广泛开展游击战争，为恢复原有苏区而斗争。中央、军委6、7月间，又在给鄂豫皖的军事训令中指出，你们最近几个月是有进步的，对军事行动上的错误，不要简单加上右倾机会主义名词。张学良的军队调鄂豫皖,铁路沿线工事及护路队必已加强，你们过路已发生困难。因此，目前原则上同意你们的意见，主力仍然留在苏区继续行动，可组织一个独立团到桐柏、随县地区活动。

花山寨会议，根据中央、军委的指示和训令的原则，及程子华带来周副主席的口头指示，结合当时鄂豫皖的情况，做出以下决定（大意）：（一）省委率领红二十五军离开苏区，过平汉铁路，以桐柏山为目标，创建新的苏区和新的红军;（二）留下一部分干部和红二十八军（两个团即二一八团、鄂东独立团），不算地方武装约2000人，继续在鄂豫皖坚持游击战争和秘密工作;（三）调整了领导干部，同意徐海东的意见：军长由程子华担任，他改任副军长，吴焕先仍为政治委员，戴季英为军政治部主任（后为军参谋长），郑位三为省委秘书长（后为军政治部主任）；（四）部队由两个师编为3个团（第二二三、二二四、二二五团）及一个手枪团，撤销师级机关。会后，省委给高敬亭写信通知省委会议的精神，由他统一领导和指挥鄂豫皖的党、地方工作，红军和地方武装。省委又对鄂东北少共道委书记方正乐（曾与我们都在少共中央分局，他是少年先锋队的总队长）布置鄂东的工作，并要他把给高敬亭的信送到皖西，还安置了不能随军行动的伤病人员。

之后，全军部队转移到殷家湾、何家冲，进行出动前的准备。除减轻行装，准备干粮和草鞋外，主要是进行思想政治动员。先是在干部和党内对战略转移进行解释，提高认识，说明我们的行动完全是执行党中央的正确路线，不是退却逃跑。我们的任务是要发展新苏区，恢复老苏区。为了不过早地泄露行动秘密，对部队战士在动员时，只说这次行动要准备"打远游击"，暗示红二十五军要进行战略转移。其实大家已经意识到要离开大别山，只是心照不宣罢了。如果不是从土地革命斗争中出来、具有高度革命政治觉悟的战士，一下子要离开生我养我的大别山，不知有多大困难。他们就这样怀着对鄂豫皖苏区依依不舍的感情，去迎接新的伟大的战略任务。

桐柏山是预定到达的目标，我不知什么时候搞到一本中国袖珍地图，一直带在身边，正翻开地图查找到桐柏山的路线，新来的军长走过来，一看就说："这个地图比例尺太大。"我说："要是小比例尺的军用地图，背也背不动。"这本地图可以看看大概的方位，走的路线还得一站一站地调查，再画出简单行动路线图。现在可好了，懂得绘图的钱钧来了（我们在新集认识的，新集撤退时把他留在鄂东北道委，这次要出动，他随道委机关编来），他是在苏联学航空，鄂豫皖有了飞机，党派他来与龙文光开"列宁号"飞机。但他又很害怕敌人飞机，发动抗战时跑了。

11月16日，全军从何家冲出发，高举北上抗日第二先遣队的大旗，开始长征了。第二天，在罗古寨打退了敌人"追剿"纵队第六十五师的进攻。根据手枪团侦察的情况，于当夜从信阳以南的东双河至柳林两车站之间，越过平汉铁路。为了安全通过铁路，部队接近铁路时，稍集结了一下，等后边部队到齐，分为几路平行快速通过。全军刚过完铁路，就有一列火车从双河车站拉响汽笛往南开，是不是发现了我们，不得而知，不管你是调兵的也罢，护路的也罢，横直我们已经顺利通过了铁路。部队中有许多没有见过铁路的战士，不知铁路是什么样子，过铁路时还顺手摸了摸铁轨，天亮后，部队突然活跃起来，竞相谈论起过铁路的故事，也不觉得行军的疲劳了。连续两天行动，经青龙桥、黄龙寺、月河店等地，于19日进入桐柏山地区。

这时获悉，蒋介石得知我军的行动，判断我们有借桐柏山脉为依托，西窜四川的企图。急调"追剿"纵队第六十五师及东北军第一一五师跟踪追击，又命令驻在南阳庞炳勋和驻老河口（光化）肖之楚两部堵击，妄图聚歼我们于随枣地区。我们进到桐柏、枣阳之间，与敌人周旋一周，经过沿途考察，认为这个地区是接近平汉铁路，又靠近襄樊，易受敌人压迫，同时群众斗争、地理条件都不够理想，加之敌人重兵压境，一时难以立脚。省委毅然决定跳出敌人合围圈，迅速通过豫西平原，向伏牛山地区挺进。为把敌人吸引到西南方面，我们向外说要去打枣阳，并派小部队对枣阳进行佯攻。果然各路敌人向枣阳集中，我们迅速乘虚北上，进到象河关，再转向西北前进。

豫西平原，封建势力强盛，豪绅地主都有武装，围寨林立，对我军行动阻碍很大。为了迅速前进，动员部队严守纪律。所需粮草一律购买，大力宣传党的"抗日救国"主张，每遇围寨，先派人前往送信，说明我军不进围寨，不打土豪，借路通过，北上抗日，望勿阻拦，晓以民族大义。这样使我们赢得了时间，顺利通过围寨地区，摆脱了困境。

敌人发觉我们转向西进，又急调第四十军到方城县独树镇一线堵击，"追剿"纵队在后紧追。11月26日，我们通过许（昌）南（阳）公路的当天，正遇寒流，雨雪交加，气温骤降，能见度很低。当我们前卫部队进至公路附近时，敌人从阵地上突然猛烈攻击。由于天气严寒，战士们手指冻僵，一下拉不开枪栓，被迫后撤，敌人乘机猛攻，部队一时陷入被动。眼看我们军部机关也要一起上阵，情况十分险恶。在此危急时刻，吴焕先、徐海东跑上前去，带领部队坚决抵抗，后边部队急速赶到，才打退敌人攻击，稳定了战局，坚持到天黑后，跳出敌人封锁线。此仗是关系红二十五军成败的一仗。

翌日，又在拐河打垮敌人追堵后，从鲁山和南召之间，经栾川进入伏牛山区。

这一带地形是深沟峡谷，山势犹如刀劈，人们说这里是"看山不走山"，路在山下深谷。豫西的封建势力"内乡王"统治很严，粮食物资亦缺乏。敌人的骑兵第五师及东北军第一一五师追击部队已跟踪到栾川。省委遂决定西进陕西。部队到了卢氏以东叫河附近，获悉敌第六十师在两天以前，已从开封调到卢氏以南朱阳关一带，构筑工事，控制入陕通道。于是我们连日通过有名的"七十二道湾，走进二十五里脚不干"的文峪河谷。同时派手枪团进到朱阳关附近，虚张声势，扬言"号房子"有大部队来宿营，又佯攻卢氏县城，部队在佯攻卢氏的同时，从卢氏城边的窄路，直插豫陕交界的铁锁关，消灭陕西守关的民团一个连，胜利进入陕西南部。

在红军长征中（下）

　　陕西南部，地处鄂豫陕三省边界，往南是湖北郧西，往东是河南卢氏、淅川。这个地区，国民党统治势力比较薄弱。山势峰峦叠嶂，悬崖陡峭，地势险要，自古就是兵家割据的战略要地，有利于开展游击战争。有渭南起义和红四方面军、红三军两次过境的影响。人民深受封建势力的压迫剥削，又连年不断地遭受兵灾匪祸，人民生活极端痛苦，对统治阶级的反抗强烈，易于发动。镇安、柞水等县就有群众自发的抗捐组织——大刀会。我们到后一宣传，就有大批工农参加红军。这些都是发展游击战争，建立革命根据地的较好条件。

　　12月8日，红二十五军进入陕南。陕军第四十二师从潼关急调雒南堵击。我们入陕第一天，在三要司歼灭该师第二团一个营。次日，我们进到庾家河，省委正在举行常委会议，讨论在鄂豫陕边区建立根据地的问题，遭受敌人第六十师的突然袭击。我排哨在庾家河东山与敌人交火，部队听到枪声，立即拉出驻地。这时，敌人已占领东山一线的山头，对我军是居高临下。我们3个团一起投入战斗，在敌人猛烈火力之下，从山下向山上强攻，一个一个山头争取，在夺取制高点的山头上，往返冲锋20多次。程子华、徐海东均负重伤，吴焕先指挥，血战终日，将敌全部击退，转危为安。此役毙伤敌300人以上，我军亦伤亡100多人。这也是关系红二十五军存亡的一仗。

　　战后，部队进到雒南蔡家川，进行两天休整。干部伤亡和连队减员较多，为加强干部和充实连队，部队整编，将二二四团撤销，分别编到二二三团和二二五团。按照庚家河会议决定，将中共鄂豫皖省委改为鄂豫陕省委。加强军部机关，充实了政治部，加强连指导员工作。

为创建鄂豫陕革命根据地，12月中旬，部队由商雒地区向南行动，扫清各地反动民团及地主武装，摧毁国民党在乡村统治，镇压土豪劣绅，宣传党的主张，扩大红军影响，发动群众进行斗争，争取和改造大刀会，组织抗捐军，建立基层苏维埃政权。经过一段时间的工作，在镇安、山阳、郧西、洵阳四县建立第一块根据地，成立鄂陕特委和游击司令部。

1935年1月初，攻克镇安县城，救出大批"抗捐犯"，没收了一批布匹，部队才穿上冬衣。初到茅坪，就有一批回族青年要求参加红军，受到战士们欢迎。这时，国民党调河南的第四十军、湖北的第四十四师入陕，连同陕军四个旅（警备第一、二、三旅及第四十二师），进行第一次"围剿"。为了各个击破敌人，我们南下郧西，敌两个旅尾追，我军调头北上，在蔡玉窑歼灭第四十二师二五二团一个营，移师蓝田葛牌镇，在文公岭又击溃该师二五一、二四八团，歼灭两个营。两仗之后，在雒南、商南、商县、卢氏等县，建立第二块根据地，成立中共豫陕特委和游击司令部。

此时获悉，红四方面军发动了陕南战役。为策应陕南战役，我们连克宁陕、佛坪两县城，部队西进洋县的分县华阳。敌人估计红军要入川，急调陕军8个团，分进合击，妄图3个月消灭我们。其先头的警备二旅追到华阳以东石塔寺，我们回头打垮2个团，歼灭1个团，打伤敌旅长张飞生。战后，在华阳开展工作，组织约百人武装游击队，建立第三块根据地。

这个地区与川陕苏区较近，为打通与红四方面军联系，我们向汉中推进。途中遇敌第四十九师向汉中增防，我们进到城固县小河口，得悉陕南战役已结束，红军已西返，我们回到华阳。从行动中了解，汉中地区多是崇山峻岭，人烟稀少，粮食物资更感困难，适宜少数部队游击活动，故部队仍向东边商雒地区行动。当我们向葛牌镇转移时，敌警备第三旅在我军后边紧追，在九间房歼灭其4个营，活捉了旅长张汉民。此战完全粉碎了敌人的第一次"围剿"。后经核实，张汉民同志是中共地下党员，被我们错杀。党中央为张汉民同志平反，追认为烈士。

4月中旬，省委在葛牌镇召开扩大会议，总结入陕4个月的工作，改选省委。会后，部队打开雒南县城，到龙驹寨进行为期一周的军事训练和政治教育。徐宝珊病逝，吴焕先代理省委书记。此时，获悉蒋介石武汉行营对红二十五军进行 3 个月的"围剿"计划（5 月、6 月、7 月）。敌人增调两个师入陕，连同原有敌军，集中 30 多个团的兵力，四面包围堵击，中间穷追，企图将我们消灭在商雒地区。这时，我们已南下包围了山阳县城，因敌固守，我军放弃攻坚。到了郧西，开展汉江北岸游击战争。省委在郧西讨论反第二次"围剿"的部署，认为敌人兵力占绝对优势，我们的作战方针，应是吸引敌人南进，"打圈子"疲惫敌人，先拖后打，把敌人诱进根据地，在运动中歼敌一两个师。6 月初，我们大踏步地北进，在商雒镇夜村与敌六十七军遭遇，歼其数百人。因各路敌人靠得很紧，难以分割，我们转到东线，包围商南县城，攻克富水关，占领青山街，奔袭荆紫关，捣毁敌人后方，打乱了敌人的部署。这时，敌警备第一旅首先追来，我军诱敌深入到山阳县的袁家沟口，全歼该旅，除敌死伤 300 多人外，俘虏 1400 多人，活捉旅长唐嗣桐。粉碎了敌第二次"围剿"的进攻。

为把敌人调出根据地，我们于 7 月 13 日，由蓝田北出终南山，前锋直抵西安以南二十里路的韦曲、杜曲一带，直接威逼西安。西安大为震动，全城戒严，敌第五十一军要调天水，也被我军牵制而停止西调。我们在焦岱、引驾回、子午镇、秦渡镇一带开展群众工作，发动群众斗争，扩大红军，补充物资。这时，我们从报纸上得知，中央红军和红四方面军已在川西会师，并有北上的动向。省委交通员石健民从西安来军部，也证实这个消息。于是省委在沣峪口举行会议，分析了情况，认为我红二十五军应配合主力向西北行动，集中力量对付敌人，因此决定西征北上。7 月 16 日，从沣峪口出发，沿秦岭北麓西进，先后在周至县的店子头、马召镇打退敌人两次追击。从辛子口向南，经厚畛子、旧佛坪南进。在辛子口，吴焕先向中央写了报告，交给石健民带去。为隐蔽我们的行动意图，迷惑敌人，扬言红军南去打汉中。到达留坝的江口，部队进行思想政治动员，提出西征北上，迎接主力红军的任务。在此，吴焕先连续写了两次指示信给郑位三等同志。部队从江口出发，到庙台子宿营，军部驻张良庙。张良庙是历史悠久的名胜古迹，要求部队对庙里一切不许乱动，一草一木都要好好保护。次日天还没亮，大家就起来打扫卫生，摆好原物，检查纪律。部队离开时，道人列队念经，为红军祝福，欢送红军。这是对战士们进行一次保护历史文物的教育，也是向道人做宣传的极好机会。

从庙台子出发，占领川陕公路要地双石铺（今凤县）。《大公报》上说，松潘西南连日有激战。据判断红军主力已向北进，我们连日占领两当县城，攻占天水北关，动摇了胡宗南的后方。同时部队从新阳镇渡过渭河，占领秦安县城，继续向敌纵深挺进，截断西（安）兰（州）公路，逼近静宁，抵近兴隆镇地区。至此，陕甘的交通大动脉西兰公路已被切断。蒋介石极为震惊，从成都行辕连续五次电告西安，说徐海东部西窜，是策应朱、毛，要杨虎城先以优势兵力迅速解决徐匪，再以全力回击朱、毛。如此看来，我们的行动是起到了牵制敌人、配合中央红军北上行动的作用。

兴隆镇一带是回民聚居的地区。我们要求部队严格执行少数民族政策，防止大汉族主义，号召大家做回民的宣传工作，规定部队不准进驻清真寺，保护回民经典文物，不准在回民地区吃猪肉，要遵守回民的风俗习惯。军领导同志亲自拜访知名人士和阿訇，向他们赠送匾额和礼品。部队帮助群众做好事，扩大了我党我军的政治影响，红军受到回民极大欢迎。我军还吸收了马青年等一批回民知识青年参加红军。后来毛主席与我们见面时，还赞赏了红二十五军执行回民政策做得好。

8月17日，我们沿西兰公路东进，一举攻克隆德县城，歼守敌一个营。当日翻越六盘山，直逼平凉县城。在白水镇，击退马鸿宾第三十五师的追击，歼其一个营。为继续在西兰公路活动，牵制敌人西调，扩大我军回旋余地，部队向路南行动，威胁陇东。因连日暴雨，山洪暴发，汭河水猛涨，流速很急，部队正在泾川涉水过汭河时，敌人三十五师二〇八团，突然从我军背后袭击，我后卫部队就地抗击。吴焕先听到枪响，意识到我军是背水作战，假如后卫部队垮下来，就有被敌人压到河水中而遭覆没的危险，于是他从河边急速跑回塬上，指挥后卫部队反击，在激战中壮烈牺牲。不幸的消息立即传到部队，更激起全军上下的深仇大恨，指战员们一鼓作气地将敌人从马开基团长以下，全部干净彻底消灭，无一生存。这是红二十五军长征以来最险恶的一仗。吴焕先是黄麻起义的领导人之一，也是鄂豫皖苏区创始人之一，他在红二十五军享有崇高威信，深受指战员爱戴，是红二十五军有远见卓识的领导人。他的牺牲，使全军上下无法抑制悲痛的心情，对他表示深切哀悼。

部队渡过沕河后，直逼灵台县，佯攻崇信城。在西兰公路 18 天的活动中，迟迟得不到红军主力北上的消息，敌人又调动 4 个师对我军合围，在这种情况下，省委决定北上陕北苏区。部队经华亭，到四十里铺过泾河，经镇原、庆阳，在西峰镇、赤城塬两次打退敌人追击，进到板桥宿营。次日，部队刚一出发，后卫部队又遭敌人骑兵袭击。我们从东华池、太白镇之间渡过葫芦河，进到合水（今华池）豹子川。

9 月 7 日，省委召开豹子川会议，因吴焕先牺牲，郑位三留在鄂豫陕边区工作，所以决定徐海东为军长，程子华为政治委员，戴季英为军参谋长，郭述申为军政治部主任。因快要进入苏区，与陕甘红军会师，就此部队进行思想政治动员，主要向全军强调加强同兄弟部队和陕北人民的团结，尊重地方党和苏区各级政府，搞好同各个方面的关系，严格遵守纪律，要求部队特别是干部要谦虚谨慎，反对骄傲，等等。9 月 9 日到达保安（今志丹）永宁山，15 日到达延川永坪镇。至此，经过 11 个月的英勇转战和长途跋涉，红二十五军除留在陕南根据地坚持斗争约千人外，保存了 3400 余人，胜利到达陕北苏区，完成了伟大的长征。

原载刘平编：《张池明将军》，中共党史出版社，2001 年，第 27～38 页。

红二十五军产生和发展的小史（摘要）

——自1932年到红十五军团东征

◎ 陈鹤桥

几点说明：1937 年上半年红十五军团在甘肃庆阳一带整训准备出师抗日。当时红一方面军政治部指示各军区，各军都写一篇本军的斗争史或简史，由总部托人带到苏联去出版。军团宣传部长黄镇要我负责写红二十五军小史，我当即收集材料写了一篇红二十五军的斗争小史，写好后由军团领导审阅后上送。这篇文章我存了一份，因准备上前方抗战要轻装，我从三万多字的小史中把行军路线、大的战斗和重要事件摘抄在巴掌大的小本上，只写了五页，很多重要的故事都随文稿原件处理掉了。这个小本子在"文革"中幸而能保存下来。这是我 1937 年写的稿子，是我的第一次写作，现在要出版"回忆录"，我就把它整理成这个小史摘要，作为纪念。整理时当时的语言未动，只加了极少的字句，把不连贯的词语连接起来，让读者能够看懂。

关于这篇小史为什么没有带到苏联出版，在 80 年代初，我曾问过黄镇同志。他说当时各军写的这些军史稿子，总部统一交给当过宣传部长的徐梦秋，由他带到苏联编辑出版。此人到了新疆后留在新疆省政府任教育厅长，后来新疆督办盛世才反共了，这个人也叛变了，所以这一批军史材料未能带到苏联出版。

1997 年建军 70 周年时，军事博物馆举行军史战史展览，曾将此文的原件及复印放大件作为军史资料在军博展出。

红二十五军产生和发展的小史内容分以下四个部分。

一、艰苦奋斗，保卫苏区

1932年1月28日，十九路军在上海抗战，国民党继续不抵抗政策，压迫十九路军从前线撤退，同日本订立丧权辱国的协定。但是国民党对工农红军提出的停止内战一致抗日的建议置之不理，继续先安内后攘外的误国政策。蒋介石调百万大军"围剿"全国苏区与红军。单就进攻鄂豫皖苏区进行第四次"围剿"的就有30万大军，匪军到苏区后杀人放火无恶不作，10月间，我苏区中心城市皆已失去，红四方面军西征入川。国民党盘踞苏区蹂躏人民，引起苏区工农坚决的抵抗。

为保卫苏区工农利益，继续发展游击战争，省委决定，将原二十五军、二十七军、九军的各一部于11月在黄安三区正式成立红二十五军，由吴焕先任军长，王平章任政委。红二十五军成立后，在鄂东北的工农武装配合下不断打击敌人。1933年2月在光山郭家河给进攻之马鸿逵部以迎头痛击。两小时内消灭其一个旅，缴机枪、炮20余，缴枪支1000余，毙俘敌团长各一，俘敌兵2000余人。

这个胜仗大大振奋了苏区群众，纷纷武装起来，开展游击战争，配合红军主力作战。

本年我中央苏区粉碎敌人第四次"围剿"，敌人在各苏区遭受到打击，对我区也减少了进攻，困守乌龟壳中，我区又恢复了几县苏区，皖西北苏区也组织了红二十八军广泛开展游击战争。

1933年夏，匪首刘镇华担任对鄂豫皖苏区进行第五次"围剿"的司令，由于我军战役指导上的错误，围攻七里坪，不但未攻下，反而使红军主力因饥饿疲病受到很大损失。敌人乘机进攻，红二十五军从鄂东转到皖西，进行了四道河之战。后因西进时，被敌人截断，徐海东率一部留在皖西与红八十二师组成新的红二十八军，徐海东任军长，郭述申任政委。吴焕先军长率红二十五军一部在鄂东活动，不断受到敌军之进攻，我军日夜不是行军就是打仗，由于革命战士的坚强斗志，吴焕先之坚强领导，终于不断打击敌人，保全了主力，坚持了鄂东北的游击战争。

徐海东、郭述申领导红二十八军在皖西，在地方武装配合下积极打击敌人，游击战争非常活跃，并在运动战中打击敌军。1934年3月在商城葛藤山，敌五十四师号称拥有"钢三团""铁四团"之一六二旅向我军进攻，我军在反击中在3个小时内攻击得势，敌军纷纷溃退，我军生擒敌旅长、代理五十四师师长刘书春以下千余人，斩获正〔甚〕多。给了盘踞苏区内的敌人以极大的打击。

1934年4月，省委决定红二十五军主力集中行动，吴焕先率部东来与徐海东二十八军会合于商城豹子岩。决定二十八军编入红二十五军。由徐海东任军长，吴焕先任政委。决定红二十五军在广大地区内实行游击运动战，以保卫苏区和扩大部队。当即决定南下攻占罗田、太湖县城，以策应中央红军反"围剿"的斗争。

这时蒋介石命令东北军到鄂豫皖地区打红军，我军则根据军委关于抗日停战协定的主张，扩大宣传，使该军深受影响。在鄂东、豫南数次击败东北军，我们则大力进行抗日救国宣传和实行优俘政策。

1934年5月，在罗山长岭岗，东北军一一五师向我军进攻，我军以两个营的兵力埋伏于丛林中英勇出击，3个小时打垮敌全师。在战斗中有的士兵不愿与红军打仗，将枪支挂在树上，是役缴获步枪、轻机枪甚多。红二十五军每连装备三四挺捷克式轻机枪。

这年8月，为配合中央苏区，我军南下佯攻英山，暗袭太湖，一夜急行军占领太湖县城，缴获物资甚多。这年秋，军委命令程子华来红二十五军工作，省委决定程子华任军长，徐海东任副军长，吴焕先任政委。

二、西征入陕创建新根据地

1934年冬，华北危机。为实行对日作战，红二十五军奉命以北上抗日第二先遣队的名义北上抗日，留下地方党和红军一部坚持斗争。为了避免敌军的阻挠，我军绕道西进。11月9日过平汉铁路，又打垮了敌四十军的堵击，进入伏牛山区，沿途宣传抗日主张，开仓分粮，救济贫苦群众，到处受到人民欢迎。11月进入陕南，在庚家河一仗击退了敌之追兵，军长、副军长均负伤。鄂豫陕省委决定在三省边界创建新根据地，配合陕甘苏区和川陕苏区的斗争。12月占领镇安城，即扩大宣传，组织武装群众反对土豪劣绅的斗争，贫苦人民蜂拥而起，组织抗捐军配合红军，几个月内在山、商、镇、柞县等建立革命政权，创建新根据地。

蒋介石不愿意让我军在此地干革命,调动河南陕西军队组织两次对红军的围攻。红军英勇杀敌,先后打垮和消灭四十二师之警二旅和独二旅,缴获很多。4月在山阳又消灭敌警一旅,活捉旅长唐嗣桐以下 2100 余人。这些胜利打垮了老蒋的两次围攻,大大兴奋了边区群众,有力配合了陕甘苏区的斗争。当时敌人号称 32个团,以十倍于我之兵力,对我军都无可奈何。蒋介石只得又调东北军入陕来打抗日红军。我鄂豫陕边根据地扩大了,红军主力和地方部队也扩大和加强了。

三、北上陕甘苏区,会合陕甘红军

1935 年秋,华北形势万分危急,中央红军主力在党中央领导下北上抗日,已进至川西与红四方面军会合。我红二十五军为配合主力红军集中到陕甘抗日前线阵地,留下一部分地方武装(后扩大为红七十四师)坚持陕南斗争。我红二十五军 8 月开始出蓝田挺进关中,进逼西安,经引驾回、子午镇浩浩荡荡西行,锐不可当。在关中平原大家做扩大红军的宣传,争取三四百个贫苦工农参加红军。

8 月中旬,出甘南占领两当威逼天水,连占秦安、隆德等县城,截断西兰公路,沿途执行正确的民族政策,争取广大回民的拥护。在西兰公路平凉一带连续行动,目的是探知中央红军北上的消息。8 月 21 日,在泾川县四坡村与马回军(马开基)作战,消灭敌军一个团,打死敌团长。但是在战斗中,亲自率军直一部与敌作战的我红二十五军政委吴焕先英勇牺牲了,是我红二十五军北上抗日以来最大的损失。全军同志沉痛哀悼吴政委,继续北上。9 月中旬我红二十五军打垮敌人追兵后进入陕甘苏区,受到陕甘苏区党政军民的极大欢迎。两地党委开会决定统一党的领导,统一红军指挥,决定将红二十五军、红二十六军、红二十七军三个军合编为红十五军团,军团长为徐海东,刘志丹任副军团长,程子华为政委,郭述申任主任。

陕甘红军壮大了,敌人发抖了,增调东北军入陕,张学良坐镇西安,继续对苏区进行第三次"围剿"。10 月,敌一一○师在延安甘泉一线准备向苏区进攻,红十五军团一部打甘泉,主力埋伏于劳山地区。当敌师长率主力支援甘泉时,进到劳山我军伏击圈中,全师被我军消灭;打死师长何立中,接着又攻下榆林桥消灭敌一个团,活捉敌团长高福源,生俘敌兵数千,缴获武器数千支。我军每连装备九挺新式机枪，被俘下级军官及士兵经我们教育后为了抗日救国大多数参加了红军，这个不抵抗将军成"运输司令"了。

就在红军在苏区南线打胜仗之时，10月19日党中央、毛主席率领的中央红军主力（代号叫陕甘支队）到达苏区之吴起镇。中央为了执行初冬解决第三次"围剿"的方针，11月初命令将红一军团和红十五军团合编成红一方面军，由彭德怀任司令员，毛泽东兼政委。在毛泽东、彭德怀直接指挥下，两个军团提出"打大胜仗比赛，打大胜仗会师"的口号，在直罗镇包围并歼灭敌一〇九师，追至太白镇又消灭敌一〇六师一个团。红一方面军打了大胜仗，苏区人民热烈庆祝胜利，敌人的第三次"围剿"被粉碎了。

胜利后召开了会师大会，军委给红十五军团派了一批军政干部，以加强我军的领导，加紧军政训练，红十五军团向模范党军的道路阔步前进。

四、红一方面军东征

1936年，日本阴谋组织"华北国"，党中央命令红军渡河东征北上，直接对日作战，以自己的行动，唤醒国人。毛主席亲自率领红一方面军于2月21日夜飞渡黄河天险，我军扫平沿河数十里的敌军堡垒，追到石楼城下，阎锡山的一切反动宣传都被揭破了。

有当时大家喜欢唱的《红军东征歌》（歌词见《红十五军团东征中的思想政治工作片段》一文）为证。

当时阎老西惊恐万状，太原城的报纸登载东渡的红军一说数千人，又说有数万人，他在山西十余年土皇帝的地位很危险了。3月红军在兑九峪击溃其2个纵队，然后分左、右两路军沿同蒲路北上南下。红十五军团是左路军，在北上途中，攻击文水、交城直逼太原城。抗日红军来了，山西民众如拨云雾而见青天，到处欢迎并参加抗日红军，红军在山西执行抗日的新政策。

4月，左路军到兴县、临县，又沿汾河南下。3月31日，在兴县消灭敌军一个营。4月2日，在中阳与汾阳之间的师庄，打垮敌六十六师一个旅，生俘团长葛登瀛以下1000余人，红十五军团又回到灵石一带。

我右路军（红一军团）沿同蒲路南下，在洪洞赵城一带声势浩大，攻占了襄陵、吉县，扩大了红军。

　　此时阎锡山惊慌失措，只有向南京蒋介石求救，蒋氏决定派 10 个师到山西，阻拦红军北上抗日去路。此时我军在山西节节胜利，并在石楼、隰县、灵石等县已开始创建新的抗日根据地，民众已纷纷组织与武装起来。为了避免内战保存国力，中央决定于 5 月初将红军撤回黄河西岸，通电全国，要求停战议和一致抗日。

　　东征胜利了，我军打垮敌人约 5 个师之众，消灭了几个团，给日寇汉奸的"华北国"阴谋以迎头痛击，鼓舞了华北以及全国的爱国群众，推动了全国救亡运动新发展，把我党的抗日统一战线主张传播到全国。鲁迅、东北义勇军、平津爱国青年学生纷纷来信欢迎与慰问红军。

　　红军兵员扩大了，力量增强了，缴获物资无数。

　　红二十五军在敌人四次"围剿"中，处境非常困难，敌以 25 个师 160 个团超过我十余倍的兵力，疯狂"围剿"，但红军指战员并没有悲观失望。我军坚决执行党的正确路线，全体人员都能够做英勇牺牲、艰苦奋斗、不屈不挠的伟大模范，这证明谁能够执行布尔什维克党中央的正确路线，谁就能够克服一切困难，胜利地完成自己的任务。

写于 1937 年 5 月

原载陈鹤桥：《陈鹤桥回忆文集》，国防工业出版社，2000 年，第 193 ～ 199 页。

庆祝红军长征胜利 60 周年

◎ 陈鹤桥

同志们：

发生在 60 年前的中国工农红军二万五千里长征，是人类历史上前所未有、气壮山河的伟大壮举；是中国革命史上生死攸关、惊心动魄的伟大转折；是中国共产党领导下的人民军队前仆后继，英勇奋斗，为共产主义献身的伟大史诗。红军长征的光辉业绩，红军将士在长征中所表现出的伟大精神，为中华民族的历史谱写了一曲气壮山河的凯歌，在人类历史上树立了一座无与伦比的丰碑。今天，我们在这里集会，隆重纪念红军长征 60 周年，这对于认真学习贯彻党的十四届六中全会决议，弘扬长征精神，促进二炮精神文明建设和部队全面建设，具有十分重大的意义。

在 60 年前，参加和完成万里长征的红军共有四路即红一方面军（亦称中央红军）、红二方面军、红四方面军和红二十五军。其中，红二十五军只有 3000 多人，是长征中人数最少的一路。但这支队伍在远离党中央的情况下孤军远征，转战万余里，在长征途中创建了一个新的革命根据地——鄂豫陕边区，并率先到达陕北。为迎接党中央到达陕甘，实现红军三个方面军大会师做出了历史性贡献。我作为红二十五军的一名老战士，感到这支部队有这么几个突出的特点。

一是高举抗日旗帜，率先实行战略转移。1934 年 9 月，程子华受中共中央、中央（中革）军委委派，抵达鄂豫皖苏区，向鄂豫皖省委传达了周恩来副主席的指示，在主力红军坚持老区斗争有困难时可以作战略转移，去建立新的根据地。是年 11

月 11 日，鄂豫皖省委在光山县花山寨召开常委会议做出决定：省委立即率红二十五军实施战略转移。红二十五军在省委书记徐宝珊、程子华（先军长后政委）、徐海东（先副军长后军长）、政委吴焕先等同志率领下，以中国工农红军北上抗日第二先遣队的名义，经过近一个月的艰苦转战，长驱 1800 余里，初进桐柏山，继转伏牛山，后入陕南商洛地区，粉碎了 20 余倍于己之敌的围追堵截，在陕南地区找到了新的立足点，走向了广阔发展的道路。在转移中，我军高举抗日旗帜，调整转变斗争策略，使广大人民群众从我军北上抗日的行动中看到了挽救民族危机的希望。

二是英勇顽强，转战万里建奇功。从桐柏山到伏牛山，已是 11 月下旬，气温骤降，红军指战员衣着单薄，粮秣不给。但部队仍保持着高昂的斗志，顶风冒雪，向北疾进。穿过许昌到南阳公路，进入伏牛山区。此后，我们辗转豫西陕南半年之久，几番西征北进，打了多次恶仗，在陕南消灭敌军两个旅，重创两个旅，活捉了敌军旅长唐嗣桐，打伤了敌旅长张飞生；扩大了红军，新成立了红七十四师，红二十五军全军发展到 5000 余人，扩大了根据地，为中国革命事业做出了重大贡献。在这里，我要特别提到的是，我军在长征艰苦奋战英勇顽强的战斗中，也有一些同志为中国革命事业英勇献身。其中中共鄂豫陕省委书记徐宝珊，因长期艰苦斗争积劳成疾，于 1935 年 5 月病逝于陕南商县龙驹寨。再就是在 8 月间我军为探听到中央红军北上的确切消息，在平凉以东沿西兰大道两侧连续行动了 10 余天，8 月 21 日我军进到陕西泾川四坡村时，在大雨中突然受到敌军三十五师的袭击，政委、代理省委书记吴焕先一面指挥部队作战，一面亲率直属队一部英勇地向敌人反击，当即消灭了敌军一个团，吴焕先同志也壮烈地牺牲在他的指挥岗位上。他的牺牲是我党我军的重大损失，我们将永远怀念他。

三是坚持工农武装割据，创建新的革命根据地。红二十五军在鄂豫陕边区燃起革命烈火，在打破"围剿"的过程中，又先后建立了 4 块革命根据地，成立了中共鄂陕、豫陕 2 个特委和 5 个县工委，初步建成了鄂豫陕革命根据地。

四是胸怀全局。红二十五军决定在鄂豫陕边区开展革命根据地斗争时是考虑到向南可以策应川陕苏区的红四方面军，向北可以配合陕甘边区红军的斗争，在得知中央红军到达川西北后主动地西进甘肃东部策应中央红军。长征途中，红二十五军总是千方百计寻求党中央的信息和指示，力图策应党中央和主力红军的行动。获悉中央红军和红四方面军已在川西会师，并有北上动向，鄂豫陕省委立即召开紧急会议，决定率领红二十五军西征北上，继续长征，迎接党中央，与中央红军会师。红二十五军的行动有力地钳制和吸引了大批敌军，打乱了蒋介石的部署，在一定时期内减轻了中央红军的压力，对中央红军的北上行动起到了战略性配合作用。

回顾红二十五军的长征以及扩大和保卫陕甘革命根据地的斗争，最令人难忘的是我在西北经历的三次红军大会师。

第一次会师是 1935 年 9 月 16 日，红二十五军（3400 人）与刘志丹率领的红二十六、二十七军在陕北延川县的永坪镇胜利会师，三个军合编为红十五军团。至此，红二十五军历时 11 个月，转战万余里的长征胜利结束，成为长征到达陕北的第一支红军。

第二次会师是在红二十五军和陕甘红军会师一个月后。1935 年 10 月 19 日，党中央率陕甘支队（即中央红军主力）抵达陕北，11 月初在甘泉地区与红十五军团会师。会师后，恢复了红一方面军番号，红十五军团编入红一方面军序列，在党中央、毛主席的直接指挥下，取得了直罗镇战役的大胜利，彻底粉碎了敌人对陕甘苏区的第三次"围剿"，为党中央把全国革命大本营放在西北举行了奠基礼。

第三次会师就是 1936 年 10 月红一、红二、红四方面军在会宁和将台堡的胜利会师。这是我所经历的规模最大的一次会师。

六十甲子，沧海桑田，中国已发生了翻天覆地的变化。可以说，没有 60 年前红军长征的胜利，就不会有中国革命的成功，也就谈不上今天社会主义建设和改革的巨大成就。追忆长征历史足迹，缅怀红军光辉业绩，我认为长征精神可概括为：坚定不移的理想信念，坚忍不拔的斗争意志，牢不可破的团结意识，如钢似铁的纪律观念。

今天纪念红军长征胜利 60 周年，就是要牢记在日寇加紧侵略，我国处在生死存亡关头的严重时刻，党中央、毛主席率红军长征胜利到达西北，提出全党全军全国人民奋起打败日寇、推翻三座大山的伟大而光辉的业绩；要牢记和继承长征中红军留下的光荣传统和革命精神，来建设有中国特色的社会主义，保卫祖国，保卫世界和平。

（1996 年在第二炮兵纪念长征胜利 60 周年大会上的讲话）

原载陈鹤桥：《陈鹤桥回忆文集》，国防工业出版社，2000 年，第 572 ～ 575 页。

审时度势的战略决策

——关于红二十五军长征背景的回忆

◎ 程子华　刘华清

在中国工农红军长征的序列中，红二十五军是首先到达陕北，却又是在中央红军之后撤出南方革命根据地的一支红军队伍。红二十五军迈出战略转移的第一步，不是仓促决定的。为了迈出这历史性的一步，中共鄂豫皖省委从开始酝酿到下定决心，前后用了半年多的时间。

我俩都经历了红二十五军这一历史性的转变。回顾这段历史，我们深深体会到：在历史转折的关键时刻，既需要求实精神，更需要战略眼力。红二十五军终于实现战略转移，既来源于党中央，特别是军委副主席周恩来同志的正确决策，又是省委审时度势，努力使行动方针符合当时斗争实际的结果。

一

最早建议我们红二十五军战略转移，是"中央军委的一个同志"（这个同志是谁，至今没有弄清楚。中央转发这个建议的时候，没有署作者的姓名，只在按语中说"是中央军委的一个同志写的"，本文沿用了中央按语的说法）。这个建议的提出，主要是根据成仿吾同志向党中央汇报的正在恶化的鄂豫皖边区革命斗争形势。

鄂豫皖边区的革命斗争形势，是在第四次反"围剿"中发生逆转的。在这以前，鄂豫皖革命根据地处于全盛时期。它的总面积达 4 万余平方公里，拥有人口 350

余万，建立了 26 个县的革命政权，主力部队红四方面军发展到 4.5 万多人，各种地方武装人数有 20 多万。1932 年 7 月到 11 月，我国南方革命形势发生急剧变化。在夏末秋初，蒋介石采取南守北攻、各个击破的作战方针，以部分兵力牵制中央根据地等南线的红军主力，另以 30 多万、10 多万重兵，分别对北线的鄂豫皖、湘鄂西两根据地，发动第四次"围剿"。由于王明"左"倾路线，特别是军事作战指导方针上的错误，两根据地没有粉碎敌人的第四次"围剿"。10 月，红四方面军主力撤离鄂豫皖苏区。11 月，红三军也撤出了洪湖根据地，实行战略转移。从此，这两个地区的革命斗争转入低潮，我国南方，也就是全国的革命形势日趋不利，以致陷入空前危机。

红四方面军撤出以后，鄂豫皖边区的革命形势急剧恶化。留在边区的 20 多万敌军，乘机大举进攻，同时划区"清剿"，妄图通过"血洗大别山"，实现其"民尽匪尽"的恶毒计划。在所谓"三分军事、七分政治"的口号下，敌人一面在占领区推行保甲制度，强迫群众插白旗；一面对尚存的苏区广大农村，实行经济封锁和灭绝人性的"三光"政策。敌军兽蹄所至，房屋全被烧光，大批革命干部、群众惨遭杀害，粮食不是被抢走，就是被烧毁。富有革命精神的大别山，此刻沉浸在血雨腥风之中。对红军主力撤离缺乏思想、组织准备的边区军民，由于敌人的疯狂进攻而陷入混乱。根据地大部丢失，鄂东北只剩下黄、麻、光、罗四县边界毗连的小块苏区，即柴山堡、天台山、西高山等几个山区，皖西北也只有葛藤山、熊家河等几小块苏区。地方党政组织陆续遭到破坏，县、区、乡革命政权所剩无几。虎口逃生的群众食无粮，居无房，生活极端困难。据当时国民党《中央日报》报道，边区"大小村落，鸡犬无声，耕牛绝迹"，农民"逃生无路，水草捞尽，树皮剥尽"。几个月以前，这里是一片朝气蓬勃、欣欣向荣的革命景象；敌人"血洗大别山"以后，成了尸骨露野、生机萧杀的焦土废墟。"寒月照白骨，野鼠拱乱穴"，成了当时边区农村的真实写照。

但是，大别山的革命精神是摧不垮的。11 月底，中共鄂豫皖省委（当时的省委由下列人员组成：沈泽民、徐宝珊、吴焕先、王平章、郭述申、成仿吾、徐海东、郑位三、戴季英、高敬亭等。书记沈泽民。）以留在边区的 5 个红军主力团为基础，重新组建了红二十五军，决心排除万难，"独立坚持鄂豫皖的斗争"。1932 年底到

1933 年初春，红二十五军抓住敌军调动、兵力减少的战机，跃马扬刀，积极歼敌，连续取得了郭家河、潘家河、杨泗寨等战斗的胜利，打破了敌人大规模划区"清剿"的计划，边区的革命形势出现了转机。原先被敌人压缩、分割成几小块的鄂东北根据地，这时连成了一片，皖西北根据地也部分得到了恢复。红二十五军由重建时期的 7000 人，发展到了 3 个师 9 个团，1.3 万余人；为了坚持皖西北苏区的斗争，抽调了几个团的地方部队，组建第一个红二十八军；地方武装合编、扩建成 10 个游击师；各县、区还成立了战斗营、连。刚刚恢复的党政组织，积极领导群众恢复和发展生产。根据地的重建工作收到成效，人民群众的革命热情重新高涨。

打这以后的半年，是王明"左"倾路线在鄂豫皖边区产生严重恶果的时期。5 月初，红二十五军奉命夺取敌重兵扼守、工事坚固的七里坪，苦战 43 天未克，部队伤亡惨重。军事冒险主义"夺取中心城镇"的计划，使红二十五军减员数千人，部队缩编为 2 个师 6 个团；鄂东北、皖西北两根据地，各自剩下方圆百余里的地域。7 月，敌人动用 14 个师又 4 个独立旅的兵力，发动第五次"围剿"。为了进行这次"围剿"，敌人增筑碉堡，扩建公路网，加强潢（川）麻（城）公路封锁线的警戒、巡逻，进一步割断两根据地之间的联系，制造无人区。"围剿"的初期作战中，省委根据中央 3 月 15 日的指示精神，命令根据地军民"在苏区内大大建筑工事"，"抵抗敌人的一切进攻"。这个以消极防御方针为指导的"中心区保卫战"，后果十分严重。两个根据地中心区大部分相继丢失，红二十五军大幅度减员，部队再次缩小。10 月初，红二十五军由皖西北向鄂东北转移，在通过潢麻公路封锁线的时候，部队被敌军截断。红七十四师和红七十五师的后勤部队共 1000 余人，折回皖西北，不久被编入红二十八军；红二十五军军部、直属队及红七十四师、红七十五师共 2000 余人通过公路后，和鄂东北游击总司令部所属部队会合在一起，转战于鄂东北地区的荒山野岭之中。11 月下旬，在黄、光、罗等县边界分散活动的部队，作战连连失利，剩下的人数不足 1000，缩编为 1 个师（辖 2 个团）。这时鄂东北地区的县以下党政组织，全部遭到破坏，全区只剩下二百几十名党员、4 名县委委员和 8 名区委委员。军民的生活物资严重短缺，数以百计的群众被饿死，人口锐减，一再削弱、减员的红二十五军得不到兵员补充，弹药奇缺，有时靠大刀、梭镖、石块跟敌人拼搏。指战员行军作战，要随身携带镰刀，每到一地宿营，就割草搭茅棚，以避风雨。

经过一个多月的艰苦奋战，到 11 月底鄂东北地区恢复了两块各约方圆三四十里的根据地。皖西北的情况略有差别，但总的形势大体相同。

在围攻七里坪、"中心区保卫战"遭受严重挫折、红军主力损失惨重以后，省委表现出了共产党人应有的求实精神与革命勇气。10 月 16 日，省委召开扩大会议，分析前一时期的错误，讨论转变斗争方针等问题。由于红四方面军撤离时没有留下电台，省委跟中央之间只能依靠交通员断断续续地进行联系，不能及时得到中央的指示，因此，会上决定，派省委委员、宣传部长成仿吾，到中央去汇报情况，请示工作，并要求派干部加强省委和红二十五军的领导。11 月 11 日，省委书记沈泽民在逝世前 10 天，抱病将会上讨论、会后交换的意见，写成以省委名义上报中央的报告，沉痛检讨了错误，表示了转变斗争方针的决心，其反躬自责的态度诚恳。不久，成仿吾带着这个报告，动身去上海。在上海，他通过内山书店老板找到了鲁迅，要求鲁迅帮他找"党方面的朋友"。鲁迅说："你来得正是时候，如果迟来几天，我认识的那个朋友就要离开这里，到那时候，就不好办了。"这样，成仿吾通过鲁迅跟上海中央局取得了联系，并由该局派人护送、带领，进入了中央苏区。1934 年初，军委副主席周恩来以及其他中央领导人，听取了成仿吾的汇报。1 月 27 日，"中央军委的一个同志"写出《关于鄂豫皖苏区战争经验的研究及今后作战的建议》（以下简称《建议》）。《建议》的作者认为，鄂豫皖苏区红军"要坚决决定一个总退却，主要目的是保存战斗骨干，暂时把保守苏区当作次要问题"。他建议红军主力"在适宜的时候，就实行有计划的战略的退却，可以从罗山地带退到豫南的桐柏（山地区）……建立新苏区"。在形势估计、战略指导，特别是在"保守苏区"与保存红军力量两者的主次地位等问题上，《建议》所持的观点和主张，跟不久前通过的、党的六届五中全会的说法是截然不同的。在一味强调"进攻路线"，后来又提出"不放弃根据地一寸土地"口号的历史条件下，提出这样的建议是颇有胆识的。2 月25 日，中央将《建议》转发给鄂豫皖省委，按语说"只作你们执行中央军事指示时一个参考的材料"。

这时，蒋介石正在调整鄂豫皖的兵力部署。2 月底，任命了三省"剿总"的新头目，又将半数以上装备精良的东北军，从地处抗日前沿的华北地区调到鄂豫皖，部分替换先前作战不力的部队。到 4 月中旬，敌人总兵力达到 16 个师又 4 个独立旅，人数之多超过了红四方面军主力撤走以后的任何一个时期。6 月下旬，敌人制定了一个从 7 月 1 日到 10 月 10 日的"围剿"计划，采取的方针是"一面划区驻剿，一面无限制的用竭泽而渔之方，作一网打尽之图"。具体部署是将兵力分为两部分，一部分为"驻剿"部队，划区占领几小块根据地周围的所有城镇和重要村庄，每个点上有一个连到一个团的兵力，在潢麻公路两侧部署了四道封锁线，仅信阳到广水的平汉铁路线段便配置了近一个师兵力的"护路"部队；另一部分约有 2 个师又 6 个团的兵力，组成四个"追剿队"（后来又增加了一个"追剿队"），跟踪追击我主力部队。与此同时，敌人加紧构筑碉堡，修建公路。当时，边区［周边］的碉堡星罗棋布，五里一个，十里一个，在一些重要交通线上都筑通了公路，构成了纵横交错的封锁网。敌人气焰十分嚣张，狂言要在 3 个月内，将我军"完全扑灭，永绝后患；彻底肃清，以竟全功"。

上述情况表明：鄂豫皖边区革命斗争的处境空前困难。红二十五军是在原地区坚持斗争，还是实行战略转移，已经成为急需做出决策的首要问题。

二

省委开始酝酿红二十五军战略转移的时间，是在接到"中央军委的一个同志"的《建议》之后。

3 月中旬，省委收到了中央转发的这个《建议》。这时，困扰省委和红二十五军领导的主要不是走不走的问题，而是担心转移不成功，出现既丧失红军主力，又丢掉老苏区的结局。过去，省委给中央的报告中曾流露过这样的顾虑："红军主力 6 团之众，拖这几千里（在）白区中过，即算战争不受损失，沿途疾病掉队也要受很大损失，何况沿途作战？"现在仍然是这个顾虑，只是具体说法有了变化。在 4 月 10 日召开的、专门讨论"中央军委一个同志"的《建议》的省委会上，与会同志认为：近期红军主力大幅度减员，部队缩编，力量与成仿吾同志去中央时有不同，桐柏山地区"离我们原区域较远隔"，平汉铁路敌人防范严密，通过比较困难，目前难以实行"中央军委一个同志"的《建议》。会上决定：向中央建议红二十五军暂不离开鄂豫皖苏区，改向原根据地的边沿恢复、开辟根据地。会后，省委将上述意见写成书面报告上报中央。7月1日，省委又收到了2月12日的中央指示信和6月13日中央与军委联合发出的军事训令。指示信指出：鄂豫皖"省委当前的任务，在于保全我们的活力，保全我们的队伍，去创建新的苏区，新的根据地"。信中要红二十五军转移的意图是很明显的。军事训令也提出了要"积极地向外发展"，但又说"目前我们原则上同意省委提议红军主力仍留在原来苏区继续行动"。2、3、4日，省委开会研究如何贯彻中央指示的问题。经过讨论，会议决定切实执行6月13日军事训令中规定的任务，就是保持、逐渐巩固现有的根据地，同时"向外扩大并创建新的行动中心及根据地"，实现中央提出的"最高度的牵制和吸引敌人兵力于鄂豫皖方面"的要求，以配合中央红军作战。后来才知道，中央红军那时正准备突围长征，需要邻近苏区军事上的支援。不过，省委并不知道中央红军的困难处境。但是，把革命全局利益看得高于一切的省委，不管自己有多大的困难，也要为中央红军分担军事压力，"打得敌人无法增兵江西"。这样，红二十五军战略转移就暂时搁置起来了。

这时，敌人正按照预定计划，疯狂进行"围剿"，一度分开的红军主力，已于4月中旬由徐宝珊、吴焕先率领红二十五军，转战到皖西北，与军长徐海东、政委郭述申率领的红二十八军会师，两军合编为红二十五军。留下红二十八军的部分兵力，并抽调地方部队重新组建红八十二师，在原地坚持斗争。为了在第五次反"围剿"作战中避免被动，力争主动，红二十五军改变了半年以前那种内线分兵防御的打法，按照省委确定的新作战方针，积极转向外线捕捉战机，乘隙击虚，连续取得了长岭岗、汤泉池、大柳村、太湖等战斗的胜利。其中长岭岗一战，就歼灭敌东北军第一一五师师直大部及其5个营，缴获了一批武器弹药，大大增强了部队的战斗力，提高了我军的战斗士气，沉重打击了敌人的嚣张气焰。在这期间，不仅原有的几小块根据地有所扩大，而且还恢复、开辟了朱堂店、陶家河两小块根据地，恢复了一些地方革命组织。仅鄂东北地区，就恢复了3个县委、3个特区委、11个区委，党员也由200多人发展到了500多人。一年多以前，敌人狂妄叫嚣要"砍尽大别山的树，挖尽共产党的根"。现在，边区的人民群众，用实际行动谱写了"树也砍不完，根也挖不尽，留得大山在，到处有红军"的光辉诗篇。尽管根据地军民充分发挥了主观能动作用，进行了艰苦卓绝的斗争，红二十五军在作战指导上能扬长避短、趋利避害，但是，由于敌我力量悬殊，上述胜利还不能从根本上改变日趋不利的形势。许多同志开始意识到：在老苏区边沿恢复、开辟根据地的方案行不通，经过多年战争的消耗和敌人的屠杀、破坏、封锁，边区的人力、物力濒临枯竭；得不到补充的红二十五军，只有跳出并远离敌人的包围圈，才有出路，否则，自身能否生存将会成为突出的问题。那么，走出去行不行呢？大家又存在这样那样的顾虑。例如，担心兵力不足4000、势单力薄的红二十五军，不能摆脱、打破沿途优势敌军的围追堵截；还怕到了新区站不住脚；最伤脑筋的是不知该往哪儿走，等等。当时的省委就处于这种想走又下不了决心走的矛盾之中。

正是在省委酝酿转移接近成熟的情况下，程子华到达鄂豫皖根据地。

程子华在离开中央苏区以前，正在中央红大学习。5月的一天，程子华被军委副主席周恩来召去谈话。周副主席说，鄂豫皖省委曾要求派干部去加强领导。中央决定，派你去那儿工作。接着周副主席详细分析了鄂豫皖边区斗争的形势、前景，并就红二十五军的行动方针作了指示。他说，中央几次指示红二十五军转移。现在，原先确定的方针不变，红军主力要作战略转移，去建立新根据地。这样，部队就能得到发展，同时也能把敌军主力引走，减轻根据地的压力。根据地的敌军减少了，留下的部分武装就能长期坚持，也能够保存老根据地。此外，他还对选择新根据地的条件作了详细指示。

周副主席谈话以后，程子华稍事准备，就在交通员的带领下，取道福建才溪、古田，昼伏深山，夜行小道，进入广东省境。8月初，由汕头乘船到上海，再由鄂豫皖省委交通员石健民带领，经武汉乘火车到河南信阳柳林，在一个群众家里住了一个星期，然后步行去中共鄂东北道委驻地、河南罗山县境的卡房。一路上，两人昼伏夜行，在山区小路走了好几天。一天夜里，在一个山沟里被一群荷枪埋伏的人包围了，一问才知道是道委派来迎接的便衣队。9月下旬，程子华于卡房见到了中共鄂东北道委书记郑位三，以及在道委机关工作的程坦、刘华清。这时，一直兼着红二十五军党委的省委，除郑位三以外，其余成员在一个多月前，随着红二十五军转战到皖西北去了。为了尽快地贯彻中央指示，郑位三当即写信，将程子华到达卡房的消息报告了省委，建议省委率领红二十五军赶回鄂东北，研究下一步的行动计划。

在等待省委回鄂东北的 40 多天里，程子华和郑位三以及程坦、刘华清等经常在一起交谈。交谈的内容，有时是互相介绍情况，有时是研究下一步行动方针。郑位三等通过介绍，才知道了中央根据地的许多情况，例如，广昌战斗失利后的形势，红七军团组成北上抗日先遣队的动向，等等，对中央红军的困难处境有了一定的印象。关于下一步的行动方针，程子华结合个人对周副主席指示的体会，谈了自己的想法：敌人继续搞"竭泽而渔"，企图通过耗尽根据地的人力、物力，把我们搞垮。我们不能让敌人牵着鼻子走，困守在"鱼塘"里，看着敌人把水抽干抓"鱼"。郑位三说，过去中央也有指示，要红二十五军走出去创建新根据地。但是，我们不敢走远，没有脱离鄂豫皖的思想。这不完全是对老苏区感情上的原因，更主要的是觉得这里有一些极为难得的有利条件。群众对敌人斗争那么坚决，恢复根据地是有希望的。如果在原地区能恢复根据地，何必舍近求远呢？本着这样的想法，我们在根据地附近搞了几次，多数失败了，少数搞成了。搞成了的两块，物资条件非常有限，补充不了多少兵员，活动余地不大。看来，在原地区坚持斗争是不行的。想通过中央苏区第五次反"围剿"胜利来改善我们的处境，在短期内恐怕指望不上了。但是，走出去又没有把握。再说，外面的情况一点也不了解，往哪儿走呢？这样，交谈的话题就转到转移方向上来。于是，我们对根据地四周的形势，逐一进行了分析，认为：南、东、北三个方向都是平原、丘陵地区。南有长江天堑，又靠近敌人统治中心南京、武汉和中央根据地；北有淮水阻隔，敌人在开封、郑州驻有重兵；东面靠近津浦铁路和安庆，很难立足。因此，向南、向东、向北都不行。那么，向西行不行呢？程子华说，可以到伏牛山去。蒋介石与那里的军阀矛盾很深，当地的阶级矛盾尖锐，反动统治的基础薄弱。那里又是山区，地理条件比较好。过去，我就听说土匪头子樊钟秀拉了队伍，在那里盘踞多年。土匪能站住脚，共产党领导的军队为什么不能在那里建立根据地？谈着谈着，几个人的看法一致起来了：到远处去，到伏牛山去！不久，我们从国民党的报纸上，发现了中央红军长征到达粤湘交界的坪石、乐昌的消息，不仅使我们从整个南方革命形势看到了红军战略转移的必要性，而且意味着鄂豫皖苏区牵制敌人，为中央红军分担军事压力的任务可以解除了。这就进一步坚定了我们离开老苏区创建新根据地的思想。

三

红二十五军实行战略转移，是省委花山寨会议决定的。但是，在花山寨会议召开的 5 天前，省委仍在几百里以外的皖西地区。

10 月下旬，红二十五军在皖西北的陶家河地区，与敌军第二、第三"追剿队"打了一仗，激战两天，部队伤亡近 300 人。眼看前来增援的敌军第一"追剿队"临近，我军遂撤出战斗，转移到葛藤山地区活动。11 月 4 日，省委接到了郑位三派陈锦秀送来的信。6 日晚，率领红二十五军从葛藤山地区出发，两夜一天急行军 200 多里，边走边打，连续突破敌人的四道封锁线，歼敌 4 个连，并打垮敌东北军的堵截部队，缴获一大批武器弹药。8 日拂晓，到达河南光山县城东南 50 里处的斛山寨。部队刚休息了两个小时，敌人"驻剿"部队 4 个团和第四、第五"追剿队"6 个团，在飞机的配合下分别从东、南两面跟踪而来。敌"驻剿"部队在寨东北，"追剿队"在寨南，乘我军不备发起进攻。敌"追剿队"进占我军二二四团放弃的寨南阵地以后，趁势向斛山寨山顶发起进击。我军仓促应战，形势十分险恶。军长徐海东、政委吴焕先考虑到部队极端疲劳，靠"走"无法摆脱当面敌军，决定先打垮敌人的进攻，然后西进。在他们的指挥下，扼守寨东北和山顶的部队，继续分别抗击敌人的进攻，刚从寨南撤出的二二四团，隐蔽迂回到在寨东北进攻的敌"驻剿"部队侧后，突然发起猛攻。在我军的内外夹击下，敌"驻剿"部队被迫撤退。接着，二二四团和扼守寨东北的部队，分两路迂回到进攻山顶的敌"追剿队"侧后发起猛攻，坚守山顶的 3 个营也乘机发起反击，将敌"追剿队"压回到进攻山顶前的位置上。我军继续进行三面夹击，打得敌人溃不成军，纷纷逃散。战斗在黄昏前结束，3000 余人的红二十五军，打败了敌军 10 个团，打死、打伤、俘虏敌军 4000 人，还缴获了大批武器弹药和其他军用物资。这一仗，打得相当出色。它打出了我军的军威，打击了敌人的气焰。捷报传来，根据地的军民人心大快，无不为敌人的追堵计划破产而欢欣鼓舞。斛山寨战斗，为红二十五军战略转移争得了主动权，保存了战斗力量；为花山寨会议的顺利召开，扫除了障碍，奏出了一曲胜利的前奏。部队过硬的战斗作风，徐海东、吴焕先出色的作战指挥，不仅为这次战斗夺取了胜利，而且在这以前的多次战斗中，创造出以少胜多、化险为夷的战果，使红二十五军在坚持鄂豫皖的斗争中，度过了最危险、最关键的时刻。

11月11日，省委在河南光山县花山寨召开常委会。郑位三出席了这次会议，并传达了程子华带来的周副主席的指示。会上决定：省委率领红二十五军实施战略转移，到桐柏山或伏牛山一带创建根据地；留下高敬亭和一部分武装重新组建红二十八军，在鄂豫皖边区坚持革命斗争。会上还讨论了与转移有关的一些问题。在军事方面，针对红二十五军人数少，行动灵活，部队敢打硬仗、打恶仗等特点和长处，确定实行高度机动但又不消极避战的方针。在政治方面，根据不久前收到的中央关于红军北上抗日通知的精神，将红二十五军命名为中国工农红军北上抗日第二先遣队，并确定沿途大力宣传党的抗日救国政治主张的方针，规定途中不打土豪，不分土地，不进地主围寨，所需粮草一律购买等等。上述决定，虽然是根据中央指示或者在中央指示启发下做出来的，但这不是机械执行中央指示的产物，而是一年来不断转变斗争方针、策略的必然结果。省委的求实精神以及不断增强的战略意识，使这次会议能够根据民族危机日益深重，邻近华北的鄂北、豫西各阶层和国民党军队要求抗日的情绪普遍高涨等事实，正确地把红二十五军战略转移与北上抗日联系起来，并从中找到了变不利因素为有利因素的途径，及时调整了政策，转变了斗争策略，将战略转移的信心建立在扎实可靠的基础上。会上还讨论了红二十五军军政领导的人事问题。与会同志经过个别商谈和反复研究决定任命程子华为军长，徐海东为副军长，吴焕先为军政治委员。当时不是省委委员的程子华，没有参加这次会议，上述决定是郑位三在会后传达的。

会后，省委率领部队转移到罗山县殷家湾、何家冲一带，做转移前的准备：进行"打远游击，创建新苏区"的政治动员，轻装整编，安置伤病员，准备行军物资等等。由于红二十五军在向鄂东北转移中，沿途连续作战，特别是斛山寨战斗部队伤亡较大，因而抽调鄂东北地方部队和道委机关干部补充红军主力。整编后的红二十五军，除军直属队外，另辖二二三团、二二四团、二二五团和手枪团，共2980余人。出发前，向外发布了《中国工农红军北上抗日第二先遣队出发宣言》（以下简称《宣言》）。《宣言》号召全国同胞，不分政治倾向，团结一致抗日。并严正指出：北上沿途，国民党军队如果阻拦，本军定将坚决扫除之。16日，全军指战员怀着沉痛心情，告别了鄂豫皖革命根据地，踏上战略转移的征途，向桐柏山进军。此刻，历时半年多的酝酿、筹划成了现实，红二十五军为谋求生存与发展的艰巨斗争由此开始。

花山寨会议是红二十五军战斗历程中的一个重要转折点。它历史意义之深远，远远超出了我们当时的预料。

花山寨会议的重要贡献，是为长征前的红二十五军解决了当时迫切需要解决的几个问题。首先，在走不走的问题上，定下了战略转移的决心。其次，在转移方向上，初步确定以桐柏山或伏牛山为目标。再次，在如何走的问题上，为顺利转移制定了正确的方针，做出了具体规定。这三个问题是相互联系、相互制约的。只有解决了这些问题，红二十五军长征才能迈开步，战略转移才能顺利进行。后来的实践表明，正是花山寨会议制定的方针、政策，使红二十五军通过了一个又一个的暗礁险滩，成功地实现了战略转移。在转移期间，红二十五军按照高度机动但又不消极避战的方针，或者以快速行军和多变的转移路线，摆脱了优势敌军的追堵；或者以凌厉的反击，挫败了敌人进攻；甚至在遇到意外险情、处境困难的情况下，巧妙地利用天时、地利等条件，出敌不意地乘隙转移。由于红二十五军的走打、攻守、进退等军事行动，较充分地体现了扬长避短、趋利避害的作战指导规律，指战员具有对革命赤胆忠心和能攻善守的良好军政素质，加上全军上下团结一致、齐心协力，从而使我们这个不足 3000 人的队伍，成为打不垮、拖不烂、冲不散的革命战斗集体，经受住了一次又一次的严峻考验。团结抗日的政策，严明的群众纪律，更是收到了意料不到的效果。沿途广大群众，从我们北上抗日的行动中，看到了挽救民族危机的希望；还从我们严明的群众纪律上，加深了对红军的认识，从而大大激发了他们的爱国热情和革命意识。在他们的帮助下，我们克服了转移途中一个又一个的困难；他们对我军行动的理解和部队良好的形象，使我们的转移出现了部队未动影响先行的良好效果。也正是党的团结抗日主张的政治威力，使我们顺利地通过了围寨林立、地主小股武装多如牛毛的豫西平原和山区。开始，地主武装常常袭扰我们。后来，我们加强了政治攻势，提前给寨主头目写信，宣传抗日救国，说明我们是借道北上抗日，决不伤害他们。从这以后，地主豪绅转变了态度，有的甚至在围寨路旁放上了开水和饭食。地主豪绅这种保持中立甚至是友好的态度，大大减少了我们前进道路上的困难。在历时 10 个月、行程近万里的长征中，红二十五军不仅成功地实行了战略转移，而且在沿途减员很大的情况下，进入陕南，开辟了鄂豫陕游击根据地，部队由不足 3000 人发展到 6000 余人：其中近 4000 人实行第二次战略转移，胜利到达陕北根据地，留下 2000 多人坚持了鄂豫陕边区的革命斗争。

花山寨会议的贡献，不仅是使红二十五军长征迈开了步子，也不仅仅是为顺利转移制定了正确的方针、政策，更重要的是，由于转移路线选择上的巧合，使红二十五军的战略转移，远远超出了谋求自身生存与发展的意义。后来的事实表明，只要红二十五军跨过平汉铁路，并且把去伏牛山作为第二方案，那么，摆脱困境、站稳脚跟的需要，就会不断打破原定计划，使红二十五军沿着桐柏山—伏牛山—陕南的转移路线，一步一步地向陕北根据地靠近，其结果则使红二十五军的长征，跟我国革命大本营的转移会合到了一起；还使这种谋求自身生存与发展的斗争，纳入到党中央挽救革命危局斗争，发展西北革命形势，进而图举抗日大业的实践中。正是由于花山寨会议在历史转折的关键时刻，定下了战略转移的决心，确定了意义深远的转移路线，才使得这个由历史事件组成的因果链条，有了一个正确的开端。有了这个开端，红二十五军才有后来的先期到达陕北，取得劳山、榆林桥战役两大胜利，并协同中央红军进行直罗镇战役等机遇。花山寨会议，使红二十五军走上了在战胜民族危机的斗争中发展壮大的广阔道路，以其深远的历史意义载入了我国革命史册。

1986 年 8 月于北京

原载《中国人民解放军历史资料丛书》编审委员会编：《红军长征·回忆史料（1）》，解放军出版社，1990 年，第 202～213 页。

红二十五军重建初期的反"围剿"斗争

◎ 刘华清　王诚汉　张池明

1932 年 6 月，国民党豫鄂皖三省"剿匪"总司令部，调集 26 个师、5 个旅、4 个航空队，共 30 余万的兵力，对鄂豫皖苏区发动了第四次大规模"围剿"。红四方面军和鄂豫皖苏区人民进行了空前激烈的反第四次"围剿"斗争，虽给"围剿"之敌以重创，但终因未能粉碎"围剿"，红四方面军主力被迫实行了战略转移。留下部分红军，在中共鄂豫皖省委的领导下，重建红二十五军，继续坚持第四次反"围剿"斗争。我们当时都被留下来，参加了重建的红二十五军，经历了红二十五军重建初期的反"围剿"斗争。

一、重建红二十五军，开展反"围剿"斗争

1932 年 10 月，红四方面军主力撤离鄂豫皖苏区后，敌人的第四次"围剿"并没有因为红四方面军的撤离而停止，除以 10 多万兵力追击红四方面军主力外，仍以约 20 万兵力继续对鄂豫皖苏区进行"围剿"。当时，"围剿"的敌人计有李玉堂第三师、万耀煌第十三师、彭振山第三十师、张印相第三十一师、陈耀汉第五十八师、李思愬第八十师、汤恩伯第八十九师、王均第七师、曾万钟第十二师、梁冠英第三十二师、戴民权第四十五师、上官云相第四十七师、郝梦龄第五十四师、宋天才第七十五师、张钫第七十六师、郑延珍独立第五旅、宋世科独立第四十旅、马宝

琳骑兵第二旅，共 15 个师又 3 个旅，此外，还有民团、保安队等地方武装数万人。敌人企图于 1932 年 12 月 15 日前彻底消灭留在鄂豫皖苏区的红军,摧毁鄂豫皖苏区。

在敌人的疯狂进攻和摧残下，鄂豫皖苏区大部分丧失，尚存的也被敌人分割为鄂东北和皖西北互相隔绝的两个地区。由于敌人的进攻来势迅猛，红四方面军主力突然撤离，留在苏区的部队又分散，加之敌人实行白色恐怖，苏区的党政军民在思想上、组织上、行动上都无准备，一时非常混乱，形势十分严重。

红四方面军主力转移时，留在苏区坚持斗争的部队有红二十五军军部特务营、第七十五师（第二二三、第二二四团）、第二十七师（第七十九、第八十、第八十一团）和中共鄂皖工委新组建的红二十七军的 2 个团，总共为 7 个主力团，1 万余人。地方部队有黄安、罗山独立师，麻城、光山、河口、陂孝北、陂安南游击师以及各县的独立团、营等，共 1 万余人。此外，还有大批红军伤病员。主力红军、地方武装及红军伤病员，总共两万余人，在无统一领导的情况下，分散于各地坚持斗争。由于力量分散，不能有效地大量消灭敌人。斗争形势的发展，需要重新组建一支主力红军。

11 月 29 日，中共鄂豫皖省委在黄安檀树岗召开军事会议，分析红四方面军主力西去后苏区的形势，总结了一个多月来分散坚持斗争的经验教训。会议决定，将根据地各红军主力团统一组织起来，重新组建中国工农红军第二十五军，坚持鄂豫皖苏区的斗争。30 日，在檀树岗村南的河滩召开大会，宣布新的中国工农红军第二十五军组成。军长吴焕先，政治委员王平章。下辖第七十四、第七十五师。第七十四师师长徐海东、政治委员戴季英，辖第二二〇、第二二一、第二二二团；第七十五师师长姚家芳、政治委员高敬亭，辖第二二三、第二二四团。全军约 7000 人。

红二十五军重建后，立即成为敌人"围剿"的重点。1932 年 12 月 12 日，敌人采取"进剿"和"驻剿"相结合，以"驻剿"为主的手段,发动了大规模的划区"清剿"。将鄂豫皖苏区划分为东、西两个"清剿"区，西为"经（扶）黄（安）清剿区"，东为"商（城）罗（田）清剿区"。"经黄清剿区"指挥官为第十四军军长卫立煌，指挥部设于黄安河口镇，兵力为 7 个师。以李玉堂第三师、彭振山第三十师 2 个旅、汤恩伯第八十九师 1 个旅，共 10 个团为"进剿"部队；以万耀煌第十三师、陈耀汉第五十八师、张印相第三十一师、蒋伏生第八十三师、第三十师1个旅、第八十九师1个旅，共24个团为"驻剿"部队，分别部署于黄安、河口、宣化店、麻城、张店、新集等地区。"商罗清剿区"指挥官为第一军军长陈继承，指挥部设于潢川县城，兵力为6个师。以郝梦龄第五十四师、李思愬第八十师，共10个团为"进剿"部队；以上官云相第四十七师、唐淮源第十二师、宋天才第七十五师、戴民权第四十五师，共22个团为"驻剿"部队，分别部署于僧塔寺、金家寨、南溪等地区。在皖西北霍山、六安、霍邱等地区的王均第七师、梁冠英第三十二师、宋世科独立第四十旅则策应"商罗清剿区"行动。敌人总兵力为15个师又1个旅，共约80个团。此外，还有罗山丁应坤、光山易本应、商城顾敬之等反动地方武装。敌人企图在1933年1月底以前，将鄂豫皖苏区的红军完全肃清。

面对敌人的大规模划区"清剿"，中共鄂豫皖省委和红二十五军于12月30日在麻城大畈（今属新县）召开临时紧急会议。会议根据当时游击武装的扩大，红军主力的形成，群众革命情绪的高涨和敌人实行经济封锁，粮食、物资困难等优劣条件，认为鄂豫皖苏区以现有的力量为基础，采取得当措施，是可以巩固起来和完成打破第四次"围剿"的任务的。并针对敌人以"驻剿"为主，机动兵力相对减少的情况，决定红二十五军以师为单位分散活动，一面整补部队，寻机歼敌，扩大游击区；一面发动群众，恢复政权组织，扩大地方武装，巩固鄂东北苏区。

大畈紧急会议之后，红二十五军按照省委的决定，第七十四、第七十五师分别活动于麻城和黄安以北地区，在地方武装、游击队和群众的配合下，先后给敌第十三、第三十、第三十一、第三十二师以打击，歼敌正规军数百人及大量的反动地方民团。同时，协助地方党政机关，宣传、组织群众，开展对敌斗争。迫使敌人不敢以小股兵力进行"清剿"，只能集中兵力驻在较大的据点里，使红军有了较大的回旋余地，反"清剿"斗争取得了初步成效。

二、集中兵力作战，打破敌人大规模划区"清剿"

红二十五军经过以师为单位的分兵活动，打乱了敌人的大规模划区"清剿"计划。至1933年2月，敌人大规模划区"清剿"计划未能按预期实现。为此，敌人在原部署上进行了局部调整。令第八十九师为"进剿"部队，将原驻信阳以北铁路沿线的马鸿逵部第三十五师调至新集，另调肖之楚第四十四师一三〇旅接替调整出的第三、第八十三师的任务。

根据敌人调整后的部署，红二十五军也采取了新的斗争方针。3月初，军领导总结了两个月的分兵活动，认为在这两个月的斗争中，红军虽然积蓄了力量，给敌人以一定打击，但战果不大，没能给敌人以大量的杀伤，因此，打不破敌人的大规模划区"清剿"。针对敌情的变化，军领导决定集中兵力，统一行动，在运动中捕捉和创造战机，寻歼孤立薄弱或突出冒进之敌。

3月4日，敌第三十五师一〇三旅二〇五团、第一〇四旅二〇七团进驻郭家河，接替第八十九师防务。省委和军领导及时分析了敌情，认为敌第三十五师装备较差，战斗力较弱，该部进驻郭家河两个团又是新接防地，人地生疏；郭家河离周围据点黄陂站、七里坪等都有一天的路程，不易迅速增援；郭家河之敌孤军深入。于是，决定乘敌立足未稳，集中全军力量将其歼灭。遂命令：在麻城以北地区待机的第七十四师连夜赶到新集以南的野鸡笼，与第七十五师会合。由第七十四师和军特务营进攻郭家河的敌人；第七十五师占领郭家河东北的摸云山（又称磨儿山）一带，阻击可能由新集增援之敌，并在必要时支援对郭家河的进攻。同时以光山独立团、罗山警卫营等地方武装和部分群众相配合，在郭家河周围不断袭扰敌人，掩护主力开进。

3月5日夜，红二十五军在野鸡笼进行政治动员后，连夜向郭家河开进。6日拂晓到达郭家河东南戴家岗一带。吴军长命令第七十四师以第二二〇团及军部特务营迂回到郭家河东北方向实施主攻；第二二二团从郭家河以南及西南实施攻击。第二二二团受命后，以勇猛迅速的攻势，将郭家河东南羊人岩（又称羊儿岩）高地的敌人警戒部队一个营大部歼灭。接着，该团由西南，第二二〇团和军特务营由东北，以合围之势向郭家河之敌猛烈攻击。周围山头上的地方武装、游击队和群众呐喊助威，红军勇猛冲杀。敌人一部就地被歼，其主力仓皇向西北逃窜，被红军围歼于二道河西南洼地。这次战斗，红军以伤亡30余人的代价，将敌两个团全部歼灭，毙敌第二〇七团团长以下百余人，俘敌第二〇五团团长以下2000余人，缴获山炮1门、迫击炮8门、机枪12挺、长短枪2000多支、子弹10万余发、战马百余匹。

郭家河战斗的胜利，震慑了敌人。敌第三十五、第十三师分别固守新集、黄安，告急求援。3月10日，敌第八十师二三八旅、第三十师八十八旅、第三十一师4个团向新集救援。红二十五军先派少数部队佯攻宋埠，吸引敌人围来。这时敌第十三师亦从黄安孤军深入至九龙长岭，见此机会，红二十五军立即以主力向敌第十三师攻击，在袁英河以南的九龙长岭，予敌第十三师先头部队第三十八旅七十七团以歼灭性打击。18、19日，红二十五军又利用杨泗寨、万家山、李家窑有利地形，与敌第十三、第三十、第三十一师各一部激战，杀伤敌700余人，随后转至麻城北部的大畈地区。这几仗的胜利，使红二十五军掌握了主动权。

为了恢复黄安以北地区，红二十五军西进至郭家河，准备歼灭罗山卡房之敌。这时，敌情有了变化。4月13日，敌第十三师师长万耀煌以第三十八旅七十五团、七十六团和第三十七旅七十八团组成右纵队，亲自率领，由七里坪出发，经香炉山、仰天窝向郭家河进犯；以第三十七师（欠第七十八团）为左纵队，由华家河出发，经平头岭、郭家凹向老君山、黎子沟北犯。根据这一新的情况，红二十五军当即放弃进攻卡房计划，决定乘敌第五十八师及第十三师左纵队在天台山以西，敌第三十、第三十五师尚未行动的有利时机，集中力量，打击突出之敌第十三师右纵队。

14日下午，敌第十三师右纵队沿倒水河西岸进至上潘家河及其以北地区，其第七十五团占领鸡公寨，第七十八团一、二营在白果树店露营，该团三营占领河东岸黄石岩高地，师部及第七十六团在上潘家河露营。根据敌人的配置和地形条件，红二十五军决定，以罗山独立第六师在鸡公寨一带钳制与迷惑敌人，并保障红军右翼的安全；第七十三师从正面向黄石岩敌人进攻，歼灭该敌后，以一部控制黄石岩，其余配合军主力消灭敌后续部队；第七十五师迂回到黄石岩敌人的右侧，切断其退路，然后集中力量歼灭敌后续部队；第七十四师为预备队。

当夜，红二十五军隐蔽进抵黄石岩附近，罗山独立第六师也迫近了鸡公寨。15日拂晓，敌第七十八团一、二营开始渡河，拟会合其第三营后，与河西主力齐头向郭家河前进。红七十三师乘漫天大雪，以迅速勇猛的动作，首先攻占黄石岩制高点，歼敌第七十八团三营一部，尔后配合第七十五师将敌第七十八团全部压在河边狭窄地段上。经反复冲杀，将敌大部歼灭。万耀煌见此情势，一面急令其左纵队驰援，一面指挥第七十六团两个营渡河投入战斗。红军主力遂转攻敌第七十六团渡河部队，予以迎头痛击。敌仓皇回窜。时逢狂风暴雨突然袭来，河水陡涨，敌被淹死者甚多。这时，一直牵制鸡公寨之敌的罗山独立第六师，向鸡公寨之敌发起猛攻。万耀煌误以为红军主力由上游渡河发动攻击，慌忙退至钟家岗。天黑后，又怕红军夜袭，率残部向南退至5公里以外的香炉山。

潘家河战斗，消灭了敌主力第十三师一个多团。郭家河、杨泗寨、潘家河等战斗的胜利，挫败了敌人划区"清剿"计划，使鄂豫皖苏区的严重形势趋于好转。

三、错误发动七里坪战役，鄂豫皖苏区第四次反"围剿"斗争失败

红二十五军虽然接连取得郭家河、潘家河等战斗的胜利，使敌人的大规模划区"清剿"计划破产，但并没有打破敌人的第四次"围剿"，鄂豫皖苏区的斗争形势仍然是严重的。当时，中共鄂豫皖省委和红二十五军对此没有做出正确分析，而在郭家河等战斗胜利的影响下，错误地估计了当时敌我形势，盲目地执行王明"左"倾冒险主义的军事战略方针，根据中共临时中央1933年3月10日《给鄂豫皖省委的军事指令》，认为鄂豫皖党和红军的基本任务是"肃清敌人一切地方的和常备的军队"，"应当（以）消灭七里坪的敌人力量和夺取与巩固这个地点为第一任务"，"进攻最适宜的时机恰恰就是现在"。省委于5月初，做出了实施七里坪战役的决定。

夺取七里坪，在当时是不具备条件的。这时的敌情仍然很严重。敌人"围剿"的总兵力有15个师又4个旅，加上民团等反动武装，超过红军近20倍，整个鄂豫皖苏区敌强我弱的形势并无改变。敌人占领着根据地的全部城镇，控制大部农村及所有交通线，继续采取"筑碉修路"、"稳扎稳打"、"驻剿"与"追剿"相结合的作战方针，加紧对苏区实行摧残。潘家河战斗后，敌人重新调整了黄安、七里坪等地的兵力部署，由第十三师接替第八十九师在黄安、七里坪、华家河、河口镇地区的"驻剿"任务，第八十九师改任"追剿"任务。而这时红军虽然经过整编，红二十五军已下辖第七十三、第七十四、第七十五师，全军共1.2万余人，但红军既没有围攻和阻击援敌的足够兵力，又没有攻击坚固设防据点的火力及经验。此

外，鄂东北苏区屡遭敌人摧残、洗劫，元气远未恢复，人力、物力、财力等均十分困难。特别是正值青黄不接之时，群众生活极为困苦，红军给养亦无保障。另外，七里坪位于黄安县城以北20公里处，是鄂东北地区的重要集镇。其南面为大小悟仙山（亦称大小雾嘴山），是突出的制高点，西、北两面有倒水河作为自然屏障。自1932年12月敌人占领七里坪后，即在其周围修筑碉堡、围墙，挖堑壕，设置鹿砦、铁丝网，构成了坚固的防御体系。

由此可见，红二十五军要夺取七里坪是不可能的。但是，省委强调中共中央的指令必须执行，强调夺回七里坪对恢复苏区的作用与意义，坚持一定要打，并且提出：把敌人逼走就是胜利。

根据鄂豫皖省委的战役企图，红二十五军围攻七里坪的部署是：第七十三师布置于七里坪以东王锡九、习家坡、石门口、郑必高至大斛山一带；第七十四师布置于七里坪以北江家塝、高庙岗、酒醉山一带；第七十五师除以第二二四团配属第七十四师布置于神灯岗外，两个团随军部留在七里坪东北的龙王山，为军预备队。另以黄安独立第七师等地方武装，在七里坪附近活动，配合主力作战。由于兵力不足，七里坪南至黄安县城、西至华家河的道路，红军都没有控制，敌人仍可以自由地调动兵力，补充军需。

5月2日夜，红二十五军进入指定位置，开始构筑工事。4日晨，敌人一部在火力掩护下攻入第七十三师前沿阵地，经激战，被击溃。此后，红军虽然数次向敌坚固设防的前沿阵地勇猛攻击，但是既未能占领敌人阵地，又未能予敌以大的杀伤。战役期间，敌人又调整、增加了兵力，双方形成了对峙状态。在这种情况下，徐海东等曾提出撤围的意见，但都被省委强调执行中央指令而否决，结果使红二十五军陷入困境。

战役开始半个月，红军就断了粮。群众将自己仅有的一点粮食，一碗一升地拿出来支援红军，仍不能解决红军的粮食问题。后来，根据地内实在弄不到粮食，我军只有抽调部队和地方武装筹集粮食，有时要远离阵地去截取敌人的运输给养，但每次所获不多，难以解决大部队的需要，有时还要造成伤亡。部队只好以野菜、树叶充饥。

到6月中旬，我军由于多日断粮饥饿，长期露宿，疾病蔓延，死者日增，再加上战斗伤亡，部队减员近半，剩下的 6000 余人，体质也极度虚弱。而各地敌军则乘红二十五军陷于七里坪之时，不断侵犯苏区中心区域，破坏麦收和插秧，逼迫群众插"白旗"，强化其反动统治。在此严重形势下，省委才不得不决定撤出战斗。6 月 13 日，红二十五军全部撤出阵地。至此，七里坪战役结束。

七里坪战役的损失是严重的，失败的教训是深刻的。对此，战后省委在写给中共中央的报告中有所认识，认为在主观力量相差太远的条件下来勉强围攻七里坪，是机械地执行了中央军事指令，错误的根源是没有深刻认识第四次反"围剿"的严重形势，犯了"左"倾错误。认识到，在当时的形势与困难条件下，进行七里坪这样规模的阵地攻坚战，是红二十五军的力量所不能胜任的。

七里坪战役的失败，其后果是造成我军第四次反"围剿"斗争陷于极为困难的被动局面。我们都是参加者，饱受了因战略指导错误而打了败仗之苦，当时的痛苦心情是无法形容的。我们都是征战了多年的老战士，打过许多胜仗，像七里坪这样的败仗还是第一次。由于七里坪战役的失败，红二十五军的战斗力受到了极大损失，致使第四次反"围剿"斗争失败，鄂豫皖苏区军民仍处于艰苦的斗争之中。

（姜为民　整理）

原载刘平编：《张池明将军》，中共党史出版社，2001 年，第 240 ～ 251 页。

鄂豫皖苏区反"围剿"失败和准备战略转移[①]

◎ 张池明

一、在红军少共团委

红军在七里坪地区作战时，中央分局和苏维埃政府机关、省委还在新集未动，像平常一样工作，毫无战斗准备。红军打第一仗时，新集还开了庆祝胜利大会，报纸印出特大红字的"号外"捷报，形容红军在冯寿二战场，杀得敌人血流成河，红军战士的英勇、战斗激烈的程度、敌我伤亡的重大，是可想而知。红军从雾嘴山激战后，转移到了胡山寨。直到胡山寨战斗不利时，中央分局各机关，才于9月5日仓促撤出了新集，随红四方面军向皖西撤退。在撤退路上，红军部队、党政机关、伤病人员和大批群众拥挤不堪。到了皖西后，中央分局才临时组织"跑反委会"，想把几万群众组织起来，有秩序地转移。这时组织已经很困难，但群众始终不离开红军，在红军行动的路两旁向前涌动。

撤出新集时，党政机关由成仿吾同志带领，到了汤家汇才停下来。因霍丘失守，皖西形势也是急转而下，鄂东敌人又追到皖西，张国焘惊慌失措继续指挥部队撤退到燕子河。这时英山已失守，他又急忙指挥部队向鄂东转移。我们在燕子河，遇到英山独立第十三团，他们是从英山县城撤出来的。该团少共团委书记，因擦枪走火被撤销工作，少共中央分局派我去该团接任少共团委书记。这是我戎马生涯的

---

①题目为编者所加。

开始，也是我工作经历的一大转变，由地方转到军队，由后方转到前方，由儿童团工作转到共青团工作，从此我不能不重新学起，慢慢懂得行军、懂得打仗、懂得过军事生活、懂得做军队青年工作。一般说我还能够严格要求自己，不怕艰苦，不怕疲劳，不怕牺牲，这是要求自己的起码条件。

到了军队后，我深感军队是一个战斗集体，军队与地方不同，但共青团是党的助手和后备军，是党联系和团结广大青年的桥梁和纽带，这是共同的。青年工作和党的领导是分不开的，党有号召，团就有行动，这是传统。军队还特别强调对青年人的教育，要求团组织真正成为共产主义的学校。还强调团组织对各项工作执行的保证作用，特别是保证战斗任务的完成。军队团组织一定要在党组织领导下进行工作。青年团对成分审查，不像地方那样，他们参加红军都经过严格的审查，红军战士多来自土地革命斗争中。红军中的青年工作比较好做些，青年战士思想单纯。那时，军队共青团还没有什么严格章程，就是按照军队特点进行工作。

这时留在皖西的负责人，有皖西北道委书记郭述申、红军东路游击队司令刘士奇、红二十七师师长徐海东等。按分局指示，由他们组成中共鄂皖工作委员会，郭为书记；又把红二十七师七十九团、英山独立第十三团、皖西北道委警卫营和六安、霍丘、霍山各县独立营合编成红二十七军（军长刘士奇、政治委员郭述申），共4个团，约4500人，我们独立十三团改为第二团。为配合主力反"围剿"和减轻敌人对根据地的压力，红二十七军从内线转到外线，在敌人侧后转战10多个县，行程2000多公里，牵制敌人5个多师的兵力，进行大小战斗数十次（几乎天天打仗），打垮敌人追堵，歼敌4000余人，掩护了从苏区撤出来的干部、群众和伤病员两万多人的艰难转移，保存了这支红军力量，使他们受到锻炼和考验，胜利回到皖西苏区继续坚持斗争。

11月底，鄂皖工委率红二十七军到鄂东，找红军主力部队，留下第二团单独坚持皖西地区的斗争，担负恢复原有根据地的艰巨任务。这时的皖西根据地经过敌人重兵"围剿"受到严重摧残，多数群众逃跑到山里，过着避难生活。豪绅地主纷纷回乡，向工农群众反攻倒算，强迫群众为他们修围寨筑碉堡，加强反动统治。我们第二团，不仅要同国民党强大军队的"驻剿"、反动民团的"清剿"作战，还要克服自然条件和物质条件的困难。这时，大别山正是冰天雪地，战士仍穿着单衣，忍饥受饿，不打围寨就搞不到吃的，打一个围寨要付出很大伤亡代价。我们在3个多月的活动中，走遍了皖西的山山水水，以金家寨为中心，动员群众下山，组织自己武装，恢复革命政权，镇压反动分子，打击敌人"清剿"，坚持了皖西的斗争任务。

红二十七军从皖西转战到了鄂东七里坪附近，找到了省委书记沈泽民，知道中央分局和红四方面军已经向川陕地区转移走了。11月底，省委将留在鄂豫皖的红七十五师2个团、红二十七师3个团，重新建立红二十五军（军长吴焕先，政治委员王平章），辖两个师，大约7000余人。不久，又以红七十四师二二一团、红二十七军第二团及军部警卫营编成红二十八军（军长廖荣坤，政治委员王平章兼），辖两个团一个营，大约3000余人，从麻城出发到皖西，担任恢复皖西根据地的任务。在商城县双河山与第二团会合。为打开局面，恢复根据地，他们连续在胭脂坳、白沙河、双河山、小南津打了几场恶仗，转战到葛藤山。敌人追到门坎山，激战一天一夜，王平章牺牲，部队退出战斗，转回鄂东。

红二十八军到了鄂东后，即编为红二十五军第七十三师。撤换了原有的领导干部，师团重新派来一套班子。这时，省委根据中央意图决定围攻七里坪。在七里坪战役准备期间，省委对红二十五军进行了一次大的"肃反"运动。这次"肃反"运动首先从七十三师开始，上从军长下到战士都被审查。我所在的第二团，是全团集合，当场点名逮捕所谓的"反革命分子"，王少卿（新派来的师政委）亲自到第二团坐镇。我就是当场被押到师部关起来的。在关押中，遇到吴焕先（当时的军长）到第七十三师视察工作，把我叫去审问，说我年纪太小成不了反革命，把我释放出来，带到军部，留在军部分配工作。在这次"肃反"中，硬说第七十三师党团组织有问题，宣布把第七十三师的党团组织解散了，直到撤销第七十三师番号之前，才恢复。

这是我初到军队的一段生活经历。这段战斗、工作和学习的经历，很丰富亦很充实，对我是极大的考验和锻炼，是我在漫长革命生涯中成长的一个很重要的转折时期。

二、在红二十五军军部

我到军部几天后，朱仰兴通知我，军领导要我做军部秘书，消息传得真快呀，人们见面都叫我小秘书，因朱仰兴也是秘书。当时军部机关很简单，严格说除了一个经理处（即供给部）外，没有机关。省委随军部，实际是军党委。省委也没有机关，开会在军部，地方事情交给鄂东北道委办，徐宝珊、郑位三都在道委。

那时，军部就是军长、政治委员，下边有事都找军部。决策是他们，布置检查也是他们，设有参谋处、政治部，但没有干部，是空的。医疗卫生，是军医院，医院不随部队，名曰在后方，实际分散在山沟里。军直属部队，有军手枪团（也叫便衣队），他们的作用很大：侦察队、武工队、秘密交通队，必要时还有奇袭敌人突击队，集多种任务于一身。军交通队，也是多种性质的，任务是通信传令、军部警卫、首长保卫、战场观察哨，必要时还要他们提着盒子枪打冲锋。还有一个司号员训练班（连队有号兵，营有号目，军师团都有号长），也算是一个小乐队，休息时还可奏些曲子。这些直属队都跟我有些工作关系。那时我们年龄都差不多，很活跃，是些乐观主义者。现在老同志们碰到一起，提起那时的生活还很开心。

我做秘书工作，既简单又复杂。有时简单到无事可做，复杂就是"打杂"，什么事都做。日常工作是派派通信员，发个通知，拟个口令，打个收条，带向导问问路线，有时找群众做点社会调查。当时没有电台，外边情况全然不知，所以捉到俘虏总要问问敌情，到了白区就千方百计搜集报纸，很多消息都是从报纸上知道的。我们由陕南继续西征北上，就是在报纸上得知中央红军与红四方面军在川西会师的消息，做出决定的。对我来说，做到有问必答，就要掌握情况。那时没有什么文件处理，一般会议不用记录，都记在脑子里，重要事情首长自己记，吴焕先就有个记事的小本子。省委向中央写报告，是书记自己亲自动笔，一般不用抄写。我是在"肃反"运动中到军部的，按照我的工作，我为自己立了个"多思、谨慎、勤劳"六字要求，对我以后的成长是有点作用的。调到军部后，确实学到了一些东西，使我慢慢走向成熟。

七里坪战役，是集中全军力量，加上地方武装打的。从5月初开始，围攻了整整43天，结果既没有围死，也没有攻下，最后被迫撤围。此后，全军12000余人，减少了一半，战役下来撤销了第七十三师。接着，是国民党第五次"围剿"，刘峙任"剿匪"总司令，集中5个师进攻。在太平寨山下陵牌石，激战终日，最后是同敌人拼大刀，我军伤亡过大，退出战斗。由于王明"左"倾路线，提出"要与苏区共存亡"的口号，我们不得不在剩下很小的几块地区进行"苏区保卫战"。8月在鄂豫边的紫云寨、光裕山打退敌人合围。9月，敌人7个师对皖西的南溪、汤家会合围，在四道河、瓦屋基一仗最为激烈，敌人在飞机、大炮掩护下，进行数次总攻，我军始终守住阵地，最后因寡不敌众，撤出战斗。几仗打下来，由2个师缩编到了3个团。这时，从皖西大埠口向鄂东转移，通过潢麻公路，遭敌阻击，将部队截成两段。军部率两个团到了鄂东，后卫一个团千余人退回皖西，第二次组建红二十八军（军长徐海东，政治委员郭述申）。保卫中心苏区作战的失败，是继七里坪战役后的又一次失败。

省委从失败中开始接受教训。沈泽民病逝前，作了一次沉痛检讨，在当时路线下，作这样检讨是可贵的。他总结了失败的教训，提出转变斗争方针。从此，在坚持鄂豫皖苏区斗争的指导思想上，我们由被动转向主动，战术也比较灵活，不打硬拼之仗，不打赔本仗。所以有一次敌人7个团进攻高山岗，我们只留小部队同敌人周旋，主力插到敌后，就没有受损失。又有一次敌人两个师袭击包围仰天窝军部，部队突围被打散，军长险被敌人俘虏，经过一天一夜各部队自动到了老君山集合，一清查全部到齐。此后，部队采取分散向外游击，一部进到罗山、孝感地区，一部进到光山东高山、西高山地区，以游击战的打法，不断取得小胜，也解决了部队的弹药补充和吃穿问题。

1934年2月，张学良任鄂豫皖"剿匪"副总司令，东北军调到了鄂豫皖苏区，连同原有敌军共80多个团，继续第五次"围剿"。这时,中央转来军委某同志的《建议》，认为红二十五军在坚持老苏区有困难时，应保存红军力量，转移到平汉铁路西桐柏山地区，建立新苏区。当时，省委虽不敢大胆向平汉铁路西转移，但还是采取了向外发展的方针。选择了两个目标区域，一个是光（山）罗（山）孝（感），一个是英（山）罗（田）霍（山），准备到那里去发展游击战争，建立新的苏区。4月间，把在皖西的红二十八军合编到红二十五军（军长徐海东，政治委员吴焕先），约3000余人（不包括皖西游击师和鄂豫各县地方武装）。这时，我们利用东北军布防调动的机会，在高山寨歼灭东北军第一〇九师的2个营，这是打东北军的头一仗。省委及时提出争取东北军的方针，实行优待俘虏的政策，对愿意留者分配工作，要求走者发足路费。从这时开始，有了东北军俘虏在红二十五军当教官。按原计划在光罗孝边区的朱堂庄、铁铺地区开辟新区。因东北军第一一五师进攻，我们在长岭岗击溃其 2 个团，歼灭 5 个营，缴获了轻机枪 120 多挺、马步枪 800 多支，全军的武器大部换装。接着奔袭太湖县城，又补充了军需物资。再到英罗霍的陶家河地区开辟新区。刚铺开摊子，便遭敌人"追剿"纵队，第四十七师和第五十四师进攻，我们向南溪、葛藤山一带转移。途中接到郑位三来信，说中央有人来，请省委率红二十五军速来，商讨今后行动。部队急速向鄂东前进，中间要突破敌人四道封锁线。在汤泉池全歼东北军第一〇九师的一个工兵营（5 个连）。在大柳树击溃东北军第一〇七师的堵截，又打垮第一〇八师的增援。进到胡山寨休息时，敌人 4 个师（第六十四师、六十五师、一〇七师、一七师）跟踪赶到，激战终日，歼敌 4000 余人。于 11 月 11 日，全军到达光山花山寨与鄂东北道委会合。当晚，省委举行常委会议，讨论红二十五军战略转移问题。

我能参加红二十五军在艰苦困难的条件下坚持鄂豫皖苏区斗争的全过程，感到极大光荣。回顾这段历史，是很有意义的。离开大别山，我感慨万千。

原载刘平编：《张池明将军》，中共党史出版社，2001 年，第 17 ~ 26 页。转自中共中央党史研究室编：《红军长征纪实丛书·红二十五军卷 1》，中共党史出版社，2016 年，第 133 ~ 137 页。

关于红二十五军创建鄂豫陕
根据地的一些情况

◎ 郭述申

一

　　红二十五军遵照党中央创建新根据地的指示离开鄂豫皖苏区以后，经过艰苦转战到达了豫西伏牛山区，后来又冲破敌人层层追堵进入陕南地区。我们为什么要离开伏牛山？不到陕南行不行？我们从伏牛山南面的鲁山到栾川一带，看山不是山，尽是悬崖峭壁，上不去。村子尽是土寨子，进不去。中央叫我们到伏牛山建立根据地的建议，经过考察，不行。河南国民党统治比陕西严。我们改变了原来打算，从河南的卢氏、官坡、兰草进入陕西，决定在湖北、河南、陕西交界地区发动群众，坚持下去。

　　那是 1934 年，陕西国民党的苛捐杂税有几十种，连小地主也不满意。陕南群众非常贫苦，纷纷起来抗捐抗税，阮英臣还组织了抗捐军。这里的群众条件很好，同时也是敌人统治比较薄弱的地区，因此我们决定在这里留下来，创建根据地。当时主要是扩大共产党在群众中的影响，我们坚决执行三大纪律、八项注意。记得从兰草出发时，一个战士鞋子破了，穿了老百姓的一双鞋，我们立即开会处理，群众围着我们，替这个战士讲情。群众都说他们从来没有看见过这样好的军队。我们从龙驹寨走，没有踏坏一根青苗，群众说真是秋毫无犯。到了集镇路口，给贫苦商贩烧水喝，帮助他们解决具体困难，每到一地，群众都热情给我们带路。棣花镇有家染房，主人跑了，我们战士虽然没有衣服穿，但一点布、一件衣也不动，还把染房保护起来。"左"倾路线时，到集镇大小商店都没收。我们到商洛后，政策有改变。每到一地，先做调查：大体了解情况，掌握群众深恶痛绝的豪绅进行打击；对开明的、同反动政府有矛盾的士绅，则采取统战政策。争取阮英臣（阮英臣，陕西山阳县人，时任鄂陕四路游击师师长，后被错误杀害，新中国成立后追认为烈士）就是统战工作的一例。阮英臣组织抗捐军，我们主动和他联系，给他支持。我们到商洛后广泛宣传红军主张，并用自己严格遵守群众纪律的实际行动，来扩大红军的影响。很多老年人说：我们活了七八十岁，从未见过你们这样的好军队，真是仁义之师。开初，给群众分粮，他们不敢要，我们就晚上送到他们的门口，第二天门一开就是粮食，他们说是"神兵天降"。

我们到陕南，红四方面军在川陕，刘志丹在陕北取得了胜利。我们在陕南创建根据地，对陕北是支持，对进攻川陕苏区的敌人也是个牵制。

二

红二十五军在鄂豫陕省委领导下开始初创鄂豫陕根据地时，为了加强地方工作，决定派我和陈先瑞同志一起下到鄂陕特委工作。我是书记兼游击司令部政委，陈先瑞同志是游击司令部司令。我是第一任，接替我的是戴季英，戴以后是郑位三。我们下去带了一个连的武装力量，还有工作人员，活动地方在鄂陕边界的二天门、茅坪等地。镇安县城我们占领过，它是红军到陕南占领的第一个县城。我们在地方工作主要是发动群众，建立政权，组织武装，发展党组织这几个方面。

我们对新参军的红军战士做工作，注意培养，吸收入党，白明峻（白明峻，陕西省镇安县人，时任鄂陕五路游击师政委）他既然是政委，就肯定是党员。他说在湖北二天门是我介绍他入党的，那有可能，因为我当时也直接介绍积极分子入党。湖北二天门这个地方我还记得，地势险峻，群众很贫苦，人口不多，还有些回民。我们当时活动地方就在镇安东南，接近郧西、山阳。……我们司令部在二天门住过，也在附近住过，在这里也发展过党员。

我们鄂陕工委（或特委）当时建立有地方政权，有农会。我们下去不久，店垭子、米粮川、白塔、茅坪等地都建立有地方政权，叫苏维埃政权。也发展了少数党员。

当时是有些游击队的，记得有阮英臣、阮开科（阮开科，陕西省山阳县人，时任鄂陕九路游击师师长，后叛变投敌，被敌谋杀）的游击队。夏云飞（即夏云廷，时任鄂陕四路游击师政治部主任兼战斗营政委）是我们红军党组织派到阮英臣游击队去工作的，后来他俩就带着部队和红二十五军一块北上了。至于孙光领导的武装力量，这是红军北上后，陈先瑞同志留下搞起来的。陈先瑞同志在那里的时间长，他很清楚。

我总感到鄂陕边的群众好，群众对红军非常欢迎。我们的病号、伤号，都放在群众家里，群众和军队亲如一家。我们住在二天门、店垭子，靠的就是群众。我们的主张，我们的纪律，我们的行动，都得到群众的欢迎和拥护。那些地方人口少，群众生活贫苦，但对红军确实好。

原载中共陕西省委党史资料征集研究委员会编：《陕西省党史专题资料集（二）：豫陕革命根据地的创立和发展》，第 211～215 页；中共中央党史研究室编：《红军长征纪实丛书·红二十五军卷 1》，中共党史出版社，2016 年，第 251～253 页。

转移中的胜利

◎ 张竭诚

1934 年，红二十五军为了保存力量，争取有利的革命形势，遵照党中央的指示，开始了从皖西到鄂东 400 余里的长途转移。9 月初，一个中秋节前的晚上，我们渡过浠河，踏着崎岖的山路，向西前进。一路且战且走，经过几个不休不眠的日夜，终于通过了四道封锁线，并且在行进中陆续消灭了 2 个团加 4 个连的敌人。

几天来，我们真是疲劳到极点了。这天，我们通过了最后一道封锁线，走了140 多里路，天将亮时，宿在一个叫斛山寨的地方。

我正熟睡着，也不知睡了多久，猛然不知是谁硬把我从草堆上抻了起来，我心里老大的不愿意，连眼睛都懒得睁开，就又躺下睡了。蒙眬间听见队长像打雷似的喊了起来：

"不要睡了！我的好同志，敌人都快到门口啦！"

"什么，什么?!" 人们一下子都被这个意外的消息惊醒了。

我连忙坐了起来，使劲地揉了一下眼睛，看见队长正严肃地站在我们对面环视着大家，他说："同志们，咱们让敌人包围了，首长让大家赶紧做饭吃，吃饱了好接受战斗任务！"

"战斗任务？" 大家一听，眼睛都亮了起来，有些不敢相信似的一起带着惊疑的口气围住了队长，疲劳、危险早忘得一干二净。说实在的，我们这个通信队也真够窝火的，一路上打了那么多的仗，就是没有我们的份儿；这时，谁不希望队长明确一下这个"战斗任务"指的究竟是不是直接参加战斗呢!

大家的心情,队长是了解的。在这以前,他和我们一样,也有强烈的求战愿望;不过,他究竟是个领导干部,总是不动声色,只有当我们之中有谁对不能直接参战而闹情绪时,他才说:"不要急嘛,同志!当红军还愁没仗打!"今天,他却一反常态,忙说:"是呵!是战斗任务,具体点说就是咱们通信队这回也能和敌人枪对枪、刀对刀了。"

大家心里一块石头落了地,都欢腾起来。

村里人嘈马杂的,好多的指挥员们都聚集到军部来了,每个人的脸上都呈现着紧张而严肃的神色。军长徐海东同志站在一个台阶上对大家说:

"同志们,现在情况是严重的,包围我们的敌人有4个师,其中有2个师是东北军,武器很强……我们连续行军作战,身体是疲倦的,而且人数也远远少于敌人。但我们要坚决打垮消灭敌人,突破重围……"

吴焕先政委接着说:"不管怎样,克服一切困难战胜敌人,彻底实现安全转移到鄂东的行动计划,这是这次转移中的最后一战。红二十五军几年来在鄂豫皖建立起来的荣誉能不能保持,就要看这一战了。"

首长的决心,点燃了大家的信心,当我们明确了各自的任务以后,马上开始了一切迎战的准备工作。

晌午以前,敌人在4架飞机掩护下,向我们发起总攻击。战斗首先在斛山寨南面的一角打响,接着四面八方都响起了激烈的枪声。敌人来势汹汹,很快就逼近了我军的防御阵地。他们一面前进,一面对我们喊着各种下流的话,仗恃已经对我们形成包围的气势,和人多、武器好等有利条件,一时显得非常骄横。这种情况,对于经过千百次战斗锻炼的红军来说,并不是生疏的,大家依然十分沉着,准备好了手榴弹,上好了刺刀,现在正目不转睛地盯着早已由指挥员们选择好了的冲击方向,鼓弦待发,单等着军部总反击的号令。

总反击的号令终于发出来了,传在人们耳鼓里的首先是来自我军各个阵地的冲锋号声,随着这个惊心撼胆的声音,我们通信队簇拥着徐海东同志走上一座山峰,居高临下,看到我军各部队的百十面军旗,映着阳光,迎风招展,在万山丛中的接敌地区像一片翻转的红云;如同潮水一样的红军战士,正以排山倒海之势汹涌前进;

子弹、手榴弹的迸裂声，在山谷中不断回响，敌人第一线的部队，很快便被我们冲垮了，部队继续向纵深发展进攻。

斛山寨敌我双方的激战，越来越激烈了。不料敌人用一部分兵力绕过斛山寨，向我们军部插过来，于是情况更加紧张。徐海东同志从望远镜里发现这个情况，考虑到没有预备队，军部很空，便把坚决消灭这股敌人的任务，交给了我们通信队。当时，通信队有一部分人在外面传达命令，余下的人不太多了，任务是如此艰巨，但我们久已渴望直接参加战斗，因而无比地高兴。

我们下山就与敌人接触了，初生牛犊不怕虎，一阵手榴弹就把敌人打得踉踉跄跄地后退了好几十步，激烈的战斗就这样开始了。我们忘了多少个日子没有吃好饭，也忘记多少个日子没有睡好觉，在决定胜败关键的千钧一发的时刻里，只有一个信念，这就是——一定要突破重围，并且消灭敌人。原来疯狂的敌人在我们准确的短促射击和手榴弹的打击下，吓得溃退了。不能给敌人喘气的机会，我们踩着敌人的尸体，紧跟着敌人的屁股赶了上去。

在混乱的敌军中，我发现了一个指挥员模样的人，一边后退着向我们打枪，一边声嘶力竭地回头喊着他那越逃越远的部队，但是他的命令这时候已经不发生作用了，他便也像耗子似的往回跑，没跑多远，就被我们飞过去的手榴弹"轰"的一声撂倒了。我赶上去，看他躺在地上流了一身血，正痉挛地抓着泥土，从挂着血渍的嘴角里，发出了轻微的求我们"饶命"的声音。我厌恶地瞅了他一眼，顾不得管他，又继续往前追击敌人。

各路反击部队都胜利了，敌人抛弃的枪支弹药满山遍野，俘虏像蚂蚁似的被我们的迂回部队赶下山来。由于战斗一开始我们就控制了一些有利地形，攻得勇猛，打得顽强，战斗有进展后又采取了攻打敌人兵力最薄弱部分和反包围的办法，终于将敌人4个师（刘镇华的六十、六十五师，东北军——一七、一二〇师）全部击溃并歼灭了一部，生俘敌人4000多人。

战斗是黄昏时分结束的。当夜安置了伤员，又将4000俘虏全部资遣释放，夜深时才泰然地躺在铺草上休息。这是许多天来最舒适的一次了，应该美美地睡一觉，可是白天战斗的兴奋却使我不能不激动。我想着：我们胜利了，我们冲破了敌人的重重封锁胜利了，这胜利是用了怎样坚毅的精神，战胜了疲劳才换来的呀！

为了争取早日和鄂东红军会合，天未亮我们又整装出发了。长长的行列，踏上了漫长的征途，而艰苦的日月也像漫长的道路一样，等待着我们去征服。我们这次所经历的战斗只不过是整个革命事业中的一个片段，因为到鄂东后不久就开始了史无前例的长征。

　　原载《忆徐海东》编纂组编:《忆徐海东》,河南人民出版社,1981年,第241～245页。

挺进鄂东　踏上长征征途

◎ 张竭诚

　　1934 年 11 月初，红二十五军在激战长岭岗、奔袭太湖县城后，正在皖西陶家河地区休整，准备迎接新的战斗。一天，鄂东北道委派人来军部送信。当时我们并不知道程子华从中央苏区带来了中央让红二十五军转移的指示，只感到鄂东北来人，肯定有大行动。果然，部队紧急动员，立即出发，日夜兼程，向鄂东挺进。当时我在军部交通队任三排长。排里的战士们对部队行动议论纷纷，有的说鄂东北出大事了，让部队去解决；有的说敌情严重，要迅速转移。我们排随徐海东军长行动，行军途中我这个排长基本不离军长左右，在一旁听到徐军长和吴焕先政委研究，此次挺进鄂东要通过敌人四道封锁线，走一路打一路，困难很多。但不管情况如何变化，如何地严重，也要按时到达指定地域，与鄂东北道委会合。经过连续两天两夜行军，再加上行军途中不间断的战斗，部队都很疲劳。到达扶山寨，正想好好休息一下，部队刚停下，突然传来紧急情况，"追剿"的敌人 10 余个团已经逼近，并从东西两面向我军运动偷袭。红二十五军陷入极端危险的处境。徐海东军长和吴焕先政委认为，部队长途行军和连续战斗，体力消耗很大，要以"走"来摆脱敌人是很困难的，只有占领有利地形坚决守住阵地，顶住敌人的进攻，才能伺机转移。于是，两位军首长指挥部队扼守制高点，组织力量选择弱股敌人，从侧面迂回攻击。指战员们个个如猛虎下山冲向敌人，一举将敌人击溃。扶山寨战斗，共毙伤俘敌近 4000 人，我们也伤亡几百人。此役打破了敌人对红二十五军的追堵计划。战后，红二十五军继续西进，在光山县东南部的花山寨与鄂东北道委会合，胜利完成了赶赴鄂东北接受中央指示的紧急任务。

1934 年 11 月 11 日，中共鄂豫皖省委在光山县花山寨举行会议，根据中共鄂东北道委书记郑位三传达的程子华带来的中央军委副主席周恩来的口头指示，结合鄂豫皖苏区的斗争实际，讨论了红二十五军实行战略转移的问题。

对于省委会议研究红二十五军战略转移问题，我只是后来才听说的，为什么转移，如何决策的过程当时是不知道的。只记得省委会议后，部队由花山寨开往罗山县的殷家冲、何家冲一带，进行了紧张的准备工作。

部队进行整编，领导成员也进行了调整。部队对外称"中国工农红军北上抗日第二先遣队"，撤销了师一级建制，军直辖 3 个步兵团和 1 个手枪团。省委决定由党中央派来的程子华担任红二十五军军长，徐海东为副军长，徐海东也预先建议这样安排为好，吴焕先继续担任军政治委员。我们交通队也进行了整编，减少了不必要的物资，把不适合在交通队的战士充实到连队去，每个人都实行了轻装，装备了 3 天干粮、两双草鞋。那时对交通队要求很高，每个队员都是挑选出来的战斗骨干，如詹大南、汪家道、宋维栻、程启文、叶建民、毛和法、吕青、胡立声、徐光友、李金德、程明等都是先后当过排长、班长的。不仅身体结实，而且机灵、勇敢，既要保证首长命令和指示的传达、信件的递送，又能单独出色地完成任务，个人的军事素质也较好，武器装备也好，是军首长身边的一个得力连队，在紧急情况下直接参加战斗。

关于战略转移向何处去，当时没有向部队传达。这可能一是出于保密，二是怕大家不愿离开家乡。动员时，吴政委讲了当前的斗争形势，指出老苏区斗争很艰苦，人力物力缺乏，红军得不到补充，本身也不易大发展，难以恢复和创出一个新局面，因此，中央指示我们要实行远距离的战略转移，创建新的革命根据地。他说，远距离的战略转移，就是要打远游击。尽管吴政委的动员讲得很明确，很有鼓动性，但是大家对战略转移还是有一种说不出的滋味。

打远游击，到底是多远？这不是要离开大别山吗？与大别山分手，离开这患难与共的鲜血染红的土地，离开红二十五军成长的摇篮，告别父老乡亲们，大家嘴里虽然说不出什么，但心里都有一种不好受的滋味。

排里的战士问我，到底到哪里去？是不是离开家乡？我也不知道，但有一点我是坚定的，就是坚决按军首长指示办。当时心里对这么大的战略行动也没数，也没有更多的话去教育安慰同志，只是默默地工作。不愿意走吗？不，说到底还是有点恋乡。军队的纪律是严的，军事秘密是重要的。部队上下经过认真动员，按时完成了战略转移的准备。

中共鄂豫皖省委，根据中央和中革军委副主席周恩来的指示，适时做出关于战略转移的决定，是十分正确和及时的。这一决策，对坚持鄂豫皖根据地长达两年之久，经历了第四次和第五次反"围剿"斗争的红二十五军来说，无疑是一次生死攸关的战略性的转变。这个转变，使红二十五军得以跳出困境，摆脱强敌，走上一条宽阔的发展道路。

原载张竭诚：《忆红二十五军长征》，载沈阳军区政治部编研室编：《红军将士忆长征》，白山出版社，1996年，第232～235页。

撤离鄂豫皖根据地

◎ 陈先瑞

　　气势雄伟的大别山，横贯于鄂豫皖三省的交界处，雄踞于长江、淮水之间。这英雄的山脉，如历史的丰碑，记载着鄂豫皖根据地军民英勇斗争的事迹。这革命的故土，被鲜血染红过，多少英雄儿女在这块土地上苦斗、流血。

　　我们这些大别山区成长起来的红军战士，对大别山这座红军的摇篮印象很深。在鄂东北养伤期间，我同一些伤病员时常聚在一起谈论大别山，讲大别山的故事。

　　一天，大家正在一起闲谈时，有人说中央派人来了，红二十五军主力也从皖西葛藤山一带赶向了鄂东北，部队要实行远出打游击。有人说，要真是这样，我们赶快回部队吧。大家七嘴八舌地议论开了。

　　我想，果真是这样，军领导一定会通知我们的，部队也要进行一些动员教育。想到部队的政治教育，就想到了我的责任。我这个营政治委员离开全营3个多月了，营里同志们怎么样了？要远出打游击，大家思想认识通不通？想到这些，我产生了立即归队的愿望。我劝伤员同志们要安心养伤，等候部队的决定，不要乱说乱动。自己却准备去鄂东北道委驻地找人问个明白。

　　红二十五军实行战略转移的消息是确实的。11月11日，中共鄂豫皖省委在光山县以西的花山寨召开常委会议，讨论红二十五军的战略转移问题。当时，由中央苏区派来的程子华同志带来了中革军委副主席周恩来关于要红二十五军撤离鄂豫皖，到外地去建立新根据地的重要指示。根据这一指示，省委又把3月以来先后接到的中革军委的文件、中共中央的指示信、军事指令等要红二十五军实行转移的指示结合起来进行讨论，认为经过半年之久的酝酿过程，省委考虑转移的思想逐渐成熟，同时，鄂豫皖根据地的形势也发生了变化，在当前敌我力量悬殊，根据地又屡遭敌人烧杀抢劫，人力物力都受到了严重摧残的局面下，虽然红二十五军还能够坚持根据地的武装斗争，但难以恢复创造新的局面，应该执行党中央的指示精神，率红二十五军实行远距离的战略转移，创建新的根据地。

省委会议做出了正确的决策，使红二十五军得以跳出困境，摆脱强敌，走上新的发展道路。如果没有这一决策，就没有红二十五军长征胜利的辉煌历史。

这次会议，还决定以皖西红八十二师为基础，再次组建红二十八军，由皖西北道委书记高敬亭领导，继续坚持鄂豫皖边区的斗争。红二十五军进行整编，以"中国工农红军北上抗日第二先遣队"的名义实行长征。会议决定由党中央派来的程子华担任红二十五军军长，吴焕先继续担任军政治委员，徐海东为副军长。

会后，红二十五军按照省委的决定，西移罗山县殷家冲、何家冲一带进行出发前的紧张准备工作。我就是在这时挂着一根木棍赶到军部的。部队整编时撤销师一级建制，军直辖第二二三团、二二四团、二二五团和手枪团。因为要"打远游击"，对老弱病残和伤势较重的伤员等不能随军行动者，实行精简。我的脚伤未愈，走路还要挂根棍子，因此，准备让我留下负责伤病员的组织领导工作。

我到军部时，正赶上军领导在研究干部配备和人员的走留问题。院子里站了许多人，多数是伤员要求归队的，还有几个女兵也在焦急地等待着。看到这种情况，我知道不找到军领导是不行的。我当时只有一个想法，就是无论如何也要随军行动。因此，找理由瞒过哨兵，闯进屋去。看到徐海东和吴焕先正按名册点人头，我大喊一声"报告"，就走上前去，一口气说完自己的要求。徐海东看到我着急的样子，先哈哈笑了起来。吴焕先上前一步，握住我的手，不讲同不同意我的要求，却问起我的伤情来。

我知道这是关键时刻，把木棍一丢，马上一个立正，报告说："我伤已痊愈，要求归队。"我边说边向前走了几步，表示可以走路。其实，我的伤情军领导早就调查过了。吴焕先拍拍我的肩膀说："坚强的精神可嘉，但未好的伤也是事实，你骗不了我们。"看到这种情况，我只好如实讲了伤情，但坚决要求随军行动。

徐海东看了看我,说:"你先回去准备一下,待我们研究后再决定。"他又说:"谁都不愿意留下,还真要认真一点做工作哩!"说完,他向我挥挥手,意思是说,放心地走吧。

回到营里时,全营的同志发生了不小的变化,同志们见我回来了,都热情地围上来问长问短。战士们都实行了轻装,每人准备了3天的干粮、两双草鞋。大家都知道,这次是"打远游击",要创建新根据地。说军领导动员时就是这样讲的。其实,这是为了防止泄露军事机密而明确又巧妙的一种说法。

第二天,吴焕先政委找我谈了话,经军领导研究决定,调我到第二二三团政治处当主任,带伤随军行动。为保证我不掉队,还给我配备了一头毛驴。我这时的复杂心情很难表达,既有随军行动的高兴,又有担任新职务的担心,还有对军领导对我的信任和照顾的感激之情。

这里,我想对长征出发前,军领导的变化情况多说几句。我没有参加当年的花山寨会议,是后来在几次编写红二十五军战史时了解到的。综合起来说有三点:

一是程子华来时没有带文字性的材料,只是周恩来同志的口头指示,他也没有参加省委会议,因为他不是省委成员。周恩来的指示是由郑位三转达的,程子华来的情况是由郑位三介绍的,这个情况,郑位三同志生前曾几次与我谈过。

二是程子华当军长是在省委会上决定的。程子华没到会,并不知道。当郑位三告诉他后,他提出周恩来是让他来当参谋长的,他不同意当军长,让郑位三报告省委。郑位三说这是省委会议决定的,不能再改了,不是你个人的事。省委这样决定,主要是考虑程子华是中央派来的人,过去省委曾几次向中央要军事干部,郑位三介绍说程子华在中央苏区当过师长,领导过大冶兵暴,又是黄埔分校的学生,因此,省委才做出这一决定。这反映了省委对军事干部的渴求,也反映了省委对中央的相信。

三是徐海东由军长改任副军长是他自己提出来的,省委同意的。这反映了海东同志顾全大局、不争名利的思想品格。

对程子华带来周恩来的指示,使红二十五军能实行战略转移的历史作用应给以充分肯定。对徐海东同志主动让位,支持省委工作应给以赞扬。对此,我在主持红二十五军战史办公室工作时,对在战史中如何表述,曾组织人员作过详细调查,战史编委会也几次开会研究，最后在战史中作了较客观的反映。在这里再说一下，目的是使红二十五军老同志清楚，使这段历史有个明确说法。这是我个人回忆时记得的情况。

部队很快就要出发了，与大别山分手了，离别了。指战员们听到"打远游击"的口号，嘴里虽然不说什么，但却是别有一番滋味在心头。说来也怪，我虽然坚决要求随队走，可一想到离开家乡，心里也是一波又一波地翻腾过几次，有一股难以抑制的情感。

穷家难舍，故土难离。当时虽说去"打远游击"，而且早晚还要打回来，但谁又能断定这出去以后，什么时候方能得胜而归呢？

1934 年 11 月 16 日，中国工农红军第二十五军高举"中国工农红军北上抗日第二先遣队"的旗帜，由河南省罗山县何家冲出发西进。

红二十五军的长征从此开始。

原载陈先瑞：《陈先瑞回忆录》，解放军出版社，1999 年，第 72 ~ 77 页。

艰苦转战　长征入陕

◎ 程子华　刘华清

1934 年 11 月 11 日，中共鄂豫皖省委在河南光山县花山寨召开常委会。会上决定：省委率领红二十五军实行战略转移，到桐柏山或伏牛山一带创建根据地；留下高敬亭同志和一部分武装重新组建红二十八军，在鄂豫皖边区坚持革命斗争。这次会议，揭开了红二十五军长征的序幕。

花山寨会议在红二十五军的战斗历程中，是一个重要转折点。虽然，我们当时不能弄清它的全部历史意义，但都有这样的感觉：一场为谋求新的发展，发挥更大的作用的艰苦斗争，即将开始。

穿越鄂北豫西

11 月 16 日，全军近 3000 名指战员，高举北上抗日的旗帜，由河南罗山县何家冲出发，向桐柏山进军。

17 日，我们在朱堂店以南的罗古寨，击退了敌军"追剿队"第五支队的进攻，当晚在信阳城以南的东双河与柳林之间，穿过了平汉铁路。接着，以最快的速度向西前进，一下子就进入了桐柏山。第二天，中共鄂豫边工委书记张星江，来到我们军部。经过他们的介绍和我们的实地考察，省委认为，这里"太接近平汉线和襄樊线，敌人容易运动，兵力压迫"，同时，"群众情形以及地理物质条件都不适宜"，遂放弃在桐柏山创建根据地的计划，挥师北上，挺进伏牛山。

为了隐蔽北上意图，迷惑和调动敌人，我们再次出发的时候，继续西进，并派出小部队佯攻枣阳。当我们到达枣阳以北的韩庄以后，立即掉头东返。途中，我们冲破了敌"追剿队"第二支队的拦阻，又击退了敌"追剿队"第五支队的进攻，晚上在桐柏县境宿营。军部宿营的村子，距离湖阳镇30里。村里一个群众反映：当天下午，国民党军队到了湖阳镇。这个情况立即反映到了军部，我们几个同志聚在一起，分析当前敌情。当时敌军的实际情况是：西面驻老河口的敌第四十四师已进到枣阳县城附近，东面敌第一一五师和5个"追剿"支队先后到达桐柏县城以西地区，北面敌第四十军正由叶县、方城一线向南推进，前后夹击之势正在形成。尽管我们并不完全了解敌军的这些情况，但是，对处境之危险是很清楚的，因而一致认为必须立即离开这里。向什么方向走呢？我们从30年代初出版的袖珍地图上，发现驻马店西北有块山地，当即决定向东北方向转移。会后部队紧急集合，我们向指战员介绍敌情，并作简短的动员。大意是：行军打仗，不能总走直路，要走弯路，我们必须迅速离开这个危险区。接着，在张星江的带领下，全军星夜向驻马店方向急驰。这一路都是山，路很窄，骡马很难通行。我们好不容易翻过了大山，天亮到了平氏。稍事休息，黄昏又继续转移。天黑以后，绕道泌阳城东，拐弯向北前进：25日，在途中击退敌"追剿队"第二支队的进攻，当晚在驻马店西北约60公里的山区宿营。

我们的宿营地距离许（昌）南（阳）公路不到30公里。过了公路，就是伏牛山东麓。这是我们进入伏牛山前必经的一个危险地带。26日天刚亮，敌"追剿队"第二支队又追来了，与我们的后卫团交火。为了争取时间通过公路，我们留下二二三团就地阻击，其余部队立即出发。这天，恰遇寒流，气温陡降，北风刺骨，雨雪交加。衣服单薄的指战员，顶着风雪，忍着饥寒，朝方城县独树镇附近的公路地段急行军。由于行军速度太快了，不少同志掉了队。下午1时，正当我们快要到达公路的时候，前面忽然枪声大作。后来才知道，这是敌第四十军第一一五旅，在南下桐柏山合围扑空之后，掉头北返，抢先到独树镇附近的七里岗、砚山铺一带构筑工事，并与由叶县南下保安寨的该军骑兵团，组成堵击线，封锁公路，阻我西进。战斗一开始，就险象环生，危机暗伏，使人产生如履薄冰的感觉。当时走在最前面的二二四团，由于天气恶劣能见度低，没有及时发现当面敌情；敌人开火以后，又由于地形平坦，我们几乎完全暴露在敌人的火力之下；加上寒流的袭击，绝大多数战士的手被冻得拉不开枪栓，零星打响的火力，不能有效地反击敌人。所有这一切，使我们的处境十分危险，也使指战员的手脚慌乱，进退失据，不知如何招架。敌军见有机可乘，立即发起冲锋，并从两翼向我军包围过来，妄图利用我们部队混乱的机会，一举消灭我军。在这形势十分危急的时刻，从后面快步跑到队伍前沿的政委吴焕先，一面指挥二二五团三连连长张海文，带领全连冲到前面去反击，一面高声呼喊："同志们，就地卧倒，坚决顶住敌人，决不后退。"在他的指挥下，我军很快稳住了阵脚。原来慌乱失措的指战员，也迅速地趴在泥水里，摩拳擦掌，活动手指，并利用地形地物进行抗击。遭到反击的敌军，并未停止冲锋，仍旧气势汹汹地猛扑过来。吴焕先当即从交通员身上抽出一把大刀高呼："共产党员跟我来！"就冒着敌人密集的炮火，带领部队反扑过去，与敌人展开了白刃战。于是，刀枪格斗，杀声连天，混成一片。这一反击，为我军争得了短暂的时间，使后续部队及时投入了战斗。气焰嚣张的敌军，倚仗优势，仍旧不顾一切地冲过来，进攻的势头有增无减。幸好这时留在后面的副军长徐海东，带领二二三团跑步赶来，当即投入了拼杀。这是一场殊死的战斗。歇斯底里的敌军，潮水似的涌过来。敢于刺刀见红的我军指战员，临危不惧，浴血奋战，一次又一次把敌人顶回去，来回反复不知有多少次。尽管我军打得很艰苦，最后还是把疯狂进攻的敌人打垮了，压了回去。接着，我们组织二二三团向七里岗的敌人发起了冲击，力图打开一个缺口，冲过公路。由于敌人凭借工事拼命抵抗，我军的三次冲击都被顶了回来。于是，我们命令部队停止冲击，就地固守，一场恶战由此转为僵持状态。这一仗，我军伤亡有一二百人。

天黑以后，风雪大作，接着转为大雨。我军乘机后撤到 10 里外的村子里躲避风雨，并准备吃饭休息。进村后，军部立即召开会议，研究下一步行动方案。会上一致认为，敌军前堵后追，我们腹背受敌，而且又是孤军奋战，如果不迅速脱离这个危险区，我们就会在这地形平坦、人地生疏的敌占区里被迫与数万敌军进行决战，其后果是不堪设想的。大家还认为，当前就是有天大的困难，也要争分夺秒，把部队拉走。于是，紧急集合部队，准备出发。这时候，绝大多数同志还没有吃上饭。极度疲劳、饥饿的战士，留在群众家里躲雨休息不想出来。焦急万分的干部，只好挨家挨户地呼叫，才把部队拉了出来。这时候，风更大，雨更密，道路泥泞不堪，有的地段甚至被水淹没。我们走一路，摔了一路的跤，在泥水里整整折腾了一个通宵。在地下党同志的带领下，全军迂回曲折地绕到守敌空虚的保安寨以北沈庄附近地段，穿过许南公路。27日拂晓，我们终于抵进了伏牛山东麓。一直习惯在山地作战的指战员，一上了山，顿时一片欢腾。我们到底还是通过了许南公路，打破了敌人的堵追计划。

可是，我们没有甩掉敌人。在独树镇堵击的敌军，很快就追上来了。我们边打边走，沿着叶县、方城交界的山地向西急进。28日，当我军前锋通过澧河的时候，尾追到拐河的敌第一一五旅和骑兵团，以及驻守在常村的敌第四十军第五骑兵师，向着我军渡河地段南北对进，形成两面夹击之势。更严重的是，敌军先头部队已经抢在我军前头，控制了澧河西岸的部分高地，使正在西进的我军受到严重威胁。我军前卫二二三团当即按军部命令强过澧河，占领高地，击退了敌骑五师的进攻，控制了入山要道。与此同时，我军二二五团也迅速过了河，抢占有利地形，击退了敌第一一五旅和骑兵团的进攻。在两个团的掩护下，其余部队很快过了河，向西北方向快速前进。接着，又在古木庄、交界岭击退了尾追的敌军，于29日深入到伏牛山中。

独树镇遭遇战，是长征途中关系到红二十五军生死存亡的一仗。当时的情势之险恶，战斗之惊心动魄，直到今天仍历历在目，难以忘却。到拐河战斗的时候，我们的处境依然很危险。我们这支人数不足3000，战斗员年龄在13—18岁之间的"娃娃军"，之所以顺利地解危脱险，主要是靠充分发挥了全军上下的能动作用，也就是靠省委一班人正确的作战指导和部队过硬的战斗力。在转移期间，省委不但注意发挥部队人数少、行动灵活的特点和长处，以快速行军和多变的转移路线，摆脱优势敌军的追堵，而且在遇到意外险情的时候，能及时而敏锐地抓住战局中决定安危成败的关键问题，采取正确对策，并以排除万难的决心和气魄，带领部队，或者用凌厉的反击挫败敌人的进攻，或者巧妙地利用天时、地利等条件，出敌不意地乘隙转移。省委的革命胆识和强有力的领导，以及实行机动灵活，但又不消极避战的方针，使红二十五军的攻守、进退、走打等军事行动，较充分地体现了扬长避短、趋利避害的作战指导规律。加上我们的基层干部和战士，具有自觉为革命赴汤蹈火、流血牺牲的高度觉悟，敢于打硬仗、打恶仗、能攻善守的军事素质，全军上下齐心协力、团结一致，这就使红二十五军成为一支打不垮、拖不烂、冲不散、能战胜一切艰难险阻的革命战斗集体，因而能通过转移途中一个又一个的暗礁险滩，经受住了一次又一次的严峻考验。

我们之所以能顺利通过从桐柏山到伏牛山这一个地域辽阔的平原地带，另一个原因是靠人民群众的支持。当时，正是民族危机日益深重的时候，邻近华北的鄂北、豫西各阶层人民对沦为亡国奴的忧虑和恐惧与日俱增。早在出发前，我们根据这一形势和中央通知的精神，确定了沿途大力宣传党的抗日救国政治主张的方针，同时转变斗争策略，调整政策，如规定不打土豪，不分土地，不进地主围寨，所需粮草一律购买，在释放俘虏前，进行了"中国人不打中国人""团结抗日"的教育等等。进入平原以后，军政委吴焕先通过各种会议，对干部反复进行政策和群众纪律教育。这些规定或措施，首先在广大群众中引起了强烈反应。他们从我们北上抗日的行动中，看到了战胜民族危机的希望，我们的严明纪律以及为群众排忧解难的行为，又加深了他们对红军的认识。那时，部队执行群众纪律，态度异常认真。只要动用群众一粮一草，没有不照价付款的。有一次，一个同志拿了几个南瓜，主人不在，就将钱一份一份地放在南瓜的原来位置上。我们每到一地，还尽心尽力地为群众治病、修房以及济贫等等。群众也确实把我们当成了亲人。这种植根于民族矛盾和阶级矛盾之上的鱼水血肉关系，大大激发了沿途广大群众的爱国热情和革命意识。当地党组织或热心为我们带路，或为我们筹集粮草，送水送饭，搜集敌情，充当向导；有的还利用送信等机会，宣传我们的种种善举。因而，常常出现部队未动影响先行或影响开路部队后随的现象。党的抗日救国政治号召以及我们调整或转变了的政策、策略，在沿途的地主豪绅阶层也起到了意想不到的作用。这一带，地主豪绅的村落围寨林立，围寨里一般都有武装，多的有数百条枪。开始，我们经常遭到地主武装的袭扰。为此，我们开展了政治攻势。政治部主任郑位三，每到一地，都亲自一一写信，让当地群众提前把信送到寨主头目手里，或者由围寨传递。信中除宣传抗日救国以外，还说明我们是借道抗日，决不伤害地方，请勿阻拦。从这以后，情况发生明显的变化。我们路过地主围寨时，就没有那种剑拔弩张、充满火药味的紧张气氛了。这些围寨的团丁，把枪架起来，徒手站在顶台上。他们旁边，还有一些似乎是寨主头目家中的子弟，这些人一身知识分子的打扮，似笑非笑地看着我们行军。不少围寨在路旁摆上了开水和饭食。有一次，我们政治部的同志还在围寨跟前露营。地主豪绅这种保持中立甚至有点友好的态度，大大减少了我们前进道路上的阻力。

向陕南进军

我们进入伏牛山以后，很快就发现这里不适宜创建根据地。这一带人烟稀少，地域狭窄，粮食及其他物质条件都很缺乏。豫西"内乡王"别廷芳在这里经营多年，反动统治十分严密，地主全都修了围寨，把群众圈在里面，使我们无法接近，不能开展工作。此外，敌第四十军和"追剿队"主力追得很紧，一时立不住脚。省委经过研究，决定到陕西南部去开辟根据地。于是，我们再次改变计划，昼夜兼程西进。

从伏牛山进入陕西，必须经过两个隘口：一是朱阳关，一是卢氏县的五里川。当我们上了山，才发现这两个隘口被敌军占领了，还修筑了很多工事。事后才知道，蒋介石为了防止我们入陕，早在半个月前，就命令驻守开封、原十九路军的第六十师，坐火车到灵宝，然后步行到这一带，控制入陕通道。这时，敌"追剿队"第二支队也跟踪到栾川、庙子一线，我军又处于前堵后追的险境。正当我们绞尽脑汁，寻找入陕之策的时候，碰巧遇到一个叫陈廷贤的货郎小贩。据他说，还有一条很少有人知道的入陕小道。他还告诉我们，卢氏城里没有敌人的正规部队，可以从卢氏城南与洛河之间的隘路插过去。在他的带领下，我们沿着一条"七十二道水峪河，二十五里脚不干"的深山峡谷，隐蔽地前进。晚上，我们经过卢氏城南时，城里的民团十分惊慌，紧闭城门，在城墙上打着灯笼火把壮胆。我们利用城内守敌空虚和秘密狭窄小道，避开了敌人的堵击，由铁锁关进入陕西。经过三要司时，还消灭了陕军的一个营。12月9日，我军翻越蟒岭，到达洛南县的庚家河宿营。

10日上午，省委召开常委会。我们本来不打算在这里开会，因为敌人总是跟在屁股后面追，不允许我们坐下来开会。可是，吃完早饭，几个人碰在一起，你一言，我一语，说着说着，会就开起来了。大家通过这几天行军途中的见闻，分析了形势和当前的任务。同志们认为：这里是豫陕两省的接合部，敌人的中央军与地方部队矛盾很深，一时不能调集大部队来，这里的山势比南方险峻，山里交通条件很差，敌军行动困难，我军易于活动；敌人在乡村统治薄弱，人民极端贫困，红四方面军、红三军路过这里时留下了革命影响，群众好发动。我们应该利用这难得的时机和条件，发动群众，建立革命根据地。

就在大家讨论得很热烈的时候，忽然从庾家河东北方向传来了枪声。原来，在朱阳关、五里川堵击我军的敌第六十师，发现了我们的行踪，就尾追到鸡头关，又沿着七里荫、庾家河之间的山路迂回过来。当敌军接近东山坳口的时候，被我们设在那里的排哨发现了。敌人发起进攻不久，军部派出的手枪团就赶到了。他们一面阻击敌人的进攻，一面派人送信到军部。战斗一打响，会就开不下去了。徐海东当即带着二二三团跑步出发，其余同志也马上跟了过去。这时敌军的一个团，已经抢占了东山坳口，并凭借着有利地形，向我军发起猛攻。如果我们顶不住，就会被压下山沟里。那样一来，我们就遭灾了。为此，徐海东指挥二二三团，舍生忘死地向敌人发起冲锋，夺回了坳口。接着，跑步赶来的二二四团、二二五团，也攻占坳口南北两侧的高地，协同二二三团把进攻的敌人打退。激战中，徐海东负了重伤。这时，敌人又相继开来两个团，再次向我军发起冲击。于是，全线展开了激烈争夺坳口和两侧高地的战斗。很明显，谁占据了这些高地，谁就避免挨打被歼的结局。刹那间，满山遍野刀光剑影，杀声震天，步机枪对射，手榴弹轰鸣，一拨一拨的冲锋，一群一群的刺刀格斗，达到了白热化的程度。这时候，程子华也负了重伤，剩下吴焕先指挥战斗。整个战斗，我军指战员打得非常英勇顽强。二二四团团长叶光宏，在率领部队与敌人拼刺刀时，一条腿被敌人打断，仍然坚持指挥战斗。军部司号员程玉林，下颚负伤不能吹号，就利用一个小庙作掩护，接连投出几十枚手榴弹，打退了敌人的多次冲锋，最后壮烈牺牲。经过20多次的反复冲杀，终于挫败了敌人的进攻。黄昏时分，敌人利用大雾掩护，向卢氏方向退去。这一仗，打死打伤敌军800多人，我军亦伤亡200余人。

庾家河战斗，结束了红二十五军历时20多天、长驱1800余里、挺进陕南的战斗历程。这次战斗，有效地打击了气焰嚣张、死死咬住我军不放的敌人，使红二十五军暂时摆脱了困境，站住了脚跟，为打开陕南革命局面，奠定了军事的和政治的基础。省委庾家河会议，则为这个转变确定了方针。从此，红二十五军进入了创建鄂豫陕革命根据地的斗争时期。

原载芦振国、姜为民编：《红二十五军长征纪实》，河南人民出版社，1986年，第 20 ～ 33 页。

红二十五军长征初期的艰苦斗争

◎ 刘华清

秘密出发

红二十五军的长征是秘密出发的。

1934年11月16日，在河南省罗山县何家冲，3000余名红二十五军将士，高举"中国工农红军北上抗日第二先遣队"的旗帜，踏上了长征之路。和有些苏区红军部队不同的是，我们的出发，没有父老乡亲十里相送。

红二十五军终于决定进行战略转移，是花山寨会议的结果。花山寨位于光山县西部，1934年11月11日，省委在此召开了常委会，讨论战略转移问题。实际上这个问题半年前就酝酿过。3月中旬，省委就接到河南省委转来的中央革命军事委员会文件，提出了红军主力向桐柏山区实行战略转移的建议。省委经过讨论，给中央写了报告，建议红二十五军暂不离开鄂豫皖，改向老苏区的边沿恢复、开辟新的苏区。7月1日，省委同时收到中央2月12日的指示信和中革军委6月13日的军事训令。中央在信中明确提出："省委当前的任务，在于保全我们的活力，保全我们的队伍，去创造新的苏区、新的根据地，整理、锻炼和强固我们的力量，创造新的主力红军。"并强调，"再固执着'死守'的方针，是只有牺牲我们的干部，牺牲我们的活力，必至完全葬送我们的事业"。信中，中央对为什么转移、转移的目

★ 120 ★

的、新区的选择条件等都说得非常清楚。遗憾的是，信收到得太迟，而同时收到的军委军事训令中，却"原则上同意省委提议，红军主力仍留在原来苏区继续活动"。这一训令发出时间在后，应视为新指示。红二十五军的战略转移就被搁置了。

花山寨会议整整开了一夜。会议从战略高度审时度势，正确解决了红二十五军迫切需要解决的几个问题。第一，下定了战略转移的决心，解决了走不走的问题；第二，以平汉铁路以西鄂豫边界的桐柏山为初步转移目标，解决了转移的方向问题；第三，红二十五军在行动中，对外称为"中国工农红军北上抗日第二先遣队"，解决了举什么旗帜的问题；第四，留下一部分武装再组建红二十八军，解决了苏区继续坚持斗争的问题。

会议还决定增补程子华为省委委员、省委常委；任命程子华为红二十五军军长，吴焕先为军政治委员，徐海东为副军长，戴季英为军政治部主任；留下省委常委、中共皖西北道委书记高敬亭领导鄂豫皖苏区的斗争（高敬亭没能参加会议，会后由省委给高敬亭写了一封指示信，说明花山寨会议的情况和决定）；省委书记徐宝珊、省委常委郑位三率省委机关随同红二十五军一道实行转移。

程子华不是省委委员，没有参加会议。会议结束后，郑位三把会议决定向程子华作了传达。程子华提出，中央派他来是当军参谋长的，请郑位三报告省委，他不能当军长。徐宝珊表示："省委已经作了决定，就不要再变了。"程子华没再坚持，成为红二十五军军长。

花山寨会议第二天，红二十五军便西移到罗山县殷家冲、何家冲一带，加紧出发前的准备。郑位三、戴季英把鄂东北道委和游击总司令部机关人员集合起来，传达了省委指示：鄂东北地方武装西路军补入红二十五军，两个机关人员作一些精简，除年老体弱的留在地方坚持斗争外，其余人员编入红二十五军，随红二十五军一起行动。郑位三还专门把我和程坦叫到一起，说，道委机关留下的人员全部编入红二十五军政治部，省委办事机关与军部机关合为一体。他让我们做好留下人员的工作，到何家冲后抓紧时间准备，并特别嘱咐我，一定要把刻字、油印等物品带上。

到何家冲后，红二十五军立即整编部队，撤销了师一级建制，军直辖第二二三团、二二四团、二二五团和手枪团；军部机关设司令部、政治部、经理处、军医院及直属分队等，全军共 3000 余人。准备工作的另一项内容，是进行政治动员，讲解斗争形势，让大家做好"打远游击"和"创建新苏区"的心理准备。同时做好行军物资的筹备，减少不必要的辎重挑担，实行轻装，每人准备 3 天干粮、两双草鞋。

各项工作进行得很匆忙。特别是一些伤病员，他们都不愿留下，到处找各级领导，争着吵着要随部队走。我和一些老同志都还记得，红二十五军出发时，统计是 2980 人。实际许多伤病员都跟着走了，而且还有一些女同志，更是闹着要跟部队走，最后有七名女护士参加了转移。所以说，实际人数应该是 3000 挂零。

我和程坦等人被编入红二十五军政治部机关。政治部主任戴季英找我和郭述申分别谈了话，他对我说："你是鄂东北道委和游击总司令部来的，你就担任组织科长吧。郭述申当宣传科长，他是皖西北道委书记、红二十八军政委，在反右倾中受到批判，被下放到团里当政治处主任去了，过几天才能回来。"谈话后我们就立即行动。我不理解的是，对我的这次任命，戴季英后来一直没有公开宣布过。数十年后，编写红二十五军战史，郭述申回忆起了这一情况，说："戴季英同志和我谈过当宣传科长的事，也谈了让华清同志当组织科长。"戴季英对采访的编写人员也回忆起了这件事，并说当时是这样定的。

军政治部人不多，但有一个宣传队，队长是程启文。程启文性格开朗，爱说爱唱。1992 年，他从湖南来北京，饭桌上，我们回忆起红二十五军经历，他开玩笑说："那时你是组织科长，我是小宣传员，现在你成了党和国家领导人了，我还是个老兵，难为你还没忘记我，没忘记我们的战斗友谊。"他还讲了长征时差一点被当成反革命抓起来的事情，说："真要感谢你的救命之恩，否则我就被抓到保卫局去了。"说着，还拿出一份材料让我看，上面写了当时的经过。那是长征刚过平汉铁路时发生的事情。出发前，军政治部机关的思想动员很简单，只讲要"打远游击"，不提也不敢提要离开苏区去创建新的根据地，怕有些年轻战士不愿离开家乡，闹思想情绪。但大家还是若明若暗地知道了，都是青年人，到了一起难免发议论。当时以为说完就完了，谁知过了平汉铁路，戴季英把我叫去，说政治部管发文件的袁克福向他报告，陈鹤桥、程启文几个人在一起说怪话，要逃跑投敌，让我带人去把他们抓起来送保卫局。我当即说，不能抓，这几个人我了解，我常和他们在一起，我相信他们是不会逃跑的。我又讲，现在就要转移了，抓人会影响大家情绪。戴季英想了想，说，那你要负责帮助他们。就这样，避免了一次错误抓人。对戴季英，红二十五军的老同志都了解，这个人思想比较"左"，办什么事爱搞点神秘性，鄂豫皖"肃反"时就错抓过人。

长征出发前一天，郑位三把省委决定发布的《中国工农红军北上抗日第二先遣队出发宣言》（以下简称《宣言》）原稿交给我，要求快速刻印，多印一些，发给部队；出发前来不及发，就边走边发。原件落款时间是1934年10月10号。这是农历，公历应为1934年11月16日。我连夜把《宣言》刻印出来了。有趣的是，时隔50多年后，这份文件在陕南庾家河镇一家农民的老房子里被发现了。编写红二十五军战史的人让我辨认。我认真看了看，没错，真是我当年刻印的。《宣言》的主要内容是，强调当时中华民族危机深重，揭露蒋介石的卖国罪行，宣布党的抗日救国主张和红军北上抗日的宗旨，号召全国同胞，不分政治倾向，团结起来，一致抗日，号召国民党军队与红军订立协定，共同抗日。开头一段是这样写的：

> 本军在中国共产党领导之下，奉了我中央苏维埃政府、中央革命军事委员会的命令，出发抗日。现当出发之时，特向全中国群众发表这个宣言……

刻印完《宣言》的当天晚上，我躺在稻草铺上，好久没有睡着。要"打远游击"，远到哪里呢？这不是要离开生我养我的大别山吗？就要与鄂豫皖边区的父老乡亲离别了！我想起了家乡，想到了亲人。好几年没回家了，不知母亲现在怎样？家人怎样？这次远离，能不能回来？能不能和亲人重见……想了很多，但我知道，大军必定西行。我决心抛去一切留恋，革命到底。

在一个阴冷的夜晚，我们踏着坚定的步伐，秘密出发了……

岁月如梭。60多年后，有人写过一首《惜别》诗，我看很符合我们当时的心情：

> 壮士征战去，依依别柴门。
>
> 乡关一捧土，牵牵思故心。
>
> 远谷正落日，寒风催征人。
>
> 回首遥相望，惜别又一村。
>
> 夜空惊飞鸟，铁马疾行军。
>
> 举目平汉月，军中泪无喑。

男儿亦多情，远足重千斤。

前行生死路，谁人说与君？

原载刘华清：《刘华清回忆录》，解放军出版社，2004年，第40～45页。

独树镇负伤

◎ 刘华清

独树镇之战，是关系到红二十五军生死存亡的一仗。

我们行军速度很快，第二天，在罗古寨击退了敌"追剿纵队"第五支队的进攻，当晚在信阳城以南穿过了平汉铁路。我们把过铁路当作一大难关。通过铁路后，都松了口气。在距铁路几百米远的地方，我们躺在山坡边，等待后面部队过来。省委书记徐宝珊和我们同时过了铁路,也躺在山坡上。看来他对过铁路也曾很担心，这时见我们都不说话，就大声说："同志们，我们取得了大胜利，过了一大关。"

后卫部队过来后，我们迅速向西挺进，进入桐柏山区。按原计划，我们准备在桐柏山区创建新根据地，但经过实地考察和地下党组织介绍，这里靠平汉铁路和汉水太近，回旋余地小，加之敌人大军迫近，我军难以立足发展。于是决定放弃原计划，向伏牛山挺进。

为迷惑敌人，我们派出小部队佯攻枣阳。敌人果然上当，纷纷向枣阳一带靠拢。没想到我们突然掉头东返,冲破敌"追剿纵队"第二支队的拦阻,击退了敌"追剿纵队"第五支队的进攻。晚上，准备在桐柏县一个村子宿营，部队突然紧急集合。军政委吴焕先做简短动员：行军走路不能总走直路，要走弯路，革命也要走曲折的路，走艰难的路。现在情况紧急，我们必须离开这个危险区,要准备多走路。接着，部队连夜出发，脱离了险境。

过泌阳后，沿途地势平坦，地主豪绅盘踞的村落围寨很多，一般都有武装，多的有数百条枪，我们经常遭到袭扰。吴焕先政委决定开展政治攻势，每到一地，都由郑位三亲自写信，派手枪团先行一步，将信送给沿途村庄寨主手里，或请围寨之间互相传递。信中除了宣传抗日救国，还说明我们是借道抗日，决不伤害地方，请勿阻拦。路过每座围寨，宣传队的同志也都扯着嗓子大喊一阵顺口溜："老乡老乡，不要惊慌。我军所向，抗日北上。借路通过，不进村庄。奉劝乡亲，勿加阻挡……"

这么一来，形势大为改观。当时民族危机日益深重，各阶层的人们对沦为亡国奴的忧虑和恐惧与日俱增。我们的宣传工作，对沿途地主豪绅阶层起了意想不到的作用，他们纷纷表示保持中立，有的甚至很友好。我军通过时，有些围寨的团丁就把枪架起来，徒手站在顶台上；不少围寨还在路旁摆了开水和饭食。有一次，我们政治部甚至就在围寨跟前露营。

经过两天急行军，我们顺利通过围寨地区，来到驻马店西北象河关一带。这里离许南公路不到 30 公里，过了公路，就是伏牛山东麓。

麻烦的是敌"追剿纵队"第二支队一直摆脱不掉。11 月 25 日，我们打退了他们的进攻，第二天天刚亮，他们又追上来了。军领导决定，第二二四团、二二五团和军直属机关分队为前梯队先行出发；第二二三团为后梯队阻击敌人，掩护全军通过公路。

这天正好来了寒流，气温陡降。天空阴沉，朔风吼，雨雪飘，一片混沌迷茫。我们衣着单薄，很快就被雨雪湿透，大家饥寒交迫，行进十分艰难。许多同志的鞋子都被烂泥粘掉，只能赤脚。我脚上的鞋子也成了"逃兵"，只好光脚板走路。我们必须抢在敌人前面穿过公路，当时什么也顾不得了，只有一个念头：走，走，快点走！

没想到的是，更大的危险还在前面。事后才知道，敌第四十军——一一五旅南下桐柏山合围扑空后，立即掉头北返，抢先占领方城县独树镇附近的七里岗、砚山铺一带，构筑工事，并与保安寨的骑兵团组成了堵截线。而我们还蒙在鼓里。

我随军直属队走在二二四团的后面，见军政委吴焕先一会儿到队伍前面，一会儿又到后面。行军速度太快，不少同志掉了队。我们走进独树镇时，忽听枪声大作。不一会儿，就见前面队伍潮水般地退下来。在他们身后，是敌人和雨点般的子弹。

千钧一发之际，军政委吴焕先握着大刀，像尊战神，大吼一声"站住"，堵住了退下来的部队。他高喊："不准撤！坚决顶住敌人，决不后退！共产党员跟我来！"

边喊，边冒着弹雨，带领二二五团反扑过去，与敌人展开了白刃战。

吴政委的举动让我热血沸腾，我也举枪高喊："冲啊！"跟着冲上去。这是平原地带，没什么隐蔽物，只有一些麦秸垛。向敌人反冲锋时，跑着跑着，我觉得左腿被重重敲了一下，身子一歪就倒了。我赶紧爬起来，一看，左腿踝骨上边被子弹穿了个洞，鲜血直流。当时也不觉得痛，还要冲。但刚一站起，又摔倒了，被后面的人抬了下来。

好险哪！二二四团是前卫部队，由于天气太坏，能见度低，没有及时发现敌情；等敌人开火后，前卫部队完全暴露在敌人的火力之下。更不利的是，由于寒流袭击，许多人的手冻得拉不开枪栓，零星打响的火力，无法实行有效的反击，慌乱中只得后撤。幸亏吴政委及时赶来，顶住进攻，赢得了短暂时间，使后续部队投入了战斗。激战中，徐海东带领的后卫队二二三团跑步赶到，立即投入战斗。一番血战，终于将敌人打退，敌我转为僵持状态。

天黑后，风雪大作。我军乘机后撤到5公里外的村子稍事休整。腹背受敌，如不能迅速离开，我们这支孤军就会被迫与数万敌军决战，后果可想而知。

军领导决定连夜突围。部队紧急集合，而这时绝大多数人还没吃上饭，大家感到极度疲劳和饥饿。战士中很大一部分人还只是十六七岁的孩子，有的更小，听说又要出发，就不乐意，待在群众家里，不出来。干部们只好挨家挨户叫，总算把部队拉了出来。最不好办的是伤员。风大、雨大，道路泥泞，要迅速摆脱敌人，就不能带伤员走。军领导决定把伤员就地安置，多留一些钱，动员群众保护伤员安全。

这次战斗负伤的人不少，都住在一个小村子里。在地下党组织帮助下，伤员分散安置在群众家里，留下了大洋。我的伤口经过处理，血已止住，也不那么疼了，但不能走路。听说要把我就地安置，我立即表示，坚决不留下，一定要随军行动。我很清楚，留下必死无疑。当然，拖着伤腿走，可能也是死，我想，死也要死在红军队伍里。

人生中有一些命运转折的关口。对于我，这次负伤算是一回。我的情况反映上去后，政治部主任戴季英说："那就带上他吧。"这一句话，让我成了最幸运的伤员。当时政治部机关按人员情况配备牲口，我和程坦两人合用一匹小马驮东西，因为有伤，这匹小马就让我骑了。后来听说，留下来的伤员大多被敌人杀害了。

靠了那匹可爱的小马，我跟上了部队的转移。我一直很感激戴季英和那匹小马。事过 60 多年后的 1996 年 6 月，我到河南考察工作，在郑州看望了戴季英，他 91 岁了，但头脑还很清楚，还记得独树镇战斗。遗憾的是那匹小马再也见不到了。

独树镇之战，关系到红二十五军的生死存亡。情势之险恶，战斗之惊心动魄，至今历历在目。当地政府后来在这里建了"红二十五军血战独树镇纪念碑"，1997 年 11 月 26 日举行了揭碑仪式，我为纪念碑题写了碑名。

我们终于进入伏牛山。习惯于山地作战的指战员，见到大山，一片欢腾。伏牛山盘踞于豫西南境内，自古以来就被称作"盗匪的渊薮"。国民党军的将领人物刘镇华、樊钟秀、张钫等人，都是从伏牛山拉杆子起家的。此时，被称为"内乡王"的别廷芳，已将其势力范围扩展到伏牛山以北的南召、嵩县、卢氏境内，这个土皇帝后来也显赫一时，被蒋介石封为南阳 13 县联防司令。当初程子华就曾建议把部队拉到这里。

我们很快发现伏牛山不适宜创建根据地。这一带人烟稀少，地域狭窄，粮食和其他物质条件都很缺乏；别廷芳在此经营多年，反动统治十分严密，不利于我们开展群众工作。敌第四十军和"追剿纵队"主力仍追得很紧，一时难以立足。省委和军领导研究后，决定马上转移，到陕西南部开辟根据地。我们再次改变计划，兼程西进。

12 月 4 日，我们来到河南卢氏县的叫河。我的腿伤已经有了好转。前面就是一条入陕大道。从叫河经朱阳关到商南地界，不过七八十里山路，一天就可以走到。进入陕南后，就完全可以摆脱尾追之敌，并在商南县境内站住脚跟，开创新局面。了解到这一情况，我们都很高兴。

手枪团报告，地处豫陕交界的朱阳关、黄沙镇、五里川等地，三天前就被敌军占领了，堵住了我军入陕之路。这是我们没有预料到的。原来，蒋介石为防止我们入陕，早在半个月前就命令驻守开封的原十九路军第六十师乘火车到灵宝，然后步行到朱阳关一带，控制了入陕通道。后面，敌"追剿纵队"第二支队也跟踪到了栾川、庙子一线，我军又处于被敌前后夹击的险境。这时碰巧遇到一个叫陈廷贤的货郎小贩，在他带领下，我们沿着一条很少有人知道的入陕小道，绕过朱阳关，直插卢氏县城。

12月5日晚，我们从卢氏城南与洛河之间的隘路插了过去。卢氏城里的民团十分惊慌，紧闭城门，在城墙上打着灯笼火把壮胆。我军迅速西进。12月8日，我们从豫陕交界的铁锁关进入了陕西境内。铁锁关，又名箭杆岭。据说明末李自成兵败商洛山后，在此设关，并以铁锁锁闭关门，留下了"铁锁关"之名。关上有民团把守，被我军一举攻占。当天下午，我们又急行军近20公里，经大石河到了三要司，接连攻占九泉山高地，歼灭陕军一个营。9日，又翻越蟒岭，到达了庾家河镇。

在翻越蟒岭时，我的处境很狼狈。我们走的是放羊人带羊群爬行的山路，十分崎岖。部队虽已轻装，但军供给部还有骡马、挑夫，走起来更困难。我负伤已十几天，虽可以走路了，但这样的山路，走起来还是很不方便。我忍着痛，一步步蹭着往前走。上山很费力气，左腿又使不上力，有时只好爬行。后来，见前面有匹马，我就紧紧抓住马尾巴。我一下子增加了一匹"马力"，轻松多了，算是闯过了这一关。

晚上我们宿营庾家河。这是一个高山峡谷中的小镇，几十户人家，南北两条小河。镇里有条狭窄小街，分上街下街，在中间拐弯，就像拇指食指分了叉。街面上有几家店铺，拐弯处有一所中药铺子，军部就住在这里。当晚郑位三交给我一份材料，让连夜刻印，第二天早上要张贴出去，说是吴焕先政委决定的。这是一篇很短的传单，标题是《什么是红军》，把红军的性质、宗旨、任务以及有关政策写得一目了然。记得末尾还有句十分令人自豪的话："中国有红军已经八年了。"

第二天一大早，我把刻印好的传单交给宣传队。早饭后，宣传员就把一张张散发着油墨气味的告示贴上了街头，传单上"什么是红军"5个铜板大的字特别显眼。夜里没有休息，我抓紧时间想睡一会儿，突然听到激烈枪声，即赶紧起来。原来敌人从东山坳口摸上来，军领导已带部队上去了。

战斗胜利结束，军长程子华、副军长徐海东却负了重伤。部队伤亡不小，3个团调整为两个团；军的领导也做了调整，戴季英改任军参谋长，郑位三为军政治部主任。

庾家河战斗结束了红二十五军历时20多天、长驱两三千里的长征第一个阶段。这一仗，有效地打击了尾追的敌人，摆脱了困境，为打开陕南局面奠定了基础。

原载刘华清：《刘华清回忆录》，解放军出版社，2004年，第45～51页。

《战士报》

◎ 刘华清

红二十五军的长征分两个阶段进行。中途有一次停顿，由此创建了鄂豫陕新苏区。

鄂豫陕边界地区，包括陕西省东南部、湖北省西北部和河南省西部的部分地区；它北靠秦岭，南濒汉江，地势险要，人民困苦，敌人统治薄弱。我们到来前，这一带就受过党和红军的影响，较适合我军立足发展。因此，在庾家河战斗前，省委会议就决定在鄂豫陕边创建新苏区，并做出了《关于创建新苏区、新的革命根据地的决议草案》。

新苏区的创建，离不开政治工作。重视思想建设，是红二十五军的好传统。创建新苏区的日子里，军政治部创办了《战士报》。我是宣传科长，《战士报》自然由我负责。

在一次夜行军中，郑位三对我说："经军领导研究，由你担任宣传科长，仍兼秘书油印科长。原宣传科长郭述申担任军政治部副主任，带小股部队去地方开展群众工作，创造根据地。"老实讲，这个调动我并不高兴。我一直在干组织科长的工作，但也一直只是挂名，没有正式宣布。现在仍然不让我当组织科长，我猜想可能是前段时间让我抓人，抓"反革命"，我没同意，因此受了影响。

郑位三见我没说话，接着说："吴焕先政委认为你在独树镇战斗中表现很勇敢，可以到团级领导岗位上去锻炼一下。我看现在部队也没有位置，你的身体又不太好，还是和我们在一起搞政治工作吧。"

我对郑位三一直很尊敬，他这样说了，我没有二话。我们议论政治工作如何开展，便谈到了干脆办份报纸，由宣传科负责，不定期，几天一期；当然，也要根据部队作战的实际情况，多一期少一期都可以。几个人对这个想法都很有兴趣。

没多久，《战士报》创刊了。

作为宣传科长，我的工作很多。首先要办好《战士报》，从筹稿、编辑到刻印，都要我管；我还要负责起草文件、拟定标语口号、组织布置群众大会等等事情；还让我管政治部的宣传队，管部队的宣传教育工作。工作虽然忙累，但是干得很起劲。

当时，红二十五军刚刚进入新苏区，给养不济，生活异常艰苦，部队战士中产生了各种各样的情绪。我们及时把部队的好人好事收集起来，在报纸上刊登。为了配合群众反抗捐税斗争的要求，我们又在报上提出"抗捐、抗债、抗粮、抗夫、抗丁"的"五抗"斗争口号。总之，我们总是围绕部队的工作实际，积极配合宣传。

《战士报》在当时起了很大作用。许多平时没有时间讲的事，通过报纸做了宣传，而且效果不错。军领导也很关心这张报纸，吴政委多次给我们指示。一天，我正在编稿，吴政委来了，对我说，报纸的稿子要短一些，稿子要到连队去约，要动员部队的干部多写稿子，反映部队的情况。有时候，吴政委还亲自写稿子。记得有一篇叫《骑马大王》的稿子，就是吴政委写的。这是一篇批评稿。当时，二二三团团长常玉清喜欢骑马抖威风，一些干部战士对他意见很大，但谁也不敢批评他。吴政委在稿子中对他进行了批评。文章在报纸上刊发后，不仅批评帮助了常团长，而且教育了全军干部战士，密切了官兵关系，"骑马大王"的名字也在全军传开了。红二十五军批评和自我批评风气很好，党内、部队内的斗争精神很强，对不良倾向敢于批评和斗争。当时的做法是，对团以上干部的批评稿件，要请示政治部主任同意后才能刊发。郑位三、郭述申等领导也经常亲自写稿。报纸还经常刊登一些政治工作经验、群众工作经验等，短短几句话，就是一条消息，对部队很有指导意义。《战士报》很快成了全军上下都很关心的报纸。它虽然有些简单粗糙，但很及时，也很实际，富有战斗力，对部队创建鄂豫陕新苏区起了积极作用。

有趣的是，我还被赶鸭子上架，当过一回"画家"。事后自己也暗暗称奇。

早在鄂豫皖时，红军各连队就建立了列宁室（俱乐部），作为文化学习和教育活动的中心。列宁室都挂有列宁像。长征时轻装，许多东西都没能带上。到陕南新苏区后，郑位三要求我们搞好连队俱乐部建设，还让我画列宁像。红军完成长征，算是一大奇迹；我这次当"画家"，也算得上一个小"奇迹"。我从没画过画，甚至丁点儿基础知识也没有。郑位三递给我一本书，书里有一张列宁像，要我照着画，并且要放大，能挂在连队列宁室里。

他走后，我拿着书，对着列宁像愣了好半天。军人以服从命令为天职，好在我一向胆大，心想，画就画。我找来一块打仗缴获的白布，那时叫洋布，铺在地上。没铅笔，也不知道可以用"九宫格"放大的方法，就用火炭先在上面轻轻打稿。画上几笔，就站起来瞅两眼，看像不像。等觉得差不多了，就用毛笔在炭稿上慢慢描。那架势，仿佛一个正在创造杰作的绘画大师。就这样一笔一画，终于完成了我有生以来的第一幅绘画作品。

我知道自己这次任务完成得不好，拿给郑位三检查的时候，心里很不踏实。出乎意料，郑位三很满意，说："你还真不简单，叫你画你就画出来了，画得还很像呢！"我如释重负。

就此一发不可收拾。列宁室本来就该有列宁像，如果都没有，那没办法；现在有个连队已经挂出列宁像，而且知道军政治部藏龙卧虎，有个"画家"，其他连队自然不甘落后，纷纷找来。

刚会游泳的，往往瘾头格外大。我刚刚体会了当"画家"的滋味，而且得到了政治部首长的表扬和大家认可，自信心一下子变得很足。我非常乐意地满足了各个连队的要求。

龙驹寨整训期间，程子华军长由于有伤，就在病床上找人了解情况，也找我谈过话。他对我说，部队整训期间，要开展文娱体育活动，要做游戏，教唱歌曲，并让我把他刚到鄂豫皖时教我们唱的一些歌曲教给部队。按照他的意见，我们宣传科采取办班培训的办法，先培训一批连队干部，再由他们去教部队。这样，很快在全军掀起了教唱革命歌曲的热潮。我们还抓了部队的文化学习。

成员年轻，是红二十五军的一个鲜明特点。

《共产国际》刊物1936年登过一篇文章，名为《中国红军第二十五军的远征》，其中一段这样写道："最堪注意的，就是这支队伍差不多没有年过18岁以上的战斗员。从前的鄂豫皖苏区里，遭受异常残酷的白色恐怖，那些在战斗中牺牲者的孤儿，那些在 1932 年随红四方面军远征到四川的红军战斗员的子弟，便在这种恐怖条件下建立起游击队，从游击队变为现在以'儿童军'著名的红二十五军……"

从年龄结构上看，说红二十五军是"儿童军"的提法是有道理的。长征开始时，包括几位军领导在内，都十分年轻：军长程子华 29 岁，军政委吴焕先 27 岁，年龄稍大的是副军长徐海东，也才 34 岁；营团干部，多是 20 出头；一大批连排干部，大多是不到 20 岁的小伙子；军部机关的工作人员和警卫人员，也和我差不多，只有十七八岁。

尤其令人感慨的是，队伍中甚至还有一批十二三岁的少年儿童，有时候，他们也不得不成为战斗人员。《共产国际》上述文章对此也有过描述："在鄂豫皖边界人迹罕见的崇山峻岭上……十一二岁的儿童上山寻找自己的父亲。他们还是幼弱儿童就如大人一样懂事。他们亲眼见过白色恐怖的一切惨状，他们在幼年童稚时代就领略了一切政治常识。这样就产生了新的红二十五军，产生了儿童军。这一部队大多数战斗员的年龄，只是从 13 到 18 岁。"

这支神奇的"儿童军"，在艰苦的长征路上，在开创新区的战斗岁月里，一个个雄姿英发，朝气蓬勃，具有战胜一切敌人和艰难困苦的英雄气概，他们每向前跨进一步，都经受着血与火的洗礼，这些年轻的战士，不要做动员，不要讲大道理，他们最朴素的信念是，为了革命，向前，向前！部队最爱唱的是《红色青年战士之歌》，我们这些年轻人，只要唱起这首歌，浑身是劲：

> 红色的青年战士志气昂，
>
> 好比那东方升起的太阳；
>
> 不怕牺牲，英勇杀敌如猛虎，
>
> 冲锋陷阵，无坚不摧谁敢挡！

紧张的战争环境中，我们摸索形成了一套很有效的政治思想工作方法。我当宣传科长之后，经常思考如何加强部队思想教育。部队经常打仗，总在转移运动，我们就随时随地，用敌人压迫残害人民的血淋淋事实，对部队进行教育，激发指战员对敌人的仇恨，提高阶级觉悟。面临复杂情况和艰巨任务，军领导都会亲自出面动员，讲话简短，但生动有力。特别是吴焕先政委，讲话很有鼓动性，部队一听到他讲话，劲头就来了。

军政治部宣传队的工作也十分活跃，利用各种简单易行的方式，宣传时事政策和胜利消息，表彰英雄模范事迹。宣传队又分为粉笔队、粘糊队。粉笔队主要负责刷写大字标语、宣传口号，有时用白灰，有时用墨汁，反正是找到什么能写大字的就用什么；粘糊队则主要负责张贴布告、传单、标语等。还有些宣传员，对群众讲演。宣传队还根据部队执行任务的情况，及时排练一些反映部队生活的小节目，有快板书、活报剧、小话剧等，形式多样，很受战士欢迎。有时开联欢晚会，军领导也积极参加。我们宣传科经常编一些宣传材料和教育大纲，组织部队学习讨论。《战士报》在这方面也发挥了很好的作用。

红二十五军的官兵关系很密切，尊干爱兵蔚然成风。各级干部都能以身作则，凡是要求下级做到的，领导干部首先做到。每次外出打粮回来，背得最多的是干部。战斗中，干部冲锋在前，退却在后，哪里情况紧急，哪里就有领导干部。军领导和各级干部都很爱护部属，行军中，他们经常把马让给伤病员和体弱的同志，主动帮助战士背枪、背背包。到了宿营地，干部争着为战士烧水洗脚，督促和帮助战士放脚泡、打草鞋，为战士理发，关心照顾伤病员。我亲眼看到过徐海东抬担架运伤员。我自己也有过两次切身感受。独树镇负伤是一次，创建新苏区中还有一次。那是在山阳县，由于饮水不对，不知得了什么病，高烧一直不退。军医院院长钱信忠亲自给我做了治疗，后来我高烧昏迷，他就报告了军参谋长戴季英。戴季英立即找来担架，让人抬着我走。干部关心战士，战士也尊敬热爱干部。全军上下同甘共苦，情同手足。

红二十五军在鄂豫陕边不到半年时间，在作战上取得了一连串胜利，歼灭陕军第一二六旅 3 个多营，警备第二旅、警备第三旅大部，全歼警备第一旅，歼东北军一部，先后攻占镇安、柞水、宁陕、佛坪、雒南五座县城，部队发展到近 4000 人，地方游击师、抗捐军发展到 2000 人，成立了中共鄂陕、豫陕两个特委和五星（柞水红岩寺地区）、山阳、镇（安）柞（水）、鄂西、雒南五个县工委，成立了鄂豫陕边区苏维埃政府和两个县、13 个区、40 多个乡、300 多个村的苏维埃政权，逐步建成了鄂豫陕苏区。

原载刘华清：《刘华清回忆录》，解放军出版社，2004 年，第 51～57 页。

"过河卒"

◎ 刘华清

1935 年 7 月 16 日，红二十五军离开了新开辟的鄂豫陕苏区，继续长征。

对于这次新的战略行动，军政委吴焕先说："现在我们就像一枚攻过河的卒子，只能朝前进攻，不能往后退了！"

我们处境很特殊。因为自撤离鄂豫皖苏区开始长征后，就一直和党中央失去联系，成了一支独立作战的孤军。消息闭塞，无法了解全国斗争形势，甚至连中共中央举行了遵义会议这样的大事也一无所知。后来在进逼西安的行动中，我们从报纸上得悉：中央红军和红四方面军已在川西会师，并有北上动向；蒋介石正调集几十万大军向川陕甘边境集结，企图将我主力红军围堵歼灭于川西地区。

面对这一消息，红二十五军领导觉得必须从全局着眼，做出新的战略选择。

7 月 15 日，我突然见到石健民。当时，军部驻在长安县子午镇。这是个拥有百十户商号的镇子，位于终南山下的子午峪北口，是进出终南山必经之地。红二十五军下一步究竟如何抉择，军领导举棋难定。石健民的到来解决了大问题。他简直神出鬼没，突然在子午镇出现，带来了中共中央数月前发出的几份文件，还带来了中央红军和红四方面军已在川西会师并有北上行动的可靠消息。他是红安县人，早在鄂东北游击总司令部时我们就熟悉。这一次，由于时间紧，只打了一个照面。应该说，他虽然没有参加红二十五军长征，但在红二十五军长征的历史上，却有不可磨灭的贡献。

省委当晚召开紧急会议，形成了统一认识：配合主力红军北上行动，是当前最为紧迫的战斗任务。最后决定：红二十五军立即北上，与陕北红军汇集成一个力量，创建新的巩固的革命根据地。会议还决定，将中共鄂陕、豫陕两个特委合并成一个特委，将苏区的游击武装力量合编成一支战斗部队，由新的特委统一领导，继续坚持斗争。郑位三被留在鄂豫陕边区，担任领导工作。

后来事实证明，这一战略决策非常及时而且正确，完全符合全国革命形势发展的需要，符合中共中央的战略意图。当年《大公报》记者范长江在《塞上行》中，曾引用毛泽东讲过的一句话，对此有过恰当的评价："徐海东部之由陕南经陇东入陕北，乃偶然做成中央红军之向导……"

我们这枚"过河卒"立即行动，继续长征。

7月27日，经十余天连续行军作战，红二十五军抵达留坝之江口镇。我们在此休整两天，进行了西征北上的思想动员和物质准备，部队也重新作了整编。军下辖第二二三团、二二五团和手枪团，还有机关和直属队，全军共4000多人。这次与长征出发时不一样了，军政委吴焕先亲自对全军做动员，提出了"配合两大主力红军行动"和"迎接主力红军北上"的非常明确的战斗口号。我们宣传科也制定下发了教育提纲、宣传口号。

全军指战员情绪饱满，上下都拧成一股劲儿，决心不顾一切，奋勇前进！军直机关的气氛我感受得更为直接。当时，从交通队（即警卫连）、政治保卫队、少年宣传队、补充学兵连、随军野战医院，以及后勤供给部的挑夫队、担架队、骡马大队、军械修理所、被服工厂，到手枪团和两个步兵团的每个连队，到处都是一派奋发激昂的口号声：

祝贺两大主力红军胜利会师！

配合两大主力红军北上行动！

我们从江口镇出发，先南下佯攻汉中，然后转向西北挺进。一路上都是深山峡谷，山陡路窄，河水湍急，部队一会儿翻山，一会儿过河，草鞋湿了又干，干了又湿。人不停步，马不卸鞍，日夜兼程。正是7月天气，十分炎热，尤其正午，太阳像在喷火，每个人衣服上，都显露出一圈圈作战地图般的白色汗渍。

8月1日，我们占领了川陕公路要地双石铺，还俘虏了敌人一名少将参议。根据敌人口供和情报资料，证实了我主力红军正在北上，而敌人正在集结重兵实行堵截。军领导因此决定，趁敌人后方空虚，兵力薄弱，立即出其不意插入甘肃境内，以积极的作战行动吸引敌人，减轻其对主力红军的压力，从战略上配合主力红军行动。

8月8日，我们攻占甘肃两当县城。9日晚，又攻下天水县城北关，缴获大批军用物资。这时，敌第三军十二师一部已经掉头回援；东北军第五十一军一一四师，也赶往天水方向增防。我军随时可能处在敌人的夹击之中。

我们神速西进，敌人大为震惊。7月26日至8月10日，蒋介石接连从成都行辕发出五道电令，初时要求加强西安、宝鸡、汉中一线的碉堡封锁，防止红二十五军入甘与主力红军"合股"；继则督饬陕军各部"不分省界，跟踪追击"；并要求东北军第五十一军向天水方向"轻装堵截"，以围歼我军于两当一带。蒋介石看出了我军的意图，在8月10日的电报中指令所属："查徐海东匪西窜原因在策应朱、毛。我军应采用内线作战要领，先以优势兵力迅速解决徐匪，再以全力回击朱、毛。兹将解决该匪办法列下……"蒋介石还在电报中要求将我军"于天水、成县以东，渭水以南地区，聚而歼之"。

可惜这一作战命令为时已晚。蒋介石大概没想到，他最后这份电传命令发出的第二天，我军已全部渡过渭河。

我们是8月11日到达渭河的。渭河是陇山峡谷中由西向东的一条混浊的河，水流很急。当时的过河工具，只有一条刚找到的小木船，每次只能上去二三十人，显然，全军数千人是不可能完全指望它的。好在没暴雨，没有山洪下来，河水还算暖和。于是，派人试探水情，发现最深处只淹到人的肩头。这么一来，那条小船就可以主要照顾伤病员和女护士，其余人员都可以涉水而过。过河时，有的骑着牲口，有的拽着牲口尾巴，有的手牵手，从河中漂洄而过。另外，还在河面上拉了几条绳索，战士们把枪支弹药顶在头上，攀绳而过。一些年长体弱者，也是攀着绳子过去的。就这样，全军4000多人马，只用了半天时间，就顺利地过了渭河。当时的情景，还留下一幅历史照片，如今陈列在中国人民革命军事博物馆。我去看过这张照片，由于年代久远，层次简单，像一幅黑白版画，但上面的山塬、河流、木船、滩头等都依稀可辨。只是木船上的人影又多又小，很难辨个明白。这是一幅极为珍贵的历史图片，我很感谢那位不知名的摄影者。

过了渭河，我军完全把握了主动权。既可以乘机转入陕北，与陕北红军会师，又可以扼住西兰公路，策应主力红军的北上行动，可说是一箭双雕。吴焕先政委关于"过河卒"的说法，就是在过渭河后讲的。

1935 年 8 月 15 日，我们进驻了兴隆镇、单家集等地。这一带是回族聚居区，进驻前，军政委吴焕先做了大量调查，结合回族宗教信仰和风俗习惯，为部队制定了"三大禁令、四项注意"。三大禁令为：禁止驻扎清真寺，禁止毁坏回族的经典文字，禁止在回族地区吃大荤。四项注意是：注意遵守回族的风俗习惯，注意使用回族的水桶在井里打水，注意回避青年妇女，注意不要在回族地区打土豪。吴政委还专门找郭述申副主任和我们几个科长，共同研究如何教育部队和做好检查落实工作。为了便于开展群众工作，我们还派回族战士随宣传队去打前站。宣传科和油印科则准备了大量传单、布告，在大部队进入前，派手枪团先行进镇，张贴布告，安定民心。

这是一个有百户人家的小镇，一条狭斜小街，两旁有不少小铺。名叫"兴隆镇"，却没想象中的兴隆。街面上冷冷清清，商店也大都没开张。南街有座很大的清真寺。进镇后，我们写的传单、标语已贴得到处都是，如："保护清真寺，不毁古兰经！""尊重伊斯兰教的信仰习惯！""红军和回族是一家人！""回汉人民团结起来，打倒卖国贼蒋介石！"等等。

在兴隆镇，我们休整了 3 天，一面开展群众工作，一面做好继续行动的准备。这几天里，有两件事在我记忆中印象很深。

一件是吴政委召开的座谈会。进驻当天下午，吴政委就把政治部几名干部派出去，把清真寺的教主、阿訇和当地有名望的士绅请到军部做客。座谈会上，吴政委向他们讲明了党的抗日救国主张和红军的政策纪律，告诉他们，红军进驻兴隆镇，只是稍作休整，一不催粮草，二不派捐款，三不拉民夫壮丁，不必担心；并向他们讲了红军规定的"三大禁令、四项注意"。座谈会打消了客人们的顾虑。会后，整个镇子热闹起来了。我还用毛笔写了几张大布告，上面是"三大禁令、四项注意"，第二天贴上街头，群众看后非常高兴。在布告的感召下，当时就有十几名回族青年报名参军。其中，有一个叫马青年，分到了我们政治部宣传队。

第二件事是军领导拜访清真寺。这是第二天上午，政治部做了些准备，军领导便带着相关人员前去拜访。队伍前面是吴焕先、程子华、徐海东等军的领导；他们身后，跟着很气派的军号队，几十把军号亮闪闪的，一路吹得嗒嗒响；军号队后面则是一块红光耀眼的锦缎匾额，由两个红军战士高高地挑在空中，匾上有四个金黄灿灿的大字："德高望重"；接着，便是用十几张桌子抬的礼品：六颗银光闪闪的大元宝，六头色彩鲜美的大肥羊。这种阵势，在兴隆镇大概是头一回，队伍后面跟着好大一群看热闹的群众。一位老阿訇主持了拜访仪式。吴政委向老阿訇赠送了匾额和礼品，并向回族群众讲话，再次阐明党的抗日救国主张和红军的政策纪律。老阿訇也讲了一番表示感谢的话，并按照民族礼节，宴请了军的领导人。事后，老阿訇又领着清真寺的阿訇、地方士绅和回族群众，到军部驻地做了回拜，献了一面锦旗，上面写着四个大字："仁义之师"。

部队严格执行党的民族政策，普遍开展群众工作，进行助民劳动。街头巷尾，到处都打扫得干干净净。军医院还为群众治病。我军以实际行动，扩大了党和红军的影响。礼尚往来，回族群众也为部队做好事。比如，有两位回族妇女看到我军山顶上哨兵没吃饭，她们就提着一篮子馒头送去。

第三天，我们离开兴隆镇。镇上男女老幼齐集街头，在马路两旁摆设香案，放上点心油果，敲锣打鼓，鸣放鞭炮，为红军送行。十几名回族新战士，也与父老乡亲告别。与我们刚进镇时的冷清相比，是截然不同的两种场面。尤其让我们高兴的是，我们的言行让回族群众概括成了三个字："红军好"，而且这三个字不胫而走，很快在陇东回族地区传开。以后，我军所过的回族地区，群众都结队相迎；许多回族老乡还自觉为我军报告敌情，充当向导，使我军得以迅速北上。

后来，中央红军长征经过这里，也受到回族群众的热烈欢迎。毛泽东同志就住在单家集，离兴隆镇很近，他也切身感受到了红二十五军民族政策的影响。到达陕北以后，毛泽东在接见徐海东和程子华时，夸奖了这件事，说红二十五军政策水平很高，民族政策执行得很好！

可以说，在中国革命这盘棋上，将红二十五军称为"过河卒"，恰如其分。它确实是红军长征北上的"当头卒"。

原载刘华清：《刘华清回忆录》，解放军出版社，2004年，第58～64页。

王母宫塬

◎ 刘华清

1935 年 7 月到 9 月初那段日子，我们的部队很像匹野马，在陇东高原走东闯西，来回奔驰。敌人一直搞不清我们的行动企图。

其实，我们自己也是无可奈何。我们是因为得知中央红军准备北上而离开鄂豫陕苏区的，但我们没电台，无法与中央联系，眼下中央红军到了什么地方，一点也不知道，只能来回闯荡，一则可以牵制吸引敌人，二则找机会打探主力红军的消息。

8 月 21 日，我们冒着大雨强行军，来到泾川县附近的王村。

局面极为严重：后面有紧紧咬住的追兵；前面敌第三十五师骑兵团和第一〇四旅二〇八团已经到达泾川县城；北面是泾河，因连续大雨而变得波涛汹涌；南面则是屏障般高耸的黄土高塬。我们的回旋余地非常狭窄，如摆脱不掉敌人，可能会有灭顶之灾！危急时刻，军领导果断决定：离开公路，翻越南面高塬，甩掉敌人。

我们爬上了地势突兀的黄土高塬。

这道高塬位于泾河与汭河之间，由西向东，蜿蜒而来，到了两条河流的交汇处，身躯一挺，耸起一座高峻山塬。山嘴上，有座建于北魏永平三年（公元 510 年）的石窟，有许多栩栩如生的石像，而王母娘娘地位最尊，石像格外高大，石窟因此叫王母宫石窟。当地人称此塬为王母宫塬。王母宫塬南端，断崖陡峭，崖底就是我们即将徒涉的汭河。这条河平时流速缓慢，但眼下大雨滂沱，河面加宽，水流变急，给过河造成很大困难。

军政委吴焕先亲自指挥渡河，在河岸边奔前跑后，大声呐喊。雨像鞭子在抽打，又急又猛。最先过河的是手枪团和二二五团，他们占领了河南岸高地，并向泾川方向警戒。接着便是军部直属机关分队。从吴政委面前走过时，我见他衣服湿透，满脸滚着水珠，面孔铁青。他挥挥手，大声喊："你们政治部快过去!"从长征以来，吴政委总是哪里有危险就出现在哪里。

军部直属机关正在过河，这时，突然传来雷鸣般吼声。山洪来了，河水突发野性，竖起一堵浑浊水墙，劈头盖脸横压过来。我眼看着几个战士被洪峰无情地卷走了，大家惊叫起来。吴政委马上命令停止渡河，抢救落水战士。可是，哪里还能见到人的踪影。

大雨不停。全军的辎重行李、骡马担架、缝纫机、药品和医疗器材，以及随军行动的伤病人员，这时全都集结在河北岸，拥挤不堪。我们过不了河，身后高塬上担任掩护任务的二二三团指战员也就不能撤下来。敌人越来越近，时间紧迫，大家的目光都集中到吴政委身上。

必须抢渡。吴政委想出了点子，命令部队将供给部带的布匹扭成绳索，选几个水性好的战士试渡。他们每人骑一匹大骡子，各牵一条布索，等山洪前峰过去，便跳入激流。不多一会，他们顺利过河，将白布牢牢拴在对岸两棵大树上。接着，就有几个战士抓着浮在水面的白布索，扑腾扑腾地泅了过去。试渡成功，我们欢呼起来，继续渡河。

塬顶上突然响起枪声，敌人追上来了。军供给部正在过河，而先头部队已经过去，一时难以回援，塬上担任后卫掩护的二二三团只能背水一战。枪声、爆炸声不时传到河岸，我们焦急万分。谁都看得清楚，如果不能阻住敌人，后果不堪设想。这时，只见徐海东副军长带领身边人员奔向二二三团阵地；吴政委则带领交通队和学兵连100多人，从右翼向敌后插过去。其他人抓紧渡河。

后来知道，吴政委带领部队从一条隐蔽的小路，奔上塬顶，正好插到敌人尾部，切断了敌人后路。吴政委指挥部队迅速抢占了几座高地，从侧后向敌人发起攻击。吴政委大喊："同志们，压住敌人就是胜利，决不能让敌人逼近河边! 一定要坚决地打，狠狠地打!"二二三团也趁机向敌人发起猛烈反击。敌人没想到从背后杀出一支奇兵，顿时乱了阵脚，夺路逃窜。不幸的是，激战中吴政委负了重伤。

吴政委威信极高，许多人心目中，他几乎就是红二十五军之魂。听到他负了伤，指战员们一个个怒火万丈，奋不顾身冲向敌群，拼刺肉搏。敌人乱套了，奔逃的奔逃，跳崖的跳崖，人马互相践踏，最后被压到一条烂泥沟里，1000多人全部被我军歼灭。敌团长马开基也被击毙。

枪声停了。王母宫塬上，一场恶战以我们的胜利而结束；但是，谁都没有心情去感受胜利的喜悦——就在战斗将结束时传出噩耗：全军敬爱的政委吴焕先同志停止了呼吸！

听到噩耗，全军哀痛！

王母宫塬上空阴云低垂，风雨如泣。烈士鲜血染红的几簇小草，滚动着一滴滴带血的水珠，渗进了黄土。我们敬爱的中共鄂豫陕省委书记、红二十五军政治委员吴焕先同志，就这样英勇地战死在王母宫塬，年仅28岁。

他倒下了。他就像照亮夜空的一颗流星，过早地坠落在长征路上。

当晚，万籁俱寂。在河南岸一个叫郑家沟的小村庄里，我们为吴政委送行。医护人员为吴政委的遗体作了卫生处理，穿上两件内衣，又用了几丈洁白的棉布，紧紧裹住他的身子。徐海东副军长眼含热泪，亲手把吴政委生前最喜爱的一件青呢大氅盖在遗体上。安葬之前，举行了告别仪式，军直机关全体人员向政委遗体垂首致哀，几十双眼睛哭得又红又肿。

我们找来了一口柏木棺材，装殓了吴政委的遗体，葬在郑家沟一个山根底下。为了保密，只去了少数几个同志进行安葬。一切都是在安静中进行的。

"出师未捷身先死"。吴焕先政委的牺牲，使鄂豫陕省委失去了一位才能卓越的领导人，红二十五军也失去了一位优秀的指挥员。他虽然离开了我们，但他的精神永存。

半个世纪之后的1985年8月，为纪念吴焕先政委牺牲50周年，我和程子华、郭述申、韩先楚、刘震、陈先瑞等老同志，联名写信给中央，建议为吴政委建立纪念碑。经中共中央批准，在吴政委的家乡河南郑州的烈士陵园和他牺牲地甘肃兰州的烈士陵园，分别建立了纪念碑和纪念亭。邓小平同志题写了"吴焕先烈士纪念碑"碑名；李先念同志为纪念碑题词："功勋卓著"；徐向前同志题词："赤胆忠心，英勇善战"。碑文则是我们几个老同志共同撰写，落款为"红二十五军先烈纪念委员会"。

王母宫塬战斗后，我们这支没有后方依托的队伍，就在灵台县一带打圈子。主力红军正在过草地，我们并不知道。每到一地，军领导都要派手枪团到处收集报纸，访问客商，打探主力红军消息。

主力红军的消息不知道，却把敌人的情况摸到了。陇县、清水、马鹿镇等地的敌第五十一军——三师，时刻在窥测我们，伺机而动；敌第三军十二师也从武山、甘谷一带向我军移来；由兰州乘汽车驰援的敌第六师十七旅已经到达泾川县城；敌第三十五师仍继续向泾川方向集结，该师的骑兵团则像条尾巴一直追着我们。

敌情严重，很快就会对我军形成夹击之势。军领导认为：我军连日在大雨泥泞中行军作战，十分疲劳，伤病员也难以安置，再继续作无后方依托的行动非常不利；既然一时得不到主力红军的确实消息，此地不宜久留。决定立即北上，与陕甘红军会师。

1935年9月初，在合水县板桥镇，我们打了一次败仗。

当时，敌第三十五师骑兵团让我们很头疼。人的两条腿自然跑不过马的四条腿，他们仗着这一点，一路老跟着我们，时不时就交上火。在过西峰镇和翻越赤城塬时，我们曾两次打退过他们。长征开始后我们经历过大小许多次战斗，不管战斗再残酷，结果都能转危为安。可是板桥镇这一仗，我们吃了大亏。

9月3日，我们渡过马莲河后，在板桥镇宿营。这是陇塬上一个不大的小镇，不到百户人家。由于疲劳，很快就休息了。机关也没有深入部队去作行军情况检查，都想抓紧时间休息。

黑暗中，响起敌人的马蹄声，越来越近。遗憾的是，我们听不见。

天刚亮，部队集合。二二三团是前卫部队，已经出发了；二二五团一营、二营也出发了。军部机关和二二五团三营集合后，军参谋长讲话，延迟了出发时间。这时，响起急促的马蹄声，敌骑兵团突然出现。马群扬起尘土，铺天盖地压过来。

军机关的队伍里，前面的刚刚开动，后面的还没挪窝，我们一时无法组织有效抵抗。走在前面的拼命往前跑；后面的军医院则被敌人冲散了；后卫三营也被敌人包围起来。枪声、喊声、马嘶声乱成一片。为掩护三营突围，徐海东指挥二二五团二营投入战斗。但是，敌众我寡，他们也陷入敌人包围之中。情况十分危急。二二五团一营迅速抢占了一座山头，以猛烈火力阻止敌人进攻，掩护徐海东等突出重围。战后，军医院和一些被冲散的人员陆续归了队，情况狼狈，有的被搜去了东西，空手回来；有的甚至被剥了衣服，回来时只穿了一条短裤。这一仗，二二五团损失200多人，团长方炳仁同志也壮烈牺牲。

打了败仗，士气低落。我们边行军边鼓动，振作士气。在东华池附近渡过葫芦河后，沿陕甘边界的崇山峻岭继续向北挺进。

没想到，我们几乎走进绝境。

越往北走越荒凉，先是峻岭中的崎岖山路，再接着走是荒草野地，不时还有小面积的沙漠，人烟稀少。饥饿和疲劳像阴影一样笼罩全军。体力弱的，走着走着就昏倒了。伤病员更艰难，药品奇缺，加之饥饿，生命力耗尽了，永远长眠在这荒野之中。

困难面前，方显红军本色。我们政治部人员采取互助形式，体力强的帮助体力弱的，年龄长的帮助年龄小的，团结一致，以顽强的意志战胜困难。全军指战员也都采取了这种形式，党员干部发挥先锋模范作用，出现许多让水、让粮的感人事迹。配了马匹的干部基本上都把马杀了，让大家果腹。

尽管如此，部队仍处在严重的饥饿之中。想想觉得窝囊：敌人数万之众，一直打不垮我们；饥饿却成了敌人最好的同盟军，将把我们这支队伍消灭！

好在老天爷主持公道了：如有神助，恰好来了一伙赶羊的商贩。军领导如获至宝，当即让供给部把羊全部买下。部队饱餐一顿，重获生机。数天艰难跋涉后，我们终于走出了这片可怕的荒漠区。

1935年9月7日，我们到达了合水东北的豹子川（今属华池县），这已经是陕甘苏区的边缘。在这里，省委开了一次会，解决了两个问题：一是调整军的领导班子。由徐海东任军长，程子华任军政委，戴季英任参谋长，郭述申任政治部主任。二是决定对全军进行与陕甘红军会师的动员教育。

9月的陕北，秋高气爽。就要会师了，我们怀着兴奋的心情继续北进。9月9日，到达保安县（今志丹县）永宁山。中共西北工作委员会得到我们到来的消息后，印发了《为迎接红二十五军北上给各级党部的紧急通知》，要求各级党组织立即动员起来，用各种方式欢迎和慰问远征的红二十五军。

我们在向永坪镇开进的路上，人民群众夹道迎送。到处都能看到欢迎红二十五军的标语，听到欢迎的口号，还有这样动人的歌声：

　　　　一杆杆红旗空中飘，

　　　　红二十五军上来了。

　　　　来到陕甘洛河川，

　　　　劳动百姓好喜欢。

西征北上以来，我们一直在饥寒交迫中跋涉，在生死存亡中拼杀；现在突然看到这种充满亲情的场面，心里格外温暖，有种终于回到亲人怀抱的感觉，直想流泪。

9月15日，我们到达延川县永坪镇。

永坪镇是当时陕北较大的一个镇子。进镇前，为了展现红二十五军的风采，我们认真进行了一番准备。队伍最前面是军里几位领导，紧跟着机关和直属队，再后面就是手枪团。手枪团都是青黑色着装，腰里扎着皮带，每人背一把盒子枪和几颗手榴弹，背后还斜插一把大刀。队伍排着四路纵队前进，很威风。手枪团后面是几十名号手组成的司号队，军号擦得锃亮，拴着长长的红穗子，走起路来一甩一飘的很好看；吹号时，号手憋足了劲，不仅吹得整齐，而且极响亮，非常提精神。再后面是步兵团队，我们武器装备不错，每个营有六挺重机枪，连有九挺轻机枪。步兵排着三路纵队行进，清一色马步枪，上着明晃晃的刺刀，步伐整齐，不时喊几声响亮的口号，显得精神抖擞。伤病员和大小行李则放在队伍的最后面。

我们从镇子西面进去，山沟和大路两旁贴满了花花绿绿的标语，写着"欢迎红二十五军老大哥部队"之类的口号，还架起了三四道大彩门。道路两旁排列着欢迎的人群。

永坪镇南面，紧靠一条干涸河道。9月16日，刘志丹等同志率领红二十六军、二十七军赶来和我们会师，会师大会就是在这个宽敞的河道里举行。场面十分热烈动人，两支部队指战员热烈握手，热情拥抱。几十年过去了，那个场面如在眼前。我就是在这次会师中第一次见到刘志丹的。

9月18日，永坪镇又举行了盛大的联欢会，庆祝两支红军队伍胜利会师，同时纪念九一八事变四周年。会场仍在河滩上，北边搭了个席棚台子，会场当中用石灰画了一条粗粗的白线。线的左边，坐我们红二十五军部队；右边坐陕甘苏区的红军。周围几十里的赤卫军和人民群众纷纷赶来。河滩上歌声嘹亮，人人兴高采烈，会场洋溢着两支红军部队的手足情谊和苏区人民对子弟兵的炽烈感情。

到此为止，我们红二十五军历时 10 个月，转战万余里，胜利结束长征。这时，全军总共 3400 多人。

在红军长征历史上，红二十五军是单独一路，与红一方面军、红二方面军和红四方面军相比，有其独自特点。红二十五军的远征路上，虽然没有雪山草地大渡河，但同样艰难和漫长，经历了多次激战，打破了敌人重重围追堵截，不仅在途中创建了鄂豫陕苏区，自身得以发展壮大，而且在陕甘边转战，牵制大量国民党军，有力地配合了主力红军，并先期到达陕北，成为主力红军北上的向导。

红二十五军长征彪炳史册，是中国革命史上辉煌的一页。

原载刘华清：《刘华清回忆录》，解放军出版社，2004 年，第 64 ～ 72 页。

《三大纪律八项注意》歌的诞生

◎ 刘华清

《三大纪律八项注意》歌唱了几十年，但当初，它的出现很偶然。

1935 年 9 月，我们与陕甘红军会师后，为了统一指挥，进行了合编。红二十五军、二十六军和二十七军合编为红十五军团。军团长徐海东，政治委员程子华，副军团长兼参谋长刘志丹，政治部主任高岗、副主任郭述申。下辖第七十五师（红二十五军改编）、七十八师（红二十六军改编）、八十一师（红二十七军改编）。军团机关和直属队编有司令部、政治部、供给部、卫生部、手枪团、补充团、交通队等，全军团共 7000 多人。军团政治部机关，是原红二十五军政治部改编的。政治部下面设科，我仍当宣传科长。

敌人正在发动对陕甘苏区的第三次"围剿"，调动了十几万兵力。红二十五军的到达，大大加强了陕甘苏区红军力量。合编成红十五军团后不久，就在劳山、榆林桥打了两个大胜仗，稳定了局势。战斗中有大量缴获，使我们的武器装备得到改善，服装给养得到补充，为中共中央和主力红军的到来创造了有利条件。

劳山、榆林桥战斗后，陕甘苏区掀起了参军热潮，部队补充了大批新兵，两次战斗中的大批解放战士也补入部队。为了加强对他们的政治纪律教育，军团政治部要求我们宣传科编写了教育提纲，派出有带兵经验的政工干部下连队讲课，同时组织了一些典型人物，现身说法，搞两种军队的对比教育。

程坦是政治部秘书长，他和我们宣传科重点负责新兵教育。

在对新兵进行纪律教育时，程坦秘书长找我，建议把"三大纪律八项注意"编为歌曲，让大家天天唱。我完全赞同。程子华同志到鄂东北时，曾教我学过中央苏区很多歌曲，并讲了"三大纪律八项注意"的条文，具体内容与鄂豫皖红军的条文有些差别。按他的意思作了修正后，他让我印发各部队，要求指导员天天给战士讲，并在行军宿营时检查执行情况。我们长征到陕南创建新苏区时，程子华、郑位三要我天天去部队教唱歌，讲"三大纪律八项注意"事项，我觉得太麻烦，也曾有过把"三大纪律八项注意"编成歌曲的想法。但是，天天走路，很疲劳，没有精力，另外我没有音乐知识，也就作罢。现在程坦已把鄂豫皖原有三大纪律八项注意的条文与中央苏区的条文修正好了，要变成歌曲，找我商量，真是不谋而合。程坦和我一样，也不懂音乐。我们就借用了鄂豫皖苏区流行的《土地革命完成了》的歌谱，咏过来咏过去，一唱一哼，认为歌词和曲子很合拍。唱了许多遍后，觉得可行。我们把结果向军团政治部主任郭述申报告，他也完全赞同，并让我在《红色战士报》上刊出，印发各部队。

《红色战士报》刊出了这首歌。记得开头一句是"红色军人个个要牢记"，以后改成了"革命军人个个要牢记"。当时，我们结合新兵的纪律教育，在部队组织教唱，收到了非常好的效果。因为歌词容易领会，曲调也简单，这首歌很快就传唱开来。

这首歌很快又在更大范围引起了注意。1935年10月19日,中央红军结束长征,胜利到达陕北吴起镇（今吴旗）[①]。我们打下张村驿等据点后,于11月上旬在鄜县（今富县）以北地区与中央红军会师了。中央决定，恢复中国工农红军第一方面军的番号,红十五军团编入红一方面军。红一方面军司令员彭德怀,政治委员毛泽东（兼）,政治部主任王稼祥，下辖第一军团和第十五军团。也就在庆祝两军会师的大会上,红十五军团的官兵高声唱起了《三大纪律八项注意》歌，立即引起全场注意，出了点风头。会后不久，许多部队都学会了这首歌。

这首红军歌曲，在抗日战争和解放战争时期,随着军队任务和纪律要求的变化,歌词做过相应修改。1950年,总政治部组织文艺专家对歌词又进行了修改；1957

---

①吴起镇，后为吴旗县，今更名为吴起县。

年再次修改，便成了现在的《三大纪律八项注意》歌。数十年来，这首歌曲深受广大官兵和人民群众喜爱，对于加强纪律性，增强军队内部和外部团结，促进部队作风建设，起了积极作用。

可以说，《三大纪律八项注意》歌是由红二十五军先唱起来，然后在红军各部队中传唱开的。当时并没想到这首歌会流传得那样快，那样广，影响这么久远。如果这算得上是一份成绩，主要是程坦同志倡议干的，是他的历史功绩，我只是协助，做了个"媒人"，把苏区现成的曲调往歌词上嫁接了一下。

中共中央和主力红军的到来，加强了陕甘苏区的领导，壮大了红军力量；蒋介石也因此调整部署。1935年11月下旬，红一方面军抓住战机，发起了直罗镇战役，打了个大胜仗。事后，中共中央在鄜县东村召开了营以上干部大会，毛泽东同志到会作报告，对直罗镇战役作了总结。也就是在这次大会上，我第一次见到毛泽东同志。

会后，红十五军团转移到洛川东北旧县一带休整。中共中央和中央军委给红十五军团派来了一批中高级干部。这次干部调整量很大，军团司令部、政治部的部长、科长及各师团的政治委员、主任，大部分由中央派来的干部担任。徐海东同志党性很强，对中央的安排没说二话。原红二十五军中一些老同志不满意，因为他们大多没有得到提拔使用，有些还高职低配，但这些同志都顾全大局，没有一个人向上提意见。红二十五军干部的这种高尚品格，促进了部队团结，加强了红十五军团的建设。

到1935年冬，日本帝国主义的侵略日益猖狂，中华民族面临着亡国的危险。国民党政府却同日本签订了丧权辱国的《何梅协定》和《秦土协定》，同时继续推行"攘外必先安内"的反动政策，调集重兵进行反共内战。

1935年12月中旬，中共中央在陕北瓦窑堡召开了政治局扩大会议，确定了建立抗日民族统一战线的总政策，制定了新时期的战略方针，提出：红一方面军应该把"打通抗日路线"作为目前中心任务。据此，红一方面军决定东渡黄河，开辟山西抗日根据地。

1936年1月19日，中央军委下达了《东进抗日及讨伐卖国贼阎锡山的命令》。红军开始进行东征的准备。红十五军团进行了补充，机关人员也做了调整。军团政治部主任仍是郭述申，副主任冯文彬，宣传部长黄镇，敌工部长唐天际；组织部长和保卫局长都是中央派来的。

我还是宣传科长。和过去不同的是，以往部队每有大的行动都是政治部起草各种政工文件和宣传教育材料，多由宣传科承办。编入红一方面军后比较省事了，这些文件材料基本上都由上级下发。依据这些材料，我们对指战员进行了深入的动员和教育。也就在这个时候，我出了一次洋相。

为了做好东渡黄河的思想准备，军团政治部还利用文艺形式，宣传东征作战的意义，几位军团领导干部也都带头登台表演节目。我不擅长文艺，可是，哪壶不开偏提哪壶。政治部编了个节目，内容是表现学生参加抗日运动，其中应该有男女学生数人，男学生好办，随便抓个人就能上，女学生麻烦了，因为那时我们没有女宣传员。为了节目生动，就决定找几个人男扮女装。黄镇是宣传部长，在政治部人员集中时，拿目光到处搜寻。我那时年轻，黄镇的目光盯过来了。黄镇说："你算一个。"我一听头就大了，连说："不行，不行，我不会演戏。"老实讲，让我上台讲几句话没问题，但是一想到要穿女人衣服，没准还得涂脂抹粉，我就觉得比杀头还受罪。我坚持不干。但是黄镇也很坚决，他说："一定要参加。"

下级服从上级，我只好硬着头皮参加排练。排练时是穿平常衣服，虽然别扭，倒也将就过来了。正式演出了，我一个劲给自己壮胆：没什么了不起，枪林弹雨都不怕，还怕演戏！我还想起了上次画列宁像，开始也心里没底，后来不是干得挺棒嘛！锣鼓声中，我出场了。也许是要演的角色离我的真实面貌差得太远，我自己也没想到，在台上刚一亮相，勇气就全没了，紧张得两腿直抖。我想坚持就是胜利。该我念台词了，但怎么也念不出来，干脆转身就跑，逃进后台。

我把戏演砸了，台下哄堂大笑。由此我也发现，搞假肯定不是我擅长的。

原载刘华清：《刘华清回忆录》，解放军出版社，2004 年，第 74 ～ 77 页。

大别山密林深处艰辛的战斗岁月

◎ 王诚汉

1931年秋，我所在的河口工人纠察大队改编为红军河口独立营，12月又扩编为红军河口独立团。这时我曾准备在年前回家看望妈妈，但由于战事紧迫，军情紧张，白色恐怖笼罩，担心我回家会给家庭带来麻烦，最终没有成行。红军河口独立团正式成立后没有几天，为了保存有生力量，全部离开河口镇，转移到河口镇以北的大别山区。河口独立团编入主力部队时，我被分配到红军第二十五军第七十五师第二二四团。从那以后，我再也没有回过河口镇。

我这个刚满14岁的红军娃，怀着对新社会的无限憧憬，走出了王家大湾，走上了巍巍大别山。

在严酷战争环境和军事斗争的锻炼下，我很快适应了部队生活，随红四方面军主力部队打了一些胜仗、大仗、恶仗，成长为一名勇敢顽强的红军战士。我参加的第一次较大规模的正规战斗，是1932年上半年的鄂豫皖边地区革命根据地军民粉碎国民党军发动的第三次"围剿"作战。在这次长达数月的战斗中，我深刻感受到了战争的残酷性和取得一场战争胜利的艰难。

那时，红军还处在建立初期，在指挥战争和战略战术上还存在一些急躁、冒险的问题。加之党内、军内的"肃反"扩大化，使红军队伍自身遭到了一些不必要的损失。"肃反"搞得红军内部人人自危，一些很有才华的优秀指挥员被错杀。红四方面军在总指挥徐向前的指挥下，虽然取得了黄安、商潢、苏家埠、潢光四大进攻战役的胜利,但接下来却被张国焘(时任中共鄂豫皖苏区中央分局书记兼军委主席)的"左"倾冒险主义所断送。他被胜利冲昏头脑,认为国民党军已经是"偏师",甚至提出"打下黄(安)麻(城),分头牛回家""打下武汉过中秋"等不切实际的口号。这年6月,国民党军对鄂豫皖边革命根据地又发动了第四次"围剿",红军经过一个多月的艰苦斗争,未能扭转被动局面。张国焘由轻敌到恐敌,10月,被迫仓促将红四方面军主力两万多人撤离了鄂豫皖边革命根据地,向外线转移,留下第二十五军一部和地方武装坚持鄂豫皖边革命根据地的斗争。我所在的红军第七十五师第二二四团,留在根据地内坚持斗争。

红四方面军主力西进川陕边后,鄂豫皖边革命根据地的斗争转入非常困难的时期。国民党反动派30多个团十余万"围剿"大军疯狂扑来,原鄂豫皖边根据地的革命势力和群众遭到了国民党反动势力的残酷报复,许多地方变成了"无人区",少量的红军部队对强大的敌人几乎无还手之力。一时间,国民党反动派的"围剿军"所到之处,烧、杀、抢、掠,无恶不作,大别山血流成河,尸堆如山。直到这年(1932)年底,留下的一部分主力红军,会合地方部队和收容起来的大批伤病员,才又组织起了一支部队,这就是重新组建的红二十五军,坚持战斗在大别山区。重建后的红二十五军,与1933年初新建的红二十八军,在鄂豫皖省委领导下并肩作战,粉碎敌人的划区"清剿",扭转了危险局面,发展壮大了自己,成为坚持鄂豫皖边革命根据地斗争的有力支柱。

从主力红军西去到红二十五军重新组建的这几个月的时间里,可以说是鄂豫皖边革命根据地最为艰难的岁月。这段时间,也恰好是我参加红军后以至我此后70余年戎马生涯中最为艰辛的一段时间。7月,也就是鄂豫皖边革命根据地军民进行第四次反"围剿"的那个月,我患了伤寒病,发高烧,昏迷不醒,根本无法随军行动,不得不住进红军设在大别山区的后方医院第二分院。

大别山地区的特点,就是山多、沟多、水多、雨多、树多、草多。豫鄂交界的七里坪以北,山上的树木特别茂密。当时红军的所谓野战医院,只不过是在深山野林之中搭起的一片草棚。在战争环境中,医院与正规部队同样面临着敌人的围追堵截,同样没有安全保障。收容了一些失去自我保护能力的伤病员,医院却没有自己的掩护部队,敌人来了只有跑。

为躲避敌人"搜剿"，每天天刚蒙蒙亮，医院就把伤员抬到山上分散隐蔽起来，待天黑后再一个一个地抬下山来。如果原有的草棚被敌人烧掉，就只好再选择地方，临时砍些树枝、葛藤、茅草，重新搭起草棚子过夜。敌人几乎天天搜山，到处放火，伤员必须随时转移。转移在密林中的伤病员在白天是不敢生火做饭、烧开水的，担心会被敌人发现。只有到了晚上，才能在遮住火光的情况下烧水做饭，但这一天中唯一的一次热汤热水，也很有可能会被一场突如其来的大雨或一次敌情取消。由于盐、粮和医药的奇缺，加上频繁转移的颠簸，不少伤病员因病饿和得不到治疗而牺牲。

我当时病得非常重，战友们多以为我活不下去了。昏迷了半个多月后，我的头发掉光了，营养严重不良，尽管医院的同志们想了许多办法，但无法解决吃饭问题。有时晚上在地方武装的掩护下，冒险到白区弄点粮食回来救急。有很长一段时间，完全靠吃野菜度日，主要是野芹菜。有时能抓到一条蛇，那我们就算开洋荤了，但是我不敢吃蛇肉，只是喝点汤。

在我有一次生命垂危清醒过来后，医院的领导问我最喜欢吃点什么，他们将尽力去做。我努力回忆着所吃过的最可口的饭菜，立即想起了妈妈做的豇豆菜。我说我最想吃点豇豆。大家立即分头下山，四处去找豇豆。那时国民党军封山很严，许多地方都成了"无人区"，到哪里去找豇豆呀？我后悔不该向医院提出这个要求。令人高兴的是，居然有位同志历尽艰难，为我找回来一把豇豆，我躺在病床上望着这位满脸疲惫的战友，万分感激。战友们帮助我把这点豇豆放在一个铁桶中煮，清水中加了一撮宝贵的盐，那股清香味道呀，真是美妙极了！我似乎又回到了妈妈的身边。战友们依偎在我的身旁，喂我吃下了这几根豇豆。这真是战友情深啊！

也许是这几根豇豆促进了我的生机，使我有了能活下来的希望。虽然仍然走不动路，但不像前段时间那样三天两头就报病危了。躺在病床上，我曾经想到，等革命成功后，我回到家乡要种下一大片的豇豆，我整天吃豇豆，一定要吃个够，豇豆真是太好吃了！

此后，我的病也竟然神奇地渐渐好起来。这里面显然有一个重要原因是母亲情结所在，是妈妈的亲情给了我求生的顽强力量。

体力的恢复是非常慢的，我依然不能站立起来。白天，同志们把我们这些重伤病员抬上山分散隐藏起来，躲避敌人的搜查；到了晚上，再把我们抬下来，吃饭，治疗。那段时间对我来说，夜晚是快乐的，白天则是漫长而难熬的。蚊虫叮咬中，躺在潮湿的树丛里，四肢软弱得动弹不得，脑袋也懒得左右摆动，一点力气也没有，要是敌人来了，我只有等死。有时一只小鸟落在我身上很长一段时间，然后又飞走，它显然不知脚下是一个活人。那时，我真是羡慕小鸟的自由。我就这样少气无力地躺在担架床上，身边是同志们预留下的装在一个小陶盆中的泉水，渴了，饿了，就靠这盆水充饥，如果不小心弄洒了，那这一天可就更难熬了。

满山的风声中，我想得最多的就是我的妈妈。我生病的消息，千万不能让她知道，免得牵挂，我一定要养好病，回家看望妈妈。有几次，我病痛得实在难熬，曾经产生绝望的心情，这时慈爱的妈妈微笑的面容就会浮现在我的眼前，又使我坚定了活下去的决心和信心。我在山风中多遍默语着"养好病，回家看望妈妈"，挺过了一次次难关，妈妈成了我养病期间的重要精神支柱。

养病期间，有几次我差一点被搜山的敌人搜出来。大别山的森林特别密，搜山的敌人是成群结队的，他们也非常害怕，常常互相吆喝着为自己壮胆，"看见你了，快出来吧！"有时紧张地开枪射击，把树林中的鸟儿惊飞一片。与我同时住院的重伤病员，有几位被敌人搜出后打死在山上。敌人的脚步声，躺在密林深处的我有时听得很真切，透过树叶缝隙，有时甚至能看清敌人官兵的面目，也就相隔二十多步远吧。最危险的一次是有一天上午，敌人进行密集队形搜山，有一个敌人竟然高呼着："看见你了，快出来吧！"径直向我藏身的地方走来，他平端着枪，直到刺刀快戳到我头顶上的那丛树木时，站在一块石头上突然停了下来……一股臊味传来，原来他是找个合适的地方撒尿来了。有些尿水直接浇到了我蜷缩的身上，也溅脏了我身边的一陶盆泉水，害得我这一整天没有喝上水。这个家伙如果是蹲下来大便，那我就可能暴露了。

在如此恶劣的自然环境和敌情中，我侥幸得以生存下来。

我病情转轻后，红军医院的领导没有让我立即归队，而是让我代理医院的司务长。司务长的主要工作就是为伤病员找吃的，负责挖野菜。这个所谓的红军野战医院共有20多人，其中有10多位伤病员。我经常和医院的其他工作人员一起，在游击队的掩护下，冒险下山，到白区为伤病员筹措粮食和盐巴。一般情况下，是 3 个人一个采购小组，多是两个男的一个女的，敌人发现了，我们就向山上跑。小股敌人是不敢上山的。在这种情况下，因为我们的行踪已经暴露，整个医院必须立即转移，否则，敌人就会很快派出大股的敌人来进行重点搜山。一次，我们刚刚转移，一名女护士返回去为了寻找丢失的仅有的食盐，被敌人抓去了。敌人施以吊打、火烙等酷刑，她始终没有屈服，不说出医院转移的地点，用生命保护了伤病员。能在这种艰苦的环境生存下来，我十分感谢像这位女护士一样的许多好战友。

在大别山密林深处养病的这段时间，是我参加红军后第一次遇到的最艰苦的日子。没有别的办法，就是一个"熬"字，许多战友没有熬过这段艰难的岁月。我观察到，在这段日子里因饥饿、无药医治伤病而牺牲的红军干部战士，甚至超过在战斗中牺牲的人数。冬天的大别山区也下雪，雪化后天气出奇地冷，山野中红军干部战士穿的衣服比较单薄，穿的是草鞋，晚上睡觉盖的是稻草，许多好战友就在这样的严酷环境中牺牲了，能够熬下来的真是很不容易。尤其是伤病员，能够活下来就是奇迹。

在那时，红军干部战士怕的并不是牺牲，最怕的是负伤和生病。一个人负伤了，生病了，就需要四五个人去抬，会大大影响部队的战斗力。如果有人负伤和生了重病，不能再随部队行动，一般是寄养在当地老百姓家中。情况紧张时，老百姓把伤病员送到深山密林中隐藏起来。但被寄养的人却很少能再活着归队。因此说，在那个残酷的战争环境中，一旦负伤或生病被留下来了，几乎也就等于判了"死刑"。绝大多数伤病员宁愿死在战场上，也不愿留下来治疗伤病。当然，能够转进红军自己的医院，那应该是非常幸运的了。庆幸的是，我在得了重病后能够及时转到了医院，虽然医疗条件极差，但也毕竟是当时红军队伍中能专心治病的地方。如果不是在医院，我很可能就会很快病死的。在医院中，虽然我多次面临死亡的危险，可毕竟挺了过来，闯过了一大关，也没有留下任何后遗症。

能在那样艰苦的条件下熬过来，我后来想，其原因大概有三点：一是我年龄小，生命活力强，野草、野果，只要是能下肚的我全吃；二是心理素质好，求生的愿望特强，我一定要活着见妈妈；三是战友情深，医务人员、病友对我都非常好，非常喜欢我这个小兵，有把米也要抓给我，给了我特殊照顾。

我病愈后，被分配到红军罗山县独立团任班长。这年底（1932 年 12 月），罗山县独立团编入红二十五军，我被分配到红二二四团三营当通信班长，这个月我刚好 15 岁。在我那个班 10 多人中，我的年龄算是大的了，我这个班长是一个名副其实的"孩子头"。其实，整个红二十五军的干部战士，年龄都非常轻。若论平均年龄之小，在全国红军中红二十五军是独一无二的。

关于重建后的红二十五军这支队伍，共产国际有一份资料曾这样高度评价：他们多是些"在战斗中牺牲者的孤儿"，是"随同红四方面军远征到四川的红军指战员的子弟"，"在鄂豫皖边界人迹罕见的崇山峻岭上……十一二岁的儿童，上山寻找自己的父亲。他们还是幼弱儿童，就如同大人一样懂事。他们亲眼见过白色恐怖的一切惨状，在幼年童稚时代，就领略了一切政治常识，这样就产生了新的红二十五军，产生了儿童军。这一军大多数战斗员的年龄，只是从十三岁到十八岁"，他们就是"以'儿童军'著名的红二十五军"（1936 年《共产国际》第 7 卷第 3 期《中国红军第二十五军的远征》）。

重建后的红二十五军以新的姿态投入斗争，在大别山区站住了脚跟，打开了局面，越战越强。1933 年上半年，我随部队参加了郭家河、潘家河、杨泗寨等战斗。群众看到我军接连打胜仗，高兴地说："我们的红军又回来了！"一度被敌人摧毁的鄂东根据地，又逐渐恢复起来。一首《保卫根据地战斗曲》这样唱道：

我们本是工农政府有力的柱石，

完成中国革命就是我们的天职。

为了红区发展巩固，

大家努力吧，英勇的红色战士！

我们永远站在最前头，

流着最后一滴鲜血。

为了保卫我们的根据地，

拼最后一滴血！

在军政治委员吴焕先、军长徐海东等军首长的正确领导下，到 1933 年 4 月，红二十五军发展到 13000 多人。我因作战勇敢，这年 9 月被提升为三营八连副排长。后又参加了七里坪、河南九里关等战斗。12 月，我升任排长。

当时我较年轻，资历也很浅，只是上级指到哪里，我打到哪里。对上级的军事指挥艺术还谈不上有完整的认识，但从多次的战斗中，我深刻体会到红二十五军打胜仗有一个显著的战术特点，这即是：敌追我退，退中打伏；回撤成弧，打其前腹；分段切割，吃其一部。我以为这种打法，在其他地区的红军中并不多见。红二十五军此种战法的具体操作，多数情况下都是先引诱敌人上钩，惹得敌人气恼地跟在后面直追。就在这不经意中，红军大踏步地后撤，速度之快，使敌人常误以为当面红军是小股部队，几乎是完全失去了回头阻击的能力，正"狼狈逃窜"。就在这大幅度的撤与追中，红军的确是一日间撤退到了50里之外扎营休息。然而，就在一夜间，红军却悄悄地回返，妙在并不是沿原路返回，而是兵分两路，绕道从来路的两翼翼侧翻卷划出一个弧形，秘密返回了20里，埋伏在了敌人的追路上。尽管敌人的侦察人员十分尽职，他们的视线也达到了50里之外，侦察前锋也的确没有发现红军有沿原路设伏的迹象，所以当他们的大队人马在距离他们的攻击目标还有20里时，常是忙于赶路，毫无临战准备。这时，红军突然如同从天而降，其用兵也并非一般部队常用的全线出击，整个设伏部队压向一处，红二十五军却是分为数路，拦腰将敌人行军中的一字长蛇阵从前腹部到尾部截为数段，而弃敌之精锐所在的先头部队不理。如此战法，往往都能得手，最后将敌各个击破。我以为此种战法的妙处在于那两个"翻卷的弧形"及"翻卷"后的预击位置的选择。此种战法在过去的作战总结中并没有引起重视，现在谈一点自己的体会，与大家共同商榷研究。

英勇善战的红二十五军在大别山区的红旗不倒，如同插在敌人腹部的一把尖刀，使南京、武汉的敌人坐卧不安。1933年底，敌人又纠集了53个团对鄂豫皖边红军进行第五次"围剿"，疯狂叫嚣要"砍尽大别山的树，挖尽共产党的根"。

这时，鄂豫皖边根据地刚遭受敌第四次"围剿"和"清乡"的严重摧残，亟待恢复元气；红军经过连续作战，疲乏不堪，也迫切需要休整。但由于中共鄂豫皖省委领导人受王明路线的影响，不顾实际情况，盲目执行"夺取中心城镇""为保卫苏区每一寸土地而战"的方针，强令红军"趁热打铁"，大举反攻，进行中心区保卫战，"夺回七里坪、新集、红安县城等中心城市"，并且开始了"左"的内部"肃反"。结果是我军围攻七里坪40余天，打攻坚战、阵地战、消耗战，兵力损失近半，被迫撤围，招致第五次反"围剿"斗争初期的失利，根据地大部分丧失，红二十五军损失严重，斗争形势又濒于危机。大别山地区的红军又处于艰苦的时期，我所在的红二二四团经常活动的天台山、老君山、高山岗、仰天窝、茅草尖、卡房一带已经成了无人区。红军给养严重缺乏，常以树皮、草根、葛藤根充饥，在艰难困苦中辗转战斗，抗击敌人。

在反抗敌人的多次"围剿"斗争中，我经受住了种种艰苦环境的考验，逐步加深了对共产党的认识，进一步坚定了革命信念。1933年12月，经连指导员文明第同志介绍，我由共产主义青年团员转为中国共产党党员。那个月，我刚满16岁。

1934年上半年，中共鄂豫皖省委在错误和挫折面前，认真吸取经验教训，转变斗争方针，形势又出现好转。红二十五军在敌数十倍于己的兵力"围剿"下，在极其艰苦的环境中，辗转游击，逐步摸索到战争的规律，以坚定正确的指挥，灵活机动的战术，能攻善守的战斗作风，坚持了第五次反"围剿"斗争，先后取得葛藤山、长岭岗、斛山寨等几次大的战斗的胜利。

这一年的战斗，连续不断，在我印象中就没有停下来的时候，几乎天天都在打。在这些战斗中，收获最大、给我印象最深的要数长岭岗战斗。长岭岗位于今河南省罗山县铁铺镇东北，是一条孤立的山岭，地形狭窄。1934年7月17日拂晓，我军从殷家冲向何家冲转移，军长徐海东和政委吴焕先发现敌第一一五师（辖第六四三、六四四团）疏于戒备，而我军正处在极为有利的地形上，遂命令正行军于此地的我第二二四团第一营消灭敌警戒部队；第二、三营为主攻，实施拦腰突击。当时我在三营八连任排长。其他部队另两个营待我团摧毁敌警戒阵地后即加入战斗。这场战斗打得真是痛快，淋漓尽致。我带领本排接连突破敌人多个制高点。占领敌阵地后，让我和同志们欣喜若狂的是发现当面之敌竟然有那么多机枪，后来据俘虏说，这些新机枪刚刚装备部队，就这样送给了红军。红军战士们见有如此丰厚的"礼物"，更是越战越强。我抓过一挺机枪，边扫射边带领战士们向前冲。战斗从凌晨打响，一直打到下午约二三点钟。我军5个营集中力量，乘胜追击，敌人纷纷缴械投降。此次战斗歼灭敌人5个营，俘虏400余人，缴获轻机枪120余挺，长短枪800余支，还有大批的军用物资。

长岭岗战斗的胜利，使根据地军民大受鼓舞。缴获的大批精良武器使红二十五军的装备大大改善，此战后，每个连队已配备到9挺轻机枪，有几个营换上了清一色的马步枪。这次战斗缴获到如此精良、数量之多的武器装备，对不久之后全军在长征中能一路斩关夺隘，起了重要作用。

长岭岗大捷后，进行战斗总结，我受到军首长的表扬。几天后（8月初），我升任第二二四团二营四连副连长，中共支部委员。激烈而频繁的战斗把我推上了基层指挥员的位置。

在此前后一段时间，红二十五军在鄂豫皖边界地区的作战对手主要是国民党军张学良的部队，而与张学良的东北军作战的红军部队也主要是红二十五军。在鄂豫皖边区，红军与张学良的东北军作战主要有6次较大规模的战斗，红军是仗仗皆胜，真是把东北军给打趴下了。我认为，红二十五军与东北军作战，除消灭了其有生力量，牵制了国民党军的总体战略部署外，其主要重大收获还有两点：

一是东北军被红二十五军打怕了，促进了统一战线工作。红军每战几乎全胜，助长了东北军的厌战情绪。特别是我党统一战线的威力，以致到西安事变前夕，东北军不愿再与红军交手，这对促成西安事变是具有重大政治意义的。

二是缴获甚大，壮大了自己。东北军的武器装备多是日本造，质量较好。红二十五军缴获不少，所以，在当时的各路红军中装备是较强的。长征前夕，红二十五军每个连有9挺以上轻机枪和至少1挺重机枪，有的连队还有少量的小炮。以至于我们在打扫战场、清点战利品时，不要山西军阀阎锡山造的枪炮，把杂牌枪支送给了地方武装部队，带不走的枪支当场销毁。红二十五军不仅缴枪，还"缴获"了机枪的射击技术。为了扩大红军的政治影响，传播红军的俘虏政策，红二十五军释放了许多经过教育后的俘虏，并从俘虏中动员了一些机枪射手留了下来，担任我军的机枪教员。我所在的营中，就有两名原东北军的机枪手，他们留下后对提高红二十五军的战斗力发挥了积极作用。

原载王诚汉：《王诚汉回忆录》，解放军出版社，2004年，第38～51页。

独树镇血战中长眠地下的我的入党介绍人

◎ 王诚汉

1934 年，是大别山地区红军面临历史严峻考验的一年。国民党军对鄂豫皖根据地发动的第五次"围剿"，共出动兵力 82 个团，10 万余人。红军经过艰苦鏖战，虽取得葛藤山、长岭岗、太湖、斛山寨等战斗的胜利，但自身损失也很大。

当时，鄂豫皖根据地所面临的形势是：第一，敌人以数十倍于我的兵力，用碉堡和封锁线压缩我根据地，用"驻剿"与"追剿"对我军交替进攻，红二十五军此时的兵力已不足 2000，处境艰险，有耗无补，难以反击。第二，根据地日益缩小，粮食殆尽，人口锐减，人力、物力、财力枯竭。第三，在老区难以恢复和开辟根据地。虽然红军指战员进行了极其艰苦的斗争，但根据地的严重局面，无法扭转，再打破敌人的重兵"围剿"已不可能。为此，1934 年 9 月，中共中央派程子华同志来到鄂豫皖根据地，传达了周恩来同志的指示：红军主力要作战略转移，去建立新根据地，这样部队才能得到发展，同时也可以把敌人引走，减轻鄂豫皖根据地的压力，原根据地留下的部分武装就能够长期坚持，以保存老根据地。

11 月 11 日，中共鄂豫皖省委在河南省光山县花山寨召开会议。面对敌人以绝对优势兵力日夜不停地搜山、围堵、封锁，为保存有生力量，会议决定红二十五军向平汉铁路线以西转移，以求得更大的发展；留下红二十八军牵制敌人，坚持根据地的斗争。红二十五军由程子华任军长，吴焕先任政治委员，徐海东任副军长，戴季英任政治部主任。

花山寨会议精神很快传达到了我们连队干部。对新的行动部署在当时没有使用"转移"这个词，也没有说是"长征"，只是说部队将要去"打远游击，创建新苏区"。接着，部队就进入繁忙的转移前的准备工作，主要是轻装整编，安置伤病员，筹备行军物资。对连队干部来说，主要是三件事：一是做政治动员；二是解决鞋的问题，尽量购买布鞋，动员大家打草鞋；三是准备干粮，我所在连队炒了许多黄豆，赶做了一些用玉米面等杂粮做的饼子。对个人来说，就准备两样：打草鞋，备干粮。我们连要求本连的干部战士每人至少要带 5 双草鞋、10 个干饼子。

红二十五军长征前夕的整编工作卓有成效。抽调了鄂东北地方部队补充进主力红军，将全军整编为军直辖的 4 个团：第二二三、第二二四、第二二五团和手枪团，共 2980 余人。撤销了师一级建制。11 月 16 日，红二十五军以"中国工农红军北上抗日第二先遣队"的名义，离开鄂豫皖革命根据地，开始战略大转移。出发前，中共鄂豫皖省委和红二十五军根据中共中央关于北上抗日的通知精神，发布了《中国工农红军北上抗日第二先遣队出发宣言》。

河南省罗山县何家冲，是红二十五军的长征出发地。这个豫鄂交界处的小山村，是群山环抱中的一块小盆地。这里山清水秀，风光明媚，红二十五军临时医院设在这里，军部在长征前夕也驻扎在此。那是初冬的一个晴朗的日子，山上山下层林尽染，银杏树那心一样形状的叶片在阳光下闪射出耀眼的金黄色，红二十五军全体将士集中在何家冲村头一棵高大的银杏树周围，每个连队前面由掌旗兵举着本连队的旗帜，猎猎战旗后面是威武雄壮的方阵。军首长站在鲜艳的红二十五军军旗前，发出了出发的命令。浩浩荡荡的队伍顺着山沟向西开去，奔向桐柏山区。

此时，大家都没有想到这是一次远征，是一次对中国革命有着重要影响的战略大转移，是中国工农红军一次震惊世界的万里长征的重要组成部分。

长征的最大特点就是打仗、走路，更多的时间是走路，后来走习惯了，也就无所谓，天天都在走，有时甚至是昼夜连续不断的急行军。但指战员们在刚开始走的头几天，还是不适应，感到不习惯。因为这与往日在根据地内的长途奔袭不一样，在根据地内的作战行军，一般来说，作战目标比较明确，行军距离总有个限度。长征就不是这样了，几乎是不停地在走，最让人心中没底的是不知道今天夜宿何地。其实，各路红军的整个长征，后来看来，在开初都没有一个十分明确的目的地，是走一步看一步，战略转移的最终落脚点是在不断寻找中逐步确定的。红二十五军的长征也是如此。当然，有关落脚点的选择，那是军首长的事，我们基层干部就是负责本单位的同志们走好路、打好仗，特别是要解决好战士们在连续不停地走路时所产生的埋怨情绪。

红二十五军部队在出发后的次日晚，于信阳以南的东双河和柳林之间越过平汉铁路。随部队行动的有 7 位女同志，出发时，军首长担心她们的体质弱，怕她们跟不上大部队行军，准备让她们留在老根据地内，坚持当地斗争，但她们表示坚决跟着红军主力走。经过两天的强行军，这 7 位女同志的体力明显有些吃不消，军首长亲自做她们的思想工作，想劝她们回去。她们不同意，我听到他们在一片树林边争吵得很厉害。这些女同志最后都安全到达陕北，充分展示了她们顽强的毅力和对革命的忠诚。

11 月 19 日，我军进入桐柏山区。鄂豫皖省委领导和军首长认为该地不具备创建根据地的条件，决定北上伏牛山区，如伏牛山区也不适宜立足，再进入陕西省南部。于是，我军以一部佯攻枣阳县城，主力于韩庄附近回头转向东北，计划取道泌阳、方城县城以东向伏牛山区前进。

红军的行动，引起了当面之敌的高度注意，派出数十倍于我军的兵力进行围追堵截。我们在敌重兵的夹缝中不断向前推进。为了迅速摆脱敌人，以最快速度进入山区，连续几天都是强行军，开始真有些让人感到吃不消。11 月 24 日，军首长紧急集合部队，向全体指战员介绍敌情，并作简短的动员，说："行军打仗，不能总走直路，有时也要走弯路，我们必须迅速离开这个危险区。"

会后，部队立即行动。我们连队干部已经习惯了边行军边做战士们的思想工作，特别是连指导员文明第同志，他的身上已经背起了体弱战士的几支枪，还在跑前跑后地做宣传鼓动工作。文明第同志个头不高，长得秀气，办事特别精干老练，又总是一副乐呵呵的样子。他是湖北人，但不知道他的家乡具体在什么地方，他比我也就大两三岁。红二十五军的指战员因为都非常年轻，所以大个两三岁就非常明显了。我总把文明第同志当作老大哥，对他非常佩服和敬重，这并不因为他是我的入党介绍人，是位老同志，主要是他对革命事业的无限忠诚和对战友的满腔热忱和关怀。我处处以他为榜样，从他身上我学到了许多带兵的方法和作战经验。

在文明第同志和连长（遗憾的是我现在怎么也想不起他的名字）的宣传鼓动带领下，我们连全体指战员没有一个人掉队，按时于 25 日晚到达驻马店西北的山区宿营。那夜，刺骨的山风，裹着零星的雪花飘落，冻得大家起来直跺脚。仅有单衣、草鞋，也没有一把稻草能挡风，一夜无眠。我们第一次感到这中原大地上的凛冽寒风要比大别山区还厉害。

11 月 26 日，天刚蒙蒙亮，敌人的"追剿队"追上来了，与我后卫部队接上了火。本来没有睡好觉的战士们一听有枪声，又来了精神。军部命令第二二三团在副军长徐海东亲自指挥下就地阻击，负责殿后，其他部队迅速北进。那天的行军，我所在的第二二四团作为全军的前卫，在吴焕先政委的带领下，走在全军的最前面。程子华军长带第二二五团、手枪团居中，依次行军。在以往，多是手枪团走在最前面担负侦察探路任务，今天由我们团担负前卫，也许军首长有别样的考虑。前卫团以一、二、三营、团直的顺序行军，我当时所在的二营四连处在本团行军队伍中间稍靠前的位置。

这天，恰遇寒流，气温陡降，呼呼的北风中雨雪交加，天气是出奇的冷。也许是昨夜没有睡好觉，早饭也没有吃，肚子里空空的，真是感到全身从里到外都像结了冰似的。风雪中，指导员文明第同志微笑着边走边说："今天这早饭、午饭大概又是要合在一起吃了，大家现在抓紧时间吃点干粮吧。人是铁，饭是钢，吃点东西下去，就有力气了！"他边说边掏出干饼子向嘴里塞，吃完了到路旁小水沟边趴下，喝几口冷水冲下。指战员们绝大多数都是南方人，不习惯吃杂粮做的饼子，这大冷天中的饼子更是硬邦邦的，很难咬动，我看到许多战士拿出饼子龇牙咧嘴地啃不动，又放回到干粮袋里。我是紧皱眉头，在指导员的影响下，为了给战士们做个榜样，硬吞下了半个巴掌大的一块饼子，也学着指导员的样子，到路边仰着脖子灌了几口冷水。你别说，这冷的东西下肚，却也很快产生了一些热量，感觉上要比先前好多了。

因为敌情紧急，一路都是急行军。强劲的顶头风中，衣服单薄的红军指战员忍着饥寒不停地走。正如文明第同志所说，已经没有时间停下来吃饭，不仅是早饭、午饭合在一起吃，而且是早饭、午饭、晚饭也要合在一起吃了，甚至说今天能不能吃上饭都成问题。已过中午，军首长仍然没有发出停下来休息片刻的命令，更别说是生火做饭了。军情异常紧急！我看到雪地里有不少体弱的战士在战友们的搀扶下向前挪动，部队已经出现掉队的情况。

大约是下午1时多，我们先头团进至方城县独树镇之北的七里岗，高岗下以西几十米外就是许（昌）南（阳）公路。风雪迷漫，天昏地暗，由于能见度太低，我们先头部队根本没有发现几十米外已经埋伏下了敌人。当我们正准备翻越许南公路时，突然遭到先我军到达的敌第四十军第一一五旅和驻叶县骑兵团的猛烈阻击。我军处于平坦的地形上，几乎完全暴露在敌人的火力之下。部队猝不及防，再加上天气寒冷，很多战士手被冻僵，连枪栓都拉不开，手榴弹扔不出去，零星打响的火力不能有效地反击敌人。敌人的火力却非常猛烈，我看到敌人的重机枪吐着火舌从一座小石庙中打出，到处都是枪声，我们面前似乎是突然间矗起了一道火墙。我团顿时伤亡极大，特别是走在最前面的一营，许多人被击中倒在地上，紧跟其后的二营以及三营由于也已处在敌人的包围圈中，左右都遭到敌人火力的猛烈扫射，队伍全部被压在河沟中。

也就是仅仅半分钟的时间，我身边倒下了许多战友。我前面有几十个战士试图进行还击，但刚半立起身子，就被敌人的重机枪打倒。随我团行动的军参谋部主任薛平阶（外号大金牙）被吓破了胆，惊惶失措，竟然大喊大叫："我们被敌人包围了，公路过不去了，大家伙儿各自逃命吧！"先头部队一下子乱了阵脚。

敌人见有机可乘，立即发起冲锋，并沿河道从两翼包围过来。

情况万分危急！就在这时，军政委吴焕先从后面跑到队伍前面，指着"大金牙"怒喝一声："把薛平阶捆起来！"然后，抽出一把闪着寒光的大刀，向我团干部战士大喊道："同志们！跟我上！"

第二二五团部队这时也从后面冲了上来，及时投入战斗。混战中，我军仍然处在敌人的火力网下。

我挥舞着大刀，率领全连战士跟着吴政委冲入敌群，用大刀奋力砍杀。刹那间，七里岗上一片刀光剑影，杀声阵阵。敌骑兵居高临下，明显占据优势，我们的部队伤亡很大。但由于雾色太重，满地泥泞，敌骑兵的作用也难以充分发挥。我在混战中大声喊着："同志们，先砍马腿，再杀敌人！"战士们找到了和敌骑兵拼杀的方法，被砍伤的马重重摔倒在地上，骑兵大部分摔伤，有的当场摔死，敌人的嚎叫声减弱了一些。

这时，吴焕先政委突然腿部负伤，鲜血直流，他站立不住，踉跄了一下，敌人嗷嗷叫着向他围过来。在这千钧一发之际，我和二班长王东挥舞着大刀冲过来，与敌人拼命厮杀，救出了吴政委。5 个敌人送了命，我和王东也成了血人，身上多处挂彩。

敌人的进攻势头仍然很强。第二二五团由于也处在敌人的包围圈中，伤亡也很大。就在这时，徐海东副军长率后梯队第二二三团赶了上来，从七里岗左侧向敌人发起猛烈进攻。经过一番血战，把刚才企图包围上来的敌人反击下去。我军指战员浴血奋战，一次又一次地顶住了敌人。黄昏时刻，战线终于相对稳定下来。两军形成对峙状态后，我军以第二二三团为主向敌阵地发起冲击，力图打开一个缺口，冲过公路。由于敌人凭借坚固的工事抵抗，我军的三次冲击均没有成功。

天色渐渐暗了下来，刚才还是雪花飘飞，转眼间成了瓢泼大雨。趁此时机，军首长命令我军主力后撤到 10 里外的村庄中休整，抓紧时间吃饭，另想办法突围。说起吃饭，我突然想起了连指导员文明第同志，我端着一碗开水，连喊了几声"指导员"，没有人应声。有位战士突然抽泣出声，对我哭诉道："副连长，别喊了。指导员他已经牺牲在河滩上了！"我浑身哆嗦了一下，手中的开水倾洒在身上全然不知。我的好战友呀！你怎么就这样悄然离去了呢？大概是战斗一打响时，走在最前面的他就倒在了敌人的机枪下。

由于军情太紧张了，我们无法收拾烈士的遗体。否则，就会全军覆没在这大河滩上。

在这种腹背受敌的严重情况下，军首长当机立断，决定立即突围。在我另打了一碗开水还没有能凉一下喝下去时，部队紧急集合，军首长只一句话：必须抓紧时间尽快突围出去！全军调集了各连队的轻机枪 60 多挺，由军首长亲自带领，组成突击队，走在最前面。风更大了，雨雪铺天盖地，道路泥泞不堪，平道上哗哗流水淹过脚背。敌人万万不会想到，红军会在这么短的时间里就把部队收拢完毕，在如此恶劣的天气里能如此高效地迅速组织突围。我们在地下党同志的带领下，向右绕道到敌人空虚的叶县保安寨以北沈庄附近，越过许南公路，于 27 日拂晓，进入伏牛山区。

27 日上午，敌第四十军骑兵第五师和第一一五旅、骑兵团又追了上来，先头部队已超越我军。在拐河附近，第二二三团立即抢过澧河，第二二五团迅速抢占上马村高地，击溃敌骑兵团和敌第一一五旅的进攻，掩护第二二四团顺利过河。这时，我军又有一些伤亡，还有一些战士掉队，被敌人俘虏。

红军边打边走，在有效的阻击中，控制了进山要道。我军主力迅速上山。上山后，走在碎石路上，我才发现我的鞋子不知什么时候早丢了，身上的几处伤口开始钻心地痛起来。高兴的是红军一进入山区，就如同蛟龙入水，可以大展身手了，敌骑兵则失去了优势。徐海东副军长指着前面的 3 座大山，兴奋地说："同志们，快看啊！我们的增援部队到了，来了整整 3 个师。"全军部队，顿时来了精神。次日，我们在古木庄、交界岭击退了尾追的敌军，于 11 月 29 日深入伏牛山中。

独树镇七里岗恶战，是红二十五军长征途中生死攸关的一场战斗，其惨烈、悲壮的程度更是少见。这一仗打得太突然，太激烈，太艰苦。敌人的骑兵进攻速度非常快，平原上马跑得快，战士们还没有反应过来，骑兵已经冲到跟前。我们的枪都被冰冻着了，紧急时根本拉不开枪栓。战斗一打响，我们吃了大亏，损失惨重。在军部吴政委的号召并率先冲入敌群的影响和带动下，战士们的情绪才得以稳定，挥舞着大刀跟着吴政委冲了上去，与敌人展开白刃拼杀。当时，敌人从南北两个方向包围过来，兵力大于我们 10 多倍，我们硬是用大刀砍出了威风，压倒了敌人，杀出了一条生路，使红二十五军绝处逢生。

独树镇七里岗血战，我军伤亡惨重。我所在连队共有 80 多人，此战中牺牲了 20 多人。全军在这场战斗中究竟牺牲了多少人？有的同志回忆撰文说有 200 多人，我后来问过军部负责卫生工作的钱信忠同志，他说大概在 300 人左右。从敌军资料档案看，国民党河南省绥靖公署主任刘峙在 11 月 28 日向蒋介石发出的电报称："顷据南阳罗专员感（27 日）巳（9 时至 11 时）电报称，此次赤匪窜至方城砚山铺、七里岗一带，经我庞（炳勋）军长令刘世荣旅痛剿，毙匪 200 余名，俘匪 50 余名……"这个数字，不包括 27 日拐河战斗中我军牺牲及被俘人员。

据实地调查，独树镇七里岗战斗中牺牲的红军烈士遗体、被俘人员以及拐河战斗中的被俘人员，后被国民党军集中到了七里岗战场西北之保安镇村庄南的西乱尸岗，挖了一个大坑，死的活的全部埋在了一起。这里面自然有我敬爱的指导员文明第同志。大坑今犹在。当地老百姓说，20 世纪 60 年代此地修路时，把坑中的烈士遗骨移到了路东乱尸岗，"300 多人，满满一大坑啊！颠倒着放的。这哪里是老红军呀，都是小红军！"老百姓比画着说，他们看到的烈士遗骨几乎都是十多岁小孩子的。

我亲爱的战友啊！在我白发苍苍的今天，当别人称我是"老红军"时，我耳边似乎又响起了 70 年前老百姓对我们这些"红军娃"的称谓，传来了童音未褪的响亮口号声。你们这些永远的"小红军"，不朽的英名和功绩永远彪炳史册。

在如今的七里岗上，一座高大的纪念碑在 1997 年竖立起来。石刻碑文末尾写道："……激战中，近百名将士英勇献身，200 余人身负重伤。独树镇战斗，是红二十五军长征中生死攸关的一仗，对其先期到达陕北，迎接党中央和主力红军北上具有重要意义。军委主席江泽民称这次战斗为'血战独树镇'，与飞夺泸定桥、激战嘉陵江等著名战斗并列长征史册。"

独树镇七里岗、泸定桥、嘉陵江……我们活着的人不能忘记，永远不能忘记。

原载王诚汉：《王诚汉回忆录》，解放军出版社，2004 年，第 52～63 页。

庾家河岭上的恶战

◎ 王诚汉

红色的青年战士志气昂,好比那东方升起的太阳。不怕牺牲,英勇杀敌如猛虎,冲锋陷阵,无坚不摧谁敢挡! ——《红色青年战士之歌》摘选

由于敌众我寡的悬殊兵力对比,红二十五军长征开始后的新根据地选择几易目的地。敌人对红二十五军仅有数千人的兵力情况是比较清楚的,所以,他们总想尽快把红二十五军一网打尽。红二十五军长征很突出的一个特点是"孤单",除了本军外,根本不知道任何另外一路红军在哪里,而周围全是敌人。为了避免敌人重兵的合围,我们只有不停地走。在当时,从我们连队干部到军首长,最担心的事大概是相似的:一是担心敌人对我军形成合围,只要没有形成合围,我们就能从敌重兵的夹缝中钻出来。一旦形成合围,则势必会有一场恶战,转战中的红军是经不起任何消耗的。二是担心出现过多的伤病员,有了伤病员没有办法处理,根本无法携带伤病员随军行动。

独树镇战斗后,红二十五军进入伏牛山区,发现这个地方并不像想象的那样能够建立新的根据地。这一地区反动组织严密,地主围寨甚多,且北临陇海铁路(兰州至连云港),创建根据地比较困难。于是,红二十五军不得不放弃在此建立根据地的原定计划,继续向陕南前进。值得一提的是,我军在伏牛山区行军途中路遇一位货郎给我们引路,带我们走出了重围。1934 年 12 月 8 日,我们由河南卢氏箭

杆岭进入陕西省洛南县境，在三要镇打了一仗，歼灭守敌第四十二师第二四八团1个营。12月9日，翻过蟒岭，从炉道经七里荫进驻庾家河镇。

庾家河镇上有一个中药铺，店名"春永茂"，老板名叫杨春荣，中共鄂豫皖省委和红二十五军领导人就住在这家药铺里。

庾家河镇上，一派祥和气氛。12月10日是红军进驻庾家河镇的第二天，庾家河镇正好逢赶集日。红二十五军宣传队在街头宣传"什么是红军"，张贴安民告示。各连队在军政治部的统一安排下，有的宣传群众，有的帮助老百姓干些农活，有的在休整。

中共鄂豫皖省委第十八次常委会议在"春永茂"药铺里召开。省委书记徐宝珊抱病主持会议，参加会议的有军政委吴焕先、军长程子华、副军长徐海东、参谋长戴季英、政治部主任郭述申、郑位三等领导同志。大家围着火盆，进一步研究讨论在鄂豫陕边创建新苏区的具体问题。会议最后讨论通过了《关于创建新苏区、新的革命根据地的决议（草案）》，做出了"将鄂豫皖改为鄂豫陕（省委领导原班人不变），红二十五军继续北上"的决定。撤销"鄂豫皖省委"，建立"鄂豫陕省委"，这一字之改，意义非常重大，也即是说会议决定在这一地区开始着手创建鄂豫陕革命根据地。会议的另一项重要内容是部队进行整编，鉴于第二二四团在独树镇七里岗伤亡严重，再难以形成整体战斗力，故将该团人员分别编入第二二三团和第二二五团。我被分配到第二二五团二营四连担任副连长。但是，这个改编还未来得及落实，一场恶战突然而至，我仍在红二二四团编制内参加了战斗。

约正中午时分，镇北岭头上突然传来激烈的枪声。原来，在河南卢氏、朱阳关一带堵截红二十五军入陕的国民党军第六十师，突然跟踪追入陕南，由鸡头关方向奔袭而来。由于红二十五军长途行军、打仗、过度疲劳，国民党军第六十师先头部队从炉道七里荫上岭，突袭了哨卡，占领了庾家河岭头，控制了制高点，呈居高临下之势。敌人以有利地形，以大于我军20倍的兵力，妄图把红二十五军歼灭在庾家河这条狭窄的山沟里。

刹那间，枪声大作，险象环生。

正在召开的省委会议立即停止。军长程子华、政委吴焕先、副军长徐海东等军首长抢先直奔山头，指挥部队实施反击，阻止敌人进攻。一场壮烈、残酷的争夺庚家河岭的反击战展开了。

战斗一开始，国民党军第六十师先头部队第三六〇团，依据占领的岭头有利地形，接连不断发起猛攻，妄图把反击中的红二十五军压下去。在这紧急关头，徐海东副军长亲率主力红二二三团从正面强攻，以猛烈的反击，夺回阵地。与此同时，我们红二二四团在程子华军长率领下从右侧山头迂回，红二二五团在吴焕先政委率领下由左侧山头迂回，迅速夺回了东、西两侧高地。然后，协同主力红二二三团，以猛烈攻势实施反击，将敌人赶下了岭头。但不一会儿，敌人的兵力突然增强，他们的武器装备也相当好，小炮也抬了上来，又把我们赶下了岭头。

我们长途跋涉，连遭险战、恶仗，到庚家河还立足未稳，更谈不上休整，此战真是在硬撑着打。战后，听说我们的轻机枪打坏了 10 多挺。各营的重机枪是轮换着打，一挺打热了，打坏了，就把另一挺修好的换上去，来回换了许多次。令人担心的是，我们的子弹非常有限，没有后援补充，打一发就少一发。军首长命令说，不到万不得已的情况下就不开枪。所以，在当地老百姓听来，整个战斗打得热火朝天，实际上却是敌人打得子弹多，我们放枪少。为了节省弹药，我们就等敌人冲到跟前时，用石头砸，进行拼刺刀肉搏战。我们团在独树镇战斗中遭受严重伤亡，几乎不再成建制，庚家河战斗后即散编入其他团队。而在此战中，也是硬撑着拉了上来。我团以七连为突击部队，我所在的八连稍靠后一些。我作为副连长，带一个排冲在本连的最前面，这个排伤亡算是小的，最后也仅剩下七八个人。七连最后仅剩下 10 多个人。这是红二二四团在长征路上撤编前的最后一仗，我们用鲜血和生命捍卫了它的尊严和光荣。

战斗中，有多名营、团以上干部英勇负伤。

率领我们从东面山头冲上去的军长程子华，在前沿阵地上手持望远镜指挥战斗时，被敌人子弹击穿双手，打断 3 根手指头，左手腕动脉血管被击伤，血流不止。

副军长徐海东在战斗最紧急关头，手端轻机枪，冲锋在前，把敌人又一次压下阵地。突然一颗子弹从他左眼底下打进去、右耳根穿出，身负重伤。

程军长和徐副军长负伤后，政委吴焕先继续指挥战斗。

红二二四团团长叶光宏与敌军争夺岭头阵地时一条腿被敌军炮弹炸断，但他以惊人毅力，忍受极大的伤痛，不下火线，继续指挥部队作战。

军、团领导的英勇顽强精神，极大地感染和鼓舞着全体指战员。红二二三团七连一挺机枪与敌火力对射时，接连牺牲了3名射手，一个倒下去了，第二个接着上来。终以猛烈的火力压倒了敌人，又夺回岭头阵地。跟随徐海东副军长的司号长程玉林在激战中，下巴被子弹打穿，不能吹冲锋号，他利用岭头垭口小土地庙作掩护，向敌人连投出几十颗手榴弹，一个人接连击退敌人9次冲锋，最后壮烈牺牲。我所带领的那个排，有一个七班长，非常勇敢顽强，他多次用石块把敌人砸下阵地，身上多处负伤，最后壮烈牺牲在山垭口时，双手还紧抱着一块石头。

激战从中午12时左右开始，一直打到下午3点过，我们刚夺回岭头制高点，战局稍微稳定时，国民党第六十师第二五五、第二五七团前来增援，轮流向我军阵地发起猛攻。一次又一次的冲击与反冲击，在岭头上如拉锯一样一来一往，一上一下，山头上反复不停地变化着青天白日旗或红旗……

地势险要的庾家河岭两侧，硝烟弥漫，冲锋呐喊声、厮杀声，震动七里荫山谷。在那个岭头垭口上，我们脚下的子弹壳已经铺满了地。据战后当地老百姓讲，有的农民在岭头阵地不大的一片地上捡了三四担子弹壳。当然，这些子弹壳绝大多数是敌人的，也可见战斗之惨烈。

我军全体指战员在政委吴焕先指挥下，英勇反击，殊死搏斗，以大刀、刺刀、手榴弹与敌人面对面厮杀。敌人后退时，我们就抓紧时间到敌人的尸体上寻找枪支、弹药，并到处搜集石头，以准备下一轮的战斗。战至黄昏，经过20多次的反复冲杀，终于把20余倍我之兵力的敌第六十师击退。战斗以红军的最终胜利宣告结束。

庾家河战斗，是继独树镇七里岗战斗后的又一场苦战、恶战，也是一场关系到红二十五军生死存亡的决战。血战中，敌军伤亡800余人，我军伤亡200余人。

傍晚，北风怒吼，鹅毛大雪铺天盖地，满山遍野一片雪白，好像身穿白衫专来为烈士们送行。军政委吴焕先带领我们站在洒满烈士鲜血的山地上，大家站立了很久很久，一身雪白，怀着极为悲痛的心情，就地掩埋烈士，向长眠在这块土地上的烈士默哀、致敬、告别。

天全黑了，我们凭着白雪的反光，怀着沉重的心情，下山返回庾家河镇。

军医院中，军长程子华左手仍血流不止，面色苍白。副军长徐海东，满脸是血，昏迷不醒，生命垂危，仍在抢救之中。徐海东同志曾经多次负伤，他的这次伤势比以往任何一次都重，抬下阵地后，4昼夜昏迷不醒。省委书记徐宝珊的病情因连日转战也更重了。就此以后的近半年时间里，红二十五军转战中，军部有3副担架需要格外照顾，吴焕先政委身上的担子太重了。

庚家河战斗的胜利，是红二十五军在极其危急困难的情况下，全体指战员以少胜多，以弱胜强，用生命和鲜血强攻硬拼换来的，又一次谱写了我军战史上的一曲凯歌，使红二十五军又一次转危为安，得以在陕南站稳脚跟。这次战斗后，被打退的国民党军，再也没有敢从这个方向上再来追击我们。

2001年9月，我应当地政府邀请，为庚家河战斗纪念地题词：越雄关险隘，树长征精神。以纪念在这次战斗中牺牲的首长和战友，发扬红军的优良传统。

庚家河战斗的胜利，有力地打击了敌人，粉碎了20余倍于我之敌的围追堵截。至此，红二十五军在26天之内艰苦转战鄂豫陕3省，初进桐柏山，继入伏牛山，直到商洛山中，沿途大小战斗10余次，长驱1800里，胜利地完成了第一次战略转移。

在长征中，红二十五军不仅保存了有生力量，而且锻炼和提高了部队的战斗力。军首长身先士卒，广大指战员英勇顽强作战，表现了高度的政治觉悟，精湛的作战艺术，果断的指挥才能。特别是独树镇和庚家河两战，战斗极其险恶，军首长亲自率领部队冲向阵地，为赢得长征的胜利奠定了基础。这充分证明了红二十五军的战斗作风是过硬的，是在党领导下于长期的战争实践中锻炼出来的。

事实证明，在强敌压境，红军无力粉碎敌人"围剿"的形势下，实行战略转移是完全必要的、正确的。相反地，不顾敌我强弱悬殊的客观实际，死死固守根据地，消耗自己的有生力量，那就只有被敌人不断削弱，甚至被消灭，实乃兵家之大忌。毛泽东同志曾经指出：战争的流动性和根据地领土的不固定性，是土地革命战争的重要特点之一，也是弱小的红军赖以保存自己、消灭敌人的一种有效战略手段。红二十五军胜利突破敌人的包围，跳到外线作战，待机破敌，寻找新的立脚点，避免了覆灭的命运。同时，由于调动了敌人，从而为红二十八军坚持鄂豫皖根据地的斗争创造了一定的条件。从这个意义上说，长征正是红军走向新的胜利的战略新起点。

庚家河战斗期间的中共鄂豫皖省委第十八次会议，是红二十五军进入陕南后的一次重大抉择。在如何选择敌人统治的薄弱环节，开创鄂豫陕边革命根据地，迅速发展壮大自己等问题上，正确地解决了摆在转战中的红军面前的主要矛盾。会议认为：鄂豫陕边是几省军阀割据的地方，敌人统治力量薄弱，有的地方是几省军阀谁也不管，可利用敌人之间的矛盾；这一地区有较好的群众基础，山高林密，适应创建新的革命根据地，便于红军打游击战争。会议还强调指出：打垮敌人的追击，就有了立脚的可能。当前红军的根本任务，就是要深入发动群众，做好宣传工作，把群众组织起来，迅速扩大红军队伍，以打破敌人的进攻，创建新的苏区，使我军立住脚跟。

为贯彻省委决议，部队整编后，以一部兵力，就地发动群众，以主力主动出击，开辟了郧西、旬阳、镇安、山阳等根据地。1935 年 1 月，敌军向我军发起第一次"围剿"。经蔡玉窑、文公岭两战，敌第一二六旅遭受重创，我军乘胜在蓝田、商县、山阳、镇安、柞水 5 县开辟根据地，建立游击武装。连克宁陕、佛坪两县，消灭新城的保安队，部队于 3 月上旬，进抵洋县华阳镇，在华阳东南的石塔寺附近打垮敌警备第二旅的 5 个营，毙伤敌人 200 余人，俘敌团长以下官兵 400 余人。战斗结束后，我军乘胜开辟了华阳地区，建立了华阳、石塔寺等 7 个乡政权，组织了华阳、茅坪两支游击队和几百人的抗捐军。与此同时，我军还先后在蓝田县葛牌镇，柞水县曹家坪，山阳县小河口、袁家沟口、牛耳川、杜家沟等地建立了区、乡苏维埃政权和华阳地区的红色政权。敌军第一次"围剿"至此被粉碎。

4 月中旬，中共鄂豫陕省委乘反"围剿"胜利之机，在葛牌镇召开省委扩大会议，提出准备粉碎国民党军第二次"围剿"和加紧建设根据地的任务。葛牌镇会议后，我军乘胜东进。4 月 18 日晚，我军攻占洛南县城，当晚部队进城后，遵照军部命令，对群众秋毫无犯，部队均露宿在街道两旁。第二天，召开群众大会，宣传共产党的政策，开仓分粮救济贫民。接着，我军进至洛南、商县以东，深入发动群众，先后建立了 5 个县工委、2 个县和数十个乡的革命政权，并建立了 4 个游击大队，扩大红军 600 余人。红二十五军虽经独树镇、庾家河等战斗后减员很大，但经过发动群众，到此时又发展到 3700 多人，并建立了豫陕游击师；在豫陕地区发展了四路游击师，共 500 余人，在鄂豫方面发展了六路游击师，共有 2900 余人。

5 月上旬，敌人集中 41 个团的兵力，对鄂豫陕革命根据地发动第二次"围剿"。鄂豫陕省委在郧西开会研究反"围剿"的作战方针和计划，决定采取"诱敌深入，先疲后打"的方针。6月初,我军自郧西向北,直插商县地区,尔后经商南,奔袭敌荆紫关兵站,歼敌1个营,缴获了大批弹药物资。接着,连续4天急行军,行程560里,转移到根据地边缘的黑山街一带住下,隐蔽待机歼敌。等到第四天,敌人警备第一旅赶来后,军首长吴焕先等亲自指挥我们发起猛烈进攻,经过8小时的激战,毙伤俘敌1700余人,缴枪1000余支。

荆紫关战斗的重要意义并不在于我军占领了该地,而是歼灭了敌人的有生力量,调动了敌军,把敌人拖得筋疲力尽,其他路敌军闻风逃窜,敌军"围剿"部署被完全打乱。对于连队基层官兵来说,这一仗给我们留下永久记忆的是在敌兵站缴获了大量的糖和布。有了布匹,我们每人都做了新衣服,并把一部分给了当地的贫穷百姓;每个人都发了白糖,我们就用口缸在山沟中舀点泉水,放入白糖,喝糖水。那段时间连队做饭,做什么都放糖,一切食物都变成了甜的,在我记忆中从来就没有吃过这么多糖。

为了疲劳和调动敌人,6月底,红二十五军从杨家斜出发,翻越秦岭,跨过终南山,占领尹家卫,前锋到达西安南面的引驾回、子午镇,威逼西安,并进行扩军,补充物资,做群众工作,扩大我军的政治影响。这时,我在红二二五团升任四连连长。

原载王诚汉:《王诚汉回忆录》,解放军出版社,2004年,第64～74页。

军首长血沃长征路震撼我心灵

◎ 王诚汉

在开辟鄂豫陕革命根据地期间，红二十五军有机地把军事斗争、土地改革和根据地建设三者结合起来，充分发挥党的领导作用。鄂豫陕革命根据地的开辟，使红二十五军找到了新的立足点，在南方大部分根据地陷落的情况下，一个新的苏区出现在北方。它与川陕、陕北互为犄角，同时又可以随时向东出入中原，迈出了在中国西北部建立大片苏维埃的第一步。

新根据地创建时期，部队的革命热情异常高涨。我在 1953 年写的自传里这样写道："到了陕南，敌人更显得软弱，我军每战皆捷，沿途受到了群众的热情拥护，许多农民自动来参加红军，我们也找到了地方党，生活上得到了改善，这更使我切身地体会到我们的斗争不是孤立的，从而改变了在深山打游击时的那种消沉心理。"

毛泽东曾说，长征中的红军是宣传队，是播种机。对此，我的体会是深刻的。红二十五军尽管是在极其艰难的情况下"孤军"奋战，但从来不忘做群众宣传工作，走一路，宣传一路。敌人的反动宣传在我们未去时很厉害，我们初去时，贫苦老百姓和土豪劣绅都跑了；我们再去时，土豪劣绅跑了，贫苦老百姓则留下来欢迎我们。

我们连队干部利用战斗间隙，经常带领本连指战员走村串户，召开群众大会，散发传单、书写标语，广泛宣传革命道理，宣传"红军是共产党的军队"，"共产党是为劳苦大众谋利益的党"，"帮助穷人废除一切苛捐杂税"，张贴《什么是红军》的油印传单。那时候，我们所讲的革命道理，无非是"打土豪，分田地"一类的事，并无深奥之处，但讲的都是老百姓愿意听的大实话。我们在许多村庄看到贫富悬殊，那里的老百姓很苦，许多农妇因为没有裤子遮羞而出不得家门，我们就讲："乡亲们呀，快起来革命！打倒了地主老财，就有裤子穿了，就可以出门见人，下地干活了！"群众一听就懂，就跟着我们开始闹革命。

在新区开展土地革命斗争还要讲究艺术性。有的贫苦农民担心地主反动势力的报复，不敢参加革命，不来领取红军打土豪所分的财物，甚至把分到的财物又送回土豪家中，分的粮食不敢吃，衣服不敢穿。我们就改变方法，在夜晚把粮食送到穷人家中，藏在他们的床下，不再分衣服等，避免能分辨出是谁家的财物。这一招很灵，群众不再回送粮食，他们可以放心地吃了。群众基础好了，进行革命战争也就有了保证。我们的战士负伤后，可以放心地住在老百姓家中。有一次，我们连队的两名战士在激战中负伤掉队，过了半个月，我们以为他们再也回不来了，惊喜的是就在这时，两名战士在当地老百姓的护送下又返回了连队，他们的伤已经在老百姓家中养好。

这一地区，山连着山，山也很大，从一个村庄到另外一个村庄，有时要翻一天的山，看见村庄也要走半天才能到达。连续行军打仗，大家都很疲劳，而党员干部的带头作用非常重要，政治思想工作在这时显示出其特有的威力。部队每到一地宿营，我们连队干部首先要做的工作主要有三件：一是派出警戒哨兵，保证安全，这在战争环境中是非常重要的；二是调查本地有无土豪可打，以便发动群众，补充自己；三是帮助战士们休息好，挑脚泡，烧热水烫脚，舒络筋骨，要求战士们休息时把脚垫高一点。干部关心战士，还要开展谈心活动，的确比较疲劳，休息时间很少，但这是干部的最重要职责，更是我军的光荣传统。红军在连队中的所有政治工作，都是为了保持旺盛的战斗力。

在红军时期，总的形势是敌强我弱，而且实力悬殊，红军一般不能打攻坚战，主要打运动战和游击战。如何打败强敌，从军事角度讲，我作为基层军事干部，体会到怎样处理敌强我弱的转变、怎样选择战场，是两个关键性的问题。而保持部队体力和旺盛的斗志，又是解决这两个问题的关键。在与敌人周旋中，敌人被拖垮而我军不垮，敌人被调动分散而我军兵力集中，这就是胜利。我军保持了相对完整的力量，总可造成机会打歼灭战，以远程奔袭和埋伏为主要战法，由战略上的劣势转变为战役战斗上的优势。总之，先拖后打，想尽一切办法减少疲劳，保持体力和精神上的优势，是我们取得胜利的最基本战术之一。

这段时间里，我随部队南下郧西，北返洛南，东出卢氏，西转蓝田，在陕南熊熊燃烧的革命烈火中也得到了进一步的锻炼，特别是学会了如何耐心细致地做群众工作。我率本连相继参加了三要司、庚家河、蓝田葛牌镇以南九间房等战斗，远程奔袭了河南淅川荆紫关、山阳袁家沟等地，我军彻底粉碎了敌人对鄂豫陕边区的第一、第二次"围剿"。作为一名红军基层指挥员，我的作战和指挥经验也得到不断积累和丰富。

1935年7月初，中共鄂豫陕省委获悉中央红军和红四方面军已在四川西部会师，先头部队已到松潘。为了配合主力红军行动，于7月15日在长安县沣峪口召开紧急会议，大家一致认为配合主力红军行动，是当前的重要任务，决定率领红二十五军西征北上。红二十五军自离开鄂豫皖根据地以后，与党中央失去联系，对全国革命斗争形势不甚了解，只是在进逼西安途中，得知中央红军和红四方面军在川西会师，并拟定北上的消息。在这种复杂多变的情况下，红二十五军领导人通观全局，果断地做出西征北上的战略决策。

7月中旬，红二十五军从子午镇出发，北出终南山，西征北上。部队跨过秦岭威逼西安，然后向甘肃挺进。在西安附近时，我们已经隐隐约约看到了城墙。

这时，红二十五军仍直辖第二二三、第二二五团，连同直属队、手枪团，全军已近4000人。这一时期，小仗不断，大仗打得不多，最大的收获是缴获了刊载有中央红军消息的报纸。连续10多天的艰苦转战，经户县、周至、骆驼口、佛坪、西江，于8月1日占领陕甘交界的双石铺，消灭胡宗南部4个连，并俘获敌少将参议一名，缴获一批文件和报纸。7月22日《大公报》报道："红军主力已越过六千米的巴朗山，向北行进……似有窥甘青交界之洮州、岷县、西固等处。"

吴焕先等军首长综合敌人的口供、文件、报纸所提供的情报，更加证实中央红军与红四方面军有北上动向。而敌胡宗南所部、新编第一军邓宝珊部及第三十五师马鸿宾等部，则部署于川西北和甘南边境及渭河沿线和西兰公路上，企图阻止我主力红军北上。据此，军首长当机立断，决定乘敌后方空虚，立即西出甘肃，并袭击天水县城，直接威胁敌人后方，打乱各路敌人的堵击部署，配合红一、红四方面军北上，先"与陕北红军集成一个力量"，以"配合主力红军在西北的行动，迅速创建新的伟大的巩固的革命根据地"。

8月3日，我军南下两当，翻越麦积山，直扑天水城下。9日，攻下天水的北关，歼敌增援的第十二师独立旅一部。因城坚难克，我军乃放弃攻占天水的计划，转向凤凰山，从新阳镇强渡渭水。8月11日打下秦安，挺进通渭，截断西兰公路的交通，进抵静宁县城以北50里的兴隆镇。

在兴隆镇，红军与当地老百姓建立了深厚的友谊，军民团结、民族团结传为佳话。这一地区是回族聚集地，红二十五军严格执行党的少数民族政策，向部队发布三大禁令四项注意，尊重少数民族群众的生活习惯，到水窖中打水要用当地群众的专用工具。吴焕先政委召集当地知名人士座谈，宣讲共产党的民族政策，为清真寺送匾。当地群众称赞红军是仁义之师，有10多位青年报名参加红军。一个多月后，当毛泽东等率领中央红军主力经过此地时，受到群众的热烈欢迎。为此，毛泽东盛赞红二十五军的群众工作做得好，是执行党的民族政策的模范。

红二十五军的神速西进，迅速截断西兰公路交通，出敌意外，引起敌军一片慌乱。蒋介石从7月26日起由成都"行辕"发出5道电令，调兵遣将，始则防我军入甘，继则围追堵截，再则抽调其"围剿"我主力红军的部队，妄图"先以优势兵力，迅速解决"红二十五军，然后全力回击正在北上的主力红军。

这个月，我军在作战中遇到的主要困难并不是摆脱尾追的敌人，而是怎样突破敌人的拦阻。我军在兴隆镇休息了3天，仍然未能与党中央和红一、红四方面军取得联系。8月17日，我军沿西兰公路东进，一举打下隆德，歼敌1个营大部，连夜越过六盘山，击破敌第三十五师师长马鸿宾在瓦亭峡设置的防线，歼其第一〇五旅一部。20日，我军进抵平凉、泾川、镇远、合水一带。敌人加紧追逼。我军在平凉的白水镇和马莲铺以东的打虎山，击退尾追的敌第一〇五旅，歼敌1个多营。

8月21日上午，我军离白水镇向东经花所至泾川县城以西10余里之王村镇，得悉敌马鸿宾从庆阳、宁县调遣的直属骑兵团和第二〇八团已抵泾川县城。这时，因连日暴雨，公路北侧的泾河水猛涨，部队若北渡泾河，已很困难；而在公路南面，又被一道数十里宽的高塬所阻，回旋余地很小。在前有堵敌、后有追兵的严峻形势下，军首长决定部队暂时撤离公路，南渡泾河支流汭河，佯作进攻灵台转回陕西模样，给敌人造成夺路入陕之错觉，实则计划西去威逼崇信县城，继续切断西兰公路，牵制马鸿宾部，配合中央红军北上。

我们红二二五团作为本日行军的前卫团，在军长程子华、政委吴焕先带领下，从向家沟（向明村）向南冒雨上塬，翻越王母宫塬，准备徒涉汭河。红二二三团在徐海东副军长率领下负责殿后，其他部队处在这两个团之间，依次跟进。我们前卫团经四坡村、羊圈洼、掌曲村至汭丰的东王家抢渡汭河，军指挥部设在紧临汭河北岸的一座两层的土楼中（今掌曲村王湾社张锁房家院内）。吴焕先政委组织部队用棉布拧成绳索，拴在河两岸的树干上，牵引渡河。程子华军长带领我们前卫部队过河时，河水深到胯部左右，水面也不很宽，我们徒涉的那个地方不到100米。如此大的河水在少雨的陕甘地区极少见，在平时，这条河床几乎是干涸的，可随便通过，因此在附近没有任何桥梁。

吴焕先政委始终站立在河北岸边，冒雨指挥部队过河，但他自己却没有过河。就在红二二五团全部过河，军直属队刚过一半时，由于上游山洪暴发，河水突涨，有几位同志不幸被急流卷走。正在下塬准备渡河的军直属队大部和在塬上担任后卫掩护任务的红二二三团，被阻于汭河北岸。

就在这时，敌第三十五师第一〇四旅第二〇八团1000余人，由泾川方向从王母宫塬西侧纸房湾上塬，向我军突然袭来。位于塬上四坡村东北方向的红二二三团第三营，首先与敌人接触，与敌人在羊圈洼、掌曲村一带展开激战。我后卫部队指战员当即凭借房屋、土墙和窑洞，分班分排地投入战斗。红二二三团重机枪连连长戴德归，为配合三营抗击敌人，奋不顾身，把一挺重机枪架在窑洞顶上，迎着蜂拥而来的敌人猛烈扫射，首先压住了敌人的疯狂进攻气焰。这时，我们先头部队均已渡过汭河，难以回援，后卫部队背水作战，形势极为不利。副军长徐海东命令红二二三团第一、第二营迅速投入战斗，从西南方向猛烈反击敌人。

塬上枪声一响，正在河岸边想方设法渡河的吴焕先政委立即带领军交通队和学兵连100余人，从河边由沈家坪上塬，一鼓作气直插敌阵中。他向战士们振臂高呼：

"同志们，压住敌人就是胜利，绝不能让敌人靠近河边，一定要坚决地打！"指战员们不顾泥泞路滑，迅速抢占了羊圈洼附近的几处制高点，从侧翼向敌人发起冲击。与此同时，红二二三团三营在重机枪火力的掩护下，趁机集中力量实行反击，形成对敌夹击之势。敌人乱作一团，纷纷溃散。

战斗正在激烈进行时，亲临前线指挥作战的吴焕先政委在一个大土包前，突然迎面胸部中弹，身负重伤。吴政委的负伤，更加激起红军指战员们对敌人的无比仇恨，与敌人展开刺刀肉搏战，最后把这股敌人压到一条烂泥沟里，全部歼灭，敌团长马开基当场被击毙。

吴焕先政委负伤后，指战员们立即进行紧急抢救，迅速抬回岸边附近的掌曲村土楼中，但终因流血过多，不幸牺牲。全军指战员惊闻这一噩耗，无不悲痛落泪，我们对天号啕大哭。当晚，河水洪峰过后，水势下落，红二二三团护送吴焕先政委的遗体过河，秘密安葬于河南岸的郑家沟村后小山上。数日后，竟然被惨无人道的敌人掘墓毁尸。

红二十五军余部 22 日清晨全部渡过汭河，在郑家沟、百烟村、龙王村一带宿营休整，23 日撤离泾川县境。红二十五军离去后，当地群众把红二十五军渡河时作为指挥部，吴焕先政委负伤后在此抢救、停止呼吸的那座小土楼亲切地称为"红军楼"，原样保存至今，维修良好，是现今泾川县境内唯一的革命历史文物。遗憾的是在附近至今没有任何标记为吴焕先政委立碑，以作纪念。

吴焕先同志与我是红安县同乡（今划归河南新县四角曹门村），他比我的年龄大整 10 岁，牺牲时年仅 28 岁。他牺牲后，他的妻子和 2 岁的儿子在家乡也遭到国民党军惨无人道的杀害，直系亲属都被牵连，以至于全国解放后找不到他的直系亲属。

我参加红军后，就在吴焕先政委的直接领导下战斗、工作。虽然他是军首长，我是一个排、连职干部，但他平易近人，经常和我们基层官兵吃住在一起，我们亲热地把他当作老大哥，打仗时只要有他在，我们就有了主心骨。有人评价说，吴焕先同志是红二十五军的灵魂人物。我认为这个评价是恰如其分的。他 1926 年加入中国共产党，1927 年秋参加领导黄麻起义，是鄂豫皖革命根据地创始人之一。在重建红二十五军和领导红二十五军坚持鄂豫皖革命根据地的斗争中，在长征入陕、开辟鄂豫陕革命根据地时期，在为迎接中央红军西进甘肃、北上陕北的战斗中，他都立下不可磨灭的功绩。在创建鄂豫陕根据地初期，省委书记徐宝珊病重，军长、副军长均负重伤，他一人独挑重担，既抓部队工作，指挥作战，又抓地方武装、党组织和政权的建设，充分表现出卓越智慧和领导才能。尤其是决定红二十五军西进甘肃迎接中央红军，北上陕北与陕甘红军会合的战略行动中，他更以远见卓识，胸怀全局，坚决果断、及时正确地做出决策。吴焕先同志是鄂豫皖省委、鄂豫陕省委和红二十五军的卓越领导者。他作战英勇，在几次生死存亡的战斗中临危不惧，指挥部队屡建奇功。他善于做思想政治工作，密切联系群众，以身作则，关心战士，严以治军，在部队中深受指战员的爱戴，享有崇高的威望。他的革命精神和高尚品德，成为广大指战员学习的楷模。

吴焕先政委的牺牲，是红二十五军的一个重大损失。四坡村战斗后，我们一路直上陕北，再没有遇到较大规模的作战，红二十五军与陕北红军胜利会师。从四坡村战斗到会师，仅仅相隔20余天。吴政委把我们带进了陕北革命根据地的大门，走近了中国革命胜利的大门，而他却不幸倒在了门槛上，这更使人感到悲痛和惋惜。

长征的一年时间里，红二十五军仅有的3位军首长有两位负重伤，一位牺牲；鄂豫陕省委书记徐宝珊同志因劳累过度而病逝。由此也可见红二十五军所经历战斗之惨烈和战斗作风之顽强。而有如此英勇献身的领导人冲锋陷阵在前，试想红军还有什么险关、壁垒不可攻破?! 惨烈的战斗更证明，红二十五军是一支打不烂、拖不垮的部队。

军首长们血沃长征路的英雄事迹，对红二十五军全体指战员是强烈的心灵震撼。军首长们的以身作则行为，也成为我一生戎马生涯中不怕流血牺牲的光辉典范。军首长们手持大刀，平端机枪，冲杀在独树镇七里岗、庾家河岭、泷河河畔等血火战场上的矫健身影，我至今历历在目。

原载王诚汉：《王诚汉回忆录》，解放军出版社，2004年，第75～85页。

战胜长征结束时的最后艰险

◎ 王诚汉

四坡村战斗的胜利，使敌人暂时不敢向我军逼近。为继续牵制敌人，我军即西进金龙庙，威逼崇信县城；南下什字镇，逼近灵台县城；并在崇信与灵台之间的上良镇、梁原镇、赤城镇等地积极活动。

军首长要求各连队：每天要派人四处搜集报纸，访问客商，极力寻求有关中央红军北上动向的消息。由于当时条件所限，红二十五军没有电台通信，对中央红军正在过草地的行动，一无所悉。这时，由兰州乘汽车驰援之敌第六师十七旅已经到达泾川县城，敌第八十五师继续向泾川附近调动，陕甘边界之敌第五十一军第一一三师，则由凤翔、清水向北推进到陇县、马鹿镇一带，敌第三军第十二师也由武山、甘谷等地，朝华亭方向尾追而来，企图对我军形成合围之势。军首长考虑到一时难以获得中央红军的确实消息，而敌军日益集中逼近，我军连日在大雨和泥泞中行军作战已很疲劳，伤病员也难以安置，继续作无后方依托的行动十分不利，便按照沣峪口、佛坪两次会议确定的北上方针，决定立即奔赴陕北苏区，与陕甘红军会师。8 月 30 日，部队经华亭县安口窑转而向北。31 日晚，由平凉县城以东的四十里铺涉过泾河，向东北方向前进。

红二十五军从 8 月 14 日到 31 日，截断西（安）兰（州）公路达 18 天。敌人不得不一再抽调兵力对付我军。红二十五军的行动进一步起到了牵制敌军的作用，积极配合了中央红军的北上。

9月4日拂晓，我军从合水县板桥镇出发，继续北进。我所在的红二二五团担任军的后卫，团行军序列按一、二、三营顺序行进。我军有个传统，在干任何事情前有动员，有首长讲话，这本是件好事，但是干什么事情，如果过度了，不合时宜了，就会变成坏事。这天，各级首长在负责殿后的三营临出发前的讲话过多，就是血的教训。队伍集合起来后，军、团、营领导层层都要说两句，而且有的首长还讲得过长，忽视了这可是在险恶的战争环境啊！就在三营集合在一起听动员讲话时，突然遭到敌第三十五师骑兵团袭击。敌骑兵行动迅速，突然冲到了跟前，被直接冲击的三营部队很难来得及组织有效的阻击，当时就处于一片混乱状态中。

在此紧急时刻，副军长徐海东从前卫策马疾驰而来，率领我们二营赶回去救援。我带四连指战员杀入敌阵，那可是一场刀光闪闪、鲜血四溅的生死搏斗。我向本连的战士们大声喊着："先打马腿，后打人！"端起刺刀与敌人混战在一起。我的帽子也不知什么时候、怎样被打掉了。我们二营3个连队的迅速增援，有效地迟滞了敌骑兵的进攻，减少了三营的伤亡。敌骑兵向后退出了几百米，然后又组织新一轮的进攻。在我们连临时作为阻击阵地的一道土坎前，敌军已经倒下了20多匹战马，有的敌骑兵匍匐在马一旁向我们射击。稍远处，可看到敌人又在组织新的进攻。

"机枪，注意节约子弹。听我的命令，敌人靠近再打！"是徐海东副军长的声音，原来他就在我们连里。大家一看军首长就在我们身边，杀敌情绪更加高涨。但是由于敌众我寡，徐海东副军长和我们营也陷入敌人的包围圈中，情况十分危急。就在这时，我们听到左侧山头上响起了刮风般的机枪声，敌骑兵的队伍突然大乱，原来是我团一营营长韩先楚和营政委刘震带领队伍回援，抢占了那座山头，以猛烈的火力阻止了敌人的进攻。徐海东副军长带领我们二、三营迅速组织反击，终于突出了重围。

这次战斗，我军伤亡惨重，损失200多人，我团团长方炳仁同志壮烈牺牲。这是红二十五军在即将结束长征时最大的一次减员。失利的主要原因，是各级领导在队伍临出发前逐级讲话时间过长，没有按照规定时间出发；思想过于麻痹，警惕性松懈，竟然忘记了派出哨兵警戒。此战，无疑是红二十五军长征途中严重的失利之战，也可能由于这个原因，以往很少有人提及，我认为这是不妥当的。我们总结历史经验，既要说"过五关斩六将"，也要说"走麦城"，况且这次战斗的教训是如此深刻。

关于打骑兵，当时红军中流行着《打骑兵歌》：

　　敌人骑兵不可怕，沉着勇敢来打他。

　　目标越大越好打，排子枪一起放，一声杀。

　　我们瞄准他，我们打垮他，我们消灭他！

歌词内容既是战斗实践总结，更是对红军指战员实战的通俗指导。对板桥镇这次打骑兵的战术经验总结，我的深刻体会是：尽量收紧我军阵地，正面与敌人拉开距离；近敌射击，先打马匹。这些实战心得，为后来我任师长时取得咸阳阻击战的胜利起了重要作用。

1935 年 9 月的板桥镇战斗，是红二十五军战史上的一个沉重话题。

红二十五军长征在即将接近胜利时，多次接受千难万险的磨砺。而且越是接近胜利，困难似乎来得更大、更加猛烈一些。8 月 21 日，军政委吴焕先牺牲；9 月 4 日，板桥镇战斗又损失 200 多人，这是红二十五军长征接近胜利时在军事实力上的重大损失。接踵而来的是生存环境问题，饥饿成了最大的敌人。

我军强渡泾水，经镇原、庆阳、合水县境，沿陕甘边界的山区北进。经过数天的行军，进入陕北苏区的边沿绍山一带。这里是白区和苏区交界的地方，满目荒凉，见不到一个人影，连绵起伏的黄土高坡上光秃秃的，自然环境十分恶劣。我们背的干粮全吃光了，全军已是两天没吃上东西，许多同志饿得昏倒在路上。没有饭吃，饿得头晕眼花，我几次栽倒在地上，在同志们的搀扶下，又强打起精神继续行军。9 月的大地，在南方是一片郁郁葱葱，而在陕北高原却极少看到绿色，真是吃草根也难找地方挖呀！

营、团首长以及军首长的马都让给了伤病员。我有一两天因病也少气无力，只好拉着马尾巴，借点力，跟上部队。后两天，马尾巴也没有拉的了，因为这些马被杀掉，为指战员们充饥了。

我们艰难地向前迈动脚步。我作为连长，要为全连做出榜样，我鼓足劲头向前走。

也许是这个地方太贫瘠了，部队翻山越岭走了 3 天，没遇到一个村庄。敌人也不到这个地方来，真是名副其实的无人区。我想大家如此虚弱的身体，在此时如果遭遇敌人，那后果将是不堪设想。

就在我们走路的力气似乎竭尽的时候，有一天下午，我们听到走在我连前面担负前卫任务的兄弟连队传来一阵惊叫和喧哗声。"不好，有敌情！"我立即向全连发出了预警命令。我见有的战士已是筋疲力尽，连枪栓也拉不开了。

惊呼声过后，却没有传来枪声。前卫连的一位同志从前面向后面跑过来，他边跑边喊着："羊……羊……"他是向军首长去报告情况的。这时，我们才发现，前面一条土沟中有群羊，大约有500多只，白花花一大片。军首长走上前去盘问那个赶羊的人，得知那个人是羊贩子。一听说羊是赶出来卖的，军首长异常高兴，就让贩羊人说了一个价格，我们根本没有还价，就把白花花的银圆付给了羊贩子。那个人在当初大概一看到兵时以为今天必是遭劫了，万万没有想到我们会买卖公平地付给了钱，显然喜出望外，还热情地告诉了我们在野外吃羊的方法。

有了这群羊，可真解决了部队恢复体力的大问题。部队立即停下来，在附近寻找地方宰羊煮肉。没有盐，锅也少，有脸盆的用脸盆煮，没有脸盆的，把羊肉切成薄片放在石板上烤；有的拿着羊腿放在火上烧。红二十五军绝大多数是南方人，不习惯吃羊肉，嫌其膻腥味太重，但在此时，生羊肉也能吃下肚。

多亏了这群像是从天上掉下来的"救命羊"，才使我们坚持到了陕北苏区。

9月7日，我们到达陕北保安县豹子川。中共鄂豫陕省委在此召开会议，鉴于吴焕先政委在泾川战斗中牺牲，会议决定由徐海东任军长，程子华任政委、代理省委书记。

部队又走了一天的时间，开始看到村庄了。从村头墙壁上的标语内容，我们欣喜地觉察到已经进入了苏区。由于我们这些南方人说话口音不同于本地，有些群众不知我们是什么队伍，纷纷逃走。可是，当群众知道我们是红军时，就相继归来，分外亲切。9月9日，红二十五军进抵永宁山，与陕甘中共党组织取得了联系。消息传得很快，陕甘苏区政府和红军代表习仲勋、刘景范等领导同志赶来了，他们召开群众大会热烈欢迎我们。

到了陕北苏区，全军上下非常高兴，好像到了家一样。

陕甘陕北革命根据地，是陕甘和陕北人民在党的领导下，经过长期艰苦斗争创建的。当陕甘边特委和西北工委得知红二十五军到达永宁山的消息后，极为振奋。西北工委立即发出《为迎接红二十五军北上给各级党部的紧急通知》，要求各级党组织立即动员起来，发动群众开欢迎会、庆祝会，送慰问品，欢迎红二十五军。几天后，红二十五军从永宁山出发，沿途群众送水送饭，送粮送柴，送鞋送袜，到处都可以看到欢迎红二十五军的标语、传单。陕北人民对我军无微不至的关怀，使广大指战员深受感动。军首长徐海东、程子华同志要求全军整顿军容风纪，切实执行群众纪律，与群众打成一片，搞好军民关系，虚心向陕北红军学习，团结协作，并肩战斗。

在一片热烈的欢迎声中，红二十五军全军3400余人经过连续4天的行军，于1935年9月15日胜利到达陕甘根据地延川县永坪镇，受到当地党政军领导同志和人民群众的热烈欢迎。

9月16日，刘志丹同志率领红二十六军、红二十七军来到永坪镇，3个军胜利会师。17日，中共西北工作委员会与中共鄂豫陕省委在永坪镇召开联席会议。为了建立统一领导和作战指挥，会议决定：组建中共陕甘晋省委员会；红二十五军和陕北红二十六、红二十七军合编为红十五军团。

9月18日，是九一八事变4周年。根据上级的通知，我们一大早就催促本连的战士们整理个人的军容、军姿，刮胡子，尽量把衣服穿整齐，因为今天举行盛大的联欢大会，庆祝胜利会师，红十五军团宣布成立。大会地点在永坪镇西南现石油矿干部学校门前的操场上。新成立的红十五军团有7000多人，坐满了操场，真是人强马壮。周围几十里以外的群众，都赶来参加大会，当他们看到我们队列前面摆放了那么多机枪后，露出高兴而惊讶的神态。

会场上红旗飘扬，许多大字标语贴在临时搭起的席棚里，主席台的两旁贴着两张特别大的标语："两军亲密团结，携手作战！""迎接党中央，迎接毛主席！"这是我第一次参加如此大规模的会师大会，心情非常激动。

会上，刘志丹、徐海东、郭述申、聂洪钧、朱理治同志分别代表陕甘根据地人民和陕北红军、红二十五军、西北军委、中共西北工委先后讲话，祝贺南北红军胜利大会师，号召全体军民互相学习，加强团结，积极参加抗日救国活动，坚决粉碎敌人对陕甘根据地的第三次"围剿"，为巩固和扩大陕甘革命根据地而奋斗。

会后，陕北红军和红二十五军领导人召开会议，宣布了由中共西北工委和鄂豫陕省委联合组成的陕甘晋省委的决定，着手将陕北红军和红二十五军合编为红十五军团。

新组建的红十五军团，军团长徐海东，政治委员程子华，副军团长兼参谋长刘志丹，政治部主任高岗，副主任郭述申。下辖第七十五、第七十八和第八十一师。第七十五师由红二十五军编成，师长张绍东，政治委员赵凌波，下辖第二二三、第二二五团。我在第二二五团仍任四连连长。我们团的团长是郎献民，政治委员刘震。第七十八师由红二十六军编成，师长杨森，政治委员张明先，下辖第二三二、第二三四团、骑兵团。第八十一师由红二十七军编成，师长贺晋年，政治委员张达志，下辖第二四一、第二四三团。军团机关和直属队编有司令部、政治部、供给部、卫生部、手枪团、补充团、交通队等。全军团共 7600 余人。

红二十五军经过 10 个月的沿途艰苦转战，胜利地完成了长征，与陕北红军会师，成为红军长征史上先期到达陕北的第一支队伍，是中国工农红军在西北大会师的前奏。毛泽东主席高度评价红二十五军的长征，说：红二十五军后于中央红军出发，却先期到达陕北，其所起的作用是"中央红军之向导"，"红二十五军为革命立了大功！"1946 年 9 月周恩来同美国记者李勃曼谈道："红军长征到陕北以后，东北军即开始围攻。徐海东部首先把东北军打垮了 1 个师，1 个旅，后来又打垮了 1 个师。于是东北军官不愿内战，要求抗日。中共在这种情况下，开始向东北军进行统一战线工作，双方取得默契，互不攻击，推动了西安事变的发生。"

红二十五军的长征，是在敌我力量强弱悬殊的条件下，求得生存和发展的一次艰苦卓绝的战略转移。这种战略转移的目的是要赢得时间，瓦解敌人，养精蓄锐，以便后来转为进攻。红二十五军在被动中争取了主动，摆脱了敌人的"围剿"堵截，保存和发展了有生力量，成为各路红军长征到达陕北的先声。红二十五军是中国工农红军经过长征后在西北大会师唯一一支结束时人数多于出发时人数的部队。

红二十五军长征的历史，是中国革命的一部壮丽的史诗。它以奇迹般的转战同陕北红军胜利会师，并同陕北红军一起组建了红十五军团，后又取得了劳山战役的胜利，参加了直罗镇战役。所有这些，对于粉碎敌人的"围剿"，巩固和扩大陕甘革命根据地，为迎接万里转战的党中央和红一、二、四方面军，推动革命的发展，开创西北革命的伟大新局面，都有着重要的意义。

原载王诚汉：《王诚汉回忆录》，解放军出版社，2004 年，第 86～95 页。

激战独树镇

◎ 陈先瑞

在我几十年的军人生涯中，几乎有一半时间是在战争中度过的。在那战火纷飞的年代，也不知经历了多少次战斗。血与火、生与死的考验，对我们这一代人来说是过来了。在那无数次战斗中，我烙印深的也有十几次，其中在红二十五军长征路上的独树镇战斗尤使我难忘。

独树镇，位于河南省方城县县城东北方向约十几公里。这是一个中州古镇。看起来是个很不起眼的小镇，却成了关乎红二十五军生死存亡的镇子。当时，我军刚通过豫西围寨地区，正向河南省西部的伏牛山挺进，距离许昌到南阳的公路约 20 公里，过了公路即可以进入伏牛山东麓。为了争取时间穿过公路，军领导决定以第二二四团、二二五团和直属机关分队为前梯队，先行出发，我们第二二三团为后梯队，占领王店、赵庄等地，阻击尾追之敌，掩护全军前进。

敌"鄂豫皖三省追剿队"五个支队和第四十军骑兵第五师，从我们长征出发始，就一直随后紧紧尾追，与我军相距大约有一天的路程。我军于 11 月 25 日到达王店、土风园、小张庄一带时，敌人就判断出我军有经象河关及方城、叶县间独树镇、保安寨之间西进的意图，因此，紧急调整部署：第四十军第一一五旅由唐河北返方城县之独树镇、七里岗、砚山铺一带，拟迎头堵击；驻叶县第四十军骑兵团，南下保安寨等地配合堵击；第一一六旅则由新野北上南召，以阻止我军进入伏牛山区。

敌人前堵后追，形势对我军十分不利。对敌人预先在独树镇一带的部署，我军尚无所知，仍急速前进，企图摆脱敌人追击，早进伏牛山区。

26日这一天，恰遇寒流突然降临，天气先是下雨，后又飘起雪花，雨雪交加。昏暗阴沉的中原大地，四下里无遮无挡，一片浑浊迷茫。我们后卫团采取交替前进的战术，一部分部队占领阵地后，另一部分才撤退，以防敌人突然追至而猝不及防。部队在交替前进中，没有大声的喧哗，一切都在静静地进行，只听到风在吼，只见到雪花飘，雨在下。这突如其来的寒流天气，就像一张无边无际的巨网，把我军严严实实地笼罩起来。

我军指战员衣服都很单薄，又被雨雪湿透，饥寒交迫地在泥泞的路上挣扎，行进十分困难。许多同志的鞋袜都被烂泥粘掉了，只好赤脚行军。为了尽快穿过公路，指战员们迎着凛冽的寒风，冒着刺骨的雨雪，一步不停地前进着。我这时伤基本痊愈，已能行走，就把小毛驴给了病号和重伤员。

中午12时多，我先头部队第二二四团进抵方城县独树镇附近，准备由七里岗穿过公路时，忽然枪声大作。后来才知道，这是敌第四十军一一五旅和驻叶县的骑兵团，已于两小时前先于我军到达此地，并占领公路沿线有利地形和几座村庄，形成堵击线，阻我军西进。当我军行到此时，敌人突然以猛烈火力进行集中射击。因雨雪交加，能见度很低，走在先头的第二二四团发现敌人较迟，在敌人的突然打击下，许多指战员因手指冻僵，一时拉不开枪栓，零星打响的火力，不能有效地反击敌人，又由于地形平坦，我军几乎完全暴露在敌人的火力之下。所有这一切，使我军处境十分危险，进退失据，不知如何招架，以至被迫后撤。敌人乘机发起冲击，并从两翼包围上来，形势十分险恶。

后来我在组织编写红二十五军战史时，许多老同志都谈到在当时危急时刻，军部参谋主任薛平阶，绰号叫"大金牙"，却临阵怕死，高喊："我们被敌人包围了，公路过不去了，大家各自逃命吧。"许多战士在他的鼓动下，开始向后跑了。正在这时，军政委吴焕先跑步来到队伍前沿，当即让人把"大金牙"绑了起来，然后带领部队冲向前去，并高喊："同志们，就地卧倒，坚决顶住敌人，绝不能后退。"在他的指挥下，我军很快稳住了阵脚。原来慌乱失措的指战员，也迅速趴在泥水里，摩拳擦掌，活动手指，利用地形地物进行抗击。

遭到反击的敌军，并未停止冲锋，仍旧气势汹汹地猛扑过来。吴焕先当即从交通员身上抽出一把大刀，高喊"共产党员跟我来"，冒着敌人密集的炮火，带领部队反扑过去，与敌人展开白刃格斗。一时，刀枪碰撞，杀声震天，混成一片。这一反击，为我军争得了短暂的时间，使后续部队及时投入了战斗。

我们第二二三团是后卫，徐海东副军长随后卫行动。部队正在急速行进，突然听到前面响起激烈的枪声。当时就知道形势危急，他命令团长带一个营断后，亲自带我团主力跑步冲向前去。我这时伤虽痊愈，但走路还有些隐隐作痛，可在这紧急情况下，也不顾伤痛，随队跑步前进。当我们来到前面时，看到吴焕先政委正指挥部队向敌人发起反击。

气焰嚣张的敌军，倚仗优势，仍旧不顾一切地冲过来，企图以众压寡，进攻的势头有增无减。我军人少力单，指战员们十分疲劳，一时压不住敌人冲击。正在这时，我们团赶到了。徐海东立即指挥我们投入战斗，一场生死攸关的拼杀再次展开。

这是一场殊死的战斗。歇斯底里的敌军，潮水似的涌过来。敢于刺刀见红的红军指战员，临危不惧、浴血奋战，一次又一次把敌人顶回去，来回反复不知有多少次。尽管我军打得很艰苦，最后还是把疯狂的敌人压了回去。经过一番恶战后，敌人暂时停止了冲击。此后，军领导又组织我们团向七里岗之敌发起几次冲击，力图打开一个缺口，冲过公路，但都没有成功。敌人凭借工事拼命抵抗，我军只好停止进攻，就地固守，一场恶战由此转为僵持状态。这一仗，我军伤亡二三百人。战斗中，我团一营政治委员负重伤。一营是我们团的主力营，为了加强一营领导，军首长决定由我兼任一营政委。我当即就到一营就位。在这种火线情况下任命，对我来说要求更高。

我军一直坚持到天黑，这时风雪大作，接着转为大雨。部队乘机转移到十几里外的杨楼一带村庄里躲避风雨，并准备吃饭休息。进村后，还没吃上饭，又来命令，准备出发。原来军领导决定连夜突出重围，否则，天一亮，敌"追剿"队从后面追来，前面敌人再行封锁，我军将腹背受敌，而且又是孤军奋战，就有被夹击击溃之危险。军领导知道，部队已经连续几天急行军，加上独树镇这场激战，指战员大都疲惫不堪，几乎到了难以支持的地步。但战机不容人，再苦再累，也要前进。就是有天大的困难，也要争分夺秒，把部队拉走。越是在这种情况下，指挥员越要冷静，越要有果断的决定。这时要是发慈心善感就会毁了部队。

于是，部队紧急集合，立即出发。这时候，绝大多数同志还没吃上饭。极度疲劳、饥饿的战士，留在群众家里躲雨不想出来。焦急万分的干部只好挨家挨户地叫。徐海东副军长提着马鞭，也焦急地到各户叫喊。有的同志说他用鞭子抽打战士，硬把战士从屋里赶出来。我曾问过他，他说抽的是别处，不是往身上抽。在那种情况下，不大喊，不动点儿真格的，战士反应不过来。太疲劳了，有的战士宁愿死也要睡。

当时最困难的是安置伤病员，大家都不愿留下，但不留下又不行。我们营的几个伤员我曾做过工作，他们又哭又闹，死也不愿留下，给多少银圆也不干，后来只好采取强制命令。我曾听丁国钰讲过他负责留伤病员的事，真是让人难分难舍，有的抱头大哭，知道这一离开部队就很难再见面了。当时有些场面至今还在我脑海中闪现，老同志一谈到这些就禁不住流下热泪。在那种情况下是万不得已的。

那天晚上，军政委吴焕先多次给部队做动员，他见到哪儿有部队集合，就到哪儿去讲，他号召全体指战员在此危急关头，要发扬吃苦耐劳的精神，最后再鼓一把劲儿，突出敌人的包围圈。吴政委的鼓动能力很强，加上他在全军的崇高威信，一下就把部队的情绪调动起来了。

当晚，我们不顾风雨和道路泥泞，走一路，摔了一路的跤，在泥水里整整折腾了一个通宵。在地下党的同志带领下，从敌人封锁的间隙中穿插而过，绕道叶县保安寨以北的沈庄附近，穿越许昌至南阳的公路，于27日拂晓，直抵伏牛山东麓。一直习惯在山地作战的战士们，一见到山，顿时欢呼起来。我们终于通过了许南公路，打破了敌人的追堵计划。

独树镇战斗是一次遭遇战，这次战斗之突然、之艰难、之危急是难以想象的。越是在关键时刻越考验人，全军指战员经受住了这突如其来的战斗考验，但也有个别贪生怕死之徒暴露了其丑恶的灵魂。后来我听说，那个叫"大金牙"的参谋主任，因临阵逃脱，动摇军心，被军领导执行了战场纪律。

我们虽然打破了敌人在独树镇的堵击，但并没有甩掉敌人，敌人很快又追上来了。我们边打边走，沿着方城、叶县交界的山地向西疾进。

28日，当我军前卫部队正由拐河镇东北的孤石滩通过澧河时，尾追到拐河的敌第一一五旅和骑兵团，以及驻守在常村的敌第四十军第五骑兵师，从南北两面向我军渡河地段对进，形成夹击之势。更为严重的是，敌军先头部队已抢在我军前头，控制了澧河西岸的部分高地，使正在西进的我军受到严重威胁。

当时，徐海东副军长带领我们团走前卫，他看到这种形势，当即命令我们第二二三团强渡澧河，占领高地，打退敌军骑五师的进攻，控制入山要道。我这时在一营，按着徐海东的命令，我们营一过河，即向张房以东高地强攻。这时，我的脚也不知是真好了，还是连续行军麻木了，也不疼也不拐了，带领部队飞一般地往前跑，终于打退敌人，完成控制高地任务，掩护大部队迅速过河。

与此同时，第二二五团一部也迅速过河，抢占有利地形，击退敌骑兵团和第一一五旅的进攻。我们两个团各把一面，形成中间走廊，部队迅速过河前进。后来，听韩先楚告诉我，当时他在第二二五团三营九连当连长，他们刚一过河，吴焕先政委就命令他带领部队迅速抢占上马村以北山上的围寨，击退敌人进攻，阻击从拐河来的敌人。吴政委说，第二二三团陈先瑞他们已把从常村来的敌人堵住，你们也一定要堵住，保证部队安全渡河。韩先楚同志是十分能战斗的，他是万马军中的一员战将，但他从来不摆功，这次要不是他知道是我在他对面阻敌怕也不会告诉我的。遗憾的是我们俩真正成为指挥员时，却没能在一块战斗，否则，我相信我们一定会配合得很好。

在我们两个团的掩护下，军直属队、机关和其他团很快过河，向西北方向快速前进。接着，又在古木庄、交界岭击退了尾追的敌军，于29日深入伏牛山中。

独树镇战斗，是红二十五军长征中关系到生死存亡的一仗。当时的情势之险恶，战斗之惊心动魄，直到今天仍历历在目，难以忘却。凡是经历过这场战斗的老同志，每当回忆起来时，都念念不忘。尽管每个人回忆的情况不十分相同，但这场战斗的感受是相同的，烙印是极深的。其实，到拐河战斗的时候，我们的处境依然是很危险的，只不过是多数同志没有感受到就是了。我们先头过河的部队，在分别阻击敌人时才看到那种临河夹击之势，若不迅速阻住敌人，部队迅速过河，那后果也是不堪设想的。

我们这支人数不足3000人，战斗员年龄多在十几岁的"儿童军"，之所以顺利地摆脱危险，主要是靠充分发挥了全军上下的能动作用，也就是靠军党委的正确作战指导和部队过硬的战斗力。在转移期间，军党委不但注意发挥部队人数少、行动灵活的特点和长处，以快速行军和多变的转移路线，摆脱优势敌军的追堵，而且在遇到意外险情的时候，能及时而敏锐地抓住战局中决定安危成败的关键问题，采取正确对策，并以排除万难的决心和气魄，带领部队，或者用凌厉的反击挫败敌人的进攻，或者巧妙地利用天时、地利条件，出敌不意地乘隙转移。军党委的革命胆识和强有力的领导，以及实行机动灵活，但又不消极避战的方针，使部队的攻守、进退、走打等行动，较充分地体现了扬长避短、趋利避害的作战指导思想。加上我们的基层干部和战士，具有自觉为革命赴汤蹈火、流血牺牲的高度觉悟，敢于打硬仗、打恶仗、能攻善守的军事素质，全军上下齐心协力，团结一致，这就使红二十五军成为一支打不垮、拖不烂、冲不散、能战胜一切艰难险阻的革命战斗集体，因而能通过转移途中一个又一个的暗礁险滩，经受住了一次又一次的严峻战斗考验。

独树镇战斗给我的印象太深了，所以在这里多回忆一些，并由此引发出我对红二十五军这支部队的一点认识，也算不上什么总结，只是写在这里作为我个人的感受而已。

原载陈先瑞：《陈先瑞回忆录》，解放军出版社，1999 年，第 82 ~ 91 页。

立足鄂豫陕边

◎ 陈先瑞

我们红二十五军经过千里转战,于 1934 年 12 月上旬胜利进入陕西省东南地区。12 月 10 日,中共鄂豫皖省委在洛南县庾家河召开会议,决定以鄂豫陕三省边区为立足之地,创建新的革命根据地。这次会议,由于敌人的进攻而没能开完,但会议及时做出了《关于创建新苏区、新的革命根据地的决议》,确定了建立新区的方针、任务等重大问题,从此,开始了新的革命根据地的创建工作。

中共鄂豫皖省委和红二十五军,为什么要选择鄂豫陕边为立足点呢?今天回忆起来看,主要基于四个方面的考虑。

第一,鄂豫陕三省边界地区的地形山势便于红军活动。鄂豫陕三省边界地区,主要包括陕西南部的洛南、商县、商南、山阳、镇安、柞水、洵阳(今旬阳)、宁陕、佛坪、洋县等县,湖北西北部的郧西、郧县等县,河南省西部的卢氏、淅川等县。这个地区,北靠秦岭,南濒汉江,峰峦叠嶂,悬崖陡峭,山高林密,地势险要,自古就是兵家割据称雄的战略要地。明朝末年,农民起义军李自成率部,曾在这里几进几出,在中国农民革命的历史上,写下了光辉的篇章。红军在这里可以迂回辗转,便于游击活动。无论是打、藏、走,都十分有利。

第二,这里敌人统治势力比较薄弱。作为湖北、河南的一隅边区,统治者鞭长莫及,作为陕西的东南部地区,是杨虎城的统治势力范围。杨虎城与蒋介石的矛盾很深。红二十五军入陕时,蒋介石还未能统一鄂豫陕三省边界地区军队的指挥,追堵我军的国民党军，大都没有进入陕西境内，而杨虎城此时正忙于北攻陕北红军，南拒川陕红四方面军，西和蒋介石嫡系朱绍良、胡宗南等勾心斗角，一时尚难集中更多的兵力来对付红二十五军。这正是红二十五军立足、创建新根据地的有利时机。

第三，中国共产党和红军在这一带传播过革命，人民群众对党和红军有一定的认识。1928 年 5 月渭（南）华（县）起义部队，曾在此组织过农民协会，打击土豪劣绅，宣传中国共产党的主张；1932 年冬，徐向前同志领导的红四方面军曾路过这里，在漫川关突围后，经汉中进入四川；贺龙同志领导的红三军也曾转战于商洛山中，与敌激战于"关中四塞"之一的武关，随后取道洵阳，渡过汉水，南下湘鄂边区；1933 年 5 月，陕北红二十六军南下也到过这里。这些，都给当地人民以深刻影响，留下了不灭的火种。

第四，这一地区封建势力和反动政府对人民的压迫剥削极为残酷。土地和山林大部分掌握在地主手里，苛捐杂税多达数十种，抓丁、派夫、高利贷盘剥和兵连祸结，人民苦难深重，反抗强烈。尽管当地党组织遭到破坏，但群众自发的抗粮抗捐斗争仍然彼伏此起。人民群众的反抗意识和争取自由的斗争，是我们创建新根据地的重要基础。

另外，这里在与川陕红军、陕北红军的相互配合上，与鄂豫皖根据地的呼应上，都有着重要意义。可以说，在这里创建新根据地，与上述三处有着战略上的呼应作用，居三足鼎立之中心。

由上可以看出，鄂豫陕边区一带地域在敌人统治势力薄弱的条件上，群众生活苦容易发动斗争的条件上，在同川陕苏维埃运动与红军的配合上，在地势的条件上，无论如何是适合创建新根据地的。因此，鄂豫皖省委在庚家河会议上提出：摆在我们面前的紧急任务是加强争取群众工作，猛烈扩大红军，打破敌人进攻，迅速创建新的根据地。

就在省委庚家河会议讨论得正热烈时，从东山上传来激烈的枪声。原来，在朱阳关、五里川堵击我军的敌第六十师发现了我们的行踪，抄近路，由鸡头关方向经七里荫岭进到庚家河东山坳口上，与我军设在那里的排哨接上火。敌人发起进攻不久，军部手枪团就赶到了。枪声一响，省委会议也立即停了，军长、副军长先后带着部队冲上山去，与敌人展开了激烈的争夺战。徐海东带我们第二二三团首先冲了上去，这时，敌人的一个团已经抢占了东山坳口，并凭着有利地形，向我军发起猛攻，如果我们顶不住，就会被压下山沟里。那样一来，我们就遭灾了。为此，徐海东指挥第二二三团拼死地向敌人冲锋，夺回了坳口。接着程子华、吴焕先带着第二二四团、二二五团跑步赶来，攻占了坳口南北两侧高地，协同第二二三团打退了敌人的进攻。这时，敌人又上来两个团，再次向我军发起冲击。于是，全线展开了激烈地争夺坳口和两侧高地的战斗。很明显，谁占据了这些高地，谁就能避免挨打被歼的结局。刹那间，漫山遍野刀光剑影，杀声震天，步机枪对射，手榴弹轰鸣，一拨一拨的冲锋，一群一群的刺刀格斗，达到了白热化的程度。整个战斗，我军指战员打得英勇顽强，经过20多次的反复冲杀，终于挫败了敌人的进攻。黄昏时分，敌人利用大雾掩护，向卢氏方向退去。这一仗，打死打伤敌军300多人，我军亦伤亡100余人，军长程子华、副军长徐海东均负重伤。

我因伤势没好，没能参加这次战斗，上面回忆的战斗经过，是我后来听说的。之所以要在这里写出来，是因为这一仗在红二十五军历史上是很重要的一仗，影响很大。庾家河一仗，有效地打击了死死咬住我军不放的敌人，使红二十五军暂时摆脱了困境，站住了脚跟，为打开陕南的斗争局面，奠定了军事的和政治的基础。

在庾家河会议当天，我军就以"中国工农红军北上抗日第二先遣队政治部"的名义，编印了《什么是红军》的张贴传单，就中国工农红军的性质、宗旨、任务以及有关政策，广为宣传。记得战后的第二天，我们就接到这份传单，我当时虽然伤未痊愈，但形势不容人，必须立即开展行动。我先在营里作了部署，后又召开全团政工干部会议，以团政治处的名义提出了具体要求，在创建新根据地过程中，要以政治宣传来扩大影响，树立党和红军的威信，使人民群众对我党我军从认识到相信，最后到支持。

按照省委制定的创建新根据地的方针，红二十五军展开创建新苏区的工作。我军采取大回旋的军事行动，南下郧西，北返洛南，东出卢氏，西进山阳，以武装斗争为先导，扫除当地民团武装，摧毁国民党在广大乡村的统治基础，打击地方反动势力。我军所到之处，镇压土豪恶霸，将没收的大批财物分配给贫苦农民。一些"吃饭照影影，睡觉看星星"的贫苦群众，分得了粮食和住房。许多衣不遮体，"白天钻草窝，晚上去干活"的人家，也分得了衣物。少数群众不敢公开接受斗争果实，我军就在夜里将衣物、粮食送上门去。群众到处传说红军是"活神兵!"广大贫苦群众从苦难中逐渐觉醒,看到红军是自己的军队,共产党是穷人的大救星,都打心眼里高兴。

一场创建新根据地的运动,在鄂豫陕边界地区轰轰烈烈地开展起来。红军在此立足、生根、开花,结出了胜利的果实。

原载陈先瑞:《陈先瑞回忆录》,解放军出版社,1999年,第98~102页。

接受新任务

◎ 陈先瑞

在战争年代，我们经常主动要求承担新任务。部队一住下来，或大战前夕，营、团干部都经常活动，打听有什么新任务，听到点什么风声就逐级找领导要任务。大家知道，有任务就有仗打，就有事干。那时，部队最不愿意休整，一住下来超过3天就觉得手脚发痒。这次到陕南不久，我就接到一项任务，这次任务改变了以往的规律，使我的革命生涯发生了很大转变。

12月下旬的一天，我率部队正在镇安县九甲湾（今属山阳县）发动群众，突然接到军部命令，让我立即到军部报到，说吴焕先政委要找我谈话。这时，我的伤还未痊愈，走起路来还有些一瘸一拐的，但我也顾不得这些了，立即交代完工作，便向军部赶去。

已是冬天的陕南，虽说还不十分寒冷，可是各种植物都已落叶，满山光秃秃的，山石耸立着。山间小路除了裸露的石头外，就是沙土，小草也枯黄萎缩在地面上，偶有松柏树还有点绿色。我着急赶路，也顾不得看这些了，深一脚浅一脚地往前奔。

军部就在离九甲湾不远的一个山沟里。

我来到军部一进门，就看到吴焕先政委手上拿着两叠《什么是红军》《关于商业政策问题》的布告，站在那里沉思。这两份布告，是我们发动群众、宣传群众到处张贴的，看到吴政委拿着，我心里想，是不是又交给我们去张贴呀！我高声喊了一句："报告!"

吴政委从沉思中发现了我，急忙用手指着桌边的木椅子说："先瑞同志，快过来坐。"然后，他把布告摊在了我的面前，开门见山地告诉我："领导上决定把你留下，就留在这一带打游击，你有没有把握？"

听说要把我留下，我心里很吃紧，半晌也没吭声。我想了许多：从长征出发，到卢氏负伤，我已经两次差点儿被留下，现在伤势好转，可以带部队工作了，怎么又决定让我留下？这突如其来的决定，让我一时不知该怎么表示才好。我愣了一会儿，才说："我还兼着三营政委的工作……"

吴政委马上表示："我知道，就因为这个原因，才决定你带领三营七连，就地留下。"

我又讲道："我腿上的伤口也快好了，能跟上部队行军打仗的……"

吴政委笑了笑说："这我也知道。正因为你可以行军打仗，才决定把你留下。考虑你的伤情，决定给你派一个大个子警卫员，万一遇到什么紧急情况，背起你就走……你放心，绝不会把你丢给敌人的。"

看来，这时吴政委并不了解我的心情，我也不知道吴政委的用意。但我讲的几条理由吴政委都考虑到了，还能说什么呢？部队初到陕南，人生地不熟，这担子虽重，但能不挑吗？能在困难面前畏惧吗？这不是我们共产党人的作风。想到这，我便试探着问："我们留下的具体任务是……"

吴政委高兴了。他知道，我一问具体任务，就说明在考虑如何干的问题了。

吴政委先讲了省委创建新根据地的战略意图，然后说："你带一个连下去，就地开展群众工作，部队名称为鄂陕游击师，你担任师长。决定让你下去，我们心中是有数的，知道你能够单独完成任务。就地开展游击战争，也不是件容易的事儿，你要有充分的思想准备。"

接着，吴政委又明确提出四条任务：第一，要了解边界地区的民情地形，尽快熟悉和掌握地方情况；第二，要以"五抗"（抗捐、抗税、抗粮、抗丁、抗债）为斗争口号，广泛发动群众，镇压土豪劣绅，摧毁地方反动势力，建立苏维埃乡村政权；第三，要不断发展和扩大游击武装，建立起当地的武装组织，开展游击战争，配合主力红军的行动；第四，要与红军主力保持联系，将单独活动情况和敌情动态，及时向上级领导做出报告。

最后，吴政委拉着我的手说："在这人生地不熟的边界地区创建新根据地，这是一项艰巨的任务。你们接下去也如同全军一样，困难不小，会遇到挫折和麻烦的，但要记住，不要怕失败，不能灰心丧气，即使是受点损失，也还可以重整旗鼓，东山再起。这两年，我们在大别山遭受的挫折失败，也够严重的了，失败了再干，干革命就是这个理儿！"

吴政委这几句话，说得我心里热乎乎的，好像燃起了一把火。我当即表示："一定完成任务。只要是革命斗争的需要，我坚决服从组织决定。请军领导放心，决不辜负党对我的信任。"

吴政委还告诉我，军里几个领导都分头到部队去了，我们现在的主要任务是发动群众，建立红色政权，站稳脚跟。派你们下去，这也是军领导经过再三研究的。大部队准备要北上，在更广泛的范围内活动。你们是撒下去的火种，要在这里生根开花。你们把脚跟站稳了，政权建立起来了，根据地巩固了，就为大部队活动创造了条件，任务还是很重的。

吴政委工作很细，又跟我讲了许多具体开展工作的办法。我从心里热爱我们这位军政委，他在军中的威信是十分高的，从鄂豫皖到陕南，红二十五军没他不行。我不愿意下地方工作，也有怕离开政委的想法。总觉得无论碰到什么困难，只要吴政委在，就没有解决不了的。我们下去了，离吴政委远了，再有什么事可怎么办呢？好在吴政委说，他们会经常来往路过的，因此，我心里也就踏实了许多。

临离开军部前，吴政委还告诉我，要注意和中共商洛特委建立联系。

自此，我离开了主力红军，开始了鄂豫陕边的游击战争生活。

原载陈先瑞：《陈先瑞回忆录》，解放军出版社，1999年，第103～106页。

建立游击武装　配合主力创建新区

◎ 陈先瑞

　　我接受任务后，按照吴政委的指示，首先把带的第二二三团七连六七十人，分成若干小组，以自然村为片，发动群众，宣传"五抗"，打土豪，分田地，镇压豪绅恶霸，铲除"地头蛇"，摧毁保甲组织，消灭反动民团武装，建立抗捐军、游击队和苏维埃政权，团结改造"刀会"武装，很快在镇安县店垭子、大小米粮川一带打开了局面。接着，又向郧西县的大小新川、两河口发展，建立起比较巩固的根据地。

　　由于这一带的兵灾匪祸连年不断，各种苛捐杂税、地亩粮草、夫子壮丁等，名目极其繁多，农民群众有着迫切的反抗苛捐杂税的要求，我们一提出"五抗"的口号，群众马上响应，犹如烈火干柴，一点就燃。因此，我们的工作进展很顺利。

　　我一直记着吴政委在我临离开前交代的与商洛特委建立联系的事，因此，在工作有了基础后，曾派人去联系过。原来，在我们下去前，省委曾派手枪团政委宋兴国和军部少年先锋队队长程启文等30多名同志下到商洛地区开展工作，并成立了中共商洛特委，因一次战斗失利，特委书记自杀，特委不复存在，剩下的人组成了洛南游击队，就地坚持斗争。我们联系几次没联系上。后来，听说他们又回到了主力红军中，就没有再去联系。

　　在我们建立游击武装的同时，主力部队也在做这项工作。1935年2月，省委先后在柞水县红岩寺组建第三路游击师，在山阳县小河口组建第四路游击师，在郧西县二天门组建第六路游击师。我们又相继把鄂陕游击师在镇安县大小米粮川建立的游击武装编为第五路游击师，在郧西县大小新川建立的游击武装编为第七路游击师，在山阳县唐家河建立的游击武装编为第九路游击师。与此同时，并在上述地区建立了区、乡苏维埃政权。这些路游击师的建立，陆陆续续直到6月份才全部改编完。

为统一领导鄂陕地区的工作和指挥各路游击师的斗争，省委决定建立中共鄂陕特委和鄂陕游击总司令部。特委书记开始为郭述申，一个月后，郭述申调为红二十五军政治部副主任，由军参谋长戴季英接任，以后，又由郑位三接替戴季英。我为游击总司令。七连扩大为游击总司令部战斗营，随总司令部一起行动。

当时的鄂陕特委和游击总司令部组织很简单，除特委书记、司令员外，只有几个参谋、几个政工干部。各路游击师的具体情况是：

第三路游击师，师长汪世才，政委李志英，约200人。主要活动在商县、柞水县的牛槽、红岩寺、九间房、曹家坪、蔡玉窑、凤凰嘴等地。

第四路游击师，师长阮英臣（本地人），政委夏云廷（夏云飞），500余人。主要活动在山阳县、商县的袁家沟口、小河口、马家山、黑山、药王坪等地。

第五路游击师，师长冯易彬（红枪会首领），后为孙守山（孙光），政委白明俊（本地人），约200人。主要活动在镇安、洵阳县的店垭子、米粮川、两河、小河等地。

第六路游击师，师长叶忠让，后为萧大喜，约100人。主要活动在郧西、洵阳县的庙川，一、二、三天门，潘家河，佛爷庙等地。

第七路游击师，师长余心德，政委张祖祥，约100人。主要活动在郧西、洵阳县的大小新川、两河等地。

第九路游击师，师长阮开科（红枪会首领），政委李洪章，号称千余人，其实没有那么多。主要活动在山阳县的唐家河等地。

鄂陕特委和游击总司令部，根据斗争形势，采取个别交代或召开游击师领导会议等，来指导各路游击师活动和地方工作。各路游击师按照特委和游击总司令部的部署开展活动，多数时间是单独活动，遇有主力作战需要配合时，就采取几路同时行动，并经常派人和游击司令总部联系，互通情报。

在各路游击师中，第四路游击师是吴焕先政委亲自组建的。这一情况，我听当年任第四路游击师政委的夏云飞（当时叫夏云廷）讲过几次。我想在这里多回忆一段，以表对吴焕先政委的怀念。

那是1935年2月上旬，红二十五军再次进驻山阳县袁家沟口。一天，一个农民打扮的中年人来到军部，声称要见军长。吴焕先政委热情地接待了他。这个人自我介绍叫阮英臣，曾在国民党杂牌军中当过副官，因对国民党欺压人民不满，返回家中，常为穷人打抱不平，许多穷人都听他的招呼，他曾组织穷人反抗过几次反动政府的苛捐杂税。他说："我们这一地区很穷，国民党的苛捐杂税很重，加上地主的租粮和高利贷的压榨，穷人没有出头之日，我愿意拉起抗捐的队伍，我来就是穷哥们推举的。"吴焕先政委得知阮英臣的来意，非常高兴。赞扬了他为穷人做好事的行动，并给他讲解了共产党和红军为穷人求解放的宗旨，讲了"五抗"的政策，同意他回去组织人员，3天后把队伍带来，红军给他们发枪，加编番号，派人领导他们闹革命。阮英臣高高兴兴地去了。

当天下午，吴焕先就把夏云飞、吴华昌（后改名吴振挺）、王义庆3人找到军部，向他们讲了阮英臣来的情况，并说明组织决定把他们留下，开展当地群众工作，掌握这支武装。3个人组成中共山阳西区工委，夏云飞为书记，负责武装斗争，吴华昌和王义庆负责政权建设。吴政委还和他们谈了开展工作的要求，做好他们的工作。

第三天上午，阮英臣就拉来90多人。在袁家沟口的河滩上，举行了第四路游击师命名大会。吴政委宣布了阮英臣为鄂陕第四路游击师师长，夏云飞为第四路游击师政委，还将一面鲜红的军旗授予阮英臣。最后，军部将3挺轻机枪、80支步枪，一批子弹、手榴弹发给游击师。就这样，在吴焕先政委的一手组织下，第四路游击师成立了。此后，第四路游击师在袁家沟口地区很活跃，配合我们游击总司令部和主力红军打了不少仗，在当地很有影响。

3月上旬，红二十五军西进抵洋县华阳镇，在石塔寺打垮了陕军警二旅两个团。尔后，省委又派魏文建等几十名骨干下去，分别组建了华阳、茅坪两支游击队和数百人的抗捐军，并决定归鄂陕特委和游击总司令部领导。由于我们在鄂陕边，他们活动在华阳镇的石塔寺、商家坝、瓦子沟等地，相距较远，实际上彼此没有联系。

4月中旬，红二十五军攻克洛南县城。为了开辟洛南、商县、商南、卢氏等四县边区，省委和军领导决定派方升普等带第二二五团八连到地方上开展群众工作。他们先后在孙家山、北宽坪、桃坪、峦庄、庾家河、留仙坪、灰池子、刘家花屋、梨园岔、腰庄等地，发动群众，分地分粮，建立了一批区、乡苏维埃政权，成立了地方游击队，扩大了根据地。

5月初，省委为巩固和发展豫陕边根据地，决定建立豫陕特委和豫陕游击师。特委书记郑位三，师长方升普、政委曾焜，统一领导这一地区的工作。一个月后，郑位三到我们鄂陕特委任书记，由李隆贵任豫陕特委书记。豫陕游击师下辖：

第二二五团八连（后改为第一游击大队），连长张海波，指导员袁崇安；

第二游击大队，队长刘传根，政委李传彬；

第三游击大队，队长李震远，政委张培真；

第四游击大队，队长李思明，政委胡从真。

全师近500人，主要活动在豫陕边区。

在鄂陕游击总司令部、豫陕游击师的领导指挥下，各游击武装都积极开展活动，组织人民群众进行斗争，巩固和扩大了根据地，革命斗争形势和游击战争蓬勃发展。

中共鄂陕、豫陕两个特委分别直辖于中共鄂豫陕省委（此时鄂豫皖省委已改为鄂豫陕省委），鄂陕游击总司令部、豫陕游击师直接归省委和红二十五军指挥。我们除配合主力红军外，相互之间也有配合。

在各自的游击战争中，我们鄂陕游击总司令部的第三路游击师歼灭了曹家坪保安队。第四路游击师先后消灭了山阳县的二道沟税警队和牛耳川、金井河民团。第五路游击师摧毁了洵阳县的潘家河乡公所，没收12家恶霸地主的财产，分给200多户贫苦农民。潘家河群众中当时流行一首庆祝翻身的歌儿，其中唱道：

山高遮不住太阳，黑夜过去天要亮。

洪水滚滚掀波浪，潘家河来了共产党。

共产党像太阳，它的恩情赛爹娘。

潘家河水哗啦啦响，要翻身得靠共产党。

与此同时，鄂陕游击总司令部战斗营和第六路游击师，袭击关防铺等据点，捣毁了"郧西铲共义勇军"在三天门的老巢。

豫陕游击师，在我军主力包围商南县城、奇袭荆紫关时，占领梨园岔与腰庄间的有利地形，顽强阻击尾追主力部队的敌人六七个小时，毙伤敌150余人。他们还全歼景村联保队，奔袭五里川民团，消灭武关镇保安队，为主力部队大踏步进退创造了条件。

华阳游击队也主动打击洋县保安队，在通往汉中的公路上截获敌人军用物资30多担，并两次打开佛坪县旧县城。

各游击部队还组织人民群众为主力部队送情报、当向导，积极运送粮食，转移伤病员；派出小股游击队割电线、断交通，侦察敌情；动员农协会、儿童团、妇女会等群众组织，站岗、放哨、做军鞋、备干粮和救护伤病员，有力地配合和支援了主力部队的行动。特别是当红二十五军在袁家沟口歼灭陕军警一旅时，我鄂陕游击总司令部第三路、四路游击师给予了紧密的配合，直接参加了堵敌退路的战斗并及时为主力提供敌情，配合行动。战后，由游击师负责打扫战场。

回忆到这里，我想补充个情况。在我们开展地方游击战争的时候，中共鄂豫陕省委曾举行几次会议，因我们游击总司令部活动不定，没能参加会议。其中在5月份省委于葛牌镇召开的扩大会议上，我被选为省委委员。这可能是考虑到对游击战争的领导问题而决定的。这对巩固和扩大根据地是有利的。这样，鄂陕边有我和郑位三同志是省委成员，豫陕边有李隆贵同志。

原载陈先瑞：《陈先瑞回忆录》，解放军出版社，1999年，第107～113页。

血染庾家河 陕南建苏区

◎ 胡继成

我们进至铁锁关，敌人主力还在卢氏县一带严加防守，做着歼灭红二十五军的美梦呢！

铁锁关口根本没有敌人主力防守，只有部分陕东南本地民团守关。战斗打响不久，我们即将民团击溃。我们没费多大力气，就破关进入陕南。

我们入陕南后，蒋介石赶紧急调陕军冯钦哉部四十二师两个团，从潼关、华阴仓促奔陕南洛南县城和景村、三要司等地阻击我军。

我红二十五军先头部队，在三要司与敌一个营接火。敌人凭借三要司南部的九泉山一带高地，顽强阻击我军前进。

军首长指挥第二二五团迎着九泉山东南侧陡岩，正面实施攻击，其余部队则绕西侧向敌人背后攻击。有一个外号叫"猴子"的营长，带领八连从背后攀上山顶，与敌人展开肉搏战。在正面部队的夹击下，他们很快将九泉山上一营守敌歼灭。

通过九泉山，我们翻过一道莽莽苍苍的山岭，走了一天路程，进至洛南县庾家河宿营。

到达庾家河后，省委认为这里山大林密，可以考虑在此建根据地了。这时的鄂豫皖代理省委书记是徐宝珊。老省委书记沈泽民在七里坪、鄂东、皖西战役接连失败后，宣告承认错误行动方针失败，在湖北黄安紫云寨主持召开鄂豫皖省委第三次扩大会议，亲自执笔，向党中央写检讨报告，转变军事斗争方针，使红二十五军有了获得新生的机会。会后不久，沈泽民同志就病死在黄安以北老君山东的刘家湾了。

部队到达庾家河次日上午，徐宝珊同志召集省委常委开会。这时，我在第二二三团当参谋。当时，我们没侦察员，为了及时打探敌情，一大早我便去找群众探路。我发现一间草房里有位30岁出头的壮年男子用刀划破竹烟管，正在刮里面的烟油和竹屑，便问，老乡，你这是在干什么啊？这男子不好意思地说，哎……断烟好几天了，没烟抽，闷得慌，劈开烟杆刮些烟油竹屑点燃抽抽，解解闷儿。我发现他烟瘾这么大，又是位老实人的样儿，便抽出一支卷好的叶子烟点燃递给他说，来，给你解解馋。

这男子看见烟卷，眼睛一亮，满脸喜悦，忙在破衣服上擦了擦手，把烟卷接了过去。

这男子抽了几口，顿时来了精神，话也多了起来，连连问我有什么事需要帮忙的，尽管开口。

我看他不像坏人，便对他说，我们行军太累了，我想让士兵们好好休息半天，你是本地人，路熟，你马上沿着鸡头关方向大路替我们打探敌情，一旦发现有国民党军队开过来，就赶紧用最快的速度，跑回来告诉我们。现在，我先给你两块大洋，你跑出去在20里外等着，发现动静，速回来报，未发现敌情，就藏在路边等候半天，下午我再派人来换你。他老婆见我说话和气，又给银圆，忙说，长官，别找别人了，就我去换他吧，我不比他跑得慢，又是女人不引人注意。我说，好好好，就这么办，这里还有几支毛烟，你全带去，注意安全。我们是红军，叫同志，不叫长官，你这是在给红军办事，红军是穷人的队伍，你要像给自己家里办事一样认真，快去吧！

这男子连连点头，接过烟卷就往门外走，他妻子又往他怀里塞了两根烧红苕，他转眼便消失在了大雾里。

派走那男子后，我赶紧赶往庾家河镇东山坳排哨处等候消息，万万没想到，不到半个时辰，那个派出去的男子就气喘吁吁地跑回来报信。还离我老远，他就连连叫喊：同志，同志，国，国军跑步赶，赶来了，人马很多，看不清有多少，只见不断线似的往这边涌来。

我见情况紧急，立刻派人去向军部报告，马上指挥部队排哨隐蔽敞开，准备战斗。

敌人来得真快,我派去报告的人刚走,敌人的先头部队就从庾家河东七里荫岭迂回向东山坳口扑来。我排哨当即向敌开火。

敌人来得太多,我排哨寡不敌众,战斗一开始,敌即以一个团的兵力夺取了东山坳口的有利地形,向庾家河镇内发起猛攻。

省委正在开会,听见枪响的同时,前哨排报信的战士也赶到了。

省委立即停止开会,徐海东副军长立即率第二二三团飞奔镇外以猛烈的火力夺回了东山坳口。与此同时,军长程子华和政委吴焕先也分别带第二二四、二二五团跑步抢占了镇东南北两处高地,协同第二二三团阻击进攻之敌。

战斗打得非常激烈,敌人的火力非常猛。开战不久,副军长徐海东的面颊便被敌人子弹纵向洞穿,从耳后打出,身负重伤;军长程子华两个手掌亦被敌子弹击穿。

军政委吴焕先见军部两个领导负伤,立刻身先士卒指挥部队英勇反击,用刺刀、手榴弹与敌人进行殊死拼搏。第二二四团团长叶光宏一条腿被敌机枪子弹打断,仍不下阵地,坚持趴在地上指挥作战。七连一挺重机枪接连牺牲三名射手,仍未停止射击,始终死死压住敌机枪阵地火力。

这次战斗,整整打了一天,从早晨一直打到黄昏。敌六十师虽然是有备而来,但我军火力也不弱。离开鄂豫皖老区整编时,我们每个连都装备了9挺机枪,火力很强。

整个战斗中,我军伤亡了100多人,敌六十师伤亡了300余人。

庾家河战斗的当天晚上,我红二十五军撤出战斗后,立刻转洛南县蔡家川掩埋烈士、安置伤员。我们给每个人发30块大洋养伤费,给接收伤员的群众每人发10块大洋,很快就把伤员安置好了。与此同时,军部下令撤销第二二四团,将第二二四团战余人员分别编入第二二三团和第二二五团。这么多任务,一夜之间就完成了。次日凌晨5点,部队即离开蔡家川,转移南下。

我们从蔡家川以南经郧西,北返洛南,东入卢氏,西转蓝田,敌六十师再未敢跟踪追击,庾家河战斗的较量,使它畏惧我军三分。

甩掉了敌人暂时的"追剿",我军迅速进行大回旋行动,扫除陕南各地的民团武装和反动政权,镇压恶霸地主,将没收的大批财物分配给穷苦农民,很快在陕南造成了很大影响。

我们经过红岩寺、凤凰嘴，打下镇安县时，部队一天就增加 300 多新兵。这一带很穷，我们途经山阳县西小河口时，一群群十六七岁的大姑娘没衣服穿，跪在路边喊：红军行行好，我们肚子饿坏了，求求赏我几个钱……我们许多战士见这场面，热泪盈眶，像见了自己的亲妹妹落难似的难受，很想多给她们一些铜板。但那时大家身上都没有钱，五个铜板以上的浮财就要交公。许多战士拿不出钱，当场就把衣服裤子脱下，穿在了那些小妹妹身上——这个行动在当地引起群众极大震动，我们在那儿住一天，又收了 300 多新兵。大兵升班长，班长升排长，排长升连长，连长升营长，营长升团长，团长升师长，师长升军长……

省委见这儿各方面条件都好，便下决心在这儿建立根据地。省委首先派第二二三团政治处主任陈先瑞（1975.10—1987.12 任成都军区政委）带该团七连，到镇安、山阳、洵阳、郧西四县边区发动群众，开展创建新区的工作。

随后，我军主力北返洛南，消灭景村民团后，省委又调手枪团政委宋兴国等同志带领手枪团第二分队，与当地农民武装大刀会组成陕南抗捐第一军（后改为洛南游击队）。这儿群众基础好，曾有过成立抗捐军的历史。

1935 年 1 月初，我红二十五军主力再度南下，攻克镇安县城，歼敌保安队一部，救出大批穷人"抗捐犯"，并缴获了许多棉花、布匹，很快解决了全军的冬服问题。

部队在镇安发布告群众书，号召工农劳苦群众团结起来，打土豪，分田地，捉拿反动首领，镇压地主恶霸，铲除"地头蛇"，摧毁敌统治基层保甲组织，建立苏维埃基层政权。在郧西一、二、三天门地区，分别召开群众大会，发动群众没收、分配地主的土地、粮食、财物。没用多长时间，便把群众发动起来了。这样，很快即在镇安的白塔、茅坪、大米粮川、小米粮川和郧西的一、二、三天门以及丁家坪等地，建立了陕南第一批区、乡级苏维埃政权。

建好这块苏区，我们北回红岩寺，西去秦岭边陕北刘志丹率领红军南下活动过的佛坪县打了一仗。打下佛坪以后，我们发现城里只有 100 多户人家，没法住，又回身转至葛牌镇、蓝田县住了几天，到处为群众做好事。

此时，蒋介石开始调河南敌——五旅 2 个团及湖北边界的敌四十四师 3 个团，配合陕军 2 个旅 1 个团"围剿"我陕南新区。1 月下旬，陕军一二六旅、警备第二旅，进至镇安县城以东、以南地区，向我军初建的陕南根据地逼近。

我红二十五军立刻展开兵力迎战。为了争取战场主动性，各个击破来犯之敌，我们初从山阳、郧西交界一带的袁家沟口出击，尔后又转到凤凰咀，突然出现在敌人背后，敌人慌忙掉头尾追。

等到敌人主力掉过头来，我主力急进柞水县蔡玉窑设伏，待敌一部分人马追到伏击圈里时，我主力突然予以打击，击溃敌两个营，歼敌一个营，敌人赶紧夹着尾巴逃走了。

这一仗后，我们又转到葛牌镇以南文公岭一带备防。这时，天降大雪，群众忽然来报，敌有两个团兵力来攻我军。我们得信，立刻抢先占领文公岭一带高地，以猛烈的火力歼敌两个多营。

经过蔡玉窑、文公岭两次战斗后，敌军受重创，不敢再来进攻。我们乘胜入陕东南蓝田、商县、山阳、镇安、柞水五县边界发动群众，建立地方游击队，扩大红军队伍，开辟了第二块根据地，把北起葛牌镇，南到双河口，一、二、三天门，东起湖坪，西至米粮川等一大片地区连成了一片。我们在这里和群众一起过了一个愉快的春节。过完春节后，部队向东运动，至龙驹寨一带活动。

龙驹寨是西安通向陕东南荆紫关去湖北公路干线上的一个大镇，当时就有500多户人家。在这里，发生一件违纪小事，对群众影响很大。这个镇上当时有许多穷女人卖身，有两个不懂事的战士去了，部队知道后，开群众大会将这两名战士当场枪毙了。这事对当地老百姓震动很大。有人说："龙驹寨两头尖，街上王八起串串。"卖身的女人大都家境贫寒，战士不懂，处分一下就行了，不该杀。可部队向群众宣传说，红军必须严正纪律，红军应该打富济贫，不应该乘人之危去欺负受穷的女人。事后，红军在这一带威信提高很快，我们迅速在鄂豫陕交界处建立了一片可靠的根据地。许多伤员转到这里养伤，被群众收为了女婿不放行，部队去人做了许多工作，他们才笑着放人归队。

原载康纲联：《穿过硝烟的年月：成都军区原副司令员胡继成将军征战史》，长征出版社，2003年，第41～48页。

红二十五军十五个月斗争歌

（1936 年）

◎ 黄　镇

九月里来菊花清，红军大举向西征，
胜利通过平汉线，大打豪绅把粮分。
十月里来小阳春，红军猛向襄樊行，
英勇的抗日先遣队，击溃了军阀庞炳勋。
十一月里来水结冰，杨虎城调兵阻红军，
三要司一仗消灭干干净，乘胜占领镇安城。
十二月里来梅花艳明，抗捐军发展到陕鄂省，
回转蔡玉窑消灭一团敌，红旗飘扬柞水城。
正月里来是新春，葛牌镇送来拜年情，
缴获枪支两千几，武装了陕南广大的穷人。
二月里来气象更新，陕南的苏维埃蓬勃生，
南征汉中扩大阵地，有力地配合了红四方面军。
三月里来是清明，华阳击溃警备第二旅，
一次进攻开头炮，打伤了匪首张飞生。
四月里来商洛行，红军再战葛牌镇，
二次进攻全粉碎，消灭了敌军一千多人。
五月里来天气暖，占领洛南逼潼关，

七天训练龙驹寨，学习天才是红军。

六月里来热气腾腾，国民党临死不甘心，

钢铁红军冒暑征，拖垮了国民党几师兵。

七月里来占领荆紫关，回师黑山准备决战，

小河口一仗消灭一个旅，生擒了旅长唐嗣桐。

八月里来胜利进攻，配合中央红军向北征，

威逼西安包围天水，连占两当秦安隆德城。

九月里来遇着回民，党的路线正确执行，

打垮马鸿宾遭到陕北，会合了二十六、二十七军。

十月里来天气冷，何立中劳山丧了命，

无敌的红军百战百胜，榆林桥再消灭四个整营。

十一月里来大雪纷纷，三次"围剿"完在直罗镇，

中央正确直接的领导，最后的胜利属于我们。

　　本文由原红二十五军老战士、中国人民解放军第二炮兵原政治委员陈鹤桥同志提供。曾载于1992年6月解放军出版社出版的《将军·外交家·艺术家——黄镇纪念文集》一书，收入本书时，根据原红二十五军领导之一郭述申同志和陈鹤桥同志的意见做了订正。歌曲描述了红二十五军从1934年阴历九月至1935年11月期间的斗争历程，其中1935年9月至11月成立红十五军团后，军团指挥的几次重大的战役和重要战斗，都是由红二十五军、红二十六军、红二十七军等兄弟部队共同参加的。——原注

　　原载金肽频主编：《安庆新文化百年·诗歌卷》（1915—2015），安徽文艺出版社，2016年，第167～168页。

我在红二十五军入党前后

◎ 叶建民

1934 年 11 月，我所在的红二十五军集结在鄂豫皖苏区的何家冲地区准备长征，当时我在第二二三团二营部当通信员，年纪只有 15 岁，是个名副其实的"红小鬼"。

临出发，我的大姐夫翁行万（乡党支部书记）专程从我的老家宣化店赶来送行，一见面，他便转告我那当赤卫队员的老父亲的重要口信：不管遇到什么困难，都要跟着共产党，跟着红军闹革命，不能当孬种，要早点入党。当时，我虽然没表示什么，但我心里明白亲人的这番话都是针对我在反"围剿"斗争中几次不肯写入党申请书那件事说的。

在鄂豫皖苏区反"围剿"的作战中，我表现得挺勇敢，党组织和同志们都挺看重我。班长曾几次动员我写入党申请书，并说党支部研究过我的入党问题，只要申请，组织上就发展我，但均被我以年纪小为由推脱了。说老实话，当时，我除了知道"国民党坏，共产党好"这些最基本的道理之外，对党的知识和人生信念之类的确懂得不多，再加上"肃反"扩大化闹腾得着实让人害怕。现在父亲和大姐夫旧话重提，我完全明白他们的意思，也掂量出话语间的分量。我避开大姐夫的目光，不好意思地低下头，心里却开始认真思索起这个问题来。这种思索伴随我走过万水千山……

长征中，我们红二十五军将士几乎每天都在与国民党几十万大军的围追堵截以及恶劣艰苦的自然条件和生活条件进行着殊死的斗争。我身边的那些优秀共产党员们时时刻刻表现出的那种越是最危险最困难的时刻，越是勇敢冲锋在前的革命英雄主义和大无畏精神，使我刻骨铭心地感受到共产党员与众不同。

记得我们长征来到四川西部一个叫西王村的地方宿营，班长带着我刚为大伙儿做了点面条下到锅里，还没等熟呢，敌人就围上来了。班长丢下刚端起的碗，带领我们冲出屋外，迎面碰上了军政委吴焕先同志。吴政委手里提着把大刀，两只衣袖高高卷起，哪里战斗最激烈最危险，吴政委总是及时出现在哪里，这在战士们眼中早已成为一种惯例，而且吴政委一来，准会组织"敢死队"。果然，吴政委大喊一声："共产党员统统站出来，跟我冲！"话音未落，他把大刀一挥，便转身率先向敌人控制的山头冲去，在他身后"呼啦啦"一下子紧跟上几十个人，清一色的共产党员。

我这个人虽说入党不积极，但打白狗子却从没含糊过。于是我也急忙混进了"敢死队"，跟在班长身后往前冲。心想，打敌人还分什么党员不党员？

谁知刚跑出没多远，班长便发现了我。他一改平时和蔼的模样，活像只被激怒的大老虎，一把揪起我的脖领子，不由分说，连提带拖地把我弄到一块隐蔽的岩石旁，冲我又吼又叫："你连党员都不是，凑什么热闹？你不够格儿！"说罢，用力将我一推，竟把我摔了个屁股蹲儿。随后，班长转身又冲进了枪林弹雨之中……我委屈极了，窝了一肚子火儿，坐在地上一个劲儿捶自己的大腿：岂有此理！不入党，难道连冲锋陷阵的资格都没有吗？……

等我随二梯队攻上山头的时候，吴政委和班长他们已控制了制高点，正以猛烈的火力将敌人压下山去……

在这次战斗中，我的两位党员同乡英勇牺牲了。失去好同乡的悲痛引发了我被逐出"敢死队"的屈辱，悲痛和委屈一起袭上心头，我忍不住号啕大哭起来，一边哭，一边用拳头猛捶班长的胸部，把我肚子里的气一股脑儿发泄到他的身上："呜……都怪你，为什么不让我上？"班长紧紧地搂住我，任我在怀里又哭又打，一声不吭，只有眼泪像断了线的珠子淌个不停……不知过了多久，等我渐渐安静下来，班长才疼爱地扳起我的脸，边抽泣边解释："建民啊，不是我不让你去，实在太危险啊！这种时候，我们党员不往前冲，谁个冲？"

打那以后，我开始崇敬起吴政委和班长这些共产党员了，从心眼儿里佩服他们，尤其是吴政委，我和战士们都把他当作自己的娘，有吴政委在，我就像有了依靠，一天见不着吴政委，心里就好像丢了魂儿似的。后来，吴政委在作战中牺牲了，我和一群"红小鬼"们都哭得死去活来，连着几天悲声不断，我边哭还边喊："没有娘了哇！"……

时间过得真快，转眼间红二十五军长征来到了甘肃东部的喜峰地区，眼看就要进入陕北根据地了，就在这时，我们与国民党马鸿宾部的骑兵发生了激战。

打敌骑兵，对我来说是件新鲜事儿。班长战斗经验很丰富。他一边向敌人射击，一边教我："建民，先打敌人的马，马一翻，剩下两只脚的家伙就好收拾了。"

我学着班长的样子，瞄准敌骑兵的马，连着扣动扳机。嘿！真灵！只见敌人的马一匹接一匹地栽倒了，马上的敌人也一个个摔得嘴啃泥。我心里那股高兴劲儿就甭提了。我打得兴头大起，只顾向敌人射击，完全忘记了隐蔽。正当我集中精力向敌人射击的时候，突然听一声："趴下。"紧接着感到有人猛地把我推倒在地，并用他那高大的身躯把我遮盖得严严实实。随即"咣咣"两声巨响，敌人的炮弹在我的身边爆炸了，一股浓烈的硝烟扑鼻而来，呛得我喘不过气来。爆炸过后，我竭力想爬起来，可压在我身上的那个人却一动不动。这时我敏锐地感觉到自己的脖子上有一股液体在流动，并伴着一股血腥气。我伸手一摸，哎呀，鲜血！我赶忙奋力翻身起来一看，原来是班长。只见他浑身上下沾满了鲜血，那顶八角帽被弹片打了好几个窟窿，殷红的鲜血浸透了帽子和衣衫，已昏死过去了。顿时，我觉得一股热血猛烈地冲上大脑，下意识地抓起身旁一把大刀，腾地跳出阵地，犹如一头被激怒的雄狮，嗷嗷大叫着冲进敌群，疯了似的砍杀起来……

战斗胜利了。我在一个土包旁找到了奄奄一息的班长。当我用嘶哑的声音轻轻地呼喊时，老班长艰难地睁开双眼，蠕动着干裂的嘴唇，示意我靠近些。我赶紧俯下身去，把耳朵贴近他的嘴边。老班长用尽最后一丝气力，断断续续地说："入党……跟……党走……革命……到底……"说完，还没等我有所表示，老班长就停止了呼吸。我顿时心如刀绞，想喊想叫，可喉咙却像被塞满了棉花，一点声音也发不出来。

在红二十五军长征胜利到达陕北根据地后的一个晚上，皓月当空，秋风萧瑟。我失眠了，独自一人来到窑洞外面的院子里，在一条土疙瘩砌成的长条凳上坐下来，思绪不由自主地又回到了长征路上。许多优秀共产党员的光辉形象重新闪烁在我的眼前，吴焕先、老班长、田守尧，还有许多共产党员们……正是因为有共产党的英明领导和共产党员们的先锋模范作用，才凝聚起全体红军将士和各族人民群众，才能使红军在极其艰苦的条件下转危为安，取得长征的胜利。"共产党员"是一个多么神圣而光荣的称号啊！我越想越激动。

......

"谁个？怎么不睡觉？"忽然，党总支书记刘斌来到了我的身旁。月光下，他上下打量了我一番，惊诧地说道："哎哟，嘛事儿哭成这个样子？"直到这时，我才发现自己满脸都是泪水，连胸前的衣襟都打湿了。我不好意思地站起身来，擦去脸上的泪痕，哽咽着向这位党组织负责人倾吐出久蓄心底的话："我要入党！"

刘斌一听，乐了："好哇！你呀你呀，早就该这样嘛。"接着，他认真地说："你要是看得起我，我做你的介绍人吧。"说罢，也不管我的意见如何，自顾低头算起日子来。他一边算，一边嘀嘀咕咕地念叨着。片刻，他抬起头来，说："噢，明天正好是五一劳动节，好日子！我看上午就举行入党宣誓吧！……"

第二天上午，天空格外晴朗，金色的阳光洒满黄土高原，把举行入党宣誓的窑洞照得亮堂堂的。面对用无数共产党员的鲜血染红的中国共产党党旗，我庄严地举起了右手……

我的这段经历，用活生生的事实从一个侧面再次印证了一条颠扑不破的真理：坚定地毫不动摇地跟着中国共产党革命到底，国家才有希望，民族才有希望，个人才有希望。

原载贺晓明主编：《不朽的神话：红军的故事》，中西书局，2012年，第98～102页。

以抗日先遣队的名义作战略转移

——红二十五军的长征

◎ 钱信忠

　　1934 年 11 月 11 日，鄂豫皖省委在光山县花山寨举行第十四次常委会，讨论了程子华同志带来的中央文件和中革军委副主席周恩来同志的口头指示，决定红二十五军立即实行战略转移，以鄂豫边界的桐柏山区和豫西的伏牛山区为初步目标。为宣传党的抗日主张，扩大我军政治影响，行动中部队对外称为"中国工农红军北上抗日第二先遣队"。同时，留一部分武装再组建红二十八军，继续坚持鄂豫皖苏区的武装斗争。省委决定由程子华同志担任红二十五军军长，吴焕先任政委，徐海东任副军长，戴季英任参谋长（编者注：会议上任命为政治部主任，一个月后为参谋长），郑位三任政治部主任（编者注：会议上调整为省委秘书长，一个月后为政治部主任）。军部对军医院的领导干部也做了调整，我仍担任院长，吴子南同志任副院长，军部派杨则民同志来军医院任政委（杨则民在陕南"肃反"中被错误地杀害了），并充实了看护班、担架班、通信班。全军共约 3000 多人，11 月 16 日，从河南罗山县何家冲出发，向西挺进。军医院的医务人员和轻伤病员，也随军出发，17 日从信阳城以南的东双河与柳林之间越过平汉铁路，以两天强行军进入桐柏山区。进入桐柏山区后，省委研究认为，这个地区靠平汉铁路，离汉水太近，回旋范围小，加之敌人大兵压境，我军腹背受敌，难以立足，决定迅速调头北去，到驻马店西北山区，跳出敌人的合击圈，然后向豫西的伏牛山区挺进。我军北上后，敌人又慌忙调兵，紧紧围追堵击。这时，正是 11 月下旬，深秋天凉，我们的战士还穿着单衣，加上秋雨连绵，战士冒雨行军，衣服湿透，手冻得连枪栓都拉不开。当部队到达方城县独树镇附近时，敌四十军一一五旅和骑兵团已比我军早两小时到达该地区。由于气候恶劣，风雨交加，还有些雾，我军侦察员发现敌人时，敌人已逼近。吴焕先立即指挥战斗，同时命令我把省委书记徐宝珊同志保护好。当时，徐宝珊同志正患病。这次战斗，一直打到天黑，还未结束。到傍晚，徐海东率第二二三团跑步赶到，打退了敌人几次进攻。天黑以后，从敌人封锁线间隙穿插过去，27日拂晓进入伏牛山东麓。因为这次战斗是和敌人的肉搏战，我们伤员有100多人，由于各个团、营的救护工作做得比较好，大部分伤员都及时进行了处理。由于情况紧急，部队干部都亲自抬担架运伤员。在突围时，大部分伤员都能随部队突围。

我军进入伏牛山区后，敌人又尾追而来，我们又沿叶县、方城边界向西挺进，沿途击退了尾追、阻击的敌人，12月10日到洛南县的庾家河（现属丹凤县）宿营。上午10点多钟，省委正在庾家河开会，研究创建鄂豫陕边革命根据地问题，敌六十师由七里荫（岭）奔袭而来。徐海东同志亲自指挥战斗，与敌人激战时，受了重伤。经过20多小时激战，击伤敌800多人，将敌人打垮。程子华同志也负了伤，还有许多团、营干部也负了伤。战士负伤也有100多人。我们军医院及时组织了抢救。徐海东同志头部负伤，昏迷不醒。我们派了担架员，把徐海东、程子华同志及一位姓赵的团政委抬着随部队行军。这次战斗中重伤不能走的有十几位同志，我们都派了担架员运送。这次战斗以后，我们每天绕山沟行军，并和当地老乡联系，把一些需要安置的重伤员安置在老乡家里。我们用一两个星期时间，分别把重伤员安置了。安置的原则，一是把伤口处理好；二是给伤员留下一些药，告诉伤员自己如何换药。重伤员安置好了以后，部队轻装前进。12月中旬，部队到了陕南，随之在那里创建根据地。陕西省是杨虎城的地盘，杨虎城和蒋介石的矛盾很深。我军入陕，原来追击的敌人大部没有进入陕西境内，而杨虎城正忙于北攻陕北红军，无力分兵对付我们。我们就利用这一时机，在陕南洛南、郧西、卢氏、蓝田等县，以武装斗争为先导，摧毁民团武装和反动政权，开展创建根据地的工作。部队在那里也进行了休整。我们就在这时，培训了一批部队的看护员和卫生员，充实战地救护的力量，并对一些重伤员进行治疗。重伤员中，有个团长，腿受伤，我们派了医务人员随同，把他安置在老乡家里。我后来去看他时，骨髓炎已发展很厉害，我立即给他做了离断手术。徐海东同志头部负伤，按头部外伤的治疗原则，保持安静，防止感染。前后经过2个月的治疗和护理，徐海东同志恢复了健康。程子华同志两手受伤，当时，坚持在阵地指挥作战，下火线时已红肿得厉害，伤口已有炎症。我们怕他出现骨髓炎，就采取了扩创消毒和夹板固定的办法，同时给以退烧消炎治疗。经过一个月，才把炎症控制住。这时，他的身体已很差，卧床不能动。为了防止褥疮，我们派了看护员给他护理。经过一番努力，逐渐恢复健康。但是，伤口留有死骨。到了陕北以后，我又为他做了一次手术，才完全恢复。团政委赵凌波胸部盲管伤，经过治疗肺部伤已痊愈，但子弹在哪里呢？在给他体检时，发现背部有一红点，在两肋中间，根据受伤时的体位判断可能是子弹。经过他同意，做了切开手术，把子弹取了出来。

红二十五军在陕南待了7个多月，1934年12月10日开始在陕南创建根据地，扩大了地方武装2000多人。打了几个比较大的胜仗，歼灭了陕军警三旅、张飞生警二旅几个营，在陕南建立了几块小的根据地。我们的部队原来不到3000人，到陕南以后发展到3700多人。红二十五军离开陕南到陕北，从西安到兰州公路线，打下了几个县城。敌人分兵追击，起到了牵制敌人、掩护中央红军北上的作用。军医院从鄂豫皖苏区随部队转战数千里，1935年9月15日胜利到达延川县永坪镇。

我们到达陕北后，除红二十五军野战医院外，我们又成立了后方医院（开始派吴子南同志任院长，以后由李资平同志任院长），负担前方医院转运去的伤病员治疗任务。

在长征路上，徐海东同志总喜欢要我同他在一起，当他观察地形，确定战斗部署后，我就按作战要求，有准备地设置医疗救护点。因此，一般战斗，医疗救护工作都比较及时。而战斗结束以后，则把轻伤员分散到部队，重伤员不能随军行动的进行妥善安置。所以，在长征路上，医院和军领导的关系是非常密切的。在正常行军的情况下，医院派出医务人员随后卫参加收容工作，把沿途有病的同志都收容起来，病重的用担架抬到宿营地，根据敌情和病情采取分工负责的办法，进行随队或安置的安排。这样做对巩固部队起到了积极的作用。红二十五军长征出发时，不到3000人，到了陕南，有2700多人，减员的人数不到百分之十。红二十五军在长征途中，大休整的空隙很少，偶尔稍事休息1—2天，大部分时间都在行军、作战。医疗工作，总是利用途中休息给病人看病，给伤员换绷带。

长征路上用的药品，基本上是缴获敌人的药品或从药店买的，一般药品还不算太缺乏。

总之，红军医院伤病员治愈率是比较高的。其中的原因主要是得到了群众的广泛支持，其特点有：一是苏区人民非常关心伤病员，虽然生活条件很差，但苏区人民常把家里仅有的一些粮食食品送给伤病员；二是把伤病员分散住群众家里时，群众对待伤病员亲如家人，超过家人；三是部队经常转移，由于部队和群众的关系密切，伤病员的转移都能及时得到群众帮助；四是苏区发展很快，人民信任红军，即使是在斗争最艰苦的时期，群众坚定地相信，红军必然会取得胜利。

原载钱信忠：《钱信忠文集》，人民卫生出版社，2004 年，第 23 ～ 26 页。

红二十五军的卫生工作

◎ 钱信忠

1932 年夏天，我参加红军以后，首先是在黄陂、孝感北部位于杨家寨的一所红军医院工作。院长姓杨，是中医，看护长姓刘，还有十几名看护员，收容伤病员 400 多人。1932 年 10 月，红四方面军主力转移，鄂豫皖苏区总医院及其分院的一部分医务人员随军走了，但大批伤员留在苏区；领导上调我到总医院工作。这时总医院已由箭厂河转移到张店一带，1000 多名伤病员分散安置在周围数十里的山区。总医院院长是邵达夫同志，连我在内共有 4 名医生，我到总医院后负责重伤治疗组的医疗工作。以后，由于敌人"围剿"，总医院转移到郭家河一带，把医院分编成几个所。我被分配到郭家河所，这个所先在郭家河东南的戴家岗，后又搬到郭家冲。在程七湾也有一个所，院里叫我同时负责两个所的医疗工作。1933 年，七里坪战斗以后，在高家湾成立重伤医院，又调我到那里工作。1933 年 7 月敌人开始第五次"围剿"，医院转移到天台山、老君山地区。

1933 年 12 月下旬，领导上通知我准备成立红二十五军医院，叫我当院长，我遂告别了医院的同志到军部报到。我到军部后，红二十五军即从鄂东北经敌占区打了几个小仗，到了皖西，同红二十八军会师。会师后，红二十五军和红二十八军统一改编为红二十五军。于 4 月 18 日经过潢麻公路回鄂东北，途中击溃了敌一〇九师两个营，战斗后部队进驻光山县高山寨西南的省委驻地。

随着红二十五军的改编，部队扩大了，着手筹建军医院。原来，红二十八军有个医务所，共有二十几个医护人员，两名医生，与红二十五军合编。红二十八军的孟医生带了一个看护班到皖西组织后方医院。军医院共有三四十名医护人员。军部决定我任院长，程谒梧同志任院秘书，实际上是医院支部书记，党的负责人。除医务人员外，还有炊事班、通信班、担架队。这样，把军医院的架子搭起来了。我向徐海东、吴焕先同志汇报，军医院刚建立，全军医务人员太缺，要训练一批看护员和卫生员。他们同意，叫我从部队有文化的青年战士中，挑一些人办训练班。我们办训练班，培养了看护员，加强了部队医务人员，也充实了军医院，初步建成了一个能承担全军3000多人医疗、急救任务的军医院。

这一阶段，部队在皖西打了几仗，缴获了一些药品，我们全院已有药品、器械五六担。1934年9月3日，我军从英山东北杨柳湾出发，当夜急行军90余里，隐蔽地进至太湖县西北的回龙湾。4日下午，继续前进，急行军130多里，我带了几名体质好的看护随先头部队于半夜以神速动作攻占了太湖县城，消灭了伪安徽省警备旅一部，缴获了布匹、药品等大批物资。攻占太湖后，部队每人发一把伞。当时经常露营，所以大家都高兴地说："一把伞就是一间房啊！"从太湖缴获的药品，除补充给军医院外，其余送后方医院。

在组建军医院的同时，我们又着手组建军部下属第七十四、七十五两个师的医疗卫生机构。第七十五师医院有位院长，近50岁了，他虽然技术不太高，但对伤病员非常关心、爱护，人们都亲切地叫他老院长。他培养的看护班，人员比较整齐，有一定的护理业务水平。我们对两个师的现有人员进行了调整、补充，把师医院也建立起来了。师以下的团、营，也相应地建立了卫生队、医务所。到1934年9月，红二十五军的各级医疗机构，在军部领导的关心和支持下，已初步建立起来。军医院还成立了战地救护队，在战争时，战地救护队的医护人员随部队上前线，及时进行战地伤员抢救，提高了伤员的治愈率，降低了伤员的死亡率，受到部队指战员的称赞。

红二十五军在皖西打了几仗以后，又转移到了鄂东北。打下五里店时，在镇上赎买下了一家诊所，医生姓陈，我们把他诊所的药品、器材全部买下。军医院药品又得到一次补充。经过动员，这位陈医生参加军医院工作。到陕南后，他不能忍受行军作战恶劣环境和太艰苦的生活条件，再三要求离开红军。我向省委徐宝珊同志报告了这件事。后来军部领导批准，送他一笔路费，等红军到外线作战时，让他离开，实际上扩大了红军统一战线政策的影响。全国胜利后，他给我来过信，说他回去后，做了大量的宣传工作，地方党组织也承认这一点。长征前，可以说红二十五军军医院人员和设备，已初具规模。

军医院是在战争的环境里，边战斗，边筹建，逐步充实起来的。在组建过程中，我们医院的医务人员，随部队行军作战，担任战地救护任务。1934年5月30日，我军到达光山县的凌云寺。部队还未做好饭，敌三十二师九十四旅追到山下，吴焕先政委对部队作了紧急动员，部队立刻占领阵地，抢修工事。敌人发动猛攻，又以3架飞机向我军阵地猛烈轰炸。我军全体指战员顽强抗击，打退敌人连续冲锋。我军及时组织反击，激战到黄昏，挫败了敌人陆空配合的进攻，毙伤敌人700余，我军也伤亡600多人。这次战斗，医务人员战地救护工作也做得较好。在双方激战时，救护队的同志及时在战地抢救伤员。战斗结束后，轻伤员随部队转移治疗。重伤员100多人，我们派担架队把他们送到后方医院。这次战斗后，吴焕先同志表扬我们说："这次战地救护工作做得很好。"我军的胜利，一面扩大了根据地，一面进行部队建设。军医院也抓紧在朱堂店集训。我们从部队有文化的战士中，调了一部分同志，为军医院和各师培训了一批看护员、卫生员。同时，对各师和团的医务主任也进行了业务训练。

凌云寺战斗后，我军又接连打了几次仗。如6月下旬的长岭岗遭遇战，徐海东和吴焕先同志亲自指挥战斗，歼灭了敌一一五师5个营。这次战斗，我们的伤亡很少，缴获了很多武器和医疗药品。每次战斗，我们都组织了战地救护，很快把伤员运下火线，及时处理，较好地完成了战地救护任务。

1934年11月11日，鄂豫皖省委在光山县花山寨举行第十四次常委会，讨论了程子华同志带来的中央文件和中革军委副主席周恩来同志的口头指示，决定红二十五军立即实行战略转移，以鄂豫边界的桐柏山区和豫西的伏牛山区为初步目标。为宣传党的抗日主张，扩大我军政治影响，行动中部队对外称为"中国工农红军北上抗日第二先遣队"。同时，留一部分武装再组建红二十八军，继续坚持鄂豫皖苏区的武装斗争。省委决定由程子华同志担任红二十五军军长，吴焕先任政委，徐海东任副军长，戴季英任参谋长，郑位三任政治部主任。军部对军医院的领导干部也作了调整，我仍担任院长，吴子南同志任副院长，军部派杨则民同志来军医院任政委（杨则民后在陕南"肃反"中被错误地杀害了）；并充实了看护班、通信班、担架队。全军共约3000人，11月16日，从河南罗山县何家冲出发，向西挺进。军医院的医务人员和轻伤员，也随军出发。17日从信阳城以南的东双河与柳林之间越过平汉铁路，以两天强行军进入桐柏山区。进入桐柏山区后，省委研究认为，这个地区靠平汉铁路和汉水太近，回旋范围小，加以敌人大兵压境，我军腹背受敌，难以立足，决定迅速调头北去，到驻马店西北山区，跳出敌人的合击圈，然后向豫西的伏牛山区挺进。我军北上后，敌人又慌忙调兵，紧紧围追堵击。这时，正是11月下旬，秋深天凉，我们的战士还穿着单衣，加上秋雨连绵，战士冒雨行军，衣服湿透，手冻得连枪栓都拉不开。当部队到达方城县独树镇附近时，敌四十军一一五旅和骑兵团已比我军早两小时到达该地。由于气候恶劣，风雨交加，还有些雾，我军侦察兵发现敌人时，敌人已逼近。吴焕先立即指挥战斗，同时命令我把省委书记徐宝珊同志保护好。当时，徐宝珊同志正患病。这次战斗，一直打到天黑，还未结束。到傍晚，徐海东率第二二三团跑步赶到，打退了敌人几次进攻，天黑以后，从敌人封锁线间隙中穿插过去，27日拂晓进入伏牛山东麓。因为这次战斗是和敌人的肉搏战，我们伤员有100多人，由于各个团、营的救护工作做得比较好，大部分伤员都及时进行了处理。由于情况紧急，部队干部都亲自抬担架，让出乘马运伤员。在突围时，大部分伤员都能随部队突围。

我军进入伏牛山区后，敌人又尾追而来。我们又沿叶县、方城边界向西挺进，沿途击退了尾追、阻击的敌人，12月10日到洛南县的庾家河（现属丹凤县）宿营。上午10点多钟，省委正在庾家河开营级干部会，研究创建鄂豫陕边革命根据地问题，敌六十师由七里荫奔袭而来。徐海东同志亲自指挥战斗，与敌人激战时，受了重伤。经过20多小时激战，毙伤敌800多人，将敌人打垮。程子华同志也负了伤。还有许多团、营干部也负了伤。战士负伤也有100多人。我们军医院及时组织了抢救。徐海东同志头部负伤，昏迷不醒。我们派了担架员，把徐海东、程子华同志及一位姓赵的团政委抬了随部队行军。这次战斗中负重伤不能走的有十几个同志，我们都派了担架员运送。这次战斗以后，我们每天绕山沟行军，并在山区和当地老乡联系，把一些需要安置的重伤员安置到老乡家里。我们用一两个星期时间，分别把重伤员安置了。安置的原则，一是把伤员处理好；二是给伤员留下一些药，告诉伤员自己如何换药。重伤员安置好了以后，部队轻装前进。12月中旬，部队到了陕南，随之在那里创建根据地。陕西省是杨虎城的地盘，杨虎城和蒋介石的矛盾很深。我军入陕，原来追来的敌人大部没有进入陕西境内，而杨虎城正忙于北攻陕北红军，无力分兵对付我们。我们就利用这一时机，在陕南洛南、郧西、卢氏、蓝田等县，以武装斗争为先导，摧毁民团武装和反动政权，开展创建根据地的工作。部队在那里也进行了休整。我们就在这时，培训了一批部队的看护员和卫生员，充实战地救护的力量，并对一些重伤员进行治疗。重伤员中，有个团长，腿受伤，我们派了医务人员随同，把他安置在老乡家里。我后来去看他时，骨髓炎已发展很厉害，我即给他做了离断手术。徐海东同志头部负伤，按头脑外伤的治疗原则，保持安静，防止感染。前后经过两个月的治疗和护理，徐海东同志恢复了健康。程子华同志两手受伤，当时，坚持在阵地指挥作战，下火线时已红肿得厉害，伤口已有炎症。我们怕他出现骨髓炎，就采取了扩创消毒和夹板固定的办法，同时给以退烧消炎治疗。经过1个多月，才把炎症控制住。这时，他的身体已很差，卧床不能动。为了防止褥疮，我们派了看护员给他护理。经过一番努力，逐渐恢复健康。但是，伤口留有死骨。到了陕北以后，做了一次手术，才完全恢复。团政委赵凌波胸部受伤，经过治疗，伤已痊愈，但子弹在哪里呢？给他体检时，发现背部有一红点，在两肋间。根据受伤时的体位判断，可能是子弹。经过他同意，做了手术，把子弹取了出来。在此期间，即1935年5月9日，鄂豫皖省委书记徐宝珊同志，在陕南龙驹寨病逝。徐宝珊同志是我治疗时间最长的一位领导同志。1932年，他在鄂东北道委时，患了肺病，那时用药比较困难。党委托地下交通员给他从白区搞了一些药治疗。他担任了鄂豫皖省委书记后，由于工作繁忙，得不到休息，根据地生活条件也很差，他的肺病又加重了。我对郑位三同志说，徐宝珊同志的病，除了治疗外，改善营养很重要。郑位三同志决定，叫我送他到敌占区去休息一个时期。我们两人就化装成老百姓，送他到敌占区找到地下党组织，在地下党同志的掩护下，住在老百姓家休养。红二十五军长征到陕南时，徐宝珊同志随军转移，路上经常发烧，基本上是用担架随部队走的。1935年5月，他肺病已到晚期，大口吐血，在陕南病逝。

红二十五军在陕南待了 7 个多月，1934 年 12 月 10 日开始在陕南创建根据地，扩大了地方武装 2000 多人。打了几个比较大的胜仗，歼灭了陕军警三旅、张飞生警二旅几个营，在陕南建立了几块小的根据地。我们的部队原来不到 3000 人，到陕南后发展到 3700 多人。红二十五军离开陕南到陕北，从西安到兰州公路线，打下了几个县城。敌人分兵追击，起到了牵制敌人、掩护中央红军北上的作用。军医院从鄂豫皖苏区随部队转战数千里，1935 年 9 月 15 日胜利到达延川县永坪镇。

我们到了陕北后，除红二十五军野战医院外，我们又成立了后方医院（开始派吴子南同志任院长，以后由李资平同志任院长），负担前方医院转运去的伤病员治疗任务。

在长征路上，徐海东同志总喜欢要我同他在一起，上阵地。当他观察地形，确定战斗部署后，我就按作战要求，设置医疗救护点。因此，一般进行有准备的战斗，医疗救护工作都比较及时。而战斗结束以后，则把轻伤员分散到部队，重伤员不能随军行动的，进行妥善安置。所以，在长征路上，医院和军领导的关系是非常密切的。在正常行军的情况下，医院派出医务人员随后卫参加收容工作，把沿途有病的同志都收容起来，病重的用担架抬到宿营地，根据敌情和病情，采取分工负责的办法进行随队或安置。这样做，对巩固部队起到了积极的作用。红二十五军长征出发时，不到 3000 人，到了陕南，有 2700 多，减员的人数不到百分之十。红二十五军在长征途中，大休整的空隙时间很少，偶尔稍事休息一两天，大部分时间都在行军、作战。医疗工作，总是利用途中休息给病人看病，给伤员换绷带。

长征路上用的药品，基本上是从药店买的及缴获敌人的药品。一般药品还算不太缺乏。

总之，红军医院伤病员治愈率较高的原因，有以下特点：一是苏区人民非常关心伤病员，虽然生活条件很差，但苏区人民常把家里仅有的一些粮食食品送给伤病员。二是把伤病员分散住群众家里时，群众对待伤病员亲如家人，胜过家人。三是部队经常转移，由于部队和群众的关系密切，因此，伤病员的转移都能及时得到群众的帮助。四是苏区发展很快，人民信任红军，即使是在斗争最艰苦的时期，群众坚定地相信，红军必然会取得胜利。

红二十五军于 1935 年 9 月 15 日胜利到达陕北根据地延川县永坪镇。16 日，刘志丹同志率领陕北红二十六、二十七军来到永坪镇，两军胜利会师。

会师后，红二十五军和红二十六、二十七军在中共西北代表团和陕甘晋省委的主持下，合编为红十五军团。徐海东任军团长，程子华为政治委员，刘志丹任副军团长兼参谋长。我担任红十五军团卫生部长。我们在永坪镇进行了短期的休整。军团领导要求我们虚心向陕北红军学习，搞好革命团结，并经常督促部队搞好作风纪律，严整军容风纪。

合编以后，部队卫生工作办了以下两件事：第一件事，是召集了原红二十五军和红二十六、二十七军的医务干部，在永坪镇开了一次军团卫生工作会议，贯彻军团领导的指示。在这次会议上，红二十五军和陕北红军的医务干部，互相交流了部队卫生工作的经验。当时，陕北红军无论医务干部或药品、医疗器械，都比红二十五军困难。因此，我们就动员红二十五军各团的卫生干部支援陕北红军，同时，把红二十五军的药品、医疗器械，调拨一批补充给由陕北红军组建的第七十八、八十一师。第二件事，是组织红十五军团的医务人员，参加了劳山战斗、榆林桥战斗的前线战场救护工作，取得了满意的效果。

1935 年 10 月，蒋介石为消灭红军、摧毁陕北根据地,调集兵力 10 万人,自任"西北剿匪总司令"，以张学良为副总司令，对陕北根据地进行第三次"围剿"。为了粉碎敌人的进攻，红十五军团决定组织劳山战斗。部队经过 3 天急行军，到甘泉附近的王家坪一带集结。徐海东、刘志丹率领团以上干部勘察地形，决定以部分兵力包围佯攻甘泉，调动延安敌人回援，主力在劳山地区伏击。劳山南距甘泉 15 公里，北至延安 30 公里，东西群山耸立，丛林茂密，是延安到甘泉的必经之路。10 月 1 日敌一一〇师师长何立中果然率部从延安出发回援，进入伏击圈后，我军占据有利地形，向敌人猛攻，激战 6 个小时，敌人全部被歼，师长何立中负重伤逃到甘泉，不久毙命。在劳山战斗中，军团卫生部组织了医务人员，在离前线指挥所不远的地方设立了医疗救护站，及时抢救从阵地撤下的伤员。这次战斗，俘虏伤兵比较多，我们除给以治疗外，并从俘虏伤员中发现一些军医，做了争取工作，动员他们参加了红军。如原东北药学院院长李维桢同志，原天津中医学院党委书记董汉文同志，都是这次参加红十五军团医务工作的。

敌人遭到劳山战斗的严重打击之后，采取了步步为营的堡垒政策，对苏区实行严密封锁，企图逐步缩小我根据地。军团决定拔除富县境内的敌人榆林桥据点。这个据点守敌是张学良指挥的东北军一个团一个加强营共 2000 多人。红十五军团的第七十五师和第八十一师的一个团参加战斗，10 月 25 日凌晨开始进攻，激战到下午，将敌人全歼。医务人员除随部队做战场救护外，都参加了战斗，随部队搜索在窑洞固守的敌人，并且俘虏了当过张学良警卫营长的敌六一九团团长高福元。由于是攻坚战，我军伤员近 200 人。除一部分轻伤包扎处理归队外，一部分重伤员我们派担架队转送到永坪镇后方医院治疗。红二十五军过去 3 年来，转战千里，基本上没有后方根据地，到了陕北，这是第一次有根据地的作战，我们也是第一次有后方医院，医务干部都很高兴。

1935 年 10 月 19 日，毛泽东、周恩来、彭德怀同志率领中央红军，经过二万五千里长征，到达陕北。11 月初，毛泽东、彭德怀同志来到陕北富县境内的道佐铺红十五军团部，接见了徐海东、程子华、郭述申等同志，并给予亲切的勉励。这时，红十五军团与中央红军合编为中国工农红军第一方面军，司令员为彭德怀同志，毛泽东同志兼政治委员，下辖红一军团、红十五军团两个军团。

红十五军团同中央红军胜利会师以后，在毛泽东、周恩来、彭德怀等同志的直接指挥下，参加了历史上著名的直罗镇战役，医务人员在这次战役中，也得到了锻炼。

在直罗镇战役激烈进行的时候，为争取时间抢救伤员，军团卫生部在前线指挥部附近的山坡下设立了手术救护组，战地卫生员把伤员从战场送来后，医务人员马上做外伤急救手术，从而减少了因失血过多而造成的死亡。当战争还在进行时，我们已收容了 100 余名轻、重伤员，都及时分别作了处理。由于前线用水困难，医务人员一面抢救伤员，一面轮流到几里路远的地方去挑水，供消毒和伤员饮用。这时，红一方面军总部卫生部长黄克诚同志亲自到前线医务所来看望伤病员，他勉励我们说：“你们在敌人飞机经常轰炸的情况下，使伤员得到治疗，还使大家都能吃上饭、喝上水，很不容易啊！”周恩来、彭德怀同志，在硝烟弥漫的战场指挥着战斗，知道敌机轰炸，很关心伤员情况，特地派通信员把我叫到前线指挥部阵地，关心地询问：“伤病员有没有损失？”我向周副主席、彭司令员汇报说：“敌机轰炸前，我们已把伤员隐蔽在窑洞里，没有损失。”他们这才放心，高兴地点点头，并嘱咐我说：“你们一定要精心医治，注意隐蔽好。”我回医务所后，把周副主席、彭司令员的指示向医务干部传达，大家受到很大的鼓舞。战役结束以后，我们把 100 多名轻伤员送归部队，剩下十几名需要继续治疗的重伤员，派担架送到后方医院。这次战斗，由于准备工作做得充分，医务人员的积极努力，较好地完成了战场救护和伤病员治疗工作的任务，徐海东同志夸赞我们"这次实战医务工作做得很出色"。

1935 年冬，日本帝国主义在占领东北以后，又侵占了冀东 22 个县和察哈尔省北部，正在酝酿"华北五省自治运动"。12 月间，北平爆发了大规模的"一二·九"抗日救亡运动。中华民族面临危亡的紧要关头。12 月 25 日，党中央在陕北瓦窑堡召开了政治局会议，通过了《关于目前政治形势与党的任务的决议》，分析了当时形势，确定了建立抗日民族统一战线的策略，提出了红军应该把打通抗日路线作为中心任务。中央军委决定东进抗日，并以红一方面军组成了中国人民红军抗日先锋军，彭德怀同志任司令员，毛泽东同志任总政委，2 月 27 日发布了《东征宣言》。红十五军团在延川县文安驿，接受了毛主席的检阅。接着，部队投入了东征准备工作。军团卫生部也召开了全军团卫生工作会议，部署东征战地卫生工作。同时，为每个连队的卫生员配备了战场救护的药品和器材，并采取互教、互学的办法，再一次对连队卫生员进行战地救护训练，使他们能正确地和熟练地掌握战场救护技术。

2 月 20 日晚，东征渡黄河的战斗开始。徐海东、程子华率领红十五军团，强渡黄河后，一直往太原方向打去。渡过黄河以后，正当我为渡河作战的伤员做手术时，军团部派通信员紧急通知我说：第七十五师参谋长毕士弟同志负重伤，叫我赶快去抢救，我骑马随通信员赶去。他被安置在一家老百姓的炕上，已昏迷不省人事。我给他做了临床检查，是子弹打进腹腔，内脏已破裂，腹腔大量出血。我们尽力进行抢救，并把伤情向军团部作了报告。由于伤势重，不久他就牺牲了。毕士弟是位朝鲜同志，曾在黄埔军校担任过教官，是我们党的一位老同志。他不幸牺牲，我们抢救组的同志都很悲痛。

东渡黄河以后，为了配合前线作战，军团在前线与后方之间设立了兵站，负责前方弹药和衣物、给养等军需供应工作。兵站还设有兵站医院，负责处理和转运前方送来的伤员。东征红军从川口至河口 100 多华里的地区渡过了黄河天险，挺进晋西，进逼同浦铁路。阎锡山急调主力 10 多个团，从孝义的阳泉曲一线，向红十五军团扑来。红一方面军决定，红一军团在阳泉曲以北的眼头村，红十五军团在阳泉曲以北的仲家山，向敌人进攻。这次战斗，我军伤亡很大，因敌军势众，战至黄昏，我军主动撤出，南下到灵石县双池（今属交口县）一带休整。作战时，我们前线医务所设在离前线很近的孝义县兑九峪附近的一个村子里。激战到黄昏时部队撤出转移了。由于伤员比较多，徐海东等军团领导专门派了担架、骑兵和马匹，帮助我们把伤员送到兵站医院。

从3月中旬到4月中旬，红十五军团在晋西北一带作战。军团卫生部就抓紧作战空隙，办了团卫生主任训练班，我和军团卫生部的同志，分别讲业务课，边作战，边训练医务干部。在文水、交城一带，我们还缴获了一大批医学书籍和药品器材，使部队的医药得到了补充。我们还在交城，动员了两位当地开业的一姓王一姓朱中医参加了我军，从此我卫生部有了中医了。

这次东征，迫使阎锡山进攻陕北苏区的部队撤回了山西。5月初，红十五军团回师陕北，在延川县王家坪一带休整。

为了巩固和发展陕甘革命根据地，援助绥远抗战，策应红二、四方面军北上，实现红军三个方面军会师，中革军委决定，红一方面军组成西方野战军，出师西征。

5月19日，红十五军团为西征右路军，在徐海东领导下，从延川县王家坪出发，从安塞、靖边越过长城，经过两个多月的战斗，横扫了盘踞在定边、预旺城、盐池、海原一带的马鸿逵、马鸿宾的军队，开辟了纵横八百里的新根据地。红十五军团司令部进驻到宁夏的预旺城。

预旺、同心、盐池一带，是少数民族地区，当地居民以回族为主。军团卫生部在这一带驻扎，除利用空隙开展部队卫生教育外，部队医院还开设了门诊，为当地群众治病。开始，群众不相信，不敢来找我们看病。后来，我们为当地清真寺的阿訇用外科手术方法治好了疝气、阑尾炎，消息传开，找我们看病、做手术的人越来越多。我们给阿訇治好了病，他很感激。他知道红军为了尊重当地民族习惯，不杀猪不杀羊，也不敢杀鸡，就主动来帮助我们，按照回族习惯，宰羊、杀鸡，部队生活也改善了。部队在宁夏回族地区驻了两个多月，由于认真执行民族政策，积极开展了少数民族地区的防病治病工作，密切了军民关系，受到了少数民族同胞的拥护。我们在韦州城还动员了当地一位开业的眼科医生苏书轩参加了红军卫生工作。

苏书轩同志原是天津马大夫医院的眼科医生，他离开天津来到宁夏后，在韦州城开业，经动员后，他积极地参加了红军，以后一直在我军部队做卫生工作，解放后曾担任济南军区卫生部长、协和医院院长，已是我军卫生部门很老的领导干部了。

1936 年 8 月底，红二、四方面军胜利地进入甘南的渭源、陇西地区。9 月下旬，红十五军团派骑兵团从同心城出发，驰骋 36 小时，奔袭甘肃省的会宁城，打通了红二、四方面军北上的通道。10 月 8 日，红军三大主力在会宁地区胜利会师了。

这时，国民党又调 5 个军的兵力，分四路向红军追击。蒋介石亲自到西安坐镇指挥。11 月 21 日，红一军团和红十五军团配合，在环县山城堡一战，消灭了胡宗南部主力一个多师，徐海东同志率红十五军团南下。

12 月 12 日夜晚，传来了一个振奋人心的消息：张学良、杨虎城将军在西安把蒋介石捉起来了！

张学良、杨虎城将军发动了西安事变，震撼了全中国，震动了全世界。国民党内部的亲日派主张紧急调兵，扩大内战，美英派则主张营救蒋介石。张学良、杨虎城这时也骑虎难下，急电中共中央派人到西安商量。在这种混乱的形势下，中共中央做出了和平解决西安事变的决策，派周恩来、叶剑英、秦邦宪等同志组成代表团到达西安。张学良、杨虎城一见到中共代表团，首先提出一个要求：请红军主力开到西安附近，保卫西安，准备抵抗亲日派的武装进攻。他们还指名要徐海东同志领兵前往。杨虎城还提出，把他的警备旅归徐海东指挥。周恩来同志理解张学良、杨虎城二将军的心理，因为他们和红二十五军交战多次，深知徐海东同志是一员虎将，他领导的这支红军是战斗力很强的，便一口应允，并发急电给党中央。党中央立即命令徐海东同志为红军南路总指挥，星夜开往西安。

红十五军团于 12 月中旬赶到西安附近的咸阳。我随徐海东同志先进西安。周恩来副主席把徐海东同志介绍给杨虎城将军。杨虎城为了表示对红军的敬意，送给红军前线指挥部一辆吉普车，并把他的警备旅长介绍给徐海东、程子华同志。

徐海东让我在西安物色一些医务人员到红军工作，并在西安购买些急需用的药品、器材。过了一两天，周恩来同志告诉徐海东："目前形势十分紧张，红十五军团迅速开往商州一带。"分别时，周恩来同志看徐海东没有大衣，便脱下身上穿的那件军大衣送给徐海东同志，叫他路上挡挡风寒。我把在西安购买的药品装上车，随徐海东同志到商州。这时，国民党进攻西安的先头部队，已经快到商州了。徐海东同志指挥红十五军团抢先占了商州北面的一座大山，防止国民党的先头部队向西安进犯。而这时，西安的谈判也正在紧张地进行。经过十几天谈判，西安事变和平解决了。周副主席从西安发来急电，叫南路红军3天之内全部撤过渭水。

西安事变和平解决后，红十五军团回师甘肃庆阳的西锋镇、驿马关地区，开始了5个月的大整训。这时，中央给红十五军团派来了一些领导干部。如军团政治部主任王首道，副主任冯文彬，宣传部长黄镇，第七十三师参谋长伍修权等同志，都是中央红军派来充实红十五军团的。同时，中央红军还给军团卫生部派来了王肇元、贺云卿、刘胜望等医务干部，加强了卫生部门的领导力量。

在5个月的大整训中，军团卫生部对部队医务工作进行了调整，建立了比较正规的军团医院。各师、团也分别建立了师卫生部和团医务所。并举办了团医务主任训练班和连队卫生员训练班，建立了连队卫生工作制度。并编印了《连队卫生工作须知》，发给连队连、排级干部。每周，医务人员给连、排干部讲一次卫生课，通过他们，向广大战士进行卫生教育，提高了部队卫生水平。5月9日，军团还在驿马关举行了阅兵式和运动会，并与东北军及关麟征的二十五师举行了篮球、马术友谊比赛，取得了优胜。

1937年7月7日，日本侵略者发动了卢沟桥事变。7月14日，根据中共中央和国民党达成的协议，遵照中央军委的命令，红军改编为国民革命军第八路军。8月上旬，红十五军团从驿马关镇开到三原县的桥底镇改编。

（包凌云、刘树发　整理）

原载高恩显等编：《新中国预防医学历史资料选编》（一），人民军医出版社，1986年，第449～463页。

红二十五军长征目击记

◎ 王纯业 [1]

红军长征是中华民族历史上的闪光点，红二十五军副军长徐海东将军在《星火燎原陕北会师》的文章中讲关于经过天水地区的情况时说："我们放弃了攻占天水县城的计划，连日转向凤凰山、沿河镇，强渡了渭水。"其文简明扼要。2002年出版的天水市北道区志 647 页叙述以上情况时也未讲红二十五军经过沿河镇强渡渭水的细节，只提到被处决的几个人名，给研究这段历史留下了空白。笔者是年逾八旬老人，祖居天水县新阳镇（沿河镇）王家庄，曾目睹 1935 年 8 月 9 日红二十五军长征过境，夜宿王家庄、赵家庄的全过程，现如实追记往事，以便人们了解真相。

神兵天降过境，民心稳定：凤凰山突起于天水北和渭河盆地之南，山高谷深，终年云雾缭绕。山南桥子沟村一带溪水横流，泥泞难行。山北面峰险坡陡，行人怵惕。红军战士翻越此山时的困顿之情可想而知。大军过山后，顺着王家坡村潮水般涌向沿河镇街道。其势迅猛犹如神兵天降，镇上农贸市场的群众惊得目瞪口呆。部队穿街而过，直奔渭河岸边。战士们的质朴形象与友好眼神立即赢得群众信赖，人们很快靠拢成两道人墙，像是欢迎嘉宾来临。街道商铺照常营业，风味小吃摊点仍在叫卖。有趣的是胡家湾村当天正在举办庙会，上演羊皮鼓舞蹈。大军过境

---

①本文作者系起义人员，现离休享受县级待遇。

而鼓舞未停，观众未散，民心安定。这种羊皮鼓鼓框是个铁圈，敲击时金属共鸣，声音清脆嘹亮。那节奏多变的鼓声被微风吹送到渭河边待渡的战士耳畔，无疑是演奏迎宾乐曲。那时天水地界常见高墙上张贴"红军可怕"的反动宣传布告，而事实胜于雄辩，现实戳穿了谎言。

军民携手渡河，鱼水情深：20世纪三四十年代雨水充沛，渭河终年波涛滚滚，那天恰逢河水大涨，面对湍急河流，体弱战士犯难。大军云集河边无险可守，军首长立即指挥习水战士率先渡河，占据北岸安林山制高点，掩护大军有序涉水。这个乡十余座水磨坊的三四十名工人闻讯赶来河边，自告奋勇协助渡河。多名女战士和伤病员先由磨坊小木船分批运送，其他人从镇上大成馆粉条作坊借来多根挂粉条长麻绳拧成一股，磨工在两岸拉扯，战士鱼贯扶绳涉水。来自山区不谙水性的战士则由工人们携手扶助共渡，在急流冲击下工人干脆用力牵扯拉他们上岸。渡河完毕后军首长笑容可掬地同磨工逐一握手道谢，还向每人赠送蚕豆大的两丸中药，讲明治疗感冒、肠胃病有特效，体现了红军的亲民精神。磨工们从未受过如此礼遇，有人感动地说："这是太阳从西边出来了!"紧接着军首长高声讲话："请各磨坊为部队赶快加工面粉!"工人不约而同回答："一定尽力完成任务!"由于河水大为磨坊提供了强劲动力，翌日部队开拔时战士的粮袋鼓得滚圆。几十年后的今天，还有老人回忆说：那真是鱼水情深啊!

大军不驻物资丰富的沿河镇而抢渡渭水后在相对贫穷的王、赵两村宿营，纯属安全考虑。镇上地域开阔，无险可守，而王、赵两村依山环水，易守难攻。笔者亲见一班战士去村后安林山上设立哨卡，不仅扼守山上唯一通道，还可俯瞰全乡动态，以防不测。环村有石砌的坚固防洪河堤，是理想的防卫工事，堤上绿树成荫，可以隐蔽防卫阵地。如此巧于利用地形地物设防，村民们无不赞美红军军事造诣之深!

有偿换取食物，军纪严明：部队进村已是黄昏，全村人家升起袅袅炊烟，跋山涉水后劳顿不堪的英雄们该吃饭了。战士去村边菜地摘取瓜菜后，必在原处放置钱币，用了谁家面粉、食盐、柴火后一定放置铜元、银圆、红白糖、茶叶等，补偿之多超过当时市价。爱民如子，亘古未见。南方战士只会煮面疙瘩或稠糊糊，有的老妈妈热情地帮做面条，亲如家人。我们一群孩子乱窜看热闹，入夜后村边巷口哨卡林立，盘查甚严。曾在冯玉祥部队当过连长的王善成制止娃娃们乱跑，以免发生误会，他领我们几个人爬上山岗俯瞰家园。入夜村子里悄然无声，山野虫鸣唧唧，田间蛙声一片，似在歌唱秋田丰收，又像是为英雄们的光临而欢歌。朦胧的月光下，田园充满诗情画意，谁会料到这偏僻的西北村落今夜竟是藏龙卧虎之地。有人兴奋地打破沉默说：活一辈子也难见到本地如此美妙的夜景，今晚有幸沾了红军的光！

翌日东方破晓，炊烟笼罩全村。旭日东升，部队悄然在村后草地集合，四五千人鸦雀无声。场地周围火红的高粱、金黄的糜谷，奇迹般无一株受到踩踏。夜晚铺垫睡觉用过的禾秸在原处码得整整齐齐，院里院外扫得干干净净。严明的纪律表现出军队素质的优良，充分赢得了民心。

尊重妇女人格，口碑长存：部队离开集合场地，浩浩荡荡向秦安县挺进。向导是名乡村医生，这位书呆子选择了蚰蜒咀，走的是陡峭小道捷径，他自己战战兢兢，手脚并用，一骨碌滚下山坡。后改由熟谙路径的老农做向导，选择赵家坡头大道，加快了前进速度，当晚在秦安县安伏镇宿营。向导回村讲：有名混进红军不久的兵痞在安伏镇对一农妇进行骚扰，立即被处决。人们纷纷议论说，由于历史原因，我国妇女是弱势群体，大军过境时人们关心的焦点也是她们的安全。四五千人在村子里住宿一夜这方面未发生一点问题，真是史无前例的奇迹！事过70年了犹传为美谈，口碑长存。在进军沿河镇前，已有侦察员对这里风土人情及军政情况做过调查，部队在王、赵两村宿营当晚，对拘捕的"阶级敌人"逐个进行审问，验明正身。其中有一穿长衫老人，须发雪白，侦察员从旁插话说，"他是商号管账先生没啥问题"，立即被释放回家，可见在人命关天的大事上红二十五军一点也不马虎。笔者不久前同年近百岁的老人王尚赅漫谈往事，他深情地回忆说，"那年红军进村，一队人堵住巷口，我因要回家照顾老人，硬着头皮往过挤，他们居然给我让道。看起来这是小事，细想这是尊重百姓的大事。我活了三个朝代，忘不了红二十五军的好作风。"这次红军过境几十年后还有人议论一件事，因此有必要补充叙述。

红二十五军在王、赵两村宿营，入农户借用炊具、购买生活日用品是理所当然的事，唯有王治岐（时任国民党军师长）家院子没有进去。对于国民党高官的院落，红军过门而不入，令人难以理解。1984年6月16日北京隆重举办纪念黄埔军校建校60周年庆祝活动，黄埔一期毕业的王治岐作为本省黄埔同学代表团团长，赴京参加庆祝活动。原红二十五军军长程子华时任内政部长，去宾馆看望王老三次，头次见面后热情地说："王老您好，1927年蒋叛变革命，我从武汉去广州找你，见面讲了情况，你不怕通共风险留我在特务营（任文书）工作，你助人为乐没齿难忘啊！……"王说："往事如烟记不清了。1935年红军长征经过老寒舍而不进院，家母多次说红军真好！谢谢你啊！……"程说："你家土坯房破破烂烂，战士不愿进啊！"二人会心地哈哈大笑。50年前的谜底终于向人们揭晓，令人回味，无限深思。

原载中国人民政治协商会议兰州市城关区委员会编：《城关文史资料选辑》第十一辑，中国人民政治协商会议兰州市城关区委员会，2008年12月，第57～60页。

红二十五军军长蔡升熙

◎ 黄河清

1932 年秋天，我从第七十五师调到红军二十五军军部，任特务班长。刚到军部，我就看见一个脚穿草鞋，身着青黑色军服，一身战士打扮的人。那人面容瘦削，身材高大，闪动着一双炯炯有神的眼睛，正在跟旁边一个捧着碗稀饭的同志争执着：

"你快拿回去，告诉他们，我不要。下次再也不许这样做。大家吃野菜，我也就该吃野菜，干吗要特殊呢？"

"不，首长，这是管理科特地为了照顾你的病……"旁边那位同志急着分辩说。

"谁说我有病？要是为了照顾病号的话，那就请你告诉他们，应该把这碗稀饭送给伤病员去吃。"

"话可不能这么说呀！你已经连吃了三天野菜了，再这样下去，你会……"

"我会怎么的？战士们是人，我也是人，难道他们就比我少怀了十个月的胎不成？别说了，快拿回去，把这碗稀饭送给伤病员们去吃吧！"

那位同志看实在不能说服他了，只好端着碗，噘着嘴出来。我悄悄地拉了他一把，问：

"这是谁呀？"

"还能是谁？军长呗！"

那时候，敌人正疯狂地向我们进行着第四次"围剿"。红四方面军决定从六安开始向外转移。为了保证军队、政府机关人员和随行农民群众的大队人马没有后顾之忧，我们红二十五军军部特务营和第七十五、七十四两个师被留在后面打掩护。

一天，军长叫我去，亲自交代我一个任务，要我带一个班在部队的后面做反尖兵，监视敌人。他给了我们每人一块银洋，临走还不放心，特地带我到山坡边找了几种野菜，告诉我说：

"如果你们碰不到老百姓，买不到东西吃，就多找找这种野菜，这是我最近发现的。只要把它揉一揉，用水一洗，就好吃啦！记住，你要是把战士们饿坏了，回来我可不饶你！"

我们执行任务回来，仍然继续行军、作战，一路上人困马乏，有些人走着走着就睡着了，一跤跌在地上也摔不醒。伤病员也一天比一天地多起来了。

蔡军长更是越来越瘦，除了一双大眼睛，他快成一个皮包骨头的人了。可是他的劲头还是那么足，一路上总是又说又笑的，在队伍里穿来插去，和战士们走在一起。

有一天，部队正赶路，一个病号忽然倒在路边，不能走了。蔡军长知道了，立时跑去看望。

"快上马吧，同志！"他说着，就把马身上的东西卸下来，然后双手去扶那个病号上马。

那个病号先是迷迷糊糊的，可是一定神，发现是军长，就喃喃地推辞：

"不行……不行，这是你的马……"

"我的马？不，这是革命的马，谁需要，谁就可以骑！"

"可是……你是首长，我是什么呀……"

"你是什么？是英雄！是为革命流血流汗的英雄啊！"

"军长……我……我可以走。"病号着急了，"你的手脚都残废了，我不能让你……"

"别说了，我命令你上马！"

军长立刻招呼警卫员，把病号抱上了马。他自己扛起背包，跛着左脚跟警卫员一拐一拐地走了。

"我的好军长啊，我这一辈子只要能有一口气，决不能给你丢脸！就请你放心吧！"病号伏在马上，感动得流下了眼泪。

经过一个月的行军，部队到了黄安县境，迎面发现了敌情，于是我们就在红十二（地名）投入了战斗。

一天，军长又把我找了去，交给我两个班，要我插到敌人侧翼探明情况，回来报告。

当我在当天 12 点左右完成了任务，兴冲冲地回到了指挥所时，真没想到，晴空一个霹雳，同志们低着头告诉我说：

"军长挂了彩，刚才被抬下去了！"

我惊叫了一声"啊！"一甩头，窜出来就去追。我追上军长时，他已经不能说话了。警卫员告诉我说：

"早上部队就叫敌人堵住了，三面被围，打了整整半天。坚持到中午，把人都饿坏了。好容易抽个空隙，苦拉苦劝地把他拉进工事，叫他吃饭。刚端起饭碗，枪声又响起来了。军长扔下饭碗就往外跑。他跑得很快，我连追都追不上，可谁知道就在这个时候，一颗子弹射进了他的左眼，他就……唉！为什么不打在我的身上啊！……"

我们停下了，军长被向下抬去，大家都把头低下了。想起军长伤势那么重，"首长呀！"我一阵心酸，生平第一次放声大哭了。

后来，我发现特务排 20 多个人都在痛哭流泪，便将眼泪一擦：

"同志们，我们要为军长报仇！我们要报仇！"

"为蔡军长报仇！"这句口号，成了我们坚强战斗的动员令。

我们一鼓作气地向敌人冲去。轻伤不下火线，重伤不吭，大家握紧了枪杆，背起病伤战友，勇猛直冲。敌人像蝼蚁似的倒在我们脚下，我们冲出去了。

第二天，在高家河又打了一仗，我们红四方面军消灭了敌人一个师，单机枪就缴获了 100 多挺；接着部队就跨过了平汉铁路，向川北大踏步前进！

原载《红旗飘飘》选编本第一集，中国青年出版社，1979 年，第 282～285 页。

红二十五军在平凉地区的回忆

◎ 马青年 [①]

　　1935 年，我在隆德县兴隆镇（今属西吉县）一家商店当伙计，这年初秋 8 月 15 日，中国工农红军第二十五军从安徽、湖北一带经过长征来到了西北。在兴隆镇住了 3 天，军首长吴焕先、徐海东等向群众宣传抗日救国组织穷人闹革命的道理，红军的一言一行，教育了我，使我萌发了参加红军的念头。我和镇上十几个青年报名参加了红军。因我对平凉情况比较熟悉，被编在政治部工作。红军经过休整后，8 月 17 日从兴隆镇出发，当天下午就到隆德，打了隆德县城，后过六盘山打了瓦亭，出三关口，过安国镇，距平凉县城还有 20 多华里路，因平凉驻有马鸿宾三十五师部队，就绕平凉县城从颉河子上了北原，军部驻平凉北原，一个团分驻泾河北面的杜家沟、郭家园子村。在泾河滩里巡逻时，抓住了平凉大商号文茂祥掌柜白老五。白是杜家沟的地主兼工商业者，除平凉城有商号外，还在固原、兴隆镇等地有小商号。红军当即没收了他带的好几板白土布，并向他收缴一些白银，以充军费，但白老五并不慷慨解囊，红军就把他押在杜家沟军营。8 月 20 日红军主力从北原下坡与河北面的红军会合后，经四十里铺到白水宿营。这时天下雨了，马鸿宾部队从平凉追了下来，红军主力部队立即占据了大堡山制高点，阻击敌人东进，消灭了三十五师两个营，马鸿宾亲到现场督战，几乎被擒。21 日，红军从白水出

---

① 马青年曾任甘肃省副省长、宁夏回族自治区人大副主任，已离休。

发，到了泾川王村向家沟村，正要上四坡塬时，白老五乘隙逃跑，红军就将他处决了。下午部队上了四坡塬，先头部队又下塬强渡汭河，后卫第二二三团住在塬上，与马开基部队打了一仗，吴焕先政委带着 100 多人从山下冲了上来，断了敌人后路，他却不幸中弹牺牲，马开基被徐海东带领的第二二三团击毙。第二天，我们在郑家沟住了一天，掩埋了吴政委后，又上泾川南塬，到灵台县什字镇住了 3 天，派出部队到灵台、崇信、安口去侦察。接着又向西开去，先后在上良、朝那、梁原和双庙（今崇信木林乡）宿营，一部分部队去打崇信县城，主要是为了声东击西，迷惑敌人。部队在金龙庙会合后开了团以上干部会，稍事休整，稳定了一下情绪，马鸿宾的一部分队伍又从泾川追来，红军就从崇信以西下塬过汭河上了平凉大寨塬，连夜行军过了泾河又到平凉北塬，在平凉什子塬住了一夜，经草峰翻沟上了镇原新城、平泉，在平泉打了土豪，筹了粮饷，9 月初经过庆阳赤城，合水板桥，在那里与马培清部队打了一仗，损失较大。9 月 16 日红军到了陕北，在永坪镇与陕北红军胜利会师，改编为红十五军团。

（朱效敏、何文政　访问整理）

原载中共平凉地委党史办公室编：《中共平凉党史资料之三：人民军队在平凉》，1991 年 7 月，第 190 ～ 191 页。

红二十五军长征过崇信

◎ 刘毓风 [1]

闻得红军徐海东部队已到长武泾川边界西上的情报，国民党崇信县长蒲葆阳将崇信南两区韩生玉常备团、铜城镇荆兆文常备团、锦屏镇王安帮常备团共计200余人，全部调到城内布防城墙。又将县城内梁迪福民团提起（出）200多人，要坚守县城。开会商议时我们说徐海东大军若到，孤立的小城又无驻军，恐守不住，蒲葆阳说城存他存、城亡他亡，任何人不能出城，违者以军法处置。因为常备团是由各镇调到县城，他恐守城不坚决，临阵退却，将两个城门守卫交给了城里民团总梁迪福。

徐海东部队由泾川南山沿山西进，距崇信县城东五里关村廊下南山住下。先遣部队100多人到了东城门口，向城上团队交涉，要开城宣传抗日，公吃公买，并不要群众供应粮饷，若十分钟不答复，就要攻城。蒲葆阳坚决主张守城，不答复开城。红军先遣部队便开枪射击，城墙上团兵也开始还击。双方开火约20分钟，蒲葆阳就由南城墙跳下跑了。这时天降倾盆大雨，河水突涨，大河隔断南北交通。大约开火不到两小时，红军先遣部队停火后退了几百步，驻在东门外东塬子上，时已傍晚。

晚约4点钟左右枪声紧迫，我们派兵侦察，是国民党王富德的骑兵跟踪红军

① 崇信党史办摘抄于刘毓风档案。

而来,毛炳文的部队在后跟进。这时红军全部由崇信县城东五里关村廊上南山西上,到铜城镇过河转北经平凉白水镇(经查为四十里铺镇)向镇原挺进。

红军过境后,关诚扬言,红军烧城门时,他抛下了一颗手榴弹,把两名红军战士炸伤,带了彩才后退停攻的。

1968 年 7 月 5 日

原载中共平凉地委党史办公室编:《中共平凉党史资料之三:人民军队在平凉》,1991 年 7 月,第 192 ~ 193 页。

出师未捷身先死

——忆吴焕先政委

◎ 廖　辉

　　我在 1931 年后，一直跟随吴焕先政委担任警卫员。尽管他的职务很高，工作繁忙，但对我们每一个战士都像亲人一样地关心和爱护，使我们深感革命友情的温暖。

　　那是在 1933 年 5 月，第五次反"围剿"中，中共鄂豫皖省委主要领导人在王明"左"倾路线支配下，以"夺取中心城镇"为行动方针，错误地命令红二十五军围攻七里坪。此时离蒋介石 1932 年 10 月发动的第四次"围剿"仅相隔半年，当时敌人在"血洗大别山"的口号下，使根据地庐舍成墟，田园荒芜，我军给养严重不足，欲再攻打七里坪，这是极为不利的。吴政委向省委主要领导人建议：红二十五军迅速撤围，摆脱被动局面。他深入前沿阵地，了解部队情况。当他看到部队断粮，战士以麦苗、苦菜、榆树叶充饥时，对第七十五师师长姚家芳说："饿着肚子怎么能打仗，要想方设法截获敌军给养，筹集粮食，让战士吃饱。"这时，他妻子听说红二十五军围攻七里坪没饭吃，特意从远道赶来，带了一只鸡，十几个鸡蛋，还有大麦仁等。吴政委拿到这些东西，高兴地把我和警卫员小赵喊去说："你俩把这些东西都送给伤病员吃去。"这下可把我们难住了，那么多伤病员给谁吃呀！再说，部队自断粮以来，政委不也是与战士一样饿肚皮吗？他见我俩呆立在那里，猜透了我们的心思，责怪地说："伤病员更需要这些东西，懂吗？"我俩无可奈何地答道："是。"

到 6 月中旬，由于我军多日断粮，长期露宿，部队饥病交加，减员不断增多。吴政委目睹此状，不止一次伤心落泪。为挽救红二十五军，吴政委上天台山，请求省委下令撤围，省委终于同意了他的意见。6 月 13 日，红二十五军全部撤出阵地，使全军所剩的 5000 余名指战员转危为安，闯过了一道难关。

吴政委每逢行军总有个习惯，就是经常跑前跑后，看看有没有战士生病掉队的。1934 年的一天夜里，我们在光山、麻城一带行军，一个战士坐在路边，政委走上前，亲切地问："小鬼，生病啦?"那个战士说："脚被石头砸伤了。"政委蹲下一看，发现战士连草鞋也没穿，脚上还在流血，心疼地说："小廖，我还有双布鞋，快拿给他穿。"那个战士接过鞋激动地说："政委，我的脚只划破点皮，不要紧，到宿营地我再打草鞋。"吴政委命令似的说："赶快穿上!"这双鞋是政委的妻子做的，厚厚实实，他舍不得穿，一直让我保管着。那位战士看到政委穿着草鞋，把布鞋让给自己，泪水夺眶而出。

在陕南，我和小赵搞来一点白木耳，想给政委补养身体。政委看见了，问："这是哪里来的呀?"我们说："打土豪弄来的。""赶快给伤病员送去!"政委严肃地说。我们知道没有调和的余地，只好照办。

政委很喜欢吃腊肉，部队到白区打粮，往往从土豪那里搞来腊肉，可军部远离打粮部队，一般吃不上腊肉。有时，团长到军部开会，顺便带点腊肉给政委，他总是叫来警卫员说："把腊肉送到伙房去，煮了大家一起吃。"一次，吴政委生病发烧，我叫炊事员烧了一点菜送去。政委说："这是谁搞的?"我说："政委，这几天你吃不下饭，还在工作，你不是经常讲，要照顾好伤病员吗?"政委笑着说："我的身体很好嘛，以后再不要这样搞了，和大家一样吃。"可谁曾想到，政委的父亲、哥哥、嫂子、弟弟等在家的六口人被敌人杀害后，他的母亲为避免被杀害，流落外乡乞讨。一次要饭要到军部驻地，我们将老人挽留下，可老人知道部队作战紧张，吃住困难，见了儿子一面，说了几句话就悄悄地走了。吴政委的妻子送来的鸡、鸡蛋和粮食他转给伤病员吃，可他的妻子走后没几天就活活地饿死了。

吴政委在生活上关心体贴战士，但在作风纪律上却严格要求部属。对于任何失职行为，哪怕是自己的亲属，他也从不姑息迁就。

在鄂豫陕边界，我军打了几个漂亮仗，部队给养也很充足。一天军需部一个干部带着大量的钱逃走了。吴政委非常气愤，把军需部长喊来："我们的钱是用血和生命换来的，你下面的干部带这么多钱逃跑了，你是怎么管理的？你这个军需部长严重失职！"吴政委对不负责任的官僚主义疾恶如仇。这个军需部长是政委的叔叔，可他在党的纪律面前一视同仁，对这个军需部长进行了严肃的处理，为全军树立了表率。

吴政委在战斗中，哪里有危险，就到哪里去，处处用自己的言行教育每一个战士。1934年11月，遵照中国工农红军军委副主席周恩来指示，红二十五军在军长程子华、政委吴焕先带领下，高举"中国工农红军北上抗日第二先遣队"的旗帜转战千里，长征入陕。半年来，连战皆捷，使反动派大为震惊。1935年8月21日，吴政委带领部队至泾川县城，南渡汭河时，大雨滂沱，部队刚过一半，我们即被山洪阻于北岸四坡村。这时敌人二○八团，配有一个骑兵连，1000多人，向我军突然袭来。吴政委亲自带领交通队等百余人，一鼓作气地从河边冲上前沿阵地，他向战士们高声呼喊："同志们，压住敌人就是胜利！决不能让敌人逼近河边。"战士们看到吴政委来了，士气大振，不顾敌众我寡，泥泞路滑，迅速抢占塬头制高点，把敌人打下去。这时我跟吴政委冲在前面。突然，我发现沟那边100多米处就是敌人。"吴政委，卧倒，前边有敌人！"我大声呼喊着，正当他向土堆跃进时，一颗罪恶的子弹飞来，吴政委仰身倒在泥泞之中。我和小赵迅速扑上去，抱住政委，他已不省人事了。当晚过河，住在大村庄，我们把吴政委的遗体安葬在汭河南岸山坡的凹地上。吴政委在红二十五军享有崇高的威望。为了稳定部队情绪，他牺牲的消息只传达到营以上干部。几天不见吴政委，战士们问开了："吴政委呢？"在行军中，走在前面的战士回答说："吴政委可能在后边。"走在后边的战士说："吴政委可能在前边。"一天一个战士问我："怎么不见吴政委呀？"我哽咽着说："吴政委在我们前面。"是啊，他永远在我们前面。

吴政委牺牲的噩耗在部队传开后，更激起全军指战员同仇敌忾。他们化悲痛为力量，英勇杀敌，驰骋陇南陇东，飞越六盘山，截断西兰公路。于1935年9月15日，红二十五军到达陕北延川县永坪镇，胜利结束了长征。同年10月毛主席表彰了红二十五军的远征功绩，说是为革命立了大功。

吴焕先政委牺牲已50周年了，但吴政委的音容笑貌，同战士亲同手足的崇高品质，永远印在我们的脑海里。

出师未捷身先死，长使英雄泪满襟。

原载甘肃省军区党史资料征集办公室编：《三军大会师（上）》，甘肃人民出版社，1987 年，第 344 ~ 347 页。

强渡泾河

◎ 刘赞州

    1935 年 8 月 1 日，我们红二十五军在陕南凤县之江口开过纪念大会以后，便西进甘肃，向陕北根据地前进。

    此时，甘肃境内的敌人，一部分被调去堵击一、四方面军了。因此，我们进入甘肃首先占领了两当县城，继而又入天水，攻克秦安、隆德，翻过了六盘山。我们一路上歼敌打城，大大震惊了敌人。于是敌人又急忙调兵遣将追堵我们。在瓦亭打垮马鸿宾的追击部队以后，我军便进至平凉的白水镇一带，准备东下泾川渡河。

    从白水镇出发，正下着雨。没走多远，大家的雨伞被大风吹坏，全身淋得像刚从水里捞出来似的。陇东高原一下雨，道路又黏又滑，一脚踩下去，泥就没过脚背，像陷进了面糊里，拔不动腿。可是，当大家听说渡过泾河，很快就会和陕北红军会合时，都异常高兴。几十里路，很快就走完了。

    泾河是甘肃的一条大河，河两岸都是百公尺以上的高原。河水平时很浅，可以徒步涉过。近来由于连日大雨，山洪暴发，水有 4 尺多深。河窄、水急，漩涡多，人到水里稍不留神就会被冲倒、卷走。

    泾河的渡船全被敌人抢走和毁掉了，泾川的敌人又尾追而来。军首长命令二二五团首先渡河。我们二二三团便由吴焕先政委率领，留在河北岸的高原上担任警戒。

    我当时在二二三团机枪连任副班长。我们班在河北岸山坡的窑洞里吃完饭以后，全班一面烤着被淋湿了的衣服，一面谈论着快与陕北红军会合的事情。每个人的心里都充满着喜悦，疲劳全忘了。

傍晚，外面忽然响起了枪声，我们立刻拥到窑洞门口。只见一大片敌人从左侧山下攻上来，离我们的窑洞只有 200 米。就在这时，团部的驻地也响起了密集的枪声，情况十分危急。如果敌人占了山坡，不但我们团要有很大损失，而且敌人可居高临下地控制泾河，给全军渡河造成难以想象的困难。

敌人为什么会来得这么突然呢？事后才知道，原来追击我们的是马开基匪部的骑兵团。当他们发现我军渡河时，便把马匹隐蔽在山后，利用我哨兵雨中观察困难，冲散了我们的排哨，趁机攻了上来。

团部就在离我们不远的山坡上一个庄子里。从枪声中可以听出，那里正进行着非常激烈的战斗。我们连都分住在山坡上的窑洞里，敌人密集的火力已切断了我们之间的联系。班长一见这情况，没等上级下达命令，就带领全班冲出窑洞，冒着敌人密集的火力，抢上山头，架好机枪扫射起来。可是因为地形不好，射界不广，敌人仍拼命往上涌。就在这时，不知道谁喊了一声："把机枪扛起来打。"班里的小吴和王大个子（已记不清他们的名字），抢前一步把机枪扛起来。小吴同志个子矮，王大个子又太高，机枪不平衡，仍发挥不了威力。别人要换下王大个子，他说什么也不肯，弓着腰便和小吴取得了平衡。机枪平衡以后，班长从射手手里接过机枪，紧咬着嘴唇，猛烈地向敌人扫射。王大个子和小吴扛起机枪，哪里敌人多，就把枪口转到哪里。班长左一扫，右一扫，打得敌人一个紧跟一个滚下山去。

敌人急于抢占山头，控制泾河，便集中火力向我们射击。密集的子弹，像冰雹一样"扑哧""扑哧"落到班长和王大个子、小吴周围。污泥和雨水，溅到他们脸上和身上，他们理也不理，继续不停地向敌人射击。

突然一颗子弹打中班长，他身子一晃，刚要倒下去，又站住了。他紧咬着牙，瞪着一双愤怒的大眼睛，脸上淌着由于伤口的剧痛冒出的大颗汗珠，继续向敌人扫射，直到一袋子弹全打光，才倒了下去。

董班长对我们像亲哥哥，行军时帮我们背枪和粮袋，宿营时忙着烧水给同志们洗脸洗脚，打起仗来，哪里重要，哪里有危险，他就到哪里。冲锋时，他像只小老虎，总是冲在同志们的前面；退却时，又总是在最后掩护。班长的牺牲，像在每个人身上燃烧了一把火。我们端起班长放下的机枪，更猛烈地向敌人扫射。

这时，其他班的机枪也响了起来，向敌人猛烈射击，枪声、手榴弹的爆炸声响成一片，敌人被阻住了。但是，他们在当官的逼迫下，仍一步步地向我们坚守的窑洞和山头逼近。

当敌人又一次向我们发起攻击的时候，军政委吴焕先同志带着一、二营赶来了。一、二营的同志们在吴政委的指挥下，向敌人发起了猛烈攻击，战斗非常激烈，吴政委亲自指挥3挺机枪向敌人猛扫。敌人遭到这背后的沉重打击，立即反转身扑向一、二营。我们团部和三营被堵在窑洞里的同志，趁敌人反扑一、二营的机会，冲出了窑洞，和一、二营两面夹攻，把敌人一气赶到一个山沟里。

正在这时，一颗罪恶的子弹打中了吴政委，他身子一晃，倒了下去。可是他立即站起来，喊了声："狠狠打，一个也不让他跑掉。"说完又倒下了。

吴政委再一次坚强地挣扎着坐了起来，向身边的同志要来一支笔和一张纸，给军长写了一封信，他满怀信心地写着："……我的伤并不重，还能够和同志们一起打败日本帝国主义……"

可是，吴政委的愿望还未能实现，反动派便夺去了他的生命。吴政委平时对同志十分关怀。在我们坚守大别山的艰苦日子里，他和同志们一起吃野菜，住窝棚。雨天，他经常挨个窝棚检查是否漏雨；夜间，他经常悄声地把同志们身上翻掉的茅草给盖好；行军前他经常亲自检查大家的草鞋是否磨脚；行军中又跑前跑后，给大家讲故事，鼓励大家前进。全军都非常尊敬他，大家每谈起他来，都是以"我们的政委"的亲切口吻称呼他。现在，吴政委和我们永别了，消息传来，大家无限悲痛。战士们向被赶进山沟里的敌人狠狠地投掷着手榴弹。一条狭窄的山沟，完全被愤怒的烟火吞噬了。敌人像无头的苍蝇，在小山沟左冲右撞，最后全部被我们消灭。

当夜我们打扫完了战场，开始渡河。河水更大了，漩涡连着漩涡。上级从北岸到南岸扯起了两条白布，大家便一个挨着一个，抓住白布，向对岸走去。站在岸上望去，滚滚的河水中，就像筑起了两道人墙。人多、水急，渐渐地，白布被洪水冲成了弓形。不一刻，白布断了，断头处的几个人没有抓住，立刻被急流卷走。抓住了布的人，被水冲着像开了两扇大门，南半截顺水而下，逐渐靠了南岸，渡过了河，而北半截却又被冲回到北岸来。

时间限制，来不及再扯白布，团首长命令没有渡过河的人互相搀扶着过河。大家以班为单位，互相拉着手或扯着腰带，一步步向对岸移动。王大个子身大力壮，站得稳，成了我们班渡河的骨干。我们全班人都围在他的周围，有的抓住他的手，有的抓住他的胳膊，有的抓住他的腰带。小吴在水里只露出个脑袋，一不小心，水就灌到嘴里。每逢遇到水深的地方，王大个子用手把他一提，他就像腾空一样，头不顶天，脚不挨地。就这样，我们胜利地渡过了泾河。

在泾河南岸，我们安葬了人人敬爱的军政委，擦干了眼泪，又继续踏上了征途。9月初，我们终于到达陕北的永坪镇，与陕北红军胜利会师。

原载甘肃省军区党史资料征集办公室编：《三军大会师（上）》，甘肃人民出版社，1987年2月第1版，第321～324页。

忆红二十五军长征前后的情况

◎ 黄学祥

1933 年春，经鄂豫皖三省边区省委书记沈泽民、郑位三同志批准，组建红二十五军，任命吴焕先同志为军长，王平章同志为政委，徐海东同志为副军长兼红七十四师师长；1934 年 4 月后，徐海东为军长，吴焕先为政委；1934 年 9 月，程子华同志由军委派到红二十五军任军长，徐海东同志为副军长；长征后期政委吴焕先同志牺牲了，程子华为政委，徐海东又任军长继续长征。

一、长征前的简要情况

红二十五军离开鄂豫皖之前，活动在湖北省的东北数县、安徽西部、河南省的东南各县，坚持老根据地的游击战争，保卫苏区，粉碎蒋介石的第四次和第五次"围剿"，形势十分严峻、恶劣，斗争极为残酷复杂。每次"围剿"，敌人的兵力都大于我军 20 倍以上。敌人对苏区实行烧、杀、抢三光政策，制造无人区，采用碉堡战术，严密封锁，分进合围，稳扎稳打，步步为营。当时我军环境极为艰苦恶劣，部队缺吃少穿，精疲力竭，几乎到了弹尽粮绝的地步。没有安全的后方，医院里伤病员更为艰苦。但是由于有党的领导和政治工作的威力，广大指战员树立了革命到底的决心和胜利的信心，一直坚持到开始长征的时候。

二、离开鄂豫皖的时间、情况和路线

红二十五军是 1934 年 11 月初离开鄂豫皖苏区的,有的文件上说是 9 月离开的,这与党史材料不一样,那可能是按中央指示时间计算的,实际上程子华军长带着军委指示在路上走了 3 个月才到达鄂豫皖的,来到红二十五军已经是 9 月中旬。

当时的情况很紧张,1934 年 7 月份以前红二十五军正处在反击敌人第五次"围剿"的末期,已处在精疲力竭、弹尽粮绝的境地,根本无力长征,也打不出苏区;就是打出了苏区,也无法应付敌人的前堵后追和两面夹击的局面。为了做好长征的准备工作,红二十五军于 7 月 17 日在河南省的罗山县长岭岗打了一个大胜仗,消灭敌人一一五师,武器得到了更新,弹药得到了补充;接着转移到鄂东北打开了罗田县城,在物资上得到一些补充,但还不足,又攻英山县城不克,来了个大转移和远距离的奔袭,去安徽省打开太湖县城,9 月中旬攻克了太湖县城,物资得到充分的补充,但还不能解决棉衣问题;在彻底粉碎敌人第五次"围剿"胜利的同时,要做好长征前的准备工作,棉衣仍无着落。

行动路线:1934 年 9 月中旬,从安徽的太湖县城撤出西征,开始了长征。10 月底到了河南信阳市南边附近山区,11 月初过了平汉铁路西行就出了苏区。沿途经过 7 省 40 余县,征途万里到达陕北,与陕北红军会师后,迎接党中央到陕北。

三、到鄂豫陕的时间、活动情况和形势

1934 年 11 月初打出鄂豫皖苏区时,一路极为艰险:上有飞机,下有大炮和敌步、骑兵的夹击、堵截、尾追。敌人的兵力大于我军的 20 倍以上,沿途有几遭覆灭的危险,都被军首长果断而英明的指挥和广大指战员的英勇善战,化险为夷,终于在 1934 年 12 月初,打进了陕南要塞三要司,消灭敌人一个加强营。

从此胜利进入了陕南,开展鄂豫陕新的根据地。这一仗很关键,当时听徐海东说:"这一仗打不好呀!还得多走 3 个月的弯路,另找进入陕南的途径呢?"三要司在长城上,山坡很陡,有城墙垛口,山前下边有一条大河,是很宽的开阔地,易

守难攻，敌人有 6 门迫击炮、7 挺重机枪。在这种恶劣情况下，我军二二四团三营九连首先攻上去冲垮了敌人；我大部队相继分割歼灭守敌 700 余人。战斗结束后，九连只剩下连长、机枪手、打旗兵在内共 18 人。由于九连打得英勇顽强，军里通令嘉奖九连为全军战斗模范连，号召全军向九连学习。红二十五军于 12 月 10 日在洛南县庚家河一战，击溃敌人一个师，打死敌人 800 多人，打伤敌人 3000 多人。但据老百姓说，打死打伤敌人 8000 多人。

在陕南、豫西、鄂西北和川北地区活动，反复周旋了 7 个多月，粉碎了敌人 40 多个团的兵力的三次围攻，歼敌两个旅和一个加强营，击溃敌人两个师和一个旅，活捉敌人旅长张汉民和唐嗣桐，击伤敌旅长张飞生，为开展鄂豫陕新根据地打开了局面，在华阳地区建立了两个县级和 20 多个乡级革命政权。初到新区，人民群众对我军不了解，每到一地除打仗外，宣传、组织群众扩大红军的队伍，也是很重要的任务。因无后方，伤病员的安置工作很困难，我们选择群众基础条件好的山区，把伤病员分散到各家各户隐蔽治疗。

四、由陕南到陕北的情况

1935 年 7 月 16 日，从陕南周至、眉县之间出发，离开鄂豫陕根据地，西行北上去陕北，8 月初进入甘肃省的两当县，中旬进入宁夏的隆德县，8 月 20 日进入甘肃东部的泾川县。过泾河时突然河水猛涨，把部队冲为两段，后尾被敌人包围，军政委吴焕先在打掩护中，身负重伤牺牲了。从此，程子华军长改任政委，徐海东复任军长职务，率部继续长征，于 9 月 18 日到达陕北延川县永坪镇与陕北红军会师，合编入红十五军团，由徐海东任军团长，程子华任军团政委，刘志丹任副军团长兼参谋长。从此红二十五军完成了万里长征的光荣任务。10 月迎接中央红军和毛主席，于 10 月 19 日在直罗镇会师。

五、长期无电台，失去中央指示的苦恼

红二十五军自 1932 年 10 月坚持鄂豫皖苏区游击战争，保卫根据地，直到陕北时，都无电台对外联系，得不到中央指示，这是军首长最苦恼的事情。一切行动都由军首长们自己研究决定，真难！我们每一个指战员跟着军首长打了许许多多的胜仗，战胜了强大的敌人，克服了种种困难。我们无不为之庆幸，真不容易啊！记得打开太湖县城时，得到一部中型电台，被无知的战士砸坏了，真可惜！军政委吴焕先赶到现场一看，当时就气倒在地，晕过去了。撤出县城时，还是用担架抬着走的，可想而知电台的重要性。从鄂豫皖长征时，是中央军委派程军长带着指示走了 3 个多月来到红二十五军的。红二十五军到陕南建立了鄂豫陕新的根据地，情况有了变化，完成了战略转移和开创新根据地的任务，下一步怎么走呢？与中央联系不上，得不到中央指示，决心不好下。这时正是 1935 年 7 月上旬部队打出终南山，到了陕南山外平原的周至县一带，从敌人的报纸上获悉中央红军与四方面军会师后继续北上的消息，军首长立即决定留下少数部队。留郑位三为鄂豫陕边区特委书记，领导陕南红七十四师和地方党政人员坚持斗争；留陈先瑞任陕南红七十四师师长，李隆贵任政委。7 月 16 日决定红二十五军主力部队从周至、眉县地界西行，北上陕北牵制敌人，减轻敌人对中央红军的压力，迎接党中央和中央红军主力北上抗日到陕北。

红二十五军主动北上的行动，是很英明、很重要的。事后党中央到达陕北时，毛主席曾给予高度评价，说："红二十五军立了大功！"

原载政协沈阳市委员会文史资料研究委员会编：《沈阳文史资料革命回忆专辑之二》，政协沈阳市委员会文史资料研究委员会办公室出版，1982 年 3 月，第 17 ～ 21 页。

红军老干部座谈西路军和农民运动情况（摘录）

有关南方五省农民运动

参加座谈会的人员是：

陈美福：离休干部，原后勤部副部长，江西兴国县人，1931 年参加红军。

葛接调：离休干部，原油料部部长，江西于都县人，1929 年参加红军。

熊孟贤：离休干部，原军需处处长，安徽寿县人，1932 年 4 月参加红军。

陈国璋：离休干部，原五汽校处长，江西莲花县人，1930 年 7 月参加红军。

黄思梅：离休干部，原白城办事处副政委，福建上杭县人，1932 年参加红军。

傅德胜：离休干部，原军械仓库主任，安徽金寨县人，1929 年参加红军。

单志辉：离休干部，原黑龙江后勤部部长，江西横峰县人，1930 年 1 月参加红军。

刘守仁：离休干部，原军需部副部长，江西赣县人，1930 年参加红军。

汪浩：离休干部，原卫生部政委，湖北红安县人，1930 年 6 月参加红军。

谭西元：离休干部，原战俘归管处副处长，湖南耒阳县人，1930 年 5 月参加红军。

张长安：离休干部，原军械仓库主任，湖北红安县人，1929 年 7 月参加红军。

董兴谱：离休干部，原疗养院副院长，湖北新洲县人，1930 年 9 月参加红军。

钟全友：离休干部，福建蒲城县人，1934 年 5 月参加红军。

傅德胜同志回忆，记得在 1927 年的 1、2 月份，王明在我们村召集过干部和农会会员开会，会上王明讲了话，我也在场。同他一起来的记得还有 4 个人，是姓丁、陈、傅和姓杜的。王明讲话内容主要是介绍苏联革命是怎样搞成的，姓丁的是地主子女，姓陈的是日本留学生，他们俩也讲了话，内容讲的是地主怎样削剥压迫农民，不是地主养活农民而是农民用血汗养肥了地主……1927 年，举行了黄麻武装起义。在那前后在我们那一带活动的领导人不少，记得有周维军、肖方、秦德卫、王树声、王树昆、王宏坤、詹才芳、潘忠汝、吴光浩和许继慎等人。对这些人以后的情况，少数还知道，大部分就不知道了。

张长安同志回忆，党的不少领导人都到过红安县（黄安县），我开始知道事时，在那活动比较有名的是王树声、王宏坤、徐海东、詹才芳、邱红甫、赵次五和吴光浩等，以后中央先后又派去了张国焘、陈昌浩、张庆秋（陈的爱人）、徐向前、傅钟、陈赓等人。李先念是黄陂和黄安联合县委书记。成立三十八团时，徐海东同志是副营长，詹才芳同志当连长。

原载政协沈阳市委员会文史资料研究委员会编：《沈阳文史资料革命回忆专辑之二》，政协沈阳市委员会文史资料研究委员会办公室出版，1983 年 6 月，第 1～15 页。

韩先楚同志爱兵二三事

◎ 黄学祥

从红军时期到抗美援朝，从韩先楚当排长到他担任中国人民志愿军副司令员，他的爱兵思想和作风一直在激励教育着我。他当排长时我就是他排里的战士，在长期的相处之中，深深地感受到了他那心灵深处充满着爱护战士的高尚品德和思想作风。值得回忆的往事很多，很多……

一、在长征路上，不让一个战士掉队

1935 年春，我们红二十五军行进在陕南地区。有一天，我因患病体力不佳，在行军途中掉了队。当时担任营长的韩先楚同志，执行部队行进中的断后任务。当他发现我在路旁走不动又无人陪护时，问明情况后，就决定派人抬着我。我说还能走，又改派了两名战士陪护我，并对战士一再叮咛嘱咐："你们俩扶着他走，要一直送到宿营地，交代好了再回营归队。在路上要注意安全，有了情况一人背他走一人掩护，二人换着背，换着掩护，若能找到毛驴，用毛驴驮着他，要沉着；离队伍不要太远了，有敌情我们听到枪声会来接应你们的。"那两位战友把我送到宿营地已是夜间 11 点了。因为病重，没有详细询问那两位同志的姓名和情况，今天回忆起来还深感内疚。若是没有先楚同志的关怀照顾和那两位战友的护送，我就掉队跟不上来了，那后果也就很难设想了！

这种革命军队里的平等友爱的官兵关系和革命同志情谊是我永世不能忘怀的。

二、在战斗中，舍生忘死救战友

1934 年 7 月，正是我党我军第五次反"围剿"的艰苦岁月。形势非常恶劣，斗争极为复杂，战斗也很频繁。这时，韩先楚同志是红二十五军某部排长，我是他排里的一名战士。

7 月上旬的一天拂晓，部队正在向河南与湖北之间的罗山县宣化店以南一带挺进。突然接到上级命令，改向宣化店以东 20 多里的东大岭集结待命，准备阻击从东面来截击我军的敌人，掩护部队转移。我们连经过两个多小时的急行军，上午 8 点多到达集结地域东大岭。进入阵地抢修工事，挖战壕、折树枝、搜集大小石块，用以伪装和打击敌人。

下午 2 点多钟，有 600 多名敌人向我阵地进攻。战斗打响了，他们凭着装备好、人多向我前沿阵地蜂拥而上；我们居高临下，依靠有利地形和早已准备好的滚木礌石，接连打退敌人几次冲击。那次战斗我们放的礌石威力最大，几块大石头滚下去犹如一条飞龙，蹦跳着，呼隆隆地向山下飞去，打得敌人惊慌逃窜。就这样，我们一直坚守到上级命令转移，完成了阻击任务。

可是，我当时没有听到撤出战斗转移的命令，仍在坚守岗位，监视敌人。别人从我身边过去，我还以为是转换战斗位置，便于打击敌人。太阳快落山了，我看到敌人又冲上来了，就大声告诉战友们打，这时我才发现工事里只有我一个人了。可是敌人离前沿已不过 30 米了，我向敌人连打几枪，又接连推下几块大石头，一边喊一边打击敌人，忙得满头大汗。正在紧张的时候，从后侧突然传来排长的喊声："小麻子，快撤!"我急回头一看，排长离我有 40 多米，我对排长说："敌人上来了，我不能撤，你快撤，我掩护你。"韩排长又连下三次命令并要掩护我先撤，我看两人同时撤不行，只有我掩护排长才有撤出的可能，于是我大声说："排长，我掩护，你先撤!"他看拗不过我，先撤下去了。这时，我在工事里来回跑着，向上来的敌人推石头，把敌人打得乱跑乱躲，我趁机跳出堑壕准备撤离阵地和敌人拼命。可巧在我附近一块大石头后面的敌军指挥官说："这是个小孩，捉活的，不要打死他。"

我一听要捉活的，就赶紧沿着山边小路往山里跑，有6个敌人在后面追赶。天越来越黑了，山间小路也快到头了，上山坡就更危险了，这时我急中生智，看到山间小路的尽头右侧有一条稻田埂是个90度的急转弯，一上田埂敌人就难跑到我前头了，于是我就猛冲过去。跑了一阵之后，看到前方有一片树林，不由得暗暗高兴，心想进了树林就不怕了。就在这时，我斜背着的小包袱被敌人抓住了，想到后面的几个敌人再上来，我就跑不了啦。我扭头一看，敌人只顾抢包袱，脑袋离我枪口很近，我右手一扭枪托，枪口就对准了敌人脑袋，赶忙扣动扳机，敌人应声倒下，我头也不回地向前方树林猛跑过去！

进了林子有一二十米远，正在考虑往哪里去，突然从草丛里站起一个人来，冷不防地一下子把我抱住了，心想，这下子可完了，中了敌人的埋伏！又一想不对头，敌人不知我往哪里跑，怎能设下埋伏呢？正在惊疑未定的时候，那人左手紧紧抱着我，右手在我脸前轻轻晃动，并小声说："不要说话，不要咳嗽！"这时才认出来，那人就是刚刚通知我撤下来并接应我的排长韩先楚同志。别提当时有多高兴啦！赶忙报告说："有情况。"排长说："不用说啦，我都看清楚啦。"敌人没有再追我们，他们抬着被打倒的那个敌人回去了。这时我问排长："我们部队呢？"排长说："在后面林子里隐蔽休息。"我跟着排长来到了战友中间。经过这场战斗，虽然很累，可是怎么也睡不着。想了很多，想到了战斗追杀的情景，自己粗心大意，只注意打击敌人，没注意听命令、看形势，这个教训是深刻的；更想到了排长为了我还亲自跑回阵地冒着生命危险来营救，这是我终生难忘的。同时，也体验到一点：大敌当前勇者为胜。当时，若有一丝一毫的畏敌胆怯心理，不是被打死，也得被活捉，想来想去还是勇者胜。

三、在宿营地，处处关心战士的冷暖

战争年代，部队行军宿营是极平常的事了。在平常的战斗生活中，却凝聚着韩先楚同志关心爱护战士的一片深情。在鄂豫皖老根据地打游击时，部队常常在野外露营，夏季炎热，蚊虫滋生，他总是关心战士防蚊叮蛇咬，及时晾晒衣物；冬季寒冷，他总是组织战士拾草搭棚，让战士休息好。可是他和班长们又常常是露宿棚外。有一天夜里很冷，因为柴草少搭的棚小了，韩排长又一个人独坐棚外的树下无声无息，冷冷清清；可是棚子里却鼾声如雷，热气腾腾。我真为他的爱兵之心所感动，不由自主地轻身走出棚子去劝他进棚挤着暖和，他不肯来。他说："要战士休息好。战士很辛苦，吃不好再睡不好，怎么打仗呀！打起仗来要靠战士啊！你快睡去吧！"我说："咱们换着睡，您先到我的位置睡一会儿。"他还是不肯去。在居民区宿营，他除了做群众工作，查铺查哨已是他关心战士冷暖、注意部队安全的老习惯了，几十年都是如此。

韩先楚同志在担任志愿军副司令员期间，对朝鲜战场下来的伤员同志也是关怀备至的。1951年6月5日曾给我寄过一封信，当时我是东北军区十六陆军医院院长，他让我关心照顾并做好这些同志的工作。他在信中说："朝鲜战场下来的伤员同志太苦了，我们过去都是战士出身的，他们是我们的阶级战友，又是我们祖国之本啊！"

从和韩先楚同志每次见面交谈和平常通信中，我都能看到他对广大战士和老同志的生活上和政治上的关怀爱护，对我教益是很深的，也是我学习的榜样。

原载韩卫平主编：《追忆韩先楚》，韩先楚将军百年纪念组委员会，第107～109页。

在烽火岁月里

——回忆红二十五军政委吴焕先同志

◎ 何元明

1935 年 8 月 21 日，是中国工农红军第二十五军政委吴焕先同志战斗牺牲的日子，迄今已 50 周年。作为他部下的一个老兵，每当想起他时，总会引起我对他的许多回忆。

一、信任部下肝胆照人

在鄂豫皖苏区，由于张国焘推行第三次"左"倾错误路线，搞"肃反"扩大化，弄得同志之间互相不敢信任。我小时候在家曾给财主占梓楠（清末秀才）扛活，他弟占梓恒是个教书先生，我抽空余时间学会几个字，但自 1932 年 9 月正式参加红军后，因怕肃"改组派"，在很长一段时间内，一直都说不识字。为了避知识分子之嫌，经常像念佛经似的熟背几句话："我的家在光山县蔡公桥老苏区，雇农成分，从小给地主扛活。"此外，我很少同别人说话。1935 年 5 月围攻七里坪时，我被调到红二十五军卫生部工作。这时吴焕先任红二十五军军长，我经常见到他，聆听他的教诲。在此前后，部队仍然搞"肃反"，弄得人心惶惶，彼此不敢谈知心话。有一次，部队从皖西向鄂东行进，途中杀了医务主任蓝义昌，正要杀红军营长颜东山时，恰巧吴焕先军长来了，他急忙说："不要杀颜东山！"并严肃地说："你们杀人应该和我们商量一下嘛！"打这以后，"肃反"的事情逐渐少些，同志们心里开始感到轻松多了，互相之间敢说一些知心话了。听卫生部的一些老同志说，有一次突围时，吴焕先发现一个被捆绑的人，一直跟着部队从敌人包围圈中冲了出来。当他知道这人是前几天"肃反""肃"出来的"反革命"时，便气愤地说："哪有这样的'反革命'！"并亲自给那个同志解开了绳子。又一次，吴焕先到七十三师布置战斗任务，听到隔壁房间有哭声，他过去一看，是一个 14 岁的孩子，被打成"改组派"，他批评了这件事，把那个红小鬼领出来留在自己身边工作。我听了这些，才敢向同志们吐露：我识一些字，还在蔡公桥乡苏维埃政府当过文书，会写收到条、证明条。1934 年 9 月，吴焕先来到我们单位（这时他任红二十五军政委）。同志们向他提出卫生部没有文书，吴政委说："可以提一个嘛！"没人吭声，他看了一下同志们的表情，略有所思地说："怎么样？怕'肃反'是不是？不要怕嘛，谁会干就叫谁干。"有位同志搭腔说："这位同志就会写收条。"吴政委笑着对我说："你就干呗！"打那时起，我就被任命为卫生部的文书了。

红二十五军开始长征后，在一次行军路上，我看到原任皖西北道委书记的郭述申同志没有骑马，肩上背着行李，挂着一根棍子，穿着草鞋同战士一起徒步行军。有位同志私下对我说，郭述申因反对轻信口供，反对"肃反"中杀害两个师级干部，被定为"右倾"撤了职。不一会儿，吴焕先政委骑着马赶来，见郭述申步行，立即跳下马，坚持把马让给郭述申骑。吴焕先同志信任部下，肝胆照人。就我所知，在肃"改组派"时，他保了不少同志，如二二三团文书杨瑞珍、红军营长刘德海、机枪连长唐义山等，这些同志后来都成为我党的高级干部。

二、足智多谋大勇无前

从红二十五军战斗在鄂豫皖时期到实行战略转移途中，敌人"围剿"堵追的兵力，往往超过我们数倍。在残酷险恶的斗争环境中，红军战士对首长的信赖，往往倾注在首长能指挥部队打胜仗上，像吴焕先、徐海东这样的指挥员，当时在我们心目中几乎成了胜利的象征。记得 1933 年冬，红二十五军在光山凌云寺以南一个仰天窝的地方活动时，敌人用三个团的兵力，突然分三路向我们围攻过来。在我军势不能力敌和弹药奇缺的情况下，吴焕先政委亲临前线指挥部队英勇抗击，多次打退敌人的进攻，而后率领我们突围。部队刚到宣化店附近，敌人又以四个团的兵力向我们围攻过来。这时，我们的子弹几乎打光了，许多战士用大刀、刺刀同敌人拼搏，连军部的炊事员也拿起扁担上了阵。在此危险时刻，吴军长镇静地把指挥员找来，胸有成竹地把突围的方向、时间和突围后的集合地点作了周密的布置，然后亲自带领一个排，向敌人扔出了仅有的几颗手榴弹，趁硝烟腾起之机，奋勇抢占了大沙河北岸的高地，吸引住敌人的主力，掩护部队突围。当敌人紧紧追赶，将要追上他的时候，吴焕先扔掉大衣，机智地把身上带的几十块银圆倏地撒向追兵，警卫员廖辉和几个战士也都仿效而行，敌兵见钱眼红，互相争夺抢钱，吴焕先趁机带领战士向山下冲去，摆脱了敌人的追击。当突围部队在宣化店以东集中时，红军战士见到吴焕先衣着单薄，面部和手上有几处被荆棘刺破的血迹，都流下了眼泪。大家都亲切地感受到：哪里有危险，吴军长就在哪里，他一出现，就化险为夷，转败为胜。

吴焕先同志之所以能多谋善断，还在于他能够超乎寻常地去集中别人的智慧。他没有进过军事学校，却能向进过黄埔军校的部下学习怎样更巧妙地指挥打仗；他善于从成功和失败的战例中总结经验教训，尊重那些战争经验丰富的军事指挥员的意见。他善于学习，使自己成为一个既长于作政治思想鼓动，又善于军事指挥的优秀领导干部。1934年春末，吴焕先率红二十五军与活动于皖西的红二十八军，在商城东南的豹子岩会师，合编为红二十五军，吴焕先任政委，徐海东任军长。他十分注意与徐军长共议军事大策，把两个人的智慧和意志结成一体，集中领导优势，更有把握地去战胜敌人。是年7月中旬，为了打击进犯苏区的敌人，两位首长指挥红二十五军在光山西南的长岭岗与东北军打了一大仗，歼敌3000余人，遂又攻克罗田县城。两役缴获甚多。接着打英山，当发现敌人增加了兵力，碉堡坚固，防守严密时，他马上果断地决定，放弃攻打英山，并依据侦察到的新情况，改为奔袭太湖县城。9月4日，留下一支小部队佯攻英山，迷惑敌人，主力昼夜兼程，连续行军200里。战士们开始不理解领导的意图，有的产生埋怨情绪。吴政委步行于部队行列，风趣地向战士们说："同志们，东北军给我们换了装备，可是目前还是缺吃少穿，英山的敌人又不肯给我们，可太湖的县太爷已经给我们准备好了，大家愿不愿意去领啊？愿意领就不能怕脚痛！"他的话富有强烈的鼓动性，使掉在后面的同志也一瘸一跛地赶了上来。这天夜里，部队奋力奔走，提前到达目的地。当敌人还在睡梦中，我们已攻占了太湖县城，全歼伪安徽警备旅一部，缴获了大批布匹、医药、粮食和武器弹药。占领县城后，吴政委在敌人指挥部发现敌人队长的名片，于是，机警地拿起电话，冒充敌人队长向安徽省城打电话，探测敌方动向，他说："共产党四路纵队向这里扑来，请求增援。"对方回电话："你们坚守三天。"吴政委摸到了敌人的底细，就让我们在城里暂休两天，打土豪、分粮食，部队所需要的物资也得到了补充，每人还发一把雨伞和一块银圆。

吴焕先政委不仅智谋过人，而且更以大勇无前而著称于全军。1934年11月中旬，省委和军首长率领我们离开鄂豫皖苏区北上，沿途遇敌萧之楚、庞炳勋等部连续堵击，尾受东北军及刘镇华等6个师之追击。我军冲破重重障碍，于1月底到达河南省方城县独树镇附近，准备从七里岗通过许南公路，进入河南西部伏牛山区。这天正遇寒潮，气候突变，那时没有大衣，战士们冻得手拉不开枪拴。东北军一一五旅和骑兵团先行到达，以猛烈的炮火封锁了公路，我军面临四面被围的险境。初战曾一时出现混乱。在这万分危急之时，吴焕先政委一手拿枪，一手拿刀，站在公路上振臂高呼："同志们，这是生死存亡的关头，决不能后退！"随即举起大刀，喊着"共产党员跟我来！"他率领党员作突击队，冒着敌人密集的火力，奋不顾身地冲杀过去，与敌人展开白刃战。全体红军战士在他的带领下，顶风雪、冒严寒，向敌人冲去。顿时冲杀声响彻云霄，就连军直卫生部的所有同志也都投入了拼搏。战斗正激烈时，徐海东率领二二三团也从后面赶来，参加鏖战。经半日血战，打破了敌人的封锁，突出了重围，部队绕道通过了许南公路，胜利进入伏牛山区。

三、铁心革命功昭神州

有一次，我因公到首都北京，利用星期天的时间特地去中国革命历史博物馆参观。在高大宽敞的展厅里，经过精心的布置，真实地再现了我党领导的中国革命斗争历史。其中，有几个版面专门展出吴焕先同志生前的革命业绩。那是1928年春季，黄麻起义遭到敌人镇压之后，国民党十二军匪兵窜到吴焕先的家乡四角曹门（今属新县）。在白色恐怖异常严重、饥寒交迫的生死关头，吴焕先与其他几个同志在黄（安）光（山）边境继续坚持革命斗争。他对革命依然充满胜利的信心，在"死人沟"山洞的石壁上，写了一首表现出无产阶级彻底革命精神的诗："深山密林是我房,沙滩石板是我床,尽管敌人凶残杀,坚持斗争不投降。赤胆忠心为工农,气壮山河志不移,何畏今日艰难苦,坚持斗争定胜利。"抒发了他在白色恐怖下铁心坚持革命的雄心壮志。1933年春末,我刚由姚建芳同志领导的独立第二师编到红二十五军。在军部第一次见到有的首长也带家属,就问一些老战士:吴焕先当了军长,为什么还不结婚?一些黄安籍的老战士对我讲,他结婚几年了,爱人是鄂豫边区革命委员会主席曹学楷同志的妹妹,在乡苏维埃任妇女委员。他俩自由恋爱,带头新式结婚,感情非常好。敌人"围剿"根据地时,省委书记沈泽民让吴焕先把她接到部队来。吴认为在战争环境恶劣的情况下会连累部队,还是留在地方坚持斗争好。1933年秋季的一天,我见到了吴焕先同志的母亲和爱人。当时,我们的处境异常艰难,部队连续十几天断粮,吴焕先的脸部都浮肿了。警卫员用小锅给他熬了一点稀饭,他坚持不吃,端着小锅到卫生队,把稀饭送给伤病员。他母亲、爱人带着鸡蛋和大米来部队看望他,他将这些十分贵重的礼物也分送给伤病员吃,毫不考虑自己。事后才听说,这是他妻子和母亲讨饭得来的,伤员们恸哭不止。不久,因敌人对她们严加监视,不准外出讨饭,妻子和母亲都饿死了。这样不幸的事,虽然吴焕先本人也知道,但从来没听他向别人谈吐一声,硬是把个人的仇恨深深埋在心里,一心一意指挥全军坚持革命斗争。

吴焕先严于律己,以身作则,为革命胸怀大局,运筹帷幄,决胜于千里之外,留下了许多丰功伟绩。1935年8月21日。我军冒雨长征,行至泾川城西南四坡村渡河,部队刚过去一部,山洪突然暴发,河水猛涨,我揪着卫生部长的马尾巴渡过去。吴焕先同志率领的军部直属队和后卫二二三团被阻于泾河北岸。他在指挥部队与超过我数倍之敌——马鸿魁匪部的作战中牺牲。不幸的消息传来,全军指战员无不为之落泪。

今年,是中国工农红军长征胜利50周年纪念日,也是吴焕先同志为中国革命献身的50周年。借此机会,写篇回忆录,以了却我这个年逾古稀的老兵多年的心愿。

(韩宗德　整理)

原载信阳地区史志总编辑室编:《信阳史志　1》,信阳地区史志总编辑室,1985年7月,第91～94页。

一位老红军的复信

中共光山县委党史办:

　　来信收到,现将我参加革命初期的回忆片段整理如下,提供你们参考。

　　1932年是我参加红军的第二年。国民党反动军队对鄂豫皖苏区进行第四次"围剿"。我在中共光山县委的领导下,带领30名战士组成光山县游击大队,跟随姚建芳的独立第二师一起行动。不久,我们被编入吴焕先的红二十五军七十四师(师长徐海东)一团二营五连。由豫东南到鄂东北,由鄂东北又到皖西北,来回打游击。我们的部队转战安徽太湖、舒城的深山区进行活动。这是我这个当时不足20岁的青年,第一次远离父母,别离故乡,为革命出外转战。正是在这一年,敌人在我的家乡,大肆搜捕红军家属,逼得我父亲东躲西藏。最后在陈湾我的舅舅家把他抓住了,敌人把他老人家打得死去活来!逼他交出当红军的儿子,父亲回答说:"你们这些野兽就是弄死我,也不能向你们交出儿子。"后来,敌人将他带到斛山铺的一个庙里,把父亲砍死在那里。当时无人敢去收尸。过了几天,哥哥找了几个人去斛山铺,但父亲的尸体已被狗吃掉了。像父亲这样被残杀的红军家属,岂止他一人,这在鄂豫皖根据地里是千千万万。

　　在第五次"围剿"时,敌人更加残酷了。敌人实行"三光"政策(杀光、抢光、烧光),根据地里没有生存条件,我们只好到苏区边沿活动。我看到村头到处摆着一溜溜的死人骨头,大人小孩都能认得出来。房子被烧过后的废墟上,长出的蒿子草就有一丈多高。苏区群众死的死了，逃的逃了，苏区变成了无人区。

1933年5、6月间,当时的"左"倾路线要我们去围攻七里坪。这是黄安县（现叫红安县）的一个大集镇，是黄安县的重要门户。我们部队早晚点名时喊的口号都是"打倒一切帝国主义""打到武汉，饮马长江"等。实际上，按我们的力量是围不住七里坪的。部队吃野菜、野草，围了40多天，损失过半，我们便撤下来了。

1934年9月，中央派程子华同志来领导红二十五军长征。我作为红二十五军的一名战士，便离开鄂豫皖苏区长征了。

原载中共光山县委党史资料征编委员会：《光山党史资料》1986年第1期，第101～102页。

红二十五军长征过陕南[①]

◎ 江　波

在各路红军长征中，最先到达陕北的部队是红二十五军。

红二十五军是在中央红军从江西根据地出发长征后，根据党中央的指示精神，于 1934 年 11 月间撤离鄂豫皖根据地，实行战略转移的。11 月 16 日，2900 多名红军健儿，在吴焕先、程子华、徐海东等同志率领下，高举着"中国工农红军北上抗日第二先遣队"的旗帜，由河南罗山县何家冲出发，一路上，日夜兼程，冲破敌人数重封锁线，几经浴血奋战，穿越桐柏山和伏牛山区，于 12 月 8 日，在豫陕交界的铁锁关（今洛南县箭杆岭）进入陕南。我是安徽金寨县人，当时在红二十五军军部政治部当宣传员，跟着军首长和部队在陕南山区转战半年之久。陕南的山山水水，陕南人民群众和红军的深厚战斗情谊，给我留下了终生抹不掉的回忆。

陕南山区是建立革命根据地的好地方。这里地处鄂豫川陕四省边界，北靠秦岭，南濒汉江，山连着山，岭接着岭，连绵不断，起伏不定，沟壑纵横，地势险要，自古就是兵家割据称雄的战略要地，便于开展游击战争。明末农民起义领袖李自成，在兵败潼关之后，曾率军进入陕南，屯兵商洛山，而后挥戈北上，直捣帝京。更重要的是，在我们红二十五军到此之前，党和红军已在这一带传播了革命影响。1927 年底至 1928 年春，后来参加渭华起义的部队，曾在这一带组织过农民协会，

[①] 本文原载于 1986 年 10 月 5 日《西安晚报》，标题为"红军长征过陕南"，本书收录前编者作了修改。

打击土豪劣绅；1932年冬，徐向前领导的红四方面军和贺龙领导的红三军曾先后两次过境；1933年6月，陕北红二十六军南下，也给当地人民以深刻影响。所以，尽管红军走后，国民党反动派多次洗劫，但人民群众自发的抗捐抗粮抗丁斗争，始终此起彼伏，从未停止，加上当时陕西军阀和蒋介石的中央军有矛盾。根据这种情况，在我军进入洛南县境的第三天，当时的鄂豫皖省委便在洛南庚家河（今属丹凤）召开了常委会议，决定立即建立鄂豫陕省委，加强红二十五军，广泛发动和宣传群众，积极扩大红军，迅速创建鄂豫陕苏区。

红二十五军在陕南的日子，充分发扬我军既是战斗队，又是工作队、宣传队的光荣传统，每到一地，都把组织发动群众，建立群众武装和苏维埃政权作为重要任务。我当时作为军政治部的一名宣传队员，对此深有体会。我们军政治部主任是郑位三，副主任郭述申。宣传队的主要任务是调查地方风俗民情和土豪劣绅状况，检查部队执行群众纪律情况，向群众进行宣传演讲和演出，扩大红军影响。再就是散发传单，刷写标语。我和一个叫程启文的同志参军前读过几年书，识几个字，被看成是政治部的"小秀才"，我们两人分工专写标语。我们的战斗武器主要是一个小铁桶，用来盛装石灰和锅烟墨水；一把竹笋叶捆扎成的刷子笔。那时节条件可差，一切东西都是靠自己动手。没颜料，主要是利用石灰和老乡烧柴火沉积在烟筒或锅底的墨烟灰来写字。标语大部分是刷在墙头和岩石上。记得在商洛山一个叫红岩寺的地方，我搭着梯子，爬上一座很高的岩壁，刷写了"红军是穷人的队伍！""穷人要想有活路，只有当红军！"的大字标语，附近一个老石匠帮我们用铲凿刻在上面，然后又涂上红土和桐油，亮光闪闪的，老远就能看到，格外醒目。我们写的标语内容，大都是郭述申同志提前拟好或直接口述的，他根据部队所到地方的不同情况和宣传对象，拟定了好多条有针对性的标语口号，如在农村和贫穷山区，主要写"穷人团结起来，打土豪分田地！""红军和穷苦人心连心！""穷人弟兄们组织起来，抗捐、抗债、抗粮、抗丁！"而在城镇交通要道和国民党军队经常来往驻扎的地方，则多写"北上抗日，收复失地！""驱逐日寇出中国！""欢迎白军士兵弟兄到红军中来！""只有苏维埃才能救中国！""锤头开创新世界，镰刀割断旧乾坤！"一类标语。当时，凡是红军足迹所到之处，凡是能利用的岩壁、院墙、桥头，几乎都有红军标语。

我军既重视广泛发动和宣传群众，更注意关心爱护群众，帮群众解除疾苦，严守纪律的模范行动影响和感动了群众。当时，我军刚刚经过长途跋涉，连续作战，初入陕南，给养不济，又逢严冬时节，许多干部战士还是单衣草鞋，生活异常艰苦。但是，部队一进商洛山，吴焕先、程子华等同志就反复对各级干部讲，这一带百姓也很贫苦，要特别注意不能侵占群众利益，公买公卖，不随便进民房和动用群众的柴草，要注意尊重群众的风俗习惯。以后，我军连续在洛南、镇安、山阳等地打了几次仗，消灭了敌人许多保安队和民团，又镇压了一批土豪恶霸，没收的粮食和大批财物大部分给了穷苦农民，使一些多年"吃饭照影影，睡觉看星星"的山里穷人，分得粮食，解决了饥寒，许多常年四季炕上无被褥，衣服不遮体，白天钻草窝，晚上去干活的人家，分得了衣物，脸上露出了笑容。受尽剥削和压迫的贫苦群众看到我军英勇作战，连打胜仗，又纪律严明，处处为穷人办好事，纷纷报名参加红军。红四方面军路过陕南时留在柞水山里的一个伤员，听说红二十五军到了红岩寺，一下就动员了十几个牧童，连夜赶来参军。山阳县袁家沟口有家姓曾的弟兄，带上他们的三个儿子一块来参加红军。1935年4月我军攻克洛南县城后的半个月内，就吸收新战士600余名。在做好发动贫苦群众工作的同时，我军还注意严格掌握政策，做团结社会各层人士的工作。对当地的豪绅、保甲长、团总、商人等，采取区别对待的方针，除罪行恶劣者外，一般的都尽量做教育和争取利用的工作，保护正当的行商和贸易，以扩大我党我军的政治影响。记得我军进入陕南不久，就以军司令部、政治部的名义发布了《关于商业政策问题》的布告。在打下洛南县城后，部队当晚进城露宿街道两旁，没有人去粮行、货栈、钱庄拿一点东西。第二天，在城隍庙召开群众大会，吴焕先政委向群众宣讲红军的任务、政策。会后，没收了四五家反动豪绅开办的粮行、货栈，将财物分给正在春荒中的群众。对那些正当经商的山货店铺和小商小贩，则加以保护。还有一次，我军路过丹江岸边的棣花街，街民因为不了解红军，以为又是来了"粮子"（陕南一带人对国民党军队的称呼），大都扶老携幼，逃到附近的山洞沟渠躲起来。其中有家开染房的李染匠，走时没来得及收拾院子里搭晾的十几幅布。他发现当天晚上所有的庙堂街坊院落都住上了队伍，又见这些远路而来的军队都穿得破破烂烂，补丁缀着补丁，心想，完了，院子里晒的布准会叫他们拿去。第二天一早，他和乡亲们见部队过丹江向南开走，急慌慌地回到家里。一看，院子打扫得干干净净，搭在杆子上的各色染布，被收拾起来，叠得整整齐齐，放在架板上，一尺也不少。其他街坊邻居也纷纷议论，说昨夜间来的是红军，不是"粮子"，街头上，贴着《什么是红军》的油印传单和红军标语。这位李染匠感动地逢人就讲："耳听是虚，眼见为实。红军嘛，了的太①，确是仁义之师，秋毫无犯！"

陕南山区的人民群众，忠厚、朴实、善良，把红军看做是自己的救星和亲人，在白色恐怖的形势和生活极度困难的情况下，竭力帮助和支援我军。陕南山里的悬岩绝壁上，有许多险要的山洞。我们部队路过时，一些反动的土豪地主把粮食和财物藏进洞里，并躲在洞中朝我们打冷枪。开始我们部队摸不清底细，有时就吃亏。后来在当地贫苦群众的帮助下，逐步弄清了哪里有山洞，哪个洞藏着东西，哪里有地主武装，从哪里可以找到洞口，这样，一些地主豪绅就不敢轻举妄动了。我军每到一地，几乎都有群众来给通风报信。有的宁愿忍饥挨饿吃野菜，也把仅有的一点粮拿出来送给部队，甚至将连自己的娃娃也舍不得让吃、准备换盐油和棉花的核桃、柿饼端出来，慰问红军。打仗时，不少群众帮我们当向导、抬担架、掩护和照料伤病员。我军的伤病员大部分是安置在群众家里休养的。山阳县袁家沟口有位姓丛的大娘，不顾敌人抄家和吊打，冒着生命危险，把在她家隐藏养伤的4名战士转移到安全地方，被称为"红军干妈"。

正是依靠党的领导和实行了正确的路线、方针和政策，依靠广大人民群众的支援配合，红二十五军在陕南的半年时间里，多次同敌人作战，连战皆捷，在蔡玉窑、文公岭、石塔寺、袁家沟口等地，给敌人以沉重打击，粉碎了敌人两次重兵"围剿"，先后攻占了镇安、柞水、宁陕、佛坪、洛南等五座县城，逐步形成了鄂豫陕边革命根据地。红二十五军也由入陕时的2900人发展到4000多人。

1935年7月，为配合中央红军北上作战和陕北红军的行动，省委和军领导决定部队继续长征北上。我们怀着依依难舍的心情，告别了陕南的父老乡亲，越秦岭，过渭河，驰骋陇南陇东，转战西兰公路，经由秦安、隆德、平凉、合水县境进入陕北，

---

① 原文如此。

于 9 月中旬到达延川县永坪同刘志丹等同志领导的陕甘红军胜利会师，结束了历时 10 个月、转战近万里的长征。

（陕西省军区党史办公室　供稿）

原载中共陕西省委党史资料征集研究委员会编：《陕西省党史专题资料丛书·红军长征胜利到陕北（四）》，陕西人民出版社，1986 年 11 月，第 203 ~ 208 页。

保卫红色土地

◎ 徐海东

这里，我所叙述的是红四方面军主力离开鄂豫皖苏区后，留下的一部分红军英勇保卫苏区斗争生活的回忆。

一

红四方面军主力离开鄂豫皖苏区以后，留下的一部分红军会合地方部队和收容起来的大批伤病员，于 1932 年底又组织起一支部队——红二十五军。

反动派再不吹嘘"大别山区的红军肃清了"，又急忙调兵遣将，向我发动了新的围攻。1933 年 1 月，敌十五军马鸿逵部马腾蛟旅，由新集向郭家河进攻。红二十五军两个师勇猛出击，激战三小时，全歼敌人两个团；2 月中旬九龙缠顶一仗，又歼灭万耀煌十三师一个团。群众看到我军接连打了胜仗，都高兴地说："我们的红军回来了！"

一度被敌人摧毁的鄂东苏区，又逐渐恢复起来了。到 1933 年 4 月，红二十五军发展到 13000 多人。但是七里坪一仗，却遭到了严重损失。

七里坪是黄安北乡的一个重镇，也是敌人安在苏区中心的一个坚固的据点。敌十三师长期驻守在此，领导上想用围困的办法把敌人逼走或调出据点歼灭之。这个意图没能实现。敌人一方面困守工事，以武力保持着与黄安、汉口的交通运输；

一方面派部队前来增援。虽然，我七十四师于古凤岭、凤白山一带击溃了敌八十九师的几次增援，但没有将其全歼。毛主席在《中国革命战争的战略问题》一文中指出："对于几乎一切都取给于敌方的红军，基本的方针是歼灭战。只有歼灭敌人的有生力量才能打破'围剿'和发展革命根据地。"我们长期围困七里坪，没有达到这个目的。

困不走敌人，逼不走敌人，反而使自己陷于被动地位。当时正是青黄不接的时候，我军大部队集结作战，不但没有油盐菜蔬，连饭都吃不饱。粮食，要到数十里甚至上百里以外的地方去搞，像老鹰打食一样，搞多多吃，搞少少吃，搞不着就不吃。有的部队只得吃野菜，吃树叶，吃草根，使战斗力受到严重削弱。

在这种情况下，我军不得不放弃了七里坪的围攻战。

部队从七里坪撤下来，还没得到休整，敌人便调集了六十四师、六十五师、五十八师，又向潢川等地发动"围剿"。反动派以为受到创伤的红军已经筋疲力尽，不堪一击了，但他们想错了。受挫，只能使我们得到教训，党所领导的军队，是不会因为一次失利的战斗垮下去的。我七十四师的主力主动向临牌石敌人一个团展开了攻势。经五次冲锋，全歼敌人一个团，俘虏副团长以下官兵 600 余名，缴获迫击炮 3 门。敌人的团长也在这次战斗中被击毙。

我军转移到莲花沿、李家湾一带后，敌十三师、八十师、四十四师、五十八师、六十四师、六十五师、七十五师、三十师、三十一师等部近 10 个师的兵力，又分路向我合击。我军为避免与敌决战，即向皖西转移。8 月中旬，敌七师、十二师、六十四师、六十五师调集就绪后，向我皖西进攻。我军转战两个多月，虽然打了几仗，终因敌人兵力强大，无法粉碎敌人的进攻。9 月初在金家寨西北的桃树岭一带顽强抗击了 13 天后，为了不再与敌人拼消耗，省委决定部队又向鄂东转移了。

从南溪、葛藤山出发，军长吴焕先同志领队前行，我因有病躺在担架上，随同后方勤杂人员走在全军最后。天下着大雨，道路十分泥泞。拂晓走到黄土岗公路附近，和敌人三十一师碰上了。由于情况突然，我和吴焕先同志失掉了联络。身边只有一个特务连，其他全部是非战斗人员，天已经快亮了，行李担子一大串，冲过去已不可能，只好退到旁边的一座山上。

因为这山上有个"齐天大圣"的庙宇，所以附近的老百姓都叫它"猴子山"。

上山后，天刚亮，敌人就发现了我们，就以约一个旅的兵力向我围攻上来。我下了担架，一面叫特务连连长指挥全连守住一个山头，一面叫号兵吹调动号。估计，这一突然的遭遇，一定还有没过去的部队。

军号伴随着密集的枪声，在群山中响着。过了一会儿，山下答号了。原来二二〇团的一营和另外两个连，也掉了队，敌人弄不清我们有多少人，不敢盲动。我们集合了半天，一共收容了6个连队。当然靠这6个连，也冲不过公路去。唯一的办法是转回皖西。

吃的粮食本来就困难，现在又仓促转移，更是无处筹备。每天，部队只能抓些秋南瓜充饥。在西河，我们进行了轻装，又把勤杂人员整编成了两个多连队。这样，一共有了9个战斗连队。在红旗山、丁家埠会合了皖西道委领导下的八十二师后，为了统一皖西的部队指挥，决定成立二十八军，将红二十五军的一部分改编为八十四师，原皖西的八十二师仍保留其原番号。于是，红二十八军番号，再次在皖西恢复起来。这样，鄂东、皖西又各有了一个军，两下虽然得不到直接的支援，但是两地的同志，都怀着一个共同的信念：保卫苏区，保存和发展红军的力量。

二

经过敌人多次"围剿"的皖西苏区，这时只剩下一片狭小的地区。东西长不过200里，南北宽不过50里，最窄处只有十几里。在反革命"血洗"苏区的摧残下，到处是一片瓦砾，十室九空，敌人在这片土地上犯下的滔天罪行，真是罄竹难书。国民党七十五师师长宋天才，用汽车装走了几千青年妇女，运到河南卖了。许多家庭被灭绝了后代。在吕家大湾，我们发现一个新土堆，开始不知道埋的是什么，挖开一看，是170多具被无辜惨杀的尸体。血的仇恨，激起了全体红军战士无比的愤怒。复仇的烈火，在战士胸中燃烧。

这时，敌人在皖西"进剿""驻剿"和"追剿"的部队，不下10个师近10万人。我们名曰一个军，实际上不过2000多人，而且粮缺弹少，又值寒冬。因此我们当时的行动方针是避免与敌人决战，分散进行游击活动。八十二师坚持原地斗争，八十四师到赤南熊家河一带，一面游击，一面筹备给养。

我们游击到赤南，反动派十二师、四十五师的一个旅和独立三十四旅又分路合击上来。我军跳出包围圈，连夜向外转移。经六安、简家畈、东西莲花山、八道河、椿树凹、母猪河一线进入湖北罗田县境的僧塔寺。把敌人甩掉之后，又转回赤南熊家河一带。我军当时的生活状况，可以用两句话来概括：肩膀上扛粮袋，屁股后头挂镰刀。除了枪支弹药，每人都备有一个粮食袋和一把镰刀。有时白天隐蔽在山里，自己割草搭棚子；晚上就下山去打粮。时常跑了一夜，也奔不上个大户，只能搞点米回来。打粮回到苏区，除了供给部队和伤病员，有时还救济穷苦的群众。苏区的群众更是不顾生命的危险，给红军送情报，千方百计地掩护红军的伤病员。有些受敌摧残严重的村庄，人虽然很少，但只要剩下一个人，他的心仍向着红军，向着共产党。在粮食最困难的时候，军民吃饭几乎不分彼此，老乡做好了米汤叫战士们去喝；战士们煮好了稀饭，请老乡一块喝。有的群众自己忍着饿，把仅有的一把米、一把菜，送给部队吃。有些群众被反动派抓去了，要他们领着找红军，有的领着敌人乱转，有的宁死也不说出红军的去向。红军和人民群众，就是这样相依为命，同度艰难。

10月底，我们向北游击。在商城的红门，一举歼灭了宋时科的独立三十四旅1个团，缴获了大批的枪支弹药和一部分棉大衣。借助这个胜利，又收容了一部分归队的伤病员，先后组织起两个多连，使八十四师得到了补充。不久，八十二师从赤城过来会合，时值冬天，大雪纷飞，过冬的衣服问题，是我们每天谈论的中心。全军大部分人还穿着单衣。没有棉被，睡觉也是就地一歪。有时住上有人烟的村庄，弄到点稻草盖在身上，那算是很美的事了。可是，被敌人蹂躏多年的苏区，稻草也成了罕见之物。有的同志晚上冻得不行，只好起来跑跑跳跳，用这个办法来取暖。我们的供给部，这时的全部财产只有13块钱。这几块钱，一来买不到几匹布，二来在敌人严密的控制下，也无法买到布。唯一的办法，还是靠打仗。

这天，我们打听到段集、吴桥有个布行，是土豪开的。于是便来了个"黄鹰抓小鸡"的战术，一下搞到600多匹布和几百斤棉花。战士们情绪高极了，纷纷说："现在该不愁穿了。"

愁还是愁。有了布，棉花还太少。再能搞到些棉花多好啊！说来凑巧，赤城县委书记吴德峰同志来了。他说："叶集有棉行，也是土豪开的。"

这个情报，真是雪里送炭。

叶集，是霍邱县西面的一个镇子，原驻守着反动派宋时科的部队，不久以前因被我们消灭了一个团，残部都调到霍邱整训去了。这时镇上只有400多民团防守。我军连夜奔袭，歼灭了民团，搞了1000多斤棉花。又在市面上买了一部分，合计了一下，每人能摊到一斤多棉花。一斤多棉花怎么够一套衣服的絮呢？经过大家研究，决定棉袄絮上薄薄的一层，棉裤腿和裤裆都不絮棉花。布有多余的，每人再发一副裹腿。

全军人人动手，你帮我，我教你，几天工夫，棉衣全部做成了。虽然长长短短，缝得不太美观，不过，像这样全军大换装，人人穿上新衣，打上新裹腿，还是头一次哩！

吃穿的困难，渐渐解决了。打大仗的愿望在每个同志心里升起。敌人的兵力十分强大，从哪儿下手呢？由于围攻七里坪的教训，我们都特别慎重。当时的方针是：打不了不打，打不胜不打，不打则已，要打就打歼灭战。为了寻找战机，我军在敌人大包围中跳来跳去。

11月底，我军在金家寨西北、固始以南狗迹岭、铁炉冲消灭了四十五师一个团和两个连后，敌人又调动两个师和两个旅，分四路向我熊家河进攻，企图报复。我军在前后塘、天桥与敌激战了一天，便主动转移，由金家寨以南渡过史河。刚刚进到古碑冲，得到情报：驻守金家寨的敌独立第五旅和伪县长率领的民团围攻上来，我们抓住这个有利时机，以两个营正面阻击，主力转到侧后，一个猛冲，把敌人1个旅打垮。俘虏800多名敌人，缴了3门迫击炮、4挺重机枪、700多支步枪。带队的伪县长也被打死了。敌旅长负重伤逃回。

敌人的援兵赶到，我军携带着战利品转移了。要回转苏区，必须通过南溪和金家寨之间的两道封锁线。刚打了胜仗，部队两天两夜没休息了，又抬着伤员，背着缴获的枪支弹药和粮食，行军速度很慢。当通过敌人的封锁线到达南溪附近时，天快亮了。在马头山又打了个小仗（歼敌一个连），耽误了些时间。现在，要按照预定的计划到大埠口一带宿营，还要翻过烂泥湖的一架大山，路程有40多里，是困难的。因此，便派出两个营警戒汤家汇和南溪的敌人，其他部队停下来休息做饭。

饭还没做熟，敌五十四师从南溪进攻上来了。又是机枪又是迫击炮，火力很强。

我们研究了一下地形和敌人的部署，决定先把敌人"调动"一下，然后歼灭他们。遂命令两个营顺着一个突出的山梁向上运动。到达山顶后，只留下一个排固守，其余的主力又顺着一条山沟隐蔽地撤下来。

敌人只看到我军两个营在山上运动，却没看见撤下来，便误认为那架山是我军的主要阵地，遂将兵力、火力转向那架山。这时，我军集中 4 个营从敌人右翼猛打过去。待敌人发觉上了当，已经晚了。激战又一个多小时，敌人两个团除跑掉的一个营外，全部被歼。敌五十四师代理师长柳树春和 1600 多官兵做了俘虏。

柳树春是保定军官学校出身，据他自己说曾经当了 13 年团长和 4 年旅长。可算得上"老资格"了。他万没想到，会当红军的俘虏。被俘以后，他怯生生地问我："军长，你是黄埔几期?"

在他们脑袋中，只有上过正牌军官学校的人才能指挥打胜仗。军队若是打胜仗，似乎一切都应归功于指挥官。他哪里知道，我们党领导的红军，就是一所最好的学校。红军之所以能打败比自己强大的敌人，重要的原因，不单是某一个红军指挥员的个人如何，而是因为红军是共产党领导的部队。当然，作为一个反动军官的柳树春，是无法理解的。

柳树春见我摇头，又问："那你一定是保定的了! 敢问是几期?"

我说："你别再问了，我既没入黄埔的门，也没听过保定的课，我是青山大学毕业。"他愕然地想了半天，说："这青山大学，在哪儿?"

我用手指指外面的山说："呐! 就在这儿!"他这才低头不语了。过了一会儿，又怯生生地说："鄙人有一个问题百思莫解，不知当问不当问? 你们苏区，房无一间，粮无一粒，是怎么生存的?"他这一问，确实激起了我的愤慨。我说："你倒好意思说出口! 房无一间,是你们烧的; 粮无一粒,是你们灭绝人性毁坏的。你以为，烧杀能毁灭一切,这是强盗的想法。烧杀只能证明你们野蛮。你们欠下的这笔血债，总有一天要偿还的。"

柳树春吓得全身发抖，连连说:

"请原谅，请原谅，这些不能归罪于我，都是蒋介石的命令。军人只懂得服从命令……"

敌人闻悉柳树春被俘，恼羞成怒，企图实行报复，接着集中四十七师全部，五十四师的 1 个旅和七十五师 1 个旅，共 10 个多团，向我杨山进攻。我军士气高涨，弹药充足，两个师开展歼敌竞赛。激战一天，将敌人五六次冲锋打垮，粉碎了敌人的进攻。此次战斗中，八十四师师长黄绪南同志光荣牺牲。

连续几次的胜利，使皖西的敌人大为震惊。敌纷纷收缩兵力，放弃了南溪、牛食畈等重要据点，龟缩到丁家埠、李家集、汤家汇、吴家店等地去了。红二十八军，从此展开了更大规模的战斗活动。

三

1933 年 11 月，十九路军军长蔡廷锴等将领，因不满蒋介石的卖国政策，联合国民党内部一部分进步势力，公开宣布与蒋介石破裂，在福建组织了反蒋人民政府。并与红军订立抗日反蒋协定。蒋介石为此把在鄂豫皖的主力抽走，所留下的多为杂牌部队。在此有利的形势下，红二十八军立即展开外线活动，趁此扩大苏区。不到几个月，皖西苏区已扩展到东西 270 余里，南北 100 余里。部队的人数由 2000 余人，扩大到 3200 余人。

阴历二月底，红二十八军活动到商城东南豹子岩，会合了吴焕先同志带领的红二十五军。分别半年多，再次相会，那种高兴的心情，真是一时难以用话来表达。

焕先同志告诉我：自从去年 9 月黄土岗遭遇敌人，主力转移到鄂东之初，处境也十分困难，敌人曾先后集中五十八师、四十四师、三十师、十三师、三十一师、八十九师和独立三十三旅等部，多次"围剿"鄂东苏区。红二十五军主力在敌人的大包围中，日夜不停地和敌人周旋。后来敌人驻扎在鄂东苏区的中心，采取步步为营的碉堡政策向我疯狂进攻。在这种情况下，红二十五军在鄂东地方党的支持下，分散坚持斗争，英勇地保卫着苏区。当大部分苏区被敌人占领后，焕先同志带着一部分部队，在天台山、灵隐寺、茅草尖一片狭小的山区打游击。部队没有吃的，没有穿的，经常以野菜、山果充饥。敌人不断地搜山、烧山，在路上和井里丢上毒药，还大肆进行欺骗宣传，施行软化手段，推行保甲制度，厉行连保连坐，企图把红军与人民分开，把红军困死、逼死、饿死。然而，他们始终办不到。群众坚决地和红军站在一起，经常秘密地给红军传递情报，收留掩护伤病员。光山南区一个村的老百姓知道红军伤员没医药治伤口，暗地凑了些钱，买药送给伤员。在这艰难的岁月中，出现了许多可歌可泣的事迹。有的伤病员，藏在山洞里宁愿饿死，也不爬出洞口给敌人抓去。省委书记沈泽民同志，就是这样带着重病在天台山上牺牲的。

红二十五军与红二十八军此次会合后，又一次进行了整编——两军合编为红二十五军。为了找省委汇报工作，休息几天后，又转向鄂东。

连续数日的行军，经汤池、西余集到达了沙窝以南的高山寨。这时敌一○九师一个团两个营从沙窝出来向我军进攻。我军占据有利地形，把敌人消耗到一定程度，一个反击打出去，全歼下敌人两个营。仅是机枪就缴获了72挺，这真是一笔路遇之财。

当天，我们在高山寨西南一个村，会见了省委书记徐宝珊同志。在此省委举行了会议，根据当前的形势，决定在安徽的宿松、太湖、潜山、桐城、舒城五县创建新的根据地，并在鄂东的黄陂、罗山、孝感创建游击根据地，同时成立鄂东、皖西两道委。鄂东道委书记郑位三，皖西道委书记郭述申，并以皖西3个游击师组织八十二师（师长林维先），鄂东组织西路游击师。

红二十五军根据省委的决议，在上述地区，开展了广泛的活动。每到一处，发动群众进行打土豪、分田地的斗争。在潜山、桐城、舒城边区活动一个多月，先后留下了13支便衣队和游击队。新区工作打下基础后，又转移到罗山一带，以朱塘店为中心，在凤凰山一带活动半个多月，组织了区乡政权；在区乡政权的协助下，部队又扩充了160多名新兵。不久敌3个师发起三路围攻，我军转移到彭店一带，将四十四师击溃（歼其一部），迫使另两路敌人暂时停止进攻。为了避免与敌人拼消耗，我军又采取了疲劳敌人的战术，拖着敌人向外转。先后经东新店、望阳店、夏店、蔡店等地转移至孝感县的会田河、黄家畈、李灵店。在杨平口，与敌东北军1个师打了一仗，把敌3个师甩掉，复转回新苏区。

1934年6月底，我军转移到白亚山一带，敌5个师又分四路开始了围攻。这时，我们往哪儿走，都会碰上敌人，便决定暂时按兵不动，准备好干粮，打好草鞋，待敌人四路合拢后，先打垮一路，然后变敌人四路为一路，摆在屁股后面拖着走。

第四天，敌人三路赶到了。打了半天，计划实现后，即派二二三团在后尾占领隘路阻击，主力连夜转移到殷家冲。同时又派一个营占领何家冲后山一个寨，防止敌军阻击我军去路。第二天一早，我们正向何家冲转移，走到长岭岗附近，发现了敌一一五师3个团摆在一漫山坡上，看样是毫无戒备。敌人在山头上架着3门迫击炮，盲目地瞎打。我走在大部队前头，一看这是个很好的机会，急忙命令部队停下来，对通信员说："向后传请政委快上来。"

政委吴焕先同志从后尾跑步上来，忙着问："什么事？"

"政委，你快看！"我向长岭岗上一指说："好像是个好机会，打一仗怎么样？"

吴焕先同志举起望远镜往长岭岗上一看，连声说：对！是个好机会。"

我们研究一下，敌人不但疏忽大意，而且所处的地形，对他们十分不利。3个团摆在光秃秃的长冈子上，只要一个冲锋打垮他最前头的一个团，后边两个团没有地形利用，不能展开部队抵抗，我军再乘此机会压过去，定会把后面的敌人搞得稀里哗啦。

因为天天和敌人周旋，每个战士都有随时随地投入战斗的充分准备。一声命令，全军就展开了。二四〇团团长熊行宽同志带1个营攻击排哨，我和吴焕先同志分头各带两个营攻上去。长岭岗上霎时枪声大作，战士们挥动着刺刀，猛扑敌群。不出事先所料，敌人前头的一个团一乱，后边的部队无处可以固守，纷纷乱窜。混战只一个多小时，一一五师便土崩瓦解了。最后敌师长姚东番见势不妙，带一部分人逃了命。我军俘虏敌团长以下官兵3700余名，光是机枪就缴获了200多挺。

这一仗，打得干净利索，我军伤亡也不大。这是豹子岩会合改编后，打的第二个漂亮仗。

一一五师是东北军的部队，为扩大红军的政治影响，传播我军的俘虏政策，除从俘虏中动员了一些机枪射手留下外，其他的经教育后全部就地释放了。

敌人的行动规律就是如此，几路合击上来后，只要能粉碎其一路，其他各路就不敢再进攻了。我军在殷家湾休息了一个多礼拜，把一部分枪支交给了西路游击师，妥当地安置了伤兵之后，又转向皖西，继续坚持着保卫苏区、保卫红色土地的光荣使命！

原载皖西革命斗争史编写组编：《皖西革命回忆录：第二次国内革命战争时期（上）》，安徽人民出版社，1980年，第364～378页。

关于红二十五军若干史实问题的谈话 [①]

◎ 徐海东

一、红四方面军走时留下多少部队问题

第四次"围剿"以前是两个军（四军和二十五军），四次"围剿"后到飞旗山时是 3 个军：四军两个师（十一、十二师），九军两个师（二十五、二十七师），二十五军两个师（七十三、七十五师）。独四师就是在飞旗山改的二十七师。后以二十五师为前卫、二十七师为后卫，我们一路打掩护，到西界岭、后畈、僧塔寺一带时，接总部命令，要我带 1 个团（七十九团）在原地牵制敌人，命戴季英政委、姚家芳副师长带八十、八十一团去河口、四姑墩一带打掩护。第二天，敌 4 个师攻上来，我带的 1 个团边打边退到土门潭。我到金家铺去找蔡申熙，半路上遇到郭述申，见到了总部要我们组织东路游击司令部和行动委员会的指示，次日我们就走了。当时分工我整理部队，郭述申整理道委机关，刘士奇组织伤病员。在双柳湾与敌四十四师打了一仗。

戴季英、姚家芳带的八十、八十一团在河口一带基本上打垮了，架子还留下。

---

① 本文为红二十五军战史编委会办公室陈先瑞、张天云、刘健挺、傅文杰等同志，于 1962 年 10 月 5 日至 7 日访问徐海东同志的谈话纪要。原载于解放军出版社 1991 年出版的《中国工农红军第二十五军战史资料选编》。收入本书时，编者按照统一的规范体例进行了编辑加工和技术性处理，余均保持原貌。

二十七军东路游击回来，以伤病员补充了八十团、八十一团，在光山南补充的。那时八十一团战斗员只500余人，加上伙夫、马夫共600余人。

二十五军军长蔡申熙在河口作战牺牲。二二三团只留两个营，二二四团在皖西。二十七军在肖家畈战斗后在大埠口遇到二二四团，那时这个团归张殿三指挥。当时白沙河、关王庙一带没有敌人，我们带二二四团过来，留英山独立团归张殿三指挥，在沙窝打了一仗，在白石庵遇到戴季英、姚家芳。刘士奇带三团到莲花庵找省委去了，二十七军取消，我们还是二十七师。

当时留下来的部队有七十五师2个团、二十七师3个团、古风岭的独立一师二团。地方武装很多，有罗山独立团，河口独立团，麻城独立团，陂孝北独立团，光山、黄安各两个营，桃花1个游击师（7个连）。

重组二十五军，军长吴焕先，政委王平章。七十四师、七十五师都是3个团1个特务营，七十四师只改了个番号，七十五师的二二五团是罗山独立团改编的，军部是原来的军部基础。当时，七十四师5200人，七十五师5800人。后来将八十团由王平章带去皖西组成二十八军，只有一个八十二师，由八十团、军部的特务营、英山独立团组成。阴历正月初四，我还到大畈去讲了话。这样，二十五军只剩了5个团，二十八军两个团。

九军二十五师给方面军带走了，二十五师就是原来四军的十师改的。老二二五团就是少共国际团，也随四方面军走了。

二、"肃反"问题

"肃反"不是围攻七里坪引起的。还在围攻七里坪以前，敌4个师向我进攻。在响堂一带，他们就怀疑廖荣坤有问题，取消了二十八军，改编为二十五军七十三师。另由郭述申带了军部特务营到皖西去成立了1个团的小师（八十二师），由原八十团的团长刘麻子当师长，没有军部，直辖3个营。打郭家河后，吴焕先对我说廖荣坤有问题，王平章牺牲他有责任，就这样逮捕了廖荣坤。到郭家河又连续抓了程启波（七十三师主任）、何英荣、王正进。省委下令戴季英当军政委，我为副军长兼七十四师师长，周希远为七十三师师长。军部令我为前敌总指挥，去南向店打粮。去了八九天，回来省委开会，吴焕先作报告，讲到整个形势很好，要反攻，夺取中心城市，首先要夺取七里坪。吴报告后，我接着发言，说到对整个形势我不了解，局部形势却对我不利：敌人6个团，我7个团，兵力相等，但敌人装备比我强，敌八十九师驻黄安县，随时还会增援；我方粮食供应又有困难，而且围城要打援，敌八十九师来增援，我们打不了，围城又困不死敌人。吴焕先说，围七里坪不是消灭敌人，逼走敌人就是胜利。现在主要问题是二十五军内部反革命分子猖狂，要"肃反"。同时，他还亲自作了布置，要我指挥部队，做工事。围攻七里坪期间要团以上干部填表，戴季英还要我填表，对我有怀疑，幸而徐宝珊作了证明，才消除了他的怀疑。那时部队没有饭吃，曾开了一次5个人的骨干会议（有沈泽民、吴焕先、郑位三、高敬亭及我参加），会上我说困不死敌人，反困死自己。吴焕先听后来了火，说我是政治上的罪人。

"肃反"问题吴焕先要负主要责任。当时吴负责七十三师"肃反"，七十四师是戴季英，七十五师是高敬亭，他们三个人分工的。我看"肃反"有宗派，而且扩大化。

三、红二十五军长征第一阶段

红二十五军打了长岭岗以后，到皖西打下太湖县城，回到陶家河发展新苏区。我去湖北蕲春，吴焕先到陶家河搞群众工作。敌四十四师进攻，我们转移到南溪，遇到陈锦秀，他带来一信，是位三、季英签名的，内说宝珊、海东、焕先同志，中央有指示来，请你们带二十五军火速来鄂东。

我们到宣化店西北，和郑位三、程子华、戴季英同志会合。他们看中央指示，叫我去看阵地、布置警戒、搞粮食。我没有看到中央指示。省委开会，吴焕先拿出一张小纸条念给我听，大意是鄂豫皖苏区经过四次"围剿"，人力物力皆空，应该另找地区重整旗鼓（"重整旗鼓"这四个字我问了徐宝珊同志，他专给我解释了一下，所以记得很牢），至于什么地方，中央不作决定，因为不熟悉具体情况，由鄂豫皖同志自行选择。念完就讨论，大家一致认为中央指示是正确的，陂孝北等地区不是长久之地，群众失败情绪厉害，部队不易扩大，长征是正确的。往哪一方向去？

向北是平原，又有黄河，不行；向东有津浦路；向南有长江，也不行。只有向西。豫西党的工作比较强，四望山还暴动一次，四望山不成就到伏牛山。没有谈到陕南。当时看的是大地图。还提到钻边界好，国民党的特点是这省不管那省。中央指示上还说，苏区应留独立团、便衣队、地方武装活动。留谁呢？当时高敬亭未来得及到鄂东，就决定留他下来。

郭述申那时已不是省委委员，程子华顶他的省委委员缺。我问程子华，中央命令你到鄂豫皖做什么工作。他笑笑说做军事工作。我问他在中央苏区做什么工作。他说当过师长。我说那你当军长，我当副军长。大家意见也要程子华当军长。

省委会后到何家冲整训两天。徐宝珊病得说不出话来。吴焕先写给高敬亭的信，叫高敬亭组织八十二师的主力，坚持鄂豫皖苏区斗争；我分工搞部队。出发时，程子华军长，吴焕先政委，我副军长，戴季英主任，郑位三没有确定具体工作。

你们说省委会议在花山寨开的，我不记得有这个地方。何家冲后面有个何家砦。

轻装出发，通过三里城到五里店的封锁线，到朱堂店西南十五六里的地方宿营。吃中饭时，朱堂店的敌一二九师两路来攻，并以主力攻我左翼。我向军长、政委说，应该赶快占领左边高山。他们同意。程说海东你指挥，把敌人打退。我们伤亡13人。何家冲出发时是3000人差13个，这样就差26个。当时没有传达转移，因为部队都是农民出身，只说是打远游击，过了铁路就回来。二二四团团长（麻子，警卫员是魏文建）动摇，拿了2000块银圆想逃跑，被尹昌尧等捉了杀掉，所以过平汉铁路时是3000差27人。

在东双河附近过平汉铁路，向西南走，用意是沿湖北边境前进，以避开两省的敌人。在七里冲是和萧之楚的四十四师打，它是从老河口调来的。经平氏后沿泌阳城墙走。过方城公路前遇到敌人，向导说是"刘军长"（刘镇华）的人，当天下午就到了，要我们送粮送草，他们来到才不送的。我们拂晓前从小路走掉。将过方城公路，我估计敌人一定会在公路上拦阻，而后面追兵已迫近。我想应该有回旋余地，不能被夹攻，就叫吴焕先、程子华带二二四、二二五团先行，我带二二三团在后，相隔50里路。他们同意。刚要走，敌人已追上来了。我叫他们先走，我在后面抵抗。抵抗了5个小时，到中午11时左右，估计他们已走出五六十里路，我才撤退。我一到方城公路，发现情况不好，吴焕先手拿大刀，说二二四团垮下来了。我说，我带二二三团反攻，你组织二二四、二二五团。庞炳勋部队善守不善攻。我带二二三团进到一个庄子抵住，部队搞饭吃。5点钟，天快黑了，我对吴焕先说，今夜不跳出圈子，明天就完了，你去搞向导路线，我抵住敌人，约定8点钟撤出战斗。8点前，我叫二营先撤。8点，吴焕先的传令兵来叫我撤。

独树镇这一仗，有全军覆没的危险。

在独树镇战斗过程中，他们讨论要杀郭述申。戴季英说："郭述申不是我们一号的人。"徐宝珊问是哪一号的人。戴说："他是老三，是李前香等供的，郭述申是皖西第三党的首领。"（那时有人说郭述申和我的关系很好，杀郭要经过我同意。而对我，是因为长征当中要我打仗）徐宝珊问我郭述申是不是老三。我说："要说郭述申是老三，大家都是老三。这是什么时候了，还搞这个。"徐宝珊连忙说："海东，你不要发脾气，我们谁也没有同意杀。要信×××的话，已经把郭述申杀了。"

从独树镇撤出战斗，天明到伏牛山，敌人离我们12里路。入山时，我和吴焕先开个玩笑说："这下好了，来了3个团的援兵。"他急忙问我："在哪里？"我指着前面三座大山说："那不是援兵，1个团、2个团、3个团，进了山我们就有办法了。"吴焕先听了笑起来。

四、关于在陕南时省委内部的斗争

红二十五军进入陕南打了庾家河战斗后，在省委内部就开始了两个斗争：一个是对戴季英的生活腐化、工作不负责；另一个是对另两名同志的两条路线斗争。

戴季英从鄂豫皖出发当政治部主任，但工作愿意干的就干，不愿干的就不干；在生活上，没收委员会对他有意见，他用得着的东西就拿，用不着的东西就丢。庾家河战斗打得很苦，团以上干部除了吴焕先、张绍东两个外，全都负了伤。战斗打得这样残酷，戴季英还和老婆睡大觉。吴焕先派人找他没来，就发了脾气。以后就斗争戴季英，戴季英不承认，辩解说在鄂豫皖七十四师给我当过政委，要我给他证明，我就举了例子说他是有这种（指生活腐化、工作不负责）现象。这样，斗了他1个月。

第二个斗争是两条路线斗争。中央对创建新区有3个原则，省委是决心在陕南创建根据地，所以派陈先瑞带七连下去当游击司令，叫郭述申去当书记，开展地方工作。在袁家沟口搞了1个独立营（指四路游击师阮英臣部）。但是，有的同志不同意单独在鄂豫陕创建根据地，他们说红二十五军只有3000人，力量小，要创建根据地需有党的、行政的干部，我们缺干部创不起来，即便是创建起来了也不易坚持。省委反驳他们说：中央指示是单独创建根据地，并没叫我们入川。陕南的敌情、地形、群众条件都正适合创建根据地。在陕南树红旗可牵制杨虎城，东面对鄂豫皖老区、西南面对川陕苏区、北面与陕甘刘志丹部配合，作用大，而入川的作用小。但他们却说，如果在陕南立不住，被敌人消灭了，反而政治影响不好；陕南山大，人口稀少，粮食缺乏，红军发展了也不易巩固。这样和入川主张争了两个多月，省委还是坚持创建根据地的工作，除派陈先瑞和郭述申下去外，又派交通队的二排长去二天门，派夏云亭去袁家沟口工作。

后来我们直向西行，想看看那里的情形。在华阳打垮张飞生旅，消灭他两个团，把张飞生也打伤了。当时看到华阳地形很好，省委在这里开了会，提出在华阳创建根据地，打算也和鄂豫皖一样，东一块、西一块。在这里也搞个游击根据地。

后来军部（吴焕先、我、戴季英，这时戴是参谋长）在一起讨论，考虑人人都说城固、洋县好，好比鄂豫皖的霍邱，是个出粮食的地方，就准备到那里去。从华阳去洋县有条大道，吴焕先调查走二郎坝到马坝，经小河口去城固有条小道，比较险要，我们决定走这条路。到小河口，碰到敌四十九师，就转了回来，往东走，翻过天谷山到柴家关，在此准备召开省委扩大会议，改组省委。最初预计开5天，后来一算起码得开9天，这样粮食就有了问题。正研究中，手枪团回来报告说，张汉民部来了。我们向东行动，在柞水与张汉民碰上了。张占了柞水，我们去蔡玉窑再转去曹家坪，张汉民也到了蔡玉窑。他派一个姓张的人来与我们联系。吴焕先、戴季英审问这个姓张的，他招供说张汉民从前加入过共产党，四方面军来时他在子午镇俘了四方面军600多人，缴400多支枪，被杨虎城提了一级当警卫团长，派到汉中对付共产党等情况，所以就认为张汉民是个叛徒。等张汉民来了，枪响我们就走，经过九间房看好了阵地，到葛牌镇又转回九间房打的埋伏。

九间房战斗后周围没有敌情，仅在宁陕有"韩扒皮"的1个团，情况缓和，决定在葛牌镇开省委扩大会。

葛牌镇的粮食也困难。2月上旬打完柳彦彪后曾在这里过阴历年，粮食差不多吃空了。于是我和吴焕先分了工，我负责布置阵地、派侦察和搞粮食，吴焕先负责会议准备工作。

开会后，吴焕先作了一天报告，讨论了两三天（程子华因负伤未参加，派人跟他谈），郑位三检讨半天多，省委选举，共开了5天半。这中间，我因派人出去搞粮食，都是到百里以外，一天去，一天回，所以没完全参加上。这次会议决定正式改为鄂豫陕省委。改选省委，是徐宝珊、吴焕先和我共同研究的，赵灵波、张明先、李隆贵、田守尧是吴提出的。（傅主任提问材料上写有陈×是谁）陈×只有陈先瑞了，他是执委。结果徐宝珊当书记，吴焕先当副书记，我、赵灵波、张明先、田守尧为常委，又添4个执委。因我出去搞粮食，具体的不清楚了。原来常委少了3个人，高敬亭留在鄂豫皖了，戴季英被改选掉，程、郑也被改选掉。

五、红二十五军长征第二阶段

1935年6月中旬打罢唐嗣桐后，敌人停止进攻，部队出红岩子，到杨家斜。省委开会讨论，认为根据地经过"围剿"，物资特别是布匹困难，同时又听说终南山外好，物资丰富，敌人也空虚，研究是不是到山外去，搞些东西，扩大影响，再回来。结果大家都说好，一致同意出山活动。

决定出山以后，又在杨家斜住了3天，原因是等阮英臣的那一营人赶来，好一块带一带他们，也准备让他们驮东西。

出山就打下引驾回，捉到一个伪区长。我们要他打长途电话给西安，想把敌人调出来，打个埋伏，消灭他一股。吴焕先在旁边说一句，那个家伙说一句，说是"共匪有出山模样，现在已到石嘴子，请派兵来"。西安敌人回话说，毛炳文军长的部队已顺西兰公路西去，于学忠军也经凤翔西去，现无一兵可派。你们要注意。

我们还在那个伪区长的桌子上拿到一张《大公报》，上面说：红一、四方面军在毛儿盖会合，先头已越过松潘。我和吴焕先看到这个消息，高兴得都要跳起来。程子华同志坐在担架上，我们拿着报纸给他看，问他是否可能，他说有可能。

我们原准备在引驾回杀唐嗣桐，因为他进山时就是在那里开的誓师大会，说是要在 3 个月内把红二十五军消灭掉。根据从《大公报》上了解的新情况，省委认为不宜停留。当晚，部队就离开引驾回向西走了，一气走了 60 多里路，到达一个村庄，在子午镇西 20 多里的地方（子午镇离引驾回有 40 里路）。省委在这里开了会，同时派政务科科长朱仰兴带人把唐嗣桐押到子午镇杀了，把脑袋挂在城门上示众。

省委开会认为，应当配合中央北上。大家的决心是，我们这 3000 人牺牲完了也要牵制敌人，使一、四方面军顺利北上，这对全国革命也是有意义的。在这里，吴焕先写了两封信给特委，派 6 个人，鄂豫皖的和陕南的各 3 个，去送信。当时，焕先说叫李隆贵当书记。我说，按能力还是位三当吧。吴焕先不同意。当时讨论，叫李隆贵、郑位三、陈先瑞 3 个人负责。

写信给特委，说是我们就不再进山了。当时，我们准备笔直西进，经鄠县（今户县）、郿县（今眉县）直去甘南。走到店子头，杨虎城的 1000 多骑兵老跟在后面。骑兵很讨厌，你打，他停下；你走，他又拢来。看到情况不利，我就找吴焕先说，要改变计划，还是走山里好。这才临时决定进山。

从辛口子进山，经老佛坪、二郎坝到西江口。在西江口休息了 3 天。

从西江口出发，经张良庙去打双石铺。在双石铺消灭胡宗南别动队 4 个连，一个也没跑掉。这 4 个连，大部是黄埔学生，兵都是中士，排长是中、上尉，连长是少校，营长是个中校。他们在押着民夫修西汉公路，消灭了他们，也就解放了一大批民夫。更可喜的是还捉了一个姓何的少将参议，从他的皮包里弄出不少文件，又问了些口供。情报证实：一、四方面军确已会合北上，胡宗南的主力全部在堵击一、四方面军北上，后方留驻天水，所以便决心北上打天水。

打下双石铺第二天，开八一纪念大会。当时要每个人准备两双草鞋、3 天干粮。

从双石铺出发，先打下两当，然后北上天水。主力是顺天水南边那条河往西去的，我带了一营人去佯攻天水北关。天水共有 5 个城门，要打下来有困难。打下北关，烧掉了他们的造币厂。

天明，我们撤离天水，在城西北 25 里的地方吃饭。天水敌人告急，从甘谷调来 1 个旅增援。我们捉了他 17 个掉队的，弄到 10 多条枪。接着，我们继续向西北走，到沿河镇宿营。在沿河镇，我看地形，准备过渭河，吴焕先做群众工作。记得在那里曾遇到一个老头，说当地就是天水关诸葛亮收姜维的地方。我看过地形，便派一连人先过去，把对面山上的一座小庙占到，掩护部队过河。过河是在河这岸楔上木桩，河对岸利用一棵大树，扯上由教堂弄来的粗绳子，人沿着绳子溜过去。当时只有一只小船，坐船过去的只有军的几个干部和几个女看护。

过了渭河，在河北岸 25 里的地方宿营，我就考虑下一步行动的问题。晚上吃饭，我跟吴焕先说："政委，我们能接到中央就好，如果接不到，这条水可是个大害，往回走准带尾巴，就是背水作战。这次过河要是有敌人堵上，过来就不会这么容易。现在如果要转回去，孤军一支，可不会那么太平了，搞不好甚至有全军覆没的危险。石达开的教训就是这样，他人多，可是大渡河上被敌人全部消灭掉了。"他说："我对渭水也考虑，假如是遇上敌人，怎么好过啊？不打死些，也要淹死些人。"两人就酝酿下一步怎么行动的问题。

第二天打下秦安，几百敌人来骚扰，我带二二三团在城外占领阵地警戒了一天。下午，日头两丈多高时，通信员来了，说政委请我回去，黄昏要宿营。我就叫张绍东、赵凌波带着部队，跟通信员一起到了政委那里。吃饭吃到一半时，吴焕先就说："你昨天说了那几句话，我夜间一夜没有睡着。也无需开省委会了，现在就是我们两人下决心的问题。现在要动动脑子，假如接不到中央怎么办？"他要我发表意见，我要他讲，他说他最后再讲。我就说："能接到中央更好，接不到中央就进陕北，去和刘志丹同志会合，到哪里都是革命。我们现在和陕南隔开，是敌人封锁加上渭水隔断的。回陕南是下策，肯定有尾巴，再过渭水，可能会损失很大。不回陕南不是不要陕南，从古至今，天上的牛郎织女也不愿意隔开的。真接不到中央，为保存革命力量，就到陕北和刘志丹同志会合。"吴焕先说："我同意你的看法。这渭水很讨厌，往下游水会更大，根本不能徒涉。我们继续西进，接到中央更好，接不到中央我们再渡河去陕北。"我还好像玩笑一样地说："红一、四方面军是大会合，我们和刘志丹也来个小会合。"当日从秦安出发，经通渭，在魏店宿营。

然后北上威逼静宁。部队从静宁西八里铺过西兰公路，在八里铺休息，做饭吃，同时派一连人到城下打枪骚扰。饭后继续西进。

第二天到兴隆镇。这里全部是回民。经过讨论，认为少数民族工作要搞好。从前当小孩的时候就知道回民很强悍，后来又知道冯玉祥打回民吃了亏，所以我说绝不能打，要争取。吴焕先同志也说："对，我们要团结一切民族起来搞革命，我们不是大汉族主义。"以后，部队就集合起来，由吴焕先讲话，规定要照回民风俗习惯办事，部队都把猪油罐子封起来。我们还吹打着洋鼓洋号，给阿訇送去了4个小银子、一块匾。阿訇和当地群众都很受感动，阿訇还用头顶着一些点心送到军部来。在兴隆镇的工作，影响很大，以后在回民地区走，根本不要我们自己找向导，一站到一站都是他们接送。他们当向导好像有暗语，到地方"呕吼、呕吼"一叫，另一个向导就出来接上了。在这里还有几个参军的，马青年（现在的甘肃省副省长）、李天明（后来牺牲了）就是在这里参加的。

在兴隆镇，省委开会，决定我们再在西兰公路上钳制敌人半个月，真接不到中央，就上陕北。

然后就出发打隆德。毛炳文的部队赶来增援，坐着72辆汽车，天快黑时到的，可是不敢近前来，天黑后就乱打信号弹。当时，很多同志还是第一次见信号弹。

天黑后，连晚翻六盘山。下山到瓦亭做饭吃。马鸿宾的骑兵1个团来进攻，把他们打退了，缴了17匹马。二二五团的外号叫"工人团长"的那个团长，就是在这负重伤，抬到三关口才牺牲的。他牺牲以后，方本仁去接任二二五团团长。

到三关口，敌人的汽车从后面赶来，我们留一排人在后边打掩护，结果被敌人插断，后半夜才又跟上来。

经过平凉，由吴焕先同志带1个营去北关扰敌。部队宿营到平凉东面大塬上。

在到平凉以前，吴焕先调查了去陕北的路线，一条是经庆阳去环县，一条就是在镇原、西峰镇以北到板桥、合水，进入陕北。部队从平凉北的塬上出发，过泾水，经四十里铺到白水镇。马鸿宾带1个旅赶来，被我们打垮，消灭他1个多营。

第二天到泾川。原来调查说城里没有多少敌人，不知里面有马开基的1个团1700多人。我们从泾川东北过河，前卫二二五团和军直都过去了，二二三团在后面，突然下来了山洪。因这一天下大雨，河水陡涨。当时我说："千万不能打背水战，二二三团绝不能下沟。"二二三团在塬上宿营。这还是因为自己学过点军事，才懂得在这种情况下该怎么办。宿营后，向泾川派出了警戒。我和吴焕先带着交通队和教导队进了村。刚进屋不久，勤务员还没有把水烧开，就听到外面枪响，我和吴焕先就抢着往后面山上跑。我因右腿负过4次伤跑不赢吴焕先，他还说："咱俩比赛。"一直往前跑过去。等我一上去，吴焕先已经死在那里了。那天是二二三团三营在最前边警戒，八连连长带的一个排哨全部被敌人打掉了。等我们上去，二二三团已经把敌人抵住，正准备反攻。后来大家听说政委牺牲了，都打红了眼，把敌人1个团全部消灭了，跑回去的只有70多人。那天打得很厉害，捉到三四百俘虏，也全叫张绍东给弄到河里淹死了。团长马开基叫我们给打死了，他的私章子都叫我们拿到了。

吴焕先同志牺牲，是一个很大的损失，全军没有一个不痛哭的。我当时骑在骡子上，带着交通队、教导队把他的尸体送过河，亲自给他洗了澡，给他穿上他最心爱的呢大氅，把他埋葬。马开基是马鸿宾的亲侄子，打死马开基，马鸿宾很痛心。以后他把吴焕先的墓撬开了，还照了相，登在报上。开始他们说是把我给打死了，后来他们叫白水镇战斗我们留下的彩号认，才知道是吴焕先。我后来拿着敌人的报纸看，那个相片就是他，心里非常难过。

在河边上休息了3天，因为河不能过，讲话也听不到。开始张绍东、赵凌波到河边来，我只能招手叫他们回去。水消以后，他们过来开了省委会议。在会上，提到谁当军政委，田守尧、张明先、赵凌波都认为：反正总还是你（指徐海东同志），政委、省委书记你都兼到，等以后有机会开省委扩大会议再选。

部队会合后，便威逼崇信。当时的想法是，不是真打，能威逼开更好，逼不开算了，要顾及我们的伤亡。现在是无后方，孤军作战，打掉一个少一个。没有逼开，部队便又回来，住到一个塬上。敌马鸿宾、毛炳文两路赶来，在那里又打了一仗。

我叫戴季英带二二五团同程子华（他躺在担架上）先走，我带二二三团在后边掩护，等前面走出35里地以后就驻下，等我。同时，戴季英调查到华亭和到陕北的两条路线。戴季英他们带着二二五团先走出35里地就宿营了，我们一直打到黄昏后撤出战斗。到宿营地，先见了程子华同志，问他戴季英调查路线没有，他说不清楚，叫下到沟里找戴季英。我问他调查好路线没有，他说他没管，叫去问军长。程子华也很生气，把戴季英喊来。戴季英来了，才说"路线问好了"。一条是到华亭去的路，一条是经四十里铺过泾河上陕北。子华把戴季英训斥了一顿。我回来躺下睡，就想起吴焕先来，想到过去他在时，我打仗、他搞路线，现在他刚死，戴季英就这样捣蛋。想到这里，眼泪都流出来了。我想，现在的情况下只有赶快进陕北，不然会把部队拖垮。

第二天出发，手枪团先走了。我出来一问，说是向华亭方向走了，我就叫骑兵通信员赶紧去撵回来。我说："要走四十里铺过泾河上陕北。"戴季英说："四十里铺有敌人。"我说："有敌人，我带着部队打。"这样，才从四十里铺过了泾河。这是第二次在四十里铺过河。头次过来，这次又过去。

过了河，头天还没过镇原就宿了营。敌人有 10 多匹马来，被我们赶跑。晚上要出发，过镇原往东北走。我说要早走，半夜 12 点吃饭，1 点钟出发。戴季英嫌走得早，到时候两个团集合齐了，司令部还没有集合。戴季英说他不下命令，司令部就不能集合。戴季英一直到下半夜 2 点还没有起来。我真气火了，说："你不走我走!"结果，司令部的人都来了。

第二天过赤镇，敌人骑兵赶来。我第二二三团在后面掩护，敌人一直未敢接近。

当天我们在板桥宿营，敌人骑兵在离板桥 8 里的地方宿营。我对戴季英说，明天我带二二三团走前卫，去包围合水，让军直、二二五团走过后，我再带二二三团变成后卫。我下的命令是夜里 12 点吃饭，1 点钟出发。戴季英却把命令给改成 4 点钟吃饭，5 点钟出发。我带着队伍先走了。后来听到后面枪响，越打越密，我急忙转回来。这时候，戴季英又带着二二五团的主力第一营先走了，留下二、三营打掩护。三营的老七、八两连留在陕南，现多半是新兵，是四路游击师改编的，战斗经验不多。我转回来，钱信忠他们也跟我下来了。我回来一看，便赶紧叫警卫员王文铎去喊二二三团停止前进，二二五团一营转回来。我爬上塬子一看，全是平地，二二五团二、三营已经垮下来，二营营长陈彦启说团长已牺牲，叫我赶紧走。我就带 3 挺重机枪和一些警卫人员在那里抵着打。骑兵不好打，你打他跑，你走他又跟来。没办法，我就叫三营何教导员去把边上的一个小圈子守上，吸引敌人。可是敌人不去攻圈子，硬是跟着我来。正在危急的时候，我那个叫"猴子"的马夫，把马牵到我身后，喊着："军长，赶快上马!"我上去，他在后面狠狠几鞭子，马就飞跑起来。张明先也骑着骡子，他的骡子跟马，紧跟着我的马跑出来了。敌人都喊着"捉活的"才没有开枪。留下的人，大部分被俘。钱信忠是躲起来的。詹大南是敌人的一个士兵收了他带的 10 多块银圆，放他走的。后来，钱信忠收容带回了几十个人。他们晚上走路，看不到，就摸脚印，摸草被踏倒的方向，才跟了上来。三营教导员也带回来了几十个人。

当天没进山，二二三团占领阵地，抵住了敌人。就在这里，戴季英打了二二五团副团长张震东耳光，把他捆起来，说是张震东把部队弄垮了，还说要处分刘震。我说，你改我的命令，战斗失利全怨你，要处分先处分你。这才算了。

以后我们就从华山（当地人叫绍山）进山。快进苏区时，没粮食吃了，恰巧遇到几个人赶着300多只羊。开始他们以为我们是国民党军，拿出国民党的护照，说是做买卖的生意人。我们就没收他们的羊，他们一看情况不对，才问我们是什么部队。我们说是红军，他们便又从怀里拿出苏维埃政府的证明，说是边区的羊，准备赶到白区卖掉买布的。那时我们没有粮食吃，部队饿得很，还是不得不吃。300多只羊，他们准备卖420块钱。我们给了他们500块银圆，他们高兴得不得了，我们也解决了吃的问题。

以后就进到豹子川，把二二五团整编了一下，二、三营合编为1个营，军部教导队也解散分编到部队里。

就在这里开了省委会议，郭述申、田守尧、张明先、赵凌波都参加了。省委同意由我任军长，子华改任政委。

以上就是长征中的情况，到陕北以后的情况就不谈了。下面我还要谈两个问题：

（一）红二十五军长征到陕南及又从陕南到陕北，省委是正确的。红二十五军没有被敌人消灭，还发展了个七十四师，进陕北时全军是3400人，比长征初还多了400人。证明省委是正确的。

在山外开紧急会议，决定北上迎接中央，不论在过去还是现在看都是正确的。共产党人就是要维护中央。知道中央北上，不惜一切牺牲迎接中央，精神是好的，不是扔下陕南不管。如果不是为了迎接中央，我们可以直去陕北，而不用走平凉北、再转平凉南才转过去，吴焕先也不会牺牲。

我们先中央两个月到陕北，起了很大作用。开了纪念"九一八"大会后，22日出发打王以哲东北军，劳山、榆林桥两仗胜利后又打张村驿。这时毛主席同意我的计划，叫我"辛苦一下"把张村驿打下来。当晚我回去打下张村驿，打电报向毛主席报告，主席回电又叫打下东村，我们又打下东村。以后便和一军团一起打了直罗镇。

二十五军在保卫党中央上是起了作用的，是光荣的。写战史时，对于这一点应该既不夸大也不缩小地反映出来。

（二）中央保存有很多原始文件，写史要以文字为凭，但红二十五军有所不同，文字报告里有些是反面的东西。在鄂豫皖，省委是犯机会主义的，如打七里坪就是一例。当时省委掩饰自己的错误，反说人家不正确。你们是非要分清。吴焕先根据假情况报告皖西二十八军的情况就是如此。当时我病中掉队，带一部分人在皖西打了胜仗，保卫了苏区。古碑冲我们消灭敌人几百，他报告说只消灭13人；打刘书春，我们消灭他5个营、俘虏1000多，他说只消灭一百几十。这种文字是否对？徐宝珊曾纠正过吴焕先的报告，但他也报少了，说我们只消灭五六百人。这种事可要澄清，文字材料有的并不准确。

原载徐海东纪念文集编委会编：《徐海东纪念文集》，军事科学出版社，2000年，第586～601页。

铁流万里 功垂史册

——回顾红二十五军的长征

◎ 刘华清　王诚汉　钱信忠　张池明　陈鹤桥

60 年前，中国共产党领导下的中国工农红军，胜利地完成了一次战略性大转移——万里长征，使主力红军从长江中下游地区转移到了抗日前线阵地，并由此开始了中国革命的新局面，为抗日战争和新民主主义革命的胜利，奠定了坚实的基础。红军长征的光辉业绩，红军将士在长征中所表现出的伟大精神，为中华民族的历史谱写了一曲惊心动魄、气壮山河的凯歌，在人类活动史上树立了一座无与伦比的丰碑。参加和完成长征的红军共有四路，即红一方面军（亦称中央红军）、红二方面军、红四方面军和红二十五军。其中，红二十五军是人数最少的一路。但这支队伍在远离党中央的情况下孤军远征，艰苦转战万余里，在长征途中独立创建了一个新的革命根据地，并率先到达陕北，为主力红军会师做出了历史性贡献，在中国工农红军长征史上写下了别具特色的光辉篇章。我们都是红二十五军的老战士，每每回顾当年远征的情景，仍记忆犹新，感奋不已。在纪念红军长征胜利六十周年之际，谨以此文，缅怀红军将士的英雄业绩，寄托我们对在长征中英勇牺牲的先烈们的无尽哀思，昭示后人继承红军的光荣传统，为中华民族的振兴而奋斗。

一、高举抗日旗帜实行战略转移

战斗在鄂豫皖革命根据地的红二十五军，组建于 1931 年 10 月，隶属红四方面军。1932年10月，红二十五军一部（主力师第七十三师）随方面军总部向川陕边转移，另一部（5个主力团）留在鄂豫皖边坚持斗争。11月，中共鄂豫皖省委决定以留下的这部分兵力为主，重新组建红二十五军，扩编为3个师，12000余人。重建的红二十五军在省委领导下艰苦鏖战，经受了第四、第五次反"围剿"斗争的严峻考验，取得了郭家河、潘家河、杨泗寨、长岭岗、斛山寨等战斗的胜利，歼敌数万，但自身损失也很大，处境十分艰险。1934年9月，程子华受中共中央、中央军委委派，抵达鄂豫皖苏区，向鄂豫皖省委传达了周恩来副主席的指示：红军主力要作战略转移，去建立新的根据地。这样，部队就能得到发展，同时也就能把敌军主力引走，减轻鄂豫皖根据地的压力，利于留下的部分武装长期坚持斗争。此前，省委曾收到中央《关于组织北上抗日先遣队的通知》和适时转移、"去创建新的苏区"的指示。是年11月11日，鄂豫皖省委在光山县花山寨召开常委会议，做出决定：省委立即率红二十五军实施战略转移，以平汉铁路西部的桐柏山区和伏牛山区为初步目标；从组织上调整军的领导班子，程子华任军长，吴焕先为军政委，徐海东由军长改任副军长，戴季英为军政治部主任，并组成军属司、政、供、卫四个部；省委兼军党委，省委书记徐宝珊、秘书长郑位三和军的领导成员均为省委委员；对部队进行整编，撤销师一级编制，军直辖3个步兵团、1个手枪团；为宣传党的抗日主张，行动中部队对外称"中国工农红军北上抗日第二先遣队"（1934年7月，红七军团曾组成第一抗日先遣队，由瑞金出发北上）；留下主力红军一个团及地方武装，重建红二十八军，继续坚持鄂豫皖革命根据地的斗争。红二十八军在高敬亭领导下，后发展到2000余人，使1927年黄（安）麻（城）起义举起的武装斗争旗帜始终飘扬在大别山区。

红二十五军长征出发之前，部队各级党组织向全体指战员讲形势，讲任务，进行了深入的政治动员。当时提的口号叫"打远游击""创建新苏区"。出发时，省委发布了《中国工农红军北上抗日第二先遣队出发宣言》。宣言依据中央通知的精神，指出民族危机的深重，宣布党的抗日救国主张和红军北上抗日宗旨，号召全国同胞，不分政治倾向，团结起来，一致抗日。省委秘书长郑位三亲自给部队上政治课，军政治部组织宣传队，刻印传单、布告，书写标语，对战士进行政治鼓动，使每个同志都坚定革命必胜、长征必胜的信念。

1934 年 11 月 16 日，红二十五军约 3000 名指战员从河南省罗山县何家冲出发，向西挺进。此时，敌东北军 9 个师和"鄂豫皖三省追剿队"已麇集鄂东北，正准备对鄂豫皖苏区进行大规模"围剿"，但尚未完全形成合围。我军适时而主动地实施转移，打破了敌人的"围剿"计划。蒋介石急忙调动 40 多个团的兵力追击堵截，先后在湖北枣阳、随州一带，河南境内的桐柏、方城独树镇、卢氏城等几个地区布置了封锁线，企图将脱离根据地孤军远出的红二十五军围歼于途中。

红二十五军人数虽少，但却十分精干。军直辖的 4 个团能征善战，后勤、医院等保障单位也都非常战斗化，说走就走，说打就打，全军随时保持良好的战斗姿态。11 月 17 日，我军即在朱堂店突破敌人阻拦，当晚趁夜暗从信阳以南越过平汉铁路，进入豫鄂交界的桐柏、枣阳一带，实现了战略转移的第一个目标。鉴于该地区距平汉铁路和汉水较近，回旋范围狭小，加之敌重兵压境，难以立足发展，省委遂决定掉头北上，向第二个预定目标——伏牛山区转移。

从桐柏山到伏牛山，是一个地域辽阔的丘陵平原地带，须越过许（昌）南（阳）公路。此时已是 11 月下旬，寒流南下，气温骤降，而红军指战员衣着单薄，粮秣不济。但部队仍保持着高昂的斗志，顶风冒雪，向北疾进。26 日下午，我军正准备从方城独树镇附近穿过许南公路时，突然遭到预先抵达该地区的敌一个旅另一个骑兵团的伏击。敌"追剿纵队"3 个师又随后紧追，形势相当严峻。而那天的气候条件又极为恶劣，我军发现敌人较迟，一时陷入被动。衣服被雨雪浸透、疲惫饥寒交加的战士们手指冻僵，面对突然遭遇之敌竟一时拉不开枪栓，被迫后撤。敌军乘机发起冲击，并分兵从两翼包抄，情况异常险恶。在此危急时刻，军政委吴焕先疾步赶至最前线，发出"坚决顶住敌人，决不后退"的命令，使我军很快稳住了阵脚。随后，他从交通员身上抽出一把大刀，振臂高呼："共产党员跟我来！"在他的率领下，指战员们奋不顾身冲上前去，与敌军展开白刃格斗。很快，副军长徐海东率后卫梯队赶到，经过一番恶战，我军伤亡 200 余人，终于打退了敌人的进攻。天黑以后，风雪大作，接着转为大雨。但数倍于我的敌军仍在附近，天亮后必将发动新的进攻。军领导果断决定，就是有天大的困难，也要使部队迅速脱离危险区。此时，绝大多数同志还没吃上饭。紧急集合的命令一下，大家都忍受着极度的疲劳和饥饿，又顶风冒雨，踏上征程，经过整整一夜的急行军，在地下党向导同志的带领下，全军迂回曲折地绕到守敌空虚的保安寨以北地区，穿过了许南公路，进入伏牛山区。独树镇战斗，是红二十五军长征初期的关键性一仗，关系全军的生死存亡。在地形、气候等条件对我均不利的情况下，指挥员临危不惧，身先士卒，战斗员不怕牺牲，浴血奋战，挫败优势敌军步骑兵的合击，随后又连夜转移，摆脱强敌的围困，充分显示了红二十五军英勇顽强的战斗作风和严格的组织纪律性。作风和纪律出战斗力,特别是在两军"狭路相逢"之际,具有顽强战斗作风和严格纪律的"勇者",就能压倒一切敌人，立于不败之地。

红二十五军进入伏牛山区后，发现该地域狭窄，人烟稀少，粮食和物资匮乏，豫西"内乡王"别廷芳称霸此地多年，群众大都被迫进入地主围寨，加之敌军跟踪而至，在这里建立苏区也很困难。因此，省委再次改变原计划，决定转进陕南商洛地区。这时，敌军正分两路追击，并派重兵控制了入陕大道。我军在当地群众帮助下，沿一条人迹罕至的隐蔽小路，直奔豫陕交界的铁锁关，使敌军在河南布置的第三道封锁线枉费心机。

红二十五军进入陕西洛南县境后，于12月10日在庾家河召开省委常委会议，研究在鄂豫陕边区建立根据地问题。会议进行期间，由鸡头关方向跟踪而来的敌六十师突然对我军发动攻击，并占领了东山坳口的高地。军领导悉知敌情后，即令司号员用军号调动各部队跑步进入战斗，并迅速分头指挥实施反击。战斗异常残酷激烈，从上午一直打到黄昏，我军指战员在被动条件下殊死奋战，以刺刀、手榴弹与敌拼搏，反复冲杀20余次，终将敌人打垮，歼敌300余人，残敌向卢氏方向逃去。此战我军伤亡亦达200余人，军长程子华、副军长徐海东和多名团营干部负重伤。至此，红二十五军经过近1个月的艰苦转战，长驱1800余里，初进桐柏山，继转伏牛山，后入商洛地区，粉碎了20余倍于己之敌的围追堵截，在陕南地区寻找到了新的立足点，走向了广阔发展的道路。

历史事实充分证明，当面临强敌压境，弱小红军无力粉碎敌军"围剿"的情况下，适时跳出外线作战，实行战略转移是完全正确的。在转移中，我军高举抗日旗帜，调整政策，转变斗争策略，也是非常必要的。广大人民群众从红军北上抗日的行动中，看到了挽救民族危机的希望。党的抗日救国政治号召，以及我们在经过白区地主围寨时实行的不打土豪、不分土地、所需粮草一律购买等措施，在地主乡绅阶层中产生了较大影响，使大多数围寨的地主武装保持中立，有效地减少了前进道路上的阻力。

二、创建新根据地打破敌军"围剿"

长征途中，红二十五军坚持工农武装割据，开辟新的革命根据地的思想十分明确。在庚家河会议上，省委正确分析形势，认为鄂豫陕边区是敌人统治的薄弱环节，做出了《关于创建新苏区、新的革命根据地的决议草案》，不失时机地解决了新区选择和当前方针任务等重大问题。同时决定将中共鄂豫皖省委改为中共鄂豫陕省委。

鄂豫陕三省边界地区，包括陕西省南部的洛南、商县、商南、山阳、镇安、柞水、洵阳等县，湖北省西北部的郧西、郧阳等县，河南省西部的卢氏、淅川等县。该地区北靠秦岭，南濒汉江，山峦连绵，丛林茂密，便于开展游击战争，党和红军在这一带传播过革命影响，具有良好的群众基础。在这里建立根据地，树起一面红旗，可以牵制敌人大量兵力，对南面的川陕苏区、北面的陕甘苏区及长征中的中央红军，都可以起配合作用。红二十五军坚决执行省委的决议，全力投入创建新苏区的斗争。进入陕南之初，红二十五军只有2500余人，在集中主力歼灭敌人有生力量的同时，多次抽调领导骨干和部队去做群众工作，建立地方武装和基层政权。当时，蒋介石还未能统一鄂豫陕三省边界地区军队的指挥，杨虎城正忙于北攻陕北红军，南拒川陕红四方面军。红二十五军抓紧有利时机，广泛发动群众，很快在郧西、洵阳、镇安、山阳等4县边区建立了第一块根据地，初步奠定了鄂豫陕革命根据地的基础，并扩大红军400余名。

红二十五军在鄂豫陕边区燃起的革命烈火，引起蒋介石统治集团的恐慌与不安，急忙调动军队发动"围剿"，在"围剿"与反"围剿"的斗争中发展与巩固革命根据地，是红二十五军长征途中创建新区的显著特点。

1935年1月，蒋介石令驻河南的第四十军两个团和驻湖北的第四十四师入陕，配合杨虎城的陕军，以11个团的兵力对鄂豫陕边区红二十五军发动第一次"围剿"。面对来势汹汹的进攻之敌，我军采用避其锋芒、各个击破的战术，以一部兵力牵制敌人，主力迅速由山阳、郧西交界地区北上袁家沟口，突然出现在敌人背后。经蔡玉窑、文公岭两战，予单独冒进的陕军第一二六旅以重创。战后，我军乘胜在蓝田、商县、山阳、镇安、柞水5县边区建立区、乡苏维埃政权，在陕东南开辟了第二块根据地。接着，又连克宁陕、佛坪两县城，在华阳镇东南的石塔寺附近设伏，歼灭陕军警二旅5个营。战斗结束后，我军在华阳地区建立了7个乡的革命政权，开辟了第三块根据地。4月上旬，红二十五军从华阳东返，在葛牌镇以南的九间房设伏，将一路跟踪追击的陕军警备第三旅两个团打垮，歼俘其1000余人。随后，我军攻克洛南县城，又在洛南、商县、商南、卢氏4县边界地区建立了一批区、乡革命政权。广大群众在红军战斗胜利和获得翻身解放的鼓舞下，革命情绪高涨，青壮年纷纷参加红军。我军在粉碎敌人第一次"围剿"的同时，先后在鄂豫陕边区建立了四块革命根据地，成立了中共鄂陕、豫陕两个特委和5个县工委，初步建成了鄂豫陕革命根据地，下辖鄂陕边区苏维埃政府和2个县、13个区、48个乡、314个村的苏维埃政权，苏区人口近50万。根据地的建立，使红二十五军得以休整，并不断发展壮大。到5月初，主力红军增至3700人，还有党领导下的游击师、抗捐军等地方武装2000余人。

红二十五军连战皆捷，使鄂豫陕边区的革命烈火愈燃愈旺。蒋介石大为震惊，紧急调动原进攻鄂豫皖苏区的东北军第六十七军和驻郑州的第九十五师开入陕南，会同第四十军、第四十四师和陕军一部，共30多个团的兵力，发动第二次"围剿"，并限令在3个月内将红军全部消灭。我军对敌人发动更大规模的"围剿"早有准备。省委在郧西开会，针对敌众我寡，但我已有根据地作依托，以及陕南地势险要、敌军运动和补给困难等情况，决定采取"先拖后打"的作战方针，即先诱敌深入，调动、分散、疲惫敌人，打乱敌人部署，然后集中兵力歼敌一部，力求全歼。6月初，我军以地方武装袭扰、牵制敌军，主力自郧西向北，转至外线捕捉战机，经商南奔袭敌荆紫关兵站，缴获大批弹药物资。当敌军蜂拥增援荆紫关时，我军又挥师西行，诱敌进至根据地中心区的袁家沟口一带。这里是一条长达10里的深沟，两侧山高林密，我军在预选战场设伏待敌。7月2日拂晓，陕军警一旅进入伏区，我军突然发起猛烈进攻。顿时，群山军号响，满谷杀声起，各种火器向密集之敌雨点般扫射，红军各连队勇猛插向乱作一团的敌群。经过约10个小时的激战，歼敌1700余人，俘敌旅长唐嗣桐，缴获轻重机枪 40 挺、长短枪 1600 余支。我军仅伤亡 100 余人。这是一次出色的歼灭战。袁家沟口战斗后，各路敌军均不敢贸然行动。我军乘胜东进，北出终南山，威逼西安，致使正准备由西安开往天水的东北军第五十一军紧急改变计划，准备保卫西安，城内的许多大地主、大资本家纷纷准备外逃。红二十五军威逼西安的行动，扩大了党和红军的政治影响，也使红二十五军得到了物资和兵员补充，敌人妄图在 3 个月内消灭红军的计划彻底破产。

在鄂豫陕的两次反"围剿"斗争中，红二十五军采取积极防御的战略方针，运用灵活机动的战略战术，以游击战和运动战相结合，使我军由战略上的劣势转变为战役、战斗上的优势，赢得了战争的主动权，屡战屡胜，战果也愈来愈大，能够在一次战斗中歼灭装备精良的整团整旅之敌。红二十五军在反"围剿"斗争中愈战愈强，其作战实践证明毛泽东关于人民战争的作战方针是完全正确的，也标志着红二十五军领导在军事指挥等方面达到了比较成熟的程度。

三、挥师西征北上策应中央红军

因红二十五军没有无线电台，自撤离鄂豫皖苏区后，就与中共中央失去了联系。长征途中，红二十五军总是千方百计寻求党中央的信息和指示，力图策应党中央和主力红军的行动。军长程子华、政委吴焕先多次说："消灭敌人一个团，不如缴获一部电台，能得到中央的指示。"在威逼西安的行动中，从报纸上得悉中央红军和红四方面军已在川西会师，并有北上动向。当时，蒋介石正在调集几十万大军向川陕甘边地区集结，妄图将我主力红军围歼于川西地区。此时，红二十五军的领导者们又面临着一次新的重大抉择。恰在这关键时刻，原鄂豫皖省委交通员石健民于 7 月 15 日从上海经西安到达军部驻地，送来了党中央的文件，并确切证实了中央红军与红四方面军在川西会师和北上的消息。当晚，鄂豫陕省委在长安县沣峪口召开紧急会议。省委全面分析形势，认为"主力（红军）会合在西方的胜利，与将要形成中国西北部苏区根据地……这都是目前中国革命发展的新的形势特点"①。当前最紧迫的战斗任务是"配合红军主力在西北的行动,迅速创造新的伟大的巩固的革命根据地"②,省委决定立即率领红二十五军西征北上,同时确定将鄂陕边、豫陕边两特委合并为鄂豫陕特委,统一领导留下的武装力量。留在鄂豫陕苏区的红军合编为红七十四师,在郑位三、陈先瑞领导下发展到2100余人,一直坚持鄂豫陕边区的革命斗争。

在复杂多变、与党中央失去联系的情况下,鄂豫陕省委和军领导通观全局,独立自主、坚决果断地做出这一战略决策,是非常难能可贵的。它完全符合全国革命形势发展的需要,符合党中央率领主力红军北上抗日的战略意图,也反映了红二十五军全体指战员心向中央、热切与主力红军会师的愿望。徐海东等曾在会议上表达这样的决心:我们这几千人牺牲完了也要牵制敌人,使一、四方面军顺利北上,这对全国革命也是有意义的。③

1935年7月16日,红二十五军4000余名指战员从沣峪口地区出发,离开鄂豫陕苏区,踏上了继续长征的道路。部队进行了西征北上的思想动员。"迎接党中央""与中央红军会师",是当时最有力的行军和战斗动员口号。红二十五军经户县、周至,沿秦岭北麓冒雨向西挺进,于31日占领川陕公路要地双石铺(今凤县县城),歼敌一部,截俘敌少将参议一名,缴获一些文件和报纸。其中7月22日《大公报》报道:红军"朱、毛部已越过六千公尺的巴朗山,向北进行"。综合敌人口供、文件和报纸所提供的情报,进一步证实了中央红军正在北上,而敌胡宗南、王均、邓宝珊、马鸿宾等部,均部署于川西北和甘南边境,以及渭河沿线和西(安)兰(州)公路上,全力堵截红军。据此,军领导当机立断,决定立即进入甘肃境内,威胁敌人后方,策应党中央和主力红军北上。

8月初,红二十五军攻占甘肃两当县城,尔后翻越麦积山,进击天水。天水是胡宗南部的后方基地。我军以神速行动攻占天水城北关,歼敌一部,缴获一批军用物资。这一行动引起敌人极大震惊,急调部队回援。接着,我军又大胆向敌

①1935年7月30日《(鄂豫陕)省委给特委的工作指示》。
②1935年7月17日《鄂豫陕省委吴焕先关于红二十五军的行动、个别策略及省委工作情况的报告》。
③1962年10月5日至7日《徐海东关于红二十五军若干史实问题的谈话纪要》。

纵深挺进，从新阳镇强渡渭河，继克秦安县城，威逼静宁，切断了横贯陕、甘两省的交通大动脉西兰公路。红二十五军如一把尖刀，直捣敌后方，成为其心腹大患。蒋介石从成都行辕接连发出五道电令，调兵遣将，堵截、追击红二十五军。他在8月10日的电报中称："查徐海东匪西窜原因在策应朱、毛，我军应采用内线作战要领，先以优势兵力迅速解决徐匪，再行以全力回击朱、毛。"根据蒋介石的命令，朱绍良、薛岳、王均、于学忠、杨虎城等部，都抽调部分兵力，集中付付红二十五军，"统归朱绍良负责统一指挥"。朱绍良急调一部由四川江油北上甘肃文县，一部东移天水，原准备南下堵截中央红军的1个师1个旅也不得不改变计划。这样，红二十五军的行动有力地钳制和吸引了大批敌军，打乱了蒋介石的部署，在一定时期内减轻了中央红军的压力。当时，我右路军（由中央红军第一、三军团和红四方面军第四、三十军组成）还将这一情况写进了《行动计划》："我红二十五军（徐海东同志所部）于本月七、八两日，攻占甘南之徽县、两当等县，逼近天水并向成县进迫。胡（宗南）敌判断其有进固西企图，正与朱绍良、杨虎城、于学忠各敌商议对付策略。"[1]不久，右路军从毛儿盖出发，在红二十五军的策应下取得包座战斗的胜利，打开了向甘南进军的门户。

红二十五军西进北上过程中，途经一些少数民族地区。军领导教育部队一面行军打仗，一面做群众工作，扩大红军的政治影响。部队每到一地，都要调查了解社会情况，具体帮助群众解决困难。全军严格遵守群众纪律，坚决保护群众利益，赢得了沿途各族人民群众的拥护和支持。8月中旬，我军进入回民聚居的静宁县兴隆镇。军政委吴焕先及时对全体指战员进行党的民族政策教育，专门规定了"三大禁令、四项注意"：禁止部队驻扎清真寺，禁止毁坏回族的经典文字，禁止在回民地区吃大荤；注意遵守回族人民的风俗习惯，注意使用回民水桶在井里打水，注意回避青年妇女，注意实行公买公卖。他还亲自到清真寺拜访，召开阿訇和当地知名人士座谈会，宣传党的抗日救国主张和红军的政策纪律。部队严格执行党的民族政策，广泛开展助民劳动，切实做到了秋毫无犯，军医院院长钱信忠等医护人员还热情为群众治病。"红军是仁义之师""红军好"的赞誉传遍陇东地区。后来，

---

① 《右路军行动计划》，1935 年 8 月 10 日于毛儿盖。

中央红军长征经过这里时，受到了回民和其他各族群众的热烈欢迎。到达陕北后，毛泽东还夸奖红二十五军长征途中所做的群众工作，说红二十五军政策水平很高，民族政策执行得很好。

红二十五军离开兴隆镇后，沿西兰公路东进，一举攻克隆德县城，接着连夜越过六盘山，打破敌三十五师一部的截击，进抵平凉、泾川地区。在泾川城西南的四坡村，我徒涉汭河的部队遭敌三十五师马开基团的突然袭击。在激战中，军政委吴焕先壮烈牺牲。指战员们怀着极大的悲愤，与敌展开殊死搏斗，全歼敌一个整团。

8月中旬至下旬，红二十五军为进一步钳制敌人，积极活动于隆德、平凉、崇信、灵台、泾川、华亭等地区，切断西兰公路18天，迫使敌人一再抽调原用于堵截中央红军的兵力对付红二十五军，对中央红军的北上行动起到了战略性配合作用。

四、先期抵达陕北巩固扩大陕甘苏区

红二十五军在陇东地区与敌周旋期间，每天都派人通过各种途径探寻中央红军行动的确切消息，但一无所获。此时，敌第三十五师、第五十一军、第三军等各一部，从不同方向向红二十五军活动区域逼近，我军在此孤军作战，处境不利。省委和军领导鉴于一时难与中央红军取得联系，便决定北上陕甘，"与陕北红军集成一个力量"，"首先争取陕甘苏区的巩固，直接有力的配合红军主力"。[①]9月初，红二十五军强渡泾河，经镇原、庆阳县境兼程前进，途中多次击败尾追的敌骑兵，9月9日抵达保安县（今志丹县）永宁山，与陕甘党组织取得联系，并在沿途受到陕北人民的热烈欢迎。9月15日，红二十五军抵达陕北延川县永坪镇，与刘志丹等领导的陕甘红军胜利会师。至此，红二十五军历时10个月，转战万余里的长征胜利结束，成为长征到达陕北的第一支红军，这时全军共3400余人。

红二十五军和陕甘红军会师，是中国工农红军在西北大会师的前奏。为统一

---

① 1935年9月27日鄂豫陕省委《关于离开鄂豫陕苏区会合陕甘红军之决定经过的报告》。

指挥作战，两支红军合编为红十五军团，共 7000 余人，极大地增强了陕北的革命力量。当时，蒋介石调集了东北军 11 个师及陕、甘、宁、晋、绥 5 省的地方部队，正在对陕甘革命根据地进行第三次"围剿"。红二十五军与陕甘红军合编后，即在军团长徐海东、政委程子华、副军团长兼参谋长刘志丹指挥下，先后发起了劳山战役和榆林桥战斗，毙伤敌师长何立中以下 1300 余人，俘敌团长高福源以下 5500 余人，缴获轻重机枪 310 挺、火炮 20 门、长短枪 4300 余支和其他大批军用物资，以战斗的胜利巩固和扩大了陕甘革命根据地，为迎接党中央和中央红军的到来创造了有利条件。

10 月 19 日，党中央率陕甘支队（即中央红军主力）抵达陕北，11 月初在甘泉地区与红十五军团会师。党中央称这次会合"是中国苏维埃运动的一个伟大胜利，是西北革命运动大开展的导炮！"会师后，红十五军团编入红一方面军序列。在党中央、毛主席的直接指挥下，红十五军团与红一军团并肩作战，取得了直罗镇战役的胜利，彻底粉碎了敌人对陕甘苏区的第三次"围剿"，为党中央把全国革命大本营放在西北，举行了奠基礼。此后，原红二十五军的指战员在红一方面军十五军团编成内，参加东征和西征，进一步巩固和扩大了陕甘革命根据地，并为策应红二、红四方面军北上，实现三大红军主力会师，准备了重要的条件。1936 年 10 月，西征红军在陕甘宁地区开辟了纵横 700 里的新苏区，红十五军团攻克西北重镇会宁城。不久，红一、红二、红四方面军在会宁和将台堡胜利会师，并举行了隆重的庆祝三大红军主力会师的联欢会。这是我们参加的第三次，也是规模最大的一次红军会师。时光虽已过去 60 年，红军三大主力会师时那欢腾雀跃的场面，那团结胜利的气氛，至今仍萦绕脑际，历历在目。

红二十五军长征的历史，是中国革命壮丽史诗中辉煌的一页。红二十五军历尽千难万险，打破几十倍优势敌军的围追堵截，为我党保存了一支强有力的武装，并在长征途中创建了鄂豫陕革命根据地，对党中央和主力红军北上起到了重要的战略配合作用。红二十五军最先抵达陕北，同陕北红军并肩作战，巩固和扩大了陕甘苏区，为迎接党中央和主力红军大会师，把革命大本营放在西北，开创中国革命的新局面，做出了具有战略意义的历史贡献，红二十五军长征进入陕南后，打垮了对我"围剿"的陕军 3 个旅，后又同陕北红军一起打疼了东北军，张学良、杨虎城由此认识到"剿共"是蒋介石消灭异己的手段,只有联共抗日才有前途。1946年9月,周恩来在同美国记者李勃曼谈话时曾指出:"红军长征到陕北后,东北军即开始围攻。徐海东部首先把东北军打垮了1个师,1个旅,后来又打垮了一个师。于是东北军官兵不愿内战,要求抗日,中共在这种情况下,开始向东北军进行统一战线工作,双方取得默契,互不攻击,推动了西安事变的发生。"

红二十五军在长征中所表现出的高度的革命英雄主义精神可以概括为:有远大的革命理想和对党的领导、革命事业坚定不移的信念;不惧强敌、英勇善战、一往无前的英雄气概;勇于牺牲、战胜困难、百折不挠的坚强意志;顾全大局、严守纪律、紧密团结的高尚品德;艰苦奋斗、联系群众、勇于奉献的崇高思想;独立斗争、孤军北上、敢为先锋的求索精神。毛泽东主席曾多次称赞红二十五军的主要领导人徐海东,说他对中国革命有大功。这既是对徐海东个人的评价,也是对红二十五军的评价。

六十甲子,沧海桑田,中国已发生了翻天覆地的变化。可以说,没有60年前红军长征的胜利,就不会有中国革命的成功,也就谈不上今天社会主义建设和改革的巨大成就。回顾红二十五军和其他各路红军长征的光辉战斗历程,我们不仅为长征的艰苦卓绝、英勇悲壮而铭心,更为长征的辉煌胜利和深远影响而自豪。"长征是历史纪录上的第一次",是彪炳史册的英雄壮举。

长征业绩与日月同辉!

长征精神光照千秋!

长征烈士永垂不朽!

1996年10月3日发表于《解放军报》

原载刘平编:《张池明将军》,中共党史出版社,2001年,第252~270页。

红二十五军政治部告国民党士兵书

（1935 年 3 月 10 日）

亲爱的士兵兄弟们：

你们不都是穷人的出身吗？不是因为受了地主资本家的剥削，无地种、无工作做才出来当兵吗？国民党蒋介石压迫你们到前线去当炮灰，欺骗你们说是为国为民。日本帝国主义占领了东北四省之后，今年又实际的占领了整个华北。国民党蒋介石不但丝毫不抵抗，反而集中全国兵力，调动东北军南下，进攻真正反帝国主义的工农红军，屠杀工农群众，这是为国为民吗？这不是卖国殃民吗？

亲爱的士兵兄弟们！国民党蒋介石欺骗压迫你们到前线当炮灰，官长打骂你们，你们得到什么好处呢？你们有衣穿、有饭吃吗？有钱带回家去养活老小吗？你们值得吗？亲爱的士兵兄弟们！你们难道不想找自己的出路吗？

红军是工人、农民、苏维埃政府的军队，红军是真正反帝国主义、保障中国统一独立自由的军队，红军是为农民得土地、工人增加工资而战的军队。红军里面官长、士兵的待遇是平等的，红军战士可以分得好土地，享受代耕。红军家属享受廉价买货、免费医病、免费读书等种种优待。苏区内面红军家属的生活，比较白区白色士兵的家属的生活，真是一个天堂一个地狱。这些事实，在全中国苏区地方都实行过几年，你们大约见过或者听说过。

红军里面特别欢迎白军士兵来当红军，哗变来当红军的特别受优待。就是火线上缴枪过来的，愿回家的发给路费，愿当红军的随即分配工作。现在红军各部当中都有很多白军士兵和下级官长做工作，都是很受优待的，这是全国人所共见共闻的事实。国民党造谣说，红军如何如何地杀白军士兵，早已不攻自破了。最近我们在洛南三要司、柞水蔡玉窑、蓝田葛牌镇三次战斗，缴械到我们处的共计1000多士兵，我们都是给钱回家和分配工作。

亲爱的士兵兄弟们，你们都是中国人，你们当然不愿意做亡国奴，请你们赶快起来和我们一路去打日本帝国主义。你们都是工人、农民的出身，请你们来当红军，为得土地，为增加工资，为得自由，为得到苏维埃政权而斗争。这就是你们光明出路。

亲爱的士兵和下级官长兄弟们！赶快组织起来，枪决压迫士兵的上级官长，哗变到红军中来，我们十二万分的欢迎你们！

中国工农红军第二十五军政治部

1935 年 3 月 10 日印

原载中国工农红军长征史料丛书编审委员会：《中国工农红军长征史料丛书·文献 2》，解放军出版社，2016 年，第 221 ~ 222 页。

会师陕北

◎ 徐海东

一

1934 年 11 月，红二十五军正在皖西六安、霍山一带休整，鄂东道委书记郑位三同志，派陈锦秀同志化装从鄂东送来了信。信上说："中央派程子华同志送来了重要指示，已到我处，请你们接信后，火速率领红二十五军到鄂东来。"

当时，红二十五军刚和敌人四十七师打了一仗，部队伤亡甚大，供给困难，对下一步行动还没决定，接到此信，我们心中非常高兴。研究了一番，随即组织了一个后方留守处，布置了皖西的工作，当晚，就率队出发了。

从出发地到鄂东，要通过敌人四道封锁线，我军一路打一路走。第一道封锁线从商城到麻城，敌一〇九师在此堵击我们，我军在汤池打了一仗，歼灭了敌人 4 个连，才把道路打开，越过了第一道封锁线。同日又继续通过敌人从商城到新集的第二道封锁线。在大柳树与敌一〇七师 3 个团相遇，他们以为我们是小部队，采取分兵合围阻击我们，我们来了个分割包围，激战半日，将敌人 2 个团全部歼灭，冲过了第二道封锁线。

这两仗，我们伤亡不大，打的是便宜仗，缴获武器很多。可是，部队相当疲劳。打仗的时候，战士们个个都像小老虎。战斗一结束，却往地上一躺就睡着了。我们本来想一刻不停继续前进，看到战士累得不行，便休息了两个钟头，吃了些干粮，让战士打了个盹，才又继续前进。

通过余家集进至光山、汪桥附近时，部队实在走不动了，肩膀上的粮袋也空了，如果再这样走下去，晚上很难冲过去。因为离敌人比较远，临时决定休息半天，准备当晚来个130里路的急行军，冲过敌人的第三、四道封锁线。

休息过后，战士们又有了精神。下午5时，我们又出发了。夜晚10时左右通过了敌人在双柳树至新集的第三道封锁线。接近第四道封锁线时，天已拂晓。为了迅速把敌人摆脱开，部队跑步前进。

四处狗叫枪响，部队在尘土飞扬的道路上加紧脚步跑着。一个多钟头我们就冲出了25里，暂时把后尾的敌人甩开。天亮后，我军便通过了敌人从仁和集到砖桥公路上的第四道封锁线。

上午10时左右，我军刚刚在光山县的胡山寨住下，敌人的4个师又从三面包围上来。有东北军一一七师、一二〇师，刘镇华的六十四师、六十五师。好大的行动！大概他们想来一个聚而歼之。当然这是妄想。然而现在困难的是：部队已经走了整整一夜，再靠两条腿把敌人4个师摆脱掉，那是不可能的。经我们慎重考虑，认为只有采取更积极的行动，打！打它个稀里哗啦。这一仗如果能把敌人打垮，后顾之忧就能解除，便可以顺利地走向鄂东。

决定性的一仗，在这里展开了。军的指挥部，设在胡山寨南边的高山上，用望远镜可以看到整个战线。开始，敌人的气焰很高，4架飞机掩护着，喊着杀声向我军扼守的寨子攻击。

我军坚守着阵地，一次又一次地迎接着敌人的进攻。从上午打到黄昏，敌人多次进攻不成，锐气大减。反击的时机到了，一声号响，我军从扼守的各个山头，像洪水似的涌了下去。敌人吃不住这一突然反击，跑的跑，退的退。东北军是我们的老"运输队"，这一次，光机枪就给送来了100多挺，还有4000多人做了俘虏。从俘虏当中，查出1个团副、2个营长。没查出的官，想必还有不少。

这次战斗，我军伤亡也比较大。七十五师政委姚志修同志牺牲，七十四师金师长负伤。部队减员大，而俘虏的人数又超过了我们部队的人数，要继续西进，这些俘虏就成了累赘。我们开会研究了一番，便决定把俘虏全部释放。

俘虏集合起来后，向他们宣传了我党抗日救国的方针，解释了我军的宽大政策，俘虏兵听了个个点头。当听到宣布释放他们的时候，顿时轰动起来，个个惊奇，纷纷议论。这个问："可是真的？"那个说："你们不骗人吧！"还有的直摇头，表示不相信。

我们又向俘虏做了解释，并劝他们回去后不要再替反革命卖命。

有几个被俘的士兵纷纷答起话来，有的说："红军放了我们，回家种地去，再不当兵了。"有的说："人不能不要良心。"

放了俘虏，把伤员安排好，埋葬了牺牲的同志，半夜又出发了。这时候，我们唯一的想法是：快到鄂东，早一天看到中央的指示。

经过连夜的急行军，第二天下午到了宣化店以北的殷家湾，见到了郑位三同志。他拿出中央的指示，内容的大意是：鄂豫皖苏区经过敌人第四、第五次"围剿"，人力、物力损失甚大，粮食已空，红二十五军应离开老区，开辟新的根据地。根据中央的指示，省委决定红二十五军西去开辟新的根据地。关于老区的工作，省委决定留下一部分干部和一支小部队（后来发展成为红二十八军），原地坚持斗争。

按照省委的决定，我军在何家冲休整了两天，省委率红二十五军就告别了苏区，开始了转移。

二

红二十五军转战千里，于 1935 年 2 月，翻越天谷山，进入了陕西的柴家关。在这半年之中，我们冲破了敌人无数次"围剿"，打了许多胜仗，正像毛主席说的：长征是宣言书，长征是宣传队，长征是播种机。在鄂、豫、陕广大的土地上，红二十五军撒下了革命的种子，扩大了党的影响；还在不少地区留下了干部开展游击战争。

2 月底，我军打下柞水之后，杨虎城的独立二旅，又尾追上来。九间房一战，歼灭了独立二旅 5 个营。在陕西葛牌镇，省委召开了扩大会议，决定改组鄂豫皖省委为鄂豫陕省委。会议并决定：红二十五军今后的任务是创造鄂豫陕革命根据地。

红二十五军根据省委的决议，向东行动。打下洛南，占领柏峪寺，在这一带发动群众，组织了洛南游击队。不久又转到大小泾川一带，发动群众，又先后组织了 3 个游击队。同时在省委领导下成立了鄂陕工委和游击司令部，领导该区工作。

5月初,敌人集中了41个团的兵力(东北军8个师24个团,萧之楚1个师6个团;杨虎城4个旅11个团),向鄂豫陕地区发动了"围剿"。因为敌人的兵力强大,我军采用了"先拖后打"的方针。牵着敌人的鼻子,今天走80里,明天走100里,高兴了来个120里。敌人像武装大游行似的,日夜跟在我们后边。同样是两条腿,可是他们赛不过红军。我们的战士,行军80里驻下后,又跳又唱;敌人走80里就累熊了。

开始,战士们不了解这种"先疲后打"的方针,为了保守秘密,未到时机作战方针又不便下达,有的同志就讲怪话,有的说:"敌人一条命,我们命一条,为什么不和他们拼!"有的说:"我们红二十五军从来没打过败仗,敌人跟着屁股不打,我们的枪是打兔子的?"

这时,军、师的各级政治工作干部,在行军中都深入到连队去做动员解释工作。军政委吴焕先同志,有的时候一天去参加好几个支部的会。他耐心地对下层干部和战士们解释着:"多跑几天路,脚上多磨几个泡,算不得什么,跑到一定的时候,谁想再跑也不让跑了。"

不几天,我们打下了河南的荆紫关,消灭了敌人1个营,活捉了萧之楚的军需长。这里是敌人的兵站,缴获了很多的白面、猪肉、白糖和布匹,战士们高兴起来,有的说:"现在到了我们攥敌人的时候了。"有的说:"这回不再走了。"

同志们高兴得早了点,还不到打的时候。当夜,又开始了急行军。第一天走了140里,第二天又走了140里,翻山涉水,战士们的怪话又来了:"刚打了个小仗,又跑开了!""咱们到底跑到哪里去?"

接连走了4天,走出了560里,进入了陕南黑山一带,这才驻下。我们的口号是:"哪一股敌人先到,就打哪一股。"

大兵团的敌人,被我们远远地甩在200里之外。3天后,杨虎城的警备一旅,像乌龟爬行似的远道而来。先来者必领"头赏",我军把它引入袁家沟口,一个反扑,把杨虎城这个旅全部歼灭。旅长唐嗣桐也被活捉了。

这仗一打,部队情绪高涨起来。同志们不再埋怨跑路了,大家纷纷说:

"咱们的路没白跑!"

"现在明白了,跑,不是怕敌人。"

我军经过一连串的艰苦战斗,粉碎了敌人的"围剿"。

由于我军长期转战于山区，兵源、给养发生了困难。为了解决物资供应问题和扩充部队，7月中旬，我军从杨家斜出发，跨过终南山，一天，到了西安西南45里的殷家卫（接驾回），捉住了1个伪区长。我们想把西安的敌人调出来，拦路打它个埋伏，便要那个伪区长向西安挂长途电话告急，要敌人前来增援。城里敌人回电话说：毛（炳文）军长、于（学忠）军长的部队已向西开，目前无兵可派。此计未成。

就在这里我们看到了一张《大公报》，上面有一条消息："共军一、四方面军在川西会师后，继续向北逃窜，先头部队到达松潘……"

因为只是从敌人方面得到的消息，无电台联络，中央红军到底到了哪里，无法知道。但是，我们相信，一、四方面军是北上了。

在子午镇西20里的一个地方，省委召开了紧急会议。经过讨论，决定红二十五军立刻西进甘肃，牵制敌人。迎接党中央和一、四方面军。陕南留下郑位三（陕南特委书记）及陈先瑞同志，坚持鄂豫陕游击根据地。

于是，红二十五军的全体同志，满怀着会见党中央的热烈愿望，离开了陕南向西行动。

当时，我们的决心：即使我们这3000多人都牺牲了，也要把党中央和一、四方面军迎接过来。我们向全军提出了一个响亮的口号："积极前进，迎接中央，迎接一、四方面军。"行军的路上，同志们纷纷问：

"中央到了哪里？"

"毛主席也来了吗？"

"咱们什么时候能见到兄弟部队？"

我们指挥部的一些同志，更想念中央，盼望毛主席。他们现在在哪里？到底到了什么地方？哪一天能会面？自己心里也没数。我们只好向大家说：不几天就会见到毛主席了。

部队的情绪真是空前的高涨。为了迎接中央，迎接毛主席，尽管不少的人脚底板上大泡加小泡，也没有掉队的。鞋子破了，赤着脚走。由于我们出山扩充了800多名新兵，搞了很多粮食，继续行动也有了条件，部队便连日向西挺进。

走了10多天，行程数百里，经过周至、骆驼口、佛坪、西江，到达了甘肃和陕西交界的双石铺。这是古战场，据说，三国时代马谡失街亭就在此地。我们指挥部的一些同志，便谈论起马谡的故事来。望着附近的群山峻岭，有的同志说："可见马谡太麻痹大意，这样的地势，易守不易攻，怎能把街亭失掉呢？想必真的像戏中所说的那样，马谡违背了诸葛亮的命令，没靠山近水扎营。有的同志取笑说："马谡没有群众观点，脱离群众。"

拂晓，我军一支部队和胡宗南的别动队4个连遭遇了。这又是送上门的礼物，一个没放跑，全部把他们歼灭了。更可喜的是，还活捉了一个少将参议。从这位少将的口供里，更加证实我一、四方面军先头部队确实越过了松潘。他还供出：胡宗南的主力部队已经全部西调去抗击北上的红军，后方留守处设在天水。

我军在双石铺停留了一天，开会纪念了八一建军节，2日一早，就向天水挺进。

刚打下天水北关，敌人1个旅的增援部队到了。我们放弃了攻占天水的计划，连日转向凤凰山、沿河镇，强渡了渭水。

过渭水时，全军只有一条小木船。除了指挥部的几个同志和7名女护士是乘船渡过的，全军都是沿着一条绳子徒涉过去的。过了渭水后，便打下了秦安。为牵制毛炳文的主力，部队又继续向通渭前进，一直威逼到静宁附近。这一带是回民地区，全军指战员坚决地执行了党的民族政策，做了许多争取与团结回民的工作。为了尊重回民的风俗习惯，部队不入清真寺，不吃猪肉，不动用回民的家具。军部还向回民送了匾和银锭。这些行动，使当地的回民深受感动。回民们杀羊宰牛慰劳红军，阿訇摆上香案、点心迎接红军。还有不少的回民青年自动参加了红军。

在兴隆镇一带休整了3天，因仍得不到党中央和一、四方面军的消息，省委又进行了研究，认为目前我们是远离陕南孤军作战，要转回去也比较困难，如果再打听不到党中央的消息，就奔陕北，去会合刘志丹同志领导的陕北红军。

休整以后，部队继续前进，打下隆德。当天傍晚，毛炳文的主力从兰州增援上来，我军与敌激战一阵，又开始转移。

部队边打边走。政委吴焕先同志在前头领着大队，我在后面指挥打敌人的追兵。从隆德转战到六盘山；从瓦亭到平凉，日夜行军。在白水镇打垮马鸿宾1个旅（消灭1个多营），在泾川消灭马开基带领的1个团，团长马开基被打死，活捉了400多人。

不幸的是，就在泾川战斗中，吴焕先同志牺牲了。这使我们非常悲痛。吴焕先同志于1927年秋天参加过黄安暴动。在鄂豫皖苏区，我和他一块坚持斗争好多年,又一同转战万里。他是我最亲密的战友,最敬爱的同志。前些天,他还向我说:"见了毛主席,咱们还不认识他呢?"现在,他倒下了,再也见不到党中央,见不到他日夜想念的毛主席了。

我们从泾川西进,威逼崇信,在西兰公路与敌人周旋17天之久,天天派人打听,也没打听着中央和一、四方面军的确实消息。毛炳文的部队乘着80辆汽车,配合马鸿宾的一部分部队,从背后赶来,我军在此孤军作战,处境不利,便按照原定的计划去陕北。同时我们还有这样的想法:陕北是老苏区,我们到那里见到刘志丹同志,打听党中央的消息也是比较容易的。

三

我军强渡泾水,经过数天的行军,便进入了陕北苏区的边沿——绍山一带。这里是白区和红区交界的地方,部队翻山越岭走了3天,也没碰到一个村庄。背的干粮吃光了,全军2天没吃上东西,许多同志饿得昏倒在路上。这天下午,忽然发现了一个羊群,有500多只羊。一盘问,是羊贩子的。我们和贩羊的人商量一番,他便把羊卖给了我们。我们的部队就吃起羊肉来。没有盐,锅也少,有脸盆的用脸盆煮,没有脸盆的,把肉切成薄片片放在石板上烤;有的拿着羊腿放在火上烧。幸亏了这群羊,才使我们坚持到了陕甘根据地。

开始进入了根据地,我们说话口音不对,有些群众不知我们是什么队伍,纷纷逃走。可是,当群众知道我们是红军时,就相继归来,分外亲切。消息传得很快,习仲勋、刘景范等同志先后找来了,并且召开了群众大会欢迎我们。来到陕北苏区,我们好像到了家一样。

和习仲勋同志会面后,又经过连续4天的行军,到达了永坪镇。在这里,我们和刘志丹同志会面了。志丹同志穿得十分朴素,沉静谦虚,看外表,你想不出他会是黄埔五期的学生。他是陕北苏区的创始人之一,对革命事业忠心耿耿,深受陕北的人民和战士的爱戴。人们都亲切地称呼他"老刘",我们会到他,真是高兴万分。他也像我们一样,正热切地盼望着毛主席和党中央。可是也不知道中央确切的消息。

两军会合之后,红二十五军和陕北红二十六、二十七军合编为十五军团。党决定由我任军团长，刘志丹同志任副军团长，程子华同志任政治委员。

1935 年 9 月 18 日——九一八事变 4 周年，我们在永坪西南一个干部学校门前操场上，举行了红十五军团成立大会。两军合一，7000 多人，真是人强马壮。周围几十里以外的群众，都赶来参加了大会；会场上红旗飘扬，遮天蔽日。许许多多的大字标语贴在临时搭起的席棚里，主席台的两旁贴着两张特别大的标语：

"两军亲密团结，携手作战！"

"迎接中央，迎接毛主席！"

会上，党的负责同志和我们军团几个主要负责同志都讲了话。

此时，敌人正开始发动对陕北苏区的第三次"围剿"。敌人的兵力，除了原来就在陕北的 4 个师外，东北军的 7 个师也跟在我们后面赶来。红十五军团成立的第二天，我们就商讨反"围剿"的作战计划。两军会合之后，战士们说："一定要打个漂亮仗。"我们指挥部的同志们，也是这样想：一定要打响第一炮。

我们在讨论作战对象的时候，有的同志提议先打住米脂一带的井岳秀师，或者高桂滋师，出横山，与神木、府谷苏区打成一片，然后打出三边。经过讨论，大家一致认为：吃掉这两个部队，把握大一些。可是目前大兵压境，消灭这两个部队，对敌人的打击不重。还是先打东北军好，因为如果把东北军的主力搞垮一两个师，就会使陕北战局发生重大变化。

据情报：东北军 7 个师分成两路。一路是王以哲率领的 3 个师，从陕西向我进攻，一一〇师、一二九师已经到了延安；一一〇师留 1 个营在甘泉，军长王以哲带军部和一〇七师驻守洛川。其余 4 个师在甘肃境内由军长董英斌带领，经合水向我进攻。我们决定：围攻甘泉，调动延安的敌人，拦路打他个埋伏。

经过 3 天的急行军，我们绕过延安，到达了延安南 90 里的甘泉附近。部队在甘泉以西王家坪一带休息。我和志丹同志带着团以上的干部，来到了甘泉北 15 里的劳山附近。一看地形，非常理想：甘泉北，有一条通向延安的公路，路两旁是连绵起伏的山岭，把延（安）甘（泉）公路夹在当中，像是一条口袋，而且，两边山上树木茂密，便于埋伏。如果把敌人放进来，真如同把狐狸装进口袋里。

决心下定了。但是，我们考虑到敌人狡猾，必须埋伏在他们意想不到的地区。

回来后，指挥部的同志详细地商讨了部署，决定派一部分小部队围攻甘泉，大部队在劳山附近打延安来的援兵。估计：我军第一天包围甘泉，第二天延安的敌人可能起身，那么，第三天上午即可进入埋伏地区。

战斗按着计划开始了，围攻甘泉的第二天，我和志丹同志分头带领部队，进入了埋伏区。出发前，对参加埋伏的部队进行了严密的组织，又规定每人携带3天的干粮，进入埋伏地区后，不准生火，不准走动，指挥枪不响，任何人不得开枪。

等到第三天上午，却不见敌人的影子，我心里好急，暗暗想：何立中（敌人——〇师师长）一向找着我们打，这回怎么耍滑头了，莫非走漏了风声！

我们正在着急，派出去侦察的便衣气喘吁吁地跑回指挥部，报告说："来了，来了！"

指挥部设在西山上一棵大树下。我从望远镜里看到了敌人的先头部队。原来估计，敌人要是两路行军，必有2个团钻进来，如果再追一下，可以搞到他2个多团。谁想，敌人一露头，是四路前进。看来，何立中太欺负人了！

骄傲的敌人虽有防备，但他们把我军可能埋伏的地区估计错了。据后来抓住的一个参谋说，何立中骑在马上，过了他预计我们埋伏的地区后，向参谋长说："我当共军会打我个埋伏呢！现在出了龙潭虎穴。"他正说这话的工夫，我军开枪了，道路两旁，机枪、手榴弹，立刻混响起来。几千敌人，像黄蜂窝挨了一棍，不知向哪里跑好，有一股敌人企图抢夺山头，被打垮了；有的企图往前突围，被军团部派出去的短枪团把路给堵住了。敌人开始顽抗，不肯缴枪，我们的战士连打带喊话："缴枪吧，你们跑不出去了！""放下武器一律优待！"

敌人这个部队里，有好多士兵了解我军的政策，在此情况下，纷纷缴了械。

这部分敌人，不愧是红军的"老朋友"，士兵们放下枪后，有的说："我这是第二次向你们缴枪了！"有的说："我是第三次缴枪了。"还有的发誓说："我一枪没放。"他们像是纷纷表白自己的"功绩"。有的俘虏问我们战士："你们怎么知道我们要来？"我们同志回答得很好："我们指挥部特别邀请！"

战斗只有6个多小时，一一〇师全部被歼。3700多人做了俘虏，师长何立中和参谋长被打死。缴获的武器很多。

战斗结束后，我们在劳山附近休整。七十八师师长杨森同志带队去羊泉塬侦察，又在那里歼灭了一〇七师1个营。

这两仗把敌人"围剿"的气焰打下去了。敌人改变了战术，采取步步为营的"碉堡政策"。我军乘胜扩大战果，强攻榆林桥，又消灭了一〇七师4个营。这个团是东北军的主力，团长高福源（外号叫"高包脖子"）曾经当过张学良的警卫营营长。开始，从俘虏中就是查不出这个团长。后来有个同志看见俘虏中有一个穿得蛮漂亮，便故意诈他说："你就是高福源！"这个俘虏连忙说："我不是，我不是，我是理发工人。"说着嘴向旁边一歪，原来"高包脖子"就在旁边。

打完这仗，我们得到了中央红军的确实消息，知道毛主席离我们不远了。先头部队已经到了吴起镇。我们一面派人去迎接，同时对指挥部的同志说："毛主席快到了，再打它一仗，作为见面礼！"

四

下一仗从哪里下手呢？一一〇师搞掉了，一〇七师搞垮了他5个营，米脂方面高桂滋、井岳秀两支部队放弃了瓦窑堡向北逃走了，附近敌人不多了。我们讨论了一番，决定把后方留下，部队立刻南下。

我们决定攻打张村驿——这是个小镇，敌人不多，周围四个围子有300多条枪，因对我们妨碍甚大，决定把它收拾掉。战斗刚开始，忽然从军团部后方跑来了7匹快马。军团政治委员程子华同志派人送来了信：毛主席今天下午到司令部来。

这是多么激动人心的消息啊！天天盼，天天想，毛主席到底来了！

我立刻命令部队暂时停止攻击，然后快马加鞭地往回奔。心急只嫌马跑得太慢。到底慢不慢？135里，当中还有两座山，3个钟头就赶到了。

已经是初冬了，赶到司令部时，我已是满身大汗。刚洗了一把脸，毛主席来了。一块来的共4个人，都穿着朴素的灰棉衣，哪一位是毛主席？不认识。子华同志是中央来的，他介绍后，毛主席向我伸出手来，亲切地说："是海东同志吧？你们辛苦了。"

我用双手把毛主席的手握住，久久地望着他那可亲的面孔，不知说什么好。盼望了好久，总算见着了。

毛主席问了部队的情况，也问到同志们吃的和穿的。我们回答之后，毛主席拿出一份三十万分之一的旧地图，问我们："陕北的三次反'围剿'怎么样了？"

我们把敌人的情况扼要地作了报告。毛主席看着地图，又问："你们准备下一步怎么打？"

我们报告后，主席折起地图，亲切地说："好吧，先按你们的部署，把张村驿打下来，咱们再共同考虑下一步的行动。"

我们跟主席一块吃完了饭，我临动身回前线的时候，主席向我说："给你一部电台带着。"

这几年，我们的交通联络都是原始工具，哪里用过电台？我向主席说："我不会用它。"

"不要你自己动手，"主席笑着说，"需要联络，你向电台工作同志说，他们会使用它。"

当晚，我离开主席回前方的时候，感到全身是力量。有中央首长的直接领导，对粉碎敌人的"围剿"更加充满了信心。

回到前方，立刻将毛主席和中央领导同志到来的消息传达下去，转告了毛主席对大家的问候。部队的情绪沸腾起来。这个问："毛主席什么时候来这里？"那个问："哪天能看见毛主席？"我说："咱们把张村驿打下，大家一块去见毛主席！"

这几句话，比什么口号都有鼓动力。战士们喊着口号："打下张村驿，去见毛主席！"一鼓作气爬上了张村驿两丈多高的围墙。接着把张村驿附近据点都打开了，缴获了很多粮食。

战斗结束后，我向毛主席发了电报，报告了胜利的消息。这是我作红军指挥员以来发的第一封电报。当天，毛主席回了电报，向参战的同志问候。

就在这次战斗之后，我们就和中央红军会师了，毛主席和周恩来副主席、彭德怀司令员指挥陕北会师的各路大军，在直罗镇歼灭了一〇九师全部和一〇六师1个团，彻底粉碎了敌人对陕甘根据地的第三次"围剿"。

原载中国现代史学会编：《长征档案：纪念中国工农红军长征胜利七十周年（中）》，中共党史出版社，2006年，第727～735页。

孤军北上做先锋

——刘华清谈红二十五军长征

◎ 张明金　姜为民

60 多年前，中国工农红军第二十五军在远离党中央的情况下，孤军远征 10 个月，艰苦转战万余里，先期到达陕北，为第一、第二、第四方面军会师陕北做出了历史性贡献，在中国工农红军长征史上写下了别具特色的光辉篇章。为了使人们更深入地了解这支英雄的队伍，我们访问了原红二十五军的老战士、中共中央政治局常委、中央军委副主席刘华清上将，请他回顾了红二十五军长征的有关情况，并给了这段历史一些重要的补遗。

问：刘老，今年（2001 年）是中国工农红军长征胜利 65 周年，您作为当年长征的亲历者，请为我们介绍一下红二十五军这支部队和红二十五军长征的情况好吗？

答：好的。红二十五军组建于 1931 年 10 月，隶属红四方面军。1932 年 10 月，红二十五军、红七十四师分别编入方面军各师，红七十三师跟随方面军主力实行战略转移，红七十五师留在鄂豫皖边坚持斗争。同年 11 月，中共鄂豫皖省委决定将红七十五师和红九军二十七师合编，重新组建红二十五军，下辖第七十四师和第七十五师，继续坚持大别山区的革命斗争。重建后的红二十五军在中共鄂豫皖省委的领导下，经受了第四、第五次反"围剿"斗争的严峻考验，先后取得了郭家河、潘家河、杨泗寨、长岭岗、斛山寨等战斗的胜利，一度发展到 1.2 万余人，并重新组建第七十三师。但由于敌人的强大，加之省委领导"左倾"盲动错误的战略指导和"肃反"，红二十五军自身损失很大，处境十分艰险。1934年8月，中革军委派粤赣军区红二十二师师长程子华到鄂豫皖苏区，向鄂豫皖省委传达了中革军委副主席周恩来的指示：红二十五军主力要作战略转移，去建立新的根据地。这样，不仅部队能够得到发展，同时也能把敌军主力引走，减轻鄂豫皖根据地的压力，有利于留下的部分武装长期坚持斗争。根据中共中央的指示精神和鄂豫皖苏区革命斗争的实际，省委决定率领红二十五军主力撤离鄂豫皖苏区，实行战略转移。

问：根据有关历史文献记载，红二十五军是打着"中国工农红军北上抗日第二先遣队"的旗帜开始长征的。红二十五军为什么要打出这样一个旗帜？它的意义是什么？

答：1934年7月初，在中央苏区的红七军团根据中共中央和中革军委的指示，曾组成北上抗日先遣队，先期由瑞金出发北上，向闽浙赣边挺进。随后，中共鄂豫皖省委也收到中央关于组织北上抗日先遣队的通知和适时转移出去创造新的苏区的指示。为此，在同年11月11日，鄂豫皖省委在光山县花山寨召开常委会议做出决定：省委立即率红二十五军实施战略转移，以平汉铁路西部的桐柏山区为初步目标，去创建新的根据地；从组织上调整红二十五军的领导班子，由程子华任军长，吴焕先为军政委，徐海东由军长改任副军长，戴季英为军政治部主任；以省委兼军党委，省委书记徐宝珊、秘书长郑位三和军的领导成员均为省委委员。同时，对部队进行整编，撤销师一级编制，军直辖3个步兵团、1个手枪团。由于此前中央苏区的红七军团已经组成了北上抗日先遣队，省委决定：为宣传党的抗日主张，红二十五军主力在战略转移行动中，对外称"中国工农红军北上抗日第二先遣队"，留下红军1个团及地方武装重建红二十八军，继续坚持鄂豫皖革命根据地的斗争。

问：红二十五军是在什么时间、什么地点开始长征的？当时您在部队中担任的是什么领导职务？

答：1934年11月16日，红二十五军约3000名指战员从河南省罗山县何家冲出发，开始了长征。这里我要强调一下，红二十五军长征出发前，在光山县东南的扶山寨打了一仗。这一仗十分重要。当时，红二十五军为了赶赴鄂东北，商定是否实行战略转移的问题，已经连续冲破敌人的四道封锁线，部队十分疲劳。刚到扶山寨地区休息，尾追之敌 10 个团就跟踪而至，形势十分紧迫。当时，不把敌人打退，省委就不能安全讨论转移问题。为此，红二十五军领导果断决定，在扶山寨伏击跟踪之敌。一举毙伤俘敌 4000 余人，使尾追之敌再也不敢跟踪追击了，为省委召开花山寨会议讨论红二十五军的长征问题创造了有利条件。红二十五军长征出发之前，部队各级党组织向全体指战员讲形势，讲任务，进行了深入的政治动员。当时提出的口号叫"打远游击""创建新苏区"。出发前，省委发布了《中国工农红军北上抗日第二先遣队出发宣言》。宣言指出民族危机的深重，宣传党的抗日救国主张和红军北上抗日宗旨，号召全国同胞团结起来，一致抗日。当时我在军政治部任组织科科长，这是长征出发前整编决定的。长征出发时的宣言是我亲自刻印的。同时还刻印了其他一些传单，并张贴布告，书写标语等，对战士进行宣传动员，使每个同志都树立革命必胜、长征必胜的信念。

问：红二十五军在长征途中都经历了哪些战斗？给您留下印象最深的战斗是哪一次？

答：红二十五军在长征途中经历了许多次激烈的战斗，哪一次都给我留下了深刻的印象。红二十五军离开鄂豫皖苏区时，开始是先向西挺进。当时，国民党军 5 个师和"鄂豫皖三省追剿队"已麇集在鄂东北，正准备对鄂豫皖苏区进行大规模"围剿"，但尚未完全形成合围。我军适时而主动地实施转移，打破了敌人的"围剿"计划。蒋介石急忙调动 3 个团的兵力追击堵截，先后在湖北枣阳、随州一带，河南的桐柏、方城、卢氏等几个地区布置了封锁线，企图将脱离根据地孤军远征的红二十五军围歼于途中。

红二十五军人数虽少，但武器装备好，弹药充足，战斗力很强，指战员们都是经过多次战斗考验的骨干，个个能征善战。后勤、医院等保障单位也都非常战斗化，说走就走，说打就打，全军随时都保持着良好的战斗姿态。11 月 17 日，我军在一个叫朱堂店的地方突破敌人阻拦，当晚趁夜暗从信阳以南越过平汉铁路，进入豫鄂交界的桐柏、枣阳一带，实现了战略转移的初步目标。鉴于该地区距平汉铁路和汉水较近，机动范围狭小，加之敌重兵压境，难以立足发展，省委遂决定掉头北上，向豫西的伏牛山区转移。

从桐柏山到伏牛山，须越过许（昌）南（阳）公路，而许南公路两侧是一个地域辽阔的丘陵和平原地带。此时已是 11 月下旬，寒流南下，气温骤降，而红军指战员却衣着单薄，粮秣不济，但部队仍保持着高昂的斗志，顶风冒雪，向北突进。26 日下午，我军正准备从方城独树镇附近越过许南公路时，突然遭到预先抵达该地区的敌 1 个旅和 1 个骑兵团的阻击。同时敌"追剿纵队"五支队和 1 个师又随后紧追，形势相当严峻。加上那天的气候条件极为恶劣，我军发现敌人较迟，一时陷入被动。衣服被雨雪浸透，饥寒交加的战士们手指都冻僵了，有的枪栓也被冻住了。敌军乘机发起冲击，并分兵从两翼包抄，情况异常险恶。在此危急时刻，军政委吴焕先冲到最前线，发出"坚决顶住敌人，决不后退"的命令，使我军很快稳住了阵脚。随后，他从通信员身上抽出一把大刀，振臂高呼："共产党员跟我来！"在他的率领下，指战员们奋不顾身冲上前去，与敌军展开白刃格斗。当时，我就在吴政委的身边，也高喊着冲了上去。正冲杀间，一颗子弹打在我的左腿上，我觉得左腿像突然被谁狠击了一下，就摔倒了。经过一番恶战，我军终于打退了敌人的进攻。天黑以后，风雪大作，接着转为大雨，部队行动极为困难。但数倍于我的敌军仍在附近，天亮后必将发动新的进攻。因此，军领导果断决定：就是有天大的困难，也要带领部队迅速脱离危险区。紧急集合的命令一下，大家都忍受着极度的饥饿和疲劳，又顶风冒雪踏上征程。

问：听说这次战斗后，军领导决定把伤员全部留下，是军政治部主任戴季英同意给您一匹小马骑，才使您得以离开险境，跟上大部队安全转移的？

答：是的。这次战斗后，为了使部队迅速摆脱敌人，军领导决定让我和部分伤病员留在当地养伤，可是我不愿意离开部队，便坚决要求跟随大部队转移。军政治部主任戴季英才同意让我骑马走，得以跟上大部队安全转移，这件事情令我终生难以忘怀。在当地向导的带领下，我军经过一夜的急行军，绕到守敌空虚的保安寨以北地区，越过了许南公路，进入伏牛山区。

独树镇战斗是红二十五军长征初期的关键一仗，也是给我留下深刻印象的一次战斗。这次战斗关系全军的生死存亡，在两军狭路相逢之际，红二十五军作为具有顽强战斗作风的勇者，以压倒一切的英雄气概而立于不败之地，充分显示了红二十五军英勇顽强的战斗作风。

问：红二十五军在长征途中创建了鄂豫陕革命根据地，并打破了敌军的两次"围剿"，这段历史在红二十五军的长征史上有着特殊的意义。您能把这段历史情况给我们介绍一下吗？

答：红二十五军开始是准备在伏牛山区建立新的革命根据地，可是进入伏牛山区后，发现该地区人烟稀少，粮食和物资匮乏，加之敌军跟踪而至，在这里建立苏区也很困难。因此，省委再次改变计划，决定转进陕南商洛地区。这时，敌军正分两路追击，并派兵控制了入陕的要道。我军在当地群众帮助下，沿一条人迹罕至的隐蔽小路，直奔豫陕交界的铁锁关，一举突破了敌军在河南布置的第三道封锁线。

红二十五军进入陕西洛南县境后，于2月10日在庾家河召开省委常委会议，研究在鄂豫陕边区建立根据地的问题。会上，省委正确分析形势，认为鄂豫陕边区是敌人统治的薄弱环节，遂做出了《关于创建新苏区、新的革命根据地的决议草案》，不失时机地解决了新区选择和当前的方针、任务等重大问题，同时决定将中共鄂豫皖省委改为中共鄂豫陕省委。

鄂豫陕边界地区，包括陕西省东南部、湖北省西北部和河南省西部地区。该地区北靠秦岭，南濒汉江，地势险要，人民困苦，敌人统治薄弱。红二十五军到来之前，这一带就受过党和红军的影响，适合红军立足发展。在这里建立根据地，可以牵制敌人大量兵力，对西南的川陕苏区、北面的陕甘苏区及长征中的中央红军，都可以起配合作用。为此，红二十五军坚决执行省委的决议，全力投入创建新苏区的斗争。进入陕南之初，红二十五军只有2500余人，在集中主力歼灭敌人有生力量的同时，多次抽调领导骨干和部队去做群众工作，建立地方武装和基层政权。当时，蒋介石还未能统一鄂豫陕三省边界地区军队的指挥。因此，红二十五军抓紧有利时机，广泛发动群众，很快在鄂陕边区建立了第一块根据地，初步奠定了鄂豫陕革命根据地的基础，并扩增红军400余名。

红二十五军在鄂豫陕边区燃起的革命烈火，引起了蒋介石统治集团的恐慌与不安，便急忙调动军队发动"围剿"。1935年1月，蒋介石令驻河南的第四十军两个团和驻湖北的第四十四师，在陕军第一二六旅的配合下，以11个团的兵力对鄂豫陕边区红二十五军发动第一次"围剿"。面对来势汹汹的进攻之敌，我军采用避其锋芒、各个击破的战术，以一部分兵力牵制敌人，主力则迅速由山阳、郧西交界地区北上袁家沟口，突然出现在敌人背后，经过蔡玉窑、文公岭两战，给单独冒进的陕军第一二六旅以重创。战后，我军乘胜在蓝田、商县、山阳、镇安、柞水5县边区建立区、乡苏维埃政权，在陕东南开辟了第二块根据地。接着，又连克宁陕、佛坪两县城，在华阳镇东南的石塔寺附近设伏，歼灭陕军警二旅5个营。战斗结束后，我军在华阳地区建立了7个乡的革命政权，开辟了第三块根据地。4月上旬，红二十五军从华阳东返，在葛牌镇以南的九间房设伏，将一路跟踪追击的陕军警备第三旅两个团打垮，毙俘共1000余人。随后，我军攻克洛南县城，又在豫陕边区建立了一批区、乡革命政权。广大群众在红军战斗胜利和获得翻身解放的鼓舞下，革命情绪高涨，青壮年纷纷参加红军。我军在粉碎敌人第一次"围剿"的同时，先后在鄂豫陕边区建立了4块革命根据地，成立了中共鄂陕、豫陕两个特委和5个县工委，初步建成了鄂豫陕革命根据地，下辖鄂陕边区苏维埃政府和2个县、13个区、48个乡、314个村的苏维埃政权，苏区人口近50万。鄂豫陕根据地的建立，使红二十五军得以休整，并不断发展壮大。到5月初，主力红军增至3700人，另外还有游击师、抗捐军等地方武装2000余人。

问：在第二次反"围剿"作战中，红二十五军采取积极防御的战略方针，运用灵活机动的战略战术，将游击战和运动战相结合，进行了袁家沟口等一系列战斗，并最终夺取了反"围剿"作战的胜利，这在中国工农红军的作战史上也是一次非常成功的战例。您把这段战史的情况给我们再介绍一下好吗？

答：红二十五军在鄂豫陕边区的第一次反"围剿"作战连战连捷，使鄂豫陕边区的革命烈火愈烧愈旺。蒋介石大为震惊，紧急调动原进攻鄂豫皖苏区的第六十七军和驻郑州的第九十五师开入陕南，会同第四十军、第四十四师和陕军一部，共30多个团的兵力，发动第二次"围剿"，并限令在3个月内将红军全部消灭。我军对敌人发动更大规模的"围剿"早有准备，决定以根据地作依托，针对敌军运动和补给困难等情况，采取"先拖后打"的作战方针，先诱敌深入，再调动、分散、疲惫敌人，打乱敌人部署，然后集中兵力歼敌一部。6月初，我军以地方武装袭扰、牵制敌军，主力自郧西向北，转至外线捕捉战机，经商南奔袭荆紫关兵站，缴获大批弹药物资。当敌军蜂拥增援荆紫关时，我军又挥师西行，诱敌进至根据地中心区的袁家沟口一带。袁家沟口是一条长达10多里的深沟，两侧山高林密，我军在预选战场设伏待敌。7月2日拂晓,陕军警一旅进入伏击区,我军突然发起猛烈进攻。顿时,群山军号响,满谷杀声起,各种火器向密集之敌雨点般扫射,红军各连队勇猛插向乱作一团的敌群。经过约10个小时的激战,歼敌1700余人,俘敌旅长唐嗣桐,缴获轻重机枪40挺、长短枪1600支。我军仅伤亡100余人。袁家沟口战斗后,我军得到了物资和兵员补充,乘胜东进,北出终南山,威逼西安,致使正准备由西安开往天水的东北军第五十一军紧急改变计划,准备保卫西安。红二十五军威逼西安的行动,不仅扩大了党和红军的政治影响,也有力地策应了中央红军北上的行动。

红二十五军在鄂豫陕的两次反"围剿"作战中,采取积极防御的战略方针,运用灵活机动的战略战术,以游击战和运动战相结合,使我军由战略上的劣势转变为战役、战斗上的优势,取得了战争的主动权。屡战屡胜,战果也愈来愈大,并能够在一次战斗中歼灭装备精良的整团整旅之敌,其作战实践证明毛泽东关于人民战争的作战方针是完全正确的,也标志着红二十五军领导在军事指挥方面达到了比较成熟的程度。

问:您刚才谈到红二十五军北出终南山,威逼西安的行动,有力地策应了中央红军的北上。请问,你们在孤军远征的情况下,是怎样与中央红军保持联系的?

答:红二十五军因为没有电台,自撤离鄂豫皖苏区后就与中共中央失去了联系。但是,在长征途中,红二十五军总是千方百计寻求党中央的信息和指示,力图策应党中央和主力红军的行动。军长程子华、政委吴焕先多次说:"消灭敌人一个团,不如缴获一部电台,以便能够得到中央的指示。"在威逼西安的行动中,我们从报纸上得悉,中央红军和红四方面军已在川西会师,并有北上动向。当时,蒋介石正在调集几十万大军向川陕甘边地区集结,企图将我主力红军围歼于川西地区。此时,红二十五军是向川西方向转移,还是继续坚持孤军北上,又面临着一次新的重大抉择。恰在这关键时刻,原鄂豫皖省委交通员石健民从上海经西安到达红二十五军驻地,送来了党中央的文件,并确切证实了中央红军与红四方面军在川西会师和准备北上的消息。当晚,鄂豫陕省委在长安县沣峪口召开紧急会议。省委全面分析形势,认为红一、红四方面军在川西会师的胜利并将要继续北上创建中国西北部苏区根据地,这是目前中国革命发展的新的形势和特点。红二十五军当前最紧迫的战斗任务是配合红军主力在西北的行动,迅速创建新的革命根据地。因此,省委决定立即率领红二十五军西征北上，同时确定将鄂陕边、豫陕边两特委合并为鄂豫陕特委，统一领导留下的武装力量。留在鄂豫陕苏区的红军合编为红七十四师，在郑位三、陈先瑞领导下坚持鄂豫陕边区的革命斗争。

鄂豫陕省委和红二十五军的领导，在与党中央失去联系的情况下，通观全局、独立自主、坚决果断地做出继续西征北上的这一战略决策，是非常难能可贵的，它完全符合当时中国革命形势发展的需要，符合党中央率领主力红军北上抗日的战略意图，也反映了红二十五军全体指战员心向党中央、盼望与主力红军会师的急切愿望。

问：红二十五军是在什么时间、什么地点离开鄂豫陕苏区，又开始了西征北上的战略行动？

答：1935 年 7 月 16 日，红二十五军 4000 余名指战员从长安县沣峪口地区出发，离开鄂豫陕苏区，踏上了继续长征的道路。当时，部队进行了西征北上的思想动员，提出的口号就是"迎接党中央""与中央红军会师"。我记得徐海东副军长当时在动员大会是这样表达决心的："我们这次西征北上的行动，就是为了迎接党中央、与中央红军会师，我们这几千人就是牺牲完了也要牵制住敌人，保证党中央和中央红军顺利北上，这对全国革命是有重大意义的。"红二十五军经户县、周至，沿秦岭北麓冒雨向西挺进，于 7 月 31 日占领川陕公路要地双石铺（今陕西凤翔），歼敌一部并俘虏敌少将参议一名，缴获了一些文件和报纸。其中，7 月 22 日《大公报》报道说，朱、毛红军已越过 6000 米的巴朗山，向北挺进。综合敌人口供、文件和报纸所提供的情报，进一步证实了中央红军正在北上；而敌胡宗南、马鸿宾等部，均部署于川西北和甘南边境及渭河沿线和西（安）兰（州）公路上，全力堵截红军。据此，军领导当机立断，决定立即进入甘肃境内，威胁敌人后方，策应党中央和主力红军北上。

8 月初，红二十五军攻占甘肃两当县城，尔后翻越麦积山，攻占天水县城。天水是胡宗南部的后方基地。我军以神勇的行动攻占天水县城北关，歼敌一部，缴获一批军用物资。这一行动引起敌人极大震惊，急调部队回援。这时，我军又大胆向敌纵深挺进，从新阳镇强渡渭河，攻克秦安县城，威逼静宁，切断了横贯陕甘两省的交通大动脉西兰公路。红二十五军如一把尖刀，直捣敌后方，成其心腹大患。蒋介石从成都行营接连发出 5 道电令，调兵遣将，堵截、追击红二十五军。根据蒋介石的命令，国民党"剿匪"第三路军总司令朱绍良急调驻川西国民党军，一部由四川江油北上甘肃文县。一部东移天水，原准备南下堵截中央红军的 1 个师和 1 个旅也不得不改变计划。这样，红二十五军的行动有力地钳制和吸引了大批敌军，打乱了蒋介石的部署，策应了主力红军在川西的行动。

问：听说红二十五军在长征途中，模范执行群众纪律和民族政策，曾经受到了毛主席的表扬。您把这个情况给我们讲讲好吗？

答：红二十五军西进北上过程中，途经一些少数民族地区。军领导教育部队一面行军打仗，一面做群众工作，扩大红军的政治影响。部队每到一地，都要调查了解社会情况，帮助群众解决困难，严格遵守群众纪律，坚决保护群众利益，赢得了沿途各族人民群众的拥护和支持。8 月中旬，我军进入静宁县以北的单家集和兴隆镇等地。这里是回民聚居的地区，军政委吴焕先及时对全体指战员进行群众纪律和民族政策教育，专门规定了"三大禁令"和"四项注意"：禁止部队驻扎清真寺，禁止毁坏回族的经典文字，禁止在回民地区吃大荤；注意尊重回族人民的风俗习惯，注意使用回民水桶在井里打水，注意回避青年妇女，注意实行公买公卖。他让我用毛笔把"三大禁令"和"四项注意"写成大标语，贴到街上。他还亲自到清真寺拜访，召集阿訇和当地知名人士座谈，宣传党的抗日救国主张和红军的政策纪律。部队严格执行党的民族政策，积极开展助民劳动，切实做到了秋毫无犯。军医院院长钱信忠等医护人员还热情为群众治病。因此，红二十五军在兴隆镇受到了广大回民群众的热烈欢迎，有十多名回族青年参加了红军队伍。后来，中央红军长征经过这里时，受到了回民和其他各族群众的热烈欢迎，并诉说了红二十五军模范执行党的民族政策的事情。中央红军到达陕北与红二十五军会师后，毛泽东提起这段往事时，夸奖了红二十五军长征途中所做的群众工作，说红二十五军政策水平很高，民族政策执行得很好。

问：1935 年 9 月中旬，红二十五军先期到达陕甘地区与陕甘红军胜利会师，并用战斗的胜利巩固和扩大了陕甘苏区，为迎接党中央和中央红军的到来奠定了基础。您是怎样评价这件事情的？

答：8 月下旬，红二十五军离开兴隆镇后，沿西兰公路东进，开始了西征北上的大周旋战略行动，先是攻克隆德县城，接着连夜越过六盘山，进抵平凉、泾川地区。在途经泾川城西南的四坡村时，部队遭到敌三十五师的突然袭击。在激战中军政委吴焕先壮烈牺牲。指战员们怀着极大的悲愤，与敌展开殊死战斗，歼敌一个整团后冲出重围。吴政委的牺牲，是红二十五军的一个重大损失。当时全军指战员悲痛欲绝，我也流了很多眼泪。吴政委是我们的军魂，是军党委领导的核心，是指战员的主心骨，我们都十分爱戴他。吴政委壮烈牺牲，我们只能化悲痛为力量，继续战斗。8月中旬至下旬，红二十五军为进一步钳制敌军，积极活动于隆德、平凉、崇信、灵台、泾川、华亭等地区，切断西兰公路18天，迫使敌人一再抽调原用于堵截中央红军的兵力对付红二十五军，对中央红军的北上行动起到了战略性配合作用。

红二十五军在陇东地区与敌周旋期间，每天都派人探寻中央红军行动的确切消息，但都一无所获。此时，敌第三军、第五十一军、第三十五师等各一部，从不同方向向红二十五军活动区逼近，我军在此孤军作战，处境不利。省委和军领导鉴于一时难与中央红军取得联系，便决定北上陕甘，与陕北红军会合，首先争取陕甘苏区的巩固，再配合红军主力北上。9月初，红二十五军强渡泾河，经镇原、庆阳县境兼程前进，途中多次击败尾追的敌军，于9月15日抵达延川县永坪镇，与刘志丹等领导的陕甘红军胜利会师。至此，红二十五军孤军北上，历时10个月、转战万余里，成为长征到达陕北的第一支红军。红二十五军和陕甘红军会师后，为统一指挥作战，两支红军合编为红十五军团，共7000余人，极大地增强了陕北的革命力量。当时，蒋介石调集了东北军11个师及陕、甘、宁、晋、绥5省地方部队，正在对陕甘革命根据地进行第三次"围剿"。红十五军团在军团长徐海东、政委程子华、副军团长兼参谋长刘志丹指挥下，先后发起了劳山战役和榆林桥战斗，以战斗的胜利巩固和扩大了陕甘革命根据地，为迎接党中央和中央红军到达陕北奠定了基础。后来，徐海东同志曾经写了《奠基礼》这样一篇回忆文章，讲的就是这件事情。

问：中央红军到达陕北与红十五军团会师的情景您还能回忆起来吗？

答：10月19日，党中央率陕甘支队（即中央红军主力）抵达陕北，11月初在甘泉地区与红十五军团会师。会师后，红十五军团编入红一方面军序列，在党中央、毛主席的直接指挥下，取得了直罗镇战役的胜利，彻底粉碎了敌人对陕甘苏区的第三次"围剿"，为党中央把全国革命大本营放在西北，举行了奠基礼。此后，原红二十五军的指战员在红十五军团编制内，先后参加了东征和西征作战，进一步巩固和扩大了陕甘革命根据地，并为策应红二、红四方面军北上，实现三大红军主力会师创造了重要的条件。1936年10月，红十五军团随同西征红军攻克西北重镇会宁城。不久，红一、红二、红四方面军在会宁和将台堡胜利会师，并举行了隆重的庆祝三大红军主力会师的联欢会。这是我参加的第三次红军大会师，也是规模最大的一次红军会师。虽然时光已过去60多年了，但是红军三大主力会师时那欢腾雀跃的场面，那团结胜利的气氛，至今仍常常浮现在我的眼前，历历在目。

问：尊敬的刘老，谢谢您接受我们的采访。您把红二十五军孤军北上这段难忘的历史告诉我们，不仅使我们进一步解读了红二十五军在长征途中孤军北上的光辉业绩，也给了这段历史一些重要的补遗。时光已经过去60多年了，您还有如此清晰的记忆，可见这段历史在您的人生中已经留下了永恒的印记。

答：是的。在中国共产党的领导下，中国工农红军长征的历史，是中国革命壮丽史诗中辉煌的一页。红二十五军孤军北上的长征历史，是中国工农红军长征历史的一个重要组成部分。我在青年时代亲身经历过这段难忘的峥嵘岁月，不仅给我的人生留下了永恒的回忆，也给我的人生留下了最为宝贵的精神财富。毛泽东主席曾多次称赞过红二十五军的主要领导人徐海东，说他是"对中国革命有大功"的人。我感到这既是对徐海东个人的高度评价，也是对红二十五军孤军北上、勇做先锋的高度评价。

60多年的沧海桑田，中国已发生了翻天覆地的变化。可以说，没有当年红军长征的胜利，就不会有后来中国革命的成功，也就谈不上有今天社会主义建设和改革开放的巨大成就。回顾红二十五军和其他各路红军长征的光辉战斗历程，我们不仅为长征的艰苦卓绝和英勇悲壮而铭心，更为长征的光辉战斗历程和深远影响而自豪。因此，我也要谢谢你们对我的采访，并希望通过你们的文章把红军长征的光辉历史昭示我们的后人，让长征精神千秋永存。

原载《党史博览》（2002年合订本），党史博览杂志社，2002年，第4~9页。

告别鄂豫皖　智战独树镇

◎ 胡继成

1934 年 11 月中旬，鄂豫皖红二十五军突然撤离花山寨，补入鄂东北地方武装西路军后，移驻罗山殷家湾、何家冲一带整编，撤销了原二十五军 3 个师的建制，由军部直接指挥二二三、二二四、二二五团和手枪团，并向全军做"打远游击"和"创建新苏区"的政治动员。

按照中央指示，省委发布了《中国工农红军北上抗日第二先遣队出发宣言》，我们打着中国工农红军北上抗日第二先遣队的大旗，突然秘密行动，击退敌军追剿，由信阳城南、东双河与柳林之间，越过平汉铁路，迈出了长征的第一步。之后，经青石桥、黄龙寺、月河店、金桥等地，迅速进入桐柏山区。

蒋介石听说红二十五军离开鄂东进入桐柏山，立即命令驻河南南阳、泌阳、方城、叶县一带的庞炳勋四十军和湖北老河口的敌四十四师迎头堵击。又急令跟随二十五军的"追剿纵队"5 个支队和东北军一一五师跟踪追击，妄图以 30 多个团的兵力，包围我二十五军 4 个团 2980 多人。

桐柏山位于河南西南湖北西北交界处，距平汉铁路和汉水很近，回旋余地狭小，山小林疏，若被敌人围在山上，对我军极为不利。

省委见此地不能建根据地，决定强行通过豫西平原，向河南西部的伏牛山区挺进，打算到那里酌情建立根据地。

为了隐蔽我军向北行动的意图，我们继续西进，直抵桐柏县城以西附近洪仪河、太白岭、界碑口一带，并派少数部队佯攻湖北枣阳县城。敌人果然上当，立刻速调大军云集枣阳。

正当敌军对枣阳附近形成合围之势时，我二十五军突然从枣阳县城以北的韩庄调头东进，乘虚北上象河关，越过许（昌）南（阳）公路向伏牛山区前进。

我们能在这里顺利转圈北上，完全是敌人判断错了，我们从枣阳北调头东进，他们以为我们要回大别山了，做梦也没想到我军会突然扭头北上。

我们过许南公路，从泌阳城东向北，便进入了豫西平原。这一带地势平坦，村落稠密，到处是地主武装设立的高墙围寨，许多土围子不仅配有数百条枪，而且还有土炮。有些土围子四周还筑有外壕，围子四周环绕一道深水壕沟。

我军突然打着中国工农红军北上抗日第二先遣队的旗子出现在这里，开初，敌人还派兵骚扰，后来我们派地下党组织的同志去和他们交涉，多数地主武装便不打了。有的站在地边叫我们行军别踩着他们的麦子，有的开明地主还送些茶水和粮食摆在围子门口，也不派人和我们交谈。我军坚持野外吃住，纪律严明，秋毫无犯，大多数围子地主武装保持中立，我们很快通过了平原围寨地区。

我军离开象河关北进，敌人大军判断我军可能继续西进，立刻调兵于方城之独树镇、七里岗、砚山铺一带围追堵截。我军先头部队二二五团刚到独树镇，便被敌人一个骑兵师堵住了。这天，恰遇寒流骤至，雨雪交加，我们的战士手冻僵了，拉不开枪栓，无法抵抗，被迫后撤。敌人骑兵乘机猛冲，并从两翼实施包围，情况十分险恶。

这时，我随军参谋主任位于前卫部队，见情况危急，立刻指挥前卫部队速撤至后面几间茅屋处。几位群众见众多红军冻得全身发抖，人和枪都冻住了，敌人骑兵正欲往上冲，一急之下，断然点燃自家茅屋让战士们烤手烤枪。就在这危急关头，军政委吴焕先带着通信员赶到前面来了，一看部队乱了，忙叫大家趴在地上应战。战士们见政委亲自上前督阵，一下信心倍增，当即就地卧在泥水里，连敲带砸拉开枪栓迎敌。

吴焕先见稳定了部队，从通信员背上抽出大刀，大吼：同志们，现在是生死存亡的紧要关头，决不能后退，共产党员们，跟我冲啊！在吴政委的带领下，我们冲向迎头扑来的骑兵，猛砍敌军的马脚，敌人纷纷落马，我们和敌人展开肉搏战。

战斗最危急时刻，徐海东副军长带领二二三团跑步赶到前面投入战斗，经过一番恶战，终于把敌人打退。

二二三团乘机向七里岗冲击，欲打开通向伏牛山的缺口，冲过公路去，但遭到强敌疯狂阻击，连冲三次，都未突破敌军阵地，只好退了回来。

入夜，从各地聚集独树镇的敌人越来越多，如不尽快突围冲过公路，天亮后就有全军覆没的重大危险了。

为了抢在敌人部署完毕合围之前冲过公路，军指挥部急令各团转向杨楼集结。部队集结后，在地下党的同志带领下，穿过敌军驻地间隙，突然冲破敌人防线，越过许南公路，沿着弯弯曲曲的田埂小道，跑进了伏牛山。

进山后，军长、政委坐在地上说，哎，休息一下，埋锅造饭，前面不知是什么敌人挡道，后面有敌人 5 个纵队二十几万人追击啊！吃了饭好好睡一觉，准备明日再战吧！

这一夜，我们饱吃了一顿杂粮饭，大米、豌豆、玉米，什么都有。现在人们对这样的饭当然不会有兴趣，可那年月，我们可当是好东西啊！

独树镇战斗是我们长征途中最为险恶的战斗，由于有军领导的正确指挥，我们闯过了劫难。

独树镇这一仗，当时我们并没完全意识到它胜败的重要意义，很久以后，我们才知道，蒋介石判断我们可能返回大别山老区。我们未回，掉头北上象河关，他就估计我们要进伏牛山。于是，前面急调敌一一五旅、一一六旅和 1 个骑兵团赶赴独树镇一带制高点阻击我军；后面急令"追剿纵队"5 个支队和 1 个骑兵师跟踪追击，夹我军于独树镇一带平坝合击。以二三十万兵力对付我军两三千人，如果军领导指挥不当，我二十五军肯定在此就完了。如今想来，我们真是幸运啊！

我们在伏牛山里住了一夜，次日一早，又拔营向纵深前进。

我们刚走不远，敌一一五师和四十军骑兵团就追上来了。

军长指挥部队占领五里坡、高老山一带高地，将追敌击退，继续沿叶县、方城边界西进。

我们走了一天山路，第二天在拐河镇东北的孤石滩过澧河时，敌四十军骑兵五师和一一五旅、骑兵团，又穿过拐河、常村一线尾随追来，从南北两面向我红二十五军先头部队夹击。

军长徐海东见状，急令我前卫部队二二三团强渡澧河，攻占纸房以东高地。

这时，对面之敌已控制澧河西岸高地，封锁了我军渡河的要道，但我二二三团硬是顶着敌人火力扑过澧河，迅速攻占了纸房以东高地，击退了敌骑兵第五师的进攻，控制了入山的要道。

与此同时，吴焕先政委率领的二二五团，也快速渡过澧河。吴政委指挥三营九连，让连长韩先楚带领该连迅速抢占上马村以北山上的围寨，阻击敌四十军骑兵团和一一五旅进攻，掩护我军直属队和二二四团通过澧河。

全军过河后，在古木庄、交界岭展开部队，痛击尾随敌军。

由于我军占有的地形非常有利，战斗展开不久，敌人便鬼哭狼嚎、人嘶马叫退了回去。

我军和追敌拉开距离后，由神林、熊背、下汤等地继续快速西进，很快便进入伏牛山区腹心地带。

你以为我们终于摆脱敌人，到达目的地了吧？我们当时也是这么想的。可是省委在行军途中认真调查山中情况，很快发现我们抱着极大希望奔投的伏牛山，仍然不是开辟新根据地的理想山区。

要开辟理想的抗日根据地，必须具备四大基本条件：一要敌人统治力量比较薄弱，交通不便，敌人调动部队"围剿"困难；二要群众受革命影响较大，或比较容易被红军争取，和红军一道同生死、共患难，和敌人进行殊死斗争；三要地形有利于我军防御和作战；四要粮食等物产比较丰富，或采粮较容易。然而，伏牛山区不具备这些基本条件。伏牛山区地域狭窄，人口稀少，粮食和各种物资都很缺乏。这一带是豫西"内乡王"别廷芳的势力范围，反动统治严密，盗匪猖獗，凭险据守的地主武装围寨很多，于我军发动群众、开展革命工作、创建苏维埃政府极为不利，无法和鄂豫皖老区的条件相比。

我们开辟新区，是想创造比老区更好的人力、物力条件，没有把握，我军当然不敢将革命的希望系在这里。于是，省委决定，离开伏牛山，继续向西前进，力争进入陕南，再相机继续创建新根据地。

决定做出后，我二十五军立即向群众展开强有力的政治工作。用布告和宣传队等形式，广泛向群众明确宣布：我们挥师北上，一是为了打日本，二是为穷苦老百姓弄吃穿，欢迎一切不愿做亡国奴的人，都来参加我们的队伍，欢迎一切军队和围寨武装前来和我们共同签订抗日协定，和我们一起抗日，扫除阻碍抗日的反动武装。希望群众各做各的职业，莫惊莫走。欢迎工人、农民和一切穷人和我们见面、谈话、开会。并对没收地主豪绅、军阀官僚财产，帮助穷人抗拒苛捐杂税，保证商业自由，以及如何对白军士兵、民团穷苦团丁的优待作了明确规定。还欢迎各界人士报告红军的过错，以便纠正。

布告发出后，二十五军昼夜兼程向陕南方向开进。

1934年12月初，我军抵近豫陕交界处卢氏县叫河镇附近，还未入陕，便碰上了敌六十师布防在卢氏县城以南五里川、朱阳关、黄沙镇一带的阻击部队。

原来，蒋介石为堵截我红二十五军入陕南，早在我军进入桐柏山之时，就将驻防开封的陈沛所率六十师，用火车运至灵宝，步行100多公里，赶在我军到达之前修筑工事，以逸待劳守候我军。

你说，这蒋介石会不会用兵？从这道防线看，蒋介石并不是没有一点兵家常识的人。可是，他精，我们比他更精。我军部首长派侦察兵弄清敌情后，当即决定改变入陕路线，不走敌人的老虎口。

我军进至卢氏县叫河镇时，尾随我军的"追剿纵队"5个旅10个团的兵力，也经信阳、许山、鲁山等地追到了我驻地附近庙子、栾川一线，与前面阻敌六十师前后呼应，构成合围夹击之势。

敌人满以为这下我们再也难突重围了，可我军却机智地避开了敌六十师主力防线。我手枪团赶至敌重兵防守的朱阳关以东"号房子"，虚张声势，主力部队则由一货郎引路，从朱阳关东北沿"七十二道文峪河""二十五里脚不干"的深山峡谷，直插豫陕交界的铁锁关。

原载康纲联：《穿过硝烟的年月》，根据成都军区原副司令员胡继成将军口述整理，长征出版社，2003年，第33～40页。

回顾鄂豫陕边游击战争

◎ 陈先瑞

现凭我的记忆，参考有关历史资料，把鄂豫陕边游击战争的历史整理出来，呈献史林，告慰先烈。

一、配合主力部队创建新的革命根据地

1934年11月，中国工农红军第二十五军根据党中央和中央革命军事委员会副主席周恩来的指示，在中共鄂豫皖省委率领下实行战略转移，于同年12月进入陕西省东南地区。12月10日，省委在洛南县庾家河召开会议，决定以鄂豫陕边区为立足之地，创建新的革命根据地。会后，以武装斗争为先导，消灭敌人有生力量，除地方民团武装和反动政权，抓紧时机发动群众，开始了革命根据地的创建。

12月底，省委和军领导命令我（当时任二二三团政治处主任）带二二三团七连到鄂西北郧西县和陕东南旬阳、山阳、镇安、柞水地区打游击，部队名称为鄂陕游击师，由我担任师长，并设法同商洛特委建立联系。在我们下去前，省委曾派手枪团政委宋兴国和军部少年先锋队长程启文等30多名同志到商洛地区开展工作，并成立了中共商洛特委。因一次战斗失利，特委书记自杀，特委不复存在，剩下的人组成了洛南游击队。我们下去后，一直没和他们联系上。按照省委和军领导的指示，我们积极宣传"五抗"（抗捐、抗税、抗粮、抗丁、抗债），发动群众，打土豪，

分田地，摧毁保甲组织，消灭反动民团，团结改造刀会武装，建立抗捐军、游击队和苏维埃政权，很快打开了局面。

1935年2月，省委先后在柞水县红岩寺组建第三路游击师，在山阳县小河口组建第四路游击师，在郧西县二天门组建第六路游击师。与此同时，鄂陕游击师在镇安县大小米粮川建立第五路游击师，在郧西县大小新川建立第七路游击师，在山阳县唐家河建立第九路游击师。上述地区均建立了区乡苏维埃政权。为统一领导鄂陕地区的工作和指挥各路游击师的斗争，省委决定建立鄂陕特委和鄂陕游击总司令部，特委书记为郭述申，一个月后郭述申调回军部，改为戴季英；6月，由郑位三接替戴季英。我为游击总司令。七连扩大为总部战斗营，随总部一起行动。当时的鄂陕特委和游击总司令部组织很简单，除特委书记、司令员外，只有几个参谋、几个政工干部。各路游击师的具体情况是：

第三路游击师，师长汪世才，政委李志英，约200人，主要活动在商县的牛槽和柞水县的红岩寺、九间房、曹家坪、蔡玉窑、凤凰嘴等地。

第四路游击师，师长阮英臣（本地人），政委夏云廷，500余人，主要活动在山阳县的袁家沟口、小河口、马家山和商县的黑山、药王坪等地。

第五路游击师，师长冯易彬（红枪会首领），后为孙守山（孙光），政委白明俊（本地人），约200人，主要活动在山阳县的店垭子，镇安县的米粮川、两河和旬阳县的小河等地。

第六路游击师，师长叶忠让，后为肖大喜，约100人，主要活动在郧西县的庙川，一、二、三天门和旬阳县的澄家河、佛爷庙等地。

第七路游击师，师长余心德，政委张祖祥，约100人，主要活动在郧西、旬阳县的大小新川、西河等地。

第九路游击师，师长阮开科（红枪会首领），政委李洪章，号称千余人（其实没有那么多），主要活动在山阳县的唐家河一带。

鄂陕特委和游击总司令部，有时单独活动，有时率一路或几路游击师活动；根据斗争形势，采取个别交代或召开游击师领导会议等，指导各路游击师活动和地方工作。各路游击师按照特委和总部的部署开展活动，多数时间是单独活动，有时也几路同时行动，并经常派人和总部联系，互通情报。

3月上旬，红二十五军进抵洋县华阳镇，在石塔寺打垮了陕军警备第二旅两个团。尔后，省委派魏文建等几十名骨干下去，组建了华阳、茅坪两支游击队和数百人的抗捐军，归鄂陕特委和游击总司令部领导。由于我们在鄂陕边，他们活动在华阳镇的石塔寺、商家坝、瓦子沟等地，相距较远，实际上彼此没有联系。

4月中旬，红二十五军攻克洛南县城。为了开辟洛南、商县、丹凤、商南、卢氏等县边区，省委和军领导决定派方升普等带二二五团八连到地方上开展群众工作。他们先后在商县的孙家山、北宽坪，丹凤县的桃坪、峦庄、庾家河、留仙坪、灰池子、刘家花屋、黎园岔，商南县的腰庄等地，发动群众，分地分粮，建立了一批区乡苏维埃政权，成立了地方游击队。5月初，省委为巩固和发展豫陕边根据地，决定建立豫陕特委和豫陕游击师，统一领导这一地区的工作。特委书记郑位三（6月调任鄂陕特委书记，由李隆贵接替），师长方升普，政委曾焜。豫陕游击师辖：二二五团八连（后改为第一游击大队），连长张海波，指导员袁崇安；第二游击大队，队长刘传根，政委李传彬；第三游击大队，队长李震远，政委张培真；第四游击大队，队长李思明，政委胡从真。全师近500人。

在鄂陕、豫陕特委和鄂陕游击总司令部、豫陕游击师的领导指挥下，各游击武装积极开展活动，组织人民群众进行斗争，巩固和扩大了根据地。第三路游击师歼灭了柞水县曹家坪保安队；第四路游击师先后消灭山阳县二道沟税警队和牛耳川、金井河民团；第五路游击师摧毁旬阳县潘家河乡公所，没收12家恶霸地主的财产，分给2000多户贫苦农民；鄂陕游击总部战斗营和第六路游击师，袭击郧西县关防铺等据点，并捣毁了"郧西铲共义勇军"在三天门的老巢。豫陕游击师，在我军主力包围商南县城，奇袭荆紫关时，占领黎园岔与腰庄间的有利地形，顽强阻击尾追主力部队的敌人六七个小时，毙伤敌150余人。他们还全歼景村联保队，奔袭五里川民团，消灭武关镇保安队，为主力部队大踏步进退创造了条件。同时，各游击部队还组织人民群众为主力部队送情报，当向导，积极运送粮食，转移救护伤病员；派出小股游击队割电线，断交通，侦察敌情；动员农协会、儿童团、妇女会等群众组织站岗、放哨、做军鞋、备干粮。这些行动有力地配合和支援了主力部队的行动。

1935年7月，红二十五军在袁家沟口歼灭陕军警一旅，北出南山，威逼西安。中共鄂豫陕省委在长安县沣峪口召开紧急会议，根据中央文件精神和敌情动态，全面分析了当时形势，决定率红二十五军西征北上，到陕甘革命根据地会合红二十六军，首先争取陕甘革命根据地的巩固，集中更大的力量去消灭敌人，直接有力地配合主力红军，迎接党中央，创造新的伟大红军，争取中国西北方数省革命根据地的创立，成为直接同帝国主义作战的阵地①。会议还确定合并鄂陕、豫陕两特委，组成新的鄂豫陕特委，领导游击武装继续坚持鄂豫陕根据地的革命斗争。这次会议的决定，省委没来得及向两个特委进行传达，就率领红二十五军踏上继续长征的道路。从此，我们开始了独立坚持鄂豫陕边的斗争。

二、鄂豫陕特委和红七十四师成立

红二十五军西征北上后，鄂豫陕革命根据地的斗争形势十分严重。当时留在边区的游击武装有：鄂陕游击总司令部的战斗营，山阳西区大队，三、四、五、六、七、九路游击师，豫陕游击师八连和 3 个游击大队，以及红二十五军的一些伤病员。国民党陕西省绥靖公署于 7 月 17 日发布命令，除以部分兵力尾追红二十五军外，集中第六十七军王以哲部、四十军庞炳勋部、九十五师唐俊德部、四十四师萧之楚部、陕军警二旅和特务团等二十几个团的兵力，实施"划区清剿"，妄图以"分割包剿""各个击破"的手段，消灭我鄂豫陕边区的游击武装，彻底摧毁我根据地。

敌人所到之处，烧杀抢掠，无恶不作。东起山阳县店垭子、西到镇安县米粮川的一条 30 里长的川道，房屋大部被焚，群众财物被抢劫一空。敌人在许多村镇扎上了据点，一些土豪劣绅、恶霸地主，纷纷组织反动民团武装，实行反攻倒算，叫嚣要把陕南山区的共产党和红军灭尽杀绝，根据地中心山阳县袁家沟口，被敌人视为"红军窝子"，声言要"掘地三尺"，彻底予以摧毁。红军家属大多逃亡他乡。区苏维埃主席程家盛为掩护群众被敌人抓住，当即遭到杀害。同时被杀害的还有五六个苏维埃政府成员和游击队员。柞水县红岩寺区苏维埃的干部和群众，为掩护伤病员转移和坚壁物资，有 300 多人被敌人抓住，100 多人被当场杀害，200 多人被关押，受尽酷刑，有的壮烈牺牲。丹凤县黎园岔赤卫队长一家被敌人捉住，

---

①参看 1935 年 9 月 27 日鄂豫陕省委《关于离开鄂豫陕苏区会合陕甘红军之决定经过的报告》。

两个孩子被丢进水潭淹死，其余被杀。郧西县一、二、三天门，大小新川和山阳县店垭子等地被敌杀害的苏维埃干部和游击队员家属有100多人。鄂豫陕边区这块刚刚建立的革命根据地重新被敌人侵占，人民又陷入水深火热之中。

后来我们才知道，鄂豫陕省委在率领红二十五军西征北上途中，于7月30日分别给鄂陕、豫陕两特委发出内容基本相同的指示，说明当时形势和红二十五军西征北上的任务，指出继续坚持鄂豫陕边斗争的重要意义，指示：马上把鄂陕、豫陕两个边特合并为一个鄂豫陕特委，立即集中八连及各路之一部游击队与总部战斗营成为一个有战斗力的游击主力[①]；并就行动方针、发动群众等问题作了具体指示。省委的这两封指示信，由便衣队交给了第三路游击师政委李志英，让他转交我们。在李志英带领游击师的特务队找特委和总部的途中，特务队长赵久海叛变，枪杀了李志英和几名老战士，带着省委的信和少数人投敌了。敌人知道红二十五军北上，便更加疯狂地"围剿"我各路游击部队。由于我们没有接到省委的指示，一时不明省委和红二十五军的去向，仍按原计划坚持斗争。各游击武装对敌人重兵分割围攻缺乏思想准备，有的被打散，有的叛变了，受到很大损失。两个特委也没有取得联系，形势十分危急。

但是，敌人的残酷镇压和重兵"围剿"吓不倒红军战士和革命人民。各路游击部队和人民群众同敌人展开了英勇顽强的斗争，至今还流传着许多动人的故事和歌谣。在强敌面前，各游击部队各自为战，能打就打，该躲就躲，想方设法阻止敌人的进攻，掩护人民群众和伤病员转移。当部分群众产生畏敌情绪时，一些红军老战士发挥了种子作用，用他们在鄂豫皖时期的经历教育群众，组织人民群众走、躲、斗，哪里最危险，哪里最困难，哪里就有他们。各级区苏维埃干部同游击队紧密配合，转移伤病员，坚壁物资，领导人民转入"地下"斗争。山阳县袁家沟口苏维埃主席程家盛，在被敌人抓捕前将苏维埃政府的一颗铜质印章和一包文件交给其妻倪世莲，让她妥为保管。丈夫牺牲后，倪世莲冒着生命危险，三次转移印章和文件，遭敌人严刑拷打，百般折磨，她都没有暴露秘密，直到新中国成立后才将印章和文件交给了人民政府。在第五、第六路游击师活动的镇安、山阳、旬阳、

[①] 1935年7月25日《省委吴焕先给位三、隆贵、先瑞的工作指示》。

郧西县交界一带还流传着"红军老祖"的故事。那是红二十五军西征北上后不久，六路游击师来到了郧西县的郭家沟，正在吃早饭时，敌人"清剿"部队1个连和郧西县民团武装300多人攻来，敌众我寡，六路游击师和部分群众迅速撤退。退到旬阳县九龙山佛爷庙时，敌人紧紧追来。游击师领导决定，留下特务队高指导员带1个班阻击敌人，掩护部队和群众转移。战斗中，高指导员和一名班长壮烈牺牲。当地群众怀着悲痛心情，把他们埋葬在碾子沟口，并在墓前立了一块"红军老祖"的石碑，借以纪念。一天，一个群众到"红军老祖"墓前砍树，不慎把脚扭伤了，一些群众说他不敬重"红军老祖"。晚上，这个群众祷告"红军老祖"保佑他。说来也巧，第二天他的脚好多了。从此，一些带有神话色彩的传说传播开来："红军是穷人的救星！""穷人有难，红军就会搭救。"有的还传说高指导员是医生，"活着为穷人治病，死也会保佑穷人"。于是，人们便以求医治病为名，纷纷慕名而来，烧香祭奠。当地群众还成立了"红军老祖香火会"，为红军烈士修饰坟墓，利用香火会兴盛之时，组织起来抗粮抗捐，燃起斗争烈火。敌人曾多次破坏"红军老祖"之墓，但人民群众是压不服、禁不住的。在潘家河、火石坑、白河等地先后都出现了"红军老祖庙"，庙内塑有头戴八角帽、身穿灰军装、脚蹬麻草鞋的红军战士座像。有的群众还把"红军老祖大显灵威"的红纸贴儿，奉作牌位供在家中，一些老年人每天还祷告："人不知亲穷知亲，个个心里念红军；红军老祖多保佑，但愿救星早回临。"以此寄托对红军的怀念！

鄂陕特委和游击总司令部，针对敌强我弱、各路游击师分散的情况，决定迅速集中部队，保存有生力量，待机破敌，并千方百计查明省委和红二十五军的去向。8月底，我们在宁陕县两河口获得一份《西京日报》，看到敌人在陇东地区作战消息的报道，得知吴焕先政委在泾川战斗中牺牲。从此我们才认定红二十五军已经西去，可能进入陕北。于是，我们带领总部战斗营会合第六路游击师和山阳西区大队，寻找三、四、五、七、九路游击师，并东进会合豫陕特委，共商斗争大计。当时特委在龙驹寨（今丹凤县城）以北地区活动，为了不被敌人各个击破，已将八连编为第一游击大队，连同原来3个大队，全部集中起来。他们也从报纸上看到红二十五军到了甘肃天水一带，遂由桃坪出发，往鄂陕边来找我们。

9月初，我们和豫陕特委在商南县一个叫梁家坟的村庄会合了。当时对形势的严重性估计不足，互相交流情况后，初步商定：各自返回原来老区，布置根据地的工作，收容伤病员，寻找三、五、七路游击师（这时已知道四路游击师跟随主力走了，九路游击师叛变），然后再会合研究下步行动。同时商定豫陕特委书记李隆贵跟随鄂陕特委行动，便于实行统一领导。

我们和鄂陕特委分手后，走到雪窝附近突然遭到敌四十四师萧之楚部的袭击，部队边打边退，伤亡数十人。血的教训使我们认识到，在敌人重兵"围剿"下，分散活动易被各个击破。当即返回梁家坟附近，找到了豫陕特委。原来他们在返回豫陕边时，走到富山坪也遭到敌人袭击，差点被打散，回过头来又找我们。

9月9日，两特委在梁家坟举行联席会议。参加会议的有郑位三、陈先瑞、李隆贵、方升普、曾焜等。会议分析当时的斗争形势，认为在敌人重兵"围剿"的严重形势下，斗争将是残酷的，困难是很多的。但不管出现什么样的情况，都要领导游击部队和人民群众开展斗争，继续在鄂豫陕边区举起革命红旗。会上，个别同志感到我们部队新，枪支弹药少，思想也比较混乱，情绪较低，对继续坚持斗争缺乏信心。为此，会议又分析了坚持斗争的有利条件，进一步认识到，鄂豫陕边区地形有利，群众基础好，两特委又有半年多开展游击战争的经验，对社情、民情、地形已有所了解；还有近300名老战士作骨干，只要团结一致，紧紧依靠群众，采取灵活的战略战术和正确的斗争策略，是能够生存和发展的。会议统一了认识，克服了部分同志中的悲观情绪，坚定了开展游击战争的信心。接着，讨论了合并两特委、合编部队和今后的斗争策略及行动方针问题，决定：（1）树立独立坚持斗争的思想，以陕南为中心，广泛开展游击战争。首先跳出敌人包围圈，在宁陕、佛坪地区开辟新根据地，吸引敌人西去，争取恢复原根据地。（2）将鄂陕、豫陕特委合并为陕南特委（后根据鄂豫陕省委的指示和特委活动的区域改称为鄂豫陕特委）。（3）合编各游击武装部队，组成红七十四师。将豫陕游击司令部4个大队编为一营，鄂陕游击总司令部的各路游击师编为二营，鄂陕游击总部战斗营一部和豫陕游击师便衣队编为手枪团，还编有师机关、直属警卫连、通信排、看护排等。（4）以开展游击战争，灵活机动，扬长避短，同敌人"兜大圈子"，消灭敌人，保存自己为作战方针。同时，继续收拢各路游击武装部队和伤病员。会议选举郑位三为特委书记，委员有陈先瑞、李隆贵、方升普、曾焜、李书全、袁崇安、张波（张培真）、郑连顺等9人。郑位三有较高的思想水平和组织能力，遇事沉着冷静，深思熟虑，密切联系群众，善于从实际出发，把党的方针政策具体化。他是鄂豫皖根据地创始人之一，担任鄂东北道委书记期间，在群众中享有很高的威信。到红二十五军工作不久，就被大家亲切地称为"位老"，其实他比我们大不了几岁，也不过30出头。到鄂豫陕边区开辟根据地以来，他一直担负地方党政领导工作，有着丰富的工作经验。我们要独立坚持斗争，只有他才能担负起特委书记这副重担。

两特委梁家坟会议是在省委联系中断，留下的红军和根据地处于生死存亡的严重关头召开的。会议作出的决定符合鄂豫陕省委指示的精神。会议统一了根据地党和武装的组织，团结了原来分属于两特委领导的广大党员、干部和战士，形成了新的领导核心；确定了独立坚持鄂豫陕边区斗争的方针，规定了切合实际的斗争策略和游击战术。这对在鄂豫陕长期坚持革命游击战争，打破敌人的"划区清剿"，扭转当时的困难局势，保存和发展革命力量，有决定性的意义。

10月6日，红七十四师在商南县碾子坪正式成立。碾子坪在离梁家坟不远的一条山沟，当地群众传说，这里开始仅有像碾盘那样大的一块平地，只住有一户人家。后来住户逐渐多起来，分为上坪、中坪、下坪。红七十四师成立大会是在中坪召开的。特委书记郑位三宣布了特委决定：师长陈先瑞，政委李隆贵，副师长兼参谋长方升普，政治部主任曾焜。一营营长张海波，政委袁崇安；二营营长肖大喜，政委郑连顺；手枪团团长吴济云（后改名为吴林焕），政委张培真（后改名为张波）。全师近700人。郑位三号召全体同志振奋精神，团结一致，坚决贯彻特委会议精神，坚持斗争，夺取游击战争的胜利。

三、打破敌人第一次围攻

红七十四师成立不久，就成了各路敌军围攻的主要目标。分布在商县、洛南、山阳、镇安、柞水地区之敌，同时向我们围攻而来，妄图将我军一举歼灭，以绝后患。

一支新成立的部队，武器装备和战斗素质比较差，能否在强敌面前经得起考验，长期坚持下去，部分同志表示怀疑，我也有所顾虑。特委书记郑位三找同志们谈话，做思想工作，并经常和我一起研究。我们真想打上几场胜仗，振振军威，鼓鼓士气。

但当时首要的是避免和强敌硬拼，防止敌人袭击，锻炼部队不受天时、地理限制，走得快、走得好，有较强的战斗力、严格的纪律性和顽强的作风。因此，我们决定避实击虚，让过敌人正规军，专打地方保安团队，同时广泛宣传群众，说明红军未走，红军永远不走，以稳定军心、民心。

为了打破敌人的围攻，我军由碾子坪出发，巧妙避开敌人主力，沿鄂陕交界的崇山峻岭西进，在山阳、镇安、柞水、宁陕之间与敌周旋。所到之处，向人民群众宣传红军又回来了，并且不走了，号召群众用各种方式配合我军行动；警告土豪劣绅不准做坏事，谁要是欺压群众，就要谁的狗命，同时镇压了少数反动分子，鼓舞和稳定了群众的斗争情绪。11月初，我军经旬阳以北返回鄂陕边区，途中会合了五、七路游击师。五路游击师曾发展到200多人，红二十五军走后不久，他们被敌人重兵围在南羊山上四五天。师长孙光背有点驼，群众都叫他"孙驼子"。这个同志打仗很勇敢，是二二五团三营七连一名排长提起来的，但组织领导经验还不丰富，在敌人的围攻面前有些急躁。当时二二五团三营营长李学先因负伤留下随五路游击师行动。在李学先的帮助下，孙光才组织部队乘夜晚突出重围，但部队伤亡较大，有些战士走散了，最后把剩下的人组织起来打游击。同我们会合时，第五路游击师只剩50余人。第七路游击师也遭到敌人围攻，损失很大。会合后，大家都很高兴。11月中旬，敌四十军以3个团的兵力向鄂陕边区攻来，我军遂由郧西二天门一带西去宁陕、佛坪地区，摆脱了敌人的围攻。

镇安县城南45公里处，有座青铜关。此关东临乾佑河，紧靠万家梁，西抵崇家山，南依李家山，山峰陡峻，谷狭路隘，地势险要，易守难攻。我军西去宁陕、佛坪地区，必须从此经过。12月初，我军进至青铜关以东月西沟时，得知敌四十军五旅二三〇团第一营先到达青铜关，堵我军西进，二三二团第三营在后尾追。敌四十军战斗详报是这样记载的："赤匪陈先瑞股伪称七十四师，自上月由宁陕境东窜复联合镇安、旬阳等县之土共孙驼子及其他小股，统计千余，枪械齐全，内有轻机枪数挺，声势浩大，到处滋扰。""本月5日已窜至青铜关方向，图乘隙向西方逃窜。""令第二三〇团的第一营营长史祝三率所部是日下午3时到达青铜关附近"，"即行截击之"，"第二三二团第三营（孙秉焜营）尾追"。面对此敌情，特委作了认真分析，决定乘追敌尚远，守敌还不知我军到来之际，利用月西沟有利地形，以小股兵力诱敌，打一个伏击战。我和几名营以上干部，详细研究了作战计划，由二营肖大喜部派人扮小股游击武装前去诱敌。敌果误以为我军为游击队，其营长带两个连以密集队形顺沟内向我攻来。我一营在左，二营在右，手枪团以两个班断敌退路，当即以勇猛动作直插下去。敌顽强抵抗，我进攻受阻。看到这种情况，我命令袁崇安带原来八连的老战士带头冲锋。全体指战员奋勇争先，一举将敌打垮，毙伤敌营长以下百余人，缴长短枪70余支，轻机枪5挺。青铜关战斗，是红七十四师给敌正规部队的首次打击，检验了我军的战斗力，军心大振。战后，我军转而北上，摆脱追敌，在菩萨店会合了三路游击师。三路游击师由于赵久海的叛变，师政委的牺牲，损失比较大，战士的情绪比较低落，他们在师长汪世才的带领下，终于找到了我们。这时游击队全部集中，全师800余人，部队在秦岭山中的东江口进行了整顿。至此，敌人第一次围攻失败，根据地形势趋于好转。

12月中旬，我们来到宁陕县四亩地。这是一个有几十户人家的村庄，它三面同佛坪县接壤。由于地处两县交界，敌人的统治比较薄弱，便于我军活动。特委在四亩地召开会议，讨论了郑位三提出的开辟根据地的问题，决定在宁陕、佛坪地区开辟根据地，作为我军立足点。同时，会议确定在游击作战中，要不失时机地攻打敌军防守薄弱的县城，以扩大我军的政治影响。下旬的一天，手枪团报告宁陕县城只有保安队几百人，防备也比较松懈，我们立即决定拿下宁陕城。部队先向北往东江口去，尔后突然回头，以远程奔袭战术，日夜兼程疾进200余里，于27日凌晨进至宁陕县城北门外。我们把事先准备好的三个梯子连接起来，搭到城墙上，手枪团先登上去，解决了城门楼上的哨兵。拂晓时一举占领全城，全歼保安队400多人，并夺取敌人一座武器库，改善了部队的装备。敌县长居文召在我军攻城时躲到一座小楼上，我军上楼搜查时，他用冷枪打死我们两名同志，其中有二营政委郑连顺。郑连顺原是二二三团七连指导员，工作任劳任怨，带头实干，是一名优秀的政工干部。看到郑连顺牺牲了，战士们都异常悲愤，放火烧了小楼。在浓烟烈火中，敌县长跑了出来，当场被我军击毙。

1936年1月初，我军采取声西击东战术，先西进至洋县金水河地区，顺汉水漂放宣传标语，然后突然掉头东进，直取豫陕边，沿途歼荆紫关、西坪、峦庄、庾家河、三要司、兰草、官坡等地民团500余人，缴长枪400余支，还收容了红二十五军留下的几十名伤病员。这一大踏步的游击行动，打击了地方反动武装的嚣张气焰，扩大了红军影响，鼓舞了人民群众的斗争情绪，自身也得到了锻炼和提高。敌人急忙调兵来追，我军又回师西返。

正是寒冬时节，战士们不畏严寒，在山林中行进，很快进入了佛坪县境，用奇袭的办法占领了县城（袁家庄）。此时，陕军警备旅进山"围剿"。特委根据当时情况，决定甩开敌人，跳到山外去，和敌人来个"换防"。23日（旧历除夕），我军北出秦岭，在距西安70余里的户县和周至县境内，横扫保安队，发动群众，打土豪、分浮财。许多豪绅过年的用品，都被我们分给了穷人，部队也过了一个丰盛的春节。西安、宝鸡之敌急忙派几个团赶来合围，我军闻讯后，又进入山内，第二次打开佛坪县城，消灭了刚组建的保安队。

宁陕、佛坪地处秦岭山中，山深林密，群众基础好，敌人统治薄弱，便于小股部队活动。我军在东进同时，就根据特委四亩地会议决定，派罗明义、张绍安等带1个连到宁陕、佛坪地区创建游击根据地。我们两次打开佛坪县城，对人民群众鼓舞很大，使根据地建设出现了新局面。不久，特委决定建立宁佛工委，工委书记罗明义，同时成立了宁陕土地委员会。为了巩固发展这一地区，加强领导，特委又派方升普、曾焜到宁陕地区工作，并以先去的那个连队为基础，扩大为一个独立团。团长方升普，政委曾焜。他们领导群众打土豪、分粮食，建立了区乡政权和许多贫农小组及秘密"接头处"，群众斗争有了进一步发展。我们很快在四亩地、东江口、旬阳坝（东江口与四亩地之间）一带建立了三小块游击根据地，为坚持斗争创造了条件。

四、打破敌人第二次围攻

1936年2月，敌人又调集驻汉中的四十九师，安康的四十军、四十四师、胡宗南部混成旅，宝鸡的陕军警一旅，三原的陕军警二旅和特务团，以及地方保安团队，共十几个团的兵力，以严密封锁和"追踪进剿"手段，对我军发动第二次围攻。敌除以一部分兵力驻各县城和主要村镇外，其余全力向宁陕、佛坪"围剿"，妄图消灭我军于宁佛地区。我军发觉敌人的企图后，决定避开强敌的进攻，争取主动，先西去陕甘边的双石铺（今凤县县城），迷惑调动敌军，尔后东返豫陕边区，以大回旋的游击战法，打破敌人的围攻。

2月中旬，我军由佛坪西去。一路上，歼民团，扫保安队，直抵双石铺。双石铺地处陕甘交界，是通往汉中、四川的交通要道，在军事地理上具有重要的战略地位。红二十五军西征北上时曾在此作过战，歼敌一部，截俘一名少将参议，搞得敌人惊恐万状。我们一到这里，首先消灭了双石铺、黄牛铺等据点的保安团300余人，缴长短枪200余支。接着在百余里的公路线上，挖路基、烧桥梁、割电线，并截获敌人5辆军用汽车，缴获大批面粉和弹药，使敌人交通中断半个月。2月28日，敌四十九师追来，我军已撤到眉县南嘴头镇（今太白县城）、七里川休整。

敌得悉我军行踪，以四十军、警二旅等部5个团的兵力，封锁了宁陕、佛坪一线及其以西地区；另调一个团扼守嘴头镇以东和北通山外的要道；以四十九师两个团专事追击，由南向北直扑而来。当时我军东归道路全被切断，处境十分不利。特委冷静地分析了敌情，遂决定采取"盘旋式打圈子"战术，绕过敌之封锁，出其不意地攀越秦岭东去。

3月的秦岭，积雪覆盖，寒气逼人。我们上秦岭后，敌人便沿山"围剿"，由日追夜宿改为日夜追击，妄图把我军围困消灭在秦岭之巅。我军攀陡壁、坐"雪滑梯"，忍饥挨饿，昼夜行进，刚甩开追敌，又遇上堵击，连续四天四夜在秦岭上下翻越几次，在敌人的追逼下，被迫爬上了太白山（秦岭山脉的主峰之一）。我军连续作战，七天七夜没有休息，疲劳至极，部分同志产生了同敌人硬拼的急躁情绪。特委书记郑位三拄着一根棍子边走边做动员工作，让大家沉住气，摆脱险境。一次，他不小心滑进1米多深的雪坑，被一个大个子机枪兵救了上来。战士们用担架抬他，他说什么也不肯，硬是拄根棍子和部队一起前进。在他的带动下，战士们渴了吞口雪，饿了啃块干粮，都毫无怨言。山上有几座庙，特委决定在庙内作短暂休息，再下山冲出包围。休息时，党员骨干抓时机做思想工作，帮助战士们认清坚持斗争、保存力量的重要，克服蛮打硬拼的思想，树立与敌人和风雪严寒做斗争的决心。15日夜，我军摸下了山，在厚畛子附近俘敌四十九师便衣队10余人，缴获短枪10余支。为了争取主动摆脱敌人，我们根据俘虏的口供，决定趁拂晓从敌人接合部突出重围。在我军的突然打击下，敌人乱作一团，我们边打边走，夺路而出。越出敌人的包围圈后，我们在东江口安置了伤病员，部队稍作休整。至此，敌人第二次围攻亦被冲破，红七十四师受了一场严峻的考验。

就在东江口的一天晚上，手枪团的同志领来一个"老百姓"，名叫程福才，原在红二十五军手枪团当战士。他带来了《八一宣言》和中央《关于目前政治形势与党的任务决议》等文件，还有一封简信。当时我们的心情别提多高兴，连夜看起文件来。第二天，因敌情严重，特委只简单作了传达。24日，由郑位三以陕南红军志清（我的化名）、卫劳（他的化名，因同志们喊他位老，他便谦称卫劳）两人名义，起草了《关于七十四师成立经过的报告》，交程福才带往陕北。我们在与省委和红二十五军失去联系的日子里，对全国形势很不了解，只能从截获的敌人报纸、信件中进行分析，掌握情况。这次有了中央文件，使我们在后来的行动中有了依据，斗争策略和领导艺术有了新的提高。

豫陕边的峦庄、官坡、兰草和鄂豫边的西坪、富水关、荆紫关等地，也记不清来往攻打过多少次了，每次都消灭部分保安团队。太白山突围后，我军于4月上中旬，又先后打开这些地方。经过东西千余里游击，使沿途地方政府和反动民团极为惊慌，急忙向上呈报。敌"快邮代电"接连惊呼："陈先瑞股匪忽又窜至商县黑山街、关防一带，商县至山阳电讯亦不能通"，"经商县民团往剿，非惟未获胜利，反被该匪等冲散"；"近忽窜至柿坪一带，又窜至寨东南九十里之竹林关"；"窃查匪徒流窜，东西无方，去来无定，昨于彼而今忽此，令人防不胜防"[1]。陕西省政府也给各县发出"快邮代电"："密查陈先瑞、孙驼子各股土匪迭向各县窜扰，亟应迅速剿灭，现在西北剿匪总司令部，已督令各部队分途堵剿，所有各县团队自应概归就近军队高级长官指挥，以期动作，以致各匪得以限期肃清。"而我军则趁敌人"围剿"部队没到来之前，撤至商南县梁家坟一带休整。

特委在梁家坟召开会议，进一步学习中央文件，对红七十四师成立后的行动作了总结，并研究今后行动方针。会议认为，中央文件正确分析了国内外形势，确定了抗日民族统一战线的策略方针，是我军的行动纲领；红七十四师成立以来，打击了敌人，宣传了群众，扩大了500多名新兵，坚持了鄂豫陕边区的游击战争，部队战斗力也有了很大提高，这基本上是符合中央文件精神的。我军的胜利，必然

---

[1] 1936年商县龙驹寨三等邮局"快邮代电"。

引起敌人的加紧围攻。因此会议决定，红七十四师返回宁佛地区，在敌人发动新围攻之前，抓紧训练部队，进一步开展群众工作，贯彻党的抗日民族统一战线政策，为粉碎敌人的再次围攻做好准备。

4月下旬，我军西进漫川关。漫川关是鄂陕边界上的一个险隘。1932年11月，红四方面军经由这里北上时，曾与敌5个多师的兵力浴血奋战，徐向前总指挥沉着冷静，择敌弱点，指挥部队突出重围，使全军脱离了险境。我们来到这里时，漫川关驻有民团。为利于部队往来游击作战，我们决定拔掉这颗钉子。这时我们的战斗力比较强，不要说民团，就是敌人正规部队也不敢以营、连和我们较量，每次都是几个团同时"进剿"。我军很快攻占了漫川关，守敌大部被歼。战斗中，我二营营长肖大喜壮烈牺牲，遗职由李学先继任。肖大喜同志原是二二三团七连连长，作战勇敢，以身作则，对部队要求严，是一个优秀的军事指挥员。

漫川关战斗后，我军继续西进，行至柞水县曹家坪，遇到了宋登贤率领的"神团"组织200余人。宋登贤"神团"是由当地群众组织的抗捐、抗税和反对土匪的自发性农民武装，在长安、柞水、宁陕一带远近闻名。宋登贤兄弟排行第四，群众又叫他"宋老四"。红二十五军在这一带活动时，宋登贤就听说红军是穷人的队伍。这次我们相遇后，郑位三积极做宣传工作，讲解我军抗日主张，宣传统一战线政策，提倡联合起来，共同对敌，使他进一步了解了我军，主动要求编入红军。我们送给他部分武器弹药，派出干部，加强领导，部队改名为"抗日抗捐军"，归红七十四师指挥，令其仍在宁陕、柞水、长安交界地区活动，后来编入红七十四师。

在宁陕、佛坪、安康一带活动的还有一支部队，是1935年9月于长安县引驾回起义的陕军警二旅四团九连，领导人是何振亚。为了争取团结这支武装，我们曾于2月中旬给何振亚写信联系。这次西进中，在旬阳坝碰到了何部派来联系的人。对此，特委很重视。郑位三和我一起会见来人，介绍我军情况，宣传党中央关于团结抗日的精神，并送给该部20000元邮票和有关抗日救国的宣传品。我军进至东江口后，特委决定在此进行休整。这时何振亚又派人来，要求我们领导去讲话，同时提出让我们派干部去。经过特委研究，决定由我前往商谈两军相互联系的具体办法。当时，我根据特委决定，宣布何部为"陕南抗日第一军"，何振亚为军长，归红七十四师统一指挥。我还同何振亚商定，该部干部由其自己任命，规定部队要严格按党的政策行事，彼此要互相配合行动，不定期互通情报，并划分了活动地域，还送给他们一批枪支弹药，自此建立了正式关系。6月份，由沈启贤率领的原陕军警二旅四团四连起义的部分队伍同何部会合，沈任该部参谋长。不久，因宋登贤部误杀何部的联络员，两部之间闹了矛盾，经郑位三和我去调解，使他们消除了误会，增强了团结。何部于1937年1月红十五军团南下商县时，调归红十五军团领导。这支约700人的队伍后在甘肃驿马关地区编为红十五军警卫团。

五、打破敌人第三次围攻

1936年5月中旬，我们缴获敌人"快邮代电"一份，得知敌人又调动约20个团的兵力，对我军发动第三次围攻。这次围攻，除第二次围攻的兵力外，还增加了第三军王均部的3个团和公秉藩别动队1个大队。敌人以正规与地方保安队相结合，追、堵、驻"剿"相结合，组织联保联防，严密控制行人和物资流通，计划在3个月内围歼我军。

我们及时分析敌人此次围攻的特点，根据第二次反围攻经验和山区地形条件及根据地人力、物力等情况，决定将部队化整为零，深入敌后。这样，既可避开敌人主力，免被集中围歼，又能发挥我军善于山地游击等长处，进一步锻炼和提高我军干部独立作战的能力，变被动为主动，灵活机动地牵着敌人走，相机消灭敌人。为了迷惑敌人，我们将部队编为一、五、六三个团。一团由郑位三率领，活动在镇安、柞水、蓝田一带；五团由李隆贵率领，活动在汉水北岸的汉阴、旬阳地区；六团由我率领，先向宝鸡方向引敌西进，而后东返，活动于山阳、商县、商南、郧西等地。

6月至8月，3个团分别深入敌后，四处打击敌人，破敌交通，打乱了敌人围攻部署。一团经牧护关东去，在张家坪（均在蓝田东南）附近的西（安）荆（紫关）公路上，截获并处决了由西安赴商洛上任的行政区督察专员汤有光。接着，一团又奔袭两岔河，回兵大龙庙（今蓝田县坝源公社），在华县以南、卢氏以西、洛南以北和蓝田东部、南部兜了一个大圈，打击民团、保安队，共歼敌200余人，缴获各种枪150余支，扩大了红军的影响。五团在汉水北岸歼桃园、林达庙等地民团100余人，缴枪80余支及大批财物。我带六团于6月22日再次翻越太白山西去，直逼宝鸡。敌以七八个团的兵力合围截击，我们趁敌人还未合拢，择其弱处，打了一个反击，跳出合围圈，翻山越岭向鄂陕边疾进。经竹林关时，歼敌保安队80多人，尔后部队来到梁家坪。这里群众反映，赵川（商南）民团头子赵平甫（绰号赵六娃）在这一带作恶多端，群众恨之入骨。我们决定为民除害。根据群众反映和侦察员了解的情况，我军利用雨夜袭击了赵川民团，击毙了赵平甫，缴长短枪200余支，当地群众无不拍手称快。

9月，经四川北上的红二方面军东出陕甘边，发动成（县）徽（县）两（当）康（县）战役。陕南敌人大部西调，跟踪我军的敌四十九师也全部调走，我军趁机于9月底在宁陕县的猴子坪将3个团集中进行休整。至此，敌人妄图在3个月内消灭我军的第三次围攻破产了。

为了策应红二方面军行动，我们派手枪团政委张培真带一个分队，尾敌西去，侦察情况，主力部队积极转战于镇安、柞水、商南、洛南等地。10月下旬，我们来到商南县的小栗园附近。此地有几家大财主，听说红军来了，全都吓跑了。手枪团当时抓了个叫石老八的财主，还有个八九岁的小男孩。我和郑位三听说抓了个"小土豪"，心里都很恼火，批评了手枪团的领导，认为不该抓小孩，这会影响红军声誉。但因情况紧急，我军又不能在一处停留，只好带着他们一块走。小孩由警卫连战士看护，走不动时战士们轮流背他，给他采山花摘野果，很惹人喜欢。石老八跟我们走了一路，郑位三常给他讲我们对待豪绅、保甲长、团总、侦探、军官等的政策，指出除罪大恶极者外，其余只要与我们合作，我们就保护他们的生命安全。通过教育和交代政策，以及他一路上看到我军的所作所为，石老八深受感动，主动提出要回去为我军筹集物资。我们当下就放了他。不久，他就派了6个人挑着棉花、布匹、药品、钢笔、小本子等东西，找到了我们，同时还带来一架留声机。我们给每个挑夫发了两块钢洋，并让他们把留声机带了回去。等我们再转回商南县时，给小孩做了一套新制服，买了一顶小礼帽、一把小花伞，派人把小孩送了回去。这事在当地影响很大，许多豪绅都自愿为我军捐款筹粮，买药品、物资。我军不没收他们的财产，还利用一些财主豪绅家掩护伤病员。商县、商南和山阳一带有许多地方武装控制山寨和岩洞，易守难攻，在我军政策的影响下，他们也同我们建立了联系。我们经过那里时，都事先写信，约定通过时间，互不侵犯。这样，分化了敌人，团结了中间力量，打击了反革命势力，对我军坚持游击战争起了重要作用。

11月下旬，我军进至商南县罗家湾，准备袭击河南省边界的西坪镇保安队。这时，驻商县之敌公秉藩别动队一个大队和商南县保安团千余人，在公秉藩的指挥下，从富水关沿公路向我攻来。开始我军以为只是民团，当即以一营二连警戒西坪，五、六连抢占公路北侧山头，三连由公路迂回。六连在占山头时，攻了几次没打上来。我用望远镜一看，发现敌人兵力不少，就立即命令四连投入战斗。抢占山头后，发现敌人是装备精良的别动队。公秉藩的别动队，不仅武器装备精良，而且是校尉军官组成，训练有素，有股敢死队的劲头。现在双方交战，只能进，不能退。我们当即以全部兵力投入战斗，利用公路两侧山地，集中火力向敌人发起攻击。激战近一小时，敌被击溃，一部分抢上汽车，逃进富水关。此战毙伤敌近百人，俘敌中校军官一名，缴20响驳壳枪50支、步枪数十支、机枪7挺。这一胜利显示了红七十四师的战斗力和英勇顽强的战斗作风，鼓舞了部队的斗志和群众的斗争情绪。

战后，我军北去。行至官坡时，遇卢氏县保安团一个加强连。这个连火力较强，都是"俄国造"的步枪，弹药也多，敌人先占据了一个山头。我军由营长李学先带前卫九连正面攻击，手枪团迂回敌后，一鼓作气，拿下山头，歼敌170余人，缴步枪130余支、轻机枪两挺。这一仗九连全部都换上了"俄国造"。接着，我军转入洛南，歼灵峪口、石家坡民团，来到了华山南麓。

我军在华山脚上转了三个大圈，并派少数部队登上华山，张贴标语、大造声势。红军闹华山的消息不胫而走，搅得敌人四处告急。后来，毛泽东同志曾问过我们这一段情况，并说：我们就是那个时候听到你们消息的，三大红军主力在西北取得山城堡战役的胜利，你们在东南面闹华山，配合得好啊！

12月中旬，我们进至蓝田县大龙庙，正准备进一步开展斗争时，西安事变爆发。不久，便接到中央军委副主席周恩来的信，要部队暂不行动，等待中央派李涛同志来传达有关指示精神。第4天，李涛来传达了中央指示和西安事变情况。我们听了李涛讲的停止内战，不再打土豪分田地，要联蒋抗日等新的主张，思想上真是一百八十度大转弯。后经李涛反复解释，大家思想才通了。按照中央指示，成立了军委会，主席郑位三，副主席李涛；部队进行了整编，红七十四师改编为南路抗日军（对内仍称七十四师），军长陈先瑞，辖四团、五团、独立团、补充团，全军共 1700 余人。从此我们在党中央的直接指挥下，投入了新的战斗。

六、商县会师，驻防镇柞，开赴三原改编

1937 年 1 月，我们根据周副主席的指示，东进灵宝、潼关之间，阻止国民党亲日派部队入陕。不久，又接到周副主席电令，回师商县与红十五军团会合。红十五军团是红二十五军到达陕北后，与红二十六、二十七军合编的。他们于 1 月 10 日在三原接到党中央和周副主席的指示，正日夜兼程开往商县城，以遏止西进的国民党部队。

商县是陕西省东南地区的行政中心，设有行政专署，辖洛南、商县、商南、山阳、镇安、柞水等县，历史上也称为商州，是鄂豫陕边的军事要地，为历代兵家所重视。因红二十五军在张学良、杨虎城部队中影响较大，红七十四师又在陕南地区活动，加之商县城位置重要，党中央才电令红十五军团和我们赶到这里会合。1 月 22 日下午，我们和红十五军团在商县胜利会师。军团领导徐海东、程子华、王首道等热情地欢迎了我们，并对我们坚持鄂豫陕边区的斗争给予了很高的评价。

我们长期在深山打游击，部队的军政训练较差，编制和日常生活制度等也不够健全。会师之时，军团派来了干部，加强了领导，调整了部队编制。我仍任师长、政委张明先、参谋长杨焕民、政治部主任吴东升，供给部部长范铁民、卫生部政委李震远，辖司令部、政治部、供给部、卫生部和四、五、六 3 个团。四团团长王挥友（后为高兰桥），政委吴济云；五团团长孙光，政委罗明义（后为丁国钰）；六团团长汪世才，政委张培真（后李书全）。原师政委李隆贵、副师长兼参谋长方升普、主任刘健挺调延安抗大学习。同时，建立健全了各种规章制度，整顿了纪律作风，加强了生活管理，部队面貌有了很大改变。

1 月下旬，中央军委电令红十五军团开回三原，我们仍留在陕南，驻防镇安、柞水、宁陕三县。师部带五团驻柞水县石嘴子，四团驻镇安县城，六团驻凤凰嘴。部队主要任务是整训和开展统一战线工作，一切物资供应均由陕西省政府供给。师成立了教导队，对连排干部进行短期轮训。同时，深入宣传我党抗日主张，进一步发动群众，开展统战工作，取得了国民党柞水县县长贾志璞的合作。我们刚到柞水县时，许多士绅一听红军来了，吓得要跑，贾志璞做了不少工作。我们部队到后，还开了联欢

会，师参谋长杨焕民和贾志璞分别在会上讲了话。没几天，我们请贾志璞和部分代表吃了顿饭，以密切相互关系，稳定人心。由战争转为和平环境，开始非常不习惯，原来是冤家对头，现在是朋友，要坐在一个桌上吃饭、喝酒，觉得别扭。但为了执行统战政策，我们还是抓紧一切机会开展宣传工作，争取群众。师政治部还组织各界人士成立"抗日救国联合会"，推动了抗日工作，有400多名青年参加了我军。后来，贾志璞还为我们做了不少工作，我们驻防长安县时，我还给他写过信。

4月，因粮秣供应困难，我们奉命开到长安县南的大峪口整训。师部驻胡刘村，四团驻南寨、白道峪，五团驻大峪口、庵上，六团驻葫芦村。这时，全师共2100余人。整训中，政治教育主要是学习时事政策，讲社会发展史等；军事训练主要是队列、投弹、射击、刺杀、爆破等基础科目；生活管理按规章制度逐步正规化，军政素质有明显提高。同时，积极宣传贯彻党的抗日统一战线政策。凡拥护我党政策，为抗日做出贡献的地主士绅，我们就以礼相待，表示欢迎。对那些打家劫舍的土匪和继续欺压人民的地主豪绅则坚决打击。师政治部还派出宣传队做群众工作，培养积极分子参加抗日救国联合会。部队也参加一些地方劳动，帮助群众耕地、除草、晒粮，军民关系搞得很融洽。

8月，我们奉中央军委命令，开赴三原改编。我军从大峪口出发，路经西安市西北的咸阳大桥时，成千上万的人在桥头两边观看，十分热闹。后来我才知道，国民党四十九师师长李文当时化装成群众，混在围观的人群中看我们。他要亲眼看看活跃在商洛山中的红七十四师到底是一支什么样的部队，为什么经过多次的围追堵截都没有被消灭，反而越打越多，越战越强。他无可奈何地感叹："怪！真是一支神奇的部队！"

我们开到三原时，受到彭总的热情接待。他说：红二十五军离开陕南后，你们单独坚持陕南斗争，很艰苦，并取得很大胜利。你们在陕南牵制了不少敌人，直接配合了主力行动，所起的作用是很大的。彭总给了我们很大鼓励。遵照中央军委关于"红一军团、十五军团及七十四师合编为陆军第一一五师①的改编命令，红七十四师编为一一五师留守处，部队连的建制不变，改为炮、辎两营，驻三原、

---

① 1937年8月25日《关于红军改编为国民革命军第八路军的命令》。

耀县、洛川一线，担任第十八集团军由延安到前线的输送任务。10 月，改为西北留守兵团警备第四团，担任保卫陕甘宁边区、保卫党中央的光荣任务。

我们在中共鄂豫陕特委领导下，从 1935 年 7 月到 1936 年 12 月，独立坚持了鄂豫陕边区的游击战争。在与上级领导失去联系、极端艰难困苦的条件下，同敌人进行了英勇顽强的斗争，转战于鄂豫陕三省边区的 24 个县，经历大小战斗上百次，打破敌人三次围攻，歼灭敌人正规部队与地方反动武装 4000 余人，缴获各种枪 3000 余支，取得鄂豫陕边区游击战争的胜利。从 1937 年 1 月到 8 月，我们又在党中央指挥下，广泛开展统一战线工作，积极宣传抗日主张，加强部队的整训，提高军政素质，由一支游击武装发展成为较正规的红军部队。

我们这一段斗争，坚持和巩固了鄂豫陕革命根据地，扩大了我党我军的影响，牵制了敌人十几个团的兵力，配合了陕北革命根据地的斗争和主力红军的长征。这主要是由于鄂陕、豫陕两个特委，在鄂豫陕省委和红二十五军西征北上后，能冷静分析形势，迅速成立鄂豫陕特委和红七十四师，决心独立坚持斗争，这对扭转严重局面起了关键作用；在敌人三次围攻面前，不畏强敌，靠集体的智慧和力量，及时制定正确的作战方针，打破了敌人的进攻；在艰苦转战中，善于分析形势，总结经验，教育干部，不管情况多么紧张，及时掌握部队思想动态，发动党员骨干开展强有力的政治思想工作，保证了部队的稳定；在斗争中，紧紧依靠群众；注意加强内部团结，广泛宣传和组织群众，建立地方政权，开展"五抗"斗争；干部带头冲锋陷阵，与战士同甘共苦，不管战斗多么残酷，条件多么艰苦，上下紧密团结，终于赢得了斗争的胜利。在执行党的抗日民族统一战线政策方面，能够从实际出发，制定和实行各种具体政策。如支援农民抗捐军，团结国民党起义部队，改造"神团""刀会"武装；禁杀俘虏，教育、资遣愿改恶从善的被俘军官；同山寨、石洞的地方武装订立互不侵犯条约；采取灵活的策略，争取和利用一些地主士绅为红军掩护伤病员或采购物资；保护城镇工商业，保护学校，维护根据地各阶层人民群众的正常经济生活等。这些政策对取得游击战争的胜利起了重要作用。

原载《郧阳党史资料丛书》第 1 辑，中共郧阳地委党史资料征编委员会办公室，1985 年，第 89～113 页。

记红二十五军长征

◎ 程子华

1934 年 6 月，我在瑞金红军大学学习。一天，周恩来同志找我谈话。那时他是中央军委副主席。周副主席说，鄂豫皖省委派成仿吾同志到了上海，经鲁迅联系，已经来中央汇报工作，要求派军事干部到他们那里去。周副主席决定让我离开中央苏区，到鄂豫皖根据地工作。

行前，我亲聆周恩来同志关于鄂豫皖根据地形势和红军行动问题的教诲。周副主席说：当前在鄂豫皖地区，敌占绝对优势。敌人用碉堡、封锁线，把我根据地不断压缩并分割成几小块。敌人有"驻剿"和"追剿"部队，对我交替地攻击、堵击、追击。我们的根据地缩小了。红军不断伤亡，难以得到补充，也变少了。根据地发生了人力、物力的严重困难。他指出：这样的情况发展下去，如果红军得不到人力、物力的补充，继续削弱，以至被消灭，那么根据地也就没有了。出路是什么呢？他说：中央决定了，红军主力要作战略转移，去建立新根据地。这样，部队就能得到发展，同时也就能把敌军主力引走，减轻鄂豫皖根据地的压力。根据地的敌军减少了，留下的部分武装就能长期坚持，也就能够保存老根据地。

红军主力去建立新根据地，应选择什么地区呢？周副主席谈到这个问题时，是从毛泽东同志关于建立根据地的基本条件的规律出发的。他说：根据地要选择在敌人力量较为薄弱的地方；我党在群众中有较大的革命影响，或者是那里的群众容易争取；要具备便于我军作战、防御的地形和较丰足的粮食及其他物质条件。

周副主席的恳切谈话，吸引了我的全部心灵。他考察形势和前途，是这样清晰，了如指掌。他对鄂豫皖根据地人民和红军的深切关心，他对党和革命极端负责的精神，成为催我就道的一股巨大的力量。我在斗争的实践中学习、体会，逐渐认识了周副主席指示的深刻含意。在他对鄂豫皖根据地和红军的战略指导下，红二十五军实行战略转移并取得了胜利，这是周副主席领导我们反对消极、被动、单纯防御的机会主义路线的光辉范例。周副主席的战略指导思想，同毛主席对中央根据地第五次反"围剿"的正确方针是完全一致的。当时毛主席提出，红军主力应该实行战略进攻，转向我之外线、敌之内线作战，突进到以浙江为中心的苏浙皖赣广大地区，威胁敌人的根本重地，迫使敌人回援，我军则在野战中歼敌，这样就能打破敌人的"围剿"，保卫中央革命根据地。"左"倾机会主义者反对毛主席的正确主张，造成了中央革命根据地的丧失。

我于6月离开瑞金，由交通员带着我路经广东汕头到上海。又由鄂豫皖省委交通员石健民同志带领，经武汉北行，于柳林车站下了火车。在一个同志家里停了几天，石同志又带我步行出发。走了十几里，进了武装部队埋伏圈，"俘虏"了我们俩，原是来接我们的便衣队。我们于9月到达鄂东北道委郑位三同志处，等待省委和红二十五军从皖西回来。省委研究了中央文件和周副主席指示，表示一致拥护。省委认为，不这样做，当前的形势难以根本改变。但我们将到哪里建立新根据地？把选择的地区和整个革命形势联系起来看，东、南、北三个方向，都不合适，只应向西——鄂豫陕边区发展。那里是三个省的边远地带和接合部；是蒋介石和杨虎城分别割据的地方，我可利用其矛盾；那里又都是山区。于是，省委决定红二十五军实行战略转移,向鄂豫陕进军。省委决定程子华为红二十五军军长，吴焕先为政治委员，徐海东为副军长，省委实际上兼军党委，率领红二十五军长征，到鄂豫陕边区建立根据地。留下红二十八军坚守鄂豫皖根据地。11月16日，我军发布了《中国工农红军北上抗日第二先遣队出发宣言》，全军2900余人，开始千里长征。我军出发以后，就同党中央联系不上了，省委在这种情况下领导进军，就是按照周副主席规定的前进方针，使红军的活动适合于这一行动路线的要求。

我军向西挺进，蒋介石急忙调动了40多个团的优势兵力对我军堵击和追击，妄图在长征途中歼灭我军。敌军先后在三个地区布置了歼灭我军的圈套。第一个是桐柏地区，第二个是独树镇地区，第三个是卢氏城以南入陕必经隘口。我军首先在罗山县朱堂店击退"追剿队"的进攻，从信阳城南越过平汉铁路，进抵桐柏山区。

我军为隐蔽北上伏牛山的意图，并调动敌人，在越过平汉铁路后，向西挺进。当我军越过桐柏，抵达湖阳镇以东30里宿营后，当晚发现敌人调集南阳、泌阳、方城、叶县等地四十军及鄂西老河口四十四师于湖阳镇地区堵击，"追剿队"5个支队和东北军一一五旅尾随追击，企图前后夹击我军。我们从袖珍地图上看到驻马店西北有一块山地，即于半夜转移，回头向东北方向急行军，跳出敌人前后夹击圈，迅速经过平氏镇、泌阳城以东进到山地，这样便把敌军甩在后头。

下一步，我军要进入伏牛山，就得越过许（昌）南（阳）公路。敌发现我军北去，便即北返部署。等我军进到独树镇附近，敌一一五旅和骑兵团，已先行到达，封锁了公路，对我猛攻，阻击我越过公路。这天，正遇寒潮，部队在风雪中连续急行军，忍受饥寒，已很疲劳，仍然坚持战斗。同志们都冻僵了手指，拉不开枪栓。吴焕先政委举起大刀，振臂高呼："共产党员跟我来！"带领部队对敌白刃格斗，英勇杀敌，反复冲击。徐海东副军长带一个团迅速赶到，投入激烈的战斗，压倒敌人，稳住了阵地。但在此刻，我们不能停留过久，以免尾追敌人赶到，陷入前后夹击的危险。当晚，我们在大雨中绕道保安镇以北，越过公路，于次日晨走上伏牛山，又把敌军甩掉。红军能有这样强大的战斗力和英雄气概，是因为具有高度的无产阶级觉悟，懂得长征的重要意义，懂得红军的作战是为了实现党的政治目标，为着广大人民和全民族的解放。独树镇战斗，我军在地形平坦、天气很坏的不利条件下，以不足3000人的兵力挫败敌数万步骑兵的猛烈合击，转危为安，这是红二十五军能否保存自己，能否完成转移任务的关键性的一仗。所以，部队越过了河南大平原，一上伏牛山，情绪特别昂扬。

但是伏牛山区反动组织严密，地主围寨众多，群众被圈在围寨里边，不能接近，不宜我军立足。省委决定向陕南前进。敌十九路军六十师已进至卢氏城以南，坚守朱阳关、五里川隘口，封锁了我军入陕必经进口。我军却乘卢氏城内空虚，于夜晚绕道卢氏城南、洛河以北的狭窄通道入陕，敌人阻拦我军去路的企图便落空了。

敌当即由潼关、华阴调陕军四十二师两个团在三要司阻击我军，被我军歼灭1

个营。我又在洛南庾家河与敌六十师激战，毙伤敌 800 余人，我也伤亡 200 余人。在此战役中，徐海东同志和我也负重伤。这两个战斗的胜利，把敌军最后的追击、阻击完全粉碎了。

我军从出发以来，到 12 月 10 日止，打垮了大于我 20 多倍敌军的围攻和堵击，达到了战略转移的目标，胜利完成了这段长征。红军的胜利，主要的就是反"围剿"的胜利。

省委选择了在鄂豫陕接合部立足。估计到蒋介石、杨虎城短期内不能部署好对付我军，可以利用陕军和蒋军的矛盾，抓紧时机，迅速创建根据地，执行周副主席交给的光荣而艰巨的任务。当地居民热烈欢迎红军，他们有过反抗封建剥削、压迫的斗争，当时仍存在这种反抗。1932 年冬，红四方面军、红三军路经陕南进入四川，曾在这里战斗过，播下革命种子。一年前，红二十六军也在这里战斗过。这个地区大山多，公路稀少，适合开展游击战争。

周副主席在瑞金的指示，针对实际情况，全面地阐明毛主席的战略思想，为我们指明开展武装斗争、土地革命和建立根据地这三者不可分割的关系，指明红军担负的重大任务。我们把毛主席指出的中国革命的唯一正确的道路——以农村包围城市，最后夺取城市，达到全国革命的胜利，继续付诸实践。为要建立根据地，首先必须用红军力量摧毁国民党军阀统治在农村的基础，扫除民团武装和反动政权。于是，我全军从洛南长途南下郧西。又返回洛南，向东进军卢氏，转进西边蓝田等地战斗，横扫国民党反动统治的罗网，扩大党和红军的影响，广泛发动群众。经过这个步骤和调查研究，省委决定把根据地建立在陕南山阳、镇安、郧西、旬阳四县边区。以武装斗争为先导，开始革命根据地的建设，这样就造成了"工农武装割据"的新局面。

我们既要依靠红军战斗的胜利，又要宣传、组织和武装群众，建立革命政权。如果没有各种斗争形式配合武装斗争，支持革命战争，也不能把根据地建立起来。我军在进行战斗的同时，全军上下都执行发动群众的任务，并派出部分部队和干部，分散去做地方工作。正确实施党的政策，打垮反动民团，镇压土豪恶霸，没收地主土地和财物分配给贫苦农民，扩大红军，建立游击队、抗捐军等群众组织和人民政权，群众革命运动就深入广大农村。有了人民群众拥护的革命政权，就具备了在军事、政治、经济、文化等各个方面形成红色区域的条件。等到1935年1月国民党军队进攻时，我们已开始打下了创建根据地的基础，红军的抗敌作战也有可靠的依托了。

敌人总是要"围剿"红军，红军战斗的胜利，主要取决于粉碎敌军的进攻。但是，发动群众和打破"围剿"，是保卫和发展根据地的同一个过程。

1月下旬，蒋介石命令河南四十军一一五旅两个团进入陕南，自湖北均县调四十四师一三〇旅进到上津、白河，统归杨虎城指挥，配合陕军一二六旅、警二旅、警卫团对我军"围剿"。红军以运动战结合群众游击战争，先在镇安歼灭一二六旅3个多营，然后在我边区北部开辟了蓝田、商县、山阳、镇安、柞水五县边境的工作。继而南下攻克宁陕、佛坪，粉碎警二旅的尾追，打垮5个多营，毙伤敌200余名，俘团长以下官兵400余名，开辟了洋县华阳镇地区。我军东返葛牌镇，全歼陕军警三旅，敌"围剿"即被彻底打垮，几块游击根据地就连成一片。红军乘胜攻克洛南，进至商县以东，掀起了豫陕边的革命斗争。为了加强部队建设，我军利用战争空隙，在商县龙驹寨集中进行了战备整训，提高军事技术，开展了形势与任务的教育和反"围剿"的动员。

蒋介石于4月间，调动鄂豫皖边东北军六十七军3个师及郑州九十五师进到陕南，会同四十军、四十四师、陕军一部，共计32个至34个团，以大于我15倍以上的兵力，对我第二次"围剿"，并限令于3个月内全歼我军。5月上旬，敌六十七军9个团和九十五师3个团从洛南县向南，四十四师4个团从郧西县上津向北，同时进攻。四十军5个团、陕军三十八军4个团、警二旅两个团、特一旅两个团，从南到北部署在安康、镇安、柞水、蓝田一条长线，在西面对我军进行阻击。

我们在战役前，将毛主席在中央根据地胜利粉碎敌军第三次"围剿"的指导方针，在干部、战士中进行了教育。我军应用这一方针，对敌先拖后打：打乱敌人进攻部署，疲劳敌人；空舍清野，困饿敌人；以运动战和游击战相结合，各个击破敌人。开始，我军突然由南向北进入商城、洛南，毙伤敌200余名，缴枪百余支，敌军便改变了南下进犯的部署。但我军又大踏步转向东南，打下富水关，占领青山街，俘敌官兵170余人，把敌军拖到外线。我军出敌不意，远途袭取了荆紫关，并歼守敌1个多连。这就完全打乱了敌军部署，拖疲了敌人。我军再快速转向商南县，诱敌深入到根据地中部，在游击师的配合下，打了袁家沟口一战，全歼敌警一旅，毙伤敌 300 余名，俘敌旅长唐嗣桐及官兵 1400 余名，缴枪千余支。这次战役中各地党政机关动员组织群众、游击队，空舍清野，开展游击战争，积极参军参战，有力地援助了红军。这一胜利，使蒋介石歼灭我军的狂妄企图彻底破产。当我军胜利地粉碎敌军"围剿"之时，省委书记徐宝珊同志病逝于龙驹寨，由吴焕先同志继任省委书记。为完成宝珊同志的遗志和未竟的革命事业，我们掩埋了他的遗体，继续战斗。

省委率红二十五军入陕 5 个月后，一个初具规模的游击根据地在斗争中诞生了，红军也发展壮大了。这时已有了党的鄂陕、豫陕特委和 5 个县的工委，有了数十个乡的革命政权和两个县级政权。游击队发展到 3700 余人，有了鄂陕 6 个游击师，豫陕 4 个游击大队，华阳地区两个游击队。声势浩大的群众运动猛烈高涨。"枪杆子里面出一切东西"，这就是革命战争的真理。这也就是说，红军打仗的意义，就是改造社会。我们的战斗，是为了改造整个中国。

周恩来同志的指示英明地预见了红二十五军的斗争进程和结果。他萦注于蓬勃开展的人民革命和红军运动的新胜利。红二十五军以他的胜利，准备执行新时期的战略任务：光荣地参加保卫全国的革命中心，走上即将到来的伟大抗日战争前线。在 7 月中旬，为把敌军调出根据地，寻机予以消灭，同时扩大群众斗争地域，补充红军的人员和物质，我军率一个游击师，出击终南山以北，前锋到达西安以南 20 余里，大大震动了西安敌巢。省委和红军未能同毛主席、党中央取得联系，毛主席、党中央也在系念我们。我军在子午镇时，鄂豫皖省委交通员石健民同志，勇敢地闯进部队来，为我们送来了《大公报》。我们全军欣闻震动中外的大讯息：毛主席统率的中央红军和红四方面军在川西会师了，向青、甘边北上了！形势发生了重大变化。石同志是为我军适时地采取新的进军计划而果断行动的，他后来遭国民党逮捕，光荣牺牲，使人怀念不已。这时，红二十五军的方针，就是积极配合主力红军，牵制敌人，破坏敌人后方，同陕北红军会合，以新的胜利迎接毛主席和党中央。省委正确地决定：留下部分红军坚持鄂豫陕游击根据地，红二十五军大部向陕北继续长征，迎着新形势进军。我军西进甘肃南部，北越西兰公路，再转甘肃东部，经过多次激战，攻占敌据点、城镇，打退和歼灭了阻击、尾追的敌军。泾川一战，歼敌 1000 余名，我方也付出了伤亡，全军敬爱的政委吴焕先同志英勇牺牲了。他的牺牲是有重大意义的，因为这个战略行动，首先破坏敌人后方，调动敌军分兵同我作战，有力地配合主力红军北上。接着，我军完成了由陕南到陕北的长征。我军于 1935 年 9 月 18 日到达延长县永坪镇，同红二十六军、二十七军胜利会师了。会合后，合编为红十五军团，徐海东同志任军团长，刘志丹同志任副军团长，我为政委。我军团随即投入打破卖国贼蒋介石"围剿"陕甘边区的战斗。在延安以南劳山，歼灭东北军一一〇师两个团和师直全部，击毙敌师长何立中；在甘泉以南歼灭榆林桥守敌一〇七师 4 个营，生俘敌团长高福源。我军团以这一捷报迎接伟大领袖毛主席和他的亲密战友周副主席到达吴起镇。

10 月下旬，中央红军进抵甘泉下寺湾一带，同十五军团会师了。在毛主席、周副主席亲临前线、直接指挥下，中央红军和红十五军团并肩战斗，进行了直罗镇战役。临战前,毛主席再三指示:要的就是歼灭战! 当我军把敌军一〇九师大部歼灭后，中央红军向黑水寺追歼逃敌，敌师长及其残部固守土寨子。周副主席在黄昏前来到我们战地，亲自带领我们查看了土寨子的地形，指示我们：敌人是要逃跑的，要在运动中把它消灭。我军即于当晚发起进攻。残敌突围逃跑，被我军在追击中全部歼灭。这一战役，歼灭了敌一〇九师全师和一〇六师 1 个团，彻底粉碎了国民党对陕甘边区的第三次"围剿"。直罗镇战役，给党中央把全国革命大本营放在西北的任务，举行了一个奠基礼。从此，中国革命就进入伟大的新时期，人民欢天喜地，前途无限光明。

在陕北高原见到周副主席，禁不住激起滚滚情怀。我们热忱地等待着周副主席检视这支红军。但我们对他的敬重，不单是这么一部分心思。谁都深知，在一个东方大国，他协助毛主席领导、策划和开拓伟大的人民解放事业，以杰出的胆略和领导才能，作出了伟大的贡献。在革命烈火中，他激励我们的，还有他的坚强的毅力，崇高的品德，忘我的辛劳，对干部、对战士的满腔热忱，对党、对毛主席、对人民的一片丹心! 周副主席热情地对我说，一年前的夏天，派我到鄂豫皖去，也因为大冶兵暴部分部队和鄂东南红军合编为红十五军，渡江到鄂豫皖区，成为鄂豫皖红军的一部分。他们曾是同我一道战斗过来的。他对干部就是如此体贴入微，肝胆相照! 事隔 40 余年，至今仍然感人肺腑!

红二十五军从出发时的 2980 余人，已扩大到 4000 余人，增强了军政素质和战斗力。留在鄂豫陕游击根据地的 1 个营和负伤的干部、战士编为七十四师，在郑位三同志领导下，坚持了根据地和游击战争。至 1936 年底，先后歼敌 2000 多人，发展为 1700 余人。红二十八军在高敬亭同志领导下，在异常困难的环境中，坚持了 3 年游击战争，保存了鄂豫皖根据地。在抗日战争时，红二十八军成为新四军的一个支队。这几支红军沿着正确道路，执行革命的政治任务，开辟和建设革命根据地，在英勇的斗争中发展壮大，胜利地走向新的民族革命高潮。这都是周副主席根据毛主席的伟大战略思想，在 1934 年为鄂豫皖根据地规定的十分明确的战略方针，经过广大指战员和人民群众英勇奋斗而结出的丰硕成果。这个成果是对王明错误路线的有力批判，是毛主席革命路线的重大胜利。毛主席的思想和路线，周恩来同志教诲的力量，不惜牺牲、英勇奋战的红军，都是坚不可摧的！毛主席的伟大旗帜，周总理的伟大形象和红军的光荣战史，在我的思想深处永远交织在一起。周总理无限忠诚于党、忠诚于毛主席、忠诚于人民，永远是我们学习的光辉榜样。

原载皖西革命斗争史编写组编：《皖西革命回忆录：第二次国内革命战争时期（上）》，安徽人民出版社，1980 年，第 462～472 页。

红二十五军到正阳

◎ 李　昆

　　苏家埠战役大捷后，我红二十五军七十三师一部在旷继勋军长的率领下，奉命挥师北上，直取淮南重镇正阳关。

　　1932年春夏之交，雨水特别稠密。这天傍晚，我们二一八团尖兵连，冒雨疾行，从六安曹大巷赶往马头集，连夜乘船，顺淠河而下，为次日红军大部队进入正阳关扫清障碍。

　　我们尖兵连共有100多人，每人腰插短枪，便衣打扮，有化装成卖柴的、卖菜的、卖鸡蛋的，还有装作"逃难"的，乘坐3只大木船顺流而下。淠河水流汹涌，浊浪滚滚，风篷一拉，船就像箭一般的嗖嗖地向下游射去。天微明时，远方现出了一个黑黢黢的集镇轮廓——正阳关在望了。在一片大水的包围中，它仿佛是汪洋中的一座岛屿，风浪里的一条航船。

　　正阳关位于淮河中游，是淮河和淠河、颍河的汇合处。所谓"七十二道归正阳"，指的是上游大别山区的无数条支流，经三河，合流于此地，然后流向淮河下游，注入洪泽湖。它是一个极其繁华的水陆码头，南北客商的聚散之地。镇内屋宇鳞次栉比，人口在50000以上。开设的绸缎布庄、杂货商号和粮行、盐行、药行、钱庄，等等，不下百十家；茶楼、酒馆、戏院、妓院，遍布大街小巷，素有"小上海"之称。

　　正阳关是富人的天堂，穷人的地狱。远在清朝，曾国藩就在这里设立"盐务督销局"，下设 12 家盐行，囤积大量食盐，重利盘剥，搜刮民财。国民党反动派为了控制这个淮南重镇，在镇上驻扎重兵，设下关卡，官匪勾结，"雁过拔毛"，更是把劳苦人民推入灾难的深渊。这年灾荒严重，淮水吞没沿岸农村，农民流离失所。镇上充斥灾民，啼饥号寒，满目凄凉。人民翘首盼望红军，盼望解放。

红军尖兵连悄悄从镇外登上河堤。这时候，正阳关的大部分敌军已连夜登上轮船，逃往蚌埠等地。自红军在苏家埠战役中取得空前大捷后，皖西之敌便成了惊弓之鸟；当得悉红军有北上的动向，敌人更是闻风丧胆，纷纷逃跑，留下一个营的兵力，固守正阳关。敌人在河堤上架着 3 挺重机枪，封锁河面，虚张声势，其余的敌军龟缩镇内，花天酒地。

按照我军的预定行动计划，尖兵连的部分同志，夹杂在人群中，进入镇内，以对付镇内的敌人；另一部分同志以卖菜卖柴为掩护，分布在河堤上，准备夺取敌人的重机枪。但等大部队一到，鸣枪为号，镇内镇外一起下手。

天渐渐大亮了。这时候，河堤上出现了比平日较多的卖菜、卖柴的农民，他们一个劲地向顾客漫天要价，明明只值 1 吊钱的东西，却偏要 3 吊钱。这是我们尖兵连的同志故意拖延东西脱销的时间，专等大队红军的来临。就在不知不觉间，敌人的 3 挺机枪，已处于我尖兵连的严密监视之下，很快便将成为红军的探囊之物了。

太阳冉冉升起，满河大水闪着银波。远处河面上出现了片片帆影，而且越驶越近，越驶越近。河堤上的敌人着慌了，正准备机枪扫射，这时间，河面上响起了枪声，"卖菜"的、"卖柴"的早已抛下担子，拔出短枪，一齐拥上，未等敌人明白过来，就缴获了 3 挺重机枪。河堤上一打响，镇子里的红军立即呼应，歼灭敌人。苏家埠战役大捷后，我军士气正旺，锐不可当。仅仅 5 分钟，战斗就胜利结束了。于是，大队红军舍舟登岸，不伤一兵一卒，不费一枪一弹，占领了正阳关。

四月里来大麦黄，

红二十五军到正阳，

打一仗来胜一仗，

打得白匪喊爹娘。

正阳关解放了！街头巷尾到处唱起欢迎红军的歌子。灾难深重的正阳关沉浸在万众欢腾的气氛之中。

红军一到正阳关，立刻开展了声势浩大的宣传群众、发动群众的工作。这天，镇上的居民，四乡的农民，水上的船民及淮北的灾民，从四面八方，涌向火神庙，参加盛大集会。会上，红军首长向群众宣传红军的政策和革命的前景，揭露了日本侵略者的罪行，揭露了国民党政府"攘外必先安内"的反动政策和封建地主阶级残酷剥削人民的事实。这些革命道理，激起了群众的革命意识和斗争勇气，使人们认识到只有组织起来、团结起来做斗争，才能有出路。

群众性的打土豪斗争蓬勃兴起了。古老集镇的沉闷空气被冲破了。在红军的支持下，一支支打土豪的群众队伍涌向街头，首先涌向了粮行。在正阳关，有几十家地主豪绅经营的粮行，它们掌握着这个地区的经济命脉，决定着人民生死存亡的命运。在这饥馑年景，灾民嗷嗷待哺，而这班财主粮霸们乘人之危，囤积居奇，向人民敲骨榨髓，落井下石。现在，人民起来了。他们奋起冲进粮行，砸开储藏粮食的仓库，将那大一囤小一囤的大米，分给了缺衣少食的四乡农民，分给了等米下锅的镇上贫民，分给了终年漂泊在水上的船民和逃荒他乡的淮北灾民。大街上，小巷里，到处是打粮的群众，挑箩的、背袋的、提篮的、推车的，彼此热情招呼，人人喜气洋洋，简直像过节，热闹极了。

在地主恶霸经营的商号里，群众蜂拥而入，砸开了钱库，将那些沾满人民血汗的铜钱，分给贫苦的人们。从一个楼上，成篮成箩的铜钱被抛到街上，像夏日的暴雨似的一阵阵洒落。哗——哗——，随着这铜钱的落地声，群众就报以一阵欢呼。在这种群众自发的行动中，包含着对这些不义之财的仇视，对那些财钱占有者的憎恨。

群众打土豪的劲头越来越高涨，加入斗争行列的人也越来越多，斗争的规模也就越来越大。斗争的火焰很快从正阳关燃烧到周围农村。群众一鼓作气，打开了大西圩子、张家圩子等地主庄园，分掉了地主的粮食。平日作威作福的财主"老爷"们，在革命的威力面前吓得发抖。当时，一首民谣真实地反映了这次打土豪的情况：

　　红军好！红军好！
　　来到农村打土豪。
　　开仓放粮救饥民，

恩情似海难忘掉。

在群众斗争的高潮中，那些在红军到正阳前夕想逃跑而没来得及跑掉的土豪劣绅、恶霸地主，统统被群众从各个角落里揪了出来，给予有力的打击；对于一伙企图浑水摸鱼，破坏群众斗争的地痞流氓分子，也给予了应有的惩罚。

接着，青年参军的热潮掀起来了。在地下党组织的领导下，许多共产党员、青年团员和农协会员踊跃参加红军，走上新的战斗道路。当红二十五军离开正阳关时，我们队伍中增添了数百名新战友。

打开正阳关后，红军缴获了敌人大批的食盐、布匹、西药、煤油等物资，除了分给群众一部分，准备运往苏区，补充军需。红军奉命撤离正阳关时，我们尖兵连将缴获的物资，装入50只木船，负责运到苏区。

当木船途经孟集时，突然，一股民团窜了出来，袭击我们的船只，企图拦路抢劫。显然敌人不甘于失败，妄想夺回他们失去的财富。于是，在水上，双方展开一场战斗。我军的手榴弹密集地落到对方的船上，炸得敌人无处躲藏，当场炸死民团的队长。头目一死，爪牙纷纷缴械投降。鉴于当时的情势，我们缴获敌人30多支枪，便将俘虏遣散了。

尖兵连终于将物资安全地运到苏区——霍邱县河口集，交给了地方苏维埃政府，胜利完成了任务。

红二十五军农历四月初七日打开正阳，之后离开南返，历时短短几天。但是，红军占领正阳的意义是十分重大的。不仅缴获敌人大批物资，增强了我军的战斗力，而且，皖西革命根据地因此向北得到了发展，是鄂豫皖苏区进入鼎盛时期的一个标志。它的政治影响，越过淮河，扩及颖上等地，促进那里的群众开展了新的斗争，震撼了国民党反动统治。

红二十五军到正阳，为鄂豫皖革命斗争史册增添了光彩一页。

原载皖西革命斗争史编写组编：《皖西革命回忆录：第二次国内革命战争时期（上）》，安徽人民出版社，1980年，第258～262页。

红二十五军、八路军——五师、
新四军三师后勤工作琐忆

◎ 刘炳华

在红二十五军

我于 1929 年参加黄麻起义加入红军，1931 年在红二十五军七十四师二二二团因为战斗负伤，痊愈后腿部伤残不能走路、爬山，连里把我从战斗排调到连部当管理排长，即现在的司务长。当时的管理排长除管理连队的生活外，还肩负全连的早操、晚点名、内务整理、卫生检查，以及枪支、弹药的保养和管理。不久，我又被调到本师二二三团下属营部当副官，负责全营的生活管理。

1932 年，我被调到本团团部当副官，负责全团的供应工作。团里给我配了一名粮秣员，平时负责向地方苏维埃政府接洽粮食及全团的穿衣、号房等事宜。部队作战时，我即指挥向全团的营、连及时送饭，保证指战员的饮食。

1933 年，团成立供给处，任命我为供给处处长，当时我 21 岁，是营级干部。组织上给我配备了饲养员、运输员、勤务员和通信员。供给处编员 70 余人。军需科 7 人，科长伍瑞卿；粮秣科 7 人，科长关盛文；财政科科长蔡跃智；总务科 6 人，科长方忠胜；另有通信班 12 人，运输队 12 人，炊事班 5 人。

这段时间，红军肯定了毛泽东关于"工农武装割据"的思想，同时规定了红军开展游击战争，壮大革命队伍，采用"敌进我退，敌驻我扰，敌疲我打，敌退我追"的灵活机动战略战术，不断地巩固和发展革命根据地，建立了红色政权。1930年肃清"立三路线"的错误观点以后，红军集中优势兵力连续粉碎蒋介石发动的4次"围剿"，击败了敌军的主力，给敌人以很大打击。我所在的鄂豫皖根据地和中央根据地一样，也得到了巩固和发展。此时为红军的兴旺发展时期，参军的青少年非常踊跃，红军不断扩大。那时候，红军的后勤工作还比较简单，工作也好做，吃、穿、烧柴都由地方政府组织供应，只有油、盐、药由部队自行筹集解决。

红军经常出击敌人，打胜仗，苏区群众热爱红军，经常开展拥军优属活动，主动给部队送猪、牛、羊肉和豆腐干等食品。因此，部队生活过得非常好。战场上下来的伤病员，全由苏维埃政府组织妇女慰劳队统一护理。她们细心地给伤病员喂饭、喂水、洗脸、洗脚，亲如家人。后方医院的医护人员也精心治疗，让红军伤病员及早痊愈，重返前线杀敌。

当时的苏区，地处边区，医药来源非常困难。解决的办法，首先是靠打仗缴获敌人的战利品；其次是靠抓国民党军官向他们要一批医药用品；第三是打开城镇后没收一批药品；第四是向地主、资本家要一些药品、绷带等。由此可见，那时红军的吃、穿、医药及伤病员的安置和治疗没有多大困难，后勤工作做得也比较活跃。

1933年蒋介石又调集百万大军、200多架飞机对革命根据地进行了第五次"围剿"，由于王明"左倾"冒险主义，终导致红军第五次反"围剿"失败，红军的力量遭到重大损失。苏区的革命群众被国民党残杀，钱财、衣物和粮食都被国民党洗掠一空，房子被烧光，许多人流离失所，无家可归。中青年都被抓去当兵，修碉堡、做工事；青年妇女被敌军抓到，不是被污辱，就是被卖掉；留下的老年、儿童不是饿死就是冻死。各级苏维埃政府全部被破坏了，党的干部有的被杀，有的被抓进监牢，幸存的干部都纷纷参加了红军，革命暂时转入低潮。地主阶级对农民疯狂反攻倒算，"3年粮1年完，3年租1年交"，给农民带来了无穷的灾难。

敌人占领苏区后，又相继恢复了国民党的反动统治。区、乡政府和保甲长制度重新建立，把群众管制起来，规定每10户共用一把菜刀，甚至连常用的一些小农具也被严格管制起来，凡是钢铁工具都由保甲长登记，就连群众的行动也要受到严格的监督和限制，人们只好在夜里偷偷地活动，给红军送信带路。红军的处境也十分困难，特别是后勤工作，难度比以往大大地增加了。因为敌人对苏区人民实行了经济封锁，红军原来的粮食、药品、被服等的来源都被切断了。因此，红军吃的粮食、穿的衣服、用的药品等只能靠堵截国民党的运输队缴获。例如：1938 年 8 月 17 日，红八十二师和皖西北一、二、三路游击队，在史河上游上磊子截击敌第十二师运送物资的 70 多对毛竹排，全歼敌军 1 个营，共缴获大米 140 万斤和大批日用物资。12 月中旬，皖西北的红二十八军，接连袭击敌吴桥、黎家集等地，歼灭敌民团 500 余人，缴获棉布 600 多匹，棉花 2000 斤。1935 年 5 月下旬，敌十三师前往六里坪接替敌七十五团的防务，被我袭击，经过激战，缴获了 22 袋面粉和其他物资。次日又在狗机岭以南，截击了由七里坪返回红安县城的敌七十五团，缴获面粉 30 余袋。

红军还派部队到敌占区去筹粮，没收地主的粮食、衣物、布匹等。例如：部队打下河南固始县三河尖时，缴获了大批粮食、衣物、布匹、食盐、药品等，用十几个毛竹排运往苏区，仅现大洋就装了两个毛竹排。部队到安徽的张巴岭没收了地主的粮食、鸡、鹅蛋、板鸭等。有一次到麻城县伏天河搞粮，由部队掩护，运回大批大米。仅这两次，就足足让部队吃了 30 多天。当然这些东西并不是来得那么容易，而是用战士的鲜血和生命换来的。

食盐的来源在当时也是突出的大问题，看望病号的同志只要带去一点盐比带什么都好。国民党严格控制向苏区进盐，红军的食盐主要依靠打开城镇以后没收官商的盐，或由群众偷偷摸摸地向盐商买一点送给红军。

红军物资供应最困难的时期要算 1933 年 2 月围攻七里坪的时候。七里坪位于红安县城以北，距县城 40 多里，西、北两面有倒水河做自然屏障，东、南两面均为高地，大、小悟仙山是突出的制高点。敌第十三师 3 个团 6000 余人驻扎在这里，遍筑围墙、壕沟、碉堡，设置铁丝网，工事相当坚固，而且敌人还继续增加兵力。我军只有 3 个师，全部兵力万余人。战斗打响后仅 10 天，粮食就供应不上了，苏区人民把仅有的一点口粮，一碗、一升、半斗地拿出来支援红军，甚至不惜把牛杀掉，把刚灌满浆的大麦割下来，送给红军吃，而他们却终日以野菜充饥。人民群众对革命的忠诚及他们对革命所做的贡献，让我们永生难忘。

根据地实在筹集不到粮食，筹粮部队就到一二百里之外的宋埠、黄陂、陂安南等地筹粮，但所获不多，背运困难，不能解决大部队的粮食供给。这时红军的处境非常困难，指战员终日在枪林弹雨中战斗，有43天没吃过粮食，8个月没住过房子。红军把自己的骡马都吃光了，就以野菜、树皮、树叶充饥，皮带、皮鞋底也吃过。极度的艰苦生活，频繁的战斗，把部队拖垮了，指战员生病的不少，特别是得疟疾病的日益增加，又无药治疗，部队的减员率日益上升。除战斗中牺牲的以外，还有病死、饿死、冻死的，减员总数约占一半。但是，红军并没有被恶劣的环境所吓倒。

　　根据实际情况，省委决定红二十五军于1933年6月13日撤围七里坪，到敌占区打游击。这时后勤工作形势有了变化，部队建立和健全了后勤机关，工作也就好做得多了。团设供给处，处辖财政科、军需科、粮秣科、总务科、运输队和警卫班，共50余人。供给处的任务是保障部队的物资供应，保证部队吃饱肚子，还要吃得好。战士们吃上了油、菜、猪肉和鸡、鸭等副食品，部队的被服、擦枪布、擦枪油也有了保证。这些物资的主要来源，是打开城镇以后没收地主、豪绅、资本家的。我们刚到白区时，怕战士们吃得太饱，把肠胃胀坏了，因此部队规定每天吃一顿干饭、两顿稀饭，3天以后才能随便吃。白菜、豆腐、猪肉，一个班每顿一大瓷盆。两个月过后，指战员个个满面红光，吃得胖胖的。战士们理了发，洗了澡，换上了新装、新鞋袜，腿上也打上了新绑腿，显得精神抖擞，一昼夜行军240里，还连续打了3个胜仗，这就是河南省商城县汤泉池一仗，河西的煤山一仗，潢川的大柳树一仗，共歼灭敌人数千人，缴获战利品甚多。红军每到一地，总是帮助老百姓担水、扫地，并且买卖公平，不拿群众一针一线。不但彻底粉碎了国民党的反动宣传，而且为我们的后勤工作打下了良好的群众基础。我们买菜、买柴、买草，群众都热情支持。红军严格执行三大纪律八项注意，绝对不让群众吃亏，借群众的东西用后归还，损坏东西按价赔偿。军爱民，民拥军，同心协力杀敌人。

　　战时的后勤工作，红军接到作战命令，第一，必须给部队准备粮、油、盐、菜。打起仗来，由后勤部门负责督促检查各营、连伙食单位按时做饭，及时将饭菜送到阵地上去，保证战士们吃饱、吃好，只要条件允许，要让战士们吃上热菜、热饭。同时还要准备伤病员的饭、菜、开水等。第二，动员组织群众担架队，到火线抢抬伤病员。此项工作由团供给处、政治处、卫生队共同负责完成。第三，给俘虏兵准备饭菜，每次打了大仗后，俘虏兵都很多。如：1932 年 3 月 6 日郭家河战斗，俘敌第二〇五团团长马鸣池和残敌 2000 余人，并缴获山炮 1 门，迫击炮 8 门，机枪 12 挺，长短枪 2000 余支，子弹 1 万余发，战马百余匹。10 月下旬将敌第十二师、四十五师、独立第四十旅各一部合围于熊家河，歼敌 1 个团，俘虏千余人，缴获长短枪 800 多支，迫击炮 3 门，军大衣 700 多件。1934 年 7 月 2 日陕南袁家沟口一仗，全歼敌 1 个旅，毙伤敌 3000 余人，俘敌旅长唐嗣桐及其部下 1400 余人，缴获各种枪千余支。1935 年 3 月 10 日，我军在华阳镇消灭陕军警二旅，俘敌团长以下 400 余名，毙伤敌 200 余名，缴获长短枪 500 余支。敌旅长张飞生负伤，藏匿在敌尸堆里装死，后乘夜色逃走了。4 月 9 日在陕西蓝田县葛牌镇全歼陕军警三旅，缴获枪支弹药很多。这些俘虏兵下来都要给饭吃，而且还要召开大会，向他们交代俘虏政策。愿意参加革命的就留下来，编入红军连队，不愿当红军的每人发给 10 元现大洋回家。国民党兵都知道红军的俘虏政策，缴枪不杀。敌四十军有个士兵姓戴，满脸麻子，人称戴麻子，一共缴过 5 次枪，混去现大洋 50 块。第四，打扫战场，收拾枪支弹药及军用物资，清点战利品。

总之，后勤人员非常辛苦，行军打仗，每到一地，第一件事就是支锅烧水做饭，买柴买菜。战士们可以洗洗脚，休息一会儿，而伙夫们却没有休息时间，往往吃完饭马上集合行军，有时连打草鞋的时间都没有。供应处粮秣科的同志随手枪团在前面走，先去筹粮、买柴、买草，待大部队一到马上有粮吃，有柴草做饭。后勤人员只有在部队驻扎下来以后，才能有时间休息一下。医护人员也是很辛苦的，部队一到宿营地，战士们都休息了，却是他们最忙的时刻，不停地给伤病员看病换药。

1934 年 11 月 11 日，鄂豫皖省委决定红二十五军穿过平汉线往西挺进，高举中国工农红军北上抗日第二先遣队的旗帜，开始长征。那时，四面受敌夹击，我们没有制空权，没有高射武器。敌机来了，部队一条线卧倒，人不动，就是敌机丢下再多的炸弹，我们损失也不大。困难的是供给处和骡、马运输队目标大，难以隐蔽，是敌机轰炸扫射的主要目标。我们每到一地还要马上去筹集粮草，买菜做饭。政治部（处）派人调查到地主情况，我们就派人去没收地主豪绅的金银财宝、粮食等。

粮食多了部队带不动，就分给群众。因此，红军所到之处，都受到穷人的热烈拥护。后勤部门把没收的大批银圆、布匹等贵重物资全部用牲口驮走，牲口驮不完的就分给营以上干部每人 100 元，供给处的干部每人背 200 元，经常弄得大家日夜不得休息。敌人来了，部队经常边打边走，给后勤工作增加了很大困难。

部队到达陕西省南部地区进行短期休整后，经太白镇、东华池之间渡过葫芦河，沿陕甘边界的崇山峻岭，继续向北前进。沿途贫瘠荒芜，人烟稀少，无粮可筹，最后到了山穷水尽的地步，全军断炊，饥不可忍，有不少营以上干部将自己的乘马杀掉，给战士充饥，解决燃眉之急。正当万分困难之时，恰遇到一个赶羊的商贩，军供给部马上派人交涉，买下了这群救命的羊群，共四五百只，从而缓解了红军长征路上的严重饥饿危机。

1935 年 9 月，红二十五军经过两个多月的艰苦战斗，日夜兼程，转战南北，彻底打破了敌人的围追堵截，胜利到达陕北革命根据地，完成了长征。9 月 16 日，刘志丹等同志率领红二十六、二十七军来到延川县永坪镇，和红二十五军胜利会师。18 日，在永坪镇广场上，举行了盛大的联欢大会，庆祝胜利并纪念九一八事变 4 周年。会上，刘志丹、徐海东、郭述申、聂洪钧、朱理治等分别代表陕北根据地人民和红二十五军、西北军委、中共西北工委讲了话，祝贺红军胜利会师，并号召全体军民互相学习，加强团结，积极参加抗日救国运动，坚决粉碎敌人对陕北革命根据地的第三次"围剿"。以后，红二十五军同陕北的红二十六军、二十七军合编为红十五军团，徐海东任总指挥，刘志丹任副总指挥，辖七十五师、七十八师、八十一师。我调到七十五师任师供给部部长。

七十五师供给部组织机构和人员编制如下：财政科科长张桂胜，设会计 1 人、出纳 1 人、挑钱运输员 1 人、勤务员 1 人，共 5 人；军需科科长伍瑞卿，设科员 5 人、勤务员 1 人，共 7 人；粮秣科科长关盛文，设科员 5 人、勤务员 1 人，共 7 人；警卫班 32 人，运输队 20 人；总务科有科长、事务长，设勤务员 1 人、警卫员 1 人、饲养员 1 人、炊事员 8 人。

我们到达陕北后，后勤工作就好做多了，粮食由苏维埃政府按部队人数定量供给。副食品油、盐、肉由各个伙食单位自筹。我记得用 6 元现大洋可以买一头百余斤的大肥猪，公买公卖，人人执行三大纪律八项注意。苏区的妇女主动帮助战士缝补衣服，情长意浓，军民如同一家人。

在军事上我们相继取得了劳山、榆林桥战役的胜利。指战员们个个摩拳擦掌，准备再打几个漂亮仗，彻底粉碎国民党对陕北革命根据地的"围剿"，迎接党中央、毛主席和中央红军的到来。

10月间，我们驻扎在保安镇（今志丹县）和吴起镇一带，具体地点我记得是打拉池。不久，彭德怀带着中央红军先遣部队也来到这里。我们供给部驻在一所学校里，彭总住在学校东面的一间窑洞里。一天晚上，彭总的两个警卫员来找我。我刚一跨进窑洞，彭总就伸着双手迎了上来："是刘炳华同志？坐。"我们坐上后，彭总对我说："中央军委供给部尚未来到，请你替我们准备好粮食、被服和羊毛毯，供中央首长和机关用。"我愉快地接受了任务，又和彭总大致算了一下需要量。"有困难吗？"彭总问。"请首长放心，一定完成任务。"从彭总的窑洞出来，我一边往回走，一边想：毛主席、党中央快到了，中央红军快到了。回到驻地我连夜给供给部全体人员做了动员。第二天，大家分头负责筹备粮食、被服，请工人赶织羊毛毯子、腾窑洞。同志们日日夜夜地干，大家只有一个心愿：要保证毛主席和中央红军来到时吃好、穿好、住好，以我们的实际行动来迎接党中央，迎接毛主席。

大队红军来到之前，一天夜里，中央红军后勤部军需处长来到我们供应部。他面色憔悴，身上的冬装破碎得到处绽出絮花，脚上那双鞋也快磨透了跟。我一见到这位同志，心里便不由得想起了毛主席、党中央首长和中央红军的战士们。他们该是用怎样的坚强毅力战胜了敌人，战胜了自然啊！当晚我俩一直谈到深夜，互相讲述了如何冲破敌人的前堵后追北上抗日的，在困难的环境中如何进行后勤保障工作的。第二天，我给老处长里里外外从头换到脚。老处长看了看身上的新衣服，不住嘴地说着："好！好！小刘。"这位老处长如果活着的话，大概该100岁了，可惜我没有记住他叫什么名字，离开陕北后再没有见到他。

不久，我们与中央红军在陕北吴起镇胜利会师了。彭总召开了干部会议。他在会上讲：红军几支主力部队会合到一起了，今后在军事上可以互相配合，共同消灭敌人，多打胜仗。会师以后各部队都要注意搞好相互间的团结。

随后，部队开到了永坪，在永坪举行了会师庆祝大会。毛主席身穿灰布军装，英姿勃发，给人以很深的印象，特别是他那一口洪亮而通俗易懂的湖南话，充满着鼓舞人心的力量，直到现在还清楚地萦绕在我的脑海里：同志们，我们胜利了！我们经过了二万五千里长征，从雪山草地过来了！我们的革命力量会师到一起了！说到这儿，毛主席那大手有力地在空中一挥，又接着问：同志们，我们的力量是强了还是弱了？停了一下，他自己回答道：我们的力量是强了，而不是弱了。台下响起一片掌声。毛主席讲完话后，彭德怀代表中央红军，刘志丹代表陕北红军都讲了话。

上午，我们和中央红军在大草坪上会餐。大家都高兴得坐不住，自己动手端菜提饭，边吃边谈。这顿饭吃了很长时间。

晚上，在台子上挂上汽油灯，台子用许多条床单围起来，我们十五军团和中央红军的干部、战士坐在草坪上看一军团宣传队演戏。就在那时我们学会了一支歌，以后到处有人在唱它：

> 南北红军大会合，
>
> 同心协力把敌捉。
>
> 一个英勇善战不怕困难多；
>
> 一个万里长征打遍全中国。
>
> 胜利有把握！
>
> 胜利有把握！
>
> 胜利有把握！
>
> 会合的胜利真不小，
>
> 我们的力量加强了；
>
> 坚决粉碎三次"围剿"！
>
> 要把阶级敌人消灭掉。
>
> 我们真快乐，我们真快乐，我们真快乐！

红军到达陕北的胜利，标志着中国革命一个新的开端。尽管我们历尽了千难万险，但是在困境中，却磨炼出了我们战胜一切的英雄气概。那时，我们红军最讲艰苦朴素，没有饭吃一样行军打仗；没有鞋袜一样爬山越岭；冬天没有棉衣，指战员照样踏冰卧雪。只是凭着对革命的赤胆忠心，凭着红军铁的纪律，我们从雪山草地走出来，取得了一个又一个的胜利。

正如人们所知道的那样，红军的纪律是非常严明的，尤其是群众纪律和战场纪律更是如此。在艰苦的战争环境中，我们和人民群众结成了患难与共的鱼水之情，这一点，我们搞后勤工作的同志最有体会。因此，人民群众真心拥护我们，我们也真心地爱护人民群众的利益，不拿群众一针一线，不动群众一草一木，借群众东西要还，损坏群众东西按价赔偿。这一套群众纪律，看起来特别严格，但对我们后勤工作的开展却是非常有利的。另外，在战场上，我们不许虐待打骂俘虏，不许搜俘虏腰包，认真执行俘虏政策，为战斗的胜利起了积极的促进作用。那时候，各部队间还经常开展战斗竞赛，其中，有抓俘虏比赛、缴获比赛、战场纪律比赛、群众纪律比赛等，这些比赛，很能鼓舞士气，提高战斗力。例如1935年11月21日直罗镇战役的胜利，就是红一军团和红十五军团之间开展竞赛、共同战斗的结果。

不仅如此，红军内部还特别讲团结，讲民主。那时，全军上下都设有红色战士委员会，红色战士有权批评任何人，无论干部、战士，只要犯了错误，就要在红色战士委员会上接受批评、斗争，甚至处分。这一切，充分体现了红军官兵之间的平等互助关系，使红军队伍成为一个团结向上的战斗集体，从而为全民族抗战的到来奠定了必胜的基础。

1987年9月

原载中国人民解放军历史资料丛书编审委员会编：《后勤工作回忆史料·1》，解放军出版社，1994年，第98~105页。

第五次反"围剿"中的红二十五军

◎ 刘　震　陈先瑞

鄂豫皖苏区的第五次反"围剿"斗争，是十分艰苦和困难的。当时，红二十五军刚刚撤离围攻七里坪的战场，部队的战斗力还未来得及恢复，敌人就开始了大规模"围剿"。我们当年都参加了这次反"围剿"斗争，对那艰苦的斗争岁月，至今还记忆犹新。

一、第五次反"围剿"斗争初期的错误和挫折

1933 年 6 月，以刘镇华为首的国民党豫鄂皖 3 省边区"剿匪"总司令部，调集 14 个师又 4 个旅共 10 万余人，部署了对鄂豫皖苏区的第五次"围剿"。7 月 17 日，敌人"围剿"开始。刘镇华当时设总司令部于河南潢川县城，以潢（川）麻（城）公路为界，将鄂豫皖苏区划分为东西两区，企图先由西区入手，寻红二十五军主力而全力歼灭之，而后再转移兵力"围剿"东区。这样，潢麻公路以西的鄂东北地区成为敌人进攻的重点，兵力达 8 个师又 4 个旅。刘镇华本定于 7 月 15 日开始"进剿"，因其弟刘茂恩部途中受山洪所阻，行动迟滞，未能准时抵达集结地区，而不得不将"进剿"日期推后两天。7 月 17 日，敌第三十二师、六十四师、六十五师、三十师、五十四师，采取分进合击的战法，向鄂东北中心区发起全面进攻，企图一举消灭红二十五军。

当时，中共鄂豫皖省委已发觉敌情有很大变化，但是并没有认识到这就是对鄂豫皖苏区的第五次"围剿"。7月初，省委在太平寨召开第二次扩大会议，仍根据中共临时中央1933年3月15日给鄂豫皖省委的指示信中"要抓住目前的顺利环境，集中我们的军事的及一切党的群众的力量来首先恢复和巩固以黄麻为中心的鄂东北苏区""夺取与巩固过去失去的主要阵地""为防御苏区，必须尽其最大的最好的力量"的精神，来分析形势和安排工作，认为"鄂豫皖苏区所处的是非常顺利的客观形势"，提出了"保障秋收是鄂豫皖党和苏维埃与红军唯一的任务"。同时还在7月5日《鄂豫皖省委通告第一〇八号》中提出："我们要为解决苏区的粮食困难和完全保障秋收，要执行全体群众的武装动员在红二十五军全力领导之下，大举向敌人反攻，来争取新的胜利"，并"决定要在苏区内大大建筑工事，动员武装来把守，抵抗敌人的一切进攻"。由于省委对斗争形势作了上述的错误分析，采取了以内线单纯防御来保卫中心苏区的错误作战方针，因而导致了第五次反"围剿"初期斗争——中心区保卫战的接连失败。

红二十五军根据省委的决定，当时在麻城福田河一带筹集粮食，准备打破敌人新的进攻。同时，鉴于七里坪之战部队损失很大，将部队进行了缩编。缩编后的红二十五军辖第七十四师、七十五师，共6个团，6000余人。军长吴焕先、政治委员戴季英、副军长徐海东。

当敌第三十二师、六十四师、六十五师由北向南发动进攻时，红二十五军奉命抵达省委驻地太平寨地区，抗击敌人的进攻。7月21日，在陵牌石与敌第六十五师展开激战，杀伤敌700余人，但未能将敌击退，我军亦伤亡500余人。22日，敌第三十师占领长冲，并向檀树岗进犯。红二十五军又急忙掉头南下，抢占光宇山阵地，抗击敌第三十师的进攻，杀伤敌400余人，但也未能将敌击退。后因敌人继续进攻，红军粮食不济，而不得不转移到福田河以北的两路口一带筹集粮食，意在筹得10天左右的粮食，然后再返回中心区作战。

两路口一带山大沟深，地瘠民贫，本没有多少粮食可筹，与民争粮之事，也时有发生。在此情况下，即使筹得少量的麦豆杂粮，因为缺少碾子、石磨，大多数连队都是煮食没脱壳的麦豆。有的连队没有铁锅，就找来几口瓷缸，就地架火烧煮。麦豆刚刚膨胀开来，还没有完全煮熟，瓷缸就"嘣"的一声炸裂了，战士们只好吃那半生不熟的麦豆粒儿。许多人消化不良,吃下去麦豆粒,便出来还是麦豆粒。加之部队多在高山野外露宿,白天烈日暴晒,晚间寒冷袭人,雷雨又多,患病者与日俱增。当时的情景也是够艰难的了。

面对这种无粮少米、困难重重的情况,省委仍没有改变行动计划,还坚持就地斗争的方针。在1933年8月2日写给党中央的报告中则说得更加绝对:"我们认为二十五军目前中心的任务是为争取黄麻中心苏区之巩固存在而斗争,所以二十五军再不能在黄麻苏区境内存在的时候(因无粮食),亦不应到皖西北去",并且提出"与土地共存亡"的错误口号。

8月中旬,红二十五军又返回鄂东北中心苏区,在光宇山、杨真山、紫云山等地,与敌人进行战斗。由于部队粮食断绝,每天都不得不派出一些部队外出筹粮,所获粮食仍难以维持。而每次外出筹粮,因战斗伤亡、疾病所造成的减员,与日俱增。8月18日,刘镇华调集4个师的优势兵力,再次向红二十五军实行合围。经过几次激战,红军才冲破敌人的合围,于22日转移到太平寨地区。但还没有来得及喘息,敌人又跟追而至,红军遂于26日夜由福田河以南越过潢麻公路,被迫转向皖西北地区。鄂东北中心区保卫战遂告失败。

9月5日,红二十五军到达皖西北地区后,还没有来得及休整,即遭到敌人的多路进攻。这时,敌刘镇华亲至沙窝集等地督战,以两个师封锁潢麻公路,集中7个多师兵力,从四面向皖西北中心区合击。红二十五军从9月13日起,先后在瓦屋基、汤家汇、双河山等地,以阵地防御抗击敌人进攻,但未能阻止住敌人,被迫于23日撤出汤家汇地区,向南实行转移。皖西北中心区保卫战亦告失败。

9月26日,省委在大埠口召开会议,决定红二十五军由皖西北返回鄂东北。至此,红二十五军战斗减员近3000人,部队又一次进行了缩编。第七十四师编成3个营,第七十五师编为两个团,全军总共3000余人。

10月2日,红二十五军在穿越潢麻公路时,遭敌第三十一师两个旅的截击,军长吴焕先、政委戴季英率第七十五师大部及第七十四师一部越过公路,到达鄂东北地区,副军长徐海东率第七十四师大部及全军的行李辎重,被阻于公路以东,遂折至皖西北地区。从此,红二十五军被分割于鄂东北、皖西北两个地区,时间长达半年之久。

红二十五军主力返回鄂东北地区后，继续遭到敌人4个师的进攻，经过几次连续恶战，部队伤亡很大。最后只剩下1000余人，被迫转移到老君山、天台山地区，处境极为艰难困苦。鄂东北地区的对敌斗争形势，面临着严重的危机。

历时3个多月的中心区保卫战，省委在指导思想上的错误及红二十五军所遭受的挫折，其教训都是极为深刻的。错误和挫折迫使省委不得不重新考虑今后的斗争方针问题。

二、转变斗争方针，继续坚持反"围剿"斗争

1933年10月16日，中共鄂豫皖省委在黄安紫云寨召开第三次扩大会议，提出了转变斗争方针的问题。省委鉴于围攻七里坪和第五次反"围剿"初期鄂东北、皖西北中心区保卫战的接连失败，红二十五军和根据地受到严重损失的经验教训，决心转变斗争方针，继续坚持反"围剿"斗争。根据紫云寨扩大会议的初步酝酿和会后的多次研究，由省委书记沈泽民执笔，于11月10日向党中央写出书面报告。沈泽民在报告中写道："在郭家河、潘家河之战，轰轰烈烈的胜利后，到现在弄得如此局面，完全是过去错误所造成的……我们真正成了工农的罪人。但我们并不认为前途没有出路，生死存亡只在一个问题上来决断，即是对群众的关系。过去有四次'包剿'前之大苏区，而零落至今日之状况，乃党的路线一贯脱离群众所造成……这完全由于我们自己的路线差误与实际工作中的拙劣，逐渐削弱到如此情形……"今后"只有依靠敌人占领区的群众的同情与支援，和这些区域内党与群众秘密组织，才能够在敌人的'坚壁清野'的政策下，红军和游击队依然保持其积极活动"，并表示要"洗心革面，重新做起"，"唯有以万死的决心来转变"。关于今后的斗争方针，报告中提到的主要有以下几点：

"红军既在事实上不能担负巩固一方苏区的任务，只能及时采取游击方式来牵制敌人，消灭敌人，以恢复和巩固苏区。"

"各游击队联合红军，深入到敌人占领区去活动，夺取物资，杀反动，骚扰敌人，同时宣传与组织群众和建立秘密工作。"

"现在最有发展希望及最重要的运动就是便衣队运动"，"决定用党、苏维埃、

红军及游击队的全部力量，去发展这种武装形式"。

省委 11 月 10 日的报告，虽然还没有充分认识到错误的根本性质及其真正根源，斗争方针的转变也还只是初步的，但能够正视现实，认识错误，并决心实行转变，这在当时"左"倾错误还在全党占统治地位的情况下，也是难能可贵的。从此以后，红二十五军也从错误和挫折中开始了新的转机。在军长吴焕先的指挥下，逐渐摸索出一些灵活的作战方法，避免与敌死打硬拼，积极开展游击战争。

这一时期的反"围剿"斗争，极其艰难困苦。红二十五军经常活动的老君山、天台山、高山岗、仰天窝、茅草尖、卡房一带，在敌人的反复"清剿"之下，已经变成了无人区。有不少山村农民的屋子里，都长起了野草，连个完整的碗勺也难以找着。在那"山沟山坳是我房，野菜野果当干粮"的艰苦日子里，部队时时露宿荒山野林，指战员大都随身携带镰刀斧头，每到一地都得砍树枝、割茅草，搭窝棚，以避风雪严寒。就连军长吴焕先也是屁股后边挂镰刀，跟战士们一块搭窝棚，忍受着饥寒交迫之苦。有时情况紧张时，也只能在寒风冷雨中"怀抱手中枪，背靠大树桩"，就地睡上一会儿，接着又继续行军转战，与敌人进行周旋。指战员把这种战斗生活，称之为跟敌人"捉迷藏"。严冬时节，部队给养断绝，没有野菜野果作干粮，就挖葛藤根、刨观音土、扒榆树皮充饥。安置在深山密林中的伤病员，也没有医药治疗，生活更加难熬。旱烟叶子、南瓜瓢儿、楸树根皮，还有少得可怜的一点食盐，都是难得的药物。敌人三天两头进行搜山烧山，医护人员随时随地都得挪窝转移，带领伤病员打小游击。环境如此艰苦，斗争这般残酷，但红军指战员的革命斗志是坚定的，情绪也很乐观。当时还传诵着这样一首歌谣：

> 树也烧不完，
>
> 根也砍不尽，
>
> 留得青山在，
>
> 到处有红军。

1934 年 1 月 15 日至 21 日，红二十五军在仰天窝一带活动时，敌第三十二师、四十四师先后以 4 个团的兵力，反复多次对我军进行袭击合围，斗争情势极为严重。21 日，敌人 4 个团又合围上来，四下放火烧山，喊声连天。当时，军长吴焕先亲自带领 1 个排的兵力，抢占高地吸引敌人，掩护部队分头实行突围。当部队突围出去后，吴军长指挥身边人员突围时，已陷入一片浓烟烈火之中，与敌人混搅在一起，以大刀厮杀鏖战。蜂拥而来的敌人，大喊大叫："抓活的！抓住那个穿大氅的……"有个亡命之徒，猛一把抓住吴军长身上的黑呢大衣，情势十分危急。吴军长急中生智，急忙甩掉身上大衣，把随身携带的一袋银圆撒向敌人，乘敌人争抢银圆之时脱险突围。当天夜里，部队又在宣化店以东的黑狗寨集中起来。

仰天窝突围后，红二十五军即插到敌人兵力比较薄弱的罗山与孝感交界地区活动。于1月23日攻入铁铺，24日攻占三里城、大新店，25日占领双桥镇。3天内袭占4镇，缴获不少粮食和物资。之后，即在罗山、光山两县南部，西起三里城、五里店，东到浒湾、泼陂河之间，往返回旋作战。有时诱敌深入，打敌人的埋伏，有时远程奔袭，打敌民团据点，有时化装奇袭，打敌措手不及。部队时而分散，时而集中，忽东忽西，飘忽不定。其间，歼敌一个连或两个连的战斗，就有四五次之多。

由于采取了以游击战为主和密切联系群众的斗争方针，红二十五军在地方武装、便衣队的配合下，坚持了鄂东北地区的反"围剿"斗争。部队的游击战术也得到了锻炼和提高。武器弹药和生活物资亦有所改善。这一时期，鄂东北地方武装仍保存了3个独立团、两个游击大队和若干小队，便衣队除活跃在各地的小分队外，发展到7个大队。便衣队的蓬勃发展成为党政军三位一体的武装工作队，群众把便衣队看做是没有挂牌子的苏维埃政府，使群众感到有了靠山，增强了斗争信心。有的便衣队逐渐扩大为游击队、战斗连，互相配合作战，消灭成股民团。鄂东北地区军民的反"围剿"斗争，从极其艰难困苦的环境中把人民群众的革命力量凝聚起来，积极配合红军作战，逐步打开了新的斗争局面。

与此同时，被分割于皖西北地区的红二十五军一部分部队，根据中共皖西北道委的决定，于1933年1月11日改编为第八十四师，同皖西北地区的第八十二师合编为红军第二十八军，共2300余人，徐海东任军长，郭述申任政治委员。红二十八军组成后，积极开展外线游击，寻机歼灭敌人，先于石门口战斗中歼敌独立第四十旅1个团，后于葛藤山战斗中击溃敌第五十四师一六一旅两个团，俘敌旅长刘书春。此外还袭击敌人据点10多处，歼敌保安团和民团数十股。红二十八军也胜利地坚持了皖西北地区的反"围剿"斗争。

三、豹子岩会师后的反“围剿”斗争

1934年2月底，蒋介石任命张学良为“豫鄂皖三省剿匪副总司令”，并将东北军从华北调到鄂豫皖地区，继续加紧实行“围剿”。4月中旬，东北军王以哲第六十七军（辖第一〇七师、一一〇师、一一七师）、何柱国第五十七军（辖第一〇八师、一〇九师、一一一师、一一五师、一二〇师）及刘多荃第一〇五师，共9个师，陆续抵达鄂豫皖地区。这时，敌人继续“围剿”的总兵力为16个师又4个独立旅。

就在这时，红二十五军根据省委关于集中红军力量、加强对敌斗争的决定，利用东北军布防尚未就绪的有利时机，奔赴皖西北会合红二十八军。4月16日，红二十五军与红二十八军在商城东南的豹子岩会师。次日，即根据省委决定，将红二十八军编入红二十五军，徐海东任军长，吴焕先任政治委员。辖第七十四师（3个营）、第七十五师（两个团），全军共3000余人。同时还决定重新组建红八十二师，继续坚持皖西北地区的武装斗争。

整编后的红二十五军，于4月18日由皖西北重返鄂东北。19日穿过潢麻公路后，驻沙窝集之敌第一〇九师两个营尾追而来，我军于高山寨地区将敌两个营击溃，毙伤敌100余名，俘敌52名，缴获捷克式轻机枪10余挺、步枪100余支。这次战斗是给东北军的第一次打击。

省委鉴于红军主力已经集中，遂于4月下旬先后召开了两次常委会议，认真讨论了行动方针。会议分析了鄂豫皖地区总的形势和斗争特点，认为东北军的到来及其必然发动的进攻，仍是第五次“围剿”的继续，必须“向广大群众解释敌人五次‘围剿’的残酷阴谋及我们有把握粉碎敌人五次‘围剿’的条件与任务”，并就加强党的领导、军事工作、大力发展游击战争、运用统一战线政策方面，都作了具体部署。会议还针对东北军官兵思乡怀土，要求抗日心切，对蒋介石出卖东北领土怀有不满情绪，提出除军事上坚决打击外，还必须加强政治瓦解工作。当时还印发了针对东北军的六条宣传口号。

省委这两次会议所确定的斗争方针及所采取的各项具体政策，都是第三次扩大会议以来转变斗争方针的继续和发展，对继续坚持反“围剿”斗争，在指导思想上有了新的提高。特别是针对鄂豫皖中心苏区屡遭敌人血腥摧残的严酷现实，而提出的有关恢复和开辟新的根据地任务，更具有十分重要的意义。

5月6日，红二十五军在奔赴皖西北地区活动时，以远程奔袭战术，攻占敌第五十四师后方所在地罗田县城，歼敌一部，缴获银洋7000余元及大批弹药物资和几十匹骡马。战后，很快又转移到鄂东北地区，先后在凌云寺、茅草尖、彭新店、殷家湾等战斗中，给敌人以沉重打击，毙伤俘敌共2000余人。这几次战斗的胜利，为在罗山、黄陂、孝感交界地区恢复和开辟根据地创造了有利条件。到7月中旬，即在朱堂店至铁铺一带，恢复和开辟了一块南北长30余公里、东西宽20余公里的根据地，发动群众镇压反动分子，分配了土地，建立了朱堂店和几个乡的基层政权，并成立了有30支枪的游击队和200多人的农民赤卫军，扩大红军80余人。罗陂孝特区委（临时县委）和罗山独立团，随后即坚持在这一地区活动。这一块根据地的开辟，不仅使红军和地方武装有了回旋立足之地，同时也成为红二十五军后来实行战略转移的准备出发地。

就在这时，张学良于6月下旬制定了从7月1日到10月10日的"3个月'围剿'计划"。其方针是："一面划区清剿，一面用竭泽而渔之方，作一网打尽之图"。具体部署是：将鄂豫皖地区划分为6个"驻剿区"和1个"护路区"，确定以13个师（欠6个团）又3个旅分别担任分区"驻剿"和"护路"，另以2个师又6个团组成4个"追击队"。敌人扬言在3个月内将红军"完全扑灭，永绝后患；彻底肃清，以竟全功"。7月初，敌人即开始行动，以第三（第一一七师一部）、第四（第一一五师一部）"追击队"和护路部队第一〇五师一部，从东西两面向朱堂店地区进犯，寻红军主力决战。

红二十五军为避敌进攻锋芒，争取主动，即由朱堂店转移到铁铺以东地区，相机歼灭进攻之敌。7月17日拂晓，我军在向何家冲转移途中，于长岭岗地区将敌第一一五师两个团全部打垮，歼敌5个营，缴获轻机枪60余挺、长短枪800余支。敌师长姚东藩只带少数部队仓皇奔逃。长岭岗战斗，给张学良的"3个月'围剿'计划"当头一棒，使根据地军民受到很大鼓舞。

8月初，由于敌军兵力相继增加，反复对红军进行合围，形势极为不利。省委考虑到继续留在罗山、黄陂、孝感交界地区活动，必将陷入困境，遂决定红二十五军再次转向皖西北地区行动。这样，敌人的合围计划又完全落空。

红二十五军抵达皖西北地区后，即在商城、六安、英山之间，开展游击活动。9月3日，省委根据军长徐海东的建议，决定远程奔袭敌人后方太湖县城，强行军100多公里，于4日午夜一举攻占太湖县城，歼敌安徽省警备旅一部，缴获大批物资。战后，全军每人都发到1把雨伞。当时部队经常露宿野外，没有防雨用具，指战员都高兴地说："一把伞就是一间房啊！"

袭占太湖后，我军即在县城内外发动群众，分粮分盐分衣物，其政治影响远及附近各县。之后，红二十五军转向太湖、英山交界的陶家河地区，恢复和开辟根据地。经过一个多月的努力，即在陶家河地区建成一小块根据地，成立了区委和两个乡政权，为贫苦农民分配了土地。10月10日，是张学良"3个月'围剿'计划"的最后一天，就在这一天，省委在陶家河发布了《粉碎五次"围剿"告劳苦群众书》，号召广大军民一致起来，为粉碎敌人的"围剿"而继续奋斗。至此，张学良的"3个月'围剿'计划"实际上已宣告破产。

但在此时，张学良又于10月初重新调整并加强了"追剿"部队兵力，以第五十四师、第四十七师和第六十四师一九一旅、第六十五师一九三旅，共16个团，编成"豫鄂皖三省追剿纵队"，任命上官云相为总指挥，下辖5个"追剿"支队。10月下旬，当敌人集中第一、二、三"追剿"支队，分别由英山、罗田、霍山等地，向陶家河地区发动围攻时，红二十五军即撤离这一地区，途中经过两次激战，后转向南溪、葛藤山一带活动。11月6日至8日，红二十五军在奔赴鄂东北的途中，以一天两夜的强行军，接连突破敌人4道封锁线，先于汤泉池歼灭敌第一〇九师工兵营4个连，后于大柳树击退敌第一〇七师两个团。8日，又在光山扶山寨与敌第一〇七师、第一一七师4个团和第四、五"追剿"支队6个团，整整激战一天，终将各路敌人击溃，毙伤俘敌共4000余人。我军亦伤亡数百人。扶山寨战斗的胜利，打破了敌人的追堵计划，为红二十五军的战略转移行动创造了有利条件。

自从豹子岩会师以来，红二十五军已完全改变了消极防御的作战方针，摆脱了被动局面，进一步转向敌人占领区行动，灵活机动地开展游击战争，取得了长岭岗、太湖、扶山寨等战斗的胜利。但是，鄂豫皖地区总的斗争形势仍是严重的，敌人兵力强大，而且构成了堡垒林立、公路纵横交错的封锁网，根据地屡遭敌人血洗摧残，田园荒芜，村落成墟，人口锐减，兵员枯竭，红军也难以得到补充和发展，短期内很难改变这种严酷局面。因此，红二十五军是继续坚持鄂豫皖地区的斗争，还是按照党中央的有关指示实行战略转移，成为一个迫在眉睫的重要问题。

11月11日，中共鄂豫皖省委在光山县花山寨举行常委会议，根据党中央的有关指示精神，及程子华传达中革军委副主席周恩来的指示，认真分析了鄂豫皖地区两年来的斗争情况和当前的严峻形势后，毅然决定由省委率领红二十五军实行战略转移，创建新的革命根据地。同时还决定留一部分部队再建红二十八军，继续坚持鄂豫皖地区的游击战争。省委这一正确的战略决策，使红二十五军得以摆脱强敌，跳出困境，走上胜利的发展道路。

在鄂豫皖地区第五次反"围剿"斗争中，红二十五军虽然没能打破敌人"围剿"而实行了战略转移，但其坚持斗争的意义是深远的。在1年又4个月的反"围剿"斗争岁月中，红二十五军在敌情极为险恶、环境极为艰难困苦的条件下，同敌人进行了英勇顽强的战斗，歼灭了大量的敌军正规部队和反动地方武装，从始至终地钳制了敌人十五六个师的兵力，有力地配合了全国的革命斗争。艰难曲折的反"围剿"斗争经过，使省委和军领导人经受了极大的锻炼和考验，从正反两个方面吸取经验教训，增长了斗争见识和才干，从而在指导军事斗争和掌握政策方针上都有了很大的进步。艰苦卓绝的斗争历程，使红二十五军锻炼成长为一支政治坚定，作战英勇，不怕艰难困苦，密切联系群众，特别善于进行游击战和游击性运动战的部队，这一时期的武装斗争，为后来的红二十八军继续坚持鄂豫皖地区三年游击战争打下了坚实的基础，使党从1927年黄麻起义举起的武装斗争旗帜，始终飘扬在大别山上。

原载中国人民解放军历史资料丛书编审委员会编：《红军反"围剿"回忆史料》，解放军出版社，1994年，第524～533页。

优秀的将领　战斗的一生

◎ 郭述申

一

　　我认识徐海东同志是在第二次国内革命战争时期的鄂豫皖革命根据地。1931年夏，我在陂安南县（即黄陂、黄安两县的南部）当县委书记，海东同志是红四军十三师三十八团团长。他因肩部负伤在我们县里休养。我见到他时，他臂上还吊着绷带。他性格开朗、乐观，打仗很勇敢，群众中有不少关于他的传说，是很受群众和战士爱戴的一个红军领导干部。因为他住在我们县委机关，见面闲谈中，才知道他出身于几代烧窑工人的家庭，他自己也当过 10 多年窑工。1925 年参加中国共产党，曾参加过北伐战争。大革命失败后，在他的家乡黄陂县一带组织游击队，搞武装斗争，以后转战鄂豫皖三省边界地区。残酷的斗争环境和武装斗争的实践，把他从一个烧窑工人锻炼成为中国工农红军的一名优秀指挥员。

　　1931 年秋，徐向前同志带领部队攻克黄安县城前，海东同志伤好归队，我们就分手了。

二

1932年6月，国民党发动第四次"围剿"，蒋介石亲自出马，任鄂豫皖三省"围剿"总司令。集中主要兵力，妄图首先消灭鄂豫皖地区的红军，然后全力进攻中央革命根据地。当时占据鄂豫皖党组织和红军主要领导地位的张国焘，被黄安（今红安）、商（城）潢（川）、苏家埠、潢（川）光（山）四次进攻战役的胜利冲昏了头脑，未能乘胜扩大战果、扩大红军、开辟新区；加之，国民党在日寇节节进攻下准备迁都洛阳。他就主观地认为，红军的力量很大了，国民党军队已经成为"偏师"了，只要红军不停顿地进攻，就能很快地取得决定性的胜利，而对敌人新的严重围攻缺乏准备。第四次反"围剿"开始以后，他又拒不执行毛泽东同志电报指示的"诱敌深入，待机破敌"的方针，拒绝徐向前等同志的正确意见，致使红军遭受重大伤亡，陷于被动。在红军连战失利后，张国焘又跳到另一个极端，仓皇失措，右倾逃跑。红四方面军主力被迫离开鄂豫皖革命根据地，造成第四次反"围剿"斗争的失败。

当时，我在皖西北道区（当时鄂豫皖边区共分鄂东北道区、豫东南道区和皖西北道区3个道区，相当于现在的地区）任道区委员会书记。当红四方面军主力从鄂东向皖西转移时，东线敌人进逼皖西北根据地的中心——麻埠，我被迫带着皖西北地方部队两个团向主力部队靠拢。那时，徐海东同志是红九军二十七师师长。他和红四方面军政治部主任刘士奇同志带领1个团担任后卫，掩护主力部队转移。由于敌人插入，截断了同主力部队的联系。在英山西界岭，刘士奇、徐海东同志和我会合了。不久，鄂豫皖中央分局来信指示我们留在湖北、安徽边界坚持斗争，开展工作，组成鄂皖工作委员会，指定我担任书记。我们共同研究，为了坚持斗争，需要树起一面旗帜造成声势，既有利于牵制敌人，又有利于发展工作。遂决定把这两部分军队合编，成立红军第二十七军，刘士奇同志任军长，我任政治委员，海东同志任第七十九师师长，王建南同志任师政治委员。在极其紧张的情况下，整编部队，进行动员，投入战斗。新组建的红二十七军经英山打到安徽的霍山、潜山、太湖、宿松一带。在一个多月的时间里，跟拦阻和追击的敌人几乎天天打仗，有时一天要打好几仗。海东同志率领部队，前面紧张时任前锋，后面紧张时任后卫；

活动的地区又多是高山峻岭，给养十分困难，多半靠野菜、南瓜充饥，海东同志累得吐了血。苏区很多群众也和部队一起行动，人数超过部队好几倍，更增加了粮食的困难，部队的机动性也受到很大的限制，想走也走不快。于是，我们决定往回打，返回苏区，把群众护送回家乡。当部队回到原来苏区的商城南部时，得知六安、霍邱等县内的大部分城镇都被敌人占领了。以后，我们率队到达黄安县的七里坪，才知道张国焘已经把红四方面军主力带到铁路以西去了。在七里坪，省委决定红二十七军部队全部编入红二十五军，军长是吴焕先同志，海东同志任红二十五军七十四师师长。我带着一个特务营又回到皖西。

三

1933年春，省委主要领导同志执行王明"左"倾路线占统治地位的党中央的指示，决定围攻七里坪。海东同志根据亲身的实战经验，从当时敌我双方力量对比的实际情况出发，坚决反对围攻七里坪，并和坚持错误主张的同志进行了激烈的斗争。结果，他的正确意见仍然没有被采纳。由于敌人兵力众多，实际上七里坪并没有被围困，反而把我军拖得疲惫不堪，严重地削弱了部队的战斗力。实践证明海东同志的意见是完全正确的。

当时，我在皖西带领红八十二师跟敌人打游击，部队有所发展。由于皖西北不是敌人的主攻方向，那里的情况比鄂东北稍好些。1933年秋，红二十五军在鄂东处境困难，遂冲破敌人的几层封锁，到达皖西。部队稍事休整和补充一些粮食、给养后，从南溪、葛藤山出发，准备返回鄂东。军长吴焕先同志带领部队前行，副军长徐海东同志带病担任部队后卫，中途被敌三十一师冲断。海东同志指挥部队摆脱了敌人，又收容了被截断的6个连队，回到皖西。他对我说："敌人增修了公路和碉堡，兵力增加了，封锁线一时突不过去，我带的部队就留皖西地区战斗吧！"经皖西北道区委员会决定，将皖西北的地方部队和海东同志带来的部队合编，成立红二十八军。海东同志任军长，我兼任政治委员。不久，我生了一场大病。我病倒了，皖西北地区党、政、军的工作都由海东同志主持，他干得很出色。

1933年冬，敌人又增加了兵力，向皖西北苏区进攻。由于敌人反复"围剿"，实行"三光"政策，苏区的粮食被抢走了，房屋被烧光了，大批革命群众遭到屠杀。但是，革命根据地的人民宁死不屈，坚持斗争，尽全力支援红军。在根据地日益缩小、人民群众生活极为困难的情况下，红军的供应，只有向敌占区发展、在打击敌人的过程中解决。我和海东同志都认为：人吃饱了才能打仗。要坚持下去，就得从敌人手中夺取粮食，保证战士、干部的健康，还要接济根据地的群众。于是，海东同志带上部队，到六安、霍邱一带打游击，打了很多胜仗，俘虏了敌五十四师代理师长刘书春，夺取武器，装备了自己；同时，打了那一带的豪绅地主，把得到的粮食、布匹背回苏区。群众生活得到救济，部队的给养得到补充，这样就保证了红二十八军旺盛的战斗力。

当时，我病得厉害，海东同志怕把我留在地方上养病出危险，就选身强力壮的同志组成担架队抬着我行军。敌人天天"扫荡"，部队作战频繁，担架队的同志甚至在风雨交加的黑夜、伸手不见五指的时候，爬山越岭抬着我跟着部队行动。苏区被敌人烧得没有一片完整的房屋。宿营时，把我的担架靠在尚未倒塌的墙壁旁边，还要搭个席棚子挡风。我怕影响部队的行动，几次要求把我留下来，海东同志坚决不肯。我病得那样重，又是在那样异常艰苦的环境下，如果没有像海东同志这样的战友，这样深厚的无产阶级感情，我的处境是不可想象的。海东同志不仅对我是这样，他对干部对战士也都很关心爱护。因此，环境再艰苦，再困难，干部和战士始终保持着团结友爱的精神和饱满的战斗情绪，这是和海东同志优良作风的影响分不开的。

四

1934年初夏，红二十五军从鄂东北来到皖西北，在商城县豹子岩，省委决定将红二十八军编入红二十五军，徐海东同志担任军长，吴焕先同志任政治委员。海东和焕先同志指挥红二十五军转战鄂豫皖苏区，在广大群众和地方武装的支援配合下，抗击敌人14个师4个独立旅共80余个团的兵力，坚持鄂豫皖边区的武装斗争，有力地配合了全国各地红军的行动。红二十五军运用机动灵活的战略战术，打了很多出色的胜仗。两军合编以后就远程奔袭敌五十四师后方罗田县城，奇袭安徽重镇太湖县城，缴获大批银圆、枪支弹药和各种物资。在凌云寺激战两昼夜，挫败了敌追击的 3 个师；在长岭岗击溃东北军第一一五师两个团，歼其 5 个营；在大柳树战斗中歼敌一〇七师 2 个团和驻汤池的工兵营；在光山县斛山寨地区，打破敌人 10 个团的围击，歼敌 4000 余人。徐海东同志和吴焕先等同志对于我们党坚持鄂豫皖边界地区的革命斗争，对于巩固和壮大红军都是有很大功绩的。

在红二十五军转战到皖西北的时候，省委的代表到皖西北道委巡视工作，指责我"肃反不坚决"。他仅仅根据一个副营长被逼出的口供，就认定皖西北道区指挥部司令员吴宝才同志和道区政治部主任兼八十二师政治委员江求顺同志是"反革命"。我和海东同志坚决反对。我和省委代表发生激烈争论。我说：吴宝才和江求顺都是经过战争考验的好同志，怎么只凭一个人的口供就定他俩是"反革命"呢？他说：你"肃反"不坚决，严重右倾。省委听信他的片面反映，撤销了我省委委员和道委书记的职务。最后，吴宝才和江求顺同志还是含冤被杀害了。

我被撤职后，在红二十五军政治部当了一段时间的宣传科长。陶家河战斗以后，程子华同志带来了党中央的信，指示红二十五军向外转移，建立新的革命根据地。1934 年 11 月，红二十五军以中国工农红军北上抗日第二先遣队的名义开始长征。当时，军长是程子华同志，政委是吴焕先同志，徐海东同志改任副军长。在长征过程中，他同焕先、子华同志领导部队指挥作战，起了很重要的作用。

独树镇战斗时，我刚刚调到二二四团当政治处主任。团长张绍东临阵怯战，带着部队往后退。吴焕先同志发现以后，立即采取果断措施，带着部队冲了上去，顶住了敌人。后来我才知道，就在这次战斗以后，部队在独树镇附近宿营时，省委的一个同志对徐海东等同志说：郭述申是反革命，他要对独树镇战斗时部队后退负责，应该干掉他。徐海东同志一听就火了，拍着桌子同他争辩说："郭述申要是反革命，我们都是反革命，那就散伙吧！"由于海东同志的坚决反对，我的生命才得以保全。可是当天晚上，还是把原红二十七军七十九师政治委员王建南同志和原少共皖西北道区委员会书记雷金相同志杀害了。

海东同志在围攻七里坪问题的原则争论上和在反对诬陷我的问题上，都表现了他与错误的思想做斗争时，敢于挺身而出，坚持原则，实事求是，坚持自己的正确意见。海东同志在这方面的表现是很突出的，尤其在当时执行错误路线的领导残酷斗争、动辄杀人的情况下，这是十分难能可贵的。

五

1934年12月，红二十五军到达陕南，鄂豫皖省委改为鄂豫陕省委。鄂豫陕省委在陕西省雒南（今洛南）县庾家河（今属丹凤县）战斗以后召开会议，决定在鄂豫陕边界地区创建新苏区。部队转战于雒南、卢氏、蓝田之间，在华阳镇地区伏击敌警二旅。歼灭这个旅大部，击伤敌旅长张飞生；葛牌镇战斗全歼敌警三旅。以后又采取外线作战，奇袭荆紫关，打乱了敌人"围剿"的全盘部署，并创造战机，在袁家沟口战斗中全歼敌警备一旅，生俘旅长唐嗣桐，为建立革命根据地创造了条件。

1935年7月，红二十五军出终南山，前锋抵达西安以南20余里的韦曲、引架回、杜曲和子午镇，震动了西安敌巢。军部从党的交通员石健民同志送来的情报和缴获的报纸上，看到中央红军和红四方面军在川西北会师后，已经到达松潘附近的毛儿盖，并有准备北上之势。这一喜讯鼓舞了全军指战员。7月15日晚，鄂豫陕省委在长安沣峪口召开紧急会议，正式决定红二十五军的行动方针是积极配合主力红军，绕到胡宗南后方作战，牵制敌人，按照酝酿成熟的意见，伺机北上，同陕北红军会合。同时，会议还决定留郑位三、陈先瑞同志在陕南，将各路游击师、游击大队和红二十五军伤病员合编为七十四师，陈先瑞同志任师长，郑位三同志任特委书记兼师政治委员，在特委领导下，继续坚持豫陕地区的斗争。

会后，红二十五军向西运动，一直打到天水附近，截断了西安到兰州的公路。在泾川附近的一次战斗中，消灭国民党马开基一个团。政治委员吴焕先同志指挥部队英勇作战，不幸光荣牺牲。全军上下极为沉痛，决心继承焕先同志遗志，继续奋斗。

红二十五军深入敌人后方的这一战略行动，调动敌军分兵同我作战，有力地配合了主力红军北上。以后，红二十五军挥师北进，于1935年9月16日在延川县永坪镇与刘志丹同志率领的西北红军第二十六军、二十七军胜利会师。会合后，陕甘省委和鄂豫陕省委联席会议决定，红二十五军与西北红军合编为红军第十五军团，徐海东同志任军团长，程子华同志任政治委员，刘志丹同志任副军团长兼参谋长。红十五军团组成后，立即南下投入战斗，在延川以南的劳山地区歼敌——〇师大部，击毙敌师长何立中；而后乘胜攻克榆林桥，全歼守敌一〇七师4个营。这次战斗胜利后，得到中央红军陕甘支队到达陕北的消息，全军振奋。不久，毛主席来到十五军团司令部驻地甘泉县道佐铺亲切地会见了徐海东、程子华同志。我当时也在场。海东、子华同志向毛主席汇报了陕甘苏区第三次反"围剿"和红二十五军长征到达陕北与陕北红军合编为十五军团的情况。毛主席说：你们在陕北的作战方针、计划和部署都是对的。毛主席还问及十五军团下一步怎样打法。海东同志说：十五军团准备南下作战。毛主席同意了军团的作战部署。

在欢迎中央红军到达陕北和庆祝红一军团与红十五军团胜利会师的大会上，毛主席讲了话，深刻地总结了红军长征的伟大意义。他说：自从盘古开天地，三皇五帝到如今，历史上曾经有过我们这样的长征吗？没有，从来没有的。长征是宣言书，长征是宣传队，长征是播种机。长征是以我们的胜利、敌人失败的结果而告结束。在这次庆祝会师大会上，萧华同志和我分别代表两个军团的指战员也讲了话。

会师后，毛主席、周副主席和彭德怀同志召集红一军团和红十五军团2个军团的干部开会，研究作战计划。毛主席说：为了粉碎敌人对陕甘的第三次"围剿"，现在要消灭直罗镇方面的敌人。为了进攻直罗镇必须先拿下张村驿。打下张村驿，使苏区连成一片，打开我军向西出击的道路。集中两个军团的力量消灭由西向我进犯的敌人。毛主席还说："落霞与孤鹜齐飞，秋水共长天一色。"我们军队打到哪里，根据地就发展到哪里。现在到了陕北，根据地就建立在陕北。会上决定拿下张村驿的任务由海东同志担负。部署完作战任务，毛主席又找海东同志和我谈话。毛主席说："兵马未动，粮草先行，你们粮食筹备得怎样？怎么运送？"我们都一一做了回答。

海东同志指派韩先楚同志率部打下东村、张村驿两个寨子后，毛主席、周副主席亲自指挥两个军团对直罗镇守敌发起进攻，歼敌一〇九师全部和一〇六师1个团。打下了直罗镇，彻底粉碎了国民党军对陕甘边区的第三次"围剿"，为党中央把全国革命大本营放在西北举行了一个奠基礼。

1936 年 2 月，毛主席亲自率领红一军团和十五军团组成的中国工农红军抗日先锋军渡过黄河，开始东征，准备对日作战。当时红一军团由林彪、聂荣臻等率领从清水关一带渡过黄河；红十五军团由徐海东、程子华等率领从舍峪里一带渡过黄河。两军团胜利渡河以后，在兑九峪战斗前，徐海东等同志到黄河东岸毛主席的住地（离敌人只有 30 多里）去领受任务。毛主席指示：先集中两个兵团的力量打阎锡山，而后两路分兵"各撒一网"，宣传群众、组织群众、扩大红军、征集物资，为抗日作战准备力量。红十五军团在兑九峪战斗后，经汾阳、文水、交城等地，一直打到太原附近的晋祠，沿途歼灭不少敌军，出色地完成了党中央、毛主席交给的任务。但是，我党我军东征抗日的行动却遭到国民党的破坏。蒋介石调集 10 个师的兵力进入山西，拦阻红军北上抗日的去路。为了进一步推动抗日民族统一战线的开展，根据党中央和毛主席提出的"停止内战，一致抗日"的主张，东征部队回师河西。部队返回后，我就调到红军大学学习，又和海东同志分开了。

六

抗日战争初期，红军改编后，海东同志任第一一五师三四四旅旅长。1939 年他调到新四军江北指挥部任副指挥兼第四支队司令员。那时我在五支队任政委，所以在淮南地区又和海东同志一道工作了。当时四支队在津浦路西，五支队在津浦路东，两个支队互相配合，抗击敌、伪、顽军，打了许多胜仗，巩固和发展了淮南抗日根据地。

1940 年后，海东同志积劳成疾，卧病不起。我要去延安开会，行前到他那里告别。到 1949 年秋，相隔 9 年以后，我调到旅大工作时又和在大连养病的海东同志重新见面了。海东同志爽朗的性格、乐观的精神，仍然和我们在一起战斗时一样。他以顽强的精神同疾病做斗争，几次生命濒于垂危，但他镇定自若，不为亲友的担心忧虑所打扰，仍保持乐观的情绪。他长期卧床不起，却很关心党和国家的大事，拥护党中央和毛主席，拥护党中央的正确路线。他虽在病中，却始终保持和干部战士的联系，有信必答，来访必谈，不愧为与群众同呼吸共命运的共产党员。像这样一个久经考验的老同志却被林彪、江青一伙迫害，于 1970 年 3 月 25

日含冤死去。我党我军失去了一个忠勇刚毅的战士,我失去了一个久共患难的战友,感到十分悲痛!

我和海东同志几十年共事,在长期的接触中,感到他是在革命战争中锻炼成长的一个坚强的无产阶级军事家。他对党忠心耿耿,对群众、对战士、对同事有着深厚的无产阶级感情,是能够和战士同呼吸共命运的优秀指挥员。他从实践中学习和深刻领会毛主席的军事思想,作战勇敢,身先士卒,把自己的生死置之度外,使敌人闻风丧胆,为中国人民的解放事业南征北战,立下了功勋。

徐海东同志战斗的一生,是一个无产阶级坚强战士所走过的战斗历程。他爱憎分明的阶级立场、坚强的党性、优良的作风和全心全意为人民服务的精神,是我们学习的榜样。

原载《徐海东纪念文集》编委会编:《徐海东纪念文集》,军事科学出版社,2000 年,第 42 ~ 51 页。

鄂豫皖革命历史回忆

——访问戴季英同志纪录

关于红二十五军长征出发地和花山寨会议。

红二十五军走的时候，在周河旧石庵附近没有开过欢迎大会。程子华也没有到过那里。他到过浒湾、泼陂河。泼陂河、浒湾过去了，到了白雀园东边汪桥，他有个部队，地方武装送他到那个地方。二十五军在安徽，从安徽转来到汪桥和他会合。从这个地方往西去长征。

二十五军长征走是集中在一块，那是在罗山西边礼山县的地方。走之前省委在光山花山寨的西边，很远的一个小村子开了一个会议。离净居寺不远，在它的南边。……那次会议就是二十五军改编为北上抗日先遣队，改变战略，二十五军离开北上抗日。原来的名称改一下。会议是程子华传达的，参加会议的就是省委那几个人。

注：本资料由韩宗德同志征集整理。

中共信阳地委党史资料征编委办公室资料室提供

1984 年 10 月 20 日

原载中共信阳地委党史资料征编委员会编：《丰碑》，《中共信阳地区党史资料汇编》第 5 辑，第 125 页。

在故乡三年战斗生活的回忆

◎ 杜齐乐

（一）1931 年参军后，我所知道的鄂豫皖苏区"大肃反"情景。

我是 1931 年 9 月间，经本湾杜明贤同志动员，把湾里童子团的铜号背上，自愿到光山县千斤区独立营第一连当号兵的，那时我刚满 14 岁。记得第一次在千斤河棚打仗，部队撤退时，红枪会追得紧，山太陡，又是下坡，我跑不快，眼看要被红枪会捉住，便急中生智地转了个弯，钻进草林里躲了起来，敌人没有发现我，等敌人走后，我又回到连里。

1931 年底，我所在的独立营调到徐家畈——光山县苏维埃政府所在地。说是要成立光山县独立团，我们独立营要改编。在改编前，县指挥部将营、连、排干部分三次召集去开干部会。其实并不是开会，是"肃反"，把排以上干部都当改组派"肃"掉了。当时"肃反"搞得很紧张，谁都不敢说，也不敢打听。记得我们连部有个传令兵，吓得暗暗哭了。等到第二天县指挥部才来人把队伍带到徐家畈围子里集合整编。整编的方式也很别致，先由县指挥部负责人戴季英给我们讲话，讲完话后，就将队伍排成三路横队，喊一、二、三报数，数一的为第一连，数二的为第二连，数三的为第三连。把队伍编成三个连后，连长、指导员都是由戴季英当场在各连队伍里选出来的，并明确指定，谁是连长，谁是指导员。可笑的是，有的被指定当指导员的人还不是共产党员（当时共产党员是不公开的）。就这样，我们改编为光山县独立团第二营，一、三营也是由光山县各区武装升级组建的。

回忆鄂豫皖苏区 1931 年"肃反"，真是使人痛心。那年秋，红四军十师二十八团打开大山寨后，就在千斤河棚一带"肃反"，时常听到有捉人、杀人的事。二十八团团长高建斗同志就是在这次"肃反"中"肃"掉的。高建斗是鄂东苏区创始人之一。在"肃反"中常常出现这样的事情，先是"肃"领导人，过不多久，"肃反"领导的人又被"肃"掉了，就这样改组派越"肃"越多，不知有多少好同志，如许继慎、肖方、周维炯等鄂豫皖革命根据地的创始人，都被杀害了，这就是叛徒张国焘在鄂豫皖苏区执行王明路线的罪恶。

（二）1932 年上半年苏区的大发展形势，下半年由于张国焘轻敌麻痹，红军未能打破国民党第四次"围剿"，使根据地遭受损失。

光山县独立团 1932 年春在雀村店一带驻防，当时由于主力红军东征，苏区北面的敌人南犯，我们后撤到泼陂河以北椿树店构筑集团工事与敌对峙。当时我们的武器很差，子弹也很少，主要依靠工事来抵抗敌人的进攻。敌我之间的前沿阵地只隔一条山冲，彼此能看见，敌人经常向我阵地攻击，我军固守顽强，有时敌人白天占领了我们的阵地，夜间我们又把阵地夺回来。这样的阵地战相持了一个多月的时间。

1932 年夏初，我主力红军东征打完苏家埠战役，便回到苏区，并给来犯之敌一个沉重的打击。我团配合主力红军在光山县杜付店一线把来犯之敌打得落花流水，溃不成军。一直把敌人追过了光山县南边的大河，我们才停止追击。这一仗打下来，大家都有说不出的高兴，这是我们团第一次配合主力红军作战，并首战告捷，而且还缴获了敌人很多汉阳造好枪，新子弹，真谓军威大震。随后我团又跟着主力红军西进到光山文殊寺一带开辟新的根据地。

在开辟新根据地时，我们的主要任务是清剿易本应的反动民团。为了给敌出其不意的打击和歼灭，我们经常是夜间两三点钟吃饭，天不亮就出发。我们先后袭击了易马畈、罗城店、石灰寨等地的敌人，把易匪的老窝——易马畈一带的地方反动武装红枪会、大刀会打散了。当时文殊寺、雀村店、花山寨等地的红色根据地都连成一片，建立了苏维埃政府，土地都分给了农民，革命形势很好。但是由于当时鄂豫皖苏区在张国焘的"左"倾路线思想影响下，一些同志被胜利冲昏了头脑，提出"打到武汉过中秋""夺取一省或数省的胜利"的轻敌麻痹的盲动口号，使苏区受到了很大损失。如 1932 年夏天，红军主力全部南下围攻麻城县去了，北线大部无主力部队了，只有我独立团在文殊寺一带驻防，这时蒋介石已布置好对鄂豫皖苏区的第四次"大围剿"的部署。一场大的反"围剿"战斗即将到来，可是我们还在做着"打到武汉过中秋"的迷梦。

苏区北面，敌人先是从光山县方面向我进攻的，我们团在文殊寺以北地区与敌打了一仗，首次击退敌人猖狂进攻，打死不少敌人，缴获了一些武器弹药。后来敌人大举进犯，我团只好撤退到晏家河至泼陂河以南一线阻击，敌人也在泼、晏二河，砖桥一线停止了南进，妄想等待苏区南线的敌人接近新集时，对我军形成包围之势。这时我南线红军主力部队经过在黄安七里坪战斗后，正转移到新集北面的胡山寨附近。当时南北两线的敌人，已形成对新集夹击之势（新集当时是鄂豫皖省苏维埃政府所在地）。为了掩护我后方机关安全转移，我军决定在胡山寨给北线敌人一个沉重打击，这就是有名的胡山寨战斗。这次战斗，我团虽然没有直接参战，但起到了配合作用，阻击了东北面的敌人向新集的进攻。胡山寨的战斗打得非常激烈，记得那天正下着大雨，河水猛涨，然而胡山寨的枪炮声、喊杀声是昼夜不停，红军战士个个都很英勇，打得敌人丢盔弃甲，死伤无计其数。这次战斗中，我军也有较大伤亡。

胡山寨战斗后，我们团奉命赶到商城县南、余子店北面一线构筑工事，掩护整个后方机关向东南方向转移。在余子店至汤家汇的路上，我后方机关各级政府的工作人员、伤病员沿途都是。由于东面的敌人包围过来，情况紧急，我们团不能再掩护了，只有迅速向南突围。看到这些情景，我们战士的心里真有说不出来的难过。

部队赶到英山县打北咀子时，前面的敌人已堵住去路，我团赶紧折向东翻过大山到太湖县的鸡鸣河，与英山县独立团会合，改编为东路军。我们团改为一师一团，英山独立团改为二团，另将各方面的零星武装人员组织起来编为三团。从这时起，我们这个团便成了东路军的主力，每当前面有了敌情，我们团就在前面抗击敌人，为整个部队开路；后面有了敌情，就在后面作掩护，保证队伍和群众的安全转移。由于敌人追击凶猛，我们走的又是崎岖的山路，加上各方面的群众没有很好地组织，遇上敌情，枪一响，就是一片混乱，因此，我们团遭到较大的伤亡。但是，为了整个部队和群众的安全，大家的战斗情绪仍然是高的，打起仗来，个个都像小老虎。

因此，群众对我们团的评价是很好的，是很信得过的，每当遇到敌情，群众只要看到一团队伍到了，就不慌乱了。我们团之所以能够这样，这和领导的指挥是分不开的。当时徐海东同志是东路军的副指挥兼一师师长，他经常在我们团指挥战斗。我们团的团长，张四季同志，每次打仗，都是亲临第一线指挥战斗。记得在宿松县境内的一次战斗中，由于张团长的果断指挥，我们营一个猛冲，把追击我们的好几个连的敌人都冲垮了，打死打伤敌人很多，还缴获了不少的枪支弹药，打了一个漂亮仗。这以后好几天，敌人都没敢追我们，我们也感到轻松些了。在潜山县境内，敌人又追得紧了，上级指示要我团给追击之敌一个致命打击。张团长就根据当时的地形特点和敌人迫切追击的心情，决定在这里打个伏击战。张团长把部队埋伏在敌人必经的道路两侧山上，用小股部队引敌上钩，待敌人进入我伏击圈后，我团几面夹击，全歼敌人一个营的兵力，后面的敌人缩回去了，我们又得到了几天轻松的行军。

东路军经过一个多月的转战，经宿松、太湖，过桐城、舒城、潜山、霍山等县，把进攻我苏区之敌拖得筋疲力尽，甩在了后边，之后胜利返回苏区赤南县斑竹园一带（当时将商城县改为赤城、赤南两个县）。

在突破敌人封锁的霍山县韩摆渡的战斗中，我负了伤。在没有医药、担架的情况下，我一手拄着根棍子，一手扶着伤口，紧咬牙关，一步一步地跟着部队走了六七天才回到苏区。部队回到苏区后，我被安置在一家农友家中养伤。我在这家农友大娘的精心护理下，不久伤就好了。这一带的群众非常关心爱护子弟兵，军民关系真算得上鱼水之情。我伤好后，就参加了当地的区基干队当号兵，在区基干队升级到二十八军八十二师时，我实在是依依不舍当地的人民群众，不知该怎样来报答对我的关怀和照顾。

（三）红四方面军走后，鄂豫皖红军力量还很强大，仗也打得不坏。但是由于当时省委的"左"倾错误指导，命令红军打硬仗，招致国民党对苏区再次发动新的进攻，使红军再受挫折。

红四方面军 1932 年 10 月间，离开鄂豫皖苏区后，年底，鄂东又组成了红二十五军（第二个二十五军）。皖西到 1933 年春季也成立了红二十八军八十二师，共辖 5 个战斗营。这一时期整个鄂豫皖苏区恢复很快，除苏区中心有几个敌人据点外，广大农村基本上都恢复了革命秩序。1933年春，红二十五军两个师在光山郭家河打了一个大胜仗，全歼马鸿逵部的两个团，接着又在黄安的九龙缠顶歼灭了万跃煌十三师的1个团。经过这两仗后，鄂东的形势就稳定下来了。在皖西，我红军也打了不少的胜仗，迫使敌人龟缩到六安县的金家寨大河以东去了，赤南县地区几乎没有敌人的踪影。但由于当时的鄂豫皖省委在"左"倾路线影响下，不顾敌我力量的悬殊和当时敌强我弱的实际情况，命令红二十五军围攻七里坪据点的敌人，还命令二十八军也在皖西离敌金家寨据点十多里远的桃树岭一带构筑坚固工事，美其名曰对敌十二师的围困。事实上这样不但没有困住敌人，反而使自己遇到很多麻烦和困难。那时正是青黄不接的季节，二十五军10000多人的队伍，集中于一地，粮食根本供应不上，连苏区中心的群众都没有吃的，部队只能搞到多少吃多少，有时搞不到粮食只好吃野菜、树叶或草根，最后没有把敌人逼走，反而把自己饿垮了。在皖西，我们红二十八军的情况要好些，没有挨饿。我们在围敌之前，在金家寨以东截击了敌人的运粮队，除消灭了护送粮食的两个连的敌人外，还缴获了20多只毛竹排装载的大米和一些猪油及军用物资。我们把大米都背进山里，以连为单位分散存放。我们在桃树岭守在工事里没有挨饿，还吃的猪油炒菜。可是红二十五军从七里坪往下撤时，许多同志都因营养不良，夜间行军眼睛发黑，看不见道路，要拄着棍子行军。可见由于错误的路线使部队受害有多么大。最后红二十五军只剩下2个比较完整的团。一个由吴焕先同志率领，在鄂东坚持斗争；另一个团由徐海东同志率领转战到了皖西，与我们红二十八军会合。

这个时期，鄂东与皖西两革命根据地完全被敌人封锁隔离开了。敌人又调来大量兵力对苏区再次发动新的进攻，因此，1933年下半年，整个苏区遭到敌人再次血洗。国民党的军队每到一处都要烧、杀、抢、抓，苏区变成了无人区。村庄里看不见人影，田地里野草都长到一人多高。山上的树木、竹子也都被敌人砍光了。国民党七十五师宋天才匪部仅在南溪汤家汇一带，就用汽车拉走了几千名青年妇女，把她们运到淮河以北卖了。敌人在苏区犯下的罪行是写不完、说不尽的。

（四）1933年红军所处的艰难岁月。

当时在皖西赤南县境内东、西不到100里，南、北不到50里的一块地方，敌人就用了10个师近10万兵力，组成"进剿""追剿""驻剿"三种形式的部队，企图把红军全部消灭掉。红军处在这种不利环境下，只好分散活动，保存力量，不到万不得已时，是不同敌人打硬仗的。当时红军的生活是非常艰苦的，冬天很多人都没有穿上棉衣，晚上只好围着火团睡觉，睡冷了就起来跑跑，暖和后再睡。白天要和敌人周旋，天将晚割草搭棚子，夜间就到白区打粮，真是"肩上扛大米袋，腰上挂镰刀"。记得我们连的连长个头很大，每次打粮他总是扛个大米袋，这个袋子每次都要装百多斤，他把匣子枪让我背上，他扛大米。打粮时，每个人不但要扛生粮食，还要把自己的干粮袋装满。大师傅（当时把炊事员叫大师傅）为了让连队同志吃好饭，实在是辛苦极了。他们虽不直接与敌人打仗，但他们要把油盐搞足，行军时要担着担子，夜间行军无论是刮风下雨都不能有响声。要跟在连队后面翻山越岭，每到宿营地，我们休息，他们马上就要做饭，大家吃完饭他们还要收拾炊具，只有在部队集合时才有片刻的休息。大师傅们这种精神是多么难能可贵啊！

当时敌人在赤南县中心区、大埠口、南溪、牛食畈、门坎山、汤家汇、丁家埠一带的各个山头上都修上坚固的工事，准备长期驻守。工事外再加上一道道松树作为鹿寨，企图把红军困死。红军无法与群众接触，不得不转移到敌人力量比较弱的熊家河一带活动。1933年冬季，虽然我们处在十分困难的环境中，但在当地党和人民群众的支援和帮助下，还是打了一些好仗。如在熊家河北的铁道冲，我军伏击全歼敌四十五师1个团，缴获了大量过冬棉衣，解决部队过冬的问题。这一仗后，敌人集中了大量兵力跟着我们屁股后面追，企图进行报复。我们则采取打不了不打，打不胜不打，不打则已，要打就打歼灭战的战术，并依靠地形熟悉、行军神速的有利条件，在敌人的大包围中与敌人转圈子，敌人对我们无奈何。这个伏击战打了以后，我军在熊家河一带又活动不开了，就来个急行军，跳到敌人包围圈以外的金家寨以东的大小马店及东西莲花山一带去抄敌人的老窝。在金家寨东面的古皮冲，我们得到情报，守金家寨的敌保安五旅由县长带领来围攻我们了。我军分兵两路：一路正面阻击，一路从敌人的侧后包抄，给敌一个猛打猛冲，很快将敌保安五旅打垮，俘敌800多名，还缴获了3门迫击炮，国民党立煌县县长也被打死了。经这几仗后，部队战斗情绪高涨，想打大仗的欲望也高了，在返回苏区的途中，虽然每个人身背粮食、弹药都比较多，有的还抬着伤员，但是，只要一有敌情，都能很快投入战斗。如在葛藤山附近，部队正在休息吃饭，南溪的敌人2个团就向我军围了上来。战士们马上把碗一丢，很快抢占有利地形，与敌接上了火。敌人火力强，攻势猛，我们两个营从正面顶住敌人，徐海东军长这时在望远镜里观察到敌人侧面空虚，便命令隐蔽的 4 个营巧妙从敌侧翼猛打过去，待敌发觉后，已成败局。葛藤山战斗不到 3 个小时，敌人五十四师的两个团除跑掉 1 个营外，全部被歼灭，俘敌代师长刘树春以下官兵 1600 多人。这次战斗后，敌人企图对我军实行报复，又集结了 10 多个团的兵力向我驻地进攻，这时我们粮弹充足，士气高涨，加上我红二十八军两个师（八十二、八十四师）互相开展歼敌竞赛，我们在杨山一带与敌打了整整一天，敌人每次进攻都被我军打退，未能占到一寸阵地。记得这次战斗中，我们八十二师的学兵连打得非常好，他们都是十五六岁的小青年，用的都是小马枪，个个都非常勇敢，他们由师政委指挥守住一个山头，敌人约一个团的兵力向我学兵阵地进攻，然而每次都被这些勇敢的小战士打了回去，战斗结束后，他们受到军师首长的表扬。皖西地区打了这几个胜仗以后，敌人很快龟缩到丁家埠、汤家汇、李家集、吴其店等大据点里去了，放弃了南溪、牛食畈两个据点。红二十八军在皖西从此又开展比较大的战斗活动了。

1933 年底在鄂东坚持斗争的红二十五军二四四团所处的环境比皖西还要恶劣，敌人在苏区中心修筑了大量碉堡工事。鄂东的反动势力也较强，把当地的群众控制得很紧，我们部队根本进不去。部队只好分散在东西大山里的天台山、仰天窝、毛草尖、灵隐寺等地坚持对敌斗争。部队吃穿都非常困难，有时靠野菜、山果充饥，常有伤员死在山洞里。但他们都很坚强，宁肯饿死在洞里，也不当俘虏。山区的人民群众在敌人封锁十分严密的情况下，经常冒着生命危险给部队伤员送粮食、药品来，充分体现了人民群众对红军的爱戴。

（五）1934 年红二十五军在鄂东、皖西不断打击歼灭敌人，使国民党惶恐不安。

1934 年 2 月间，在商城县金岗台南麓的豹子岩，鄂东、皖西两路红军又会合了。在山坡上，部队集合好后，先由吴焕先同志讲话，宣布成立新的红二十五军，徐海东同志任军长，吴焕先同志为军政治委员（这是第三个红二十五军），下辖 3 个团（当时还有两个师的番号），取消了红二十八军的番号。鄂豫皖地区的对敌斗争形势从这时起，又进入了一个新的历史时期。

新的红二十五军宣告成立后，部队立即开向鄂东，连续几日行军，经商城亲区西余集等地，到了光山县境内的高山寨。这时天已大亮，我们还没有宿营，听到我们来的方向有枪声，部队虽然走了一夜，大家都很疲劳了，但一听到枪声，个个的精神都振作起来。我们营是后卫，上了山顶，觉得这一带地形对我很有利，山上的树林很密，敌人虽然发现我军在这座山上，但不知我们究竟在哪里，只是盲目地射击。等到敌人消耗到一定程度时，军部冲锋号一响，我们营一个猛冲，不到两个小时就把敌人两个营给消灭了。这次战斗，缴获敌轻机枪100多挺，子弹也很充足，大大补充了我们。通过俘虏了解，这股敌人是东北军一〇九师，在沙窝集驻防，我们夜间经过沙窝集北公路大桥时，他们就发现了我们，由于他们夜间不敢出来，等到天明后，才派出1个团加两个营的兵力向高山寨追击我们来了。这次战斗，我们还发现东北军好打，官兵都是东北人，都不愿打内战，愿意抗日，所以我们把前面敌人打垮后，后面成班的敌人都把枪放下，人躲在一边，等着缴枪。以前我们还没有捷克式轻机枪，这次战斗中缴获了不少。为了便于使用和保管，这次在俘虏中动员了一批机枪射手留在我们部队，当机枪教练，以后，这些东北同志同我们一起战斗、生活得非常好。

高山寨战斗后，部队还是继续西进，到达光山杨帆桥一带，我们正准备多搞些粮食，以便进山有饭吃，这时敌三十二师追上来了。这股敌人与东北军不同，是国民党军队中最反动的一支部队，他们的服装是草绿色的（别的敌军都是灰色的），善于山地作战，是我们的老对手了。该敌没有受到过我们什么打击，所以这股敌人对我军的威胁也比较大，原在鄂东的部队是知道这股敌人特性的，发现敌情后，我们就向南山里转移。敌人紧跟在我们屁股后面不放，我军便边打边走，诱敌尾追，军部把前边的部队布置在灵隐寺附近的密林里埋伏起来。灵隐寺一带是我们老游击区，敌人仍按穷追不放的老办法来对付我军，没有料到我军会埋伏起来给他点厉害看看。第二天上午，敌人大摇大摆地先来个火力侦察，然后就很快地进入了我伏击区。我军先将前面的敌人放进大约有一两个营的样子，这时军部的号音一响，我们的机枪、手榴弹一齐向敌人打去，接着一个杀声就冲下去，同敌人展开了一场肉搏战。由于敌人拼命顽抗，兵力又较多，武器也好（一个整旅），战斗打了一天，虽未歼灭敌人，但是给了敌人一个歼灭性的打击。自从灵隐寺战斗后，敌三十二师再没有同我们打仗了，据说这次把它一个旅都打垮了，开到后方休整去了。

在这次战斗中，因我后方的大小行李在灵隐寺山寨里暴露了目标，遭到敌机的轰炸，有些损失，但敌人的飞机对我前边的部队干着急，没办法进行轰炸。我们同敌人开展的是近战，双方相距只有几十米远，我们又是在山上，敌人在山腰，敌机怕炸着自己的人，只好在我们头上打几个转转又飞走了。灵隐寺战斗后，部队到仰天窝一带隐蔽休息了一天以后，就跳到宣化店以西地区活动了。

我军在灵隐寺一仗给敌三十二师一个迎头痛击后，扭转了局势，在鄂东地区我们就取得了主动权，敌人再不敢像以前那样猖狂了，我军可以在一个地方住上一两天。当时我军还利用这个有利时机，在罗山朱堂店一带，以山区为依托，开辟新的根据地，组织发动当地的贫苦农民分田分地打土豪。队伍里还增加了不少新战士。有的地方还临时建立了乡政府和武装游击队。记得我们在朱堂店住的时间最长，共有十几天的时间，这在当时，确实是一件了不起的事情。

到了1934年6月间，国民党又拼凑3个师的兵力向我罗山一带游击根据地"围剿"，我们在扬万店与敌四十四师打了一仗，以后我们就采用疲劳战术，拖着敌人跟在我们后面转圈子。经过黄陂、孝感的夏店、蔡店、礼山的东兴店、大兴店、汪羊店等地，在扬平口与东北军一个师打了一仗，把追赶我们的敌3个师都甩在陂孝北地区，我们又转回到游击区白岸山一带活动。不久敌人又开始对我进行三路围攻，几路敌人一齐赶上来，我们在白岸山同敌人打了半天后，连夜向北面殷家冲、何家冲一带转移。天明时走到长岭岗附近，居高临下，发现敌人有好几个团摆在一条山坡上，前面的敌人还用迫击炮盲目地向大山里射击。这时徐海东军长用望远镜看到敌人毫无战斗准备，便与吴焕先政委商量，决心打这个便宜仗。当即先令二四四团熊团长带1个营向敌出击，接着全团出击。果然不出首长所料，前面的敌人因无准备，突然受到攻击就往后退，后面的敌人就乱了阵，敌人整个战斗力全部瓦解，有的往两边山沟里跳，当场摔伤、摔死不少。这一仗确实是个便宜仗，我军以很小的伤亡取得一个非常大的胜利，全歼东北军一一五师，只有师长带了一个营跑掉了，我们缴获了轻重机枪200多挺，俘敌副团长以下3700余名敌兵。为了扩大我军的政治影响，还是同高山寨战斗后一样，除在俘虏中动员一些机枪射手当教练外，其余全部发足路费释放。所以后来我们在同东北军作战中经常遇到向我缴过2次、甚至3次枪的俘虏，他缴了枪还觉得光彩，真是打出来的朋友，这也说明蒋介石不抗日，打内战是不得人心的。

长岭岗战斗歼敌一路后，其他两路的敌人就不敢再向我进攻了。部队在何家冲休息了几天，把部分多余的枪支交给了当地的游击师，把伤病员妥当地安置好后，我红二十五军很快又转向皖西。在转移的途中，路过商城地区，记得夜间行军在一个村子里，发现顾敬之民团的医院，通过俘虏了解到，这一带村子里还住有顾匪后方八大处，乘敌人未发觉，我们先头部队就冒充他们的人，一路缴获不少，天亮到达顾店子时，附近的敌人才发现情况不对，偷偷地溃散到山林里去了。

亲区这一带是顾匪的老窝子，他的兵多数是当地人，熟悉地形，官多数是顾敬之的亲信，非常顽固。他们都是采用七八个人一股的战术打麻雀战。同他们打仗是很不好打的。这次碰到我们手里了，真是冤家路窄，他的八大处、医院、兵工厂都被我们搞掉了。我们还活捉了顾敬之的女儿。据顾店子的群众反映，她很坏，民愤极大，我们就把她枪毙在顾店子河滩上了，以警告顾匪，莫要再与人民为敌，欺压老百姓了，不然就是这样的下场。

1934 年夏天，我们红二十五军到达皖西后，就以神出鬼没的游击战术寻找力量较弱的敌人打。我们还用急行军奔袭的战术袭击了当时国民党五十四师师部所在地——罗田县城。徐海东军长带先头的两个营摸进了罗田县城（其他部队由于天黑下大雨，走错了路，未能进城）。后面部队赶到时，敌人已抢先占领了城内几座碉堡，当时我们对打碉堡是没有办法的。虽然这次没有完全打开罗田县城，可打进去的部队却发了"洋财"，因为这里是敌五十四师的总后方机关，是军需仓库所在地，只要是我们所需要的东西，真是应有尽有。看到一箱一箱的银圆和子弹、医药（这些是部队非常急需的物品），徐海东军长当时急得没有办法，即命令进城的两个营，除一部分担负掩护外，其余打进去的部队都要带着东西出来。通过激战，才把这些银圆、子弹、药品带回部队。打了罗田县后，部队回到山区休息了几天。接着我们又奔袭了英山县城，因敌人事先增援 1 个营，并抢占了制高点——鸡鸣尖，我们无法攻城，英山县未能打成。可是我们在英山县城外的东汤池痛痛快快地洗了个热水澡，敌人在鸡鸣山上干瞪眼不敢出来，因为主动权是掌握在我军手中。为下一步更好打击敌人，我们部队在英山县南杨柳湾一带分散隐蔽休息了几天，决定攻打太湖县。

根据打罗田、英山的经验，这次打太湖县城，我们就采用远距离奔袭。从杨柳湾出发，只用1天零半个夜晚的时间就到达了太湖县城。杨柳湾到太湖县城大概相距200里。我们到黄昏时已走了140里。部队进行动员后，我们一口气又走了60里的夜路，在夜里2点钟左右，分兵三路先后都打进了太湖县城。我们营是攻打西门，我们连是尖兵连，城门根本没有关，我们连接近城门时，尖兵班只打了几枪，就占领了西门。南门的枪声激烈些，因守城的200多个民团都住在南关，但在我军强攻下，大部分被缴械，只跑了一小部分。太湖县的商埠在南关。徐海东军长进城走到敌县政府时，正好听到电话机铃响起来了，接电话后，知道是安庆市国民党省政府打来的。徐军长有意叫敌派兵增援太湖县，以便伏击来援的敌人，但电话上回话说：无兵可派，只有派飞机援助你守城。果然第二天下午，我们撤离县城不远，就看到来了两架敌机，低空飞行盲目轰炸。我们打开太湖县，给敌人震动很大，据说蒋介石把安徽省主席卫立煌的职都撤掉了。打开太湖县确实解决了我们很多物资困难问题。其实我们整个部队除执行任务的以外都没有进城，就是在南关，由军政治部经过调查后没收了几家大商号，主要是为了解决部队穿衣、医药和特别需用的物资问题，才确定没收的。记得布匹搞到不少，离开时基本上每个人都背有一捆布。给我印象最深的是差不多每个人都有一把伞，这在当时确实是必需品，雨天行军，夜间露背，没有雨伞是很不方便的。

　　打了太湖县以后，红二十五军开始在鄂皖交界的桃家河一带建立新的根据地。部队采用大集中、小分散进行休整，各连抽调人员组成地方工作队，以营为单位到驻地周围村庄做群众工作，调查土豪劣绅的财产，并分给穷人。我记忆中的桃家河是在大山高头的一个较大的平畈上，地形对我们非常有利，易守难攻，选择这一带作为根据地是很理想的。如果要问红二十五军为什么不回老根据地，而在这里建立新的根据地？那是因为这时候的老苏区，不论是皖西的赤南县还是鄂东的黄、麻、光山县的交界区，都被国民党匪军摧残破坏得不成样子，我们再在这些地区同强大的敌人继续周旋，对当地人民群众和我军本身都是不利的。所以鄂、豫、皖省委决定红二十五军应放弃老区，在老苏区的东西两端找适当地区创建新的游击根据地，这个指导思想是正确的，不这样做，我们会逐渐被敌人削弱，最后也有被消灭的可能。

记得在这个地区为了扩大红军的政治影响，还开了军民联欢大会。部队在桃家河休整的时间是比较长的，那一带的贫苦农民群众基本上都组织起来了。在这一段时间里，敌人当然是不会甘心的，于1934年9月间，敌四十七师上官云相的部队就开始向我们进攻，因我们已有准备，就展开还击。这次战斗，我们七十五师同敌人在桃家河打了一天，一直坚持到天黑，才向北转移，摆脱了敌人。这次战斗我方伤亡不小。记得七十五师师长丁少卿因指挥作战不力被撤了职，战斗刚结束就叫他抬担架，以后他叛变了革命。

据徐海东同志回忆录记述：桃家河战斗刚打完，就接到鄂东特委的交通员送来信件说，党中央派程子华同志送来中央指示，已到特委，叫红二十五军快向鄂东转移，迎接新的任务。当时部队刚打完仗，因伤兵还没有安置，这个地区的工作还要布置，还要留下武装力量，组成留守处，坚持斗争，掩护伤员等各方面的事情。直到这些事情安排好以后，部队才开始向鄂东行动。

（六）接到党中央指示后，坚决打回鄂东，红二十五军开始长征。

这次行动可以说是打回鄂东的，不把敌人打垮是寸步难行。从桃家河到鄂东特委所在地何家冲，东西相隔大约五六百华里，要通过敌人四道封锁线。我军用了不到五六天的时间，打了三仗，共消灭敌人约两个师（大部分是东北军）。击溃敌人两个师（中央军）。这次行动，因仗打得好，才能顺利到达目的地，给尔后红二十五军顺利通过平汉铁路，进行长征创造了有利时机。

部队从桃家河出发，第三天中午到达商城县汤池，这里是商城至麻城的公路，也是我军要通过的第一道敌人封锁线，因我军来得神速，汤池有东北军的一个工兵营，因敌人毫无准备，根本没打，就被消灭了。部队在汤池吃了午饭，下午继续向大柳树前进。军部仍叫我们营走前卫。在出发前部队集合时，徐海东军长问我们营敢不敢消灭敌人，大家齐声喊：敢！根据敌情，下午肯定有仗打。我们连是尖兵连，一排是连的尖兵排，战备行军是随时准备打仗的。机枪衣都脱了，每个人的枪口都拔了，尖兵排在道路两侧搜索前进，走到离大柳树不远时，就与敌人遭遇。我们连一排长很勇敢，发现敌人后，带一个班抢占山头。这时敌人在山上朝我射击，一个敌人刚把轻机枪架起，准备射击，一排长一个猛扑上去把机枪抓住，没料到敌人已扣了扳机，一梭子子弹全打在一排长身上。虽然一排长光荣牺牲了，可是他对掩护后面的同志冲上山头，抢占有利地形，起了很大作用。击退敌人后，我们就顺着山梁向溃退的敌群追击。我后续部队展开后都赶在我们营前面去了，一直把敌人追到大柳树附近，这时天已黑了，战斗才算结束。战斗结束后，部队实在感觉疲劳极了，军部决定就在大柳树休息两个钟头，让大家吃点自带干粮再继续前进。大柳树是敌人的第二道封锁线，因我们下午遭遇的敌人是东北军一〇七师3个团，他们把我们当成小股游击队来打，结果被我们消灭了近两个团，剩余的都溃散在大柳树周围村庄里，要不是天黑，会被我们全部歼灭。一天两次战斗都打得不错，我军伤亡不大，却缴获了大批武装，好的换了，用不了的全部破坏，免于被敌人利用。

在大柳树停留两个小时，部队继续沿着公路向西余集前进，第二天上午到达光山县的汪桥。部队这时都累得走不动了，背上的干粮袋也空了，如果接着走下去，就很难冲过敌人的封锁线，因这里离大股敌人较远，所以军部决定部队休息半天，准备好干粮，打算当晚来个130里的急行军，冲过敌人的三、四道封锁线。军首长这个决定很好，部队休息半天后，劲头都足了，下午大约四五点钟部队出发，到夜里10时左右，我们就顺利通过了敌人双柳树至新集的第三道封锁线。这时整个行军纵队又加快了步伐，紧赶慢赶，眼看天都快亮了，这时军部传令叫部队跑步前进，我们在尘土飞扬的路上飞快地跑着，用了一个多小时就冲出了近30里，暂时把后面的敌人甩开。这时周围的枪声、狗叫声四起，到天亮时我们已接近敌人从仁和集至砖桥的第四道封锁线，我们营走的后卫，等我们到达封锁线的公路时，敌人就从两侧用火力封锁，我们营都提着枪边打边走，才冲过了公路。

一夜急行军，上午10时左右部队才到达光山县境内的胡山寨，我们连在胡山寨北边一个村子住下，同志们刚一坐下就睡觉了。不一会儿，发现敌机在我们住地低空侦察、轰炸、扫射，我们都不管它，还是睡我们的觉。敌机刚走，我们来的方向发现了敌人，我们连很快进入了战斗。我们面前的敌人是敌人的侧翼，所以胡山寨战斗对我们连的压力并不大，我们把敌人顶住了，也保护了我军的侧翼的安全。胡山寨战斗，敌人的兵力很强大，共是4个师，有刘振华的两个师，东北军两个师，看样子这回敌人是想把我军一举歼灭，当然这是妄想。敌人开始很凶，一次又一次向我扼守胡山寨的七十五师二四四团猛攻，都被打下去了。从上午打到黄昏，敌人攻我不破，士气大减，这时敌机炸弹也丢完了，只是在头顶干嗡嗡，我们也不理它。军首长看到我们反击的时机到了，军部冲锋号一响，我扼守在各个山头的部队一齐向敌人冲去。敌人是经不住我们这一招的，前边的敌人向后退，后面的敌人就乱成团。东北军又是我们的老"运输队"，这一仗光轻、重机枪就得了100多挺，俘敌4000多人，里面还有很多军官，因时间紧迫，没去细查，只查出一名团长和两个营长。胡山寨战斗，我军伤亡也很大，七十五师政委牺牲、七十四师师长负重伤，战斗结束后，将俘虏当场释放，缴获的枪支大部把它破坏，当晚，部队继续西进。

胡山寨战斗是红二十五军离开鄂豫皖革命根据地的最后一次有决定意义的战斗。这次把敌人打服了，也打痛了，以后敌人再也不敢轻易像胡山寨那样打了。我们于第二天下午顺利到达鄂东道委所在地何家冲。

部队在何家冲休息了好几天，这时主要是做好长途行军的一切准备工作。我只记得当时连队的情况是动员身体不太好的同志留下来，不随连队走，不知为什么应该留下的同志，说什么也不愿脱离原来的连队，好像以后我们再也见不到面似的，真叫我们难过，有的同志竟流下了热泪。在那艰难的岁月里，一个战斗连队就像一个和睦的家庭一样，同志们真是亲如手足，一人有难，大家担心。在战场上，经常出现这样的事，一个同志牺牲或负了伤，其他同志宁愿冒着生命危险，也要把牺牲同志的尸体抢回来，因此不管叫谁留下来，谁都思想不通。我们连的政治指导员刘震同志，苦口婆心地向留下的同志做了许多思想工作，那几个留下的同志最后才勉强同我们大家洒泪告别。我们离开老区时，留下高敬亭同志和几个游击师及伤病员，以后这些同志组成红二十八军，在大别山坚持斗争。

部队下午从何家冲出发，在夜间八九点钟，通过九里关来到三里城的公路。敌人发觉我军后，从公路两头碉堡里用火力封锁我们，我们利用山地地形和夜幕掩护，都顺利地冲过公路。在天亮前，部队进到灵山地区，守住山头，同追赶我军的刘振华两个师整整打了一天。我们是边打边走，敌人因有胡山寨的教训，我们不走，他们也不追，战斗一直拖到黄昏，敌人不追了，部队这才休息下来，吃了些自带干粮，喝足凉水，继续我们的夜行军。这里据离平汉铁路有30多里。徐海东军长率领军部、二四三团居中，军政委吴焕先率二四四团为一路，我们二四五团为一路，共分三路，都是一路小跑的急行军。前面传来口令：谁也不要掉队。在夜

12 时左右，我们团就在信阳南东双河车站附近越过了平汉铁路。天明后，军部通知，为了不惊动敌人，暂时不要打土豪。我们番号改为北上抗日先遣队，这时正是1934 年的 11 月初，红二十五军沿着桐柏山北麓向西挺进，告别了老苏区人民，踏上了长征的征途。

原载中共信阳地委党史资料征编委员会编：《丰碑》，《中共信阳地区党史资料汇编》第 2 辑，第 154 ~ 174 页。

留在大别山的火种

◎ 张　波

1932 年，红四方面军离开了鄂豫皖，吴焕先同志被留下来，重新组建红二十五军，任军长。紧接着，在 1933 年 3、4 月间，二十五军打了两个大胜仗。一仗在河南光山郭家河打响，全歼了马腾蛟师 2 个团，共击毙 1000 多人，俘虏敌团长以下 2000 余人；另一仗是我军在黄安县（今名红安县）七里坪以北潘家河的黄石岩，消灭敌人十三师的 1 个团。继此之后，由于王明"左"倾错误军事路线的干扰，上级命令红二十五军围攻七里坪，历时 43 天。

当时，敌人已发动了第五次"围剿"，老苏区已成了游击区，我军没有巩固的根据地。并且，敌人又在苏区实行"三光"政策，部队粮食奇缺，只能靠大麦、田野里的青菜和槐树叶充饥，病号又多，每天退下来 100 多人，战斗极其艰苦。

我那时是军械股长。有一次，军部在陶家边开会，省委书记兼政委沈泽民，副军长徐海东，参谋长戴季英，鄂东道委书记郑位三，鄂东北道委书记徐宝珊等领导同志参加了。吴军长要了解军械股武器的情况，就把我喊到了他的跟前："我们部队每天有多少枪支交给军械部？"

"100 多支。"我的声调不高，心里很难过。

"怎么知道是我们部队的枪呢？"他又问。

"因为枪托上有战士们的名字。"

吴军长接着说："现在军械库里共有多少支枪？"看得出，他的脸色也很难看。

"1000多支。"

吴军长再没有多问了。他感到很吃惊：这1000多支枪就说明我军在围攻七里坪的战斗中已伤亡了1000多人。于是吴军长在会上提出建议："再不围攻七里坪吧，把部队拉出去打运动战！"

但是，沈泽民马上就发脾气了。他当场责备吴军长道："你家是什么成分你知道吗？"言外之意就是反对吴军长的建议。

我知道，吴军长是一个破落地主的子弟，心里暗暗为军长担心。幸好，沈泽民再没有说什么。按沈泽民的意图，我军围攻七里坪又继续了20多天，吴军长再也不提什么建议，只是对我说道："你到我家，把救济我老娘的50元钱拿回来退给组织。"我知道吴军长是在生气，就不服地答道："那钱是组织上照顾您老母亲的，我怎能忍心去拿？"

"你没有听见昨天沈书记质问我是什么成分？你真的不知道我家是什么成分吗？"

我激动起来，眼睛里含着泪水："吴军长，您家的情况我清楚得很。您家虽然是破落地主，但也同样遭到国民党土匪的残害，您是我们的好领导！1927年，您家还被那些丧尽天良的狗杂种打死了七口人……我不能服从您的这个命令，钱，我是不去拿的。"

吴军长听到这里脸色变得铁青，鼻翼也抖动着，显然他正沉浸在往事的悲痛回忆中。我内疚起来，不该挑起军长心灵上的创伤……

终于，沈泽民的主张不能再坚持下去，我军在包围七里坪43天后，撤出了战斗。可是这时的战士，个个都已骨瘦如柴了。在那样恶劣的条件下，正常人行走都很困难，何况病号呢？部队好不容易撤到谭树岗、和尚头和莲花背等地。但又被敌八十八和八十九两个师包围住，我们被迫跟敌人打了一整天。一天里，战士们滴水未进，而敌人每一次进攻，都被我们的战士打退，直到当晚部队撤到西张店一带时，我们才吃了一顿饭。

部队刚休息了半天，敌人又追逼上来了，我们只好躲开强大的敌人，当天夜晚又继续行军，走到麻城黄土岗，敌人八十九师早已设下了埋伏。战斗在拂晓前打响，经过一场鏖战后，我军撤出了包围圈。10月初，敌人把我们的部队打成了两节：七十三师和七十四师，一部分由徐海东、郭述申带领到皖西去了；吴焕先、高敬亭率七十五师和手枪团的两个分队进到郭家河天台山高山岗地区，这里已是大别山的深山区了。

大别山区，群峰蜿蜒，地阔人稀，满目凄凉。有的地方房子被国民党烧掉了，人被赶走；有的地方本来就是无人地区，我们只好在这里打游击战。我们原来的根据地大多已经丢失，政府工作人员转入到了地下工作。地下工作人员只能在夜晚出来给我们转送情报。我们在这个鄂豫皖三省交界的地方，也只能在晚上出来活动，袭击敌人。

那时，敌人的第五次"围剿"已经进行了大半年，敌情正紧张，我们几乎天天打仗，伤病员又没地方休养，只在山沟里搭个草棚；没有医药，有时就用南瓜瓢子代药或请附近药农弄点草药，又加上没有足够的营养，这样，伤病员恢复很慢，导致我们部队大量减员。

当时，高山岗地区（包括鹭鸶岩、鼓家店、卡房、仰天窝、灵音寺等地）是我们的游击区，宣化店以东的苏家河、晏家河、九里十八寨等地方是敌占区。有时我们晚上到敌占区去弄点稻谷回来，但在我们的根据地内又没有工具把稻谷整出米来，只好分到各班，用石头打壳，用斗笠簸糠壳。因此，根本谈不上什么改善生活。然而，敌人向我们进攻时，一出动就是几路，最后，吴焕先同志率领的部队只剩下 1000 多人。

1933 年 12 月，大雪封山，气温下降到零下 10 多度，而我们的战士们还没有穿上棉衣，脚上也只穿着草鞋。这时候，伤病员更多了，部队减员更大。其实，真正被敌人打死的还少，恶劣的环境不饶人啊！尽管如此，却没有一个人开小差或叛变投敌。因为大家都知道，这样艰苦的奋斗，是为了解救劳苦大众，为了让更多的人以后过上好日子。

记得有一次在苏家河打民团，我们部队没有子弹，只靠梭镖与敌人拼刺。敌人一来，我们就分散开来，隐蔽在山洞里；敌人撤退时，军长就命令司号员吹响雄壮嘹亮的军号，战士们又迅速集合起来，瞅准机会打击敌人。就这样，我们在吴军长的领导下，完全摆开了敌人的纠缠。相反，敌人还被我们的神出鬼没搞得胆战心惊，不知所措。

有一天，雪停了，但天还阴沉着，北风在一个劲儿地吼叫。敌人的三十二师、四十四师再加上顾敬之民团、易本应民团分5路（宣化店一路、七里坪一路、郭家河一路、泼陂河一路、罗山县潘店一路）袭击高山岗一带。他们都是共产党的老对头。当时正值敌人第五次"围剿"的最初时期，他们气焰嚣张，不可一世，叫嚷要"活捉军长吴焕先"，并贴出告示：谁活捉到吴焕先，赏钢洋1万元；能拿回他的人头，赏钢洋5000元。但是敌人毕竟是嚣张一时的纸老虎，这次敌人的五路合击并没有消灭我们，可是，吴军长却遇到很大的危险，差一点牺牲。

那是敌人出击的当天下午，4点多钟的时候，一伙敌人紧追吴军长，从仰天窝到鼓家店已是10多里。这时我们的部队都被敌人冲散，几乎没有抵抗的能力了。军长只带着两个警卫员和1个号兵，势单力薄。在鼓家店小河滩上，敌人的先头部队四五个人离吴军长只有五六十米，情况万分危急，值得庆幸的是敌人嗜财如命，想抓活的，所以没有开枪，敌人边追边喊："站住！缴枪！"

吴军长边跑边说："我缴一件大衣给你们吧。"说着，就把身上的一件大氅脱掉扔在地上，敌人以为大衣里肯定有好些钱和值钱的东西，便一窝蜂地扑向大衣，胡乱在口袋里摸着。然而，很使他们失望，口袋里除2个干馍外，再别无他物了。吴军长趁这个机会，紧跑一阵，渐渐甩开了敌人。

恰好这时，我带领一个班跑到这，发现了这一情况。我们相距敌人也只有100多米，我便命令全班战士迅速爬到鼓家店小庙的小垭子上，13支驳壳枪同时开火，每人打了20发子弹，把正在争夺大衣的敌人打死3人，打伤2人。我们虎跃般冲上前去，缴获了敌人5条枪、1000多发子弹、20多枚手榴弹，夺回了军长的大衣。这时，远远地见到尾追的敌人逼过来了，我们就撤退了。

退到小垭子上，又跟敌人打了一会儿。天，渐渐地黑了下来。敌人在白天没有消灭我们，在晚上更害怕我们这些"夜老虎"。所以也不敢再追了，疲倦不堪地向据点退去。我们擦了擦脸上的汗水，辨清了军长去的方向，顺着雪地里留下的一行歪歪扭扭的脚印，寻找军长去了。

我们走啊，走啊，一开始并没有觉得什么，这会儿就感到寒风刺骨了，肚子里咕咕叫。但我们寻找军长心切，没有停下来休息一会儿。我们一路小跑起来，直到了宣化店以东的黑狗子寨，借着白雪的映照，才模模糊糊地发现有"几户"人家。当我们走近时，所看到的只是被大火焚烧过的断垣残壁，只有半间茅屋幸存。正好，军长等4人就在里面烤火。军长身上披着一件毯子。他见到我们时很高兴，连忙招呼我们坐到火堆旁。我没有立刻坐下去，望着军长，不无担心地说："军长，您今天太危险了！"

军长不以为意地笑了笑，眼睛盯着我们缴获的战利品，很高兴地说："你们刚才干得好哇！"接着他不解地问道："你们刚才打枪，像打机关枪一样热闹。部队不是没有发子弹吗？"哦，这时我才恍然大悟，军长之所以扔下大衣诱惑敌人，是因为他们没有子弹啊！我连忙解释道："是我从军械股带来的子弹。"接着，我又把隐藏子弹的秘密告诉了军长："我原来在军械股任股长，因连续五次'围剿'，我军机关缩小，我就到手枪团里任一班班长了。"军长有点吃惊："哎呀，股长换成班长，你没有闹情绪吗？"我笑着摇了摇头。我暗想，这都是革命工作的需要，难道还讲什么职位的高低？当然我不会把这一想法透露出来。

军长穿起了我们夺回的大衣，站起来说道："你们今天打了个胜仗，第五次'围剿'以来的第一次胜仗！"确实如此，自从围攻七里坪以来，我们都是被敌人追着跑，今天才算瞅了个机会，打击了敌人一下，尽管不算什么大仗，但吴军长还是很满意的。这从他脸上的笑容可以看得出来。

我们把缴获的战利品全部交给了军长，另外还把我们随身带着的子弹给军长和警卫员每人30发，军号员20发。军长很高兴，也很激动，他命令我说："从今以后，你就是一分队的副队长了。"我不好意思接受，因为我觉得我并没有做多大的事情："我还是当班长好。"军长不同意。按照他的命令，我当了副队长，并兼任专职支部书记。

深夜，我们从破屋子里出来，军长问警卫员："还有干粮没有？今天打了胜仗应该吃点东西。"可是警卫员回答说干粮在今天早上就吃完了。我于是从口袋里掏出两块晾干糕来，递给军长。军长也没有推辞，接过去分一块给警卫员和军号员，自己拿一块，兴奋地嚼了起来……

我们连夜来到鼓家店，军长命令军号员吹响军号。很快，战士们就集合了。军长把缴获的子弹每人发了两发。有了子弹战士们一下子活跃起来了。军长站在一个石碾子上，对战士们说道："同志们，手枪团今天打了一个胜仗，希望你们像他们一样，拿着从敌人手中夺来的子弹，狠狠地打击敌人!"军长洪亮的声音，在山谷里震响，战士们也都暗暗下了决心，在摩拳擦掌……

第二天凌晨4点多钟，部队冒着小雨，向周党畈民团进军。当敌人还在酣睡时，就在被窝里乖乖当了俘虏。我们将民团一中队全部清除，缴获敌人10000多发子弹，1000多颗手榴弹。这次大胜仗，极大地鼓舞了同志们的斗志。从此以后，我们的形势也逐渐地好转起来，我们从小胜利不断走向大胜利。

1934年4月，吴军长率领我们在豹子崖胜利地与徐海东同志会师。久别重逢，战士们亲热无比，此时该有多少话要交谈啊! 然而，部队又要忙着整编。整编后，二十五军辖七十四、七十五师，另以江求顺为首在皖西北重组红二十八军，革命力量大大地发展了。

吴焕先军长率领着这支在革命战火中发展起来的队伍，活跃在大别山之中、鄂豫皖一带，革命的烈火越烧越旺。

原载中共信阳地委党史资料征编委员会编：《丰碑》，《中共信阳地区党史资料汇编》第13辑，第237~244页。

陈国新、黄开禄的回忆

（1984年10月20日）

陈国新的回忆：我叫陈国新，77岁，住涩港刘楼村桃园组。

1934年春，红二十五军从东边过来，住在昌湾一带，约10000人。捉住了大土豪翟席宇，没收了翟的家财，分了他的田地。

当时负责分田的叫土地爷。这次叫我参加扛一个大锄，走不多远挖一个坑作为分田记印。我家分了2块大田，一个4斗一个2斗共6斗。后来把翟用石头砸死了。

黄开禄的回忆：1934年，红军来了不少人，满山遍野都是，仅我湾就住了200多人。

红军来后宣传打土豪分田地，分粮，打富济贫，穷人不还富人钱等，在刘楼进行了土改分田。

原载中共信阳地委党史资料征编委员会编：《丰碑》，《中共信阳地区党史资料汇编》第13辑，第108～109页。

我当小护士的时候

◎ 周东屏

每当我看到穿白大褂的护士，不由就想起我当护士时，战斗在大别山的那个年代。

1932 年秋天，红四方面军主力撤离苏区，皖西根据地陷入了反革命军队的重围。为了保存革命力量，组织上决定带领我们向鄂东转移。

当时，我不满 16 岁，在六安三区当少先队大队长。一天到晚，领着一伙戴红袖章的少先队员宣传、放哨、慰劳红军。说真的，那时候我还不懂得革命是你死我活的流血斗争呢。

转移途中，我看到许多革命同志被残杀，许多村庄变成了一片焦土。革命是多么严峻啊！

我一边走，一边想，我已经长大了，我要去当红军。

到了鄂东叶家湾不久，听说坚持苏区的两支部队——徐海东同志率领的红九军二十七师和吴焕先同志率领的红二十五军七十五师，在檀树岗会合了，省委决定重建红二十五军。我跑了 30 多里路，到了檀树岗，坚决要求当红军。省委的一个同志将我上下打量，见我瘦骨嶙峋的，个子还没有步枪高，摇头说："不行啊！小姑娘。你才这么高，别说扛枪，就是空手跑路也跑不动啊！"我硬缠着不走，非当红军不可。最后他没法，才说："好吧，收下你，可不能怕吃苦啊！"就这样，我到了红二十五军医院，做了一名小护士。

我们的医院，没有固定的地址，也没有床位，更没有像样的医疗设备。一切医药和医疗用具，都装在几个大木箱里。行军了，挑起木箱，抬着伤员就走；住下了，打开箱子就工作。我的工作，平时是洗绷带，护理伤员；行军时用小竹棍挑着四个脸盆和烧水用的吊锅子，跟着队伍走。有时还上山打柴，到远处去背粮。

第二年秋天，环境越发艰苦了，许多村庄几乎灭绝了人烟。敌人在水井里撒毒药，在路旁撒烂脚的药，想把我们赶尽杀绝。我们医院不能随部队行动，便转移到豫皖边界的仰天凹一带大山上去。

荒凉的深山野岭，周围几十里没有人烟，山洞也很少。我们割草、砍树，搭起茅棚给伤员住，自己露天住宿。那时候，药物只有灰锰氧、硼酸水、升汞水等。绷带都是洗了几十次甚至上百次的破布。药棉开始还有一些，后来洗得不能用了，我们就撕棉衣。棉袄撕成了夹袄，夹袄又撕成了单衣。就在这样的艰苦条件下，我们把一批一批伤员医好，送上前线，又从前线接下新伤员。

因为敌人的封锁，吃得越来越困难了。每天，给伤病员换好药，如果没有敌情，我们一些小护士，就端着破洋瓷盆，到处去挖野菜。大家一边挖野菜，一边唱着《妇女诉苦歌》。

我7岁时死了妈，13岁被人贩子抓去卖了50块钱。是党和毛主席把我从苦难中救了出来。在我的心中，无时不在唱着这首歌的最后几句：

　　　　参加红军闹革命，

　　　　咱们妇女翻了身。哎哟！

　　　　一心跟着共产党，

　　　　作一个女英雄多光荣。哎哟！

那时候，我们医务人员的口号是："一切为了伤员。"有了吃的东西，哪怕一把米，一把盐，也都留给伤员。有一次断了吃的，我们搞到一点稻子，用石板搓掉壳，给伤员们做了一瓷盆稀饭。伤员们都不肯吃。一个断了一条腿的伤员说："要吃，大家一块吃，都是为了保卫苏区，怎么能看着你们挨饿呢？"我们只得每人舀了半碗，端在手里。等伤员们吃完了，我们又把稀饭倒进盆里，留给伤员下顿吃。

有一天，我们饿得实在直不起腰来了，满山遍野地去找吃的。我和另外3个同志，在一棵白果树下，拾了些白果。大家高兴万分，立刻回去炒了炒，就吃开了。哪知白果心有毒，吃下去后，又吐又泻，鼻子和嘴直出血，接着就抽风。结果，两个战友牺牲了，我也差点送了命。

后来环境更恶化了。敌人天天搜山、烧山。我们医院化整为零，每个党员或团员负责带几个伤病员，分散隐蔽在山林里。我负责保存3瓶药——一瓶灰锰氧、一瓶升汞水、一瓶硼酸水，并带领两个重伤员，隐蔽在一个山洞里。党对我们的嘱咐是：人在伤员在，人在药品在。

敌人又搜山了。这群野兽站在高处，疯狂地叫喊："出来吧，我看见你了！""出来吧，有白面大米吃！"我们知道，这是敌人惯用的诡计，谁也不动。

一天，敌人从草丛中抓住了一个护士（名字记不清了），用刺刀逼着她，大声喝道："你们的人都藏到哪去啦？"这个同志紧闭嘴唇，一言不发。敌人逼着她喊话诱降，她坚贞不屈，一声不吭。敌人恼羞成怒，用葛藤把她绑在树上，用皮带抽她，用脚踢她，用火烙她。残暴的敌人用尽了各种毒辣的刑法，也没有从她的嘴里掏出一句话来。最后，敌人竟用刺刀把她挑了。她是我永生难忘的好同志、好战友。她牺牲时，只有17岁。

当敌人发觉这一带有红军伤病员时，立刻从四面向山上围来，又是放火，又是打枪。这时候，正在附近活动的吴焕先军长，得到这个消息，赶忙率领部队赶来，掩护我们突围。我们边战边撤，吴焕先同志带领部分战士断后。战斗非常激烈，双方展开了肉搏。

在这次斗争中，首长和同志们的艰苦奋战，战友的壮烈牺牲，给了我很大教育和鼓舞，更使我常常产生做一名红军战士的光荣感。

1934年秋天，红二十五军奉党的指示，作战略转移时，一些老弱人员不能随队，被安置留在原地。我们7个女同志都要求随部队走，参谋长说女同志都要留下，我们急得大哭起来。幸亏徐海东同志来了，他寻思了一下，和参谋长商议说："这些女孩子都经过了最艰苦的考验，既然她们决心很大，就让她们一块走吧。"

于是，我们7个女同志随同部队踏上了征途。

原载皖西革命斗争史编写组编：《皖西革命回忆录：第二次国内革命战争时期（上）》，安徽人民出版社，1980年，第418～421页。

豹子岩会师之后

◎ 魏文健

1934 年 4 月 16 日，红二十五军和红二十八军在皖西地区豹子岩会师了。这两支被敌人分割达半年之久的红军主力的重新集中，开始了红二十五军坚持鄂豫皖根据地革命斗争的一个新转折。

为了集中力量，加强对敌斗争，省委决定合编为红二十五军，下辖七十四师、七十五师，全军共 3000 余人。徐海东同志任军长，吴焕先同志任政委。新编的红二十五军，驰骋于鄂豫皖地区，有力地打击敌人，保卫苏区，并且进一步转向敌人的占领区，大胆灵活地开展游击战争，取得了许多重大胜利。

这里，仅我个人的经历，回忆红二十五军活动的几个片段。

罗田赶骡

5 月初，奉省委之命，红二十五军从鄂东转向皖西地区，远程奔袭敌五十四师的后方罗田县城。

罗田县城位于大别山主峰的南侧，三面环山，一面临水，山上筑有碉堡和集团防御工事，驻有国民党一个师的兵力。由于敌人经常外出"剿共"，仅有一个步兵营和一个钢炮营及当地的民团留守，约 3000 人。

我军了解敌情后，从麻（城）北直向东南而下，经过 100 多里的急行军，第二天拂晓逼近了罗田县城的外围工事。七十五师二二四团首先打响了战斗，接着四面的部队都开始攻击各自的目标，顿时火光冲天，枪声四起，冲锋号和呐喊声响成了一片。我军指战员勇猛地冲上敌人的阵地，还没到中午，一连攻下了 6 个山头，占领了十几个碉堡。这样，整个罗田尽收在红军的眼底。接着就开始了攻城。

攻城是一场激烈的战斗。冲锋号一吹响，在强大的火力掩护下，我军跃过护城河，冲到城墙下，架起梯子开始爬城。一营事先准备的两张梯子高度不够，战士们爬上木梯，又在梯上架起了人梯。可是才上去几个人，城内就响起了剧烈的机枪声，原来敌人的一挺机枪，架在一间屋子里，正对准城门扫射，使上了城墙的战士，根本无法接近城门。后来，我军用机枪压住了敌人的火力，几个战士扑过去，才打开了城门，部队像潮水一般地向城里涌去。

我是跟随团政委在一营后边进城的。在一个客店里，我们发现了 100 多匹骡子，那是敌人用以拉炮的，一匹匹又肥又壮。在几间大屋子里，堆满了军用物资，特别是有一间暗室，里面放着几十箱银圆。

一会儿，徐海东军长来了，命令手枪团将东西迅速搬运城外，又吩咐团政委要加强警戒。忽然，从大街中心传来稠密的枪声。一打听，是我们入城的先头部队，一路未经搜索，径直冲入了大街中心，这时受到了敌人的阻击。枪声越响越烈，敌人也越聚越多，打得我们的战士不能立足。情况显得非常紧张。团政委赶紧命一营边打边往城外搬运东西，凡搬不走的统统抛弃，然后到山口集结。

听说要撤出县城，我们特别舍不得那些肥壮的骡子，可是怎么才能把它们弄出城去呢？经过通信排的同志一起商量，决定：由两人牵着两头骡子走在前面，其余的人在后边驱赶骡群，又打棍子又放枪，这样骡群是会跟着跑的。出了城，抓到多少算多少，反正不给敌人留下一头骡子。

这个办法果然很灵验。我们几个通信员挥着棍子，鸣着空枪，从后边赶着骡群，骡群一路嘶叫着向城外跑去。出了城门，看见团政委在发笑："这些小家伙，点子真多！"

奔袭罗田，歼灭守敌一部，缴获银圆 7000 元，另有大批枪支弹药和军用物资。转移途中，我们通信排赶着几十匹骡子，浩浩荡荡地前进。

郝集擒敌

敌人妄图消灭鄂豫皖地区的红军，制订了所谓7月至10月的3个月"围剿"计划，调遣了70多个团的兵力，划区"驻剿"。

8月间，我军在鄂东地区活动，不断遭到敌人的合围和追击。考虑不利于在这一带继续活动，决定再次转向皖西。这天，部队经西界岭，越过毛坦厂，到达六安苏家埠西南的郝集。

郝集一带，是我的家乡，过去是苏区。敌人四次"围剿"后，把它糟蹋得不像样子。我们见到那荒芜、凄凉的景象，心中都不是滋味，恨不能将敌人杀个落花流水，以解心头之恨。

这天下午5时光景，敌刘镇华的十一路军警备旅出动，寻找红军和零散的游击队作战，在郝集附近，跟我二二五团前哨部队遭遇了。据侦察，敌人共有两个团兵力，武器装备齐全，正向郝集方向运动。于是，军首长决定消灭这股敌人，立刻命令二二三团占领有利地形，命令二二五团向后撤退，牵着敌人的鼻子，进入我军伏击圈。凶残而愚蠢的敌人，妄图消灭红军部队，大队人马猛扑过来，一下陷入了我军的伏击圈。在一片震耳的枪声中，二二三团、手枪团经过一阵冲杀，敌人已经溃不成军。

这次战斗是由遭遇转为诱伏的。红军战士在武器装备远比敌人低劣的情况下，以一当十，勇敢战斗，不到2个小时，就击败了敌人。俘敌400余人，击毙击伤敌人百余人，缴获枪300多支及大批军需品。被打散的敌人，像丧家之犬夹着尾巴向北逃跑了。

当时我在军部交通队当通信员，战斗打响后，正从二二三团送信回来，路上抓到了一个俘虏，还得到一张指挥地图。回到军部，我先把俘虏押往交通队，然后把地图交给军政委。

军政委高兴地说："这比缴获敌人一门大炮都好，我们正缺这个东西哩。"接着又问："你抓的那个俘虏呢？是不是个当官的？"

"押在交通队，是个白面书生，不像当兵的。"我答道。

"快去把他押来！"

我把俘虏押来了。一进门，那个家伙浑身打颤颤，是个胆小鬼。

在军政委盘问下，他先是说在连里当文书，后来才供出是旅部的参谋、副旅长的随从。

"那你们副旅长呢？"军政委问。

"在突围的半路上，就被你们红军打死了。我一个跑到路边树丛里躲藏，不想你们那位小同志见了，就……"这个副旅长的随从，说着低下了头。看着他那脓包的样子，我心里直发笑。

"把你知道的情况谈一谈吧。"政委一边给他倒了一杯开水，一边示意我到伙房弄点吃的，款待这个"高级"俘虏。

后来我们知道，军政委从这个俘虏身上获得了敌人方面的许多情况，知道敌人要进一步加强封锁，实行有计划搜山，向苏区军民发动新的攻势。

黄昏时分，部队下山做饭，晚上就地宿营。军政委把我叫到跟前说："你的家不就在苏家埠吗？想不想去家看看！"

多么想回家看一看！敌人四次"围剿"后，家乡已被占领，地主、民团像虎狼般地欺压人民群众，疯狂地进行反攻倒算。我家中有父亲和一个弟弟，如今也不知是死是活，心中常常惦记，可是……

军政委像是看出了我的心思，说："总有一天，咱们胜利了，就能在人民的土地上，自由自在地走来走去，人民就能过着幸福的生活。为了这个，咱们就得好好干！"

是的，我一定要好好干，非要把革命红旗插遍全国不可！非要革命到底不可！我在心里宣誓着。这一夜，怀念、感慨、兴奋，一齐在我的心中翻腾着，久久不能入睡。

奔袭太湖

那是在郝集战斗不久的一天，部队刚刚在一个地方（记不清地名）住下，我从外面回来，经过首长的屋子，就听到吴焕先政委的声音："英山是不能打了，咱们另想办法。"

"我们到太湖去！"这是徐海东军长的声音。接着屋里一片沉默，然后是一阵细语，首长们像是在研究着什么事情。不一会儿，听到徐军长喊传令兵，我赶紧走进了屋子。首长说："通知各团，立刻做饭，吃罢饭继续行动。"

当天晚上，部队行军90里，隐蔽地进到太湖西北的回龙湾。第二天部队又来了一个130里的急行军，拂晓前赶到了太湖县的郊区。后来，我们才知道，部队进至英山城下，发现城内驻有重兵，设防严密，强攻城池必然会造成重大伤亡，这才有放弃攻打英山、奔袭太湖之举。太湖是敌人后方，防守比较薄弱，而且那一带物资比较丰富，可以解决部队的供需。

在离太湖七八里的山边上，我们看到河东有3盏大汽灯，通光明亮，远远望去，人影摇动，这是敌人在赶修防御工事。我们加快脚步，悄悄前进，队伍中除了沙沙的脚步声，就是从后边传来的口令："跟上队伍，不要掉队！"一会儿就把汽灯甩在后边了。部队翻过了一座山，看见山冈下边黑压压的一大片，还有大大小小的亮光在闪烁着。我们知道，攻击的目标已经摆在眼前了。

"传令兵！"一听吴焕先政委的叫喊，我们交通队的几个战士立刻齐声答应。军政委说："快告诉徐军长，占领东门以后，烧一堆火作讯号。"

这时候，二二三团快步前进，从县城的西南方分两路奔向西关和南关。一会儿攻城的号音响了。战士们像离弦的箭，向城墙猛冲上去，搭人梯，套绳索，有的还立起大圆木作爬杆。守城的敌人，有1000多人，见红军爬上城墙，慌忙向城里逃窜。

城东门上的火堆燃烧起来了！一阵呐喊，战士们向街中心冲去。这次大家有了经验，一面冲一面搜索着，从四面八方汇集到十字街头。太湖城内，一片欢腾。

红军的远程奔袭，将敌人打得落花流水，敌人还闹不清楚眼前发生了什么事，就做了俘虏。伪县长和秘书长被红军从柴火堆里掏出来，乖乖地举手投降。

我们几个通信员，随军政委从南门进城。一进城，军政委就要找县政府，走不多远听到一座小楼里有电话铃声，用手电筒一照，是县电话局，里边还亮着灯。考虑到里面有敌人顽抗，我们先用枪打灭灯光，然后搭人梯翻过高墙入屋，打开大门。军政委走上楼拿起电话筒，和周围的县城通起话来了。

"喂！我要罗田！罗田吗？我是太湖，我是太湖！我们被共军包围了，请你们快来援助。"政委故意发出惊慌的语调。对方的回答是，他们那里也很紧张，已经自顾不暇了。政委又向黄梅、宿松、潜山等县打了电话，回答都是大同小异，不是说长官不在，就是推说无人。政委打了好一阵电话后，露出笑容，风趣地说："他们都不来，那我们就在这里休息一天再说吧!"

战斗结束后，部队打开敌人的全部仓库，缴获了大批棉布，使每个指战员得到一套夹衣料子。经自己动手剪裁、缝制，我们都穿上了新装，黑的、蓝的、卡叽的、斜纹的，形形色色，一派簇新，显得格外精神。我们还在太湖城内发动群众分粮、分盐、分衣物，对周围的几个县影响很大，一些群众都自动开展抗捐、抗税和分粮的斗争。到10月间，我军在英山、太湖交界的地方，建立了一块纵横30里的游击根据地。

原载皖西革命斗争史编写组编：《皖西革命回忆录：第二次国内革命战争时期（上）》，安徽人民出版社，1980年，第431～437页。

战地生活二题

◎ 张竭诚

野菜

你吃过野菜吗？通常情况下，野菜在人们的心目中只是一种很普通的植物；然而，在反"围剿"的艰苦斗争年代里，它却是红军的主要粮食。

这是 1933 年夏初的事情，我们红二十五军向七里坪发起了围攻战，城是围上了，但狡猾的敌人抓住了我们没有粮食的短处，死不出穴应战。"人是铁，饭是钢，一顿不吃饿得慌。"没有粮食，我们不能一鼓作气攻下七里坪，于是战斗便处于相持状态。整整 40 多天啊！我们只得一面握紧枪杆，警惕着可能逃窜的敌人和增援的敌人，一面还要抽空子轮换着去挖野菜吃。好在是夏天，正是万物舒生的季节，山冈上、田野里到处都有可供我们食用的野菜。我们挖着，饿了就往嘴里塞上一把，同时唱起了自己编的山歌：

> 野菜好，野菜香，
>
> 野菜吃了饱肚肠，
>
> 野菜给我们长力量，
>
> 坚决打垮贼老蒋！

唱歌是愉快的，可心情却是矛盾的。不错，吃野菜的确可以解决一时的饥饿，使我们有可能继续战斗下去，偶然吃一顿，说"好""香"也未尝不可，但天天拿它当饭吃，又没有油盐，那种又苦又涩的味道也真够受的。话虽这么说，可没听见谁埋怨过，因为全军上下都在吃野菜，战士吃野菜，首长也吃野菜呀！

那时，我在特务营里当通信班班长。有一天晌午，教导员叫我给副军长徐海东同志送信去。指挥所在七里坪北面的香炉山上，离我们将近10里路，由于肚子里没有东西，身体很虚弱，我艰难地攀着山石，休息了好几次才爬到山腰间一块平坦地方的小茅棚边，这就是徐海东同志的住所。我进屋的时候，徐海东同志正坐在一个破木箱上吃饭。我把信递了上去，不自觉地把眼光转到饭盒里，寻思着首长吃的是什么。呀！我几乎不能相信自己的眼睛：一碗灰青青的野菜汤，和我们常吃的一样，不同的只是在菜汤里漂了几块薄薄的南瓜片。首长光吃这个怎么能行呢？他要指挥几千人对敌作战呵！唉！警卫员们也真是……为什么不想办法？还有供给部为什么不来看看？早知道这样，说什么我也要请求营长把我们留给伤员们的大米匀一点带来……我想着想着，不由得又为自己的幼稚而暗自好笑，难道其他同志就不关心首长吗？很清楚，这是首长以身作则要与大家同甘共苦呵！

徐海东同志看完了一页信，见我呆痴痴地站在那里，就顺手拽过一只自制的木凳叫我坐，并且和蔼地说：

"饿了吧？小鬼。来，吃点南瓜！"

南瓜，在当时算是最上等的饭食了。好多日子没有闻见南瓜香，那几片黄鲜鲜、热腾腾的南瓜，特别刺激我的味觉。可是，当我想到首长日夜劳累更需要营养的时候，便竭力把强烈的食欲压下去，立刻挺起胸脯大声说：

"报告首长，我刚吃过，饱饱的了。"

他的眼睛从信上转到我的身上，扫了好一会儿，忽然高声大笑起来：

"嘿！这小鬼……"

显然，首长已经猜透了我是装假的，听他一笑，我一下涨红了脸。

"你们吃的怎样呵？"他看完了信，拿起筷子又问我。

"吃野菜，挺好！"我故意把"挺好"说得响亮些，同时指着饭盒里的南瓜说，"有时候，我们也能吃上这个哩！"

"哪儿来的？"

他一直和蔼的面孔，忽然严肃起来，我明白他的意思是怕我们破坏群众纪律，忙回答说："区上送来的。"

他这才放心了。接着对我说："回头告诉你们营长、教导员，千万不能乱动老乡们的东西，经过四次'围剿'，老乡们也够苦的，咱们是红军，应该克服这个暂时的困难，还要多想办法搞野菜吃，野菜多着哩！"

说到这里，他放下碗筷，饭也不吃了，扳着手指头一样一样说出野菜的名字来：什么苋菜啦、灰菜啦、野芹菜啦、苗苗根啦……一下说了 10 多种。有些菜名还是头回听说哩！他怎么这样熟悉野菜呢？连我这个土生土长、尽摆弄土疙瘩的人都有点儿惊奇了。他点过了菜名，随后叫警卫员到伙房找几种野菜给我看，并解说着它们的特征和怎样做才好吃，一个名震鄂豫皖的红军指挥员，现在忽然变成野菜专家了。最后他说："你们也找这些菜来尝尝吧！好改善改善伙食！"

从此，我们营每次开饭，又增加了新的内容。大伙都非常感激首长对我们的关怀。

多少个年头过去了，我们的祖国发生了天翻地覆的变化，人民的生活也有了重大的改善，生活在幸福年代里的人们再不用野菜充饥了，可是当年吃野菜的情形，仍然不时映现在我的脑中。野菜对我来说是那样的亲切，它使我永远不能忘却过去的艰苦，鞭策我现在和未来都要保持红军的艰苦朴素作风。

转移中的胜利

1934 年秋，遵照党中央的指示，红二十五军为了保存力量，争取有利的革命形势，向外线作战略转移。当时我军正在皖西地区开展斗争，接信后，就开始了从皖西到鄂东 400 余里的长途跋涉。

9 月初，一个月近中秋的晚上，我们渡过淠河，踏着崎岖的山路，向西前进。一路且战且走，经过几个不休不眠的日夜，终于通过了四道封锁线，并且在行进中陆续消灭了两个团加 4 个连的敌人。

几天来，我们真是疲劳到极点了。这天，我们通过了最后一道封锁线，走了 140 多里路，天将亮时，宿在一个叫斛山寨的地方。

我正熟睡着，也不知睡了多久，突然谁把我从草堆上拽了起来，心里老大的不愿意，连眼睛都懒得睁开，就又躺下睡了。蒙眬间听见队长像打雷似的喊了起来："不要睡了！我的好同志，敌人都到门口啦！"

"什么？什么？"人们一下子都被这个意外的消息惊醒了。

我连忙坐了起来，使劲地揉了一下眼睛，看见队长正严肃地站在地当中环视着大家。他说："同志们，咱们让敌人包围了，首长让大家赶紧做饭吃，吃饱了好接受战斗任务！"

"战斗任务？"大家一听眼睛都亮了起来，有些不大相信似的望着队长。说实在的，我们这个通信队也真够窝火的，一路上打了那么多的仗，就是没有我们的份儿。这时，谁不希望队长明确一下这个"战斗任务"指的究竟是不是直接参加战斗呢！

大家的心情，队长是了解的。在这以前，他和我们一样也有强烈的直接参战愿望，不过，总是不动声色，只有当我们之中有谁对不能直接参战而闹情绪时，他才说："不要急嘛，同志，当红军还愁没仗打？"这会儿，只听他严肃地说："是呵！是战斗任务，具体点说就是咱们通信队这回也能和敌人枪对枪、刀对刀的了。"

一块石头落了地，大家都欢腾起来。

村里人嘈马嘶的，好多的指挥员都聚集到军部来了，每个人的脸上都呈现着紧张而严肃的神色。徐海东同志站在一个台阶上对大家说："同志们，现在的情况是严重的，包围我们的敌人有4个师，其中有两个师是东北军，武器很……我们连续行军作战，身体是疲倦的，而且人数也远远不及敌人，但我们要坚决打垮敌人，突破重围……"

吴焕先政委接着说："克服一切困难战胜敌人，彻底实现安全转移到鄂东的行动计划。这是这次转移中的最后一战，红二十五军几年来在鄂豫皖建立起来的荣誉能不能保持，就要看这一战了。"

首长的决心增强了大家的信心。指战员们明确了各自的任务以后，马上开始了迎战的准备工作。

晌午以前，敌人在4架飞机掩护下，向我们发起总攻击。战斗首先在斛山寨南面的一角打响，接着四面八方都响起了激烈的枪声。敌人来势汹汹，很快就逼近了我军的防御阵地。他们一面前进，一面对我们喊着各种下流的话语，仗恃已经对我们形成包围的气势，和人多、武器好等有利条件，一时显得非常骄横。这种情况，对于经过千百次战斗锻炼的红军来说，并不是生疏的。大家依然十分沉着，准备好了手榴弹，上好了刺刀，正目不转睛地盯着早已由指挥员们选择好了的冲击方向，单等军部总反击的号令。

总反击的号令终于发出来了。传入人们耳鼓里的，首先是来自我军各个阵地的冲锋号声，随着这个惊心动魄的声音，我们通信队簇拥着徐海东同志走上一座山峰，居高临下，看到我军各部队的百十面军旗，映着阳光，迎风招展，像在万山丛中卷起一片红云；如同潮水一样的红军战士，正以排山倒海之势勇猛前进；子弹、手榴弹的迸裂声，在山谷中不断回响。敌人第一线的部队，很快便被我们冲垮了，部队继续向纵深进攻。

斛山寨敌我双方激战，越来越激烈了。不料敌人用一部分兵力绕过斛山寨，向我们军部插过来，情况更加紧张。徐海东同志从望远镜里发现这个情况，考虑到没有预备队，军部很空，便把消灭这股敌人的任务，交给了我们通信队。当时，通信队有一部分人在外面传达命令，余下的人不太多了，任务是如此艰巨，但久已渴望直接参加战斗的我们，却无比高兴。

我们一下山就与敌人接触了，初生牛犊不怕虎，一阵手榴弹就把敌人打得踉踉跄跄地后退了好几十步，激烈的战斗就这样开始了。我们忘了多少个日子没有吃饱饭，也忘了多少个日子没有睡好觉，在决定胜败关键的千钧一发的时刻里，只有一个心愿：一定要突破重围，消灭敌人。疯狂的敌人在我们准确的短程射击和手榴弹的打击下，吓得溃退了。不能给敌人喘气的机会，我们越过敌人的尸体，紧跟屁股就撵了上去。

在混乱的敌军中，我发现了一个指挥员模样的人，一边后退着向我们打枪，一边声嘶力竭地回头喊着他那越逃越远的部队，但是他的命令这时已经不起作用了，连他本人也像耗子似的往后跑。没跑多远，就被我们飞过去的手榴弹"轰"的一声撂倒了。我赶上去，看他躺在地上流了一身血，正痉挛地抓着泥土，从挂着血渍的嘴角里，发出轻微的"饶命"声。我厌恶地瞅了他一眼，顾不得管他，又继续往前追击敌人。

各路反击部队都胜利了，敌人抛弃的枪支弹药漫山遍野皆是，俘虏像蚂蚁似的被我们的迂回部队赶下山来。由于战斗一开始我军就控制了一些有利地形，攻得勇猛，打得顽强，战斗进展后又采取了攻打敌人兵力最薄弱部分和反包围的办法，终于将敌人四个师（刘镇华的六十、六十五师，东北军——七、一二〇师）全部击溃并歼灭一部，生俘4000多人。

战斗是黄昏时分结束的。当夜安置了伤员，又将4000名俘虏全部资遣释放，我们才泰然地躺在草铺上休息。这是许多天来最舒适的一次了，应该美美地睡一觉，可是白天战斗的胜利使我不能不激动，我想着：我们胜利了，我们冲破了敌人的重重封锁胜利了，这胜利是用了怎样坚毅的精神，战胜了疲劳才换来的呀！

为了争取早日和鄂东红军会合，天未亮我们又整装出发了。长长的行列，踏上了漫长的征途，而艰苦的岁月也像漫长的道路一样，等待我们去征服。我们这次所经历的战斗，只不过是整个革命事业中的一个片段，因为到鄂东后不久，就开始了史无前例的长征。

原载皖西革命斗争史编写组编：《皖西革命回忆录：第二次国内革命战争时期（上）》，安徽人民出版社，1980年，第438～445页。

回忆徐海东同志

◎ 徐光友

徐海东同志是我党久经考验的忠诚战士，新中国的开国元勋和老一辈无产阶级革命家之一。每当想起引导我在革命道路上成长的这位敬重的领路人，就激起我对往事的回忆，徐海东同志的高大形象又浮现在我的眼前。他那英勇顽强、不怕牺牲的革命精神，不断鼓舞我在新长征的路上奋勇前进。

一颗火红的心

1932 年 10 月，鄂豫皖苏区四次反"围剿"失败以后，我由六安保卫连编入红二十七军二团特务连。同年底，又改编为红二十五军。从那时候起，我就一直在徐海东同志身边参加战斗，和他朝夕相处。不论是在坚持鄂豫皖苏区的残酷斗争中，还是在转战南北、出生入死的日子里，徐海东同志给我的印象最深刻的是他对党的事业、对毛主席的革命路线有着一颗火一样红的心。

在坚持鄂豫皖红色根据地斗争的岁月里，环境十分恶劣，条件极为艰苦。红四方面军主力部队离开苏区以后，蒋介石亲自出马，调集 20 多万兵力，对我革命根据地实行"划区清剿"，企图扑灭革命的烈火，摧毁红色的土地。那时候，部队经常出没山区，辗转敌占区，在徐海东等同志的带领下，打了很多胜仗。每到一处宿营地，他顾不得休息，就到处奔走，看望伤员，分析敌情。有时候，还把我们这些"红小鬼"召集到一起，亲切叙谈，讲一些革命道理，鼓励同志们勇敢对敌斗争，增强战胜国民党反动派的信心和决心。他经常说道：我们是共产党领导下的钢铁红军，敌人之所以打不烂、摧不垮我们，就因为我们有党的领导，有千百万受压迫受剥削的劳苦大众做后盾。我们这支队伍就像一团熊熊燃烧的烈火，到哪里都会很快烧起来。他坚信党的正确领导，率领同志们一道坚持斗争，有力地打击敌人。1933 年 3 月，重建不久的红二十五军，在光山郭家河一仗，以 1 与 100 的对比力量，歼灭强敌 1 个旅，毙敌百余名，俘敌 2000 余名，缴获山炮、迫击炮 9 门，机枪 12 挺，长短枪 2000 多支，战马百余匹。接着，在潘家河、杨泗寨战斗连续获得胜利。促使鄂豫皖根据地的形势初步好转，苏区得到相对的稳定和恢复，地方武装也有了进一步的发展。

在党内两条路线的激烈斗争中，徐海东同志立场坚定，爱憎分明，坚持我党实事求是的优良作风，表现了工人阶级高度的斗争觉悟。1933 年 5 月，围绕七里坪战役所开展的一场斗争，证明海东同志是正确的。七里坪是黄安北部的一个重要城镇，也是敌人在苏区中心重兵防守的坚固据点。当时的省委领导受"左"倾机会主义路线的影响，在取得郭家河战斗胜利后，不从当时的实际出发，做出了围打七里坪的错误决定。徐海东同志认真分析敌我态势，据理力争，坚决反对。他认为七里坪三面是陆，一面临水，敌人的烧、杀、抢"三光"政策对我根据地摧残十分严重，部队面临人无粮食枪无弹的困难，伤号不断增加，而且敌人兵力又十倍于我，围攻七里坪于我不利，应该避其精锐，打击分散之敌。省委主要领导一意孤行，对海东同志的意见充耳不闻，反而指责他右倾保守。5 月 2 日，海东奉命进入围攻七里坪的阵地。这正是青黄不接的季节，10 天后，部队连野菜、树叶都没的吃了。这时，部队又开始"肃反"，弄得全军人心惶惶。在一次省委扩大会议上，海东再次提出撤围，说："我们围攻敌人的目的是要消灭敌人，可现在相反，敌人一点困难也没有，我们自己却饿垮了。钢军、铁军，吃了饭才能打仗呀。"省委主要领导一听，十分光火，说："谁要是动摇攻打七里坪，谁就是政治上的敌人。"围攻七里坪计 43 天，部队减员近 7000 人。为了保存党和红军的力量，海东同志和其他一些领导同志不怕掉脑袋，坚决从七里坪撤出了部队。实践证明，在当时情况下，徐海东同志的意见是站得住脚的，行动是完全正确的。

1934年5月，由于"左"倾机会主义路线的影响，有人在鄂豫皖苏区继续推行"肃反"扩大化的错误路线，在党内外大搞逼供信，乱扣帽子，随意抓人，无辜杀害革命同志。眼看我们并肩战斗的好战友进了自己人的监牢而惨遭杀害，大家都深感痛心，徐海东同志更是心急如焚。有一次战斗间隙，有几个战士坐在一起谈论家常，比年龄大小，偶尔说到谁是排行老三的话，竟然被指责为是"第三党"，可能是汪精卫派来的改组派，硬是给抓起来枪杀了。海东同志闻讯后十分生气。他气愤地说，我们的同志在敌人的炮火中都冲杀过来了，而现在却倒在"革命"的枪口下，这才是地地道道的反革命在杀害革命者。海东同志不怕担风险，挺身而出，想方设法保护受害的革命同志，深得广大红军战士的崇敬和爱戴。1934年5月，省代表到皖西北道委巡视工作，以莫须有的罪名逮捕了皖西北道区指挥部司令员吴宝才同志和政治部主任兼八十二师政委江求顺同志，说他俩是"反革命"。郭述申同志和海东同志都坚决反对。他们认为吴宝才和江求顺同志都是雇工出身，是农民暴动的组织者，参加革命后屡建功劳，经受了斗争的考验，是优秀指挥员，怎么能是反革命呢？省委代表气急败坏，训斥郭述申同志严重右倾，对"肃反"不坚决，诬陷他也是反革命，并撤销了他的省委委员和道委书记职务，把他下放到政治部当宣传科科长，后来又到一个团任政治处主任。徐海东同志对这种做法极为反感，怒加驳斥："郭述申同志要是反革命，那我们不都成了反革命吗？干脆散伙吧。"终于，保护了郭述申同志的生命安全。

　　1935年9月，徐海东、程子华同志率领的红二十五军到达陕北永平镇，即与刘志丹同志领导的红二十六、二十七军会师，合编为红十五军团。徐海东同志任军团长，推任刘志丹同志为副军团长兼参谋长，程子华同志任政治委员。他们互相尊重，团结协作，指挥部队打了很多胜仗。可是，当时任保卫局长的戴季英推行王明路线，密令十五军团保卫部逮捕了刘志丹同志，诬陷他是反革命。徐海东同志不信这一套，严厉指出：刘志丹同志如果是反革命，怎么会有陕北革命根据地的存在呢？1935年10月，当听到毛主席率领的中央红军经过甘肃天水，即将来到陕北的特大喜讯后，徐海东同志亲自挑选18名大个子战士，组织担架队和警卫部队，热情地迎接毛主席，迎接中央红军。他和政治委员程子华同志，还有郭述申同志向毛主席详细汇报了陕北三次反"围剿"斗争和十五军团的情况，反映对"肃反"

问题的认识及对刘志丹同志的看法,得到毛主席的支持和肯定。他又及时向受"左"倾机会主义路线迫害的同志传达毛主席的指示,安慰部队,使广大干部战士受到极大的教育。

在实行战略转移和坚持鄂豫陕根据地斗争中,徐海东、吴焕先、程子华同志领导下的红二十五军广大指战员坚决拥护党中央,坚决执行毛主席的革命路线,坚决抵制王明、张国焘的机会主义路线,为把革命大本营建立在陕北起了奠基的作用。

一本灵活的"兵书"

在长期的革命斗争中,徐海东同志贯彻执行毛主席的军事思想和战略战术原则,在斗争中不断学习,在战斗中增长才干,具备了丰富的实战经验和高超的指挥艺术,成为一名优秀的指挥员。在我战斗的故乡——大别山区,徐海东同志英勇善战的故事传奇般地广为流传。我们这些红军战士也都深深感到,徐海东同志胸中好像有一部灵活的"兵书"。连我们的敌人也不得不承认徐海东同志有胆有识,有勇有谋,惊恐地称他是"徐老虎"。南溪一战,活捉了保定军官学校出身的敌五十四师代理师长柳树春。当这个骄横跋扈、不可一世的国民党军官,听说徐海东同志既不是黄埔军官学校毕业生,又没有上过保定军官学校,而是在山区生长的烧窑工,惊讶得半天说不出话来。徐海东同志也常给我们讲到,我出身穷窑工,打仗没有别的窍门,是靠党的指引,在实战中摸索,不怕苦,不怕死。那时我们都有这个感觉,跟着海东同志打仗,心里就有主心骨,胆子壮,就有了战必胜的坚强信念。

1934年4月,红二十八军和红二十五军在豹子岩会合,改编为红二十五军,徐海东同志任军长,吴焕先同志任政治委员。当时,经过敌人多次"围剿"的皖西苏区,遭到严重损失,革命根据地大大缩小,我们的反"清剿"任务十分艰巨,部队的粮食、食盐和枪支弹药都十分缺乏。特别到了冬天,部队没有棉被、棉衣,战斗力受到影响。在这种艰难的情况下,徐海东同志和吴焕先同志镇定自若,周密策划,制定部队的行动方针,作出了"避免与敌决战,分散进行游击战"的果敢决策。他派人四处侦察,弄清情况后,采取"老鹰抓小鸡"的战术,打击土豪劣绅和地主老财,缴获了大批的粮食、布匹和棉花,及时解决了部队的给养,鼓舞了指战员们的斗争情绪。当大家纷纷要求打大仗时，海东同志认真吸取七里坪战役的失败教训，认为敌强我弱，要避免部队受损失，打不了不打，打不胜不打，要寻找战机打歼灭战。

我们六安县有个镇子叫"两河口"，国民党保安队占据镇里的一座古庙，并派有重兵防守，扬言"万夫莫开"。徐海东同志决意拔下这颗钉子，给敌人以沉重打击，扩大敌后根据地。战士们早就憋着一肚子气，听到这个消息后，个个摩拳擦掌，士气高昂。可是，由于敌人火力太猛，部队冲了几次都没有成功，伤亡很大。海东同志认为强攻不利，只能智取。他让战士们找来十几只鸡，每只鸡腿上都绑上棉花，浇上煤油，用火点着后甩了出去。盘踞在庙里的敌人还没有醒悟是怎么回事，这十几只鸡带着火已飞落在庙顶上，有几只还飞到庙里。顿时，古庙就烧起来了，烧得敌人喊爹叫娘，四处逃窜，部队趁势发起攻击，一举拿下两河口。

1934年冬，红二十五军遵照党中央的指示和鄂豫皖省委的决定，挥师北上，开始进行长征，实行战略转移。蒋介石调集40多个团的兵力，前后围追堵截，妄图把红二十五军消灭在长征途中。为了配合主力北上，建立鄂豫陕革命游击根据地，在徐海东、吴焕先和程子华同志的指挥下，我们过豫西、入陕南，长驱直入，同敌人进行了一次又一次的较量，粉碎了敌人的第一、第二次"围剿"，发动群众建立革命政权。一些青年纷纷报名参加红军，使红二十五军不断壮大，部队装备得到了改善，战斗力也大大加强。我记得部队离开大本营，刚进入陕南柞水、镇安一带，当地的土豪们把从穷人手里剥削来的万贯家财和粮食、腊肉等物资全部集中在一个山上。海东同志听到这个消息后，立即组织部队包围。但是，这座山悬崖陡壁，土豪们把所有东西都藏在离地面100多米高的半山腰的洞里，又把上洞里的木桩路全部破坏①，部队上也上不去，打炮也无济于事，战士们开始产生急躁情绪。海东同志想，我们上不去，就想办法"请"他们下来。他一边稳定部队情绪，一边组织战士们抱来一大堆干柴，放到山脚下，上面撒了很多干辣椒面，用火一点，浓烟四冒，很快笼罩了整个山洞，迫使土豪劣绅们只好乖乖地投降。我们把缴获的东西除少部分留用外，大部分都分给了当地人民群众，有力地打击了敌人，发动了群众，

---

① 原文如此。

扩大了政治影响。

1935年7月，当听到中央红军和四方面军会师于川西毛儿盖、准备北上的消息后，红二十五军指战员无不欢欣鼓舞，到处奔走相告。鄂豫陕省委当即召开会议，迅速做出了配合中央红军北上，西进甘肃的决定。部队昼夜兼程，过六盘山，下庆阳，来到甘肃黑水。这时候，突然天下大雨，黑水河猛涨，部队行动受阻，只好驻扎下来。徐海东同志不顾疲劳，连夜观察地形，认为黑水是个盆地，一旦敌人包围，我们连个退路也没有。他告诉当时任参谋长的戴季英，让他在凌晨3点钟以前必须组织部队离开黑水，防止敌人偷袭。可戴季英不以为然，蒙头大睡，耽误了部队行动。果然天刚拂晓，国民党马鸿逵部的骑兵突然冲上来了，加之我们没有打骑兵的经验，情况十分危急。徐海东同志和吴焕先同志身先士卒，和战士们一起挥舞大刀，奋勇冲杀，并抓住敌人的弱点，集中放排子枪，终于消灭了这股敌人。就在这次战斗中，我们的政委吴焕先同志不幸被敌人的冷枪击中而光荣牺牲。海东同志失去亲密战友，十分悲痛，亲自为吴焕先同志洗身穿衣，举行葬礼。在行军途中，他组织大家总结打骑兵的经验。我记得当时还编了这样一首歌子："敌人的骑兵不可怕，沉着敏捷来打他，目标又大又好打，排子枪快放一齐杀。我们打垮他，我们消灭他。杀!"

一副钢筋铁骨

徐海东同志在长期的革命斗争实践中，不断磨炼，造就了一副钢筋铁骨。凡是和徐海东同志接触过的人，无不赞颂他的心是红的，骨头是硬的。中国人民的朋友、美国著名记者埃德加·斯诺先生就亲切地称他是"红色窑工"。徐海东同志也常说："我祖辈六代都是窑工，受尽了土豪劣绅的压榨，吃尽了旧社会的苦头，如果没有共产党，我徐海东还不照样做穷窑工。我们只有跟定共产党、毛主席，团结起来闹革命，夺取敌人的'锥把子'，才能翻身求解放。"这正是他参加革命的动机和出发点，也是他在斗争中出生入死，为无产阶级大众过上好日子而不怕掉脑壳的精神力量。

徐海东同志一生南征北战，经历了无数次的战斗，亲自指挥过无数次的战役。在枪林弹雨中，冲锋陷阵，为革命先后九次负重伤，而轻伤更是不计其数。我永远不能忘记，有次战斗结束后，我们在河里洗澡。他喊道："小徐，你过来看看，我身上又叫白狗子咬了多少窟窿?"我看到他浑身上下到处都是大大小小的伤疤,感动得流下了眼泪。回想海东同志在战场上,无论仗打得再艰苦,我从来没有听他喊过半句苦,没有讲过没办法的话,而是哪里敌情严重,他就出现在哪里。每次部队撤退,都是等大部队走完后,他才下山,起到了坚定军心、鼓舞士气的作用。北上的时候,部队刚进入陕南山区不久,一次突然发现敌情,他和程子华同志冒着生命危险,上山察看地形,不幸被敌人的一颗子弹打穿了嘴巴子,伤势很严重。程子华同志也负了重伤。他坚持不下火线,躺在担架上继续指挥战斗,直到打垮敌人的进攻。

徐海东同志对敌人恨之入骨,对革命同志却总是关怀备至。不论是在坚持鄂豫皖苏区反"围剿"的艰苦斗争中,还是在历尽艰险的长征途中,他和红军战士同甘共苦,从不以领导者自居而搞特殊化。我们离开鄂豫皖苏区,经平汉,过枣阳,到陕南这一段,经常受到敌人的袭击,部队常常没有饭吃,没有水喝,有时刚支好锅,被敌人一个炮弹打得粉碎,炊事员也壮烈牺牲了。没有办法,海东同志就带头吃生黄豆面。他有时还把自己的骡子让给伤病员骑,而自己却拖着带病的身子爬山行军。他的这种高尚的品德深深感动着广大指战员,影响着全体干部和战士,全军上下互相关怀、互相爱护蔚然成风,形成了一股不可战胜的革命力量。

徐海东同志为革命鞠躬尽瘁,积劳成疾,但他意志刚强,充满革命的乐观主义精神,以极大的毅力顽强地同疾病做斗争。我们都为他的健康暗暗着急,可他却把自己的安危置之度外,总是乐呵呵地对去看望他的人说:"没什么,这副骨头还散不了架。"在病中,他始终保持和党组织的联系,时刻关心国家大事,关心党的前途,认真学习马列和毛主席的著作,利用自己的有生之年尽力为党工作,亲自组织编写红二十五军战史。他经常教育自己的子女要珍惜革命的成果,要艰苦朴素。在困难的时候,要看到光明,要看到胜利。1963年,我到北京参观学习,有机会去看望徐海东同志,这时候,他的肺功能大部分已经丧失,呼吸很困难,但他还是让人用车子把他推到饭桌旁,和我一同吃饭,还不住地往我的饭碗里夹菜。并说道:"我们这些人能够活到今天,就很不简单了,要感谢党中央和毛主席的关怀,我相信我们这个党是有希望的,应该抓紧时间为党工作,团结一致搞好我军的建设。"他的话使我受到极大的教育和鼓励。这样一面工人阶级的旗帜,这样一位对中国革命有大功的同志,被林彪、"四人帮"看作眼中钉、肉中刺。"文化大革命"中,林彪、"四人帮"一伙采取诬陷的卑劣手段,对徐海东同志在政治上迫害,在生活上刁难,在肉体上折磨,使他的病情继续恶化。面对林彪、"四人帮"一伙的倒行逆施,海东同志始终不屈不挠,表现了大无畏的无产阶级革命气概。就是这样一位久经考验、曾经威震鄂豫皖和陕甘的红军领袖,国民党反动派曾悬赏捉拿、出10万大洋没有买去他的人头,而在林彪、"四人帮"的残酷迫害下,竟含着冤恨与世长辞了,这是多么沉痛的教训啊!

徐海东同志的一生,是革命的一生,战斗的一生,光荣的一生,也是为共产主义事业奋斗的一生。我们要学习徐海东同志的崇高革命精神和优秀品质,无限忠诚党的革命事业,为把我国建设成为社会主义的现代化强国而努力奋斗!

原载皖西革命斗争史编写组编:《皖西革命回忆录:第二次国内革命战争时期(上)》,安徽人民出版社,1980年,第452～461页。

凉亭星火

◎ 沈　琪

　　1932 年 10 月，鄂豫皖苏区第四次反"围剿"失利后，张国焘率中共中央鄂豫皖分局和红四方面军主力撤离了根据地，向京汉线西移。蒋介石继以 20 余万兵力进行"围剿"，根据地笼罩在一片白色恐怖之中。在这危急时刻，中共鄂豫皖省委于同年 11 月及时地重建红二十五军，而后又两次组建红二十八军，在极其艰难困苦的岁月里，坚持与强大的敌人进行了极其英勇的斗争，取得了多次战斗的胜利。但由于王明错误路线的危害和敌人疯狂而残酷的"围剿"，根据地的人力、物力遭到严重摧残，加之敌我力量的过分悬殊，一时难以扭转局面。

　　1934 年 11 月，敌人集中 40 多个团，对鄂豫皖边区革命根据地进行围攻。11 月 11 日，中共鄂豫皖省委根据中央指示精神和面临的严重形势，决定立即率红二十五军主力转移到外线作战，开辟新的根据地，摆脱被动局面，谋求新的发展。同时，决定让高敬亭留下，再组红二十八军，继续坚持鄂豫皖边区根据地的革命斗争。

　　红二十五军于 11 月 16 日高举"中国工农红军北上抗日第二先遣队"的旗帜，离开了河南罗山县何家冲，开始长征。

　　1935 年元月 8 日，蒋介石令张学良的五十七军和刘镇华的十一路军、梁冠英的二十五路军分别进驻宋埠、霍山、罗田，实行"划区清剿"，并限令"于 3 个月内将东区红军主力肃清"。

皖西是其"清剿"的重点，梁冠英以其19个团采取前堵后追、合围兜剿等手段，妄图消灭高敬亭率领的红八十二师二一八团及一、二路游击师于开顺街、叶家集、皂靴河、苏仙石以南地区。

为了保存革命力量，高敬亭一面命令一路游击师南下罗田，二路游击师强渡史河，到外线牵制敌人；一面亲率红二一八团和商北大队与敌一〇六师、一〇八师、独立五旅于赤城（今河南商城、安徽金寨之间）的熊家河展开决战。经3日3夜奋战，才杀出了一条血路，突出了重围，摆脱了强敌，安全地转移至麦园、胭脂一带。2月1日，在立煌县抱儿山与方永乐、徐成基率领的鄂东北独立团会合，见到了中共鄂豫皖省委给他的指示信，才知道红二十五军离开了鄂豫皖边区，责成他继续坚持鄂豫皖边区的武装斗争。

当晚，两支部队一起向东转移，于2月3日到达英、霍、潜、太四县交界的凉亭坳。这里群山环抱，溪流纵横，村庄罗布，梯田层层；四周山高林密，岭大沟深，层峦叠嶂，石怪洞多，地势险峻，我军进可攻，退可守，既可"游"、又可"击"，地形对我十分有利。早年又曾建立过苏维埃政权，后来也驻过红二十五军军部。当地大部分群众对共产党和红军有一定的认识和感情，群众基础较好，筹粮筹款，兵员补充，条件尚较优越。但是，国民党反动派曾把它作为屠杀的重点区。他们以"宁可错杀一千，不可漏掉一个"为行动口号，"见妇即淫，见人即杀，见物即抢，见房即烧"，对凉亭坳进行惨绝人寰的血洗，使整个凉亭坳尸横遍野，火光冲天，处于水深火热之中。

高敬亭、方永乐率部进入了凉亭坳。人们一见这支队伍虽然衣着褴褛，武器短缺不精，但个个精神抖擞，态度和蔼，队伍齐整，纪律严明，便知道不是"白狗"，而是红军打回来了。"红军回来了！""红军回来了！"个个喜在脸上，乐在心里，悄悄地奔走相告。霎时间，有的送柴送米，有的送草送菜，有的腾房让屋，有的主动与红军接头联系，帮红军安排住处。高敬亭、徐成基、罗成云进驻凉亭坳的寿春园药店，方永乐等负责同志在汪胡氏宗祠里歇息。叶家河陇、汪家花屋、药店屋、大屋湾等邻近的大小山庄都驻满了红军的队伍。

高敬亭和方永乐等同志交换了意见，一致认为坚持鄂豫皖根据地的斗争，适应斗争形势的需要，必须立即组建红二十八军。他们还商定了有关具体事宜。

汪胡氏宗祠里，彻夜灯火通明。高敬亭、方永乐、徐成基、梁从学、吴先元、罗成云、熊大海、余雄同志参加的边区高干会议正在这里紧张地进行。

会上，高敬亭同志认真地传达了上级的指示，分析了鄂豫皖边区斗争的形势，提出了坚守鄂豫皖边区根据地，开展敌后游击战争的一整套设想。经过认真讨论，大家一致同意高敬亭同志的意见，并做出了如下决定：

一、成立新的鄂豫皖边区党政军统一领导。一致推举高敬亭同志为省委领导人。

二、整编部队。将红二一八团和鄂东北独立团共千余人合并组建红二十八军，高敬亭任军政委。下辖八十二师和手枪团及特务营，罗成云任八十二师师长，方永乐任政委，熊大海任政治部主任。八十二师下辖二四四团（由二一八团改编，下属3个营），徐贤才任团长，徐成基任政委，余雄任手枪团团长，陈守信任特务营营长。

三、巩固发展敌后游击队，建立游击根据地。会上一致同意高敬亭同志提出的战略战术思想，即在苏区被占领的情况下，要排除"固守深山"的消极思想，大胆、积极地寻找新的立足点，创建新的游击根据地。今后武装斗争主要依靠三种力量，即主力部队红二十八军、地方武装游击师（独立团、独立营）和便衣队；采取三种斗争形式，即公开的游击战争、半公开的便衣队斗争和秘密的地下斗争。

四、2月4日上午召开军人大会，传达这次会议上的重大决定。

2月4日，碧空万里，初春的阳光沐浴着山川大地，银装素裹的群山映衬着翠绿欲滴的竹林，更显得郁郁葱葱，使这个僻静而美丽的山村，呈现出勃勃生机。

从黄咀石到狮子头，从纂箬尖到陈家岭，处处都设置有红军的哨兵。他们倍加警惕地注视着一切可疑的动静，以保证大会安全地进行。队伍从四面八方沿着田间小径向凉亭坳西侧急进。10时左右，小竹林湾里集结着千余之众，个个精神抖擞，面挂笑容，整齐地站立在那里。当高敬亭同志在队伍前的高坎上出现时，会场一片欢腾，爆发出阵阵热烈的掌声。他向同志们讲述了红二十五军北上抗日后边区的斗争形势，传达了中共鄂豫皖省委对红军坚持根据地斗争的指示精神，明确了今后的斗争任务，指明了光明的前景，提出了具体的要求。他鼓励大家说，主力红军撤离苏区后，我们更加势小力单，但不要紧，不要怕，更不要灰心。因为我们还有党的领导，有鄂豫皖广大的民众，有铁心于革命的红二十八军将士。只要我们坚定信心，团结一致，战斗到底，就一定能战胜敌人，赢得胜利，巩固和扩大根据地。高敬亭那洪钟般的声音简练明确，生动有力、热情洋溢和充满胜利信心的讲话，极大地教育和激励着红军将士，不时地被雷鸣般的掌声所打断。人们欢天喜地，斗志昂扬，群情振奋，掌声、口号声、欢呼声，震荡着山谷，震撼着大地，发出了阵阵响亮的回声。

凉亭坳会议的召开，是鄂豫皖根据地斗争史上一次新的转折。它重新聚集了革命的力量，建立了党政军的统一集中领导，再次组建红二十八军，从而在得不到党中央及时指示的情况下，在久经锻炼的鄂豫皖人民的支援下，坚持了艰苦卓绝的三年游击战争，保存了党的旗帜，发展了革命力量，凉亭星火永远在鄂豫皖人民心中燃烧，革命红旗一直在大别山上高高飘扬。

原载许道化、吴克文编：《被错杀的将军》，四川人民出版社，1989年，第60～64页。

二哥之死

◎ 黄锦思

　　自 1930 年冬至 1934 年秋，敌我双方"围剿"和反"围剿"的斗争异常残酷和激烈。在这漫长而艰苦的斗争岁月里，我二哥当赤卫队队员，始终在乡苏维埃的领导下坚持斗争。他们配合红军，打民团，打还乡团，保卫土地革命胜利果实。使我们蜂子笼一带，这一小片苏区的革命红旗，在敌人的连续四次"围剿"中，都一直高高地飘扬着。

　　1934 年秋天，红二十五军北上后，豫东南的大部分苏区都被白匪占领了，在不得已的情况下，我们光山县县委也转移到麻城一带坚持斗争。这样，光山东区仅剩下蜂子笼的乡苏维埃 30 多名赤卫队队员，坚持与敌周旋。

　　这时，黄家湾西韩家山的大恶霸地主韩致于，带领还乡团，配合蒋匪正规军打回来了。很多穷人被杀死了，许多村子的人被杀光了。乡赤卫队隐蔽到山里活动，为了给死难的乡亲们报仇，常常出其不意地打击韩致于的还乡团。因此，韩致于扬言，要活捉他们，砍头示众。

　　妈非常为二哥担心，每次二哥回到家里，妈总是担惊受怕地说："锦由呀，你可要小心啊！在家里待几天吧……"老人的心情总是可以理解的，每次母亲絮絮叨叨地关照二哥时，二哥总是说，不和韩致于枪对枪、刀对刀地干，那只有坐在家等他来杀头。爹很赞成二哥的话。我们家分了地主的地、财物和房子，韩英少、韩致于他们能轻易放过我们吗？你不拿起枪和他拼，他就要来杀你的头，在家又能待得住吗？所以，妈劝二哥时，爹一句话也不讲。每次总是二嫂打圆场："妈，让他去吧，不消灭白匪，我们在家也不得安稳！"说着顺手把枪递给二哥。

一天，突然有两个赤卫队队员把二哥抬回家来。我们一家人都惊呆了。二哥的脸肿得像小面盆，眼睛都睁不开了。抬二哥的两个队员对妈说了二哥负伤的经过。

这天夜里，天气阴沉，夜色茫茫，秋风吹得落叶哗哗响，赤卫队就在我们黄家湾村西耀子岩的岭头上隐蔽休息。韩致于的民团偷偷地摸上山来，悄悄地把赤卫队包围起来了。哨兵一发现有情况，就打响了报警枪。但是已经迟了，这时，黑压压的民团已经围拢上来，子弹像水龙似的扫过来。匪徒们还乱糟糟地喊着："赤卫队跑不了啦，捉活的！"

由于敌强我弱，赤卫队又在慌忙中仓促应战，处境十分危险。在这火燃眉睫的情况下，队长命令突围。我二哥毫无惧色，坚决向队长要求："队长，我们小组留下掩护！"队长同意了二哥的请求，又给了二哥他们小组几个人一些子弹。他们凭着岩壁之险，打得白匪抬不起头来。队长乘势率领赤卫队突破了一个缺口冲了出去。

二哥见队长他们已经突围，就对他身边的战友韩兆锦等队员说："兆锦，你们几个也撤吧，我掩护你们！"

"不，你们先撤，我断后！"韩兆锦回答道。

二哥已经抱定了牺牲自己、掩护战友的决心，就再一次对着韩兆锦几个队员非常坚定地说："服从命令！我要多打死几个敌人为我大哥报仇，你们快走！"

韩兆锦几个赤卫队队员在二哥的掩护下，也突围出去了。这时，二哥也向突破口冲去，可是，子弹打光了。二哥毫不迟疑地把枪向迎面冲过来的敌人砸去。可是，由于敌人太多，刚打开的突破口又被围拢了。敌人发现只有我二哥一个人，子弹又打光了，就大着胆子叫道："一个，一个！抓活的，抓活的！"

二哥往东，东面的敌人密密层层；二哥往西，西面的敌人黑压压。敌人像个簸箕口似的从三面围上来，留下一面悬崖绝壁。二哥知道悬崖下面是庄稼地，他丝毫没有犹豫，一手攀石，一手抓树，跃起身子跳了下去。

…… ……

赤卫队在山沟里找到了二哥。他腿部摔伤了，脑袋碰破了。战友们抬着他随队休养。由于没有药品及时治疗，风吹雨淋，伤口发了炎，再加上没有粮食吃，身体虚弱，全身水肿。赤卫队为了行动方便，只好把二哥送回家休养。但是怎么休养呢？这时不比前几年，家里没有吃的，也没有钱请医生，就是有钱，在敌人严密封锁下，也买不到药，找不到医生。母亲把二哥藏在山洞里，每天送点稀面汤给他喝，熬点草药给他洗伤口，可不但不见好，还越来越严重了。不久，二哥就死去了，妈和二嫂哭得死去活来，谁也劝不住。

血海深仇

二哥一死，家里就更困难了。可是，祸不单行。1934年冬，敌人又发动了所谓"新的进攻"。他们为了割断红军和群众的联系，把小村并大村，又在大村修筑寨墙和碉堡，扬言凡是红军家属都杀光，妄图把山区变成无人区。我家有人在外当红军和赤卫队，被敌人抓住了就不得活命。只好和周围村庄的红军家属一起逃到了蜂子笼的黄毛尖上。

进山之后，敌人来搜了几回，把乡苏维埃主席韩名交捉去杀了，乡苏维埃也就暂时没有了活动。在这种情况下，青年人都逃出去找红军了，剩下来的群众像失了娘的孩子，无依无靠。

在山上最困难的是没有吃的。带上山的粮食吃完之后，就杀牲畜吃，牲畜吃光了，就只有吃野菜、树皮、草根。天气渐渐冷了，群众衣服本来就少，山风又大，又不能生火，怕烟惹来敌人，真是又冷又饿，饥寒交迫。起先，小孩和年轻妇女还能顶得住，而一些年老体弱者却大都被活活地折磨死了。

11月间，敌人又连续几次搜山，捉去了一些人。这时，留在山上的只有四五户人家了。饥饿、寒冷，加上母亲又有病，逼得父亲他们不得不作下山的打算了。一决定下山，大家就把目光集中在二嫂身上，她那样年轻，敌人是不会放过她的，爹无可奈何地劝她说：

"孩子，你远走高飞吧，爹妈没用，不能留你啦！"

二嫂拉住妈妈的手说："妈！活，咱们一起活！死，咱们一起死！"

妈也不放心二嫂一个人回娘家，怕路上出事，因此便一同下山了。

黄家湾被敌人破坏得不成样子，连一间完整的房子也找不到。但黄家湾没住敌人，敌人都住在韩家老屋。

说也巧，当爹娘他们回到黄家湾时，二嫂的父亲找来了，要接二嫂回娘家。全家人抱头痛哭一场，比生死离别还伤心！后来听说，二嫂回家后身上长了一身脓胞疮，又没有医生和药物治疗，不久就死在娘家了。二嫂走后的第二天，几个民团闯到我家，吹胡子瞪眼地冲着我爹问道："老家伙，你家几口人？"

"三口！"爹冷冷地回答道。我们家原来九口人，现在只有爹、妈、妹妹莲姑三人了。

"几个儿子？"

"没有！"

"没有？嘿嘿，不能没有吧?!"一个可恶的家伙皮笑肉不笑地说："当红军，当土地委员的儿子呢？"

"不是全叫你们杀了！"爹怒不可遏地回顶他。

"你还硬！"那家伙号叫着照爹脸上就是一耳光。"告诉你，不找回你的儿子就别想上良民簿！"

一天，秀章三叔悄悄地告诉我爹一个沉痛的消息：黄锦文（红军残废战士）、韩兆锦（赤卫队队长）、韩名东（贫农骨干）被敌人活埋了。

爹在家无论如何也待不住了，不得已离开了家去找红军。可是他从那次出去后，就再也没有回家来。后来打听到，敌人脚跟脚地监视着我爹，在一个深山密林中，就把我爹杀害了。

爹走后，只有妹妹伴着病得奄奄一息的娘，可是敌人还不放过她俩。一天，民团又去催我妈外出找我。妈再也捺不住心头的仇恨，不知哪儿来的那股劲，一下子扑上去抓住一个团丁怒骂道："我活生生的一家九口人，被你们杀的杀，逃的逃，家破人亡。你们这些黑心狼，总有一天，红军要扒你的皮，抽你的筋……"

一个恶狼一样的家伙举起枪托，猛力打在妈那枯瘦的身上，妈顿时就昏了过去。

妈醒过来又晕过去，晕过去又醒来，反复几次，最后，以微弱的声音对妹妹说："莲姑，别忘了告诉你三哥，要他报仇呀！"说罢就咽气了。13岁的小妹妹扑在妈的身上痛哭，从黑夜哭到天明，又从天明哭到黄昏，整整哭了两天两夜，哭到最后都哭不出声来了，哭着哭着，就在妈尸体旁睡着了。到第3天五更，才有几个贫农邻居，偷偷地把我妈的尸体放在一块破门板上抬了出去。正在山脚挖坑掩埋的时候，发现山上有白匪、民团，邻居们吓得全跑光了。妹妹无法，也就弃尸离开了。妈的尸体就这样被野狗一星一点地分吃了。真惨啊！

妈死后，妹妹只得去讨饭。就这样，敌人还不肯放过她。有一天，妹妹在路上碰上了一群民团，想躲开也已来不及了。一个家伙指着我妹妹说："噫！那不是黄锦思的妹妹嘛！斩草除根，干掉她！"

妹妹听了撒腿就跑，那家伙像只饿狼一样，三步两步就追了上去，拧住妹妹的胳膊往地上一掼，顺手抽出手枪要打，另外两个家伙赶上来对举枪的家伙说："五爷，我看不如在她身上捞几个！"

不久，妹妹被民团卖到南向店富农邹金德家做童养媳，他们得了80块银圆。邹家只有一个又哑又傻的儿子，妹妹在他家砍柴、担水、推磨、做饭，干的活比大人还多，吃的是残汤剩饭，稍不留意，还要遭恶婆婆的毒打。妹妹是个受过多年苏维埃教育的儿童团员，邹家对她的虐待，她无法忍受，于是就拼命反抗。左邻右舍也同情妹妹，支持她，替她出主意。在群众的帮助下，妹妹才算真正地逃出了虎口，到了小菜庄贫农李本金家过日子，得到了一条生路。

万恶的国民党反动派夺去了我家七口人的生命，血海深仇，我永世也忘不了！

原载黄锦思：《战斗在敌人心脏：革命回忆录》，河南人民出版社，1979年，第140～143页、第143～146页。

反"清剿"

◎ 黄锦思

　　红二十五军西进川陕后，鄂豫皖革命根据地的斗争逐渐转入低潮，苏维埃政权大部被摧毁，仅剩下赤城、赤南、六安六区、鄂东北部分山区等4块狭小的根据地。这4小块根据地的机关、部队加起来总计不过两三千人。而当时蒋介石用来"清剿"这4小块根据地的兵力有中央军十三师、第十一路军的两个多师、第二十五路军的三十二师、张学良的5个师和19个地方保安团队，不下20万人。为了坚持鄂豫皖边区的斗争，在敌人重兵"围剿"的情况下，我军不得不将部队化整为零，隐蔽在深山密林里坚持斗争。敌人为了彻底肃清大别山根据地的红军，也相应地采取烧山倒林等野蛮手段，叫嚣要"砍尽青山林，挖绝红军根"，血洗山区，使鸟无栖息之所，人无隐蔽之地，然后一举歼灭红军。

　　1935年春，敌人的砍山进攻开始了。

　　"敌人要砍山了！"这个消息风似的传到了罗（田）陂（黄陂）孝（感）特委会。特委书记郑定国立刻命令便衣队把关于敌人砍山的详细情况搞清楚报上山来。

　　罗陂孝特委会设在韭菜崖的山顶上。以韭菜崖为中心方圆200多里山区，是鄂豫皖边区省委才发展不久的一块新苏区。1934年6月，红二十五军在韭菜崖的长岗岭上，一举歼灭匪军一一五师，俘虏敌3700多名，仅机关枪就缴获了200多挺。这是红四方面军离开大别山后，新诞生的红二十五军打的最大的一个漂亮仗。从此，反动派吹嘘的"大别山的红军肃清了"的鬼话彻底破产了。而韭菜崖这块新苏区因为这次胜利巩固了下来。

敌人哪能甘心，他们调来了第十一路军和第二十五路军的 10000 多人马，包围了这块苏区，把四面山脚下如铁铺、万店、三里城、大兴店、青山店、枫树店等几十个较大的村镇，全变成了他们的据点。夜里龟缩在里面不敢动，一到白天就像疯狗一样，在地方反动分子的配合下，漫山"搜剿"，制造了大片大片的无人区。他们还扬言，不"剿清"韭菜崖的红军决不收兵！韭菜崖一带大小 50 多个村庄被他们一把火化为灰烬。青年人被他们杀的杀，抓的抓，老年人和孩子被赶进据点。尽管敌人如此野蛮地"围剿"，实行惨无人道的"三光"政策，而对我们红军却是无可奈何。其实，留在这一带坚持斗争的是罗陂孝特委会所属的修械所、小工厂、小医院和 8 个便衣队，总共不过 200 来人。

200 来人在这 200 多里方圆的大山上活动，真可谓海阔天空，任鱼跃鸟飞，我们丝毫也不惧怕来势汹汹的敌人。

便衣队把详细情况搞来了。他们向特委汇报说："敌人决心要把山上的树像剃头一样，砍光烧尽，来肃清我们。目前敌人正在几十里路外强迫老百姓停下农活，准备斧头、锯子、吃食、被褥，以保甲为单位编队编组，保甲长带队，白军监押，马上就要行动了。"

郑定国同志在山坡的一块石头上坐着，听完汇报以后，久久地沉思着。最后他问道："那么，群众中的情绪怎么样呢？"因为敌人是在山下的白区强征民夫，显然他对这一点有些担心。

"群众当然不满，但是没有办法。"便衣队的同志回答。

"那你们就应当在这方面多做工作。"

"我们宣传了敌人砍山的危害。"

"光宣传还不够，应当有组织地对付敌人的砍山计划和行动。"接着，郑定国同志又交代了一些具体的活动办法。

便衣队的同志们下山之后，郑定国同志先和特委成员郑维孝、老主席等同志统一了思想，并立即召集所属单位负责人汤耀武、吴立准、刘书须、丁江成、石世能、王海玉、张大耀、蔡恒明等同志开会，研究对付敌人砍山的办法。会议上，郑定国同志发言说："敌人砍山，是他们'三光'政策、碉堡战术、'住剿''搜剿''围剿''追剿'等接连失败之后所用的'剿共'手段，这种手段又狠又毒，使我们在山上无藏身之地，企图把我们一网打尽。这种办法看来狠毒，其实愚蠢，这证明了敌人对付我们红军已到了智穷力尽的地步。同志们可以想像，山上的树哪能砍得完？山上的花草哪能烧得尽？天下的穷人哪能杀得光？"他沉思了片刻，又说："古代伟大的诗人白居易有几句诗：'离离原上草，一岁一枯荣，野火烧不尽，春风吹又生。'我们的革命正像这样，千里大别山的树木也像这样，是砍不完烧不尽的，我们红军也是任何敌人摧不垮的。别看蒋介石反动派眼前张牙舞爪，貌似强大，而最后胜利定属于我们。我们要树立坚定的信心，可是，敌人有上万之多的军队……这种情况是我们应该充分认识到的。知己知彼，才能百战百胜，争取主动，击败敌人。同志们应当好好地研究对付敌人的办法。"特委书记郑定国的话给了红军战士们很大的鼓舞和启发，会后，当即就以原有的战斗组织分散活动去了。

敌人逼迫老百姓一连砍了几个月的山，砍倒的树、杂草一晒干，敌人就放火烧。从前一眼望不到边，抬头看不见天的深山密林，被砍得稀稀拉拉，烧得乌黑漆漆。

老百姓怎忍心砍树呢？他们私下说："红军天天打白狗子，为咱穷人翻身过好日子。我们不能给白狗子砍树，危害红军。"很多群众在匪军监督松懈的时候，偷偷地跑掉了。没跑掉的人，也都磨洋工，因此，砍山进度像蜗牛爬树一样迟缓。敌人急了，又用"划林包片，按时砍完"的办法，在指定时间砍不完者，就要挨打受骂，稍有反抗者，就给扣上"破坏砍山"的罪名，予以严办。但群众始终和红军心连心，他们故意留下大片小片的林子不砍，或东砍一块、西砍一块，好让红军能在山上隐蔽。

敌人一边监押群众砍山，一边集中兵力疯狂地轮番搜山。白匪士兵一个个像惊枪的兔子，搜山时鬼鬼祟祟，左顾右盼，怕受到红军的伏击。山上烟火终日不断，干柴、树干烧得哔叭乱响。山上野兽猛地见到火舌，听到火响，常常惊得漫山乱窜。有时忽然窜进了敌群，把那些胆小的搜山"白狗"们吓得直叫，胡乱开枪。于是，枪声四起，喊声沸腾，真像是遭遇了大队红军。我们躲在密林背后，看到这情况，心里真是忍不住笑。

尽管如此，特委会及所属的小医院、修械所、被服厂的同志们并没有停止工作，尤其是小被服厂的30多个女同志，更使人钦佩！有一天，她们发现敌人远远地从东面搜来了，她们就夹起针线包，背上布料，转移到西边一片林子里，林子的边沿还跳跃着参差不齐的火舌。她们冷静地观察着敌人的动向。忽然，在她们的背后响起"哗啦哗啦"的脚步声，她们敏捷地折回头，原来是我们的便衣队员来给她们送粮食的，她们才松了口气。可是不久，在她们刚才转移的地方响起了枪声，而且枪声越来越近，她们的精神又骤然紧张起来。

"莫非敌人发现了我们?"陈兴华对大家低语。

"不，不会的!"丁汉卿同志蛮有把握地说，"刚才转移时，我检查了一下，一点东西没丢下，路上的脚印我们都搞掉了，踏倒的草也都扶直起来。"正说着，"扑扑"几颗子弹从她们耳边飞过去，打在身后的树丛里，发出啸音。

"敌人一定发现了我们，"有的同志判断说，"是朝我们打枪哩!"

枪声很密。十几个敌人一面打枪一面提心吊胆地向她们隐蔽的树林跟前走来，一个匪兵喊道:

"快出来吧! 我们看见你们了。你们出来，我们也优待你们。"

"不出来打死你们!"另一个匪兵边喊边"砰"地打了一枪。

在这万分紧张的时刻，这些红军女战士从容不迫。带枪的同志把枪口瞄准敌人，有手榴弹的同志也揭开了弹盖，小手指套上了导火索。便衣队的几个同志更为沉着，悄悄地说:"敌人不到我们眼皮底下，不能开枪。要干，咱们1个人至少赚他3个人。"

出乎意料，敌人打了一阵枪，喊了一会儿话，就又向别处去了。敌人根本就没有发现她们，刚才的喊话是故意虚张声势，企图诱骗她们暴露目标，她们没有上敌人的当。

敌人走远了，这些女同志又欢乐地谈笑起来。她们把已做好的衣服、鞋袜拿出来，让便衣队送粮的同志挑拣合适的拿去穿。在这艰苦的日子里，她们边工作边战斗，表现了顽强的斗争意志;她们有逗不完的笑话，唱不完的歌，又表现出了高度的乐观主义精神。在反砍山期间，她们哼成了好多的革命小曲子，有的还填上了歌词。记得有一首歌词是这样唱的:

> 大别山上红旗飘，
>
> 咱穷人革命在山坳，
>
> 青石野草当床睡，

密密山林比楼高来比楼好。

白匪儿孙真孝顺，

砍山又修宽大道，

沿着大道采野桃，

野桃咧嘴对我笑。

谁说革命吃苦头，

咱们吃穿住行样样好来样样好。

我们就是这样，在山上和敌人捉迷藏，一步也没有离开韭菜崖。然而，敌人像铁桶一般死死地围了我们几个月，确实造成我们不少困难。当时第一困难的是缺少粮食。特委书记郑定国同志显示了坚韧不拔的革命气魄，他一方面让便衣队尽量设法从山下搞粮食，一方面号召大家顽强坚持，渡过难关。他同特委的其他领导同志，亲自研究山上能充饥的野果、野菜、野草，他随身带有几十种样品，还时常风趣地比画着给大家介绍说：

"看，这一种野果呀，汁甜味香水分大，吃饱了可养人呐！苹果、鸭梨难比上！"

"还有这一种野菜，专门生在潮湿的石块附近，用热水烫出苦味来，锅里一煮，吃起来不亚于海带。"

"还有……"

同志们就参照他说的样品满山找，还真能解决不少问题呢！

有时便衣队的同志通过群众搞到一些粮食，有时砍山的群众偷偷地送一些粮食，不管哪个单位、哪个同志收到了都舍不得自己吃，主动送到特委，由郑定国同志亲自一人一份平均分给大家。同志们还是舍不得吃，又转送给伤病的同志吃，高度发扬了团结互助、阶级友爱的精神。

白匪砍了4个多月的山，也拿我们毫无办法。但他们找不到我们活着的人，就拼命地搜山洞，捉我们的伤病员。不幸的事情发生了，我们隐蔽在山洞里不能动弹的十多名伤病员同志，被敌人抬走了。其中有鄂东九路游击师师长张良凯同志。敌人知道张师长的身份后，就把他送到罗山，并千方百计地诱惑他。张良凯同志正气凛然，虽躺在地上不能动，就用嘴同敌人斗争。他大骂敌人残暴成性，祸国殃民。敌人恼羞成怒，在张师长身上泼了一桶汽油，活活地将他烧死了。其他伤员也被敌人杀害。

张良凯等同志壮烈牺牲后，敌人得意扬扬地在山坡的大树上、石头上张贴标语、布告，反动气焰十分嚣张。我们得到这一噩耗后，在森林中分别开了小型追悼会，发誓化悲痛为复仇的火焰，烧死敌人，为烈士报仇！

为了打击敌人的嚣张气焰，鼓舞人民群众的斗志，特委决定特别加派得力的人员配合山下的便衣队开展活动。于是白天敌人刚贴上的布告、标语，夜晚就被撕掉，涂改或换上红军的标语；一天在半山坡上，被烧得黑乌乌的，但是却冒出鲜嫩、油绿的一片草地上，出现了 20 个斗大的石灰粉字，耀眼醒目："砍不尽的树，挖不绝的根，千里大别山，到处有红军。"这一来，可乐坏了老百姓，吓慌了敌人。还有一次，我们便衣二队的石世能同志，在一个漆黑的夜晚，带着几个同志悄悄地摸到搜山的敌人的两个帐篷之间，朝左边砰砰叭叭地打一阵枪，又朝右边砰砰叭叭地打一阵枪，边打边喊："红军来了，红军来了，弟兄快冲呀！"顿时，对面两个帐篷里的敌人对攻起来，附近的敌人也闻声呐喊着胡乱地打着枪。等敌人互相之间接上火后，石世能同志他们早已撤走了。

已是炎热的夏季了。这时鄂东道委特务营的同志来到了韭菜崖。正晌午头上，火辣辣的太阳蒸得人们喘不过气来。特务营的同志们都在山坡的树荫下隐蔽着睡午觉。手枪队长外号叫"赵冠英"的同志担任哨兵（这位同志的真实姓名记不清了。因为他和我们俘虏的白匪军"剿共"司令赵冠英都只有一只眼睛，战友们就给他送了这个绰号），他发现从铁铺方向的大路上敌人押着几百名民夫（春上抓来的民夫，已跑掉半数以上，这是新抓来补充的）朝这边山脚走来，他的那股张飞劲头又上来了。他没有报告，也没有喊醒大家，等到敌人走到跟前时，他像一头勇猛的狮子冲下山去，"叭！""哒哒哒"！打了长枪打短枪，一长一短交替射击，边打边高声喊着："老乡们，快往回跑吧！我们红军大部队来啦！"

几个匪兵糊里糊涂地就丧了命。没被打死的匪兵像惊枪的狐狸，一溜烟地跑了。民夫们也一哄而散。

特务营的同志们听到枪声赶来援助时，大路上只剩下"赵冠英"同志一个人站在一大堆战利品前哈哈大笑，嘴里还说着："过瘾，过瘾！这些白狗子，真是熊包！"

指导员吴昆山批评他说："当哨兵发现敌情，不请示报告，一味莽撞行动，这多危险……"

"赵冠英"同志还满不在乎地哈哈笑着说:"我想叫你们多睡会儿,我一个人就把他们收拾了。"

"呵,你想得倒怪周到,你不想想,枪一响我们还能睡得着吗?真是个半吊子!"吴昆山同志说到这里,大家都憋不住笑了。

在便衣队的宣传与支持下,民夫中有一位贫苦青年,串联了五六个人,打死了敌人哨兵,夺了枪,跑来参加了红军。这大大地震惊了敌人。

不管敌人怎样严密防范,群众和红军紧密配合,照样不断地给他们以打击。今晚这个据点被袭击了,明晚那个炮楼被点火了,不是这里的匪兵换班途中中了埋伏,就是那里的敌人正在桥上行走,突然桥被炸毁了……搞得敌人晕头转向。

不久,敌人不得不解散了民夫,拆了帐篷,几个月苦心经营的砍山"清剿"计划无声无息地破产了。韭菜崖山区的革命斗争在罗陂孝特委的领导下,像当时炎夏的太阳一样,又热烘烘地闹腾起来了。

原载黄锦思:《战斗在敌人心脏:革命回忆录》,河南人民出版社,1979年,第147～156页。

高敬亭与鹞落坪人民

◎ 吴秀英　余玉明　汪　兴　郝光生

1934 年 11 月，红二十五军长征后，坚持鄂豫皖革命根据地斗争的重担，历史地落到高敬亭和留下来的红军指战员们的肩上。在远离党中央的情况下，高敬亭同志重建红二十八军，在异常困难的环境中，坚持了三年游击战争，保存了鄂豫皖革命根据地。在漫长而又艰苦的岁月里，他与革命人民休戚相关，生死与共，结下了深厚的情谊。这里记叙的是高敬亭同志与鹞落坪人民的几件事。

挺进鹞落坪的第一枪

1935 年春节将近，高敬亭率领一支红军，在敌人的尾追下，来到了鹞落坪。

鹞落坪是湖北、安徽两省的接合部，在英、霍、潜、太四县交界处。境内山峻路险，谷深流急，冲涧交错。山上古木参天，浓荫覆蔽，虽屯兵十万，也不易发觉，是开展游击战争的理想之地。在河谷两岸，散居着 30 户人家，以开荒种玉米为生。早在 1930 年，这里的人民在清水寨暴动的影响下，曾经建立乡苏维埃政权，受过革命熏陶，对共产党、对红军有极其深厚的感情。

2 月初的一天早晨，朝霞满天，千树银花在阳光的照耀下，熠熠发光。在鹞落坪的森林里、小道上，河滩旁，一支衣着褴褛、五颜六色的队伍，在忙碌地埋锅造饭，缕缕炊烟冲入林中，飘浮天际。被惊起的山鹰，在空中盘旋，发出了啾啾叫声，好像在欢迎远方来客。砰——，砰——，几声清脆的枪声，从总河铺方向传来。高敬亭一判断，知是敌人尾追来了，他一面命令伤病员和随军而来的红军家属向多支尖方向撤退①，并要求他们每人丢弃 1 件衣物；一面命令红军战士选择有利地形，做好埋伏，待机杀敌。部署完毕，他埋伏在一旁，等候着这些不速之客来享受这顿美美的"早餐"。

枪声越来越近。敌十一路军六十四师三八四团第二、三两营，在团长朱瓒的率领下，进入了我军埋伏圈。追了一夜的匪兵，正饥肠辘辘，看到这一锅锅的白米饭，恨不得一口连锅吞下。但狡猾的匪军官，却不准匪兵们掀一掀锅盖，并立即派出 3 个侦察兵继续向前侦察。一路上侦察兵看到我们伤员丢弃的衣物，以为我军是仓皇逃跑，便迅速打出旗语。匪军官们这才放心地让士兵们狼吞虎咽。

高敬亭一看战机已到，不可贻误，命令司号员吹响冲锋号，霎时间"冲呀""杀呀"的喊声四起，匪兵们拼命夺路，欲突重围，又被我等候了一天的地方游击队压了回来。战斗更加激烈，枪声、手榴弹声、刺刀的撞击声交织在一起，震动了山谷。

这一仗我以伤亡 30 余人、损失步枪 7 支的代价，换取了消灭敌人 1 个营、缴获子弹几千发、枪支数百条的胜利，为我军挺进鹞落坪打响了第一枪，高敬亭的名字就这样在群众中传开了。

原来，这场战斗是高敬亭有意安排的，事先做好了周密计划。他考虑到我军兵力不足，抵挡不了敌人两个营，因此通知河口寺方面游击队负责人刘正北同志率部埋伏在东冲路口，以逸待劳阻击敌人。然后又叫伤病员和受难的红军家属向东冲方向撤退，故意丢弃衣物，造成我军仓皇而逃的假象，趁敌人放胆吃饭之时予以歼灭，除掉这可恶的"尾巴"，遂于 1935 年 2 月 3 日（旧历除夕之夜），在太湖县的凉亭坳（现属岳西县）汪胡氏宗祠胜利召开了重要会议，正式重建了红二十八军，从而把鄂豫皖根据地的斗争推向了一个新的历史阶段。

---

① 原文如此。

军民情深

　　1935 年 2 月中旬，高敬亭在游击途中，路过鹞落坪，前卫部队已翻过大山，他带领几个警卫战士阻击敌人。突然，他肚子剧烈疼痛，汗如雨下，不能行动，几个警卫战士，一面开枪阻击敌人，一面照顾高敬亭同志，在敌强我弱的情况下，战士们急得团团转。敌人得知红军大部队已翻过大山，这里的兵力不多，于是喊声骤起："冲啊!""捉活的!"几个警卫战士背起高敬亭就跑。山高路狭，地旷人稀，迷失了方向，情况十分危急。恰好 50 多岁的聂在忠路过此地，一见此情，二话没说，背起高敬亭穿丛林、过山涧、攀悬崖、涉急流,向自家奔去。面对这位素不相识的老人，高敬亭泪挂腮旁，万分感动。他从口袋里掏出银圆酬谢，却被聂在忠谢绝了。

　　在聂家养病期间，高敬亭与聂老做了几次彻夜长谈，了解当地情况，熟悉当地民情，并将在这里建立根据地的愿望做了透露，征询聂老的意见。聂老听后，高兴地向他提出了一条很好的建议："鹞鹰不打巢下食。"意思是说，要想立足鹞落坪，就要在这一带扎下根。高敬亭很乐意地接受了聂老的意见，并通过聂老找来了一批积极分子，如郝光生、汪大臣、汪兴等，商讨了建立红军医院、治疗伤病员和安置受难的红军家属问题。不久，特委会后勤部"山林医院"就正式在鹞落坪建成了，特委会派秘书罗延植和罗的爱人方立明在此负责工作，还放了两支便衣队活动在鹞落坪一带，负责保护伤员，筹粮筹款，补充兵员，发动群众支援红军。

　　当时，鹞落坪总共只有 17 个村庄，30 多户人家，人口不到 200，而参加便衣队的却有四五十人。"山林医院"的 17 间"病房"里，有 200 多个伤病员，所需医护人员，除 3 个医官和 4 个护士外，其余医护人员都是在本地青年男女中挑选的。为使伤员不受饿，不受冻，不缺菜，便衣队还与当地住户订了包养合同。这样，17 个"病房"的病员，就要 17 户人家包下来。再加上交通员、采购员、情报员，在不到 200 人口中就要 100 余青年男女为红军服务。年老体弱的，也在家里为红军舂米、磨面，为伤病员送茶等。因此投入生产的劳力就不多了。

　　高敬亭得知这一情况后，教育红军战士和便衣队员、伤员，要关心群众利益。春播秋种大忙季节一到，便衣队和轻伤员就主动帮助群众开荒生产。群众缺钱用，他们就帮助群众驮树下山，换稻米，换油盐。秘书罗延植同志还遵照高敬亭的指示，按月给为红军服务的家属发放粮款，务必让群众得到温饱。真是鱼帮水，水帮鱼，军民情谊深似海。

团结一切可以团结的力量

鹞落坪处于英、霍、潜、太四县敌人的包围之中，如果不能认真执行党的统战政策，依靠人民，争取和团结上层进步人士及国民党基层政权人员，无疑是作茧自缚。因此，每当便衣队员和红军到白区执行任务时，高敬亭同志总是强调政策，强调群众纪律。谁要是违犯了，轻则处罚，重则处决，从而收到了良好的效果，获得了广大群众和进步人士、国民党基层政权人员的同情和支持。

当时红军给养无源，不得不向一些地主老财出票借款。有一次，红二十八军某部在小河南游击时，向一个姓蒋的大地主家下了3000银圆的借票，并把他的小儿子带到鹞落坪。高敬亭听说这个孩子还在私塾读书，生怕耽误了他的学业，立即叫罗延植秘书的爱人方立明同志，帮助他复习功课。这个小孩在红军中生活了一个多月，长得又胖又结实，天真活泼，惹人喜爱。当那个姓蒋的地主带着借款来领孩子时，一见到孩子养得如此可爱，大为吃惊。这孩子一见到父亲，开口就说："爸爸，我要当红军！"那个姓蒋地主听儿子说要当红军，立即应允，当着高敬亭的面说："高将军，这个孩子就交给你们吧！"但高敬亭考虑到这孩子是"抓"来的，以免敌人造谣中伤，执意不收。但在父子俩苦苦哀求下，只好收下。以后这个小鬼，多次到白区侦察敌情，较好地完成了上级交给的任务，受到了领导和同志们多次夸奖。但为时不久，这位小红军战士却被包家河的反动民团抓去杀害了。

为了团结一切可以团结的力量支援红军，高敬亭同志还经常深入学校、敌党政机关、乡保甲长及一些开明士绅、同情革命的人家里去做工作；有时还把他们"请"到我军驻地，晓以大义，陈其利害，指出前途，使之为我服务。当时鹞落坪的四周如青天畈、太阳畈、杨柳湾、白帽、包家河等地，都是鱼米之乡，又是小集镇，红军和伤病员所需粮食、布匹、油盐、医药、电池、肉食等生活用品，都靠这些地方供应。国民党反动派妄图困死红军，困死根据地人民，曾下令严禁这些物资流向根据地。

凡是鹞落坪的人，到这些地方购买日用品，超过了限额，即以通匪论处。但群众热爱红军的心是封锁不住的。1935年春，我鹞落坪便衣队通过河清中心学校校长汪恭颖先生的关系，以学校名义购买大米10担，并筹集银圆300多块，用该校印章，开了一张通行证，叫伪保长带着我地下交通员郝光生前往敌人"剿匪"总指挥部所在地——立煌县城，采办了1挑子电池、1挑子煤油和3挑子布匹，多次顺利地通过封锁线。

在那战争频繁的年代，最急需而又买不到的东西，莫过于子弹了。而高敬亭领导的军队，子弹却源源不绝地得到供应。除了缴获，从敌人那里买（国民党的二十五路军士兵很穷，没有钱用就卖子弹，1块光洋1颗子弹），还通过敌保长以办保安队为名，为我们购买。包家河的保长刘升堂本来极其反动，有一次，被我便衣队员抓到后，论罪行是该杀无赦，但高敬亭考虑到，他的家就住在敌人二十五路军任月园团长的驻地旁边，可以利用他为我们办些事。于是他把刘升堂叫到跟前，晓以利害，叫他为我军买子弹，送情报。并警告说："要是阳奉阴违，我寅时要你的头，决不等到卯时。"最后，把他放了，不几天，刘升堂就送来了几箱手榴弹，并表示今后继续为红军采买。

1935年腊月，大雪封山。眼看大年将近，根据地物资极端缺乏，为了改善红军和伤病员的伙食，急需大批大米和肉食。但一时又无法筹集，就是筹集了，也难以运到根据地。于是高敬亭亲率一个警卫员，来到青天保保长张步云家。张步云一家人看到高敬亭到来，大为惊慌，高敬亭拍拍张步云的肩膀说："张保长别误会，我是来请你帮忙的。"张步云对高敬亭相当崇敬，佩服他的胆略，伸着大拇指说："人说赵子龙一身都是胆，高将军你和赵子龙差不多。"这一夜高敬亭和张步云彻夜长谈，并将这次来意告诉了张步云。张步云拍拍胸脯说："我包下来了。"高敬亭当场留下银圆150块，请他为之代办物资。

事有凑巧，高敬亭走后，驻在包家河的敌二十五路军任月园团长也写信来索取年关物资，张步云接信一看高兴极了。他一面帮任团长筹取物资，一面派人送信给高敬亭说："与其你们花钱买，倒不如来个陈仓借粮，夺此不义之财。"并相约了日期和地点。

腊月二十那天，张步云派20多名伕子，挑着油盐、布匹、肉食、大米、黄豆之类物资，在敌军的押解下，慢慢地向包家河方向走去。当高敬亭接到张保长的来信后，组织了20余名便衣队，按约埋伏在烂泥坳的山林里，等候着敌人送来的"礼物"。这天中午时分，20多名伕子挑着沉重的担子，吃力地走到了烂泥坳。走在前头的伕子班长，一见到便衣队员的暗记，就以累为由，叫伕子们全部歇肩。伕子们将担子乱七八糟、稀稀拉拉地放着，足有里把路长。敌兵们一见这里地形险恶，担子又是稀稀拉拉地放着，很为着急。班长一声令下，十几个匪兵同声吆喝着："给我走!"可是伕子们像铁钉钉的一样，动也不动。埋伏在山林里的便衣队员一看时机已到，便在洋铁桶里燃响了爆竹，顿时"枪声"大作。十几个敌兵一听到密集的"枪声"，慌作一团，叫爹喊娘各自逃生。就这样，我们不费一枪一弹，夺取了20多担年货。为了酬谢青天保方面派来的贫苦农民，便衣队长王子清将张步云保长退回的150块银圆，发给每人1块，作为力资，真是皆大欢喜了。

为使这些乡保人员取得国民党的信任，高敬亭同志有时还派一部分便衣队进入白区活动，并命乡保人员给敌军送信，待敌军来时，我们佯装退走。这样，国民党反动派不但坚信不疑，有时还给他们嘉奖。在这些乡保人员中，有个别顽固不化分子，誓死与红军为敌。对于这些顽固分子，红军也只好予以处决。像三槐保保长王业华，表面上为红军办事，而暗地里却利用这个关系，干了许多坏事。高敬亭将情况查实后，立即派便衣队员将他抓了起来，令其写了罪状，然后予以处决。杀掉了顽固派，坚定了明智派，使他们相信高敬亭是说一不二的，只有真心实意为红军办事才有出路。因而以鹞落坪为中心的革命根据地更加巩固了。

瓦西壋上别亲人

1936年10月，一张张显眼的大布告，贴在总铺河、鹞落坪等地区，布告上写着：

为肃清匪患，经上峰电令批准，凡匪区百姓，均应迁出，如有违者，以匪论罪。兹将河清乡河上保第八甲居民，迁移地址公告如下：

鹞落坪、猫耳垅、瓦西壋一带居民迁入包家河；道士坪、烂泥坳一带的居民迁到天青畈；黄柏山、乌镜冲一带居民迁至宝蠹河。

自公布之日起，一个月内搬迁完毕，如有违者，格杀勿论。

敌人这一招确是毒辣极了。他们想利用移民并村的办法，造成无人区，借以割断红军与群众的联系，达到竭泽而渔的目的。鹞落坪人民看到这一布告后，一个个咬牙切齿，愤怒填膺，誓死不搬，要与红军共存亡。

就在这时，高敬亭从外线游击回到了鹞落坪。在聂老家，远近许多群众都围上来了，一个个表示："不搬!"

高敬亭在权衡利弊之后，说："搬!"高敬亭在游击中，从敌人的报纸上，看到鹞落坪移民的消息，特地从鄂东北赶回来动员群众搬家，安置好红军伤员和处理移民后的一切善后问题。

为了进一步做好群众思想工作，高敬亭在搬家前6天，来到了瓦西壪储早湘的家召开群众大会。储早湘的家坐落在瓦西壪半山腰上，一幢茅草房映衬在青山绿水之间，倒也隐蔽。中午时分，与会的人静静地听着高敬亭的精辟分析：乡亲们，不搬不行呵，敌人的来意是不善的，你们不搬，他们就可以把通匪的罪名加到你们的头上，就可以任意屠杀，血洗鹞落坪了。当然，你们走后，红军与伤员的困难更大，但我们是共产党领导的部队，什么困难都可以克服……他越讲心情越激动，越讲声音越低沉。当亲人们就要离开的时候，高敬亭不禁热泪盈眶，引起整个会场一片呜咽。

高政委的话音刚落，聂在忠、郝光生、汪兴等相继发言，你一言我一语，千言万语都是一个音："为了红军的安全，我们宁可离乡背井，荡产倾家。"因此，他们走时，将凡是能吃的东西都藏起来留给红军。

高政委为了让搬家的群众生活有着落，令罗延植同志背出一袋银圆亲手发给群众，每人3块。

散会以后，人们立即做出搬家的准备，家家动员，人人动手，高敬亭同志也派出便衣队员，帮助群众收割、藏粮、拣细软……总之，他们把一切能吃的东西，能穿的衣服都留下来，让红军和伤员安全过冬，并将自家收藏东西的山洞、地窖都秘密地告诉了便衣队员，告诉了罗延植同志，告诉了留下来坚持的聂在忠等，好让他们按时来取用。

不久，催迁的敌人开进了鹞落坪，他们想这下子可以大发横财了。但进村一看，家家户户留下来的只是空空荡荡的破草房，间或有些破桌、断凳、破罐、破缸……匪军们一气之下，放起一把火，将散落在鹞落坪的17个村庄，600多间破草房，烧个精光。

11月初，鹞落坪人民在敌人的威逼下，离开了亲人，离开了故乡。心向红军的群众，回顾家乡一片火海，忍受着离乡背井之苦，但更惦念着红军和伤员的安全。

正在"山林医院"看望伤员的高政委，望着乡亲们离别的情景，心都碎了。多么可敬可爱的人民啊！站在高敬亭身旁的罗延植同志，轻轻地说："政委，咱们走吧！"

此情此景，勾动了他俩的情思，两人一边走一边吟诵着古人名句："离离原上草，一岁一枯荣。野火烧不尽，春风吹又生。"

重整家园

1937年7月初，正在鄂东地区游击的高敬亭，接到了党中央关于"国共合作""团结抗日"的指示后，迅速率领手枪团二、三分队，回到鄂皖边的鹞落坪，与皖鄂边特委书记何耀榜在岳西县第三区南田村会面了。

中旬，高敬亭在蛇形岗召开了会议，决定派何耀榜同志为鄂豫皖边区正式代表，与国民党方面代表刘纲夫举行谈判。高敬亭同志自始至终领导了这次谈判，并化名政治部主任李治信参加了在岳西县九河举行的签字仪式。至此，在高敬亭同志领导下的鄂豫皖三年游击战争胜利结束。

和平谈判的消息，像春风一样吹遍了鄂豫皖地区。久别亲人的红军战士，可以自由地回家探亲了。被没收的财产，也在归还了。被迫搬迁到敌据点的鹞落坪人民，也回到了美丽的故乡，开始重建家园了。

高敬亭在参加九河签字后的当天赶回鹞落坪，看望与他们生死与共的鹞落坪人民。他来到聂老的家，拜谢他救命之恩，与聂老一起重温着那艰苦的岁月，畅谈了和谈后的革命形势，临走时赠送他1颗珍贵的玛瑙。他来到余玉明的家，慰问了这位跟随他从金家寨撤下来的红军姑娘，鼓励她积极参加抗日斗争，打击民族敌人。他来到郝光生的家，亲手抚摸着郝光生胸前的伤疤，热泪盈眶地将一把银锁赠给了他，表扬他宁愿自己牺牲也不出卖伤员的自我牺牲精神。他来到老中医郝宪章的家，拾起他当年为红军煎药草的钵，尽情地抚摸着，感谢他不辞劳苦为红军伤病员治病的恩情，把一叠银圆送给了他。他千言万语说不尽鹞落坪人民对红军的爱，他千丝万缕想不尽鹞落坪人民对红军的情，他走遍了每一个角落，看了那断墙颓垣，看了那荒芜的土地，看了那牺牲者的坟墓，看了那被杀害的烈士遗属……这一切，使他倍觉根据地人民可亲可爱。他立刻写信给特委，要求他们帮助乡亲们恢复家园，并留下银圆 300 块，交由聂老分给众人，略表谢意。

（储淡如　彭声美　整理）

原载《皖西革命回忆录：第二次国内革命战争时期（下）》，黄山书社，1984 年，第 43 ～ 54 页。

转战大别山

——高敬亭同志在三年游击战争中

◎ 肖选进

　　高敬亭同志是中国共产党的优秀党员，无产阶级忠诚战士、革命家，鄂豫皖边区三年游击战争的主要组织者和领导者。在鄂豫皖边区革命的危急关头，他临危不惧，挺身而出，根据鄂豫皖省委批示重新组建了红二十八军。根据斗争形势的需要，又组建了二、四、六路游击师，还创造性地组建了几十个便衣队。在以大别山为中心的广大区域，紧紧依靠富有光荣革命传统的边区人民，转战于 45 个县，最多时牵制国民党正规部队 16 个师、5 个旅和 1 个团的兵力；并对鄂豫皖边区的土顽匪霸、保安团等反动武装数万人不断予以沉重打击，共歼敌 75000 余人。使鄂豫皖边区红二十五军战略转移时的 5 块残缺不全的小根据地，发展到在 22 个县都有我们的根据地和游击区，有力地配合了红军主力的长征。并在斗争中造就了一批忠于党、忠于人民、英勇善战、富有经验的指挥员和政治工作人员，壮大了革命声势。

　　高敬亭同志是我军一位有勇有谋、具有远见卓识的高级指挥员。在艰难的三年游击战争中，他作为鄂豫皖边区党政军最高领导人，正确领导和指挥了党和红军及广大人民群众对敌进行的殊死斗争。他从当时的斗争实际出发，注意研究游击战争的战略战术，及时总结经验教训，适时改变斗争形式，制定了一系列切合斗争实际的战略战术和政策策略。提出了"四不打""三个结合"等作战原则。3 年中，他不仅指挥部队英勇作战，而且非常重视边区党的建设和政权建设。在根据地连续遭到敌人五次"围剿"、党组织和地方政权受到严重破坏的情况下，用很大的精力整顿各地党的组织，恢复和建立党的领导机构。在红二十八军频繁与敌战斗的同时，抽调红军骨干在边区各地组成便衣队，与地方党组织紧密配合，深入发动群众、组织群众、宣传群众，扩大红军影响，发展革命力量。

在残酷的斗争中，高敬亭同志充分发挥政治思想工作的威力。发扬民主，密切联系群众，善于使用干部，爱护战士，与广大指战员同甘苦、共患难，在红军和人民群众中具有很高的威望。在长期得不到党中央指示的情况下，他牢记党的宗旨，竭力按照党的理论建军治军。不断进行适应战时特点的有针对性、战斗性的政治思想工作，继承和发扬红军官兵一致、上下一致的革命传统，并为红军制定了严明的纪律，认真执行俘虏政策，分化瓦解敌军。由于坚持了党的领导，加强了政治思想工作，把红二十八军建成了一支打不垮、拖不烂的英雄红军部队，战胜了几十倍于我之强大敌人的反复"清剿"，克服千难万险，成为南方 8 省 14 个游击区中保存兵力最多和唯一保留军、师建制的红军部队，最后成为新四军的一支劲旅，为中国革命战争做出了不可磨灭的重大贡献。

一

鄂豫皖边区位于湖北、河南、安徽三省交界的大别山区，东接江淮平原，西扼平汉铁路，南临长江，北边淮河，大别山脉雄踞中央，地势险要，扼水陆交通要首，武汉、信阳、安庆、合肥等重要城市均在其瞰制之下，具有极为重要的战略地位。1934 年 11 月 16 日，中央鄂豫皖省委根据中共中央的指示精神，率红二十五军实行战略转移。从此，鄂豫皖边区进入了最艰苦、最困难的游击战争时期。

红军主力转移后，蒋介石调集国民党第二十五路军、第十一路军以及东北军第五十七、六十七军共约 17 万人的兵力，对留在鄂豫皖边区的红军进行残酷"清剿"。国民党军队占领了主要城镇和交通要道。在高山、坳卡、隘路、村庄构筑碉堡封锁线，将整个山区构成具有大小"网眼"的封锁网。他们在"民尽匪尽""血洗大别山""铲除干净、绝尽根苗"等口号下，对我革命根据地实行灭绝人性的烧光、杀光、抢光"三光"政策。敌军所到之处，房屋全部烧毁，妇女惨遭蹂躏，尸横遍野，血流成河，苏区很多地方成了无人区。同时，敌人在政治上妖言惑众，欺骗人民；经济上进行严密封锁，企图在 3 个月内彻底消灭边区的红军和游击队，摧毁我革命根据地。

当时高敬亭同志任鄂豫皖省委常委、皖西北道委书记。他在极其艰险的环境中领导红八十二师和皖西第一、二、五路游击师对敌进行斗争。为了集中力量御敌，高敬亭同志于 1934 年 12 月，将在皖西地区分散活动的红八十二师和第五路游击师集中整编为红八十二师二一八团，约 900 人，由罗成云任团长、熊大海任政委。红二一八团成立不久，就在高敬亭同志指挥下打了一个漂亮的伏击战。那是 12 月下旬，高敬亭同志带领红二一八团、皖西道委机关和红八十二师师部，在立煌县白大畈地区打粮。国民党安徽省保安团得知后，从大固店出发向我进袭。高敬亭同志当机立断，伏击来犯之敌，组织部队隐蔽在下骆山有利地形。敌保安团的前卫营接近下骆山时，以一部兵力搜山，另一部迂回下骆山侧后。当敌进入设伏圈时，我突然开火，并以手榴弹投入敌群。敌遭我猛烈打击，顿时大乱，争相奔命。我军乘敌混乱分三路进攻。敌被我四面围击，死伤过半，余部在我猛烈打击和政治瓦解下，纷纷缴枪投降，其前卫营被我全歼。下骆山伏击战的胜利，使刚刚建立的红二一八团军威大振，极大地鼓舞了红军战士的士气。也显示出高敬亭同志是一位决心果断、指挥灵活的指挥员。他将分散活动的红军部队，整编为红二一八团这一正确并有远见的决策，使皖西的革命武装力量得以集中，形成了对敌斗争的拳头，也为重建红二十八军奠定了基础。

1935 年 2 月 1 日，高敬亭同志率领红二一八团在立煌县抱儿山与中共鄂东北少共道委书记方永乐率领的鄂东北独立团会合，见到了中共鄂豫皖省委让方永乐同志转给他的指示信。信中责成他组织鄂豫皖边区党的新领导机构，并以红八十二师为骨干重建红二十八军，继续坚持鄂豫皖边区的武装斗争。2 月 3 日，高敬亭同志根据省委指示精神，在太湖县凉亭坳召开干部会议，决定将红二一八团和鄂东北独立团合编，再次组建红二十八军。高敬亭同志任政治委员（未设军长），统一领导鄂豫皖边区党政军工作。这时，我在军部警卫班任警卫员，跟随高敬亭同志辗转。

重新组建的红二十八军，组织机构精干，虽未设军长、参谋长，但部队行军、作战、日常工作在高敬亭同志直接领导和方永乐同志协助下，由几个得力参谋（其中一位曾任过红二十五军的师长，另一位曾任过红八十二师师长，还有一位曾任过四路游击师师长）具体组织实施，指挥非常机动灵活。红二十八军下辖八十二师（师长罗成云、政委方永乐、政治部主任熊大海）和手枪团（团长余雄）；八十二师下辖二四四团（团长徐贤才、政委徐成基）和特务营。全军约1500人。凉亭坳会议，明确了我军今后的主要斗争任务，提出了对敌斗争的方针和策略。在军事上集中兵力打击孤立和薄弱之敌，广泛开展游击战、运动战、歼灭战；在政权建设上强调巩固老区，发展新区和游击区，建立和整顿各地党组织，组织发动人民群众，团结一致与敌进行斗争。

红二十八军重建后，国民党当局觉察到大别山区的红军力量逐渐扩大，成为很大威胁，即调第三十二师、六十四师、六十五师分别从霍山、立煌、太湖三个方向向我军合围而来。高敬亭同志根据敌我力量悬殊的情况，决定不与敌军纠缠，先机摆脱敌人。2月12日，我军转移到霍山县黄泥榜时，敌三十二师九十四旅旅长指挥一八八团、一八九团经长岭庵来拦截我军。战斗于当日中午打响，激战半日，我八十二师师长罗成云在战斗中壮烈牺牲。为了甩掉敌人，高敬亭同志以一支小部队阻击敌人，自己率领军主力经金竹坪冒雪翻越海拔1700多米的白马尖。在山高无路，零下十几度，我指战员穿着单衣，十分艰难地爬到山顶时，有的同志由于饥寒交迫、过度疲劳，昏倒在雪地里。高敬亭同志见此情形，立即鼓动大家：走下山去就是胜利！大家听到军政委的声音，互相搀扶、互相帮助，跟上军政委踏着深雪向山下走去，拂晓时到达马家河，胜利地冲出了敌人的包围圈。

2月16日，我军行至潜山县白果树地区，高敬亭同志在此召开会议，总结了十几天来的行军和战斗，分析了当前的形势。红二十八军重建以来，敌人始终以绝对优势的兵力对我实施追剿堵截，没有一天不行军和战斗，消耗得不到补充，伤员得不到安置，大部队建立新的游击根据地难以实现。我们认识到"没有根据地游击战争是不能够长期地存在和发展的"，决定成立中共皖西特委，任命第二四四团政委徐成基为特委书记。同时抽调第二四四团1个连和手枪团2个班，加上军部部分年岁小的战士组成第六路游击师，辖二四六团，由徐成基兼政委，余雄任团长，并以手枪团2个班为骨干组成手枪队。在群众基础较好，敌人统治薄弱的舒城、桐城、潜山、霍山一带开创游击根据地，不久新的游击根据地建立和发展起来，牵制了敌人，保证了主力部队的战斗和行动。此后，高敬亭同志率领红二十八军利用大别山区重峦叠嶂、沟深林密的有利地形，往返穿插，时东时西，忽南忽北，以大踏步地进退，使"追剿"的敌军难以掌握我军的行动规律。我军则在条件有利时，趁敌疲惫、麻痹之际，抓住战机，予以沉重打击。先后取得了梓树坪伏击战歼敌1个营、鸡冠石阻击战毙伤敌"奋勇队"300余人、界岭战斗歼敌1个营、桃岭伏击战歼敌2个营等胜利。尤其是梓树坪伏击战和桃岭伏击战，充分显示出高敬亭同志卓越的军事指挥才能。3月4日，我军转至河南省商城县胭脂北梓树坪，敌东北军一〇八师六二二团三营闻讯向我袭来。高敬亭同志根据敌战斗力较弱，且地形对我有利，决定在此伏击敌人。他召集二营营长林维先、营政委杨××、副营长余坤和手枪团一分队队长一起分析了敌我情况，明确了歼敌决心和兵力部署。10时许，敌进入我设伏圈，当敌距我阵地几十米时，高敬亭同志一声令下，我军从四面八方向敌猛烈开火，并英勇顽强地与敌展开白刃格斗。经过两个半小时的激烈战斗，歼敌2个连，俘敌百余名，缴获轻机枪6挺、步枪120支、子弹5000余发。这一仗是红二十八军重建后第一个较大的胜仗，使我军装备得到了很大改善。

桃岭战斗，是继梓树坪伏击战之后，高敬亭同志亲自指挥的又一次成功的伏击战。4月20日，追踪我军的敌二十五路军三十二师九十五旅一九〇团，虽被我拖得疲惫不堪，但仍骄气十足，欲与我决战。我军指战员连日行军，求战心切，士气高昂，一直在寻机歼灭。桃岭地区山高坡陡，树林茂密，易守难攻。根据敌情、我情，高敬亭同志决心在此伏击敌人。他亲自察看地形，区分任务，明确具体打法。战斗于当日下午4时许打响，我居高临下，向敌猛烈开火，先后4次击退敌人冲击。在敌伤亡较大的情况下，高敬亭同志适时果断地令主力向敌发起攻击，勇猛地将敌人分割数段，以刺刀、手榴弹近战歼敌。敌一九〇团2个营被我全歼，1个营被我击溃，毙敌营长也士信，击伤敌营长苏桂攀，毙伤敌连级军官12名。这次战斗的胜利，打击了敌人的嚣张气焰，宣告了蒋介石在3个月内消灭我军的狂妄企图以失败而告终。

二

梓树坪、桃岭等一系列战斗的胜利，是在我军处境十分困难、敌众我寡的形势下取得的，极大地鼓舞了我军民斗志，震撼了敌人。1935年4月24日，蒋介石急电鄂豫皖"剿总"，"查鄂豫皖残匪，迭令肃清，现匪流窜如故，日见猖獗，如不迅予扑灭，遗患无穷"，饬令重新部署"清剿"计划。此次"清剿"，国民党动用了13个师、1个旅共61个团，采取划区负责、跟踪穷追和竭泽而渔的围追堵截手段，限在两个月内完全肃清红军，否则以"纵匪论罪"。其"清剿"的重点是皖西地区，主要对象是红二十八军。据此，高敬亭同志制定了避实击虚、保存自己、待机破敌、调动疲惫敌人的军事方针，率部队与敌周旋。军主力从皖西地区西进桐柏山，往返平汉铁路，历时两个月，多次打垮敌人对我军的围追堵截，打乱了敌人的"清剿"部署。我军则在辗转中创造和捕捉战机，选择薄弱之敌予以痛击。王园战斗就是其中一例。6月13日，我军东返鄂豫皖进至河南省光山县王园地区，敌一〇九师六二七团跟踪到此，企图截击我军。高敬亭同志利用便于我军隐蔽运动、迂回包围敌人的有利地形及我军兵力优于敌军等有利条件，在此指挥了一次极其成功的运动战，歼敌两个营，缴获步枪500余支，机枪18挺，迫击炮2门，各种子弹万余发。此战据敌战报记载："战斗之惨烈，为从来所罕见"，"混战之下，血肉横飞"，"官兵被掳甚多"。

高敬亭同志注重总结武装斗争的经验教训，不断完善适用游击条件下的战略战术。1935年7月2日，在太湖县店前河营以上干部会议上，根据我军西进桐柏山，往返平汉铁路，调动和疲惫敌人，打乱敌人部署，在大踏步运动中抓住敌薄弱环节给以痛击的基本经验，提出了"敌情不明不打，地形不利不打，伤亡过大不打，缴获不多不打"，反之则打的"四打四不打"战术原则。并根据敌军"驻剿"与"追剿"之间的不协调，作战指挥不统一和武器装备、战术力强弱的差异，在与敌斗争的策略上明确了拖垮敌二十五路军，相机打击十一路军和东北军，向保安团、土豪劣绅要补给的方针。在作战形式上，以游击战为主，辅以必要的运动战，不仅在游击区打仗，而且要到敌占区去打，分散敌人兵力，减轻敌人对我根据地的重兵围困。

每战集中比较优势的兵力，利用有利地形，或击其头，或断其尾，采取突然迅猛的行动，穿插分割围歼敌人。我军运用上述作战方针和灵活的战术原则，从7月到9月，先后取得了黄栗尖歼敌1个营、朱屋庙伏击敌运输队、花凉亭重创敌1个营、唐家湾歼敌1个营等战斗的胜利，使我军装备得到了进一步的改善，指挥艺术、战术水平更加提高，对鄂豫皖边区的游击战争起了极大的推动作用。

但由于敌人在鄂豫皖边区筑成了密织如网的封锁线，我大部队始终不能自如活动。为了更有效地保存自己，灵活主动地打击敌人，使敌无法形成对我军的合围，高敬亭同志又提出了"化整为零、集零为整"，确定我军主要以营为单位分散活动。这样既缩小了目标，提高了部队的机动性和灵活性，又保持一定的作战能力，在形势有利于我的情况下又能迅速集中兵力歼敌。我军分散游击后，在各地积极打击敌人，很快掌握了主动权。从山区到平原，从苏区到敌占区，披荆斩棘，纵横驰骋。东逼合肥，西抵汉水，南临长江，北越淮河，所到之处，以我之长，击敌之短。或以伏击战打敌措手不及；或迂回敌侧后杀敌"回马枪"；或在发现孤立薄弱疏于戒备之敌时，长途奔袭；或化装智取，出其不意歼敌，使游击战术多向发展。在我主力部队分散活动的同时，各地党组织带领武装破坏敌交通，袭击敌据点。便衣队则紧紧依靠人民群众，广泛开展游击活动，袭扰敌军，牵制敌人。在高敬亭同志的正确领导和指挥下，我军越战越强，不仅恢复了部分老区，还建立起新的游击根据地，使鄂豫皖边区游击战争的烈火越烧越旺。"敌集中，我分散；敌上山，我下山；回过头来再把炮楼端"，这是红军指战员对当时游击斗争的形象概括。

我游击根据地和红军力量的不断发展壮大，使敌人十分震惊。1936年2月，蒋介石任命卫立煌为鄂豫皖"清剿"总指挥。卫立煌走马上任后，针对我军的行动特点，策划了新的5个月"清剿"计划。重新调整兵力部署，变换战术手段，采用稳扎稳打、步步为营的战法，"追剿、围剿、堵剿、驻剿"相结合。并对重点"清剿"地区，实行移民并村，组织民团防守，安插坐探，完善保甲制度，实行一户通共、十户杀绝的"连坐法"。狂妄叫嚣要在"最短期彻底肃清"边区红军。由于敌人集中全力对山区进行"清剿"，后方空虚，高敬亭同志果断决定：我军继续以营为单位跳出包围圈，深入敌后开展游击战争；同时大力发展便衣队，配合主力部队的敌后游击战争。随后，我军分别由军政委高敬亭、师政委方永乐、军部参谋丁少卿（丁少卿于 1936 年 6 月叛变投敌。曾带领敌军对我根据地和便衣队进行大肆搜剿，作恶多端）、手枪团团长余雄、第二四六团政委徐成基、第二四五团团长梁从学和第二四四团一营营长林维先率领直插敌后。作战区域由山区发展到平原；由在敌人包围圈里周旋发展到跳出包围圈。充分运用灵活、迅速、多变、突然等游击战术，驰骋敌后，主动寻机打击敌人。这一时期，便衣队得到很大发展，高敬亭同志经常亲自从部队选拔骨干，配备武器组成便衣队。并为便衣队规定了五条任务：一要宣传共产党和红军的主张，发动组织群众斗地主、打土豪、开仓分粮，救济穷人；二要扩大红军游击队，掌握枪杆子，消灭反动民团，镇压反动分子，为人民出气、撑腰；三要安置红军伤病员，为红军筹款筹物；四要侦察搜集情报，配合部队作战；五要建立和发展党组织。他们有的依托崇山峻岭在内线坚持斗争；有的分布于"赤""白"之间牵制敌人；有的隐蔽在敌人的重要据点附近，搜集情报，分化瓦解敌军；有的深入敌占区发动群众，恢复和建立党的组织，开辟新的游击根据地。在整个鄂豫皖边区，便衣队星罗棋布，声东击西，变幻莫测，异常活跃，成为红二十八军坚强的左膀右臂。

5 月中旬，我分散游击的部队在立煌、麻城交界长岭会合，经商城向麻城县境内活动。14 日 8 时左右，部队进至麻城县护儿山东北雾露塘坳口，遭到敌第一〇三师的围攻。为了摆脱敌人，师政委方永乐率一营和手枪团抢占雾露塘制高点，掩护主力转移。方永乐同志指挥掩护部队连续打退敌人数次进攻，打死打伤敌数百名。在激烈的战斗中，师政委方永乐英勇牺牲，年仅 21 岁。他是坚定的无产阶级革命战士、优秀的军事指挥员，是深受广大指战员爱戴的领导者，对边区红军的发展壮大，地方党组织和政权建设，做出了重大贡献。他的牺牲是红二十八军的重大损失。

在粉碎卫立煌 5 个月"清剿"的斗争中，我主力部队、地方部队、便衣队遥相呼应，密切配合，把军事斗争和政治斗争紧密结合起来。充分发挥游击战术的特点，时而集中，时而分散，多次取得歼灭敌军一至两个营的胜利。不但打乱了敌人部署，扩大了游击根据地，而且打击分化了反动势力，使部分敌政权成了"两面政权"，为我所用。敌军则始终不能判明我主力的行动，不仅未能在最短期内达成"肃清"红军的目的，反而在"清剿"中损兵折将。卫立煌在检讨其失利原因时供认："皆缘此等赤匪，多为本地土著，所到之处，又有人从而勾引通窝，以致行动自由，飘忽无定,兵来匪去,已成惯技","匪区日见扩大,兹蔓难图"。此次反"清剿"的胜利,更加巩固了边区军民坚持敌后游击战争的胜利信心。

西安事变后,蒋介石令卫立煌继续对我军进行秘密"清剿",其手段更加毒辣,战术更加狡猾。红二十八军经过两年多的残酷斗争,八十二师师长罗成云、政委方永乐、政治部主任熊大海先后牺牲,部队的伤亡很大。面对新形势,高敬亭同志于1937年2月将红二十八军主力集中,在黄安、麻城一带活动。敌第三十三师师长冯兴贤闻讯后,严令各部对我"分途追踪,不得放松,一致行动,设法聚歼"。3月10日,我军进至麻城县梅花脑、骆家堰地区时,发现敌第三十三师向我分路合围而来。鉴于敌我力量悬殊,我军立即转移,敌一九三团尾随我军紧追不舍,当敌一九三团两个营追到麻城县王通地区时,高敬亭同志决定在此杀敌一个"回马枪"。即令手枪团一分队占领王通有利地形正面阻击敌人,一营和特务营隐蔽迅速地向敌侧后迂回。当正面阻击打响后,迂回部队在敌侧后发起攻击,一部断敌退路,一部将敌拦腰斩断。经4小时的激战,全歼敌2个营,击毙敌团长秦丹云、营长宋玉珠。

王通战斗后,敌不仅以正规军对我继续跟踪追击,而且利用地方武装、反动民团等配合其对我军进行"清剿"。为避免与强敌作战,高敬亭同志决定将部队再次分散活动,寻机歼敌。并对反动武装坚决打击,对罪大恶极的民团头子坚决镇压。6月上旬,高敬亭同志率手枪团两个分队到达光山县南向店附近时,反动民团头子易本应带200余人前来偷袭。高敬亭同志当即决定歼灭该敌,令部队左右两路对敌夹击,不到50分钟即将这股团匪全部歼灭,击毙民团头子易本应,缴获步枪100余支,短枪20余支。易本应是鄂豫皖边区四大反动民团头子之一,作恶多端,曾杀害我许多地方工作人员、红军家属和无辜百姓,群众恨之入骨。易本应被红军打死,人民群众无不拍手称快,其反动民团武装随之解体。对其他反动武装也是沉重的打击,使其嚣张气势有所收敛,不敢猖狂活动。

三

卢沟桥事变后,日本帝国主义开始了全面侵华战争。在民族存亡的紧急关头,中共中央向全国发出了抗战宣言。一方面向全国人民指出："平津危急！华北危急！中华民族危急！只有全民族实行抗战，才是我们的出路。"另一方面，为了动员一切力量，争取抗战的胜利，积极主动地向国民党当局提出停止内战，一致对外，联合抗日。由于鄂豫皖边区在敌人重兵封锁下，与党中央长期失去联系，无法了解全国形势和获得党中央指示。当高敬亭同志从国民党报纸上看到国共两党合作的消息后，为证实这一消息，他带领手枪团二、三分队和三营从鄂东到岳西县，在南田村与中共皖鄂特委书记何耀榜会合，看到了我派出找上级党组织的联络员姜术堂从西安七贤庄带回的党中央《抗日救国十大纲领》和《关于抗日救亡运动的新形势与民主共和国的决议》两份文件。在与党中央失去联系近 3 年之后，终于看到了党中央的指示，高敬亭同志非常激动，他如饥似渴地反复阅读，认识到日本帝国主义发动的侵略战争，使中国处于血火之中，民族存亡迫在眉睫。根据党中央文件精神，经过慎重考虑，他毅然写信给国民党鄂豫皖边区督办卫立煌，提出停止内战、一致抗日的停战谈判倡议。7 月 20 日，高敬亭同志派何耀榜同志为我军代表在岳西县清天畈与卫立煌的代表、少将高参刘刚夫进行了谈判。高敬亭同志化名李守义，以红二十八军政治部主任的身份直接领导了这场谈判。在错综复杂的谈判中，他立场坚定、旗帜鲜明、思想敏锐、警惕性高，提出了于我军有利的在七里坪地区集中整训等十二条款。在军事上，为防止国民党在谈判的幌子下搞突然袭击，坚持要正在包围我军的国民党三十二师向后撤退，并命令我军充分做好准备，严防意外事件发生。在政治上，及时揭露国民党的欺骗引诱，宣传停止内战、团结抗日的救国道理，使国民党的阴谋不能得逞。由于我方坚持高度的原则性和必要的灵活性，使谈判基本上按照我军提出的条件进行，并于 7 月 28 日双方代表在停战协议书上签字。至此，历时 3 年的鄂豫皖边区游击战争胜利结束。

停战协议签字后，高敬亭同志在岳西县鹞落坪及时召开了干部会议，指出要警惕国民党背信弃义，搞突然袭击，摧残我游击根据地。告诫干部："合作了……我们还是我们，我们决不能丢掉红军的远大目标和优良作风。"会后高敬亭同志派人到各地向所属部队传达和宣传国共合作、共同抗日的方针政策，做深入细致的说服教育工作，使边区军民思想认识尽快适应已变化的形势。10 月，红二十八军和鄂豫皖边区地方武装、便衣队在湖北省黄安县（现红安）七里坪全部集中，共

2000 余人。为了全面提高部队战斗力，适应抗日的需要，部队集中后，充分利用暂时的和平环境，抓紧时间从思想上、军事上、组织上对部队进行全面整训。使长年累月鏖战于崇山峻岭的红二十八军，有效地提高了军政素质，随时准备开赴抗日前线。

1938 年 2 月中旬，高敬亭同志参加中共长江局会议返后从汉口回七里坪，遵照党中央指示，正式将红二十八军、豫南游击队、鄂东北独立团等改编为新四军四支队，辖七、八、九团和手枪团及直属队，共 3100 余人，高敬亭任支队司令员兼政治委员，林维先任参谋长，肖望东任政治部主任。同时成立了鄂豫皖留守处，坚持根据地的抗日斗争。

3 月 8 日，奉新四军首长命令，高敬亭同志率四支队从七里坪出发，踏上抗日征途，担负起新的历史重任。

原载许道化、吴克文编：《被错杀的将军》，四川人民出版社，1989 年，第 22～35 页。

岳西谈判始末

◎ 唐元田

1937 年 5 月间，由皖西特委书记何耀榜派到大西北去找中央的姜术堂同志，与党中央取得联系后，经河南、武汉、九江、安庆等地，来到了岳西县鹞落坪，找到了特委。把他从西安八路军办事处带回的《抗日救国十大纲领》等 6 本小册子交给何耀榜同志。

不几天，高敬亭政委带着手枪团二、三分队和三营来了。次日吃过早饭，高敬亭同志召集特委书记何耀榜，特委秘书徐海山，三营营长杨克志，便衣队长陈明江和一个姓汪的巡视员及我（当时任命我为手枪团二分队副队长）在一起开会，给我们读了《抗日救国十大纲领》，介绍了西安事变的情况和统一战线政策。然后说：红二十五军已到达陕北，国共合作了，现在正在谈判，我们也试试，和卫立煌的二十五路军谈。大家都表示同意。

高敬亭政委起草了七条谈判意见，并给卫立煌写了一封信，要岳西县第三区公所速交卫督办立煌收。我记得信的大意是：卫督办：现在大敌当前，我们应该联合起来枪口对外，一致抗日。如果你们有诚意的话，应实行两条：一、立即停止所有部队对红军的"清剿"；二、请速派人来谈判。

国民党开始是没有诚意的，妄图以谈判掩盖其军事进攻。他们增派了 3 个团的兵力，把工事筑在我前沿，把我特委会、军部交通队和手枪团一部包围在南田。安徽的 4 个保安团，把蛇形岗里外围了好几层，以武力胁迫我投降。

一天下午，敌方派出 1 个副官，带着十几副担子，抬着皮鞋、罐头、香烟、鸡蛋，还有 3 头刮得干干净净的肥猪来到山下。我当时正在查哨，当即把情况报告了高政委。高政委说，如果后面无部队可以叫他们上来。郭副官上山后，首先与何耀榜进行了会晤，接着高政委以"李主任"的身份会见了他，见面介绍说，我是奉高军长的命令，来与贵部洽谈国共合作的。郭说，我是刘高参派来的，刘高参是奉卫督官的命令，到贵部来谈判的。高政委说，既然谈判，你们为什么调集部队把我们圈着？要谈首先得把你们的部队退出 15 里以外，如果不退，就是没有诚意。郭副官连连表示："误会，误会。"郭副官请示豫鄂皖"剿共"督办公署后，同意退出 15 里，并将青天畈、九河一带让出来给我军住。谈判地点定在九河，何耀榜为我方正式谈判代表。

当晚，敌部队撤退了。第二天一早高政委要我带 1 个班到色树牌附近，看看敌人是否撤完，有没有埋伏。侦察后，部队便于上午从南田出发，下午到达九河。

到九河的第二天下午，卫立煌的随身少将高级参谋刘纲夫，坐着八人大轿来了。

从到达九河的第二天起，何耀榜在青天畈的上青小学与刘纲夫进行了一天半的艰苦谈判，终于达成了协议。为了庆祝谈判成功，双方决定第二天上午在九河举行签字仪式。

上午七点，高政委把我和谢队长（代理）叫到一边说："马上举行签字仪式，你们要注意，做好准备，特别要把炮楼布置好，防止他们搞什么鬼。如有人问起我，就说我是李主任！"

八点钟，双方代表在热烈的锣鼓鞭炮声中，步入朱家大屋，我方高政委、何耀榜出席了签字仪式。签字后，刘高参请客，搞了七八桌菜，招待一餐。饭后，刘高参怀疑李主任可能就是高敬亭，提议照相留念。高政委说："我没有照相的习惯。"刘高参边说边把高政委往门外推，准备照相。当摄影师拍摄的一瞬间，高政委向后一歪头，只照到了头的后部。

进屋后，高政委对刘高参说："我们已经签过字了，3 个月内我们要把部队收齐。你们在鄂豫皖对我部队的追击要全面停止。部队通过你们的防线，不准阻止我军通过。"接着说："高军长现在可能在湖北地区，谈判结束后，我们要去向他汇报，请给我们一个行军路线图和护照。"刘纲夫叫勤务兵拿出早已准备好的地图，并规定我们的行军路线：以鹞落坪为起点，经陶家河、鲍家河、西界岭、松子关、河家铺、木子店、插麻城至七里坪。护照也送来了，上面有卫立煌的签字，并盖有安徽省政府的四方大印。交接完后，刘参谋说了声：我们湖北黄安再见。然后坐着轿子就走了。

第二天，我们从九河出发，经青天畈至鹞落坪。在这里，高政委召集何耀榜、杨克志、徐海山、吴万银、谢队长、姓汪的巡视员和我在一个姓聂的老乡家里开会。他先介绍了谈判和签字的情况，后打开地图说："敌人给我们指定的行军路线，我看不能走，要防止他们埋伏，得调换一条路线。我们现在在此休息一天，通知部队每人准备 3 天的干粮，途中尽量不做饭，不能耽误时间。"

次日我们从鹞落坪出发，经界岭，转漫水河，整整走了 3 天 3 夜到达了郭家河。高政委指示：部队暂时住下休息，派手枪团的同志去七里坪侦察，结果发现国民党一〇二师还驻扎在七里坪。我们只好在高山冈扎营。后刘高参从武汉到了黄安，通过交涉，敌军才撤出七里坪。

1937 年 8 月，我们进驻了七里坪。所属其他部队也先后到达，特务营驻方家湾、蔡家湾，鄂东北独立团驻黄陂站，手枪团一部驻张家湾，二四四团驻宣化镇，各地便衣队驻两道桥。除罗田便衣队三四十人外，红二十八军所有部队全部聚齐，又一次进行了整编，改编号为"鄂豫皖边人民抗日军"，后改为新四军四支队，坚持华中敌后抗日斗争。

原载《安徽党史通讯》中全义、树澄、学朴整理的《红二十八军的进山和出山》，题目是编者加的，由金友文供稿。

在历史转折关头

◎ 李世焱

一

我们率领红二十八军手枪团三分队的 1 个班，在敌人 1 个营兵力的追击下，晓宿夜行，披星戴月，抬着负伤的军部小号官，朝着中共皖西特委所在地——岳西鹞落坪疾行。

敌人"3 个月秘密清剿"开始时，我们原是跟随军部一起行动的。部队从鄂东向皖西转战途经麻城时，与敌人打了一仗。战斗中，军部的小号官负了重伤。高敬亭同志命我和雷文学同志率领 1 个班，护送小号官去黄冈大崎山，将他安置在便衣队里养伤，然后去鹞落坪与军部会合。不料到了大崎山一带，便衣队已不知去向。据群众说，附近的大小村庄住满了敌人，每天不断地"清剿"，便衣队早就转移了。我们只得连夜折回头，穿麻城，越罗田，取道英山，通过敌人的层层封锁线，前往鹞落坪。

1937 年春的所谓"3 个月秘密清剿"，是蒋介石的一大阴谋。那时候，已是西安事变之后，国民党被迫接受我党中央提出的停止内战、共同抗日的主张，抗日民族统一战线已经形成。但是蒋介石贼心不死，妄图趁我南方八省红军游击队尚未与党中央取得联系之前，下令 3 个月之内，予以歼灭。在鄂豫皖地区，敌人调兵遣将，重新布置了兵力，"剿共"督办卫立煌调进第二、第三两个师，将号称"爬山虎"的一〇二、一〇三师换作机动部队，专门"追剿"红军；又将嫡系第三十八师开赴潜、太边境驻防，原驻那里的十一路军，在几十个保安团的配合下，被调进山区专修碉堡，构筑封锁线。连同原东北军5个师、二十五路军三十二师追击部队和地方反动武装，敌人共200多个团，30余万人，对我红二十八军及其便衣队实行"围剿""追剿""驻剿"和"堵剿"。敌人烧山倒林，移民并村，在游击根据地造成一片片"无人区"；在交通要道、重要集镇，敌人的碉堡林立，都有重兵把守，还在道路的两旁修筑木城，或拉上铁丝网，设下一层层封锁线。我们一行就在敌人的碉堡群、封锁网中出没，在前有堵兵、后有追敌的状况下转战。

当我们摆脱了黄冈地区的追敌，到了英山境内朱家山的半山腰时，突然又遭到敌人的两路夹击。山顶上，从陶家河出来的敌人，用火力猛烈袭击，企图阻挡我们前进；山脚下，从英山出动的敌人像洪水般向前涌去，想抢占英山去陶家河的大路，截断我们的去处。在这万分危急的情况下，同志们勇敢而又机警地在岩壑间穿行，在弹雨中进击，凭借这里有利的地形，既隐蔽前进，又争分夺秒，赶在敌人前面越过大路。连负伤的小号官也跳下担架，投入战斗。但在激战中另一位战士陆光明同志却被敌人的子弹击中了，鲜血染红了半个身子。同志们立即组织火力掩护抢救伤员，背的背，扶的扶，交替着朝鹞落坪方向冲去，终于冲出了敌人的包围圈，顺利地越过了英山去陶家河的大路，进入了朱家山北边的一座大山，甩掉了追敌。

陆光明同志流血过多，一直昏迷不醒。当晚，宿营在一座山里。第二天早上，正要继续赶路，见陶家河的敌人又出动了，我们急忙藏进了深山，观察周围的敌情。这里离鹞落坪只有20来里地，金龟畈一带的敌人在山顶上修筑工事，我们都看得清清楚楚。看来敌人正加紧准备"清剿"鹞落坪根据地。我们经过商量，决定由雷文学同志带领队伍先去鹞落坪，找到当地便衣队，并设法与军部取得联系；留下一位战士与我一起照顾陆光明同志，等候便衣队。

我们把陆光明同志安置在一座看玉米的棚子里。已经一天没有吃饭了，我们摘了一个南瓜，捡了一堆树枝，起火煮南瓜充饥，在山风的呼啸和伤员的呻吟声中，度过了这个不眠之夜。

第二天天一亮，我们两人就跑到半山腰的树林里，等候便衣队。天渐渐黑了，又下起了毛毛雨，还不见有人来。正焦急时，忽然听到山路上有人声，接着从林子里走出十几个人，穿的都是便衣，还带有一副担架，我仔细一看，原来是鹞落坪便衣队指导员宋青云同志和他带领的便衣队员。

我们就在林边席地而坐，谈起了话，我急于向老宋打听反"清剿"的一些情况，了解军部在什么地方。宋青云同志说："告诉你一个消息，国民党派了高级参谋来和我们谈判了。"谈判？我猛地吃了一惊。老宋见我直瞪瞪地望着他，便继续说："就是谈判国共合作、一致抗日的事。"

我以为这是他跟我开玩笑，便说："好啊！可惜我的肚子不跟我合作，带来什么吃的，先填一填肚子吧。"

老宋一面给了我几块玉米饼子，一面解释说："真的，军政委亲自去跟他们谈判，你一到军部就会明白的。"

我嘴里嚼着玉米饼子，心里直纳闷：国共合作，这是从何说起啊！想起敌人在"3个月秘密清剿"中的暴行，想起转战途中遭到敌人的前堵后追，以及敌人在鹞落坪周围山上修筑工事，等等，越想越不理解，越想越觉得这不是事实。一到鹞落坪，我急忙找到了雷文学同志，向他打听和平谈判的事。雷文学同志说，谈判是真的，很多同志也不理解，议论纷纷：我们同国民党打了十年内战，打到最后怎么会合作起来呢？

在军部，我向高敬亭同志报告了转战途中的情况后，又问他目前传说国共合作是否确有此事。高敬亭同志说，国共是要合作了。未等军首长说下去，我焦急地说："那……我们不能上反动派的当，首长！"高敬亭摇摇头，又笑笑，便随手递给我两本小册子。我接过一看，是党中央在西安事变后印发的关于国共两党重新合作抗日的小册子：《告全党同志书》和《论民主共和国口号》。接着，高敬亭同志便开始给我讲解国际和国内形势，叙述我们如何与党中央取得联系，又怎样同国民党进行谈判的经过。

原来，就在我离开军部的短短时间里，鄂豫皖的斗争情况发生了巨大的变化！

二

自我们在麻城离开军部后，高敬亭同志率领手枪团一、二分队，由鄂东转战到了皖西，得到了党中央关于国共合作的两份重要材料。在三年游击战争期间，红二十八军在远离党中央的鄂豫皖地区坚持斗争，时刻盼望能够听到党中央的指示和号令。但是敌人把根据地包围得水泄不通，我们只能偶尔从敌人的报纸上得到一星半点消息。在这历史转折关头，我们能够与党中央取得联系，及时了解到当前国际形势与国内形势的重大变化，其中包含着一段极其曲折的过程。

不久前，一个名叫姜术堂的人，来到鹞落坪根据地，自称来自西安八路军办事处，并带有党中央的文件，必须亲自交给中共皖西特委负责同志。便衣队的同志大都认识这个人，他原是国民党十一路军的少尉排长，这已经是第三次出现在鹞落坪根据地了。

第一次是1936年秋天，姜术堂从潜山率领20多名士兵向我万山便衣队投诚。我便衣队因本身力量较小，无法改编这个队伍，经过一番说服，姜术堂等人自愿放下武器，领取路费各自回家。一天夜间，当他们通过黄泥岗一带的封锁线时，不慎触发了敌人埋设的地雷，一部分士兵受了伤，被据点内的敌人收容去了，一部分人逃散了。到了1937年春，姜术堂独自一人又来找到便衣队，要求参加革命。当时，国民党正加紧对我"清剿"，斗争非常残酷，对姜术堂这样来历不明的人，不能不有所警惕。但鉴于上次投诚的积极表现，特委决定再次动员他回乡。姜术堂临走时，请求特委给他一个身份证明，以便返回河南老家，寻找机会，投身革命。谁也不曾料想，正是这一偶然的事件，使红二十八军与党中央取得了联系。

大约1个月后，姜术堂又一次出现在鹞落坪根据地。便衣队开始发现他，怀疑此人是否受敌人派遣，前来刺探情报。姜术堂竭力申辩说："我是从西安八路军办事处那里来的，给你们上级带来了重要指示。"有的同志将信将疑，有的同志要杀掉他。姜术堂满含委屈地说："我在这座山上爬了两三天，好不容易才找到了你们。既然来了，想跑也跑不掉，你们带我去见特委，那时再杀也不迟！"

姜术堂确实带来了党中央的两份重要材料。他在返回河南老家时，途经郑州，听说发生西安事变，国共两党谈判已经达成协议，便径直前往西安，找到了八路军办事处，出示了特委给他的身份证明。也就在这段时间，党中央曾多次派人前来鄂豫皖地区寻找红二十八军。终因敌人的严密封锁，红军的辗转游击，一直没有联系上。听说姜术堂来自鄂豫皖地区，办事处的负责同志立刻给予热情接待，并询问了有关情况。几天后，办事处给了两份材料，由他带给红二十八军。姜术堂带着材料，千里迢迢，又从西安返回鄂豫皖，寻找中共皖西特委。

特委书记何耀榜同志正在沙僧河一带活动，离鹞落坪有七八十里地。便衣队派人带着姜术堂，连夜越过敌人封锁线，找到了何耀榜同志。何耀榜同志先是询问了姜术堂到西安的经过，继而叫人把党中央的《告全党同志书》和《论民主共和国口号》仔细地念了一遍，听完之后说："这两份文件不是假的，完全符合实际情况，我们在国民党的报纸上也看到了这个消息。"

这时候，高敬亭同志还在鄂东，何耀榜同志经过反复考虑，决定以"中共皖西特委会"的名义，将红二十五军离开鄂豫皖以后，红二十八军坚持鄂豫皖边区游击战争的情况，用密写的方法，扼要地向中央作了报告，并请求中央派人前来联系。这份报告仍由姜术堂送往西安八路军办事处。

不久，高敬亭同志率部到达皖西舒城桃岭。何耀榜同志向他汇报了姜术堂去西安的经过，交给了他两份小册子。高敬亭拿到中央的两份小册子后，独自关在屋内，反复阅读，研究了整整一天，然后决定同国民党谈判，并根据中央指示的精神，写信给卫立煌，提出和平谈判、合作抗日的主张。国民党本来企图通过"3个月秘密清剿"，一举消灭红军游击队，结果是红军越打越坚强，反而使自己足陷泥潭，难以自拔。卫立煌自知秘密"清剿"即告破产，也就接受了和平谈判的建议，并派出高级参谋刘刚夫作为全权代表，与我们接触和谈判。

国共双方开始接触是在岳西南田一座马鞍形山头上进行的。双方的武装部队都摆开了阵势，规定互不开枪，只准对话。在一种极其严肃的气氛下，高敬亭同志化名李守义，以政治部主任的身份，到现场与刘纲夫对话。在停止内战、国共两党重新合作、一致对外抗击日本帝国主义的前提下，各自提出了一些具体条件。

刘纲夫提出的条件是：红军停止袭击国民党军队，停止袭击基层政权机构，停止打土豪和没收地主财产，停止破坏各地的一切交通设施；同时以1个月为期限，要求我方将部队全部集中于湖北省黄安县城，改编为国民革命军，听从国民党统一指挥，开赴抗日前线作战，等等。

高敬亭同志提出的条件归纳起来如下：第一，国民党当局必须以实际行动体现合作的诚意，立即撤退"围剿"部队，停止对红军的"围剿"；撤销和毁坏所有的封锁线，并将岳西县青天畈让给我军临时驻扎；毁坏所有的移民村，让群众重返家园从事生产，停止迫害我红军家属和革命群众。第二，同意我军集中整编，但必须保持独立系统，由共产党领导。第三，我军的一切军需给养，一概由国民党政府供给，与国民党军队享受同等待遇。第四，由于我军部队比较分散，集中时间不得以1个月为限。集中地点应以湖北省黄安县的七里坪为中心，包括河南省宣化店至七里坪一带，便于我军驻防整编。

初步接触后，由于双方提出的条件尚未达成协议，国民党要求我方派出代表到岳西衙前继续商谈。这时，高敬亭同志已率部回鹞落坪，便派何耀榜同志前往衙前，就双方举行正式谈判的具体时间和地点进行磋商。在我方的坚持下，国民党方面不得不同意让出岳西青天畈作为我军驻地，并确定青天畈作为正式谈判的地点。

1937年7月22日，高敬亭同志仍化名李守义，以政治部主任的身份，和何耀榜同志到青天畈参加谈判。经过与国民党方面代表刘刚夫等人反复商谈、斗争，终于达成了国共双方停止内战、一致抗日的协议，并于24日在九河正式签字。至此，鄂豫皖军民坚持的三年游击战争宣告胜利结束。

鄂豫皖边区的和平谈判是一场极其严肃、激烈的斗争。从这场斗争中可以看到，作为红二十八军的最高领导人高敬亭同志，在历史转折关头，保持了高度的原则性和警惕性，坚决执行了党中央关于在抗日民族统一战线中保持独立自主的正确路线和方针。从后来确定黄安县七里坪作为集结整编部队的地点来看，也反映了高敬亭同志的深谋远虑和正确的战略思想。七里坪至罗山宣化店一带，有我们稳固的防线，北边大山是我们的老苏区，西边又有罗陂孝新根据地。有了这样可靠的大后方，国民党反动派就是施展阴谋诡计，也是注定要失败的。

当我了解上述情况后，深深认识到党中央、毛主席的英明决策，同时也认识到历史在我们面前展开了新的一页，我军即将开始一个新的征程。

高敬亭同志在给我阐述全国的形势后，又说："目前最迫切的任务就是联络分散在各地的便衣队，向他们传达党中央的指示精神，集结到黄安县七里坪整编。"是的，在这历史转折关头，我们每一个红军战士、革命志士，必须把自己的行动纳入党的路线、方针、政策的轨道上，努力去完成新的历史使命。

两天后，我接受军部给予的任务，前往赤南地区大小伏山、金刚台一带，联络赤南县委张泽礼同志领导的便衣队。

三

赤南地区，包括冈家山、南溪、汤家汇、胭脂、麦园一带，南北七八十里，东西三四十里，是皖西根据地的重要组成部分。在三年游击战争期间，这个地区屡遭敌人的摧残，群众大都惨遭杀戮，少数幸存者拿起大刀长矛，走上大小伏山、金刚台等地，打游击去了。领导群众坚持革命斗争的是中共赤南县委，县委书记是张泽礼同志，人称张三铁匠。

听说军首长派我去找赤南县委，就不禁想起1936年春夏反"5个月清剿"中，我们手枪团三分队在林维先同志的率领下，和张泽礼同志领导的便衣队一起，在熊家河一气摧毁了敌人11个碉堡的事。

高敬亭同志说："我们和赤南县委有半年多没有联系了。敌人的'清剿'很残酷，不知他们现在什么地方。过去你们和张泽礼同志一起战斗过，比较熟悉，所以派你们去。找到后，要他把便衣队集中起来，由你们带到七里坪去。"

我比较了解张泽礼同志，他出身贫寒，早年参加革命，对国民党有着刻骨仇恨，现在一听国共合作的事，思想弯子会不会转过来？我迟疑地说："万一张三铁匠不相信，怎么办？"

高敬亭立即写了一封致赤南县委的信，又叫秘书拿来好多张布告，一并交给了我，又嘱咐我们："将这封信亲手交给张泽礼。记住，虽说国共合作了，一些反动家伙还想搞阴谋，你们的任务是找到赤南县委，不要和敌人正面接触。"

高敬亭同志经过慎重考虑后，又派石裕田、雷文学两位同志和我们手枪团三分队一同去。石裕田同志是赤南一带的人，曾担任过赤城县委书记。雷文学同志在赤南地区打过游击，对那里的地形、道路比较熟悉，有他们在一起，我心里就踏实多了。

离开鹞落坪后，我们一行经立煌县境，到达金刚台、大小伏山一带。这里群山起伏连绵，浓荫遮天蔽日，就是看不到村庄，看不到人烟。好不容易找到一个村落，进去一看，却只见屋倒墙坍，茅草丛生，有的屋子里长起了小树，锅台上结出了南瓜。山这么大这么深，找不到群众，摸不到线索，谁知便衣队在什么地方呢？

找了一山又一山，寻了一处又一处，我们坚持一天走上几十里，好多同志鞋子磨烂了，脚上打起了血泡，仍然继续不停地寻找。干粮吃完了，就吃生南瓜。同志们一边嚼着南瓜，一边爬山越岭寻找。从金刚台到大小伏山，又从大小伏山到金刚台。我们攀上了金刚台，隐伏在倒塌的敌人碉堡里，盼望能够看到一缕炊烟，以便发现便衣队的踪迹。但是，四下瞭望，只见山连山，树连树，茫茫一片。山上的风特别大，虽说时值炎夏八月，呼呼地吹得人浑身生寒。

这一天，太阳还未出山，我们在一座山脚下，终于发现了一位身穿破衣烂衫的老人。石裕田同志赶忙上前问道："老大爷，我们是红军，请告诉我，你们这一带有没有便衣队？"老人打量了我们一番，摇摇头，不理睬，后来又向几位老乡打听过便衣队的下落，他们也总是用怀疑的目光看看我们，然后扬长而去。

我们下山后，在要道口上张贴起布告，布告上写着：

当此国难日亟、民族危亡之际，凡本部同仁，愿意抗日者，一律到湖北省黄安县七里坪集合。

中国工农红军第二十八军高敬亭

一九三七年八月X日

奇怪的是，我们转身回来时，那一张张布告都被人揭走了。这奇怪的现象，给了我们希望。同志们都肯定：便衣队可能就在附近。

已经是第21天了。清晨，我们向山林走去，一路仔细观察动静，寻找便衣队的踪迹。山林间，清新空气沁人肺腑，树梢上飘动着乳白色的晨雾。突然，发现树梢上空有一缕黄烟在缭绕，我高兴地推了一下石裕田同志："你看，黄烟下面肯定有人，说不定便衣队就隐蔽在那里。"

老石一看，也说："雾是白的，没有这样黄。"

同志们听说看到炊烟，一个个都嚷着赶快去找，可是一直到了第二天，才在大伏山离敌人并村的围子很近的山沟里，找到了一个草棚子。草棚外面是一片丛林，仅门口一条小路直通山上。我们决定在树林里守候，等天黑后看个明白。

天快黑时，果然从山上下来几个人。他们身穿便衣，倒背着枪，悄悄地钻进了草棚子。许多迹象表明这些人是便衣队，于是我们立刻向棚子拥去。

我们的突然出现，使草棚里的人大吃一惊，几个人把枪栓拉得哗哗响，警惕的目光直向我们射来。我急忙说："不能打，我们是红二十八军手枪团三分队的，你们是便衣队吧？"

便衣队的一位同志一下认出了我，我们立刻被迎进了草棚。原来，他们是大小伏山便衣队二分队的人，队长叫沈晋堂。便衣队的同志知道我们带有重要任务而来，便领着我们上山找沈队长。

路上，便衣队的同志们向我们叙述起当地的斗争情况：自"3个月秘密清剿"以来，敌人对赤南地区进行了疯狂的反扑，搞起移民并村，把山区的群众赶到了平畈，修起圩寨，派兵把守；又在山顶上修筑碉堡，经常向山沟滚放石头；还采取放火烧山等极其毒辣的手段进行搜山。总之，敌人千方百计企图搞得便衣队无处存身，无路可走，最后自行消灭。便衣队的同志自豪地说："敌人搞来搞去，没有伤我们的一根毫毛！"

翻了几个山头，便进入深山老林，只见在山脚的洼子里，露出一座草棚，20多个便衣队员就隐蔽在这里，长期坚持对敌斗争。想起刚才路上听到的一番话，对赤南的群众和领导他们坚持斗争的张泽礼同志不禁肃然起敬。

便衣队长沈晋堂，是我的老战友，一见面，老沈就哈哈大笑："原来是你们啊！早几天群众报告说有人找便衣队，我还以为是敌人玩的诡计呢。"

"哎呀，真是踏破铁鞋没处寻，差点把我们找死了。"我也笑着说。

久别重逢，我们各自向对方介绍了许多情况。老沈忽然想起什么，问道："那些布告是你们贴的吗？究竟是怎么回事？"说罢，他拿出一张叠好的布告。

"这些布告都是你们揭下的？"我们都惊讶地问。

"是群众送来的。送来时上面糨糊还没干呢。"

原来我们在路上遇到的那些冷冰冰的面孔，却深藏着对党对革命的满腔热情！我告诉老沈关于目前形势的变化，必须及早见到张泽礼同志，并出示高敬亭同志的信。沈晋堂同志说："你们先休息休息，我查问一下，这会儿，张三铁匠大概在槐树坪。"后来我们才知道，他们已经暗地派人送信给张泽礼同志了。

很快就要见到张泽礼同志了。我寻思：在这历史转折关头，这位县委书记持什么样的态度？可能发生什么样的情况？

四

我们一到槐树坪，就看到一个人挥动手臂，大声呼喊着"三分队队长"朝我们跑来。他正是我们寻找了20多天的张泽礼同志。在他的身后，跟着涌过来一群便衣队员，我们一下子就被热情的战友包围了。有的紧紧握手，有的搂抱摔跤。接着，是便衣队员们一连串问话："我们的部队现在什么地方？是军首长派你们来的吗？上级有什么指示？"

张泽礼同志笑着说："上级到底没有把我们忘掉啊！"

"我们找你找了很久了，军首长有信给你。"我从口袋里掏出那封信，递给了张泽礼。这时，几十双眼睛一下都集中在那封信上。

张泽礼同志双目炯炯放光，一面小心地拆信，一面问我："你们从什么地方来？"

"潜山。"

"路上可遇到什么情况？"

"现在国共合作，有卫立煌的通行证，路上可以畅通无阻。"

"什么？"张三铁匠拆信的手停住了，脸上的笑容收敛了，眼里闪过一道怀疑的目光。

我掏出护照给他看，并说："这是卫立煌签发的护照。"

"卫立煌！"便衣队的同志差不多一齐叫喊起来。张泽礼一把从我手中夺过护照，怒视着"卫立煌"三个字。这三个字，大家是很熟悉的。几年来，许多缉拿共产党和红军的通令上有他，各种判决书上有他，各种禁令上有他……便衣队怎能一下理解印有这个名字的护照，竟会在一个红军战士身边带着，并且在大别山通行无阻呢？

张泽礼同志抑制着怒火，将信递给了小秘书徐其昌同志："念！"他昂首挺立，像是要承担什么重大变故，便衣队的同志也相互交换着警惕的目光。我的心怦怦地跳动，一直担心发生的事情终于要发生了。望望老石、老雷和其他的同志，他们也露出紧张的神色。

这时候，小秘书在大声地念信："……目前国内政治形势已经起了重大变化，日本帝国主义已全面发动了侵略我国的战争。国难日亟，民族垂危，我党为拯救中华民族的生存，已同国民党……"小秘书念到这里停了下来，用惊疑的目光扫了我们一眼。张泽礼迫不及待地追问："下面说什么，快念！"

小秘书结结巴巴地念着："信上说，我们……不，他们已和国民党合作，叫我们停止……停止活动，到黄安七里坪集中。"

张泽礼听罢，一把夺过信，脸色陡变，厉声问道："你说，这是怎么回事？"跟着，便衣队员们一齐喊起来："要我们同敌人合作，你这是搞的什么鬼！""你们究竟是什么人，是谁派来的，快说！"

唰——便衣队一下散开了，在我们身边形成一个包围圈；哗——队员们一个个端枪，拉开枪栓，推上了子弹。我们的那一班战士都用紧张的目光瞅着我，像是在问：怎么办？霎时间，气氛紧张极了！连山上的空气仿佛也都凝固了。

"不准开枪！"我对战士们说，"你们不要动，便衣队是不会打我们的，他们为革命吃尽千辛万苦，对党对人民是有深厚感情的，对敌人是有深仇大恨的。主要是我们工作没有做好，道理没讲清，一旦讲清道理，他们是会理解的。"听我这样一说，战士们的情绪镇定下来了，便衣队也放下了枪，空气开始缓和了。

我正向张泽礼同志说明原委，只见他一挥手，下了命令："干部集合，队伍原地不动！"几个短枪队员站到了我的身边，对我们严厉监视。张泽礼和干部们围坐在一棵大树下，研究着什么，一会儿蹦起来，一会儿又蹲下，显得十分不安。后来才知道，他们是在审查信件的真伪，拿出军政委以前写给他的信加以对照。开始，发现图章一个鲜红，一个暗淡，张泽礼以为这封信是伪造的，气得一蹦老高，后经小秘书徐其昌同志提醒，方知印油变色是信件久存的缘故。最后，细细核对两封信的笔迹，一模一样，也找不出什么疑点。

但是，张泽礼的疑虑仍未消除。他跑过来，气冲冲地说："到底国共怎么个合作法呀？你说说。"我把和平谈判的经过、军政委的指示，详细地说了一遍，见他渐渐冷静下来，便进一步对他说："客观形势发展很快，我们共产党员要适应新的形势，服从党的决定。你们一定要下山，到七里坪集合。"

看到张泽礼没有什么反应，我有些激动了："张书记，我们不是反革命、叛徒。

你们可以找国民党反动派的报纸看一看，有没有西安事变的事，有没有国共合作的事。要是你还不相信，我们可以把枪下掉交给你们；就是把我们当做犯人看管起来也可以，请你们自己选择路线去七里坪，到了那里，一切就都清楚了。"

石裕田同志也说："县委书记，三分队队长说得很坦率，很诚恳，请你多从大局着想！目前的形势变化很快，要相信党中央的路线是正确的。"

雷文学同志平日为人老实，不多话，这时倒有点儿沉不住气了："军政委的信是伪造的吗？你们不去是你们的事，请打个收条给我们，回去，好向首长交代。"

几个便衣队员也活跃起来，从旁劝说："张书记，他们三人曾跟我们同过生死，共过患难，可不能将自己人当做仇敌啊！……"

张泽礼听了大家的议论，开始用征求意见的目光环视了一下周围的干部。指导员林维先同志站到他的身旁，说："怕什么，我们手枪队还有七八十条枪，出了问题，还可以打嘛。"这时，只见张泽礼果断地说："好！既是上级的决定，我们坚决服从。马上下通知，集中便衣队，开赴七里坪！"

几天以后，我们到达七里坪，跟着就有人来找张泽礼同志，其中一位是窑沟便衣队队长杜立保同志。他们装扮成茶叶贩子，是跟在队伍后面观察情况的。而在金刚台上，他们还留了一支便衣队，以防万一。

回到军部，我向高敬亭同志说："军政委，这次找张泽礼同志，差点儿送了老命。"高敬亭同志笑笑说："我知道你们有危险，但我相信你们会把工作做好，张三铁匠是个好同志嘛！"

战斗在鄂豫皖的红二十八军及其便衣队，都陆续到达了七里坪。这时，去西安送信的姜术堂，也回到了鹞落坪，随同第二批集中的红军游击队一起来到七里坪，并带回郑位三给高敬亭同志的亲笔信。不久，郑位三同志从延安来到七里坪，领导这支部队整编，改名为新四军第四支队。这支队伍于1938年春天奔赴皖东抗日前线，经受了历史转折关头的严峻考验，为抗日战争建立了新的功勋！

原载《皖西革命回忆录：第二次国内革命战争时期（1）》下册，黄山书社，1984年，第385～401页。

岳西谈判前后

◎ 何耀榜

党中央指示

一天晚上，哨上来人报告："从鹞落坪爬来了三四个人。"

果然是姜术堂回来了。我忙带着他们走进草棚里。没有灯，想法找来一个破瓷碗，倒上点油，从衣服上撕下一条布作灯芯，然后大家坐了下来，我着急地问姜术堂："你找到红二十五军没有？"

"没有找到红二十五军，找到了军委，他们没有给我信，只是叫我带回来几份文件。"姜术堂一边说一边从身上掏出文件来。

为什么没有信呢？……我感到棚子里闷得发慌，便顺步走出棚子；姜术堂跟着我走了出来。

我问他："你在军委看到了哪些人？"

姜术堂这才向我叙述了他的经历："我带着特委的信到了郑州，找到地下党设立的一个联络室，他们看了介绍信，说是各地方党来的人都到西安七贤庄去，在那里一切问题都可以解决。我又坐车到了西安，在七贤庄找到了八路军办事处，西安办事处林伯渠处长接见了我，要我就在办事处住下。四天后红军总政治部王稼祥主任召见我，向我询问鄂豫皖地区的情况。我向王主任说明，我不是这里的工作人员，只能把我所知道的一些简单情况，向他做了汇报。王主任给了我一些文件，并且说：蒋介石用了很大的兵力，想把红二十八军和大别山区的游击队歼灭，歼灭不了也想打垮一部分。你回去告诉何耀榜同志，叫他们尽量设法和国民党谈判，谈判的条件文件上有。在谈判中，首先要停战，把部队散在外围，不要集中起来，防止敌人歼灭我们。谈判时，我们的部队不能接受国民党的任何名义和任务；谈判后部队集合的地点，一定要找群众基础好和交通方便的地方。一切有关的重大问题，由中央最后决定。要使干部们认识到，谈判是为了团结抗日，绝不是向敌人投降。你告诉何耀榜同志最好找到高敬亭同志，共同组织鄂豫皖的部队和平谈判。我们已派三次交通到高敬亭同志那里，都没有回来，不知什么原因。在可能的条件下，何耀榜同志最好派一个干部来，实在派不出干部，也要把鄂豫皖的部队和党的力量，特别是目前的情况送一份较详细的报告来……"

我回到草棚里，和同志们一起阅读文件，这是党中央书记处印发的文件，内容是对西安事变应有的认识、国共谈判的意义、办法和条件等。读完以后，我对同志们说：

"党中央叫我们去人，目前高敬亭同志不在这边，派干部比较困难，如果写公开的报告，姜术堂同志，你能拿出去吗？"姜术堂说："公开的报告不好拿出去，码头、车站上检查得很严；特别是七贤庄周围，国民党检查得更严格。最好是用密写法。"

大家开始了讨论。根据党中央的指示，国共合作谈判是肯定了，关于鄂豫皖地区的问题，应当找到高敬亭，由他决定。但是，卫立煌的部队首先占领了黄冈，想切断我们和鄂东的联系。在这种情况下，如果派部队去找高敬亭，来回要有相当长的时间，何况目前身边也没有部队可派。

大家的意见一致同意还是派姜术堂带着报告尽快到党中央去，到武汉后就坐飞机去西安，请党中央派人来。我们便找了一些明矾化成水，用毛笔在土造纸上写出给党中央的报告，交给姜术堂，并派人护送他出封锁线。同时，去找高敬亭联系的交通也出发了。

随后，我对易元鳌说："你带警卫队三个班去桐城、舒城，叫于海青、徐文初把国共合作谈判的问题在干部和部队中做一些动员工作。你带的三个班编进战斗营，便衣队各回原地坚持工作。"

以往，党中央和我们的联系是通过潜山工委的，为了进一步了解有关国共合作谈判的问题，我便赶到潜山工委。吴云霞对我说："我们收到党中央的指示和文件快有一个月了，我向鹞落坪爬了三次，都没有找到你，真急死人了。"她忙取出三份文件，我仔细一看，和姜术堂带来的文件完全一样。

吴云霞接着说："根据地下党的情报，国民党一部分军队在向安庆、上海运动；卫立煌的部队和三十二师仍在大别山，他们的口号是'清剿'不限时间，直到捉住高敬亭、何耀榜为止。"

"根本办不到。"我说着，仍然在考虑谈判的问题。我们是工农出身，文化不高，社会常识也少，真要和国民党那些官油子打交道，定有不少困难。因此，我对吴云霞说："地下党除供给我们情报以外，要求安庆和上海的地下党最好能以灰色的面目想法帮助我们。"

离开吴云霞那里，我们从后河山出发，穿过封锁线，经过马家畈下面的一个小湾子，黎明时隐蔽到晾袈裟山上。

下午4点多钟，哨兵来报告："那边满山岭都是穿灰军装的敌人。"

一定是有人知道我们的行踪，向敌人告了密，否则敌人为什么在这个时间出动搜山？敌人倒林烧过的山上，幼树一簇簇生长得十分茂密，特别是带着步枪和机枪，在山上行动很是困难。我们要利用这个条件来打击敌人进行突围。我决定一个班下到河沟里，先打响，引诱敌人向河沟合击；另一个班埋伏到黄岭上，敌人攻上来时就地堵击。我们突围的方向和集合点是桐城、舒城。

我们只有三个班，四十多条短枪，而敌人却用了一个旅。就在这样的兵力对比之下，同志们在晾袈裟山上英勇地和敌人厮杀起来。天色很快昏暗下来，敌人到处吼叫着："不打枪，捉活的！"同志们非常沉着，弹无虚发，边打边退，直纠缠到夜晚9点钟左右，我们才算突出了敌人合击的心脏，来到一个山崖上。这时，才发现走进了绝境，四下都没有路，眼看着敌人打着火把，正在到处搜寻，我们心里更加焦急，在漆黑的夜色中摸寻道路。我似乎觉得前面是一条路，就伸出脚去试探，右脚踏上去，觉得很稳固，弯下身子一摸，是石头，我抬上左脚，同样很踏实，心想是路，可以走。刚往前走了两步，不料这竟是一块被雨水冲刷的陡壁，只觉脚下一滑，跌倒了，听到警卫员胡山修说了句："政委滚下去啦！……"以后，我就失去了知觉。

当我苏醒过来的时候，看到的是天空和星星，听到的是小河沟潺潺的流水声。这是怎么回事？我躺在什么地方？我轻轻地抬起手，摸摸身上，缠着许多葛藤；再摸摸身旁，一边是几棵树，一边是斜石。这才明白，我是从悬崖上滚下来的，葛藤和这几棵树把我挡在半山腰。再摸摸身上的枪和子弹，都还在。我掏出怀表，划亮一根火柴看看：时针指着午夜 12 点。四周很寂静，隐隐约约听到一些枪声。我更清醒了，知道掉了队。活动活动身子和腿脚，虽然有些痛，还能动。我扶着树干慢慢坐起来，发觉身下是块陡坡，我只好用手抓住树枝，慢慢伸下脚去，慢慢溜下河沟。

我爬上了一座山岭。根据星星来判断，是在晾袈裟山西南的一山岭上。再往西去，便是岳西县便衣队四分队的活动地区；往南走是潜山工委吴云霞活动的地区。但是敌人在各处堵塞了路口，我又穿着一套灰军衣，怎样才能找到同志们呢？

时间已是下两点。先走着想办法吧。我试探着往西走，顺着放羊小道，发现前面有个棚子。摸到近前，发现绳子上挂着一件上衣，我连忙取下来，再看看四周，棚子前面有个盆子，便轻悄悄地走过去，伸手一摸，捞起一条裤子，心想，我必须把便衣换上，才能通过敌人把守的路口，回到同志们那里。可是，又不能随便把人家的衣服拿走啊！我搜了搜身上，还有些钱，便放在盆子旁，用一块石头压住。然后，我抱着水湿的衣服顺小路跑去。

走进一片树林，我脱下了军装，把上衣和那条湿裤子，也不管合身不合身，就穿上了。然后检查了武器，又把军装埋起来，一切准备停当，便倚在一棵大树旁休息，想等到天亮再行动。

天色发亮。我看了看身上的衣服，不由得大吃一惊：竟穿着一条女人的裤子！可是，又有什么办法呢？我坐在地上，只好把裤腿上的花边扯掉。

上午 9 点来钟，三十二师的炮、车、人、马络绎不绝地经过林外的公路，向晾袈裟山拥去；晾袈裟山和两边的山沟里，隆隆的爆炸声不绝于耳。

直到天色黑透，我才走出树林。在闷热的树林憋了一整天，又饥又渴，觉得头很晕，眼前老发黑，两腿酸软，我渐渐地迷失了方向。不知不觉又来到一座草棚子前，我就在棚子旁边的树下蹲下来，休息休息，抽根烟。

屋里的人还没有睡，不时传出小孩的哭声。突然，一个男人手里拿着锄头，带着一只大狗走出棚子，朝着树下走来，我忙把烟头弄灭，看来他还没有发现我。

我脑子里闪过一念头：不能让他先动手。我便立刻行动，用枪指住他问："谁呀？"

"是我，"那人答道，"你是周队长吗？"

他扭脸一看不是，拔腿就向山沟里跑去了，一会儿，连影子也看不见了。

根据他的问话，我知道这里是便衣队八分队周队长的联络点。可是，他不回来我又有什么办法？我只好走近他的棚子，喊他的女人："嫂子，嫂子……"

不管我怎样喊，她硬是不起来，也不答应。蘑菇了好久，她总算答应了，起来开了门，放我走进棚子。

她又盘问起来："你是谁呀？"

"我是周队长。"

"老徐不是出去了吗？"说着，她仔细地一看，不认识我，连忙说："管你是干什么的，我这里没有人，我男人叫你们打的要死，昨天才回来，你们又来做什么？快出去，出去！……"

她一连串说了这许多，一边又忙着推我出来，弄得我有口难辩，左右为难，我只得顺着她走出棚子。

到哪里去呢？他一家肯定是基本群众，可是他躲在山沟里不出来，我能有什么办法？不过，他既然到山沟里去，里面一定有隐蔽的地方。想到这里，我便决定也进山沟里去隐蔽，等明天晚上再来找他想办法。

不料，第二天晚上我来到草棚子时，他们一家人已经搬走了。

我万分失望地离开草棚子，沿着小路漫步向前走去。刚走了不远，忽然碰到十几个锄秧草回家的人，他们看到我就大声地喊叫起来："谁呀……"

我还没有来得及答话，十几个人便四散向炮楼跑去。我没有办法再隐蔽，只有跟着他们跑。炮楼上敌人看到人们乱跑就打枪，却找不到目标。我趁着混乱的当儿，抢过了到潜山去的封锁线。翻过一座山头，下到半山腰一块石头上，不想石头是活动的，连人带石头一起滚下山去。这一次虽然没有跌昏，可是跌得腰酸腿痛，头上、手上和脚上也都被跌碰得鲜血直流。

漆黑的深夜里，我摸到吴云霞一个联络点的门前，发出了暗号。老太太开了门，我刚走进屋里，吴云霞和老太太的十四五岁的女孩子看到我成了个血人，机灵的女孩子忙给我端了一盆水，又马上送来一碗开水。吴云霞还没顾上和我说两句话，易元鳌却一头撞了进来，抓住我的手就说："咳，你可回来了。自你掉下山崖以后，有的同志哭了好几次，真把我们急坏啦！"他缓了口气，紧接着说："为了找你，我们刚来不到两个钟头，警卫队都在山上隐蔽。不过，我们也把目标拖来了，看情况，敌人想在这里合击，你看打出去还是在这里隐蔽？"

吴云霞说："打出去很困难，最好到后火山上竹林里隐蔽起来。"这片竹林纵横有五六十里，几十年没有砍过，不但竹子茂密，里面有着许多大大小小的石块。"这里边我很熟，在离出口不远的地方隐蔽八九十个人满可以。敌人不知道路，根本进不了竹林，他们总不能一下子就把竹林削平了！"

听吴云霞说完后，我和她及警卫队全体同志都进入竹林隐蔽。

天刚麻麻亮，女孩子进来了，告诉我们说："国民党军队天一明就把这里包围起来了。我躲在沟里，他们把我妈妈抓住捆起来，还在打她。"女孩子擦着眼泪，继续说，"我来的时候，看到路上有你们的脚印，我用小木棒拨了竹叶盖好啦。"

我们安慰了她一番后，叫她暂时不要出去，就在竹林里一起隐蔽。

敌人不敢进竹林里来，只在外边发狂。胡乱地打了一天枪炮。

傍晚，竹林外到处响起了敌人集合的号音。敌人走了没有？是回碉堡去了，还是就在附近露营？女孩子似乎看出我们的意思，凑近吴云霞身边，轻声地问："吴老师，你们有什么事情吗？"

"没有什么……"吴云霞含含糊糊地说。

"吴老师，我出去看看我妈，好吗？"看到吴云霞瞪大了眼睛，女孩子坚持说，"我不怕，反正我是个学生。"吴云霞想了想，这才说："好吧，快点回来。"

女孩子一听老师已答应自己的要求，高兴地向竹林外轻捷地走去。

我和吴云霞又谈到党中央的指示，我告诉她："我们已经准备出面和国民党进行谈判。"

"谈判？和敌人谈判！"易元鳌在一旁听到我们的谈话，立刻把身子磨了过来。

"为了团结抗日，我们要和国民党谈判……"

我的话还没有说完，易元鳌一把抓住我，粗声粗气地说："老何，你要想向敌人妥协投降，叛变革命，你看清楚！"他拍了下腰中的枪，"我一枪先把你敲掉！"

我了解易元鳌的性格，知道他对革命赤胆忠心，尽管他这样鲁莽，我一点也没有生气，只是耐心地对他和警卫队的同志们解释说："国共谈判是党中央的决定，目的是为了团结抗日，绝不是向敌人妥协投降……"接着，我把党中央统一战线政策摘要地向大家作了解释，易元鳌这才平静下来。

约莫过了半小时，女孩子返回来了。她对大家说："国民党军队向东走啦，他们把我妈带到东山岭上才放回来。家里煮了点粥，妈叫你们快回去吃。"

走出竹林，大家在湾子里吃了点粥，我又对老太太安慰了一番，才和吴云霞分手。

准备谈判

在蛇林岗下边的山沟里，我和陈明江联系上以后，便进入便衣四分队的根据地。

我把党中央的指示对陈明江谈了一下，而后问道："你和鹞落坪上的三队有联系吗？他们有人来没有？"

"黄子香同志去联系了，还没回来。你在这一带休息几天吧，这里的联系工作还好，可以在林子里住，就是敌人'清乡'也没有问题。"

陈明江当时就找了个地方，安置我休息。

午夜，便衣队指导员黄子香回来了，找到我说："我没有到三队，在联络点上碰到三队来的人，说是徐文初、黄云先因为听说你被敌人打掉队，就用特委的名义发出通知：除桐城、舒城和我们这个队外，要特务营、战斗营、各地的游击队和便衣队都行动起来，向敌人发起进攻。"据黄子香说，各处都打得非常激烈，鹞落坪上的敌人只有三十二师一个团看守，其他的兵力都散开啦。由于我方部队处处打击敌人，敌人也就处处还击和搜山。我们的五、六、八便衣队的处境最紧张。手枪团一队在鹞落坪上整整和敌人打了两天两夜，昨天一队抽下了山，卫立煌的两个团和三十二师的一个团发生误会，自相残杀了一夜，便衣三队有人看到敌人今天从九河向岳西抬了很多伤员。据说，手枪团一队副队长殷绍礼在鹞落坪战斗中负了重伤，被敌人抬到岳西县去了。

高敬亭是跟手枪团一队行动的，根据便衣三队的情报，他很可能是过来了。

我和易元鳌刚走到军政委住的院门，交通队的门卫就说："何政委回来了。"房里值班的队员立刻喊醒了军政委。我走进屋子说："军政委来了。"

高敬亭很快从黑布抬子上起来，一把抱住我，好长时间没有说出话来。看到他这样亲热和激动，我还是第一次，对他说："军政委路上辛苦了。我一听说手枪团一队在鹞落坪战斗，估计一定是军政委来了，就赶来见你。"

大家坐下来。高敬亭看了看易元鳌，而后对我说："我不辛苦，和你们一样。听陈明江说，你接到了党中央的指示?"我回答说："信是没有，只有红军总政治部王稼祥主任的口头指示，和党中央书记处的一份文件。"

高敬亭问："指示，说些什么?"

我把王稼祥主任的口头指示复述了一遍，接着忙取出文件递给他。

"王稼祥主任的指示是真的，谈判是可以，但可不能投降。"

高敬亭翻看了一下文件："这文件我也得到了，不过不是真的，也不是中央送来的，是地方党送来的，所以送来三次我都没有回信。你这个是中央送来的，一定是真的，我们两个都看不懂，叫陈明江来读给我们听听。"陈明江把文件反复读了三遍，高敬亭听完以后，说："意思是差不多，就是字句不一样，以前的文件定是假的，这个是真的。"

我说："军政委，我把半年来皖鄂边的情况汇报一下吧?"

"不用，陈明江已汇报过啦，大概的情况我已知道了。你们这边还有这样大的力量，鄂东在敌人的'三个月清剿'中受损失很大。陈守信收到卫立煌一封信，想当国民党的旅长，张家胜、郑定国想当他的团长，我叫交通队杀啦。红二十五军所指定的鄂豫皖省委的常委，就剩下我们两个人啦，我们一定要坚持下来，在这个全国性的大变化中，一定要把各项工作做好，完成中央交给我们的任务。我代表省委决定：从现在起正式与国民党进行谈判。"我问他："我们虽然有一些准备工作，由于没有省委的决定，没有进行谈判。如果确定谈判，军政委你看选择哪个地方合适?"

陈明江建议说："这里就比较合适，我们有些联保工作，要是写信，可以送到蛇林岗的炮楼里，由岳西县三区区公所转递。不过，就怕敌人发觉军政委和何政委都在这里，要是被敌人包围起来，情况就紧张了，请你们考虑一下。"高敬亭说："中央叫打着谈判，我听说你们把特务营补充起来啦，手枪团三队也收容起来了，我也把手枪一、二队带来了。那么，你们就通知手枪团、特务营、战斗营都到这里集合，先打响，再谈判。"

我对高敬亭说，党中央指示不能把部队全部集合起来，这样容易被敌人歼灭。国民党一向不讲信用，耍流氓手段，在湖南，我们把部队集合起来，国民党无耻地以"误会"为名，把我军打散了，使后来谈判遭到损失。因此我们要吸取这个教训，通知主力部队在外围作战，我们带领交通队和警卫队在里面谈判，万一敌人包围我们，我们里外接应，也可以冲出去。另外，我们两个人不能同时出面，敌人知道我们两个人同在一个地方，必然用最大的兵力来捉我们，如果都被敌人捉去，谈判就无法实现了。

高敬亭听了，高兴地说："对，王主任的指示真详细，他还顾及我们的力量，这才真是中央的指示。你的意见我完全同意，就这样决定。今天晚上，先叫陈明江根据我们的意思写一封信，明天送到三区。其他的具体问题由你去布置。"

1937 年 7 月，红二十八军发布命令：手枪团、特务营、战斗营、各工委、游击队、便衣队为配合国共合作谈判，立即全体动员，与党、群配合散发有关谈判的传单、标语，并供给外线情报。

拉开架子

1937 年 7 月，在皖鄂边岳西县三区蓝田村，我们遵照党中央的指示，主动向国民党提出进行国共合作谈判。

蓝田村坐落在山上，是一个仅有几户人家的小村庄。它的附近有国民党三十二师的一个团。我们派人把公函送到山下的蛇林岗炮楼里，由岳西县三区区公所转交给国民党"豫鄂皖剿共督办公署"督办卫立煌。

当天中午 12 点钟，从蛇林岗炮楼来了一名乡丁，送来一封信："高敬亭先生：我方愿意形成谈判。兹派我方代表赵先生前往蛇林岗炮楼，请你们也最好派人到蛇形岗炮楼里来，作第一次交谈。"下款是"豫鄂皖剿共督办公署岳西办事处"。

敌人行动得好快呵！谈判是我们主动提出来的，我们有准备，敌人是没有准备的。再说，敌人即使很快地接到信，也总要有一番周转，绝不会来得这样快。

在一间矮小陈旧的小屋里，高敬亭和我几个人坐在用门板搭的床上。正是夏天的中午，天气很炎热，每个人又背负着沉重的担子，小屋里就如一个蒸笼，闷热、烦躁，汗珠不时往下掉。大家都在考虑着一个问题：去，还是不去？显然，这是敌人的圈套，是一个阴谋，很可能是想把高敬亭和我诱进炮楼，加以杀害，而后动用重兵把我们的武装消灭在蓝田，这是敌人一贯使用的卑鄙伎俩。但是，又不能不去，如果不去，不仅无法实现党中央的指示，而且敌人必然会造谣说我们对谈判没有诚意，对国共合作共同抗日没有诚意，甚至于会影响到全国范围的国共合作谈判。

形势摆在面前，我们是非去不可。

"军政委，要谈判就不能不冒险，更不能怕牺牲，就是牺牲也是为了党，我看，还是我带一班人去看看情况。"我停顿一下，等待高敬亭的同意。但他一直在沉默着。我又补充说："情况变化很快，要早点做出决定。我走以后，部队由易元鳌负责，路线，陈明江最熟悉。事先一切都要准备好，发现情况立即进入战斗。炮楼里要是出了事，你们听我的枪声为号。"

没有其他更好、更妥善的办法，最后只有这样决定了。

临走的时候，高敬亭握住我的手说：

"今天的谈判是你亲自去……你一定要多加注意。"

我带着一个班的战士，走到蛇林岗炮楼附近。国民党的那位代表先生架子十足，竟坐在炮楼上不出门，门口的哨兵满神气地立在那儿。自然，我们也不能马马虎虎地进炮楼，就在不远的一座凉棚下坐下来，乘凉休息。

一支烟没有抽完，从炮楼里就走出来几个人。到了我们面前，为首的一人自我介绍说：

"我是本区的区长，姓李。贵姓？"

我站起来回答说："我是红军八十二师何师长的警卫队长，姓吴。"

"噢，吴队长，请稍候一会儿。"

说着，李区长急忙返回炮楼，随即带着一名全副武装的军人来到凉棚下，为我们互相介绍说："这位是岳西办事处的联络参谋赵先生；这位是红二十八军八十二师何师长的警卫队吴队长。"

姓赵的挪动着屁股坐下来，故意慢腾腾地、装腔作势地说：

"你们的师长呢？不见他，是不能谈判的。"

看到他那股酸劲儿，我心里不由得暗暗发笑："我是奉我们何师长命令来的，是和你们接头，并不是谈判。你们有什么事情，我可以转达给我们何师长。"

姓赵的开口就泄露了他们的阴谋：

"那好，咱们就摊开来谈吧。吴先生，交一挺重机枪 500 元，轻机枪 150 元，盒子枪 100 元，长枪 80 元。你们的官，到我们这里来还当官；你们的兵，到我们这里来都当排长。"

"赵先生，你是奉谁的命令来谈判的呢？"

"我是奉卫督办岳西办事处的命令来谈判的。"

"这不是谈判，是做买卖。你回去问问卫立煌，他是真心谈判，还是假谈判？是想当亡国奴，还是想团结抗日？"姓赵的呆头呆脑地听着，"这样吧，我们的师长离这里不远，我们的枪也都在这几条沟里，我回去报告师长，再请你一同去看看，或者叫你把枪拿回去。"我懒得和他纠缠，想着脱身回去。

"好吧，你回去告诉何耀榜，叫他不要走，我回去告诉我们长官。"

"放心吧，何师长是不会走的。因为国难当头，为了挽救四万万五千万同胞不当亡国奴，中国共产党才提出了国共合作、团结抗日的主张。这正是我来谈判的目的，不像你们这样的胡说八道。"我抓住这个机会，教训了他一顿，"你要知道，你们打了十年内战，共产党没有被你们消灭，反而更加发展壮大。今天想叫共产党投降，那是做梦！你们要活捉高敬亭、何耀榜，你们捉到了吗？就是被你们捉住，鄂豫皖还有千百个高敬亭、何耀榜。老实告诉你，我们提出来谈判不是随随便便的，是奉有我党中央的指令。"

谈话之间，李区长从炮楼里走出来说：

"赵参谋，我刚才打电话给方县长，他说卫督办有命令，不管在任何地区，如果有高部发起谈判，当地的军队不得发生武装冲突，地方政权不但不能给他们麻烦，而且还要供给他们的给养。方县长一再嘱咐说，这是国家大事，事关重大。"

恰在这时，又有人来喊赵参谋去接电话。他进了炮楼，很快就返回来，神色有点变了，慌张地说：

"对不起，对不起，我不了解谈判的条件。办事处叫我现在就回去。少陪了，少陪了。"

我说："赵先生，你回去转告你们的卫督办，以后的谈判问题由岳西县三区转达。这里离县城不远，我们等到晚6点，你们打电话给李区长，要他去见我们的师长，表示你们对谈判的态度和诚意。不然，发生了武装冲突，一切后果由你们负责。"我转身对李区长说："我党中央和国民党谈判中有一条规定，我部住在哪一地区谈判，由当地国民党政权供给给养。从今天起，你们每天至少要供给10石米。我来时，何师长说：如果没有粮食吃，部队明天晚上就开到岳西县城附近。"

李区长忙说："吴先生，晚6点不管岳西县有无指示，我一定到友军驻地求见何师长，听取指教；只是不知能否见到何师长？"

我笑着说："李区长，我留下两个人，6点钟你们从大路上来了，我在外面迎接，保你见上何师长。"

我回到蓝田时，高敬亭正等在村头，迎上来说："我一直用望远镜看着你，那里每个人进出，我都看得很清楚，身上都汗湿透了。直到你上了山，我才放心。"说着，我们一同走进了屋子。

我把在蛇林岗的经过，向他叙述了一遍，然后提出我的看法：由于谈判是我们主动提出来的，敌人措手不及，派来的人没有准备，不是真来谈判的。一方面，他们以金钱、官位来引诱我们，试探我们的态度；另一方面，企图以军事力量来威胁我们，使我们在谈判中的条件低于党中央提出的条件。同时，敌人即使答应谈判，在一两天内很可能先派军队来直接威胁我们，就是他不另派军队来，三十二师也在我们附近，王学森是相当反动的。因此，我估计今夜就有被三十二师包围起来的可能，这样我们就应当做好全面的准备。接着，我对高敬亭说：

"我是要留在这里的，就是牺牲也是为了党。不过，军政委最好带交通队和警卫队一部分，到鹞落坪上面去。估计三十二师一定要从鹞落坪上压下来，到青天畈和九河一带；鹞落坪上就可能是空虚的。不知军政委的意见怎样？"

高敬亭完全同意我的看法，但不愿意上鹞落坪。他说：

"现在鄂豫皖省委仅剩下我们两个人，如果你牺牲了，我失去了左右手，今后的工作更不好办了。这样，我两个在一起，有时候还可以给你壮胆。敌人包围我们是完全有可能的，不见得会同我们硬打，而是威胁和诱降。情况万一紧张时，我们一同冲出去。"

下午6点钟，李区长果真来了，老远就跟我打招呼：

"吴队长，方县长说，单是岳西办事处和你们谈判，怕你们不和他谈，因此叫我来看看何师长，如果何师长在这里，卫督办可能派他随身的少将高级参谋刘刚夫先生和政训处丘处长来，同友军开始正式的谈判。吴队长，不知何师长能否接见我们？"

"我就是何耀榜。"

听到我的回答，李区长大吃一惊，愣在一旁，不眨眼地看着我。过了一会儿，他似乎明白过来，吁了口气说：

"何师长，王学森的部队正在运动，你们住在这里不能说完全是没有危险，你们还要加以提防。"见我没有吭声，他又表白说道，"何师长，请你相信，我是信阳人，是董必武老先生的学生，我虽然没有参加革命，自从当了区长，就和本区的便衣队有联系……我来时准备了一些东西，不敢叫老百姓送，离这里有几里路，请何师长派人抬回来。"

我随即把管理科长杜立保叫来，让他带些人跟李区长去抬东西，并要他分一些东西给区公所的乡丁们。谢谢他们的帮忙。

天黑以后，我到各处查过哨，顺步走到了一座山峰上，放眼望去，到处都是点点堆堆的篝火，激烈的枪声震荡着夏夜的山谷。我们处在敌兵的重围中。

回到小屋里，高敬亭和我躺在床上，谁也睡不着，互相商议着眼前的情况和我们的对策，直到黎明，陈明江进来报告：王学森已将三十二师全部开到我军驻地附近露营，后面还有军队在继续运动。手枪团一队埋伏在霍山和潜山的交界岭上，和三十二师打了一整夜。三队在后火山一带不知跟哪个部队也打了一整夜。

我对陈明江说，为了谈判，我们是不能走的，你们把敌人包围圈内外的联络工作一定要布置好，送信如果有困难，就用传呼的方法。另外，你们动员基本群众多找一些铁锹、锄头，配合战士们在所有的大路上、山头上筑起集团工事来，越快越好。每天吃饭的时候，都要按作息时间叫号兵在山上吹军号。

中午，岳西县派来了民政科长，锣鼓喧天地送来了100多挑子酒、肉、鸡子等，名义上是来慰问，实际上是来探看我军的实力。我抓住这个机会，对群众讲了话，说明我党提出国共合作、团结抗日的主张，并对杜立保说：老百姓为了给我们送东西，在炎热的夏天走远路，非常辛苦，每人发一块钱，给乡亲们喝水。

这时，一名新闻记者请求我接见他并发表谈话。我认为，红二十八军真心诚意地提出谈判，国民政府到现在还没有派代表来，所以谈判能不能形成，还不能决定，目前没有必要发表谈话。但是，那个记者仍然找来了，向我提出了一连串的问题。

"你就是何先生吗?"

"我就是何耀榜。"

"你们的高军长现在在什么地方呢?"

"在河南。"

"何先生来谈判，是否有毛先生的指令呢?"

"我们党中央有指令给高军长，高军长指令我在此地向贵军主动提出谈判问题。"

"何先生是否是红二十八军的正式代表?"

"我是高军长特派的二十八军的正式代表。"

"我听何先生说是和国民政府谈判，如果卫立煌先生派代表来，何先生是否和他们谈判呢?"

"如果国民政府令卫立煌先生派代表来和我们谈判，是可以的。谈判能否成功，决定于国民政府的诚意如何。"

"何先生当代表是否是固定的呢?"

"不，我不是固定的代表。我是谈判局部的停战问题，凡属全国性的问题，由我党中央决定。"

"何先生今日所谈的，我们能发表吗? 如能发表，我们要求照一张照片，可以吗?"

"可以。"

下午5点多钟，李区长来了，他告诉我王学森的3个旅已经全部调来，正在赶修工事。并且说：

"关于这里的谈判问题，南京国民政府已经知道了。"

我问他："你怎么知道的？"

"国民政府叫安徽省行营也派人来了，他姓郭，是个副官，他是代表地方上的，明天到达岳西县，可能到三区来。方县长在电话上说，卫督办派来的代表因为天气热，今天没有赶到岳西县。"李区长停了一下，而后小心翼翼地说，"我看，你们和三十二师是处在战争状态，何师长是否能和王学森先谈一下，双方取消战斗状态？"

我回答李区长说："王学森用全部兵力将我们层层围住，这是事实。但是，我们的部队是打仗的部队，绝不会怕他。根本没有和他谈判的必要。"

傍晚，我把一天的经过向高敬亭做了汇报。高敬亭说：

"昨天一夜虽然打得很激烈，我们受的损失可能不大；估计今夜就不会那样顺利了，我们的部队和群众可能受到较大的损失。"

我告诉他，陈明江这里保存了很多炸弹，已在各山沟埋了一部分。敌人过去吃了几次埋伏战的苦头，再不敢轻易进山沟。还剩有一部分炸弹，可以安埋在第二道工事里，形成炸弹保卫线。如果敌人胆敢向我们发动攻击，我们就用四个班堵击敌人，看守炸弹线，等待时机给敌人一个杀伤，我们乘机带领另外3个班从山沟里打出一条血路冲出去，去潜山找特务营会合。陈明江已派人去和他们联系，还没有回来。如果战斗营能和手枪团各队联系上，我们就可以里应外合，他们会把我们接出去的。

高敬亭认为，根据目前的情况看来，谈判可能形成。明天是第三天了，国民党应当有正式代表来，如果明天一不来代表，二不退兵，我们就突围。

我还有一种看法：敌人包围我们的目的，一方面是威胁我们，使我们降低谈判的条件；另一方面想用重兵包围使我们动摇而突围，这样，他们可以乘机歼灭我军，并且把罪名强加在我们的头上，说我们要谈判又没有诚意，不单使我们的谈判遭到失败，而且给党中央的谈判也会增加困难。因此，敌人不打响，我们就不突围。

高敬亭和我正在研究情况，陈明江回来了，说是手枪团的 3 个队都在敌人的外围，已和战斗营、便衣队取得了联系。敌人除王学森的 3 个旅以外，还有安徽省的 4 个保安团，把我们里外围了四层，且在各山岭上准备了柴草，好在打响后用来照明。根据各工委的汇报，昨夜凡是接到通知的部队和便衣队都动作起来了，今夜向包围我们的三十二师发起总攻击。

午夜 12 点钟，手枪团三队爬过敌人四道包围圈，进到了蓝田。我立即叫杜立保烧热水给他们洗脸洗脚，并且煮饭炖肉，让战士们饱吃一顿。然后带着三队的负责同志来见高敬亭。

一见面，高敬亭就说：

"三队真不该来，来了也要突出去。"

三队来了正是个好机会，我忙对高敬亭说：

"军政委，三队是来保护我们的，确是一番好意。现在不只是干部，就是每一个战士，都在为谈判的成败和我们的安全担心，今夜他们又发起总攻势，这样看来，我们在外围的力量还是有的，他们机动地牵制住敌人，减轻了我们的危险。"高敬亭表示同意我说的话，于是，我建议："下一点叫三队出发，隐蔽着走出敌人的一、二、三道包围圈，到第四道包围圈时，就公开地向外打出去。敌人如果有意谈判，就不会强攻和追击三队；如果敌人向我们发动攻击，我们埋伏的炸弹可以给敌人苦头吃。"

高敬亭对三队的负责同志说："你们就按照何政委的指示去做吧。"

我对三队副队长补充说："我们如果突围时，就在附近烧起大火，你们看到火光后，就和手枪团一队分作两路来接应，一路从蛇林岗来，一路从九河来。"

三队走后，我信步来到一座山峰上。四周的山头上、山坡上，到处是敌人的篝火，影影绰绰可以看到晃动着的人影。四野炮声隆隆，炸弹、手榴弹的爆炸声此起彼伏。

这时，高敬亭也来到山峰上。他缓缓地走近我身旁，向四外注视了一会儿，然后说道：

"外面能再打两夜，谈判有可能成功。不过，这样打就怕我们自己的伤亡太大。"

"不会的。我们的战士打麻雀战是有经验的，他们不会去硬攻，估计伤亡不会大。"

经过一天的忙碌和炎热，能够站在山头上，享受着夏夜的凉爽，是十分惬意的。然而我们的心头并不轻松。这时，我正惦记着三队，心想三队已出发一个钟头啦，该快到第四道包围圈了，不知究竟敌人打不打。

突然，在敌人第三、第四两道包围圈之间，爆发了十分激烈的枪声。我和高敬亭专注地倾听着。枪响的时间持续并不长，不久，便开始疏落了。

山风吹来，身上稍微感到有些凉意。东方在渐渐发亮。高敬亭已有两夜没有睡觉了，我劝他赶早晨凉爽的时候，去休息一会儿，说不定上午还有事情。

在返回住屋的路上，高敬亭仍然在惦记着：

"你估计三队的伤亡大吗?"

"枪声虽然剧烈，但时间不长，敌人大概没有追击三队。"我回答说。

谈判已经拉开了架子，敌人想消灭我们更没有可能。

紧急关头

上午，枪声停止以后，敌人开始慢慢向我们推进，把我们围困得更加紧密了。敌人的前哨已靠近了我们的哨位。

李区长来了，告诉我安徽省派来的郭副官经过岳西，已经到了三区。郭副官看到这边的情况，就给王学森打电话，说他的军队围得太紧，谈判的代表不好出入，要他们退出一个路口来。王学森要是能够让出一个路口，郭副官可能到蓝田来。李区长最后问我：

"郭副官现在炮楼里，何师长是去呢，还是叫他来?"

"那就请他来吧，我们各走几步，到哨位附近见面；也请他来看看：国民党军队把共产党谈判的代表里里外外包围起来，究竟是什么企图?"

李区长下山不久，便领着一个人来到我们的哨位附近，为我们相互介绍说：

"这位是何师长，这位是郭副官。"

郭副官寒暄了一番，而后才说：

"我是为了国家大事，来真心实意谈判的。在外面不好谈话，我愿意跟何先生到贵军驻地去交谈。"

我们一同走进了蓝田我的住房里。房间很小，连一条凳子都没有，大家就坐在用门板搭成的床铺上。有心眼的传令兵，不知从什么地方搞来了一把土茶壶，放在摇摇晃晃的破桌子上，每个人面前放了一小洋瓷碗白开水。

郭副官开始谈到他的使命："因为贵军在安徽省地区内和卫立煌先生举行谈判，所以南京国民政府要安徽省派人来协助谈判，这就是我来的任务。我愿意在双方正式代表没有接触之前，先与何先生随便交谈一下。何先生，你们的谈判是否有贵党中央毛先生的指令，才提出来谈判的呢？"

"我是红二十八军的代表，只能代表鄂豫皖地区的局部谈判，一切涉及全局的问题，都由我党中央最后决定。有关的一些具体问题，昨天贵军的记者来访问时，我已作了答复，想必郭先生已经知道了。"

"何先生昨天的谈话，今天报上已经发表了。"郭副官说着，取出一张报纸递给我。

我接着问他："卫立煌先生命令王学森的军队包围我们谈判代表，郭先生来时看到了吗？这难道是对谈判有诚意吗？"

他回答说："卫立煌先生已经下令：在发起谈判的地区内，我军不得随便打枪，特别是住有代表的地方，并且不允许对代表有任何侮辱和伤害。如因当地驻军而使谈判不能形成，一律由当地驻军负完全责任；如共方逃走，则由共方负责。"

"郭先生是听到的呢？还是看到了电文？"

"我在办事处时，他们拿来电报，我亲眼看过的。"

看到郭副官还有些诚意，我便向他讲述了党中央提出国共合作的伟大意义，国民党军队对我们疯狂的进攻，岳西县办事处那位赵先生威胁和诱降，王学森全师及安徽省保安团共13个团的兵力里外四层包围我们的谈判代表，以及国民党的正式代表至今未来，等等。他表示说，这些是应该由国民政府负责的。不过他不是正式代表，只能把这些问题传达给岳西县办事处。分手时，他说："请何先生放心，谈判是一定能成功的，只是一个时间问题。不管怎样，我们会搭桥到底。"

郭副官能说出这几句话，是很难得的。

下午5点来钟，李区长送来卫立煌7月16日的信，主要内容是表示愿意谈判，并派他的少将高级参谋刘刚夫为正式代表，随带丘处长来到岳西，请我们的代表到岳西县谈判。

晚9点多钟，陈明江走进我们的住房，报告说："手枪团二队全部爬行进来啦。昨夜的战斗，部队伤亡不大，就是地下党牺牲很多，潜山吴云霞同志领导的工委全部牺牲了。"

听到这个不幸的消息，同志们的心情十分沉重，默默无声。小小的房间里更加闷热逼人。

长时间的沉默以后，高敬亭终于开口说道："根据你们的汇报，潜山工委是能接到中央指示和外援力量唯一的联络点，为什么全部牺牲了呢？我们的部队受损失不大，敌人怎么恰恰就打中了我们的要害？"高敬亭认为，这里面可能有托派，敌人是想首先切掉我们的外援，使我们和中央失掉联系，从而使我们在谈判中陷于孤立。卫立煌的信和那个姓郭的，很可能是来麻痹我们。因此，我们目前的处境相当危险，随时有遭到敌人围歼的可能。接着，高敬亭又说："敌人向我们进攻时，就是拼死，也不能让敌人捉一个活的。"

我认为高敬亭的分析是正确的，今夜明晨，确实是最严重的关头了。敌人如果在夜晚向我们发起攻击，虽然会有伤亡，我们还是可以冲出去的，要是敌人明晨向我们进攻，那就更困难了，伤亡必然会更大。手枪团一队和三队都已经分配了任务，二队既然进来了，就把他们留在这里，敌人当真向我们进攻时，我们这一百五六十人是可以拼出一条血路冲出去的。敌人如果真心谈判，明天应该有正式代表来，但是敌军不退后20里外，我们就不去岳西谈判；如果明天敌人仍然没有正式代表来，就证明敌人没有诚意谈判，我们也就不再跟他们纠缠下去。

潜山工委全体同志牺牲，这是我们最痛心的，断绝了中央的指示和外援，使我们在谈判过程中的困难增多。我的意见是要陈明江同志派人去了解情况，看这个工委的同志们是因为敌人估计到他们在谈判中的作用而被捕牺牲的，还是由于他们没有经验，在组织力量同敌人斗争中牺牲的，待了解到确实情况，然后再加以研究分析。

陈明江离开我们后，高敬亭问我："除了这个工委，你们是否还有第二个联络点和中央联系呢？"

我告诉他："第二个联络点在九江，但自从敌人的'三个月清剿'以后，他们的活动更加秘密，只有我亲自去才能接上关系；显然，眼前我离不开这里。另外，还有一个地下党的同志，党中央关于谈判的指示就是他联系上的，我又派他到西安去了，已经走了1个月，估计他快回来了。他回来得快，可能党中央有详细的指示；他如果回来得慢，可能党中央有人来。"

我走出闷热的小屋。四周的枪声比昨夜更加激烈。看看天色，已近黎明。我立即命令部队赶快吃饭，做好战斗准备。当我返回小屋时，高敬亭对我说："敌人一夜没有行动，他们一定是知道我们人不多，想在天明后歼灭我们。"

严重的时刻逼近了。我们统共才有一百五六十人，而四周的敌人却是13个团，好几万人。流氓成性的敌人，如果背信弃义地向我们合击，难道我们就等待着全部牺牲、束手就擒？不，这是敌人的妄想，是永远也办不到的。为了党，为了保存鄂豫皖的革命武装，我们一定要拼出去，就是我牺牲了，也要想办法叫高敬亭和一部分同志突出敌人的重围，让革命的熊熊火焰，烧遍鄂豫皖、大别山！

我下定决心，对高敬亭说："军政委，军队已准备好了。你最好带手枪团二队和警卫队的一部分战士，埋伏在我们的第二道工事外边，一旦敌人发动攻击，我就带领少数同志冲到沟里，敌人必然要堵击和追击我们，乘我们带动敌人的机会，你和同志们突出去；如果不能带动敌人，我们就拉响炸弹网，与敌人同归于尽。敌人看到我的尸体，也就满足啦，你们要抓住时间离开这里……"

高敬亭仍然在犹豫。见他不下决定，我坚持说："军政委，现在你还没有出面，敌人不知道你在这里。你突围出去，保存了革命力量，还可以重新和敌人进行谈判。"我开始一一地向他交代手续，"皖鄂边的财政是徐文初管理。另外，大钢岭上埋着1800个银洋，我的警卫员胡山修知道，你把胡山修带去吧……"

听到这里，高敬亭和在一旁的易元鳌、胡山修同志都感情激动，流下眼泪。我心里也很难过，眼看就要和亲爱的党、和亲爱的同志们分别了，不过，我尽力抑制着自己。

我把一切布置就绪，已是19日早晨7点钟。这时，易元鳌走来说："何政委，敌人已爬到我们第一道工事里来了。"

"叫号兵照常吹开饭号。你派人到原有的哨位上去，看敌人打不打。敌人要是打枪，你们就甩手榴弹。"我继续密切地监视着敌军的一举一动。上午 8 点钟，胡山修跑来说："军政委从望远镜里看到蛇林岗炮楼里出来两个人，可能是郭副官和李区长。军政委请你回房去，这一带由易元鳌看守。"

我随即返回房里。为了保密和便于行动，高敬亭决定以军政治部"李主任"的身份出头露面，和我一起同敌人周旋。

我独自待在房里等待。不一会儿，果然是郭副官和李区长来到了。郭副官首先说道："卫立煌先生派来的代表已到岳西县，昨天来电话说，请何先生到岳西去谈判，由我相陪。"

"叫我到岳西县去是可以的，但是有一个条件：我走以后，这里还有部队和高军长派来的军政治部主任，他是来掌握谈判的。因此，你们要叫三十二师的军队后退 20 里路。如果不退兵，那就不是真心真意的谈判，很可能别有用心，我怎么好轻易到岳西去呢？"

郭副官问道："何先生到岳西去谈判，李主任去吗？"

"他不去。"

郭副官这才表示说："为了谈判，双方应当退兵。如果三十二师退后 20 里路，友军是否能够停战和退后呢？如果可以，我再打电话与岳西办事处商谈。"

"郭先生，这个村子只有几家老百姓，我们已经住了 5 天，加上贵军对我们的包围，各方面都很困难，所以我们决定在今天上午 10 点钟转移驻地，原想去通知贵军。现在你们来了正好，如在转移驻地时发生问题，一切由贵军负责。"

"何先生，贵军转移驻地的时间最好改在 11 点钟，11 点前，三十二师如果不退兵，发生了问题应由国民政府负责；我打电话时，三十二师如说不退兵，我立即赶来告诉你们，如果退兵，我和李区长 12 点钟再来。"

送走了郭副官和李区长，我找到高敬亭，正在交谈，传令兵跑来报告：三十二师在收哨，各处都在吹集合号。我赶到山头上，只见四面的敌人一股股、一堆堆地集合，向后退去，直到敌人消失在第四道包围圈后面，再看不到时，我才返回屋里。这时，便衣队的同志正在向高敬亭汇报：三十二师的 1 个旅向岳西方向去了；2 个旅向潜山方向去了。

12点钟,郭副官和李区长按时来到。郭副官转达了岳西办事处提出的两个要求:我军今夜停止攻击和要求我在今明两天能赶到岳西办事处。我向他说明:"李主任是我们的上级,有关谈判的问题都要经过他。我现在去请李主任来,大家见见面。"

一找到高敬亭,我说出了敌人的两点要求,请他确定。高敬亭说:"停战问题我没有意见,关于你去岳西的问题,我要和他们讲一下条件,如果他们敢扣留你,我军就发起总攻击。"

"军政委,停战只能答应在三区内实现,其他地区通知不到。我今天可以先到三区。"

说着,我们走进屋内,我向双方作了介绍。坐下以后,高敬亭说:"关于停战问题,今夜只能保证在岳西三区内停战,其他地区一时很难通知到;何耀榜同志到岳西,今天是到不了啦,不过可以先到三区。"

郭副官说:"谈判是一件大事情,在很短的时间里不可能结束,何先生走后,还会有很多问题,我们可能经常要来和李主任见面和请教。"

我想,到岳西去的时间要是太长了,容易出问题,于是对高敬亭说:"李主任,我到岳西去谈判能否成功,三天内一定回三区汇报一次。"

随后,我和高敬亭及同志们握手告别,与郭副官、李区长一同向山下走去。

三区区公所不在蛇林岗,而是在离蛇林岗五里路的南雅江小镇子上,一部分国民党的士兵和群众在等候欢迎。我走进了区公所,晚上就在李区长的住房里休息。

屋子里放着三张木床。桌子上点着一盏洋油灯。我在房间里走动了一圈,就在窗下一张椅子上坐下来,脑子里在考虑着:三十二师没有走完,这里留下了一个团,并且把我们的住所包围得紧紧的,这是为了什么?国民党是不讲信用的,历史上就常常要流氓手段。总之,我要每时每刻保持高度的警惕性……我正在默想的时候,郭副官走进来了,似乎看到我独自闷坐在那儿,因此问道:"何先生不舒服吗?"

"没有什么。"

"这里还留有一些军队,目的不是别的,他们是怕你溜走。"郭副官微笑着解释说。

"怕我走?这真是笑话,我又不是来闹着玩的。共产党做事从来不要手腕,不卖假药。我党派我来谈判，就是真心实意。为了国家大事，我个人就是牺牲了，又算得了什么！"

李区长回来了。我们3个人同睡在一个房间，他二人早已发出鼾声，而我还是久久睡不着，无数的问题，在我的脑中翻腾。这位郭副官，从他的表现来看，还蛮不错，国民党会有这样进步的人？我不由得联想到一件事：在接到党中央关于国共合作谈判的指示时，因为我和高敬亭都没有文化，恐怕在谈判时应酬不过来，希望党中央能派一位有文化、有理论的同志来协助，这位郭副官，莫非就是地下党……

九河签字

早晨8点钟，我和郭副官、李区长骑着马，从三区区公所出发，一路上有许多老百姓夹道欢迎。11点多，我们到达岳西县城门外一个沙滩上。这里欢迎的人更多了，最前面是国民党军队的一个团，摆成四路纵队，他们的后面，还有两团士兵的样子，最后面才是手执各种旗子的老百姓。下马后，李区长介绍我和前来迎接的岳西县方县长认识了，而后并肩走进城门。

我被安顿在一家旅馆里。刚休息下来，方县长便派人送来一纸请帖，请我们吃饭。

在国民党岳西县政府的大厅上，我和卫立煌派来的代表刘刚夫、丘处长等人见了面。他们都穿着军服，扛着肩章，神气活现。姓丘的虽然是一名校官，看到我穿着一身沾着泥巴的土布便衣，似乎不大顺眼，摆着一副爱答不理的怪相，我自然也不去理睬他。

刘刚夫坐下来，装腔作势地说道："方县长虽然通知我说何先生已来到了，我因为有点感冒，没有前去迎接，还请何先生原谅。"

我应酬说："我本应先来拜望刘先生，因时间仓促，没有来得及，也请刘先生多加原谅。"

"不敢当……"刘刚夫站起身来，脱下军帽，而后点头磕脑地继续说："何先生，贵军在鹞落坪上有多少军队？"

我立即明白，他是问最令王学森痛心的、鹞落坪上的一次埋伏战。我回答说："鹞落坪上只有一个团，在大钢岭一带活动的常是一个营。"

刘刚夫有些惊奇，又问道：

"那么，黄冈和麻城东部的战斗，贵军有多少军队？"

"两三个营。"

刘刚夫拖长了声音："贵军在鹞落坪不止一个团吧？王师长在那里吃了你们一个老亏！"这家伙不由得说了实话。"黄冈战斗，我知道你们是三个营，你们三个营就抵住了我们的三个旅。现在我们要合作抗日，有了你们这样的军队，抗战一定会胜利。"

这种假惺惺的谈话，我很反感，态度比较冷淡，只是偶尔应付两句。

刚吃完饭，郭副官问："代表先生们中午休息吗？"看到大家都表示不休息，他接着说，"何先生和刘先生都不休息的话，后面的凉棚已经准备好了，请到那边去坐。你们两位军事家见面光谈战术，现在双方不打仗啦，我看还是言归正传吧！"

大家离开大厅，向凉棚走去。刘刚夫又问："何先生，贵军在这一带面积有多大？"

"皖鄂边区共有几十个县。"

"贵军在两个星期内能集合起来吗？"

"单是皖鄂边几十个县里的部队，不用说两个星期，就是两个月也难得集合起来，何况连集合的地点都没有。再说，贵军仍在向我军'进剿'和攻击，并没有停战。"

"这是个根本问题。"郭副官一旁插话说。

刘刚夫斜看了郭副官一眼，没有出声。等大家在凉棚下入座，他才摆出一副公事公办的模样，开口说："还是请何先生提出条件来，我们好作商量和请示。"

我于是说道："刘先生是豫鄂皖督办公署的正式代表，看第一步是不是先停战，然后我们再通知各部队集结。关于集合的地点，刘先生是知道的，我们的中心一向是在鹞落坪，不知贵军能否把九河、青天畈一带的村镇退让出来，作为我们的临时集合点。这只是我个人的意见，如贵军不愿退让，那么岳西县、英山县或是罗田县的县城也可以，不过比较起来，岳西县城是最为中心，同时也图刘先生的方便。"

"何先生，贵军集合后的供给问题怎么办？"

"这就不是我们所能解决的问题了，而是我党中央和蒋先生谈判的内容了。"

"贵军的部队集合，用什么名义呢？"

"同样，关于我军的番号，也不是我和高军长所能解决的，而是由我党中央决定的问题。在我军集合的过程中，刘先生如能给以方便，可以用红二十八军的名义，但不能有丝毫其他的含义，否则部队更激烈地打起来，我们一概不负责任。"

刘刚夫做出为难的样子说："何先生是知道的，我部早有命令对红二十八军清剿，如再用这个名义，停战中会发生更多的困难。我的意见是：鄂豫皖是高敬亭先生为军长，可否就以高部为番号？"

"这个问题我不能决定，要等回去请示以后才能确定。这个问题可以先放一下，最主要的问题还是首先解决停战的问题。"

"何先生所提出来的问题，我也不能做出决定，也要请示卫督办。那就这样吧，今晚6点钟我备便餐请何先生，我们再作交谈。"

下午5点半，刘刚夫派人来请，我和郭副官、方县长、李区长一同前往。刚到办事处，刘刚夫就说："何先生，卫督办在电话上请你谈话。"

卫立煌在电话上说："何先生所提出来的条件，我没有意见。第一，关于停战问题，我立即下令我军在各地停战；第二，关于贵军集合地址的问题，我认为何先生提出来的九河一带较为中心，县城是不够合适的；第三，友军的番号问题，这是两党中央决定的问题，刘刚夫先生的提法是不妥当的；第四，友军集合后的供给问题，暂时由当地负责，以后仍是两党中央才能解决的问题；第五，为了实现谈判和停战，我的意见是双方组成代表团，再共同组织谈判委员会，还要组织起草委员会。所有谈判中达成的协议，都要录成文字，由双方同意后签字。我方决定以少将高级参谋刘刚夫先生为正式代表，安徽省的郭副官和李区长协助。听刘刚夫先生说，何先生对谈判表示很诚恳，我表示感谢。"

我和卫立煌在电话中确定：双方组成代表团、停战委员会和起草委员会，到九河正式谈判。我决定明早8点出发到九河去。刘刚夫忙说："一路同行。"

我们从岳西县城出发。下一点时，我先走到霍山到潜山的交界岭上，在一个饭店门外乘凉休息。忽然，便衣队的指导员黄子香出现了，我问他："你怎么知道我在这里路过呢？"

"昨天有电话，说是你们要路过这里，军政委叫我来找你，看有什么情况。"

我把在岳西谈判的经过说了一遍，要他回去告诉军政委，谈判问题还要组织代表团，由双方共同组织停战委员会和起草委员会。停战的问题，请军政委做一些准备，最好能提出停战中的具体条件，明后天到九河来。另外，请军政委派手枪团三队来做警卫队，最好叫便衣队也来几个人，好跑交通。

黄子香走后不久，李区长也就赶到了，说是因为天气热，刘刚夫他们在后面休息了，明天早上才到九河。国民党这些官老爷们，一步路不走，坐在轿子上还嫌天热！李区长问我是不是在这里歇下来。我还是决定今天到九河。天黑后，我和李区长就赶到了九河。

第二天八九点钟，刘刚夫和那个特务、政训处丘处长才慢腾腾地来到了九河。

大家又在谈判席上坐下来。刘刚夫提出：停战委员会和起草委员会确定要组织的，但必须先研究一下停战的条件，然后才能根据双方所提出来的条件起草方案。他并且问："何先生提出九河是第一步的集合点，那么总的集合点在什么地方呢？"

我回答说，为了部队集合较快起见，最好是金寨县和商城县。如果指定湖北和河南两省，那时只有信阳比较中心，便于集合。这几个地方都不行的话，最后只有湖北黄安、七里坪到罗山的宣化店一带。不过，要是在这一带集合的话，河南的部队半年也难以集合起来；要是在金寨或七里坪，安徽省内的部队两三个月内即可以集合。

这个问题争论的时间很长，最后，刘刚夫才说："那还是七里坪比较合适，不过我还要请示。"

就这么一个问题，谈来谈去拖了一天，也没有得出个结果，刘刚夫便去界岭休息去了。国民党的先生们每天上班的时间很少，即使来了，也是讨价还价地瞎扯一阵，难得决定一个问题。

在谈判中纠缠时间最长的就是我军总的集合点和集合时间两个问题。这时，卫立煌正要去上任第二战区副司令长官，忙着去当官，就想迫使我军在极短的时间内全部集结和退出安徽省。

经过交谈，由我、刘刚夫、郭副官三人为停战委员会和起草委员会的委员，具体条款的执笔由李区长担任。每天，除谈判之外，我还要应付国民党记者各式各样的询问、谈话。为了在谈判工作中贯彻党中央的原则，每天晚上，由陈明江给我诵读党中央有关谈判的文件，有时要读几遍。在不违反中央文件的原则下，根据鄂豫皖的具体情况，把我们的条件在谈判席上一一提出来。

第三天，李区长给了我一份打印好了的条款草稿。当夜，我和陈明江在通往鸸落坪的一个小湾子里，找到了高敬亭，把我们提出来的条件一一读给他听。在征得他的同意后，我提议说："军政委，明天签字还是请你去一下吧？签字前，国民党提出的条件和我们提出的条件如有不合适的地方，还可以更改。"

1937年7月的一天，上午8时，在九河正式举行了签字仪式。在宣读了签字条款以后，为了一句话或一个字，又是争论不休；直到下午4点钟才算签了字。

我方提出的条款主要是：1. 我军在鄂豫皖的集合点在湖北省黄安县、七里坪至礼山县、宣化店一带的村镇。2. 我军在鄂豫皖三省共设三个办事处，分驻河南省确山县、湖北省黄安县和安徽省金寨县。3. 允许言论、出版、集会、结社自由。4. 释放一切政治犯。5. 我军的武器弹药和给养要与国军相同。6. 我军开赴抗日前线的交通工具和地方政府的配合一律由国民政府负责。7. 我军驻地如有土匪扰乱和违犯社会秩序者，有权予以镇压。8. 我军进驻七里坪途中，友军不得堵击追击，如发生冲突由国民政府负责。9. 我军最后集合时间在年关以前。10. 我军如有老弱残废者返乡或探亲，友军和当地政府应保障他们生命安全；如友军认为可疑者，应送我军办事处办理。11. 我军家属一律按抗日军人家属待遇；过去鄂豫皖三省被国民党强卖之妇女等，愿回原夫原地者当地政府应予以协助，使之达到目的。12. 上述条款仅限鄂豫皖地区，凡属全国范围的问题由两党中央决定。我部番号亦由两党中央确定。国民党代表提出来的条款，主要有：1. 不打土豪。2. 不破坏交通。3. 不得在国军中发展中共党员。4. 不经国民政府许可，不能扩兵。5. 军队行动要有护照，否则不负责任。6. 友军集合后，不能在各地保留便衣队，否则按土匪处理。7. 鄂豫皖的红军在三个月内集合到湖北省黄安、七里坪。

签字仪式结束后，高敬亭、我和刘刚夫、丘处长共同进餐。席中，刘刚夫又扯到了黄冈战斗的事情，高敬亭不加留意，脱口说出黄冈战斗是他指挥的。我担心他暴露了真身份，连忙接过话题说："黄冈战斗是高军长指挥的，后来因为高军长生病，就由李主任指挥。"

高敬亭并不知觉，仍然大谈黄冈战斗如何如何，使我实难替他遮掩。显然，刘刚夫和丘处长已经发觉眼前这位"李主任"正是高敬亭。我想，这里都是我们的部队，没有国民党的兵，何况谈判已经签了字，他们就是想马上变脸也不成。只是担心国民党另搞阴谋。

饭后，大家到院子里乘凉。我立刻警惕着四周的情况，果然发现丘处长不见了，到外面找了一圈，确知这个特务溜掉啦！

我赶到院子里，对高敬亭说："李主任，你还有事情吗？签完字啦，你是不是回去？"

高敬亭听了，未置可否。

刘刚夫一旁忙劝道："天气这样热，就在这儿凉快一会儿吧。为了庆祝谈判的成功，晚上还有戏。李主任不要走了。"

高敬亭仍然不表示走。我真有些急了，国民党军队的政训处长都是特务头子，一发现高敬亭就溜走了，不知又搞什么鬼。敌人要是把我们两个人捉去，谈判虽然签了字，也等于个零……最后，我总算想出了一个办法，假称有人来汇报工作，把他喊到屋里，而后对他说："今天算签了字，对条款我还满意，不知军政委的看法怎样？"

高敬亭说："我也很满意。"

于是，我便把丘处长溜走的情况告诉他，劝他回到鹦落坪上去，高敬亭终于回去了。

我陪着刘刚夫看完戏，第二天便返回了鹦落坪。

七里坪赴宴

在鹦落坪，我和高敬亭对今后的工作进行了研究。

谈判的第一步已经结束了。国民党之所以答应让出七里坪，作为我们的集合点，是因为卫立煌想要我们快一点退出安徽省。但是，七里坪是湖北省的地方，湖北省给不给还是个问题，起码他不会让我们很顺利地进驻七里坪。这样，恐怕我们还得和湖北省、武汉行营打交道，甚至再谈判，不单是进驻七里坪有困难，就是在前往七里坪的途中，还会遇到很多问题，国民党已经指定了我军行动的路线，这中间他们还可能设有伏兵，企图包围和歼灭我们。由此看来，我们何时才能正式进驻七里坪，就难确定。我把这些情况向高敬亭作了解释，并且建议召开省委扩大会议，除了传达党中央抗日统一战线的政策，再布置一下今后的各项工作。高敬亭认为这里人太少，等到了鄂东再开会，那里还有一些同志可以参加。我又提到皖鄂边的问题："皖鄂边的工作最好布置一下，如果我们把所有的部队都带去，万一七里坪住不成，以后再想回来就很困难了。"高敬亭只简单地说："皖鄂边的工作由你去布置。"

我仍然征求他的意见，说："我是要跟军政委到七里坪去的，我的意见可叫徐文初在皖鄂边代替我的工作。战斗营最好留下来不带走。只是把公开的便衣队收起来，不公开的便衣队不收。这块根据地是红二十五军时代创造的，还有党的地方组织，我们不能把所有的武装力量一揽子收光，要保留革命的种子。这样才符合党中央的指示。皖鄂边军队规定集合的限期是三个月，如果党中央要我们收光，指示来了以后再收也不迟。"

高敬亭说："我完全同意你的意见。只是我们到七里坪去没有兵怎么办？"

"鄂东和豫东南的部队总比皖鄂边要多。"

"你离开鄂东一年多，你不了解情况。"高敬亭接着告诉我，现在鄂东仅有一个100多人的独立团，一个有着30多条短枪的手枪队。统共不到200人。红二十八军的手枪团在敌人的"三个月清剿"中受损很大，一、二队共有120多人，三队收容了50多人，如果皖鄂边的部队不去，一营又没有转来，那我们进驻七里坪就没有部队了。

听到鄂东和豫东南的情况，我的心中非常难过。但是，我又能说些什么呢？我只能提意见说：我们的部队少，更加不能集中到一起，如果集合在一起，更容易被敌人歼灭。可以派人带着我们的公函和卫立煌的布告，先到特务营去，叫他们向七里坪出发，沿途贴起布告来。敌人不让路就打到七里坪去。

经过高敬亭同意后，立即发出了通知。桐、舒指挥部，战斗营和各工委接到通知后，连夜赶回鹞落坪。

我要石裕田同志把赤城、赤南、六安等地凡属老苏区的公开的便衣队收集起来，到湖北黄安、七里坪集合。集合的时间不限。不公开的便衣队和地下党员不收。家属工作要很好地安置。我并嘱咐他说："在收集便衣队的时候，要带上公函和国民党的布告，一定要向同志们讲清抗日统一战线的意义。你把手枪团二队带去作警卫。队伍集合后，处处要警惕灵活，注意情报，千万不能叫敌人把我们收拾了。"

大部分同志来到后，便召开了特委扩大会议，传达了抗日统一战线政策，决定由徐文初暂时接替特委书记的工作，军事方面由周奇云负责，各工委不动。会后，我对徐文初说：

"我们去后，这块根据地不是不要，我们还要回来的，它不但现在是我们的根据地，将来还是抗日的根据地。姜术堂如果回来了，你和他详细谈谈，我们的谈判如果符合党中央的指示，就叫他和你们一路去七里坪；如果我们的谈判不符合党中央的指示，由你负责派人把他送到鄂东老君山高山岗的下畈去找我。

第二天，高敬亭和我带着部队出发了。我们是根据国民党指定的路线行进的。走到离滕家堡不远的地方，前面是一条大沟，两面是大山。我站到一个高坡上，用望远镜看去，忽然发现沟口两旁的山上有敌人。前面肯定会有敌人的埋伏，怎么办呢？这是国民党指定的路线，打，就会破坏抗日统一战线，违背党中央的指示。我立即决定改变行军路线。

部队从罗田北部翻过东界岭。经过两天的行军，到达麻城的乘马岗。敌人发现我们转移了路线，又急忙赶过来，在乘马岗库天河迎面挡住我们。

我军前往七里坪的道路被堵住了，难道返回去不成？迎上去，双方很可能打响。我派人持公函前去交涉，对方的回答是：友军集合的路线不在这里，而在滕家堡，那边国军设有招待……

看看没有办法，我决定独自到前面交涉，敌人如果把我打死，部队就可以打过去，破坏谈判条款的罪首就是国民党。我走到敌军阵前，一〇二师的一个副团长走来问："你们是高部哪一部分？"

在这种情况下，用不着隐瞒了，我回答说："我是何耀榜。"

"刷"的一声，那副团长在我面前一个立正。

我趁机厉声质问："你想破坏统一战线？"

"不敢，不敢……"

"让开路口。"

我一招手，手枪团立刻从敌人中间插了过去。我们拖着那位副团长，一同走出了他的防地，才放他回去了。

我们来到黄安三区郑家堂宿营。当天，黄安代理县委书记郑维忠来汇报说，七里坪原先住着一〇三师师部，已退进黄安县城。表面上敌人是走了，实际上又把老君山、天台山、高山岗一带的一个团退到七里坪，至今没有移动。王希九、周八家、潘家河一带还驻着敌人一个保安团。

我对高敬亭说："七里坪埋伏一〇三师一个团，我们现在不能进去。这里也不能久停，为了便利指挥，建议军政委去住高山岗，我去住方蔡家湾。"

于是，高敬亭带着手枪团一队住在高山岗，我带着手枪团三队住在方蔡家湾。这天早晨，方蔡家湾来了一个人，自称叫王子发，代表七里坪的商人来欢迎"友军"。从谈话中，我才知道他是国民党黄安三区的区长。我立即问他："我在谭树岗给你打电话，你知道吗？"

王子发毕恭毕敬地回答："知道，知道。"

"叫你们来一个人，为什么不来？"

"我们不敢来。"

"你们接到卫立煌先生的通令和布告了没有？七里坪张贴了没有？"

"昨天才接到，已在街上贴出了。"

"你既是区长，有几件事情要向你交代，这也是你应该做的：你把七里坪一带的群众找回来，不能让群众跑反；再把我们的布告拿去，张贴在三区所属的地区内。从明天起，方蔡家湾一定要有粮食和小菜卖。此外，还有两件事情请你代为转达：第一，七里坪是我们的驻地，明天我们要住进去。第二，我们的给养不准在本地现筹，由你转达专署，从明天起，每天送一千元来作为我们的给养，以后在国民政府报销，不能报销时由我负责。"

"我遵命照办，回去后一定转达。"

天黑后，王子发从七里坪又跑来说：

"关于何代表进驻七里坪的问题，省政府和武汉行营特派程专员前来欢迎，不日就到，你们进驻七里坪的问题最好和他商议。关于给养问题，暂由七里坪的商号每天供给 460 元，由我代领，每早送到。以后部队集合多了，再做商议。现在天气很热，我们老来回跑也有困难，何代表这里是不是安上电话呢?"

我回答说："不用，我不能常住这里，安了电话也不起作用。"

根据情报，程汝怀当夜随保八团到了七里坪附近的一个小湾子里，天明时便进了七里坪。

上午，程汝怀派人送来请帖，请我和随同人员于下午 3 点赴七里坪出席宴会，届时并有七里坪几家大商号的经理相陪。

程汝怀这个家伙反动透顶，为什么不早不晚，要在下午 3 点钟请吃饭? 果然，这家伙没安好心，不久，地下党的同志送来情报，一〇三师留在七里坪的一个团，正用米袋子、盐袋子在仓库、学校、商店和公共场所等附近做巷战工事，区公所的后门还做了集团工事;保八团在七里坪东面丘陵地带也做了工事。

根据情况判断，程汝怀的阴谋，可能第一步以请客为名义，把我们诱进七里坪，在巷战中歼灭我们;然后再进行第二步，把守三门，只留下西门，乘我们退出西门时，把我们歼灭在城外一里多宽的沙滩上;最后，用一〇三师的一个团直压到高山岗，保八团攻向方蔡家湾，企图全歼我军。我们有情报，敌人也有情报，他们知道我和高敬亭带的部队不多，才出此阴谋诡计。去赴宴，很可能遭到毒手;不去，程汝怀是以国民党专员的身份来"迎接"的，敌人则可以借口我们不要七里坪，以后再想驻进去，那就难上加难了。我把这些情况和自己的分析，同高敬亭谈了，请他最后做出决定。

在场的除了高敬亭，还有刘名榜、吴先元等同志。大家闷坐在那里，默默不语。看看时间不早了，我着急地说："去!"心想，就是我死，也要布置一下战斗，打它一仗再死。

"军政委最好带交通队和手枪团一队，埋伏在仰天窝直伸到河边上。手枪团三队的一个班到张家湾，如果打响了，就向七里坪佯攻。我带三队两个班进去，一个可能是拼死，再一个可能是从西门冲出来，从一队的埋伏地过河。

刘名榜说："不去吧，让他再打几个月内战。"

最后，高敬亭还是决定去，他说："何耀榜同志，还是去，到时候机动一些，我们在外面设法接应。"

一切布置就绪，我回到方蔡家湾，已是下午2点钟。

一百多人的手枪团三队和警卫队集合后，我详细地向同志们说明了程汝怀的阴谋和埋伏，说明我们必须去七里坪的原因，并且向同志们交代清楚：为了党，为了坚持抗日统一战线，必要的时候，我们要献出鲜血和生命。最后，我说道："共产党员站出来。"

共产党员们毫不犹豫地走出行列。

"同志们敢不敢去？"

"敢去。为了党，为了革命，死是光荣的！"我挑选了32名战士，作为临时的警卫队，向七里坪走去。一过了大河，同志们就齐声唱起雄壮的红军军歌——《三大纪律八项注意》。

西门外人群蜂拥，鞭炮喧天。我们由王子发领路，走到区公所时，国民党的那位程汝怀专员已候在门前。我们共同走进区公所的办公室里。

我坐在桌子的左边，通过窗户，可以看到整个院落。我一面和程汝怀应酬着，一面警觉地观察着屋里院外的动静。这时，程汝怀拿出一包袜胶鞋、袜子、手巾，犒赏"何代表的卫士"，每人各发一份。我随后走到院子里，对警卫队的同志大声说："程先生花了钱，队长、指导员去谢谢程先生。"

警卫队的同志立刻进去四个，"谢赏"以后，就在一旁站下；暗中把程汝怀看住了。

我对王子发说："你们的厕所在哪里？"

王子发领我走了不几步，我果然发现了后门，一看后门没有哨，我扭头喊道："警卫队，后门没有哨，你们派人马上站起来！

警卫队立刻跑去六个人和一挺机枪。

我回到屋里时，程汝怀对王子发说："现在准备开饭。"他看到我把警卫队都插开了，可能有点胆怯，又对王子发说，"一〇三师那个养病的团长，请他来陪何代表，怎么还不来？你再去请一下吧。"

团长满头大汗，气喘喘地跑进来了，我们握了手，他刚落座，我就喊道："警卫队，来一个人。"一名战士应声走进屋来。"团长有病，你在旁边给他扇扇子。"

战士腰插盒子枪，手执扇子，站在团长身后；又看住了一个。

这时间，七里坪裕丰盐号的经理来到了，一进屋浑身直"筛糠"。我问他："高经理，为什么身上发抖?"

高经理结结巴巴地说："我打了半年多脾寒还没，没好……"

"噢，你也有病呀! 那为什么还来呢?"

"程先生叫我来，不敢不来。"

看看警卫队已经布置好了，我这才在酒席上坐下来，和程汝怀谈论国家大事、国共合作谈判。我说："程先生今天请客，是为了国共合作，不打内战。我愿意讲一件刚开始谈判时的事情。"

程汝怀忙欠了欠身说："何先生有什么话请说。"

"当初我们主动提出谈判，三十二师和安徽省 4 个保安团把我们围了四层，我们在山上只有几十个人，结果还是我们胜利了。"

程汝怀听到话里有音，看看我身上的那支乌亮的驳壳枪，不由得脸色发白。我于是又问："有一次，我们手枪团的一个班，在鹞落坪上打垮王学森一个团，想必程先生听说过吧?"

"何代表，你们用的什么神秘呢?"

"共产党打仗从来没有神秘，"我依次看了看程汝怀和那名一〇三师的团长，"你要知道，一人拼命百人难当!"

一听此言，程汝怀不由得哆嗦起来，手中的筷子连菜都夹不住了。

"程先生为什么也发抖?"

"我的痔疮痛……"

我把碗一推："痔疮痛，你也不能走。警卫队，拿个躺椅来，叫程先生躺在我身边，再过来一个人照顾程先生。"

扭过身来，我又问道："团长先生，你的病好一些了吗?"

"好一些了。"

"你什么时候归队呢?"

"有命令就归队。"

"你是有病休息，讲什么有命令没有命令?! 现在是团结抗日的时候，救国应当一致对外，不要再想打内战;再打内战就要当亡国奴啦!"

他忙站起身来，频频点头："是，是。"

"好，你是病人，坐着吧，我叫他们好好地照顾你。"我又对高经理说，"你是个商人，身体不好，先回去吧。"

高经理说："谢谢何先生。只是我一个人走不出去。你带来的警卫队到处都站起岗哨啦，他们许进不许出……"

"呵，你不要胡说，我带来不到100人，哪里有那么多人站哨？警卫队，派一个人把高经理送出去。"

高经理随着战士走后，我问程汝怀："你是奉国民政府命令来的吗？对谈判的条款还有什么补充和不满意的地方？"

程汝怀的声调马上变了腔，装着一副可怜的相说："何代表，何必这样呢？我没有什么条件，如果何代表提出什么条件，我一定代为转达。"

"共产党是讲信用的，谈判既已签字，就该按条款执行，我们不会再向你们提出条件……"

这时，送高经理出去的那个战士返回来了，问我："何代表，你热吧？"

"不热……"

那个战士又走近来，在我耳边轻声说道："外面没有动静。"

我对程汝怀说："好吧，谢谢程先生这番美意，现在我要回去啦。程先生，一路出去吧。"又对警卫队说："你们要好好照顾团长，他是个病人，路上不要叫他跌跟头。"

来到西门外，我告别说："程先生的情意，我领受啦，你们回去吧！"

我走了好远，回头看时，程汝怀和那位团长还呆呆地站立在那儿，原来是警卫队在西门附近架着一挺机枪，把他们卡在中间啦。直到我走近河边，才扭身高喊："警卫队的同志们不要掉队，快跟上来呀！

战士们收起机枪，跑步赶上来。

程汝怀和那位团长，这才沮丧地往回走去。

走向武汉

程汝怀的阴谋失败后，不久，国民党武汉行营写来一封信，主要内容是：友军进驻我区防地，我军绝不与友军发生任何冲突，但希望友军能够停战，收回军队，早日集合。另外，南京代表刘刚夫先生不日将经武汉至友军驻地……

我们当时就派人送出通知，收回鄂东独立团，驻扎黄陂站；手枪队驻张家湾；一营回来后驻方蔡家湾；便衣队都集合至两道桥。只有特务营在河南，一时返不回来。

武汉行营派人把我们驻地的电话安装起来。刘刚夫到七里坪，就打电话通知我。我随即赶到仰天窝来找高敬亭。

刘刚夫来后，国民党的军队可能很快退出七里坪。根据谈判的条款，原定我军集合的期限是三个月，而从签字到现在，已近两个月了，党中央还没有派人来，也没有指示，我军进驻七里坪以后，必然有更多、更复杂的事情，这就需要我们加以充分的考虑和研究。我一个人的能力和精力有限，和国民党由军事斗争转到政治斗争，我已经感到吃力，加上还要照管部队，七里坪又是老苏区，我们驻进了七里坪，必然会有许多红军家属和地下党员来找我们，我如何应付得过来呢？我向高敬亭提议，最好开会研究一下，把工作分担开来。然而他既不提开会的事，也不布置具体工作，仍叫我一个人去应付许多事情。最后他说：

"你带部队驻七里坪，我还驻方蔡家湾；国民党的代表来了，请他明天来吃饭。"

宴席设在方蔡家湾的一座很大的家祠里。第二天中午12时，刘刚夫带领着随行人员来到。饭后休息时，刘刚夫说道：

"我这次来，第一是请友军驻进七里坪；第二是代表南京国民政府向高军长贺喜。"

我回答说："刘先生，我军驻七里坪，这是谈判条款上规定的，在我军集结的过程中，如果不是友军三番五次地埋伏和阴谋，早就应当驻进去了。刘先生说贺喜，我们不敢当，现在还不是贺喜的时候。"

刘刚夫却面对着高敬亭说："今天，我是来代表南京国民政府宣读委任令的，如果合乎友军的番号时，就请李主任收下；如果不行，我们再作商议。"说着，他站立起来，像宣读圣旨似的读道："南京国民政府军事委员会命令：鄂豫皖工农红军、红二十八军整编为工农抗日联军挺进司令部，特委任高敬亭为司令长官……"读毕，将委任状放在桌子上。

屋子里一片沉默。党中央和王稼祥主任再三叫我们不要接受国民党的任何名义。国民党这样做，目的是使我们和党中央分裂，也就是使我们向国民党投降。

我对刘刚夫说："你带来的委任状，我们不能收，高军长不在这里，你就是留下也没用。我们在谈判条款上是有明文规定：我军的番号是由两党中央决定，这就不单是南京一方的问题。"

当天下午，刘刚夫亲自扛着国民党的旗子，带着老老少少的百姓们，前来欢迎我们去七里坪。

高敬亭叫我去驻七里坪。我对他说："我不能去住七里坪，要是新闻记者一访问，我们就永远没有活动的余地啦。军政委不是派郑智惠去党中央了吗？他已走了很久，估计很快就会回来。我看拖两天再驻七里坪不迟。加以我这几天感冒啦，每天发烧，去了也不能应付工作。"

就这样推过去了，我没有和刘刚夫见面。

第二天一早，刘刚夫带着更多的"百姓"又来了。这时，高敬亭下死命令要我带领一营去驻七里坪。

我只得来到了七里坪，对欢迎的群众讲了国共合作团结抗日的一些道理，随后，便在一个连部住下来，使刘刚夫他们找不到我。但是，他们并没有放松我，径直找到了杨克志。杨克志对他们说：

"我们的何代表病得厉害，根本不能会客。"

这一天，岳西县三区的李区长来到七里坪，他暗中告诉我："刘刚夫接到南京的电报，说是共产党中央已派郑位三先生来鄂豫皖为代表，不日就到七里坪。刘刚夫先生不相信你有病，他说，你有些疲劳是事实，主要是你故意拖延时间，等共产党中央来人。他今天叫我写信，请附近的县长都来慰问你，看你应付不应付。"

果然，武汉行营派来代表和黄安、礼山两县的县长一起前来"参观"。我们事先已有准备，张贴了许多标语，组织部队和群众欢迎他们。估计这些家伙见了我，必然要提出各式各样的问题。于是，在请他们吃饭的时候，我首先说道："今天，刘先生和武汉行营的代表、两位县长都在这里，我有一件事情和诸位商议。根据签字的条款，各级政府应立即释放政治犯。根据我们了解，国民政府的某些地方政权不讲信用，在签字两个月后的今天，不但没有释放政治犯，反而在暗杀政治犯。如经扶县在三天前的夜晚，将鄂豫皖地区有名的王福明先生在三冲门暗杀了；安徽省的岳西县和湖北省的黄安县、礼山县等，最近也暗杀了不少政治犯。我军殷绍礼负伤后被友军抬去，押在岳西县牢里，我们收到他的请愿书，要求国民党政府停止杀害我军伤病号，并按期释放政治犯。礼山县监狱里亦有请愿书送来，刘先生如不相信，请看请愿书。"

我把请愿书放在桌子上。

刘刚夫无法抵赖，只是说："我已写信给南京国民政府设法处理……"

吃完饭，已是下午4点多钟，我知道他们在天黑后不敢离开七里坪，便说道："诸位不是要参观部队吗？我陪大家去看一下吧？"

刘刚夫忙说："今天谈了很多事情，大家都疲劳，何代表又有病，还是休息吧。"

当夜8点钟，刘刚夫通知我：贵党中央已派全权代表郑位三先生率代表团经过南京，昨天到达六安，今天可能到达潢川。国民政府要我转告何先生，这一带由何代表负责迎接。

我随即报告了高敬亭，我派易元鳌带手枪团一个班连夜赶到宣化店，从大路去接党中央代表团。

郑位三同志来后，我们向他汇报了鄂豫皖三年来的斗争经过。他说："目前最重要的问题是统一战线。我来时，党中央再三交代，不叫接受敌人的任何名义。我这几天先了解一下干部和部队的情况。另外，你把皖鄂边的部队调来七里坪；河南的部队不动。"

以后，郑位三同志又向我们传达了党中央的指示，布置了今后的工作。

这时，我们集合在七里坪的部队共有3000多人。

不久，我离开七里坪，到了武汉。在汉口安仁里2号中国共产党武汉办事处，我见到了董必武同志，详细地向他汇报了鄂豫皖的游击战争和谈判进行的情况。项英同志也向我询问了一些情况。第二天早晨，项英同志对我说："何耀榜同志，你就暂时住在这里，我今天坐飞机到西安去，明天可能到延安向党中央请示，三几天就回来，那时再根据党中央的指示来确定工作。"

项英同志回到武汉后，找我谈话说："你仍然是鄂豫皖谈判的正式代表，在武汉公开。现在国民党的代表也在武汉，以后谈判的中心就在武汉。你今后不但要谈判鄂豫皖的问题，还要谈判长江南北有关游击队的问题，直到游击队的番号确定，部队出动抗日为止。"

两个月后，南京失守，周恩来副主席和博古、李克农等同志来到了武汉。

1937 年 11 月，南京办事处和武汉办事处合并，在武汉日本租界内的大世洋行组成了中共中央长江局。谈判工作就在中共中央长江局的领导下进行。

1937 年 12 月，正式宣布新四军成立，叶挺任军长，项英任政治委员。长江两岸的红军游击队，共组成新四军四个支队，鄂豫皖地区的红军游击队编为新四军第四支队。

原载何耀榜讲、苏波记：《大别山上红旗飘——回忆鄂豫皖三年游击战争》，中国青年出版社，1983 年，第 396 ~ 440 页。

战斗在莲堂山上

◎ 黄锦思

1933 年冬天，我正在光山县特务营受训，右胳膊上的伤口突然复发，无法和部队一起行动，只好住进了设在八里区的林中医院。

两个月之后，我的伤口痊愈，胳膊活动自如。经医院党支部批准，我和徐恒初同志一起，离开林中医院，下山去寻找部队。

告别了医院领导和同志们，我们向光山县南区走去。一路上，到处可以看到被烧毁的茅屋和荒芜的土地，在山沟里还不时可见根根白骨。看到这些，我们的心情非常沉重，自从红四方面军西进四川之后，这一带的革命斗争转入了低潮，敌人十分猖狂，苏区的损失很大。

在南区没有找到部队，我们又转向莲堂区。经一位老赤卫队员指引，我们找到了莲堂山便衣队。便衣队的同志说，大部队都转移到外地作战了，一时还不能回来。我们两人商议了一下，决定先留在便衣队里，等待机会再去找主力部队。

这个便衣队仅有八个人，队长叫黄本富，指导员叫吴长福。他们见我们决定留下来，非常高兴，紧紧地握住我们的手说："欢迎你们和我们并肩战斗。"

我们在莲堂山便衣队生活了半年，有三件事给我留下了很深的印象。

遇　险

春节之后十多天，便衣队又快断粮了。队长和指导员决定采取一次小行动：向夏清区杨家庄一个姓杨的富农筹一些粮食。在群众生活十分困难，国民党军队对苏区实行封锁的情况下，便衣队的生活来源，除了打土豪，就是向地主、富农筹粮，此外再没有其他办法。

正月十五日晚上，指导员吴长福带着王大个和我下了山，走了二十多里山路，来到了夏清区杨家庄。

在光山县，老百姓中有这样一句话，叫作"腊月三十的火，正月十五的灯"。这句话果然不假，村庄里，家家户户门前都挂着一盏红灯。小孩子们更是高兴，他们手里举着各种各样的灯，有长的，有圆的，有方的，有的像鸡鸭，有的像狗兔，从村庄的东头跑到西头。

我们三人沿着山脚下的小路，直接近了富农的家。他家没有家丁，也没有枪支，这是早就侦察好的，因此用不着担心什么。事情进展很顺利，富农乖乖地交给了我们五十块银圆，五十斤大米，十几斤猪肉，还有一些年糕。我们分别背上东西，乐滋滋地返回便衣队驻地。

走了十几里山路，三人都感到很累，吴长福说："大个子，小个子，我们坐下来休息一会儿吧。"

我们两人自然很乐意，就放下东西，坐在路边休息。过了一会儿，王大个说："指导员，咱们任务完成了，忙了个半夜，实在太累，找个地方睡一觉，天亮前赶回去不好吗？"

指导员思考了一下，说："好吧！"

王大个是个山里通，不一会儿，就领着我们爬进了一个山洞，里面很大，有水流过，中间有一块平平的石头，能够睡七八个人。洞口被杂树和茅草遮住，不到洞边是很难发现的，的确是一个理想的休息场所。

我们刚在石头上躺下，就呼呼入睡了。一觉醒来，天已大亮。王大个第一个背着粮食往外走，可是，他刚一伸头，又急忙缩了回来。

"怎么回事，大个子？"指导员问。

"快来看，我们被白狗子包围了。"

我和指导员赶紧来到洞口，见一队队的敌人在山沟里、山顶上走来走去。

"不好，敌人进山来'围剿'了。"指导员说。

"我们怎么办？"我焦急地问。

"沉住气，在山洞里隐蔽好，等敌人撤退后，我们再行动。"指导员冷静地说。

既然走不了，我们就只好在山洞里耐心地等待着。

太阳已经升到了头顶上，我们的肚子都饿得咕咕叫。身边粮食倒是不少，但是没有一两是熟的，只好吃生年糕充饥了。我们喝一口泉水，吃一口年糕，吃得嘴里直冒白沫。生年糕虽然不好吃，但到底止住了饿，肚子里舒服多了。

我们继续在洞口隐蔽。突然，山洞下面传来了敌人的喊话："不要在山洞里藏着了，快出来吧。"

我们听到喊声，心里一惊，难道敌人发现我们了吗？王大个沉不住气了，低声对指导员说："快快突围吧，不能在洞里等着被活捉。"

我也说："冲出去吧，拼一个够本，拼俩赚一个，不能在洞里等死。"

指导员摆摆手，说："先别忙，再等等看，注意敌人动向。"

我们三人从树丛中向外望去，只见敌兵边走边喊："快缴枪投降吧，我们不杀你们。""红军弟兄们，快投降吧！"喊着喊着，敌人越走越远了。啊，原来敌人是虚张声势，并没有发现我们。我们这才松了一口气。

过了一会儿，我们头顶的山上又传来了敌人的喊声："红军完蛋了，不要替共产党卖命了！"这次，我们是根本不理睬他们了。

敌人在附近的山沟里转来转去，看来是奉命进山"围剿"。其实，在这山连山，峰连峰，方圆数百里的山区，藏着几个红军，就像大海里掉进几根针，几百个敌军是根本抓不到我们的。转了一天，敌人放火烧掉了便衣队和莲堂山区委过去在这里住过的茅棚，别的什么也没有得到。

天黑了，敌人还没有退去。他们在山上安营扎寨，住了下来。看来，敌军在盲目执行上级命令，进山"围剿"三天，时间没到，只好再混两天。

敌军没有走，我们的心也安不下来。一人在洞口值班，两人在里面休息，这一夜过得特别长，好不容易熬到了天亮。敌军吃过早饭，又转到另一个山沟里去了。这给了我们一个脱险的机会。

等敌军走远了，我们才走出山洞，往驻地奔去，和我们的队伍会合。

送　信

春天来到了大别山。山上百花盛开，鸟语花香。敌人很长时间没有进山"清剿"了，我们在山里过了一段安定的日子。

这天晚上，便衣队十位同志全体出动，到夏清区去，给区委会和小工厂背粮食。经过几个月的工作，我们在这一带村庄里扎下了根，建立了群众骨干队伍，他们经常帮助我们侦察敌情，传递情报，筹粮筹款，成了便衣队的灵通耳目和坚强后盾。这样一来，我们活动起来更加灵活自如了。

我和指导员等三人刚走进王大叔的家，他就对我们说："同志们，你们今天晚上怎么还出来活动呢？明天一早，敌人就要进山'清剿'了。"

"消息靠得住吗？"指导员问。

"靠得住，今天下午，保长来我们村派了五个民夫，明天天一亮就行动。"王大叔说。

"这个情况很重要，我马上与队长商量下步的行动。"指导员说着，便走出了大门。

正在这时，黄本富队长与另外几位同志来到门口，对指导员说："我在路上碰到李大叔，说他那个在敌军——七师当兵的侄子告诉他，明天一早部队要进山，他正准备连夜进山向我们报告哩。"

"我也得到了这个情报。"指导员说。

"黄小个，你马上回山里向区委汇报，通知同志们天亮前转移。"队长命令我。

"我——"我犹豫了一下，"我要背粮食，派别人回去送情报吧。"

其实，这不过是个借口，我是怕一个人夜里走山路，特别是怕王八沟里的一堆死人骨头。

"我知道，小个子是怕王八沟的死人吃了他。"王大个揭了我的底。

"小个子，不愿送信，怎么行呢？"

"红军战士还怕死人，胆小鬼。"

"还在四方面军干过哩！……"

同志们七嘴八舌，毫不客气地批评我，说得我脸上火辣辣的。

"小个子，去吧，你力气小，背不了多少粮食，还是送信合适，死人是吃不了你的。"指导员和蔼地对我说。

看来不去是不行了，我硬着头皮说："去就去。我不过是想给区委会的同志们多背点粮食。送信有什么了不起，保证能完成任务。"

"路上小心点！"指导员叮嘱我。

我独个踏上了进山的路。翻过了几个山头以后，来到了王八沟。这里山高林密，道路崎岖，从山顶到沟底是十八里山路，是莲花峰一带的险要地区。羊肠小道转来绕去，不少地段白天走起来都叫人提心吊胆的，一不留神，就有掉下万丈深渊的危险。

漆黑的夜，死一样寂静的山谷，只有我的脚落在石头上发出唰唰的声响。

突然，远处传来狼的怪叫，在这夜晚的山林中听起来，真令人毛骨悚然，我不由得握紧了手枪。

我继续向前走去，路边的树上又传来鸟叫声，大概是我的脚步声惊动了宿林的鸟儿吧。为了给自己壮胆，我也学着鸟的声音叫了几下，居然引起了一些鸟的回声。鸟儿和谐而动听的叫声，使我胆子大了，不知不觉地爬到王八沟山顶上去了。

远处磷光闪闪，是什么东西？我想起了以前路过这里的情形：东一块骨头，西一个脑壳，这边一绺头发，那边几块破布，不时引来几只乌鸦在上空盘旋。想到这里，心里真有点害怕。

"人死了就是一堆骨头和烂肉，不会变成鬼。我们红军战士是不信有什么鬼神的。"我想起了四方面军的一位指导员对我们说的话。

是啊，我们在战场上打死了那么多敌人，也没有一个变成鬼来吃了我呀。

突然，好像有人从背后把我拉了一下，我不能往前走了。我用枪使劲向背后打去，手被什么东西划了一下，原来是荆棘钩住了我的衣服。我猛一用力，只听嘶啦一声，衣服撕开了一个大口子。

顾不上衣服，赶快到区委会报信要紧。如果我不能把情报及时送到，同志们天亮前不能转移，那将会造成多大的损失啊！想到这里，我什么也不顾了，加快了脚步向前赶。

又转了一座山头，终于看到了区委会屋里的灯光，我气喘吁吁地朝区委会奔去。

红军家属王大娘正在灯光下补衣服，她一边放哨，一边为同志们缝补衣服做好事，这是一位多么好的红军家属啊！我常常见到她，一见面总要同她说几句，但在这时，我顾不上同她说话了，忙问："区委书记在哪里？"

王大娘把我领到陈国春书记住的草棚。我叫醒了陈书记，报告了敌军明早要进山"清剿"的消息。

陈书记说："黄锦思同志，你报告的情况很重要。我们明天一早就转移，现在抓紧时间先睡一觉，明早和我们一起行动。"

王大娘领我进了一间草棚，说："就在这里休息吧。"

带着完成任务后的喜悦心情，我很快就睡着了。第二天早晨醒来，发现是和两位女同志睡在一个铺上，我一骨碌从铺上爬起来，走出草棚。在战争年代，革命同志之间的关系，就是这样的亲如兄妹，纯洁无瑕。

除　霸

在光山县南区刘家湾，有一个姓余的地主。他家有一百多亩地，弟弟在国民党部队里当营长。他依仗有钱有势，平日为非作歹，鱼肉百姓。这一带的群众都恨他，叫他余霸王。

穷人遇到了困难，求到他的头上，那真是遭了殃。上半年找他借十串钱，下半年就要还十五串，三月找他借一斗米，七月就要还一斗五。不少穷人还不起他的阎王债，被逼得卖地卖房，家破人亡。

红四方面军在南区活动时，就打算除掉他，不知怎么搞的，被他知道了消息，躲进了光山县城，才留下了他一条命。

红四方面军西进四川后，余霸王带领还乡团回到了刘家湾，挨家挨户搜查伤病员，还杀害了两名红军家属。红军走了，群众恨死了余霸王，发誓有朝一日要同余霸王算总账。

我们莲堂山便衣队活动了几个月之后，在这一带有了不小的影响。经常有群众找到我们，要我们替死去的亲人报仇。可是，余霸王很狡猾，他知道山里还有小股红军在活动，晚上他很少在家过夜，不是上光山，就是进据点，白天也很难碰上他。我们便衣队曾经去打过他两次，但都落了空。这天傍晚，又有一位赤卫队员来到我们驻地说："今天余霸王的儿子成亲，晚上他要在家里待客，正是动手的好机会，你们去干掉这个坏东西吧。"

得到区委同意后，我们便衣队立即出发。前两次没有除掉这一霸，我们心里就憋了一口气，今天可到了出气的时候了。

在赤卫队员的带领下，我们十几名队员一路小跑，四个小时的工夫，就来到了刘家湾余霸王的住宅。

队长黄本富命令两个队员守住前门，其他队员向后门奔去。我们叫开了门。开门的女佣人一看我们荷枪实弹的样子，心里很害怕，哆哆嗦嗦地问："你们是干什么的？"指导员说："我们是红军便衣队，来刘家湾为民除害，你不要乱动，我们不会伤害你。"

队长留下两名队员守住后门，又率领其他队员奔向正房。到房门口一看，房子里红灯高悬，一个特大的喜字贴在墙上，房子里摆着五六张桌子，桌子上坐满了来客，他们正在猜拳行令，有的争先向余霸王敬酒。余霸王扬扬得意，看上去已有七分醉了。

黄队长和王大个举起驳壳枪，冲进房内，大吼一声："不许动！"

正在畅饮的那些人，被这突然的叫声吓坏了，不知如何是好。王大个一个箭步跳到余霸王跟前，抓住他的衣领，把他拉了出来。黄队长对其余的人说："我们红军便衣队，今天来到刘家湾除余霸王，不关你们的事，至于今后你们该怎样做人，可要多动点脑子，现在大家都回家去吧！"

听了队长的话，那些人如逢大赦，争先恐后，连滚带爬地跑了出去。

余霸王被我们拉到院子外面之后，吓得浑身直抖，嘴里不住地喊："先生饶命，先生饶命，兄弟知罪，兄弟知罪。"

王大个说："饶命，晚了，知罪，来不及了！"我们把他押到了村头的山脚下。

吴指导员当着全体便衣队员和部分群众的面宣布："余霸王，我代表莲堂区委和便衣队，代表苏区的广大群众，宣布你的死刑。"接着叭叭两枪，结束了余霸王的性命。

1934年9月，鄂东独立团来到莲堂山区，我和徐恒初同志向团长请示归队，他表示同意，从此，我们即告别了莲堂山便衣队的战友们，跟着独立团向鄂东挺进了。

原载黄锦思：《战斗的火花》，安徽人民出版社，1984年，第56～65页。

机智勇敢的黄毛头

◎ 黄锦思

黄毛头是个具有山区穷孩子一切外形特点的少年。他衣服破烂，两手粗糙，满脚老茧，身体又矮又瘦，看上去很不起眼。但他那黑黝黝的面庞上，转动着两只忽闪的眼睛，又给人一种早熟、老练的感觉。就是这个刚满十五岁的孩子，这时已同我们红军便衣队建立了不同寻常的关系了。这要从我们便衣队来到他的家乡谢家冲说起。

那是 1934 年 10 月，鄂豫皖地区红军主力转移后，我同其他 9 位同志奉命组成便衣队到灵山一带活动，谢家冲就是我们经常落脚的一个小村子。按常规，我们每到一地，总是首先开展群众工作，就这样，我们认识了黄毛头。

黄毛头家苦大仇深，他父亲黄大爷是便衣队培养的骨干，因此，便衣队的活动一般不避开黄毛头。他对我们也很亲热，平时除了放牛，总想法子跟我们在一起，他聪明能干，不怕吃苦，大胆勇敢，便衣队的同志都很喜欢他。

开始，黄毛头还只是偶尔帮便衣队做些小事。他常说："我一面干一面向你们学习。我还要准备参军呢。"这样，他同便衣队的关系就越来越亲密了，有些比较重要的事情他也主动要求去干，你不让他干，他就噘着嘴，耍小孩子脾气。

一天夜里，便衣队徐国顺队长带人到柳林镇执行散发传单和到黄家湾车站袭扰敌人的任务。这事被黄毛头知道了，他非要去带路不可。队长和我一商量，也就同意了，于是，徐队长和队员严成武、徐路军就跟着黄毛头出发了。

那天夜里没有月亮，路也不好走，但有黄毛头带着，徐队长他们很快就到了柳林镇郊外。透过街上昏黄的路灯，在行人不绝的街道上，隐约可见敌人的巡逻队。

徐队长见此情景，低头沉思起来。黄毛头突然小声说："队长把散发传单的任务交给我吧。你们几个人都背着枪，进出多不方便。我保证把传单散得满街都是。"

徐队长一时没回答，只是犹疑地望了黄毛头一眼。黄毛头随同便衣队执行过几次任务，但要他单独去散发传单，还是头一次。黄毛头语气更加坚定地说："队长，你放心。镇上情况我熟悉，我又是本地人，万一碰到敌人，问起来，我就说从姥姥家回来的。"

徐队长听黄毛头这样一讲，想想这个办法也好，便用信任的口气对黄毛头说："好，就这么办。要大胆，也要小心。千万不能让敌人抓住。"接着又具体交代了散传单的方法和地点。

受到队长的信任，黄毛头十分高兴，好像他接受的不是什么危险的战斗任务，而是去捉迷藏。

徐队长把一捆传单分成几下，缠在黄毛头的裤腰里，把稍大的一卷放在他上衣的贴胸处，准备完毕，黄毛头小声说了句"我就回来"，就向镇里走去。只见他飞快地窜过铁路，翻过一座菜园篱笆，小小的身影，消失在来来往往的人群中。

徐队长他们悄悄地蹲在田边，静等着黄毛头。大约过了一小时，还不见黄毛头回来，徐队长有点沉不住气了，有点后悔了。街上的人渐渐少了，夜，更深了。徐队长他们也更着急了。

"队长，我回来了!"

突然，一个声音从他们三人的背后传来。徐队长急忙回过头来，见黄毛头已站在身边，就一把拉住毛头，问起他执行任务的情况。黄毛头说："我上了街，见人太多，又有巡逻兵，就想换个地方，可你说过，越是热闹人多的地方，散的传单作用越大。我就躲进靠街的一个小菜园，瞅住机会，跑到街心，散了一包传单。我又顺着一条僻静的小巷，摸到了北街，混在人堆里，走几步，向地上扔几张，不一会又扔掉了一包。转到南街，这里不热闹，人也少，我不费力地散完了最后一包，就选一条正路回来了。"黄毛头毕竟是个孩子，听他讲话的轻松口气，如同平时游戏玩耍一般。

徐队长拍了拍他的肩膀，称赞他说："真是好样的，将来当红军，一定是个好战士。"

这句话真讲到他心里去了，黄毛头乘机说："我早就想当红军了，你们可要我呀？"

徐路军亲热地抓住黄毛头的手，说："就像你这样干，红军会要你的。"

"我一定好好跟你们干！不跟富人拼，穷人就不能翻身呀！"

徐队长见毛头说出了便衣队平时做群众工作常说的话，不由得笑了起来。

接着，四人又转移到柳林镇东面的黄家湾车站，在离车站不远的地方，向敌人碉堡打了几排子弹，在沿车站周围的几条小路上，散了一些传单。任务完成后，四人顺利地回到了谢家冲。

到了黄毛头家，黄毛头的父亲还没睡觉，他正为黄毛头担心呢。

徐队长向黄大爷讲了散发传单和袭扰敌人的经过，并说："毛头是好样的，很勇敢、心又细，是个好孩子。"

黄大爷心里可高兴啦，说："就叫毛头和你们在一起，让他当红军吧。"

"行，让他再锻炼一个时期，我们一定吸收他。"徐队长一表态，把黄大爷父子俩乐得嘴都合不拢了。

第二天，我们下山做群众工作时，去柳林、黄家湾赶集的老百姓纷纷向我们报告：黄家湾国民党军队和柳林民团昨晚挨打，今天岗哨放得比平时稠。柳林镇上街头巷尾也都议论说，昨夜红军来了不少，街上传单撒满了，国民党军队慌了手脚了！

我们听了暗暗好笑，黄毛头更是高兴。

不久，特委指示我们便衣队，过平汉铁路到应山、小河、许家大冲执行一个任务。这时，平汉铁路沿线，敌人军队很多，为了能顺利通过铁路，我们决定先把要经过的李家寨至武胜关之间的敌情、地形侦察清楚再行动。

我们决定把这个任务交给黄毛头，毛头非常高兴地接受了这一任务。他特意穿了件破烂不堪的衣服，再配上他那平时被太阳晒得黑漆漆的皮肤，谁也想不到这个又矮又瘦的小家伙，竟会是红军的侦察员。

黄毛头一连两个下午，把牛赶到李家寨至武胜关之间的铁路旁去放。牛在铁路两边吃草，他就在牛屁股后面侦察地形、敌情、山势。他看到李家寨车站至武胜关敌人很多，铁路上每隔一里多路就有一座岗楼，里面住有十几个敌人。了解到这些情况，毛头还不满足。接着他又从一个认识的铁路工人那里探出一个重要情报：李家寨至武胜关中间有一段路夜里没有军队巡逻，就是白天那里也管得不严，因为武胜关属湖北军队管，李家寨属河南军队管，而交界的那段路谁也不管。

黄毛头回来后，立即向便衣队汇报了侦察的情况，并神气活现地谈了侦察的经过。同志们有的伸出大拇指，有的拍着他肩膀，称赞他机智勇敢。黄毛头见此情况，又提出了新的要求："你们过铁路的时候，我来带路。"我和徐队长当即表示同意。

便衣队出发了，毛头给我们前面带路。到了武胜关、李家寨之间的铁路上，黄毛头让我们在山边上等着，他先到铁路上去看看动静。很快，他回来了，打着手势让我们快走。我走在队伍最后面。毛头一把抓住我的手说："指导员，我也要跟你们去。"

其实，我们心里也舍不得离开他。我抚摸着他的头说："毛头，你回去吧，再见面，我们一定让你当红军。"

便衣队在应山地区完成了接受"小马子"投降任务，一个多月后，又回到了谢家冲黄大爷的家。这一下可把黄大爷一家乐坏了，大爷、大妈抓住我们的手，说："可回来了！可回来了！"黄大妈忙里忙外给我们烧饭吃，黄毛头把便衣队员小克拉到炉灶旁边，一边给我们烧水烫脚，一边亲热地交谈分别后的情况。黄大爷把我拉到一边说："明天一定不要上山去住，就在我家休息一天，你们好久没在这一带活动，敌人怎么知道你们来了呢？"我刚想说什么，大爷似乎已猜透了我的心思，就说："我们明天全家出动，我在田里锄草，毛头装作上街买东西，媳妇、姑娘在门口做针线，保证能掌握住敌人的一举一动，你大娘在家做饭给你们吃，就是敌人来了，也来得及上山。"看这样子，黄大爷早把一切都安排好了。

我们推托了一会儿，黄大爷有点不高兴，故意拉下脸来说："你们要是信不过我，就走。"我们拗不过他的一片真心，只得答应了。黄毛头的父母见我们答应了，立刻把我们的背包散开，搭床铺被。便衣队员都被他们的一片热心感动了。我们这些整天在山上洞里游游荡荡的人，何尝不想有个家安安稳稳过日子呢，这里不正同自己的家一样温暖吗？

这一天过得真痛快，我们不仅在屋里床上睡了个安稳觉，而且每顿饭都是四五个菜。这些菜都是黄大爷一家平时一点一滴积存起来，专门为我们准备的。小克风趣地对大爷说："黄大爷，你把春节搬到今天来过啦！"

这一天，最有意义的还是黄毛头正式参加了红军便衣队。便衣队员小克年龄同毛头相仿，平时两人就爱在一起，唱呀，玩呀，简直形影不分。在小克的影响下，黄毛头想参加红军便衣队的心情更迫切了。

这天中午，我正同队长商量下一步的工作，只见小克拉着黄毛头走进来。两人满脸心事，一本正经地站在我们面前。小克看了我和队长一眼说："队长，指导员，黄毛头与我一般大，为什么不能当红军呀？"没等我们回答，黄毛头在一旁已沉不住气了，抢着说："不管你们收不收我，反正我跟你们一道走，你们叫我干什么，我就干什么，我能当红军。"

黄大爷早就想让他的小儿子当红军，他在隔壁房间听黄毛头这样一说，就走过来对我们说："我们穷人的孩子，不当穷人军队的兵，那当什么军队的兵？"说到这里，黄大爷顿了一下，郑重其事地说："我今天也要求你们收下我的小儿子黄毛头，也算是了结我多年来的一件心事。"

我们便衣队早就同黄毛头有了深厚感情，也把黄大爷的家当作自己家。毛头虽没正式加入便衣队，但实际上已是一个非正式的队员了。

这时，便衣队的几个同志也围了上来，替黄毛头说话。徐队长和我早就商量过这件事了。我当下宣布："今天，便衣队正式接收黄毛头为红军战士、便衣队员。"同志们高兴地鼓起掌来。黄毛头高兴得一蹦老高，同身边的小克紧紧抱在一起，黄大爷、黄大妈眼里闪着泪花，望着自己心爱的儿子，只是笑。

黄毛头就这样参加了红军便衣队，很快成为一名英勇顽强的红军战士。

原载黄锦思：《战斗的火花》，安徽人民出版社，1984 年，第 71 ~ 77 页。

在涂新安家过年

◎ 黄锦思

1934 年寒冬，平汉路东侧灵山冲、周塘埂一带的山林，早已盖上了厚厚的白雪，刺骨的北风，不停地在山林中穿来穿去。

我们灵山便衣队和鄂东道委特务营在此处执行任务已经三个多月了。看看就要过年了，我们决定尽可能让战士们过一个安乐年，同时也利用这段时间休整一下。但我们这两个单位有一百多人，在老百姓家过年是极不方便的，仅住宿就要占几个村庄，况且目标又大，也不安全。另外，这一带农民都比较贫穷，我们怎好去打扰他们呢。再说，这里农民过年时，还有烧纸马祭祖宗的风俗，当着我们这些不信鬼神的红军的面，他们也会为难的。

于是，两单位党支部在一起开了个会，最后决定，部队回到罗陂孝苏区过年，便衣队留下一个领导同当地党组织保持联系，并代照看伤病号，特务营留一同志处理未了结的经济案子。于是我和特务营秘书徐海珊同志便留了下来。

腊月二十八，我们送别了同志们，眼望着同志们的背影消失在风雪中，心里真不是滋味。

"我们在哪里过年呢？"徐海珊问。

"涂新安家。"我把事先的打算说了出来。

"涂新安家？行！"徐海珊立即表示同意。

涂新安的家，在一个四面是山的小山凹里，地势偏僻，又是单家独户，敌人一般是不到这里来的。涂新安家十分贫穷，家有妻子和一男一女两个孩子，仅靠种一小块山地，收点苞米、麦子过日子，每年断粮时，只得全家出动挖山药，掘葛根，采野菜度日光。自从红军来这里活动以后，他们的生活有了初步改善，一家人对共产党和红军有感情，阶级觉悟高。特别是最近，涂新安同其他几位觉悟高的农民一起，接连配合灵山便衣队和特务营完成了几次任务，已成了我们信得过的基本群众。

腊月二十九夜里，我和徐海珊来到了涂新安家，一进门就大声说道："涂大哥，涂大嫂，你们全家好，我们到你们家过年来啦。"

见我们俩来到，涂新安夫妻俩可高兴了，但听了我们说的话，又不怎么相信："真是来过年吗？怎么只来了两个，其他同志都到哪里去了？雪大天冷，他们怎么过年呀？"不等我们回答，徐大嫂就开始忙着为我们烧水做饭，涂大哥又搬来几根大柴火加在烘火炉里，为我们驱寒。两个孩子早已围在我们身旁欢蹦乱跳，口里直嚷嚷："叔叔，叔叔，这次可不要走了，一定要在我家过年，我们最喜欢听你们讲故事了。"

涂新安夫妻俩忙得一刻也不停，直到我俩吃完了饭，烫好了脚，烤暖了身子，他俩才坐到烘火炉旁。这时，涂大哥很不安地问："这样天寒地冻，漫山风雪，其他同志都在哪儿？"看来他不知道部队一百多人的下落，是不会安心的，于是，我们告诉他：部队人多，在群众家过年太打扰了。都回苏区过年去了，并说明我俩是留下来照看伤病员和执行一些其他任务的。

涂大哥这才放下心来，高兴地说："你俩能在我家过年，真是太好了，我家虽很穷，但自红军来后，这里的地主土豪已不敢像往日那样欺压穷人，起码能过个安稳年。前天，我上柳林镇卖柴火，买了三斤猪肉，今天杀了家里养的一只鸡，还做了一锅豆腐，这样简单，你们别嫌寒碜。"

他这一说，我俩倒不好意思了。徐海珊说："涂大哥快别这样说，这样就很好，你们家几个碗、几个瓢，我们都清楚，嫌寒碜就不来了。"

我插话说："中国的地主老财不打倒，穷人就别想过富年。再说，我们来这里过年，给你家添麻烦……"

涂大哥急忙打断我们的话，说："麻烦说不上。红军为穷人打江山，吃尽辛苦，在穷人眼里，红军可都是英雄好汉呀。不是为了穷人，你们今天也会在自己家过年的，那我到哪里去请你们这些英雄好汉啊！"

涂大哥的这番真诚话语，使我们很感动。他又说："你们刚来时说过，'富人过年，穷人过难'，这一点不假。我现在相信你们的话，过年过节都不烧香不拜菩萨，不搞迷信那一套。想起爷爷和父亲他们，逢年过节，烧纸烧香，磕头拜菩萨，也没有见神来保佑过我们。我这个儿子，还有孙子，还不都是穷光蛋吗？你们这次在我家过年，不要担心不方便，我绝不搞烧香拜菩萨这一套迷信活动。"

这一说，我们又笑了起来。回想我们刚到这里的时候，涂新安同当地许多农民一样，烧香拜佛还很迷信。今天他不仅不迷信，还能说出一番道理来，这不正是红军宣传、教育群众的成果吗？

夜深了，北风伴着大雪一阵紧似一阵，门外的积雪看着增厚，天更冷了。当我们准备睡觉时，涂大哥为我们背来了一大捆稻草，在中间房里摊了个厚厚的草铺。我俩钻进被窝，舒舒服服地躺了下来。

第二天，涂大嫂忙了一上午。中午，桌上摆了一碗猪肉，一碗鸡，一碗鱼，一碗豆腐圆子，一碗豆腐，两碗粉丝，共七碗菜。涂大哥说："弟兄们在外干革命，回到家来过年，你大嫂子为你们做了七个菜，这叫七子团圆。"我们听了，都哈哈大笑起来。

我们四个大人，两个孩子，围在一张小桌上吃年饭。大家称兄喊弟叫嫂子，亲热得像一家人。

开始，徐海珊端起酒杯子，向涂新安夫妻敬酒说："祝哥嫂相亲相爱，丰收兴旺！祝两个小侄子快快长大，参加红军打地主老财！"涂新安一家恭恭敬敬地站起来，高高兴兴地饮了一口酒。

我接着端起酒杯敬酒说："我参加红军已六年没回家过年，今天真像在自己家过年一样，谢谢哥嫂情义深。"涂大哥、涂大嫂也端起酒杯向我们敬酒说："祝你们在外当红军身体健康！"

涂新安两个孩子非常活泼可爱，男孩子8岁，女孩子6岁，叔叔前叔叔后地围着我俩转，学着爸妈的口气劝我们吃菜、喝酒，还好奇地摸着我俩腰间挂的手枪说："我长大了，也拿枪跟你们去打地主老财。"

1934年，正是红军处于游击战争期间，斗争十分艰难困苦，能过上这样愉快的年，真是难得。人民群众对党、对红军的真挚感情和无限信任，使我俩深受感动。当时我想，我们只有好好干革命，早日打倒压在人民头上的反动派，让人民过上幸福的生活，才不辜负人民对党、对红军的期望。

下午，涂大哥心情特别舒畅，在我们的帮助下，在门上贴了一副对联：

福如东海长流水

寿比南山不老松

年三十晚上，是坐岁辞年的时候。我和徐海珊各抱一个孩子，和涂新安夫妻围坐在烘火炉旁，身上被炉火烤得暖融融的。我和徐海珊唱起《穷人歌》，两个孩子高兴得直拍手，涂新安夫妻也静静地听我们唱：

正月是新年，穷人真可怜，衣破裤烂，没有衣换。富人吃得好，鱼肉吃不了，珍肴美味，白炭火烤。二月是花朝，军阀称"英豪"，欺压穷人，拥护土豪。组织清乡军，到处捉穷人，抢粮放火，无恶不作。……

我们一唱完，涂大嫂很动感情地说："你们唱得真实在，富人和穷人真是一个天一个地呀。"两个孩子拉着我们的手直叫："叔叔再唱一个，再唱一个。"于是我俩又唱了《打柴歌》《长工歌》《农民歌》《妇女解放歌》，还讲了活捉国民党嫡系部队三十四师师长岳维峻、活捉黄安县守敌六十九师师长赵冠英，以及围攻苏家埠、打下国军飞机等战斗的经过。两个孩子听得眼睛都不眨一眨。

我们谈着，说着，笑着，不知不觉鸡叫了，天快亮了。可是，我们没有一点睡意。这时，涂大嫂给每人送来三个鸡蛋，她风趣地说："鸡蛋团团是个宝，吃了可以长生不老。"我和徐海珊握着鸡蛋，心里深深感到人民群众对红军的深情厚谊。

正月初二，我俩有任务要离开涂新安家了。临走时，我们留下了五块银圆，涂新安夫妻俩说什么也不要。我们只好悄悄地塞在他家的枕头底下。全家四口人都站在门口送别，涂大嫂还流着泪，两个小孩子喊："叔叔过几天来呀！一定来！"

后来，涂新安夫妻俩为红军做了很多革命工作。红二十八军、鄂东独立团、九路游击师在灵山一带活动时，常有伤病号送到他家休养，涂新安就在他家后山沟搭了一个小棚子，安置伤病号，还经常上镇里买菜、配药，涂大嫂做饭、护理，孩子们就送饭、送水。伤病号在他家治疗休养，很快都痊愈归队了。

涂新安还经常利用卖柴火、卖山药的机会，到桃林、李家寨、鸡公山等敌人驻地，帮我们侦察敌情，还多次给过往红军部队带路。涂新安夫妻俩都成了当地农民革命的骨干分子，为革命做出了贡献。

原载黄锦思：《战斗的火花》，安徽人民出版社，1984 年，第 78～83 页。

和特务营并肩战斗

◎ 黄锦思

伍坤山同志的特务营和我们便衣队，是活跃在京汉铁路东西山区的两支兄弟部队。特务营有 60 多人，他们流动性大，主要任务是为鄂东道委筹款。我们便衣队有 10 个人，以做群众工作为主，活动地区相对稳定一些。在一些军事行动中，我们两支队伍经常互相配合，并肩战斗。

巧夺刘家河敌人据点

敌四十四师一个营和保安团一部分，在湖北省应山县刘家河，构筑了一丈多高的围墙和碉堡，长期盘踞在那里，欺压人民，无恶不作。老百姓恨透了这伙敌人，纷纷要求红军打击他们，拔掉这个据点。

1935 年夏，伍营长想出了一个办法，让一部分同志化装成老百姓混进敌人的据点，相机占领敌人的炮楼，另一部分同志在据点外面隐蔽，占据有利地形，等据点里敌人向外逃跑时，坚决消灭他们。同志们都说这个计谋好，一致表示同意。

一个晴朗的早晨，特务营和便衣队的一部分同志化了装，有的挑柴，有的担菜，有的牵牛，有的赶羊，从山上下来，向刘家河走去。

我们走了十多里路，碰上了赶集的老百姓，就和他们走在一起，再有本事的人也无法辨别真假。

走到离刘家河不远的地方，伍营长悄悄地命令一部分人在据点外埋伏起来。他亲自带领三十几个同志和赶集的群众一起，神态自若地进了刘家河据点。

当我们来到集上的时候，太阳已经高高地升起来了。集市上熙熙攘攘，买卖一片兴隆，时而可以看到国民党兵在集市中穿来穿去，他们胡作非为，蛮不讲理。同志们十分气愤，恨不得一下子把这些坏家伙消灭掉。

来赶集的人已经达到了高峰，同志们看到在门口站岗的敌人不知去向。原来，他们已随一部分敌人上街捞油水去了。炮楼里也很热闹，划拳声、麻将声，响成一片。伍营长见时机已到，忙使个眼色，三十几个同志挑起柴和菜，大声喊着："送柴来了！送菜来了！"一齐拥进围内。几个敌人一见有人送东西，十分高兴，还没等到他们开口讲话，我们已将枪口对准了他们的胸膛。我们按预定计划，分别冲进炮楼，一阵手榴弹，把敌人打了个措手不及。就这样，我们无一伤亡，迅速占领了敌人炮楼，消灭了炮楼里的所有敌人。

当外边的敌人发觉炮楼内枪响时，就从四面八方向炮楼跑来，伍营长带领我们向企图夺回炮楼的敌人猛烈还击，敌人一个个倒了下去。敌人见吃了亏，纷纷向据点外跑去。这时，埋伏在外边的同志们早已守住了大门，出来一个，消灭一个。敌人前后受阻，又失去了指挥，只好纷纷缴枪投降。

这次战斗，红二十八军有一个营在外围配合，阻击广水方面敌人的援兵。这就使伍营长的"在敌人中间开花，里应外合"的战术取得了完全的胜利。这一仗，总计打死打伤100多敌人，还抓了50多个俘虏。特务营和便衣队无一伤亡。

活捉刘文松

1935年秋，有一天夜里，我和伍营长带十多个红军战士，来到平汉路柳林至李家寨段，想找两个工人帮助我们破坏铁路，以阻止国民党军队用火车运军火。

我们很快找到了两个工人，但是他们不愿意破坏铁轨，他们说："要是让工头知道，我们就没命了。"

伍营长问："工头在哪？叫啥名字？"

"住在刘家寨围子里，叫刘文松。"一个工人回答。

"你带我们去捉他好吗？"

"这可不容易，围子里住着一营国民党兵，岗哨密，不好进。"

另外一个工人补充说："这个工头可厉害了，不但严厉监视我们劳动，而且拖欠我们的薪饷，把钱拿去做生意，放高利贷，他还办工厂，开商店，到底有多少钱，谁也说不清。"

一个工人接着说："刘文松和联保主任关系极深，你们冒充周主任的人找他，事情就好办。"

我们听两个工人这样一讲，心里有了数，决定放弃原来的破路计划，设法活捉刘文松。

回到山上之后，我们连夜研究行动计划。同志们七嘴八舌，献计献策，有的提议先弄清地形，有的主张夜间偷袭，有的认为要引蛇出洞。便衣队员杨定芝说："山上小游击队长周大麻子在李家寨有亲戚，让他带路万无一失。"伍营长很赞成这个意见。

在一个漆黑的夜里，伍营长带领6个同志，由周大麻子带路，走了十多里路，到了李家寨。再从山上向山下摸索前进。有的同志磨破了衣服，有的同志碰破了腿。五更时分，来到了刘文松家门口。伍营长轻轻敲了几下大门，屋里有人问："哪个，干什么的？"

周大麻子说："周主任派我来的，有急事找你。"

刘文松一听是周主任派来的人，连忙说："就来，就来。"

门一打开，杨世忠立即上前把他双手捉住，胡贤才迅速用布团将他的嘴堵住，吴战行很灵活地到刘文松床头把手枪摸到了手。我们趁着天还没有亮，拉着刘文松往外走。这个狡猾的工头故意瘫在地上不走，伍营长看透了他的心思，上前用手枪抵住他的脖子说："要是不跟我们走，就崩了你。"刘文松听到伍营长口气很硬，为了保命，只好站起来跟我们走了。

特务营向刘文松筹款15000元、100匹灰布和几千发子弹，对他进行教育之后，放他回到了李家寨。按照当时的说法，这叫作"捉经济案子"。

消灭"小马子"

多年以来，在灵山、鸡公山、大观寺、四望山、茶山、中华山一带，流窜着一帮以何光武为首的"小马子"。他们不仅杀人放火，抢东西，而且打着红军便衣队的旗号，欺压百姓，败坏我军声誉。因此，他们不是一般的土匪，而是政治土匪，不消灭这帮政治土匪，极不利于我军的活动。

伍营长找我商量这件事，决定政治攻势和军事打击两手并用，消灭这群"害人之马"。

1936年8月，特务营在湖北应山县许家大冲一带活动。有一个叫黄宗正的，名义上是国民党的保长，实际上给我们当侦察员。有一次，他的小孙子被"小马子"捉去了，限定时间要他交出400块银圆，就把小孩放掉，否则……黄宗正急得没有办法，将此事报告了伍营长。伍营长说："准备好银圆，约好接头地点送去，我保证你的安全。"

到了双方接头的那一天，特务营派了一个班，提前埋伏在树林里。过了一会儿，山上下来4个提枪的人，一个小孩夹在中间。黄宗正父子二人一见，立即迎了上去。在他们一手交钱一手交孩子的时候，我方埋伏在树林里的12名战士，一下子冲了上去，缴了"小马子"的枪。班长杨世忠说："把钱和孩子给我，你们都跟我走。"

回到驻地，伍营长让黄宗正带着孩子和钱回家后，即对四个"小马子"开展政治攻势，进行思想教育。伍营长对"小马子"说："回去跟你们的何光武讲，不要当'小马子'了，回家种田吧，游手好闲，欺压百姓，红军是不会饶恕你们的。只要放下武器，改恶从善，我们既往不咎。"

"是！是！回去保证对何光武讲。"

经过我们的军事打击和政治宣传，"小马子"们被瓦解了不少。不到两个月时间，我们和特务营就抓了五股"小马子"，缴获长短枪30余支，经过教育之后，一律释放回家。最后，"小马子"的头头何光武带来80多人，在许家大冲向我们缴械投诚。从此以后，这一带山区的人民再也不受"小马子"的害了。

原载黄锦思：《战斗的火花》，安徽人民出版社，1984年，第84～88页。

张大伯的恩情

◎ 黄锦思

1935 年 8 月的一天下午，我们便衣队正在山顶上的密林中活动。突然，从东北朱堂店方向传来了两声枪响，我们立即停止谈话，向山下仔细望去。

枪声越来越近，枪声越来越急。

"可能是我们的队伍与敌军遭遇了。"我对张大跃队长说。

"嗯，我们立即分头去侦察一下情况。"队长果断地说。

于是，我和队长分别带领几个同志从左右两条路下了山。我和徐路军、张炳祥等人刚跑到山脚下，就看到从对面河埂上跑下来一支几百人的队伍。

我们迅速隐蔽到树林中。双方的距离越来越近。我看清了，原来是林维先同志带领红二十八军特务营来了。

我们几个人跃出树林，飞奔到林维先同志身边。林维先同志见到我们，又惊又喜。他紧握住我的手，一边走一边说："前天我们在麻城大界岭和敌人干了一仗，在转移过程中又与白军突然遭遇，跑了大半天，还没有摆脱敌人的追击，你快介绍一下这里的情况。"

我向四周看了一下，对他说："向西是柳林、黄家湾车站，驻有敌军一个营；向北是杜集，驻有敌军一个连，向西南是新集，也驻有敌军一个连。每个驻点都有民团，你们只有向东南方向突围，翻过前面这座大山，向上山方面转移。你们走吧，我们来掩护。"

"好!"林营长命令部队向东南方向的灵山顶上攀登。

林营长转过头来对我说:"于正喜副营长腿部伤势很重,担架队员已经抬了他一天,他不能再跟着我们走了。我把他留给你,你必须找个可靠的地方给他养伤,卫生员小克也留下照顾他。"

"请营长放心,我保证完成任务。"我对林营长说。

"再见!"林营长又和我握了握手,然后大步追赶部队去了。

我们带着担架队员,又退回树林中。我命令一个队员,带着担架向山顶上撤退。我和徐路军、张炳祥留下来掩护。

没有多大工夫,追击特务营的敌军也从山上下来了,他们来到这个小盆地中,看着四周的高山,不知他们追击的红军跑到哪里去了。

我们三人一齐开火,把敌人引向我们这一边。

我们边打边退,把敌人引上了山,但我们的处境变得危险了。

正当我们考虑怎样才能摆脱敌人的时候,对面的高山上,突然传来了密集的枪声。敌人应声倒下了十几个。这是林营长指挥掩护部队打的。

这一下,敌人被打蒙了,停在那里,不知所措。

我们抓紧时间,迅速登上山顶,隐蔽在灵山的天然帷幕中。这时,天色全黑了下来。敌人追了一天,除得到自己士兵的十几具尸首以外,其他一无所获。

我们追上了担架,给两个抬担架的老乡每人三块银圆,向他们表示感谢之后,让他们回去了。

下一步怎么办?到哪里去?哪一位老乡是最可靠的?哪里的地形最便于隐蔽?我陷入了沉思。一个个地点,一张张面孔在我脑子里闪过。

"走,过关山崖到下岗岭,找张大伯去。"我们打定了主意。

翻过两个山头,我们到了张大伯家。

张大伯家住在一个小山包下面,周围没有大的村庄,仅零零散散地住着五六户人家。翻过这个小山包,后面是一座大山。

这个地方,离柳林镇只有五里路,可以说就在敌人鼻子底下,看起来很危险。可是,事情往往是这样,离敌人越近的地方,敌人越容易产生麻痹思想,相对来讲,倒成了最安全的地方,这叫"灯下黑"。

张大伯名叫张其金，家里是个赤贫户。他给地主打长工，老大妈给地主打短工，老两口守着一个十几岁的小女儿过日子。

我按规定信号，叫开了张大伯的门。我对大伯、大妈讲："有一个重要任务交给你们，于副营长伤势很重，要找一个僻静安全的地方养伤。"

"你放心好了，我们一定想法照顾好于副营长。"大伯稍加考虑后说。

接着，我们研究了休养的地点。张大伯说："翻过这个小山包，有一大片密林，那里没有住户，外边的人很少进去，就让于副营长在那里养伤。"我们都同意这个意见。

趁着天还没亮，我们几个人翻过小山，来到密林中，在几棵高大的树干上，迅速搭起了一个既隐蔽又安全的"空中茅屋"。

我对卫生员小克说："你留在这里好好照看于副营长，有什么困难找张大伯，我们也会常来看你们。"小克点头应允。

回到张大伯家，向他告辞的时候，我让徐路军掏出 50 块银圆，交到大伯手中。我对大伯说："于副营长就托付给你们了。需要什么药品，我们以后按时送来。"

大伯说："副营长是打白狗子负伤的，是为咱穷人挂花的，我们一定让他早点养好伤，早点回部队去，再多打几个白狗子。"

大妈说："黄同志，你们就放心去吧，这两位同志就是我的亲儿子，我们一定照顾好他们。"

从那以后，张大伯一家三口，就全力以赴地为于副营长操劳奔忙。大伯每隔几天就到镇上去买一次菜，有时去柳林，有时到杜集，有时到新集。大妈每天在家烧饭，一日三餐不重样，鸡鸭鱼肉骨头汤，每天都有新花样。女儿小玲专管送饭。小玲人小，却很机灵。她天天装作进山砍柴的样子，把饭藏在竹筐子里，送给于副营长和小克吃。

在张大伯一家三口的精心照料下，于副营长的伤势一天天好了起来。

张大伯常到镇上买东西，引起了保长甘其润的注意。这一天，他派了两个团丁来到张大伯家，正好张大伯外出，他们就盘问张大妈："老太婆，你家老头子到哪里去了？"

张大妈见来者不善，就骗他们说："我爹病了好几个月，他去看我爹了。"

"那你跟我们走一趟吧！"

"有什么事，到哪里去？"

"保长叫你去，走吧！"

大妈觉得事情不妙，就拉过小玲子说："孩子，好好看住家，妈出去就来。"

走了几里路，来到了保长的炮楼里，甘其润大声威胁说："有人看见你家老头子三天两头买鱼买肉，八成是你家藏着红军的伤员吧！"

"是我爹病得厉害，东西是买给他吃的。"

"有人看见你每天往山里送饭，你送给什么人吃？"大妈听他这样一讲，心里反而有了底，她沉着地说："我从来没有往山里送过饭，只是每天去接我打柴的女儿回来。"

"好个老太婆，你还敢嘴硬。"甘其润发了火，喝令团丁把张大妈吊了起来，用皮鞭打。但是张大妈忍住疼痛，始终没有向敌人讲出伤员的情况。

甘保长手里没有真凭实据，又不能从张大妈嘴里捞到口供，只好把大妈放回去。

时间一天天过去了，于副营长的伤口渐渐愈合，在小克的搀扶下，已经可以下地走几步了。

敌人吊打张大妈以后，张大伯全家人更加提高了警惕。白天，他们不便到树林里去，就在天黑以后去。

这天夜里，张大伯一家都睡着了。忽然一道闪电划破夜空，紧接着又是一阵震耳的雷声，张大伯老两口都被惊醒了。

"不好了，下雨了，不知老于他们怎样，棚子会不会漏雨。"大妈说。

"我去看看他们。"大伯一骨碌从床上爬起来，戴上斗笠，披上蓑衣，用雨布包好被子，跨出了大门。

就在张大伯冒着大雨向山里走去的时候，雷鸣电闪也唤醒了熟睡的于副营长和小克。小克说："副营长，好大的雨啊。"

于副营长说："不碍事，你看张大伯给咱们搭的这棚子有多严实，不透风，不漏雨，真是太好了。"

为了把棚口堵严，小克拿起草帘子爬到棚口，刚要挂起来，突然，借着闪电的亮光，发现一个黑影向他们走来。小克警惕地掏出了手枪。

"小克！"黑暗中传来了张大伯的亲切喊声。

"大伯来了。"小克高兴地对副营长说。

小克和于副营长一起用力把大伯拉进了茅棚。

大伯说："今晚天气不好，大妈怕你们受了凉，让我送床被子来。"

于副营长说："大伯，你们为我们想得真周到啊！"

"一家人不讲两家话，等你养好了伤，替我们狠狠地打那些白狗子。"

三个人躺在床上，身靠着身，心贴着心，讲着说不完的心里话。

三个月的时间过去了，于副营长的伤完全好了。

这天晚上，我和徐路军又来到了下岗岭。

"老黄，现在该让我自由了吧！"于副营长见到我，十分高兴地说。

"这要问问你自己的腿呀。"我笑了笑说。

"完全好了。"说着，他从地上跳起来，一蹦老高。"好，我同意你归队。"

"那好吧，让我们动手把草棚拆掉吧！"于副营长提议。

说干就干，大家七手八脚，一会儿就把草棚分了家。我们扛着木头，背着茅草到了大伯家。

我们的突然出现，把张大伯吓了一跳。

"你们这是干什么？"大妈问。

"我们要回部队去了。"小克说。

"于副营长的伤好透啦？"大妈关切地问。

"好透了！"于副营长回答。

大妈生火做饭，蒸了几十个包子，煮了十几个苞米，揣在小克的包里，说："带着，在路上吃。"

于副营长拉住二位老人的手说："大伯、大妈，谢谢你们了，我一辈子忘不了你们的恩情。"

"孩子，真舍不得你们走，可你们是军人，有你们的任务，去吧！"大妈说着，泪水止不住从眼里流了出来。

月光下，我们向前走去，大伯、大妈、小玲子送了我们一程又一程。我们走出去很远了，还看到他们站在那里，向我们招手。

原载黄锦思：《战斗的火花》，安徽人民出版社，1984年，第89～95页。

怀念高敬亭同志

◎ 黄锦思

高敬亭同志和我是同乡，家都住在河南新县东区。三年游击战争时期，高敬亭同志率领红二十八军，坚持大别山地区的武装斗争，但我没有见过他的面。

1937年10月，我灵山罗陂孝便衣五队（我是指导员）奉命离开灵山，开赴七里坪整编，这才第一次见到高敬亭同志，这时，他任新四军四支队司令员。

一天，部队休息，我们灵山便衣队有几个同志，一起去看望司令员。

司令员住在七里坪的苏家湾。这里原是一座大地主的房子，红军来后，地主全家人不知跑到哪里去了。我们来到房前，向卫兵说明了来意，卫兵通报之后对我们说："司令员请你们进去。"

我们几个人，以前都没有见过司令员，只听说他很厉害，所以心里有点怕，都脚步轻轻地走进了司令员的房间。司令员客气地让我们坐下，不过，我们坐的不是椅子，也不是凳子，而是几个大树墩。可见，当时的条件是很艰苦的。司令员的爱人史玉清同志忙着给我们倒茶、拿烟。看到司令员和他的爱人这样平易近人，我们拘谨的感觉慢慢消失了。

司令员问："你们原来是哪个单位的？"

我说："是灵山便衣队的。"

"知道，知道，离桃林不远。听讲你们这几年干得不错，给部队搞了不少东西。"

我说："靠党组织的正确领导和群众的支持，我们只是做了应做的一点工作。"

"你们吃了不少苦，为人民立了功。"司令员鼓励我们说。

停了一下，司令员话题一转，对我们说："现在形势变了，要国共合作，团结抗日。我们的思想要适应这个新的情况，不合作就不能打日本，光讲合作不讲斗争，我们就会被国民党吞掉，我们既要讲合作，又要讲斗争，头上戴着'青天白日'，心里还要想着我们是共产党的队伍，是人民的子弟兵，与国民党部队有本质的不同。"

司令员的话，说得我们心里亮堂堂的。

司令员工作很忙，有人来报告工作，我们就告辞了。

整编之后，我被留在四支队当军需，以后又让我干出纳。我当兵近十年，手里一直没有离开过枪，现在让我每天管钱，心里总是不太舒服，总是想着下部队去。我跟吴先元部长提要求没提通，就去找司令员。

司令员正在院子里散步，见我进来，问："黄锦思同志，有什么事吗？"

我说："心里有个疙瘩解不开，想找司令员谈谈。"

"那就说吧！"

"我不想管钱，想到战斗部队去。"

"这可使不得，你不管钱，我不管钱，大家都不管钱，部队吃什么，花什么！没有人在后方管钱，你到了部队也不能打胜仗。"

我低下了头，司令员的话讲得有道理。

他看我不讲话，又接下去说："目前经费困难，国民党跟我们捣乱，搞一点钱很不容易啊，你们几个人的工作，关系着四支队全体指战员的生存啊！这样重要的工作交给你们，这是党对你们的信任，你们几个同志忠诚老实，非常可靠，不要认为别人当了官，骑了马，心里不高兴。回去好好想想，想通了，就好好干，想不通，再来找我谈。"

司令员的一番话，解开了我心头的疙瘩，我安心地干起了出纳工作。

一个多月之后，部队行军路过新县，我自从养伤离开家之后，有五年多没有见亲人的面了。听说从那以后，全家人差不多被敌人杀光了，只剩下了一个妹妹。我由于思乡心切，忍不住去向吴先元部长请假。

吴部长说："我请示司令员之后答复你。"

部长从司令员那里回来后对我说："你的家乡敌情复杂，土匪横行，你一个人回去,路上十分危险。部队还要继续东进,不能准你的假。司令员考虑到你家的情况,亲自批准了三块银圆给你,让你托人带给家里人用。"

在经费开支十分困难的情况下,三块银圆是十分宝贵的,我手捧着三块银圆,泪水止不住从脸上淌了下来。

部队到达皖东以后,我被调到七团任出纳,团部驻在肥东青龙厂,一天,处长俞同永令我去支队后勤部领钱。

支队机关驻在舒城县西蒋冲,我找到了吴先元部长,递上了团部的报告,他拿着报告,带着我一起去见司令员。

司令员批准我们领2000元。批好之后对我说:"回去告诉你们团长,土豪不能打,军饷发不足,我们要省着用,不要乱花钱。打仗缴来的钱也要登记好,保管好,报告支队统一分配,不能擅自动用。"

这次与司令员的见面,成了我与司令员的最后一次工作来往。记下以上几件小事,以表示对高敬亭司令员的怀念。

原载黄锦思:《战斗的火花》,安徽人民出版社,1984年,第96～99页。

威震敌胆的灵山便衣队

◎ 胡少卿

1932年，我红四方面军西进川陕，红二十五军于1934年11月也奉命北上，疯狂的敌人妄图乘机扑灭我鄂豫皖根据地的革命火种，他们采取了封山烧林的野蛮手段，叫嚣要把红军困死在山林中。在那艰难困苦的日子里，昼夜转战在深山密林中的红军战士，得不到粮食、弹药的补给，伤病员无处安置，兵源无法补充。为了在白色恐怖中保存革命力量，发展和扩大革命根据地，我党决定向敌后派遣红军便衣队，开展灵活机动的游击战，牵制敌人，武装群众，筹集钱物，配合主力部队。

巍峨的灵山，位于河南省的信阳和罗山交界处。这儿群山起伏，地势险要，有名的武胜关是京汉铁路的咽喉地带。1934年10月，中共罗陂孝特委派遣"灵山便衣队"在这一带秘密战斗，犹如插在敌人心脏里的一把尖刀。1936年初，我奉命从九路游击师调到了灵山便衣队。

灵山地区的人民群众，长年受着土豪劣绅、反动民团和国民党军队的重重压榨，对敌人充满仇恨，红军便衣队到这里活动后，就一人一户地进行发动。贫苦群众听说来了红军，无不兴高采烈，大家很快组织了农民小组、妇女小组以及地方武装——小便衣队。挣扎在死亡线上的农民一旦觉醒，闹翻身、要求解放的愿望和热情就像暴发的山洪一样，汹涌澎湃，不可阻挡。为了震慑敌人，鼓舞群众，开始由我们红军便衣队出头，农民暗中配合，斗了当地几户恶霸地主，分了他们的粮，夺了反动民团的枪。我们把粮食、财物分给饥寒交迫的群众，用枪支弹药武装了当地的便衣队。经过几次小规模的战斗，群众对红军更加信赖，革命情绪更加高涨。

坐落在灵山脚下的柳林镇火车站，是个交通要道。那里有五六个碉堡，驻守着国民党新五军的一个营和地方民团。有一天，我们在那里的一个内线联络员送来一份情报，说是柳林镇伪军换防，新五军当天开拔，接防的伪军第二天才能赶到，眼下柳林镇车站由剩下为数不多的民团看守着，希望能打敌人个措手不及。收到情报以后，大家十分高兴，谁也不愿放过这个袭击敌人的好机会。那些刚组织起来的农民小组和小便衣队的队员们，更是跃跃欲试，要求参加战斗。便衣队指导员黄锦思立即召集会议研究，决定采取火攻，烧毁敌人的碉堡群，给敌人正规军一点颜色看看。大家详细商议了战斗部署，便分头准备去了。

天黑了，清冷的夜空挂满星星。我们这个小组乘着夜色，朝预定地点进发，20多个农民小组组员，有的扛着长枪、大刀，没有武器的背着一大捆干柴。我们来到了集合地点，黄指导员和其他小组也都陆续赶到。只见黑暗中迅速集中起了一支队伍，影影绰绰的有100多人。队伍在夜色的掩护下静悄悄地前进，神不知鬼不觉地摸到了柳林镇。

这时已是半夜，我们把队伍埋伏好，就派出了侦察哨。不大一会儿，接到了"可以行动"的暗号。黄指导员就指挥大家隐蔽前进，慢慢接近了碉堡。这时候，只见往日灯火通明、喧闹不休的碉堡，今夜一个个黑暗无声，几个团丁像幽灵似的在碉堡门前晃动，不时朝外面胡乱放上一枪，给自己壮胆。说时迟那时快，我们箭步上前，结果了哨兵；农民们一拥而上，抱柴的抱柴，点火的点火，霎时间，堡群火光冲天，喊声四起。不一会儿又起了风，风助火威，越烧越旺，把半个天都映红了。驻守在火车站的民团看见大火，知道大事不好，一个个龟缩在工事里只是乱放枪。趁着混乱，我们队伍又逼近了车站，又打枪又喊话，把敌人吓得要死。天亮前，我们胜利地撤了回来。第二天，从柳林镇传出来一股风说："昨夜红军来了几百人的队伍，烧了碉堡打了车站，把民团吓得屁滚尿流。"消息越传越远，当地人民无不拍手称快。两天以后，敌人赶到山底下来报复，他们架起迫击炮乱放一通，连一个红军的影子也没有找到，只好灰溜溜地溜了回去。从此我们便衣队便声威大震了。

我们便衣队的活动引起了敌人的恐慌，敌人相应地强化了反动的地方政权，当时保甲制度森严，哨卡遍布，岗楼林立。为了更有力地打击敌人，我们积极做争取保长的工作，使他们在可能的情况下为我们提供敌情，筹集物资。当时黄家湾的保长黄宗正，50多岁，有一个独苗小孙子，他爱如掌上明珠，却不料被当地的土匪绑了"肉票"。土匪把黄保长的小孙子做人质，放出风来，要黄保长在3天以内筹齐400块银洋和一些大烟土、腊肉等去交换，要不然小孩就性命难保。黄保长急得六神无主，想来想去，认为只有红军便衣队能解他的围，于是哭丧着脸找到我们的驻地。便衣队和恰巧来灵山活动的特务队商量以后，确定在土匪同黄保长约定碰头的那天，预先埋伏在交换地点——许家冲东岭的树林里，给他们一个突然的袭击。

到了约定的那天下午，黄保长和一个化装的便衣队员，挑着一副箩筐出现了，他们在路口坐下来，张望着，等待着，不时摘下草帽扇着凉。过了很久，山上一点动静也没有，眼看太阳快要落山了，大家都急得不行，又过了一会儿，果然山上慢吞吞地下来了3个人：走近一看，正是土匪。走在前头的一个人背着黄保长的小孙子。土匪看见黄保长坐在那里，身旁还有一副箩筐，一阵狂笑乱叫，不由加快了脚步。等他们走进埋伏圈，我们猛地跳了出来，冲在头里的大个子杨定芝，一把揪住土匪的衣领，把小孩夺了下来，其他的人截住土匪的逃路，拿枪逼着他们。土匪见势不妙，一个个跪地求饶。由于当时正在做瓦解土匪的工作。我们只是把他们训斥了一顿，让他们再不要做伤天害理的事情，就把他们放了。

打这以后，黄保长更加靠拢我们，在紧急关头还掩护过我们便衣队。一天夜晚，我和队员张永清跟随黄指导员去黄保长家了解敌情。一踏进门槛，就发现气氛有些不对。只见几个满脸凶气的家伙，大模大样地坐着，黄保长点烟泡茶，在一旁伺候。正当我们进退维谷的时候，黄指导员机智果断，只见他两眼一瞪，声色俱厉地喝道："你们是什么人？到这儿干什么来了，是不是红军探子？"这先发制人的喝问，把5个人中的4个怔住了。为首的一个大个子却满不在乎，反问我们道："你们是什么人？"话音刚落，这家伙嘴一咧，眼一斜，伸手就去掏枪。张永清眼明手快，一把将枪夺到手中，抵住了大个子的后背。我"哗啦"一声拉开了枪栓，口喊："不许动！"黄保长赶忙上前，满脸赔笑说："都是自己人，别误会，有话好商量。"黄保长指着我们说："这三位是小河镇联保主任派来查户口的。"接着又向我们介绍说：

"他们5个人是杨家岗国军派来侦探红军动向的。"

听说是国民党派来的探子，我们又惊又喜，这是送上门的舌头呀。可是3个对付5个，只能智擒，不可鲁莽。当时正牌的白军到联保所去，傲慢无忌，这家伙连证件也不带，我们便抓住这个碴口，趁机缴了他们的枪，又命黄保长拿来绳子，不容分说捆绑起来，声称要押去见联保主任。那个大个子不服气地歪着头，嘟囔说："走就走，见了主任再说。"逗得我们掩口暗笑。就这样，我们3个人押着5个俘虏回到了驻地。从他们口中掏出情报后，就把他们就地处决了。由于我们红军的政策深得人心，就连灵山大庙里的和尚也让我们争取了过来，帮助我们买粮食，送情报，办了一些力所能及的事情。由于到处都有我们的耳目和隐蔽点，我们消息灵通，行动神速，敌人抓不住我们，而我们要收拾敌人，却是手到擒来。

在灵山一带的深山老林里，隐蔽着一股凶蛮的土匪。这群乌合之众，有国民党的散兵游勇，有当地的流氓地痞，有从外地流窜来的土豪劣绅，也有少数被逼、被骗当了土匪的穷人。他们的活动特点是分散活动，三个一伙，五个一群，白天拦路抢劫、杀人放火；夜晚冒充我们红军便衣队，打家劫舍，强奸妇女。由于他们像野狗似的到处乱窜，被当地群众骂做"小马子"。"小马子"是当地群众的一大祸害，也成了我们开展工作的障碍。便衣队决心为民除害，经请示中共鄂东北道委同意，确定了先孤立后瓦解的政策，促使他们不打自散。当时，我们从道委赶印出一批传单，四处张贴散发，还提出了"有匪必寻，有疑必找，闻情即扑，见影即追"的口号。深受其害的广大人民群众闻风而动，积极协助我们查匪报匪。同时，我们又做了土匪家属的工作，要他们劝说亲属弃暗投明，重新做人。逢到我军大部队经过的时候，更是大造声势，很快就从四面八方布下了剿匪的天罗地网。

有一次，我在山上执行侦察任务，忽然发现一块地方堆放着鸡毛、碎骨头和破烂衣服，不远处扔着一个"三炮台"香烟的空盒子，我便同黄指导员、队员徐路军、杨定芝就地研究，断定这是"小马子"遗留的东西，估计是他们抢劫作案以后来这里分赃，人可能还没有走远，于是我们就沿着这一条线索向前寻找。将近中午，在密林深处的隐蔽地，果然发现有两个土匪，只见他们坐在地上歪靠着大树，懒洋洋地正在打盹。他们穿的衣服脏得已辨不出颜色，头发像一堆乱草，真是三分像人，七分像鬼。我们又搜索了一圈，断定周围没有其他情况，决定活捉这两个土匪。杨定芝、徐路军和我拨开树丛跳出来猛虎般地直扑两个土匪。土匪被惊醒了，一个慌慌张张刚想拿枪抵抗，被我一脚把枪踢了老远，杨定芝和徐路军冲上去，立即把他们两个绑了起来。

土匪傻愣愣地望着我们，嘴里还不住地用暗语打招呼："你们是哪杆子？在哪架子？谁是打头的？"

黄指导员正颜厉色道："少废话，我们是红军便衣队！"一听这话，两个土匪如梦初醒，顿时吓得白了脸，"扑通"一声跪在地上求饶说："长官开恩，长官开恩，千万别杀了我们，我们还有老有小呀！"

往日穷凶极恶的土匪，见到红军就变成了这副熊相，不禁令人可笑。根据对土匪分化瓦解的政策，我们了解了"小马子"的内情及其活动规律，又把这两个土匪狠狠训斥了一通。最后黄指导员对他们说："今天我们不杀你们，放你们回去，回去后要再敢冒充红军便衣队为非作歹，我们就不客气了！还有，转告你们何队长和其他弟兄，只要改邪归正，重新做人，红军就给你们出路。"

两个土匪一面听，一面不停地鞠躬哈腰，唯唯连声，然后一溜烟似的窜进山里去了。

打这以后，又相继遇到一些零星土匪，我们都是进行教育以后释放了，使他们感到红军的政策是允许他们改邪归正的。他们也深知投靠国民党和反动民团也不会有什么好下场，再加上土匪群里四分五裂，互相殴斗，因而总是惶惶不可终日。经过一番政治工作以后，土匪头子何光武也动摇了。我们见迫使"小马子"投降的时机到了，就以红军便衣队的名义给何光武写了一封正式的劝降信送了去。

不久，何光武派人送来了回信，表示愿意投降。经协商双方各派两名代表，在小王庄谈判，便衣队确定派张炳祥和我作为谈判代表。谈判那天，我们俩全副红军装束，头戴红五星的八角帽，腰插乌亮的盒子枪。我看看张炳祥，只见他一改平日爱说爱笑的神态，显得十分威严。不一会儿，"小马子"的代表也来了。他们一进门就摘掉礼帽，朝我们不住地点头哈腰，"兄弟"长、"弟兄"短地寒暄。张炳祥是我们便衣队唯一的"小知识分子"，谈古道今，很有一套，被大家称为"张道委"。这时候，他也摆出了"首长"的架势，咳嗽了一声，不紧不慢地说：我们红军便衣队是穷人的队伍，实行的是"打富济贫，扶困救危"的政策，我们红军主张每个人要靠劳动过活，当土匪害百姓是不仁不义的行为，是没有出路的。只有共同消灭白狗子，打倒土豪恶霸才是正确的出路。他讲得滔滔不绝，两个土匪也不知道听懂了没有，只是一个劲地"哼哈"点头。随后，我们向土匪提出了三个条件，要他们在投降以前做到：一、不准再坑害老百姓；二、不准走漏红军的消息；三、不准破坏或私藏武器。接着我们又向土匪指出了受降后的三条出路：一、不愿意散伙，经我们批准，可以参加便衣队，一起打土豪，打白军；二、愿意回家的，发给路费，遣送回家；三、家住苏区的，我们写证明，保证回去后受到宽待。"小马子"的两个谈判代表一一应允，临走，我们还拿出了几筒"三炮台"香烟和一些糖果送给他们，他们如获至宝，连连打躬作揖而去。

谈判以后，双方确定在许家大湾召开"会合"大会。为了提防意外，我们把特务队也请来了。便衣队事先杀了猪，准备了香烟糖果。那天一大早，指导员黄锦思和特务队长伍坤山每人挎一把崭新的盒子枪，枪上系着的红缨子随风飘舞，精神抖擞地站在高台上，9个便衣队员和特务队100多名战士持枪列队，威风凛凛地站在四周，附近的老乡们也扶老携幼地来看热闹。

"小马子"排着长长的队伍下山了，共有100多人。何光武头戴礼帽，身穿长衫，手里拄着"文明棍"，强打精神走在最前头，后面跟的匪徒们一个个面色如土，蓬头垢面。我走上去，把黄指导员、伍队长向何光武做了介绍，何光武说："小弟何光武，冒犯贵军实在不该，请红军兄弟高抬贵手，多多包涵。"大家寒暄了几句，这时饭菜摆了上来，大家就地而坐，围成几个圈子，边吃边谈，匪徒们一个个活像饥狼饿虎，霎时间就把饭菜吃了个精光。饭后接着召开大会，黄指导员和伍队长都讲了话，他对"小马子"改邪归正表示欢迎，并且宣传了红军的主张。何光武也讲了话，他结结巴巴地说："小弟过去所为，实在对不起红军和众家百姓，惭愧得很，从今以后我何某一定在红军的提携下，重新做人，愿各位今后多加指教。"

当时，我们便衣队分别插到土匪当中，宣传政策，了解摸底。对愿意回家的，每人发给20块银圆做路费；对坚决要求参加红军的，经我们审查批准，送他们去参加游击师；何光武本人也表示改邪归正，不干坏事。就这样，数百人的"小马子"土崩瓦解了。红军便衣队在灵山一带的基础更加稳固了。

灵山便衣队起先在灵山一带活动，以后又转战到湖北应山地区，共坚持战斗了 3 年多的时间。在那战斗的日日夜夜里，我们的足迹，踏遍了那里方圆 300 多里的崇山峻岭。尤其在头年，我们的处境异常艰险，在国民党白军惨无人道的"围剿"下，大片村落被烧光、杀光、抢光，出现了一块块的无人区。险恶的环境，艰苦的生活，更加磨炼了我们的革命意志。春天吃野草充饥；夏天露宿在山野，常常是暴雨浇身；冬天风雪冰冻。为了不给贫困的群众增添负担和带来危险，我们时常坚持在山上，虽然当时条件那样的困难，但队员们革命精神高涨。当时，我们自编了这样一首歌：

野果子，满山有，

摘不完，吃不光。

充饥解渴味道好，

胜过大米赛汤圆。

任凭敌人来封锁，

我们到处有粮仓。

在这艰难困苦的条件下，同志们始终保持着旺盛的革命斗志和革命的乐观主义。我们这支由 10 人组成的红军便衣队，就像一支利剑，直刺敌人的心脏。回忆这个战斗的集体，回忆当年朝夕相处的战友们，他们的音容笑貌，至今还深深地留在我们的脑海里。

原载《鄂豫皖革命根据地》第四册，河南人民出版社，1989 年，第 255 ~ 263 页。

反"倒林"

◎ 何耀榜

十五、不响枪的战斗

"倒林"，这是国民党匪帮一项极端残酷的、灭绝人性的反革命措施。它不仅是对付一山一地，而且是用来对付整个鄂豫皖革命根据地，企图利用夏季的砍林烧山，使我们无处隐蔽和安身，进而断绝共产党在大别山的根苗。为此，敌人调动了很大的兵力，把茂密葱郁的绿山，变成了黄色的秃山，各个地区都很吃紧，我们的工作也遭受到一定的损失。怎样才能解脱重围，争取生存呢? 红二十五军离我们远，管不到; 红二十八军在皖西还没有回来。重担就落在我们自己身上。要组织力量，坚持斗争，突破重围。

在何家冲的一条山沟里，我召集了陂孝北工委黄云先同志、柳林区委书记小洪和其他一些干部，共同研究解围的问题。

摆在我们面前的敌人，有云贵部队一○二、一○三师，东北军的第十师、混成旅，程汝怀的 8 个保安团，以及地主豪绅的反动武装、民团、"铲共团"等等; 光中心区内的敌人就有好几万。而我们在鄂东北地区所有的工作人员，有一个算一个，统共不到 400 人。和敌人硬拼，这是根本不可想象的。办法只有一个: 利用少数的力量来指挥和调动敌人。当然，站在高山头上，指手画脚地指挥和调动敌人，他是不会服从的。为了支持和帮助蒋介石打内战，"消灭"共产党和红军，帝国主义派了军事顾问团来到中国；国民党最怕这些洋人顾问在中国有所失落。我们就决定抓住敌人的致命弱点，打击帝国主义的侵略和干涉，趁蒋介石的军事顾问团到鸡公山避暑的机会，抓几个洋人顾问，用他们也给我们当当"顾问"，来调动和指挥敌人，使我们解开重围，争取生存，坚持斗争，实现反"倒林"的胜利。

捉洋人的顾问，这不是一件小事情，不是那么容易做到的。为了完成这项任务，决定由黄云先和小洪负责统一的指挥和布置。事先一定要搞到准确可靠的情报，细致地侦察地势，特别是捉到洋人顾问以后转移的路线要选择和安排妥当。抬轿子的人，不但要忠实可靠，还要身强力壮，能够抬着人跑的。至于打掩护的部队，从彩号和便衣队员中选拔身体好、枪法准的同志担任。……蒋少元在四次"围剿"时，是国民党军队的一名旅长，因"剿共"有功，国民党以他的大号蒋礼山为名，新辟了一个礼山县，他兼县长，属下的团长为区长，把全旅兵马放在县里喝民血。在蒋少元所辖地区失落了洋人顾问，他必然吃罪不起，我们再准备一些传单标语，暗示洋人顾问是蒋少元叫捉的，国民党要想和我们接头、谈判、保洋人，可由蒋少元出面。

最后，我总结说：目前所有的工作都围绕着这一中心任务。它关系着我们的生死存亡，关系着今后的对敌斗争，是能否调动和指挥敌人给山区解围的关键。这就要求同志们很好地完成任务，尽量避免和减少损失。捉洋人顾问时，我会预先派特委警卫队在三区五约山一带隐蔽接应；我回到罗山以后，也组织一些力量来配合。

会议结束以后，我和施大信、吴大鼻子等同志决定翻越大小鸡笼山到罗山县二区。

乌云密布，夜色浓黑。我们一行5人，顺着大小鸡笼山的西侧，钻行在茂密的森林里。走了二里多路，发现前面一丈多宽的松树，被一层层砍倒在地下，伸手摸摸，树枝已经晒得半干。这使我立刻想到：近来敌人一直高喊着要倒林烧山，可能这就是敌人烧山的第一步。

我扭身对同志们说："看样子，敌人就要烧山。我们的动作要迅速，争取今晚跳出敌人的烧山圈。"

四外黑黝黝的，大小鸡笼山上到处是悬崖峭壁，就连不大的斜坡上，也尽是横七竖八的树干树枝，艰险难行，加上一〇三派出来的哨兵，迫使我们要小心翼翼，行动很是迟缓，半个夜晚没有走出几里路，直到东方发亮，眼看是到不了目的地了。我们找到一块林中空地，附近堆垒着高大的青石，5个人于是分散开来，各自钻进石头的缝隙里或是巨石突出的悬岩下隐蔽起来。

上午八九点钟，敌人像蝗虫一般从四面八方拥上山来，并且在山脚下、沟口里五步一哨、十步一岗地把守起来。然后，疯狂的敌人鼓噪着，点燃了砍倒的树木和野草。火势借着风力，迅速蔓延开来，不一会儿，整个大小鸡笼山的西半山处处卷扬翻滚着火舌，浓烈的黑烟遮天盖日；我们身旁的树枝野草也陷入了熊熊的火海。就连地上的石头，也逐渐发热了。

焦灼的热气迎面扑来，令人感到窒息。在火海的包围中，全身的皮肉被烤得焦灼疼痛，心脏剧烈地跳动着，呼吸十分吃力，实在难以继续坚持，我只得发出命令：

"同志们，向火焰做斗争，跳出去！开始动作。"

但是，同志们并没有动作，眼睛里流露出疑惑的神情。我解释说：

"这地方太窄，头上的山势太险，石头被烧到一定程度有可能爆炸崩塌。大家赶快离开这里。"

同志们相继投身火海。火舌直向我们伸来，火花落在脸上、手上和身上，立刻烧起了大大小小的水泡和裂痕。同志们忍住痛，捏熄烧着了的衣角，坚持在地上爬行。终于，我们幸运地找到了一条又深又狭的泉水沟，真是救了我们的命。大家痛快地趴在沟旁，不歇气地喝着凉而发甜的泉水，浑身感到说不出的舒适和轻松。

烟火未熄，狠毒的敌人接着开始大搜山。我们当即赶在敌人前头，向着泉水沟的纵深走去。傍晚时分，绕过一〇三师的碉堡，我在蔡家畈的联络点找到王定堂，要他通知特委警卫队队长方忠厚和指导员黄陂老到铁丝岗开会，分配工作任务。

在铁丝岗一处黑暗僻静的角落里，我向警卫队布置了反"倒林"的任务，传达了捉洋人顾问的决定，并且代表特委任命王定堂代理罗山三区区委书记。警卫队即随王定堂到三区，任务是：一听到北安山上发出激烈的枪声，就是洋人顾问捉到了，立刻前去接应，而后把洋人顾问隐藏在三区。这次任务必须绝对保密，不得出一点差错。同时，我告诉王定堂说，三区有罗山县最有名的"三亭家"，即颜香亭、华芳亭和曾凤亭，他们都想着找机会发反共横财，来扩张和壮大自己的势力。因此，三亭家同时扶持他们的孙子颜串铅、华明清、曾伯龙3个高中学生，弃学返里，充当国民党民团的大队长；曾伯龙最近还当了"铲共团"的团总。三亭家的势力浩大，我们如果不把他们先搞住，不但捉了洋人顾问无法隐蔽，就是便衣队在活动中也会遭到损失。这三亭家之间历来就钩心斗角，矛盾层出，我们为了完成捉洋人顾问的任务，就要利用和加深三亭家的矛盾。因此，王定堂和警卫队回到三区，首先瞅个机会，采取半公开的形式，在曾凤亭所属的地区火烧颜香亭的老巢——九房沟。三亭家的矛盾越深刻，斗争得越尖锐，便衣队的活动和洋人顾问的保存就越有把握。

王定堂和警卫队走后，我立刻赶往二区，召集了有区委、便衣队队长、指导员共八九个同志的会议。自熊妖叛变后，二区就没有区委书记，在这个会议上经同志们推选，产生了新的区委代理书记、副书记。同志们在发言中，纷纷诉说了叛徒熊妖、张德恒的反党罪行，一致要求铲除这两个坏蛋。我对大家说：熊妖无耻地叛党投敌后，同志们都很机动灵活，使便衣队基本上没有受到大的损失。只是地下党受到很大损失，有的支部全被破坏，支书被打死，还苦了全区的群众，有的坐牢，有的跑到山上流浪。现在给你们一部分钱，首先进行善后事宜，死了的人要想办法收尸安葬；照顾他们的妻子老小，一律按照红军家属一样照顾。在外流浪或坐牢的群众，他们的家属也要很好地安顿和照顾。因为二区受损失较大，不再给你们新任务，你们的任务仍是恢复整顿组织，向大河两岸发展新的根据地。同志们要求除掉叛徒熊妖和张德恒，这很正确，只是现在没有部队，警卫队已经出发去执行新任务，不过我们一定尽力去做，即使一时捉不到他们，也会给他们一个有力的镇压。

我在二区又布置了其他的工作，然后由二区便衣队送我到宣化店附近的大河边上，进入一区。

我和施大信两个人，一夜之间虽然行走了五六十里路，仍想利用黎明前的时候了解一些情况。我们找到杨家桥一个地下党员的家里，根据暗号知道她不在家，一打听，说是到宣化店去啦。我们转到村头的炮楼边找马保长，回答说他到罗山县城去啦。我们连忙跑到施家岗炮楼找施保长，他也到宣化店去了。一连问了三个老联络点，都没有人，情况不对头，可能环境变化很大，否则，为什么他们一个个都隐蔽起来了呢？

"何指导员，这一带我很熟，是我们队活动的地区。你看，天快亮啦，咱们先找一个地方隐蔽起来吧？"施大信提议道。

没有办法。我们隐蔽着从窦家寨的大岭上向张家畈转移。正走着，施大信突然停下来，低声说道：

"前边路口上有个暗号，你看到了吗？"

"什么暗号？"

"县委有规定：在情况紧张，老的联络点不能起到作用时，必须很快建立起新的联络点，以通夜不熄的小油灯为暗号。你看，路口上那个小棚子里，不是有盏小油灯？你先隐蔽一下，我去看看。"

我在棚子附近隐蔽起来。施大信叫开棚子的门，装作买烟的进去，一看是张家畈村的一个妇女，就问：

"你什么时候到这里来卖烟的？"

"昨天。驼二爷非叫我做生意，你看我行吗？"

"驼二爷在这里？"驼二爷是罗山县委的副书记。

不料她却反问道："你带谁来的，几个人？"

"只有两个人。"

"你把那个人叫来，我看看是谁。"

我听说立刻走进棚子。

"咳，可把我吓死啦，"她有些不好意思，"施队长，你怎么不早说？要知道是何指导员，我不早就告诉你了吗？你们在这里不要动，我去叫驼二爷，他就在村里隐蔽。"她迅速地走了出去。

这是一个新建立的联络点。我们没有和她打过交道，不敢断定她的真实情况，于是抽身出了棚子，在一旁隐蔽。不久，远远走来两个人，仔细看去，正是驼二爷和那个妇女，一转身，我们又回到棚子里。

驼二爷一见到我们就慌忙不知所措地说：

"怎么办？情况非常紧张，到哪里去隐蔽？"

我吃了一惊："怎么？连个隐蔽的地方都没有啦？这一带的工作全部被破坏了吗？"

"姜事务长为伤员们搞米，被敌人捉到宣化店，听说拷打得很厉害……"驼二爷说着，把头伸到棚子外面，天色已经微明。"快走，我们到水沟里去隐蔽。"

"各保的变化很大吗？"

"何西暑保长被宣化店区公所扣押，打得要死。现在换上了何四喷。"

"要是四喷当保长，我们可以到何四喷家里隐蔽。"我想，何四喷是红军家属，他当保长，定是地下党在敌人内部活动的。

驼二爷带着两个老交通，我们5个人到了野鸡凹，叫开后门，老大爷一见我们就问：

"你们是想了解情况还是想隐蔽？"我们还没有来得及回答，他接着说，"算了，天已明啦，再想到别处去也不行了。"

他轻轻地关好门，返身说："快分开，你们3个人到我房里去，何指导员和驼二爷到我小姑娘房里去。"

"老大爷，在你家里隐蔽行吗？"

"还说什么行不行，别的还能上哪里去？再到水沟里去就是活送死！你们还不知道，现在不同以前啦，沟里的树都被国民党砍了个精光，再没有地方好隐蔽。"老大爷说着，伸开两臂把我们推进小屋子里。

我们服从了老大爷的分配。小小的房间里，只有我和驼二爷。这时我才发现，我们虽然分别的时间不久，驼二爷像老了许多，也瘦了，他无精打采地坐在那儿，沉默不语。直到我催问，他才慢腾腾地开始讲述近来环境的变化：

从麦陡关到黄家榜、仰天锅〔窝〕、高庙这一带的山林，已经被敌人全部砍尽烧光。"倒林"之后，敌人紧接着搜山，在高庙山上搜出两个重彩号。我们得知这个消息，当即把能动的轻彩号集中起来，由便衣三队护送，准备到宣居顶隐蔽。不料中途被敌人发觉包围，损失的情况现在还不知道。

姜事务长为伤病号出外搞粮食，在李家楼附近被一〇三师别动队下的卡子捉去，关在宣化店。据了解，敌人虽然对他施用酷刑，目前还没有招出口供。县委朱事务长得到这个消息，出来送信，因为天太黑，在黑山冲的石坎子上失足摔下来，跌死了；第二天正赶上敌人大"清乡"，清出尸体和枪支，黑山冲的保长受到牵连；现在还没有被敌人捉去，但已很危险了。姜事务长出事的地点——李家楼归何保，敌人不但捉走了一些群众，还把保长何西暑也捉去了。

我们给山区买米，原来是伪装做小挑贩运到沟里，路线共有三条。一条路线是走麦陡关，由何保开具路条通行，何西暑保长被捉后，受刑不过，供出了这条买米的路线。敌人立刻在麦陡关一带下了卡子。一〇三师的别动队利用这个办法，到各保去查路条存根，发现杨家桥马保和施保的路条较多；马保长和施保长及时隐蔽起来，虽然没有被敌人捉去，但这第二条买米的路线又被堵住了。后来，敌人又查到吴保路条较多，当场扣押了吴井迷保长。吴保长同样在酷刑下供出这一条运米线上所运的粮食，都是九里十八寨缴的红军粮。发现了这三条运米线以后，一〇三师在所有的山路口都站了岗哨，凡见有挑米的人当场扣押，凡是能吃的，哪怕是南瓜、豇豆或一根细面条，都不准带进山里。何清记10岁的一个孩子带了点面，去看望有病的姥姥，被一〇三师查着，押在宣化店；李继成是个大地主，住在宣化店，他哥哥李继如病在山沟里，他拿了一点小菜和一点面想进山沟探望，也被一〇三师查出，软禁在宣化店子城里。原来民团还可以为我们买一点米，现在民团也要按人数买米，一〇三师并且派有专人监督他们。不说别人，就说刘云焕，他老伴饿得快死了，他跑到崖山炮楼上，找队长儿子去要一碗饭。小麻子已把饭盛在碗里，递给了他的老子，被一〇三师的监督人一把将饭碗夺了过去……山里断绝了粮食，彩病号和群众就吃野菜、树叶、树皮、草根。后来，因为搜出了彩号，敌人就大力清乡搜山，搜山时每人带一把铁锹，见到青稞就连根铲掉；砍烧不到的青稞子，就往上面喷洒毒药水；河沟、泉水里，敌人也下了毒药。有的群众生了病，有的中毒死亡，有的被活活饿死了……

驼二爷零零星星地汇报了一个上午，问题是越谈越多，闷气也是越来越重，令人头晕眼花，简直喘不过气来。

中午，热情的老大爷给我们端来了两碗用南瓜叶子和大麦面做的菜粥。我们两个人却谁也没有吃下一口。

"何副书记，"驼二爷打破沉闷的气氛，声调迟缓而恳切，"我们是依靠群众才坚持下来的，要是把群众饿死，或者被迫离开了山区，失掉了群众，我们就完！

依我看，还是组织便衣队带群众去打几次粮。"

"不行，驼二爷。自从打了九里十八寨的香炉寺，我们才摸索出借粮的方法，用征收红军粮代替了过去打粮的政策。因为打粮有时侵犯了基本群众的利益，使党在群众中的威信受到损失，同时还影响了对敌人的分化工作。打粮的事情，今后再不能重演。不过，我们可以想别的办法，开辟新的运粮路线，利用高价到白区收购粮食，然后组织便衣队用内外接应的办法驮进山区，分给群众……"

驼二爷想起了什么，忙问："敌人要甘允吉当罗一区'铲共团'的团长，他请示组织：要不要他当?"

我对驼二爷解释说，在五约山会议上，我们提出了反"倒林"，但不等于就不"倒林"，特别是在敌强我弱的情况下，我们应当多采取秘密斗争的形式，尽量争取群众，只有在广大的群众基础上，我们才不怕敌人的封锁和"倒林"。当敌人集中一切力量从形式上去执行任务时，我们就是为一山一地付出牺牲，也不会得到大的收获。为了今后的工作，避免敌人的怀疑，可以让甘允吉当"铲共团"的团长。甘允吉本来是国民党的信徒，经过教育和改造，他现在已经是我们新发展的共产党员了。他当了团长，要他首先带领"铲共团"及当地的保甲和群众，以假积极的面目进行"倒林"。只是一条：砍山之前，必须有计划地和便衣队取得联系，事先转移彩病号。这种办法，可以叫所有和我们有联系的"铲共团"、民团和保甲长都这样做，在实践中创造经验，再向各地推广。

小屋里的光线渐渐暗淡下来；已经是黄昏了。同志们轻悄悄地来到院子里，舒展了一下身子骨。看到施大信走过来，我对他说："我到一队去。你回二队。"

我和驼二爷、施大信等同志一起离开老大爷家，分做三路而去。

我带着两个交通，半夜时走到李家园的后湾，刚在甘树仁家里坐定，他就说道：

"便衣三队在去仙居顶的路上，叫敌人包围了。三队受损失不大，彩病号受到一些损失，昨天转回来，叫我把彩病号送到石壁冲沟里隐蔽。三队就在这附近。"

"他们留下地址没有?"

"他们说有事找他们，到甘树利家里去联系。"

"这里离甘树利家不远，你能去叫他来吗?"

"可以。"甘树仁起身走去。

在阴云堆天的黑夜里，胡明月随着甘树仁走来。一进屋，她就满不在乎地喊道：

"何指导员，甘树利当了副保长，我家比以前松一点。这里没有吃的，还是到我家去吧?"

"你坐下，先谈一下情况。"

"山也砍啦，乡也清啦，这一带没有暴露目标……"她边说边坐在一个小矮凳上。

"这几天有人来吗?"

"有，"她四下看了看，压低声音问，"你都带谁来的呀?"

"只有两个交通，到后洞隐蔽去啦。"

"呵，是他们呀。"她宽宽地出了口气。"在这里也不怕。胡民山大哥是今天来的，还有钱侉子，他们都在我家隐蔽着……"

"三队有人来吗?"

"三队队长朱洋人刚离开我家。叫他们都来吗?"

"你马上通知他们到这里来。再告诉他们，从便衣队中抽出几名身强力壮的队员，集合到一个地方。"

"哎呀，这么多人，吃饭怎么办?"

我看着她那副神情，不由得笑了。

"这就落在你们女党员的身上啦! 明天晚上，你一定要想办法给我们吃顿饱饭。"

"行，由我负责。三妹，三妹，"她扭身喊起甘树仁的媳妇，"一会有人来，把我家那点小麦面带来，你给他们煮一顿稀粥吃。"说完，她便走了。

河口县委书记董志新、便衣一队队长胡民山、便衣三队队长朱洋人和侉子钱运华来到后，我就开门见山地说：

"现在把一、三队身强力壮的队员抽出来，由朱洋人带领随我行动。剩下的身体弱的队员，由胡民山带领隐蔽活动。"

任务分配完了，董志新看到没有自己的份儿，主动提出要求说：

"河口县的几个同志身体都好，我们也跟你去打一场。"

"好，河口县的几个同志，由钱侉子负责集合。明天夜晚到甘树利家去吃饭。"

黎明时，我和董志新进入山洞隐蔽。

胡明月同志完成了任务，她用大麦仁夹着米煮了很多饭，还凉拌了一盆黄瓜。同志们到后，每人都吃了一个饱。然后，我们开始了长途跋涉。横过汉罗公路，渡过大河，同志们在一块叫旦二田的稻田上集合。

　　我一人爬进了茶坳，找到我亲门下的一个哥哥何耀如。

　　他一看到我，显得十分惊讶："你怎么又搞到这里来啦？这里非常紧张，正在修炮楼，连一点隐蔽的场子都没有……"

　　"这个炮楼是谁监修？"

　　"罗麻子和董治钧带一个班，每天下午才来。"他急得简直停不住脚，直转圈子，他是为我着急呢，还是想赶我走？难以猜测。他猛然站定，急匆匆地问：

　　"老四，你带来了几个人？"

　　"不少。"我莫名其妙地顺口应承。

　　"咳，泼了吧！你带的人多，就干掉这个炮楼。这个炮楼修起来，还要加修十几个，那就把你们的路口全给堵死了，连我们也活不成。"

　　"炮楼修得怎样了？"

　　"楼板都上上啦。趁他们没有盖瓦，你们就把它搞掉。只要这个炮楼修不起来，别的他也不会再修。"

　　我们来的任务，就是为了搞掉它。

　　"搞掉容易，没有隐蔽地，白天不好接近呀！"

　　"山都砍啦，只有到董家坟园去，就是渴，太阳晒得难受。我这里还有卖剩下的几斤肉，你拿去，想办法煮一煮，临动手的时候再吃，免得打起仗来没有劲，跑不动。"

　　"就是……"我有些为难地说，"怕敌人的正规军来了没有人报信。"

　　"我来报信，"他干脆利索地说，"董治钧和罗麻子你认识，要是他们来，那就没说的，要是正规军来了，我就喊二娃，喊的不急就是人数不多，我要是大声急喊，你们可要做好准备呵！"我临走时，他还再三关切地说："老四，你要记住，他们总是在下午来，一定要等他们来后，你们才能动手，不然你们可走不掉呀！"

　　东方发白，我们来到董家的老坟园里。同志们聚拢在一起，听我介绍地形和敌情：我们的正南是唐家店，离这里十八里路，驻着石武桥的民团；东南是乌子铺，是刘修斋的民团，离这里六里路；东北是肖家畈刘新武的乡警队，离这里五里路；正北十二里路就是宣化店，驻扎着一〇三师师部和一个团；西边的雷班寨是毛伯梁的民团，距此地仅三里路；姚家畈是曾伯龙的民团，相距十八里路；西南五里路就是王家桥颜灼文的民团，十五里路就是丰家店陈少堂、颜串铅的民团，碥子湾离茶坳是八里路，这一带都是赵凯清联保，茶坳的炮楼就是归他们联保修筑。

"总之，我们眼前处在三条封锁线和一条大河之间，离茶坳只有半里路。茶坳处在三条大路的交叉点。根据敌人兵力的部署、碉堡棋布、交通便利并有电话联络等情况，我们要在最短时间内结束战斗，争取不响枪，不得已时也要尽量地少响枪，避免和敌人正面战斗。现在大家分散，各人监视一个方向。"

血红的太阳发射出万道光芒。民工们从四面八方伸展到河边的木鱼包聚拢，然后又分散开来，有的运砖，有的扛木板，有的和泥巴，有的抬瓦，忙乱不堪；号子声、叫骂声混合着人们痛苦的呻吟，此起彼伏。大路上来往的行人，更是络绎不绝。

同志们沉着、镇静地卧伏在董家坟园的坟包后面。强烈的阳光，烤得我们燥渴难忍，真正是汗流浃背；没有一滴水喝，也没有一粒粮食。钱侉子可能有点熬不住了，偷偷地爬到我跟前。

"何指导员，什么时候干呀?"

"得等到下午，他们出来以后才能动手。"

"你的表几点啦?"

我看看手上的表，时针正指着 11 点。

"也是 11 点呀!"钱侉子翻身平躺在地上，仰望着炎热的天空说，"嗨，太阳被老天爷钉住啦，今天它动弹不了啦!"

"侉子，饿了吗?"

"没。昨夜出发前，我吃了八碗饭。"他轻轻伸了一下巴掌，比画着，大家不由得哧哧笑了。他还得意地添说道:"今天不会饿，明天还不会饿。"

"那么，"有人逗他，"干吗那样着急?"

"这和肚子没有关系，是手痒，想打个痛快!"

天气是越来越热，大家心里更加焦急。我不时看看表，它总是那么不慌不忙、滴滴嗒嗒地移动着。

蚂蚁成群成片地出动了，全力向我们身上攻击。不行，这样下去，就是等到敌人出来，也无法进入战斗，身上一点劲都没有了。我开始想窍门，东瞅西瞄，意外地发现看守坟林的董继门家的门口，有一只小水桶，在阳光下闪闪发光。心里一动，想把小桶拿来，提桶水叫同志们喝一口。可是，怎样个拿法呢？董家大小几十口，过去我们常在他家隐蔽，他家的人都认识我；自从刘庆梦叛变后，就再没有去隐蔽过，不知近来变化如何。派个人去，不行，出了问题更麻烦。只有我去。

"你们注意敌人，我去弄点水来。"

我从坟堆间爬出，顺水沟接近前门。看看四下没人，刚刚伸出手去拿水桶，门里边突然蹦出一个七八岁的小女孩，问："谁呀？"

我吓得出了一身冷汗，定睛看去，原来是小其毛。一被发现就不好办了，只有把她带回去。我轻轻地喊："其毛，其毛，来，跟我玩去。"

小其毛瞪着一对小眼，似乎认出了我，摆动着小手说："叔叔，是你呀！我……我不说。你是想要小桶？"

"其毛，你在和谁说话呀？"不料她的祖母正坐在门里，这时伸出头来探听。

这下子可糟了！

聪敏的小其毛机灵地摇摇小手，对她奶奶说："不要说话，是叔叔要用小桶。"

老太太出了大门。"是你呀，老四，想喝水？"

到了这种场合，我只有点头称是："天气太热啦……"

"你快回去。我就给你送来。"

"家里还有人吗？"

"男人们到河里车水去啦，媳妇们都去送饭了，家里没有几个人。你快走吧。"

我一路上心里直嘀咕，这家人变了没有？一回到原地，就对大家说："被老太太发现了，她还说送水来，不知可靠不可靠。大家做好准备。"

不一会儿，小其毛跳着跑进松林。她母亲随在后边，把手里提着的小桶放在坟堆边上，就转身返回去了。

我走到坟边上，一手提水桶，一手拉着其毛，回到坟堆后面。我仍有些不放心地问她："家里有人出去吗？"

"没有，奶奶在给你们做馍馍……"

我们不能随便吃群众的东西。我取出一块银洋给她，小孩子没有见过这玩意儿，不要；钱侉子在一旁掏出几个铜钱，孩子非常高兴。我把一块钱递给她说："把这个给你奶奶。"小其毛飞快地跑回去了。

其毛的奶奶和母亲抬着一个桶，还提着一个茶壶，仍放在坟堆边上，没有和我们见面就回去了。

有了这桶馍馍和水，问题完全解决了。

民团按照他们的老规律，摇摇摆摆地走出来了。为了减少目标，我随手把小桶推倒在地上，然后细看敌人的行动。敌人越来越近了。

"注意，走在最前面的就是班长董治钧，最后面那个大块头是罗麻子。"我一边说一边紧盯着敌人。同志们悄悄地爬拢来，等待着命令。"敌人是 11 个，我们只有 10 个，要想搞掉他们，先要抓住董治钧和罗麻子，其他的人就不敢再打枪。"

敌人没有直接上木鱼包炮楼，在一家茶棚前停下来，把 11 条枪靠在一边，然后进了茶棚。只有罗麻子还在外面脱衣服。

机会已到，我马上发出命令："钱侉子、朱洋人和我 3 个人对付董治钧和罗麻子，无论如何不能让他们跑掉；董志新和其他的同志，接近茶棚先抱枪。开始行动。"

我们爬出坟边，沿着弯曲的田埂边，穿过谷林，进到茶坳南头。我装作从山里出来买东西的样子，向茶棚走去。这时，窦明贵同志走在最前面，首先接近了茶棚。他还没来得及拿枪，有一个团兵认出了我，他不知说了句什么话，茶棚里马上混乱了。窦明贵趁机一抱，把 11 条枪都抱在怀里。随后块头高大的朱洋人上前按住了董治钧。罗麻子见势不妙，扭头就向北跑，我紧追上去，一脚把罗麻子踹倒地上，钱侉子上去用手捏住了他的脖子。身强力壮的钱侉子，把罗麻子拖进茶棚，马上用绳子把他紧紧地捆了起来。窦明贵把所有的枪闩卸下来，把空枪发给俘虏们背着。"罗麻子要捆紧一点，其他人可以不捆。"我扭过头又对董治钧说："你是一个学生，你自己说，你是想死还是想活？"

"你，你说的意思我都明白，这 11 个人，都不会跑，由我负责，听……听你分配……"董治钧吓得直结巴。

俘虏中有一个年轻的小伙子，面孔很熟，就是想不起他的名字。他嬉皮笑脸地说："放心吧，我知道红军不杀俘虏，还优待呢，每人发五块钱，这样的生意到哪里去找呢？你看我们还会跑吗？班长，怕什么，你还得双份——十块！"

俘房们都被逗笑了。不知谁又拉来了一个人，我一看，原来是陈经武——国民党的区长陈又文门下的一个哥哥，便吩咐说："不用捆，叫他跟着我们走，到炮楼上去看看。"

俘房们背着枪，董治钧在最前面，向着木鱼包走去。民工们只当他们是来监工的，仍然埋头干活。直到便衣队分散在炮楼工地的四面时，民工们才发现被捆着的罗麻子和看守俘房的短枪。不等他们骚乱，我当即开始讲话："乡亲们，不要乱，不要跑。我们是来拆炮楼的，与乡亲们不相干。不过，请大家记住：茶坳的炮楼国民党别想修，他们什么时候修，我们就在什么时候把它打掉！乡亲们，请你们用锄头把炮楼的四角挖空，让它自己坍倒……"正说话间，我扭头发现韩允之已爬上了电线杆。忙喊："韩允之，不准动！"因为一扯电线，敌人的正规军就会发现了。

这时，董国德气喘喘地跑来，看见他儿子没有被打死，急忙说："这……这没有什么，请大家到我家里去吃饭。"

董治钧听说他父亲要请我们到他家吃饭，吓得全身发抖："爹，不行，不能到家里去吃饭，干不得……怕将来连累村上的人。你还是把饭拿到河边柳树林里来吃，出了事情，我负责送他们出警戒线。爹，你不要怕，红军是不杀俘房的。"

老头子听了儿子的话，连连点头，只是两眼紧瞅着我，似乎在等我的回答。一听我说"可以"，老头子像得了令箭一般，拼命奔去，就是小伙子也难以撵上他呵！

天麻麻黑的时候，我们都在柳树林里吃饭。这次没有响枪的战斗，已经顺利结束，并没有惊动敌人，还可以乘机利用伪装战术打下碥子湾，给敌人的内部制造一系列的矛盾，免得他们摧残群众。陈经武虽然是陈又文的哥哥，但他很穷，又不亲，杀了他不起作用。为了保存这一带的工作，可以叫何耀如放了他，实际上是看住他，天亮后，再叫他们一同到宣化店区公所报告，这样还可以瓦解陈又文……

饭后，我向茶坳走去。走不远就碰上了何耀如。

"你怎么又回来啦？还不走，想在这里等死吗？走，走，我也跟你们一路走。不走就要死在他们手里。"他一边说，一边推着我就走。

"耀如，你不能走。你一走，这附近的群众就要受到更大的摧残。"

"呵，你是叫我陪着他们一路死呀！"

"你别着急呀，听我说……"我把我们的计划对他说了一遍。"不过，你这样一做，我们要把你的家烧了，这样陈又文可能受到感动。他要是问你共产党哪里去啦，你就说到陈家河去啦，这样还会挑起他们的矛盾。你记住了吗？"

我先回到柳林里。随后，何耀如才绕道走来了，他当着众人面前，对我说道：

"老四，陈经武先生是个好人，这一带出了事情都是他出面调解，你最好还是放了他吧。"

"胡说，他是个反革命，怎么能放了？再说，就连你也一起杀……"

我闹腾了一阵，他悄悄地走开了。

临出发，我假装清查俘虏，不见了陈经武，大发脾气，命令他们到处去找何耀如，没有找到。我怒气冲冲地命令："侉子，你带几个人把何耀如的家全部烧光！"

朱洋人和钱侉子应声跑去——只烧了一个小屋和门前的麦秸垛子。

天黑后，我们押着俘虏，大摇大摆地向碰子湾走去。来到炮楼近前，要罗麻子喊门。

"快开门！我是罗队长。"

"怎么这样晚才回来？"炮楼上问道。

钱侉子一手抓住罗麻子，一手用枪抵着他的后心。

"到何家家祠拆瓦去啦，百姓忙着车水，找不到民工。快开门吧！"

罗麻子编得不错。炮楼打开了门。团兵们全部做了俘虏。我们照法炮制，连叫开了三个炮楼。把炮楼放一把冲天火烧掉，押着俘虏渡过大河，来到陈家河。我们故意惊动了全村的乡亲，然后把俘虏关进陈允之大地主的后房里。

诸事安排定，我们才离开陈家河。

十六、成功的经验

在塘凹，基本群众董新贵告诉我们说："刘朗山从省里回来啦，在宣化店吹大气，说什么要报仇……"

刘朗山可真是这一带的大祸害。早在农民暴动时，打了宣化店就打沙河铺，把他那位自称"刘孔明"的祖父，还有他的伯父、叔父、哥哥都杀死啦。那时候他在开封读书，回来后，他老子一直教育他"反共报仇"。这一次，他在省里受了训，又是在省里支持下回到宣化店，真是八面威风，不可一世。区里要他当联保主任，他不干，非要组织"武装清乡团"，专门反共，还说什么凡是参加过农民暴动和抄过他家的人，他都要打死，打不死也要剥去一层皮！因此群众很恐慌，为我们做过保的保人，更是胆战心惊，只怕刘朗山把保人的名册在区里找出来，送到一〇三师师部，再一闹到省里，不单是保人个个要吃亏，就是被保出来的群众，也会重坐黑牢，还可能死一部分人……

要铲除刘朗山这条毒蛇，一时有困难。我想按下不提，以后再作详细的布置。还是先了解一下打茶坳的反应。董新贵简单地谈了些情况，说是民团里互相埋怨，特别是第三天从陈允之家里跑出来50多个没有枪的团兵，这场官司打得就更起劲了。何耀如天一明就跑到区里去告状，陈又文说他为了陈经武，家里的麦子都被共产党烧啦，还赔偿了四斗小麦……末了，董新贵还是扯到了刘朗山的头上：

"何指导员，你们能打掉茶坳，就不能打掉刘朗山？他要是真的当上'清乡团'的团长，本地面上的人又要死一层！"董新贵有些激动了。"国民党一向把这几条沟称作'匪巢'，这几条沟的百姓，对共产党可真是真心实意呀！为了共产党，为了革命，死的死，亡的亡，坐牢、挨打、忍饥、挨冻，什么滋味都尝到啦，百姓们为的是什么？不就是想看到革命成功，恢复苏维埃吗？何指导员，你能看着大伙再遭毒手？……"

董新贵说得对！这几条沟的工作再遭到破坏，"倒林"的围困就根本无法解开，就是捉到洋人，也无法存放。打，确实不易，刘朗山一行动起来总是跟着几十条枪，而我们一个便衣队仅有三五个人。把警卫队调回来？不行，惊动了一〇三师，那就更难应付了。

"何指导员，你不是经常告诉我们，要坚持这块地区的革命斗争，保留革命的种子吗？我们，泼出几个同志牺牲带彩，也要搞掉刘朗山，保护革命群众。"朱洋人一旁看到我犹豫不决，就提议说。

"对，你们的意见很正确。"我下定了决心。"决定打。但要做好全面的侦察和布置。打的时间临时决定。"

"打"字刚出口，董新贵就喜笑颜开了：

"刘朗山有事情还是要我跑腿，我可以经常供给你们情况。我看，在别的地方不易打到他，只有在七里棚；刘朗山霸占了七里棚猪店汪掌柜的媳妇王毛，他时常去，只要扑好机会，几个人就能干掉他。"

当天晚上，我在山岭上派人通知罗山县委副书记驼二爷，叫他黎明前到达后坳甘树利家会合。驼二爷准时来到，说是粮食得到了解决，群众的情绪刚刚稳定下来，刘朗山又从省里回来啦，甘青山吓得要死，宣化店很多人都害怕，就连区长陈又文也有点不安。

我告诉驼二爷，叫他来的目的，就是布置干掉刘朗山。刘朗山每次出来，总带着几十支枪，都是他姓刘的人。这些人我们不能都打死，最好是打死刘朗山，活捉刘新武。这样一来，不但吓住了姓刘的，还可能拉一些关系，使他们以后少做坏事。为了实现这个目标，我要驼二爷设法通知阴河区区委书记关楚印同志，叫他带部队埋伏在吴家大店的山岭上，只要听到仰天窝或和尚头响枪，就是我们打刘朗山，他们就准备接应，暗号是在山上插旗子。敌人如果追得急，关楚印拖不走敌人，再叫便衣二队把杨家桥施家岗炮楼里的地下党员带出来，拉住敌人的尾巴。还不行，就再叫便衣二队队长申功臣组织几个人，准备几条长枪，从孙家沟拖住敌人。

计议停当，驼二爷当即赶回去进行通知和作全面的准备。

白天很快地过去啦。天黑后，我又从便衣队抽出几个人，回转到塘凹。

董新贵还没有睡，见到我就问："你带人来了吗？今天才真是个好机会！"

"怎么？刘朗山去啦？"

"今天一清早，我就到了宣化店区公所。吃过午饭，刘朗山让我到肖家畈炮楼把刘新武叫去，还带了二十几条枪。刘朗山叫我找挑夫，说是要回家，走到七里棚就停下来了，把帐子、床具都放在汪家猪店里，还叫我买了些鸡子酒菜。我才回来。他一定在王毛那里过夜，你们想搞掉他，今天正是个好机会。"他谈的情况很具体。

"好，确定今天打。你在这一带监视黄陂站和刘家沟的一〇三师，他们若是出动，你在乌石坡放火为号。"

他看到我要走，急忙补充说："你知道汪家的猪店吗？他们的老房子做了槽坊，新房子里住人。"

我把同志们集合到孙家坟园。一共 11 个人，大家习惯地围在一起，由我布置工作：刘朗山、刘新武都很年轻，遇事很机灵，也能跑，所以今天不能硬干，要伪装成一〇三师的别动队，以查店铺为名。为了不使他们怀疑，我们可以先查一两家杂货店，不过动作要快，少说话。胡民山带 4 个人从前门接近，估计他们不让查，你们只要发现刘朗山或刘新武，就打死一个，活捉一个，为了防备他们从后门跑掉，我和朱洋人守后门。其他的同志对付民团。

明月悬挂在当空，习习的夜风拂动着河边的杨柳——夏夜的寂静。村镇在沉睡中，听不到一点声音。胡民山带领着同志们，顺利地摸掉了哨兵，然后大摇大摆走到街上，开始"清查户口"。我和朱洋人从稻田里运动到汪家猪店的后门。从前门清晰地传来说话声："干什么的？"

"查户口！"

"这里不用查。刘主任在这里……"

"啪！"一声清脆的枪声划破了夜空。

院子里一阵骚动。紧接着传来急促的脚步声。后门轻轻开启，猛然跳出一个人来。我瞪眼看去，正是刘新武。我急忙向朱洋人打出手势，机灵的大个子轻巧地蹿上去，不等刘新武发觉，双手已经卡住了他的脖子。我赶上去把他捆住。

胡民山跑来说："战斗结束啦！"

"刘朗山呢？"这场战斗意外地简单容易，我实在有些不放心。"刘朗山被打死啦。民团的枪也全部缴了。那些士兵正在河里洗澡，就叫我们给禁在水里了。屋里只禁了七八个人。"

老便衣队的同志，枪法是百发百中的，这点我是相信的。但对于一枪就解决了这个战斗，心里总是不踏实。

"死尸在哪里？"

"凉棚下面。"

我急忙赶至凉棚，按亮手电照去，只见一片鲜血；连个人影子都不见了。"跑啦！没有打中要害。"胡民山愣在一旁。

根据血迹判断，他是跑向半里路之外的肖家畈炮楼去了。我扭头吩咐："把枪栓下掉，每个俘虏扛一支枪筒，到炮楼附近隐蔽。争取用伪装叫开炮楼。马上集合出发！"

到达炮楼下，几个民团兵前去喊门："快开门，快开门，后边共产党追来啦！"

"算了得，伙计，何必做的这样毒？我知道你是何老四。我刘朗山没有死，只是中了你们一枪。炮楼的门，你们是喊不开的。我以后不再做事情，你们快走吧。"

伪装已经失掉了作用，我立即走上前去答话："你们的刘队长被我们捉住了，你是要死的，还是要活的？"

"伙计，"刘朗山仍然躲在炮楼里面不露面，"我们从小一起盘泥巴，你何苦这样？我刚才说过，以后再不管事情。新武哥，你是知道的，我二大爷就他一个，你要什么，我给你，只求不杀他。"

"刘朗山，我们都是本地人，你不该欺压老百姓。以后你放好一点，不然还会有今天，一个刘朗山算不了什么。你告诉刘前初老先生，叫他在三天之内和便衣队接上头，并要送到一万石大米。"

听说不杀刘新武，刘朗山十分客气地回答说："何先生，我一定告诉二大爷。"他又搬出我们的政策，一面是压我一下，一面是安慰刘新武："新武哥，你不要怕，红军到处都有标语，你也看过，他们是不杀俘虏的。你放心吧，我一定告诉二大爷，三天内把东西送到。那时何先生就会放你。"

"刘朗山，你打电话叫一○三师来追吧！我们要到你家去吃饭。"

"何先生，我这已经够受啦，何必再给我按个矛呢？电话我是要打的，一○三师不归我调动，他们夜晚不会出来追的。快走吧，不然探照灯一照，你们在公路上不好走。"

"有刘新武先生在一起，我们不怕……"

我们直奔沙河铺而去。

自划破静夜的第一枪响后，民团的枪声也就随之四起，探照灯的光柱到处晃动。在激烈的枪声中，在白色的光网下，我们从枣林岗插宣化店东边，到达络家大塘。看看表，还不到12点。枪声已经留在背后，那些白线条也都显得遥远了。我们原计划战斗打响后，把目标拖到无人的光山上。但附近的反动武装只是固守炮楼空打枪，硬是不出来追击，我们拖到空山上又有什么用呢？为了拖延时间，暴露目标，引诱敌人，我们靠近了络摇文看守的炮楼下。

"络摇文先生，请你开开门，让我们进去休息一下好吗？"我高声大喊。

"你是何老四吧？"络摇文在炮楼上答话了。"你打了碥子湾，又按了他们一身的矛，官司直打到现在还不可开交。今夜响了半夜枪，你又在搞谁呀？我看你是从宣化店过来的，又想按我的矛吗？"

"不是，不是。"我否认说。"刚才我们打了刘朗山，太费力，打的时间又长，实在很疲劳，想找点水喝。请你下来，给你介绍个朋友——看看我们捉的是谁？"

"嗨，你打刘朗山不会要活的。活捉的定是刘新武。伙计，你不要这样缺德，刘前初老先生就他一根苗，你可不能杀掉他，要什么东西我可以通个信。伙计，从今天起，我再不和你们做对头，你也不要按我的矛。你快走吧！"

"不要怕，我不会给你按矛。快下来给我们点水喝。"

"不管说什么，门，我是不开的。炮楼里也没有水，只有几个西瓜，送给伙计们吃。"说着，窗子上吊下来几个大西瓜。"络先生，你送西瓜不给刀子，这怎么吃呢？"

"你们还少了刺刀？我看你是故意拖延时间。"

"我们从来都是盒子枪，哪来的刺刀？"

"嗤"的一声，月光下一把刺刀落在地上；而西瓜却早已进了同志们的肚子里。

"何先生，我以后再不反共，否则和谭拥之一样。求求你们快走吧，要叫他们知道了，我全家都得变成鬼！"

我看络摇文实在吓得差不多啦，就说："络先生，说话可要算话。我明天到和尚头、仰天窝，你带他们来追吧？"

"我要带他们去追就是个王八蛋。"

"好吧。以后再见。"

黎明时，我们上到罗山县一、四区交界岭的最高峰——和尚头休息。为了暴露目标，同志们在山岭上到处跑着玩，有的在抽烟，也有的睡大觉，可是直到太阳当头，也不见敌人到来。我感到不大对头：刘朗山打电话后，一〇三师布起了探照灯，这证明他们已经知道，这里离宣化店又不远，为什么不见敌人的面？不追，这是根本不可能的。难道敌人知道我们的目的，到前面卡路口去啦？……越想越不对头。我使了个眼色，胡民山、朱洋人随着我走到一个石头边。

"不对呀！我们这么闹腾，为什么不见敌人的动静？敌人到现在还不来追击，很可能跑到我们前头，到姚家湾、吴家凹、雪成坳一带的山岭上埋伏，想在那里合击歼灭我们。你们考虑怎样？"

胡民山低头闷想了一会儿说："这完全有可能。敌人知道我们顾群众，捉到人后不会拖向一区，所以才埋伏在那一带，堵住我们到九里十八寨的去路，想在那些山沟里歼灭我们，救出刘新武。"

意见取得了一致，这就是敌人的目的。我们原来计划白天在这里打响，关楚印和同志们就来接应。现在敌人不来，没得可打，如果到夜晚再打响，就可能和自己的部队发生误会。我们决定马上出发，上高庙的最高峰，站在那里可以看得更远，如仍看不到敌人，就顺着路两旁没有被砍掉的矮青稞子里，隐蔽着向官家楼的山岭上运动，那里离关楚印他们埋伏的地方不远，可以和他们取得联系。

大家挨了一天晒，共同的要求就是想喝水。当我们爬上了高庙的山峰顶时，一个新同志提议说：

"何指导员，这里一望无边，根本没有敌人。下到沟里喝点水行吗？"

"绝对不行。这一带所有的水沟，敌人都下了毒药。胡民山，你带两个人留在山上看住刘新武，如果前面打响，你们都公开地走下来。其他的同志随我来。"

我们下了山岭，从山边上没有砍完的矮树棵里隐蔽地、观察着向前运动。刚刚爬上官家楼的坳口，朱洋人回头对我说：

"前面就是敌人的埋伏。"

"敌人发现我们了吗？"

"没有。我们背着阳光。"

我向前方看去，我们和敌人相距不到一二百米。敌人是一个排的样子，步枪分三堆架着，机枪前面有一个人。其余的大兵都没有穿上衣，坐在树下乘凉。我看了看四周的地形，为了争取主动，急令："打！"一抬手，10发子弹早已飞出枪膛。

8支盒子枪响了一轮，估计敌人一个排没有剩下几个人，我们便迅速地占领了一座山峰。再向四处看时，关楚印同志的白旗暗号已经插了几处。我一抬手，胡民山远远地看见，立刻拉着刘新武公开向山下走来。其他的同志都向着白旗跑去。

朱洋人来到我的身边："没有剩几个，敌人没有来追。快走呀！"

为了暴露目标，指挥敌人，我对他说："诱敌合击高庙！"说着，两颗子弹飞向高庙。一转身，我们隐蔽着插向白旗处。跑到一个地势较高的白旗下一看，正巧是关楚印，他亲自掌握着一挺机枪，在这里准备还击敌人。而敌人真的把白旗当作"铲共团"的旗号，没有向这边追来。

敌人只注意到高庙上下来的人，没有注意到白旗下跑动的人，于是集中了兵力，从官家楼压下来，直奔高庙而去。

黄昏时，敌人合击高庙的枪声还在震撼着山谷，而我们已经插到敌人的后边，进入滴水岩休息。

十七、伸向河口

晚上，我们转移到郑家河棚村头上地下党的联络点——小饭店附近隐蔽。我一人走进店里，装作买烟的。王文兰同志暗示我店里住有客人。我买了烟，立即抽身走出饭店，在一棵大树下停住。王文兰随后跟了出来，对我说："今天早晨有两个同志在新庙受包围，敌人除民团外，一〇三师还去了一个营，直到天黑还在各山岭上搜。听行路的人说，国民党天一亮就把新庙围得紧紧地，还打了一阵枪，后来一个大个子从'天上'跑啦，一个麻子从门口冲出去啦。被包围的究竟是哪个便衣队，现在还不清楚。"

新庙是河口县的地区，在那里受包围，很可能是河口县委书记董志新和钱侉子。

"情况可靠吗？是不是你丈夫了解的？"

"是木匠在四姑墩赶集，有一个共产党跑进四姑墩，把集都闹乱了。木匠回来的时候，国民党还在满山上搜呢！"

听了王文兰的话，我心里非常着急，因为捉洋人顾问的计划，在这边仅有董志新一个人知道，仙居顶的交通要道又是他负责，仙居顶一旦被破坏，我们整个的计划就会全部破产。只听到一处的消息，不能算绝对可靠，为了证实这项消息，我当即赶往地下党的另一个联络点凉亭饭店；地下党的彭同志和王文兰谈的情况一样！彭同志并且说：

"你们今夜不能去仙居顶，去就会碰到危险。"

彭同志的话有一定的道理，在眼前这种情况下，我们再出去活动，很可能遭受意外的损失。但是，仙居顶的同志们和地下党的各个支部怎么办呢？不行，不能停在这里，要抓住这千钧一发之际，尽一切力量维护党的组织，挽救同志，保住仙居顶要道！我下了决心，对大家说：

"这两个同志对革命是坚定的。但是我们也不能失去革命者的警惕性。马上出发。"

一阵急行军，我们当夜赶到板叉，进到地下党支部书记雷荣真同志家里。雷荣真也有个老规律，正和刘清翼的老规律相反。每次和我们见面，刘清翼总是先谈正经事，再谈杂事；而雷荣真总是先张罗着休息吃饭，而后再谈工作。这次也不例外，刚把我们领进屋里，就忙着要和老伴去做饭。我急忙对他说：

"不要忙，先谈一下情况。"

雷荣真的老规律一下改不掉，照样嘱咐他的老伴去做饭，然后才回到屋里说：

"这几天听说你们在各处打仗，这一带倒还清静。不过今天四姑墩响了一整天的枪，不知是谁又在那边打。"

"可能是董志新和钱侉子受包围。"

"把他们捉去啦？"雷荣真吃惊地问。

"情况还不很清楚。不过根据群众说：一个大个子从'天上'跑啦，可能是侉子翻房子跑脱；还有一个麻子从门口冲出去，估计是董志新，危险比较大。两个同志都有被俘的可能。不过我们还是提高警觉。你马上派人分头用传呼的方法通知各地，叫他们注意情况的变化，随时准备转移。"

雷荣真出外布置完工作回来，就招呼大家吃饭。看到那些香喷喷的大米饭，我非常惊奇："哪里来的米呀？"

"咳，忙得啥也忘啦！这几天便衣队搞得有米，昨天还给我送来了一挑子。"雷荣真还是按照他那老规律，饭一做好就打发老伴到外边放哨去了。

"天快亮了，你看到哪里去隐蔽？"我心里一直发焦。

"到河沟小湾上段家的后边去隐蔽。我告诉你老嫂子注意情况，我也在外边放哨……"

雷荣真的话还没有说完，他老伴惊惊慌慌地跑进屋里说："山上，有人走动……"

粗鲁的朱洋人跳了起来："这个家伙来得好快呀！我出去看看。"

"朱洋人！不能这样鲁莽。"我厉声喊住他。新庙离这里几十里路，如果他们没有被俘，也得到这时候才能来到这里。"大家都出去，一边散开隐蔽，一边观察后边有没有敌人跟随。如果只有一个人，就是突出敌人重围回来的。"走到后门，我又对雷荣真说："你随我们出来隐蔽，家里只留下老嫂子。"

眼看着董志新贴着院子的墙边，转向了前门。他身后再没有一点动静。我压低声音说："雷荣真，是董志新回来啦。你快进去看看。我们在这里不动，你叫我们时用老暗号。"

雷荣真走了不一会儿，就传出来暗号声。我们重新走进院子。这时正是黎明前的黑暗，我握住董志新的双手，看不清他的面孔，只觉得他手上有些发黏。

同志们围着他。没有人说话。

最后，董志新流着泪伤心地说："侉子可能牺牲啦！"

一阵长时间的沉默。

我仍然拉着他的手，并肩走进小屋。借着油灯的光亮，只见他的身上、头上、手上和一双赤脚上都是鲜血，就像刚从血水中拉出来一样。衣服已经成了条条块块，根本遮盖不住身子。看着眼前的景象，听着董志新同志的哭声，想着钱侉子生死不明，同志们不由得热泪盈眶。

胡玉先默默地把自己的衣服和鞋子送到他跟前；雷荣真轻轻地端来一盆热水……

他那伤痕斑斑的身上和脸上，还在流着血。我抑制着痛苦的心情，轻声问他："负伤了？"

"没有。都是跌的、荆棘割的。"他直盯盯地瞪着双眼看着我，大粒的泪珠成串地滚动下来，他丝毫没有理会，也不去擦它。我懂得他的心，他痛苦、落泪，并不是为了自己的遭遇，他在惦念着和他形影不离、共同出生入死的老战友——钱侉子。

许久，他的目光才转动了一下，重复说："侉子可能牺牲啦！"

"侉子没有牺牲，他跑到四姑墩去啦……"

我的话音未落，董志新突然震动了一下，猛地打断我的话："那就不对头！我们不能在这里，赶快上山隐蔽。"他迅速地向水盆里捞起毛巾，擦了一把，就忙着换衣服。

我解释说："估计他可能和四姑墩的地下党接上头，隐蔽起来了。"

"不对，你们不了解情况，昨天包围我们的主要敌人就是四姑墩的民团。"

老嫂子端来了饭，董志新胡乱吃了几口，然后催促说："何副书记，我们快去隐蔽吧！还是注意一些好。"

钱侉子如果没有被俘，今天可能到这一带来接关系，我们不能远走。

"大家到河沟后边去隐蔽。雷荣真去告诉段家，注意村上来生人。中午不送饭吃。"

半天的时间很快就过去了。中午时，韩允之从秘密哨位爬回来说："南边来了一个人，看样子像是买牛买猪的。近看时，他头上戴着破草帽，身上穿着破土布衣服，肩上驮着一只钱袋，手里还拿着个长渔鼓；真是四不像。很可能是国民党的侦察员。他鬼头鬼脑地向段家门前走去。"

"你注意后边有没有敌人的埋伏。"

韩允之爬回哨位。我便向段家的后墙边爬去，聚精会神地倾听着段家院子里的动静。

那个"侦察员"拿着长渔鼓，看看四处无人，也没有发现可疑的地方，就大步走向段家门前。段老大娘看到有人，急忙走进来，关上大门，牢牢地上了门闩。

那"侦察员"一见老大娘关了门，出乎意料地高兴起来，手舞足蹈，随着兴头就使劲打起渔鼓来："咚咚咚，咚咚……"

渔鼓有节奏地响着。他突然大声高唱起来：

渔鼓打得响连天，

只见贤东把门闩。

要是闩门写田约，

我与东家讨酒喝；

要是闩门谢中人，

我与东家讨盘钱。

我请贤东门打开，

斗大元宝要进来。

段老大娘听着声音有点耳熟，就悄悄地走到门边，从门缝里向外仔细一瞄，有点像是钱侉子！她犹豫了一下，才把门打开。钱侉子看到门已打开，只当是自己的目的已达到，张口就是一阵大洋笑。看着他那副鬼样子，段老大娘也不由得笑了："侉子，你来干什么？有人说你过去啦，是真的吗？"

"干妈，你看，我侉子能这样没有良心，叛变了还来害你？"侉子"嘿嘿呵呵"地笑着走进院子里，满不在乎地问："干妈，有人来吗？"

"从你们走后，再没有人来过。"段老大娘回答着，瞅机会给她10岁的孙女儿递了个眼色，小孙女偷偷地溜走了。"这里没有米，就是来了人我也没有办法……"

老有经验的钱侉子，早已把她祖孙俩的动作看在眼里，知道附近有人，再三询问，老大娘一口推说不知。钱侉子这才感到问题严重，急忙收敛笑脸，郑重地说道："干妈，我昨天受包围，跳楼跑到四姑墩去啦……"

这时，我已爬回隐蔽地。小姑娘钻过荆棘棵，跑来说：

"那个叫侉子的人到我家来啦，奶奶叫我来说一声。"

我们正拉住小姑娘问这问那，荆棘棵里一阵响动；钱侉子提着一小桶饭爬进来了，劈头就说："你们好呵？把我当叛徒啦？不会，敌人永远捉不到我钱侉子。"

钱侉子爬到我跟前，把小饭桶放在地上，心情沉重地说："我没有完成任务，我们的董书记不知下落，昨夜我跑到新庙附近看了看，没有见到尸体；可也听说被俘呵！"

"董志新回来啦。他在休息。"

钱侉子一听，脸上立刻恢复了那种无忧无虑的笑脸："呵，他倒跑到我前边来啦！"

董志新听说钱侉子回来了，立刻爬了过来，拉住他的手，激动地说："你可回来啦！"

"回来啦，可这口气不能不出呀！董书记，昨夜我又到新庙去啦，保长吴少华还在屋里。今天何指导员又带着人，我们一路去干掉他！"

听到钱侉子的要求，董志新才正式叙述了他们的全部经历——

那天半夜，董志新和钱侉子二人走到新庙村，到保长吴少华家里隐蔽；这里是河口县没有被破坏前的一个老联络点。他们原想从这里扎根，再慢慢地向前发展工作。吴少华表面上跟过去一样，暗地里却向民团报了密。黎明前，敌人就把他们团团围住了，他们竟没有发觉。天亮后，敌人突然攻了上来，吴保长家里连个人影子都没有了。董志新和钱侉子在楼上沉着应战。敌人已接近院子，火力十分猛烈。为了突围，董志新叫钱侉子从楼上跳下去，目的是想带动敌人。还好，当钱侉子跳下去后，敌人去追他，院子里松了一下，董志新趁机冲了出来，随之就和民团卷入战斗，边打边退，找到一个隐蔽地就打一阵，然后再跑。直打到后来敌人不敢近前搜索了，董志新才跑脱了身……

"追你的是民团，可追我的是一〇三师！"钱侉子接口说道。"幸得四姑墩逢集，我往人群里一钻，敌人瞎打枪，集上的人全乱啦，我被夹在乱人丛中，混进四姑墩的一角隐蔽起来。等混乱和搜剿过后，我才慢慢找到了地下党员吴继发，吃了一顿饱饭，又跑回新庙，看到吴少华不知从什么地方回来，兴高采烈地走进他家大门。当时真恨我是一个人，不能一把抓住捏死他！何指导员，你说要这种保长有什么用呀？我要求干掉他。"

他们二人的意见虽然一致，我似乎觉得还不够杀的条件。董志新看我不下决心，补充说："这一带很多过去的老联络点，看到河口县失败啦，都变了脸。再说，这里是三条路口的一个坳口，为了保住重要的交通要道，镇压反革命，开展工作，还是杀掉他。"

董志新的意见提醒了我：这一条山岭原是陂、孝、北工委，河口县，四姑墩，红安县五区进罗山的要道，因为路途遥远，来往的同志们必须在这一带山上隐蔽一天，如果出了坏保长，敌人再修起一条封锁线，我们今后的工作和活动就会受到很大的损失和阻碍。

"朱洋人，把同志们集合起来，大家讨论。"

讨论的结果是：杀掉报密的保长，镇压这一带的反革命，稳定群众的情绪，把革命工作慢慢地伸向河口县境。

既然决定干，就要清点人员，做好准备。胡民山带一个人去押刘新武，还剩9个人，加上董志新和钱侉子，又还原了11人。11把盒子枪干掉个把人是没有问题的。不过新庙的四周都是炮楼，近者一里路，远者不过五里路；而离开我们能够隐蔽的根据地，都在六七十里路以外。一响枪，四外的敌人一增援，加上又没有可靠的群众关系，单凭在光秃秃的山头上和敌人周旋是很难想象的。

"同志们，为了完成任务，天一黑就要出发，天亮前赶到新庙找好隐蔽地。明天下午4点钟动手，天黑前一定要结束战斗。胡玉先和钱侉子现在隐蔽着到雷荣真家里，叫他多煮点饭，尽量准备一些整根的黄瓜。"

深夜3点钟，我们来到高山塘村头停下，想找点水喝。大家找个地方坐下来休息，由钱侉子进村"打探"。他使出了侦察员的姿态，猫着腰，左听，右探，前看，后瞄。一闪身就消失了。转眼之间，他又出现在我们面前，粗声粗气地说："怎么回事？十几户人家连个放屁的都没有！"

也就是，这一阵连个鸡犬之声都没有听到。可能是群众搬了家。

"侉子，再仔细去看看，可能是你们受包围，敌人强迫群众搬了家。"

"哼，敌人也知道我们的厉害，那就好办。"钱侉子嘴里嘟哝着，转身进了村子。

钱侉子再次返回，我们的估计证实了：全村空无一人。

"没有人正好，走，到前边塘里去喝水。"

钱侉子头前带路，10个人后边跟随。来到塘边，月光下，看到满塘都是狗屎牛粪，根本没有水。

"都干啦！"钱侉子很是惋惜。"走，那边有个浅水井。"

仍然是他带路，11个人转悠到井边。钱侉子忽然客气起来，躲在一旁谦让说："请，你们先喝吧。"

同志们走到近前一看，根本不是个井，只是个较深的坑。水，倒是有点，统共不到一桶，水上漂着一片片的——还是牛粪。大家谁也不愿意喝。

钱侉子看到同志们都不喝，急忙走到坑边。

"几个月没有下雨，你们还想喝清水？不可能，同志。依我说，"他故意把腔调弄得文绉绉，"这样的水营养价值还比较高。"说着，他伸出一只大巴掌，"嗤"地一下，拂去水面上的牛粪，两只大巴掌一合，捧起水来"扑哧"喝了一气。

同志们都被逗笑了。一两个实在渴得忍不住的同志，也才喝了一两口。

新庙的东头有一个没有水的大塘，塘边上有一些半人高的青荆棘棵子。11个人趴在这唯一的隐身之地，除了眼珠不受限制外，浑身上下不得动弹，也不能发出响动。在这里，我们可以看到汉罗公路上来往不断的各色行人和忙碌着运送砖瓦的民工；还可以听到打麦场上的呼唤声和喧闹声。

流汗和饥饿似乎已成了常规，没有人提它，就连爱说爱闹的钱侉子，这阵也老实多了，两眼不停地看太阳。我看看表，已是下午1点，便轻声地对他说："把饭拿出来吃吧。"

钱侉子四外望了一眼，对同志们说："拿碗来吧，不管是早饭还是晚饭，都是它。"他塞了一把黄瓜给旁边的同志，要他传递下去；然后给每人盛了碗冷饭。

公路上的行人开始稀疏，打麦场上的工作也接近结束。

这时，从场边不远的一个门里，走出一个穿白短衣的人，手拿扇子，摇晃着走进打麦场。钱侉子赶快凑近我，低声说："他就是报密的坏种。今天非要把他的白衣服染成新娘子穿的红袄。"

姓吴的保长在一棵大树下坐着。一个女人送来一壶茶。他摇着扇子，品着茶，眼巴巴地看着打麦场上的挑麦人。我四面观察了一下，再看看表，将近下午4点。

"时间到啦。从公路上走，装一〇三师的别动队。开始行动。"

我们从一条小沟里上了公路，笔直地走进打麦场。

吴保长看见来了人，连忙站起来问："你们是哪里来的?"

"一〇三师的别动队。"走在最前面的朱洋人简短地回答说。

吴保长刚刚向前走了几步，钱侉子沉不住气，跑进场上，拿起一把耙头直向保长奔去。吴保长见势不妙，拔腿就想跑，朱洋人长胳膊一伸就抓住了他。这时，同志们早已散开，包围了这个仅有六七户人家的村子和打麦场。

董志新出现在场子上："乡亲们，我们相识很久啦! 情况紧张时，你们可以提出意见，不叫我们在你们家里隐蔽。但是吴保长不应当表面上很好，暗地里去报密，下此毒手。他的这种行为完全是反革命行为。今天我们来，就是为了镇压反革命……"

钱侉子在一旁听的不过瘾，跑进场子喊起来："你们看到了吗? 保长见阎王去啦，可我钱侉子的头，还长的硬着来。今后谁去报密，也叫他去见阎王……"

我们转移到山上的时候，董志新说："我们不能返回仙居顶，如果再把那里破坏了，就会影响到整个的工作。我们回到河口县地区去活动，为了镇压反革命和策应反'倒林'，先把反动的炮楼毁掉，然后活动在汉罗公路上，阻止敌人的运输，争取打毁一辆汽车。"

"能达到这个目的最好。可以以这里作为基础，再向前发展。如果你们能够一系列的行动下去，可能把山区的国民党正规军拉出来一部分，使山区喘口气。我也不回仙居顶，很快返回罗一区，讨论释放刘新武的问题。"我看到只有他和钱侉子两个人，不放心地问："你们两个怎能行呢?"

"另外两个同志有任务，我已经给他们留下地址，今明即回来。我们有4个人，在群众的帮助下是能够完成任务的。"

大家亲切地握了手，便分别了。

十八、火烧敌营

在五家河村边的一条沟里，我见到罗山县三区便衣队队长施大安，他汇报说："我们已和区委书记王定堂取得了联系，他对便衣队的工作作了一些指示。全区虽然很紧张，各便衣队仍在原地坚持活动，没有受到大的损失。"

只要能制造全区的紧张环境就有办法。当然，施大安并不知道为什么要制造这种紧张，所以也不能做出比较全面的汇报。我告诉他："环境越紧张，你们就越要设法坚持，越要和群众建立起密切的关系。只要有了群众基础，就不怕环境紧张。你回去后设法通知王定堂同志，叫他抓紧时间到一区去，我在那边等他。"

同一个夜晚，我们沿着通向宣化店的大河，一直走到陈家河才渡过大河，翻过东丰庵的大山岭，到达张家墩村头上张宏胜的小肉店里。张宏胜忙说："刘家冲沟北湾来人说，南湾一〇三师的1个团，中午时紧急集合，到黄陂站去啦，天黑还没有回来。"

这是一个很好的消息。我追问："消息可靠吗?"

"是刘云焕送来的。他找驼二爷去了。"

时间已是午夜1点。无论如何不能放过这个好机会。

"同志们，急行军赶到刘家冲沟。"

一见面，刘清翼照例先谈情况："南湾一〇三师1个团到黄陂站去，连军用铁锅都挑着呢。下午刘达诚从炮楼上来，说这里由他负责留守，围子里还有一〇三师1个连看守营房。一〇三师临走时对他说，明天不返回来，就叫他把这一个连和彩病号送到宣化店。我们得到这个消息后，立即派人分做两路去找驼二爷，直到现在还没有回来。何指导员，你既然来了，一定设法把他们的围子烧掉，免得这些畜生再回来。"他最后还加上一句，"要是你们人不够，我也去。"

"清翼，"我止不住高兴地说，"你去岩山炮楼上把小麻子叫来。我再等一下县委来的人。"

小麻子和刘达诚一样，是我们打入敌人内部工作的地下党员，刘达诚在民团当上队长，小麻子给他当分队长。小麻子赶来了，一进屋就说："这才是个大好机会，打是不行，只有烧。"

显然，他们连作战的方法都考虑到了。我问他："你去南湾了吗?"

"下午去了一趟。刘达诚说，一〇三师那个连驻在塘角上的一个大炮楼里，其他的炮楼多半是空的，就是有人，不是门诊所，就是住的护士、彩病号。"

他们的意见是对的，只有用火烧掉他们的营棚，再接近他们的炮楼放火，只要敌人的一个连出了炮楼，战斗就好解决了。

这时，驼二爷带着胡民山和县委警卫班的 6 个战士来到了。我告诉驼二爷，大家的意见是用火攻，不过敌人的一个连想全部歼灭是不可能的，只能把他们赶跑。驼二爷说，他和罗山县委书记张家胜商量的结果也是用火烧，所以他只带来了几个人。驼二爷并且告诉我，敌人在宣化店的一个团，被扯在九里十八寨回不去。有情报说，汉罗公路上的烟墩炮楼已被烧掉，还打了一辆汽车，所以拉动了一〇三师驻黄陂站的一个团，这里的一个团才赶到黄陂站驻防。明天就是这里打响，敌人也没有正规军的援兵了……董志新和钱侉子他们行动的好快呵! 真是英勇干练的好同志。

时间已是深夜 3 点，我布置任务说："为减少这一条沟的目标，小麻子负责通知这一条沟里的炮楼，要他们听到枪声后，都放空枪，以迷惑敌人。天明后，小麻子和朱青山保长带领着炮楼里所有的民团，向张家畈假装追击，再到宣化店去报告，就说共产党过了河，从张家畈过河奔向麦陡关方向去啦。郑保长和甘保长也带上民团，假装追到东丰庵。刘达诚在枪声最激烈的时候，可以放弃炮楼向胡华山的炮楼跑去。现在开始行动。"

我们到了南湾，沿着围墙察看一遍，临时决定胡民山、朱洋人和我各带一路，分三处放火。

霎时间，火舌变成了火柱，浓烟直冲云霄，围子里一片红光。刘达诚炮楼上的枪支和我们仅有的6条长枪，同时集中火力，向塘边上的大炮楼猛烈射击；一〇三师的一个连在那里固守还击。火势借着风力，越烧越大，刘达诚带着他的民团，从火光下跑掉了。大炮楼旁边的一个炮楼，烧得里外通红，摇摇欲坠；突然轰隆一声，侧向大炮楼倒去。在大炮楼里固守的敌人慌乱了，七零八落地穿过火苗，夺路而逃。胡民山眼看敌人要突围，机动地埋伏在塘埂上。朱洋人已经缴获了敌人的4条马步枪，也赶来埋伏一旁。敌人的几挺机枪跑掉了。他们对着后边的敌人一排步枪打去，随手掏出盒子枪，跳起来压了上去。敌人真是丢魂落魄了，一个班长带着全班举手投降，把一挺机枪和十几条马步枪送到我们手里。战斗基本上结束了，敌人逃的逃，降的降，伤的伤，亡的亡。同志们立刻奔向没有被烧到的炮楼，把那些护士、伤病员赶了出来，纷纷从炮楼里往外搬运子弹、炸弹和西药。然后放火燃着炮楼。

炮楼里没有来得及运出的子弹、炸弹噼里啪啦，轰轰隆隆地爆炸了。火势蔓延，围子里一片火海，真是映红了半边天，赶走了黎明前的黑暗。一条沟里的民团炮楼都在打枪，更是火上添油，分外热火。

同志们押着俘虏，扛着缴获品，来到火圈外面。凡是自动缴枪的俘虏，每人发给五元钱，没有缴枪的每人发给二元。这时，驼二爷走来说："县委警卫班的一个小同志负伤了。"

我赶到小同志的身旁。伤在腹部，肠子已经脱出来了，疼痛难忍。显然，无法把他带到山上去隐蔽了，放在刘清翼家里，又怕被敌人发觉……大家正在为难，刘达诚独自返回来了，看到我们还没有转移，非常着急地说："你们怎么还不上山?!天都大亮啦。"

"一个小同志负了伤，肠子脱出一节，抬到山上就是死。你们能想办法用民团的名义，把他送到宣化店去治疗吗?""是哪里的人?"刘达诚问。

"就是你们中畈的，刚参加不久。"

"可以装小麻子炮楼上的人。叫刘清翼先抬到刘海前家里，我随后就去。"

小同志被抬走以后，刘达诚又拉住我说："何指导员，我来，有个事想问你：

你和胡华山有关系吗？我们跑去他不想理。"

"达诚同志，这正是个好机会。胡华山相当反动，不但没有争取过来，他还和邹琴生混在一起共同对付我们。你到宣化店给他按个矛，就说他听到枪声不来接应。如果能搞掉他，从老君山到洪家河这条封锁线就搞开了一个大缺口，今后这条河也就会少出问题。"

"我来就是这个意思。好，你们快上山吧！"刘达诚说完就走。

我一转身，忽然接触到放在地上的那许多炸弹。

"达诚！"我喊他回来，"一〇三师要是来得快，这些炸弹运不走怎么办呢？"

刘达诚看了看满地的胜利品说："这不要紧，时间来不及，干脆都搬到门口和塘边上。如果一〇三师来搜，就说是我们追下来的。你们赶快隐蔽……"

我们隐蔽在山上的石洞里。半上午时，小麻子来了，一进洞就哈哈大笑说："昨夜的把戏玩得真好。我们还得了赏钱呢！"

看到小麻子那股高兴劲，我们就放下了心；没有出大问题。

小麻子接着说："一大早我们就去报告，说共产党从张家畈过河到麦陡关去啦。旁边走来一个彩号，也插嘴说：就是，天明以后共产党才走的。你看，这样一来事情不就好办了吗？他们估计昨夜是九里十八寨的共产党过来打的，打完又返回九里十八寨了。并且对我们说：你们是好老百姓，每人赏你们两块钱，回去好好守住炮楼……"

我告诉小麻子："我们有一个小同志挂彩啦，我叫刘达诚用你们民团的名义送到宣化店去治疗，你要和刘达诚挂好钩，不要出漏子。"临走时，我嘱咐他，"到现在虽然没有出事情，可不能麻痹，随时注意这一条沟的情况。"

中午，秘密哨胡玉先爬进石洞说："一〇三师转回来啦，看样子至少有两个营，也可能是1个团。"

"朱洋人，你和胡玉先去，注意隐蔽，仔细观察敌人的行动。"

一〇三师进来这样多的兵力，会不会搜山呢？这是一个严重问题。

太阳偏西的时候，刘达诚来到石洞里，告诉我们：一〇三师驻黄陂站的那个团，进来了2个营，目的是清查东西和搬运彩号。他们不在这里驻，马上要到沙河铺去驻防。看样子，这里以后不会再驻敌人的正规军。我们县委警卫班那个负伤的小同志，由刘海前通过区公所的关系，送进了一〇三师师部的医院，他的母亲也接到医院里去了。刘达诚又说："我和胡华山在一〇三师参谋长面前打了一场官司。师参谋长最后判决：当场扣押胡华山。他所有的枪，已经被进来的一〇三师缴掉，并且全部交给了我们。他的炮楼叫民团给烧得精光。我们仍守原地。"

果然，刘达诚走后不久，胡玉先回来报告：一〇三师又返回东丰庵去啦。

我们转移到罗山一、四区交界的周家岗空山上，见了张家胜和驼二爷。根据他们的汇报，知道山区的粮食基本上已解决，并且了解到关楚印他们的详细情况。——刘新武交给关楚印以后，就被送到九架山一带隐蔽。关楚印又带着部队，到九里十八寨附近活动。第二天上午，一〇三师的一个营追上来打响了。关楚印他们边打边退，退到九里十八寨的三扒老寨子跟前，向寨子上喊话说：你们这个寨子太顽固，不缴红军粮，今天我们开大红军来打你们！关楚印他们前打寨子，后打一〇三师。等到一〇三师逼近寨子，跟寨子上的火力交锋后，关楚印立即抽出部队，隐蔽在山上休息，观看恶虎相斗。寨子里只当是大红军来了，顽强固守；一〇三师看到共产党的部队在寨子附近消失，只当是进了寨子，就集中火力硬攻。一个营不行，又调来一个营，连炮也拉进了山区；三扒老的寨子就在一〇三师的炮火下烧了个精光。这时候，关楚印在山上看到时机成熟，带着队伍从山上插下来，瞅住空子就向敌人攻击。一〇三师调过枪口，跟踪追来；关楚印又退到螺丝转顶的寨子附近，帮他们两家接上火，又把部队抽回山上。一〇三师一阵硬攻，杀进了寨子。直到易本印〔应〕的援兵从南象店赶来，在叫号中才知道发生了误会，急忙停火。一〇三师的2个营有些伤亡，后退到苏家河。关楚印他们当夜转移到大山寨一带隐蔽。

驼二爷接着说："你走后的当夜，刘前初就派人和我们接了头，交出现款500元。他还说，要什么给什么，只要求不杀刘新武；并且提出：一、希望能和刘新武见一面；二、缴款要求得到你或是张家胜的收条；三、要求和你或是和张家胜见一面。"

一切工作进行得都很顺利。目前所需要解决的就是刘新武的问题。我对张家胜和驼二爷说："这几天我不能出面。关于刘新武，我看可以放了，只是不能在山区里放，最好到定远店附近把他放掉。张家胜可以和刘前初见一面，说明我们打刘朗山、捉刘新武绝对不是为了和他要钱，而是因为他二人太反动，太猖狂，以后由他负责教育。钱，缴不缴在他，如果缴，张家胜可以给他写个条子。"

离开周家岗，来到父子岭，王定堂已经在这里等我了。他和黄云先取得了联系，据黄云先说，特委吴光陆副书记的小秘书刘庆连叛变投敌，现在反动民团头子刘绍彦、刘修斋那里。这两个人为了发独财，没有把刘庆连叛变的事情公开，正因为如此，刘庆连才没有多做坏事情，只是把吴副书记埋藏的一部分钱扒去了。前几天，刘庆连带着民团不知在哪个山上又扒出来一些银洋。刘绍彦的民团抬着银洋路过一〇三师的防地时，被一〇三师查出。现在两下还在争夺这个叛徒。不过，黄云先最担心的还是怕捉洋人的计划泄露了。关于刘庆连的叛变，他们估计特委还没有发觉，捉洋人顾问虽然已经做了全面布置，却没有敢动手。目前已是暑期，经常有洋人顾问到鸡公山避暑，机会很多，就是等待特委的命令。

　　个别人的叛变投敌，这在革命斗争中，在打游击的环境中是很难避免的一种现象。这种现象阻止不了我们的革命活动，而目前也改变不了我们捉洋人的计划。打刘朗山、活捉刘新武，九里十八寨的活动，以及一〇三师退兵苏家河，这一系列的事实得出一条经验：捉洋人，用洋人顾问来调动和指挥敌人，解除"倒林"之围，是会发生一定效果的。我要王少堂赶快通知黄云先，叫他们有机会就动手，干的时候一定要捉到翻译。打的情况和接头问题，由我负责，万一联系不上，我会派部队或便衣队策应。刘庆连的投敌，他起不了大的作用，捉洋人顾问的计划和部署他绝对不会知道。不过，他知道吴光陆进仙居顶的几条路线，很可能带敌人在几个要口下卡子对付便衣队。

　　我到了郑家冲，熊驼子告诉我："今天仙居顶打了一整天，下午的时候，枪声才渐渐向黄陂站方向转移。可能是哪个部队在仙居顶受包围了。"

　　听到这个消息，我立即出发，赶到凉亭饭店。没有见到彭同志，却先看到了癞痢老五。通过老五才了解到真实情况：原来，特务队在外线活动的时间很长，罗厚福同志曾经三次派交通进山区和特委联系，都没有接上头。最后，罗厚福下定决心，亲自带领部队，想进到罗山一区和特委取得联系。部队天不黑就从铁路边的广水沟出发，走了一夜的山路，拂晓时到达仙居顶的石灰窑，吃了饭立即集合，想到黄家岗山上去隐蔽。刚爬到半山坡，天已大亮，无法继续前进，担心暴露了目标，只好在原地隐蔽。秘密哨刚放出去，同志们还没有隐蔽好，孙家寨方向的哨兵就跑回来说：发现了敌人。随后跑马岭的哨位也发现了敌人。敌人来得好快呵，部队还没有来得及布置，孙家寨来的敌人已经攻上来了。我们想抢占跑马岭制高点，不料跑马岭上也有敌人，迎头压了下来。四面八方都是敌人，向我们紧逼过来；我们已陷入重围，罗厚福立即下令：三五人分散突围，最后到罗山一区、红安五区集合！说完，他带领几十人插敌人的空隙打出去，横过了汉罗公路。敌人便集中火力去追击他们。剩下的同志，有的乘机突出去，有的找地方隐蔽起来。老五就是隐蔽在当地。战斗中，他看到三个同志负了伤，躺在山上。敌人只顾去追罗厚福，所以当天没有搜山。老五是在天黑以后，才跑到这里来的。

情况紧急，迫在眉睫的问题是：立刻到现场去收容和清理彩号。我对老五说：

"你快回红安五区找罗厚福同志，看他们集合了多少人。我马上派便衣三队到仙居顶收容和清理彩号，明天天黑以后送回红安五区。"

老五走后，我要熊驼子通知朱洋人、便衣三队立即出发，并且说："估计今天包围特务队的敌人目的不是有计划地合击特务队，很可能是叛徒刘庆连带敌人去合击和搜查仙居顶，恰巧碰上了特务队。所以，你们进去的时候，一定要机动灵活，搜索前进。还要把刘庆连的叛变通知下去。"

第三天黎明时分，三队回到一区甘家湾向我汇报：他们没有进到仙居顶里边，只是通过基本群众了解到一些情况。特务队受包围那天，确是刘庆连带领民团和一〇三师的两个营合击和搜查仙居顶，碰上特务队钻进合击圈。特务队负伤2人，当夜由三区施大安便衣队清理战场时抬回三区。昨天敌人在仙居顶进行疯狂的屠杀，把很多小湾子都烧掉了，并且由刘庆连带路，亲手杀死地下党支部书记范鸿章同志，尸体至今未埋。同时捉去雷荣真，还把他的老伴毒打得要死，他的小孩更是无人照管。一到夜里，刘庆连领着一〇三师的别动队在村头路口设卡子，就是当地人也不敢随便行动……

仙居顶是一条极为重要的联络线，失掉它，就会影响到整个反"倒林"计划的实现；况且，董志新等同志到罗山一区来，又是必经此道，不维护这条要道，就会断绝外县区的同志们和特委的联系，或者受到大的损失。因此，我要朱洋人领着三队，带上一部分钱，再次前往仙居顶，利用一切关系，掩埋范鸿章同志的尸体，安顿他的家属及雷荣真的老伴和两个孩子，所有为我们而受到连累的基本群众，使他们得到救济，不致受饿。最主要的任务，是恢复和重新安插联络点。朱洋人临走时，我再三嘱咐他："向群众说明道理，多做解释和安慰。随时和我保持联系。"

三队走后，我告诉驼二爷仙居顶遭受破坏的情形。估计刘庆连的破坏活动，还只是一个开端，今后将有更加残酷的斗争。雷荣真的家是吴光陆经常隐蔽的据点，刘庆连也确实知道雷荣真是地下党的一个支部书记，为了进一步破坏我们的组织，敌人一定会在雷荣真的身上严加酷刑，逼他招供。所以，想保出他来是不容易的，但不管怎样，我们也要想尽办法营救。可以组织雷继如、雷绍争以家族的名义到宣化店请客；找刘前初、络摇文这些两面派的人物帮忙；从前的那些保人，也可以出来做助手。再叫雷绍争借送牢饭的机会，转告雷荣真要坚持下去，千万不能招出口供。这些具体工作，就交给张家胜和驼二爷负责处理。

十九、夜战仙居顶

只相隔一夜，便衣三队又返回了罗山一区，在东丰庵脚下的郑家小湾找到我。朱洋人汇报说：他们一进到仙居顶附近，就开始爬行，黎明前才爬到汉泥冲小湾亢裁缝家里。据裁缝说，敌人在到处捉人，他所在的支部就被捉去好几个同志。现在这一带地下党各个支部的支书、副支书、党员以及基本群众白天都隐蔽起来了，群众非常害怕。裁缝因为年纪大了，又是个手艺人，才没有上山隐蔽，为的是和我们取得联系。关于救济群众的问题，还是利用他们家族上的穷人装作走亲戚，传递到各地。白天那里还算平静，工作进行得很顺利。天黑后，三队想爬到雷荣真那个支部去了解情况，一到孙家湾就碰上了敌人的卡子，打了一会儿，便转移阵地，一清查队员，别人没有受损失，独不见了熊驼子。夜色中，遍地枪声，一时找不到他；三队只有几支短枪，无法与敌人持续战斗，便回头穿过公路，想进一区，在吴家凹又碰上了敌人的卡子。过去敌人是单卡路口，而现在却在卡子的四周设下伏兵；三队没有估计到这个变化，所以还是按照老办法，碰上卡子就打，结果遭到敌人的围击。他们沉着地反击敌人，突破敌人的合击圈，插进山沟，才摆脱了敌人，爬过岭峰，隐蔽着回到一区。

不利的情况越来越多。错综复杂的问题堆在面前，使我陷入困境。从到群众中扎根起，熊驼子就是一个便衣队员，经历过扎根、雪地搜山、反"碉堡"、反"地补哨"直到现在的反"倒林",由于他年纪较大,不容易引起敌人的注意,多半是做交通联络工作。万一出了问题,不单是特委的工作要遭到大的损失,整个鄂东北地区内的工作都要受到损失。这样一来,想完成上级党留下的任务,就会碰到极端的困难。但是,上级党、红二十五军和红二十八军给我们的指示,同志们艰苦奋斗、英勇牺牲,革命群众的支持,给了我无限的信心和无穷的力量。我不由得大声说道:"朱洋人,环境越紧张,我们就越要组织力量打出去,只有打得敌人痛了,我们才能生存下去!"

朱洋人抬起头来,一双疑惑的眼睛长久地注视着我,然后才慢腾腾地说:"你说组织力量打出去,你没有看看:独立团正在成长,就被敌人隔在外线进不来;特务队受到包围,还不知集合起来多少人;几十条枪的警卫队,跟敌人从天明打到天黑……你说,用什么来组织力量打出去?便衣队多半是新参加的同志,最大的一个便衣队才只有七个人……"他停顿了一下,才说出自己的意见,"暂时放弃仙居顶的工作。何指导员,你要从多方面考虑考虑。"

是的,朱洋人说得对,我应该冷静下来,具体地分析问题,全面地考虑工作。事情有坏的一面,也有好的一面。熊驼子是一个久经考验的同志,对敌斗争有经验,会隐蔽,也有可能被打散之后隐蔽起来了。总之,不管怎样,光坐在屋里闷头思考是不行的,必须采取行动,把情况弄个水落石出,然后确定对策。

"朱洋人,你马上去派人通知便衣一队胡民山,挑选几个身强力壮的同志,天黑后到这里集合,由你和胡民山负责清查枪支,多带子弹,每人至少要带五六颗手榴弹,随我插进仙居顶。"

天一黑,胡民山走来报到:"一、三便衣队共选出七个人,由朱洋人带领在山上隐蔽。"

我随胡民山走到山上。出发前,向同志们交代任务说:"熊驼子被敌人打掉,很可能隐蔽在哪里,今天我们到仙居顶去寻找他,这是第一个任务;第二个任务,刘庆连叛变投敌,在仙居顶疯狂地进行破坏,捉去了一些党员和大批群众,还在各处下卡了搜索和围击我们的部队。为了完成党所给予我们的伟大任务——坚持革命斗争,保留革命种子,保护群众,因此,我们到仙居顶去下敌人的卡子,给敌人一个杀伤。任务是很艰巨的,敌我力量太悬殊了。但是,同志们可以回想一下,当刘庆连叛党以后，带领敌人雪地搜山时，也是到处下我们的卡子，后来我们组织了便衣队，下了敌人的卡子，给敌人以打击，才协同兄弟部队解脱雪地搜山的重围。今天我们去下敌人的卡子，象征着反'倒林'的胜利，同志们一定能够坚决地完成党给予的任务。"最后，我结束道："同志们，有勇气的跟我走，怕死的隐蔽下去。"

这些同志都是久经考验的坚强的革命者，是忠实于党的优秀党员，他们早已把自己的一切，包括鲜血和生命都交给了党，交给了革命事业。任何困难和危险也吓不倒他们。他们毫不犹豫，一个个迈着英雄豪迈的步伐，向仙居顶走去。

云薄星稀，夜色蒙蒙。我们爬行着横过了汉罗公路，到达葛张家湾后边的小湾。同志们隐蔽在附近，我一个人轻悄悄地爬到团支部书记董凤文的窗子下边，干咳了三声。她把头伸到窗边，看到是我，着急地说："前天打仗时，可能有人掉了队，夜晚有时候到这里来打转，我不敢和他接头。据了解，黄陂站没有什么消息，估计掉队的人没有去投敌，可能还在这一带隐蔽。这几天一到夜晚，别动队就到处偷听；我婆婆和男人总是骂我，你快走吧！"

我再想问她什么，窗边的影子却已消失了。估计掉队的人很可能是熊驼子，我爬回山上，对胡民山说："到熊家冲附近去找，熊驼子可能在这一带隐蔽。"

四五户人家的熊家冲，连只鸡、连条狗也没有留下；全部被敌人移了民。没法子，我们只好无目的地爬向附近的山峰，碰碰"运气"，看能不能联系上人，刚爬到半山坡，突然发现一个人影向我们这里爬来。大家立即伏地不动，等那人爬至近前，看看却不认识。他可能认识我们，也没有打招呼，直截了当地说：

"这里都移了民，我是留在山上和你们取得联系的。熊驼子被打掉后，就在这附近隐蔽。亢裁缝说，只要和你们接上头，就叫你们把他带走。"

话是不错，听不出有什么疑点。只是和他素不相识，不敢轻信。

朱洋人从一旁爬过来，东瞧西看地捉摸了一阵，觉得有点面熟，就是叫不出名字，便问道："你看到熊驼子吗？"

"就在这不远的地方，"那人似乎也觉得我们有些不放心，连忙回答着，"我和他有暗号，叫他来吗？"

"叫他来。"

只见那人拿起身旁的石块，"噗、噗、噗！"一连向外抛去三颗。不一会儿，远远地出现了一个蠕动的人影。待他爬到近前，正是熊驼子！熊驼子来到我们面前，二话没说，就像久别重逢的亲人，抱头痛哭。

"驼子，不要哭，我们是特来找你的。"我慢慢地靠近他的身子，"饿坏了吧？快吃点干粮。天快亮了，你带路找个地方隐蔽，晚上就给你们报仇。"

熊驼子听说要报仇，停止哭泣，精神立刻振作起来，接过干粮，边吃边说："是要报仇！这几天都是刘庆连带路破坏，今天我们人多，非要狠狠地揍他一顿。"

"可是现在到什么地方去隐蔽呢？"

"葛张家湾后边山上有一条深水沟，因为天旱，现在没有水，可以隐蔽，发生了情况也好打出去。"

人们伏在干水沟里，毫无遮身之处，任凭恶毒的太阳晒了大半天。太阳挂到西山头，大家集中在一块，准备行动。我告诉同志们说，今天我们在这一带现出目标，不能使群众受损失，要把这个目标挪到肖华清的头上。他还有一些红军粮没交，把目标拖给了他，不由他不"通共"，也不由他不出面把宣〔仙〕居顶被押的群众保出。我们到他家还可以吃一顿饱饭，带一些干粮。目标暴露以后，敌人必定会来下我们的卡子，天黑后我们再隐蔽着离开葛张家湾，从熊家堂的北边几条交叉路口，把敌人的卡子打掉。"敌人卡我们，我们卡敌人，谁先抓住主动，谁就能胜利。"

我们半公开地走进葛张家湾肖华清家里。这家地主为我们做了不少饭菜，还端来了烧酒，因为有任务，谁也没有喝酒。零零星星的枪声变得紧密了，敌人发现了目标，却并没有合击的迹象，敌人显然是想用枪声把我们赶到卡子上，然后歼灭我们。同志们胸有成竹，都很沉着。我开始和肖华清商谈如何保出仙居顶被押群众的事情。他借口有很多困难，实际上想推脱逃避。我态度严肃地对他说：

"你如果愿意出面保出群众，除了所花的费用由我们付，还免去你的红军粮。不然就……"

怕死的肖华清看我动怒，急忙向前拉住我说：

"何先生，红军粮我还是照缴。保人的事情，我一定尽力。"

"那就好办了。你可以到宣化店去请客。钱，由驼二爷供给。"

我们在肖华清家里停留了几个钟头，直到天黑，才走出村子。天空多云，到处一片漆黑。我们爬行到一条大路的交叉口上，全部埋伏起来，准备进入战斗。

敌人仍然运用他们的老规律，分路向各个要口慢慢合拢。根据枪声和黑暗中忽明忽灭的手电光，知道敌人在逐渐向我们围拢来。敌人突然停在原地，不再前进了。敌人是在等待我们前进，我们却在等待敌人前进，都想掌握主动，占据优势，在对方前进途中突然给予伏击。相持了几个小时，敌我双方都没有动作。

天上的厚云越聚越浓，也越压越低；没有风，加上内心的焦急，只觉得闷热难忍。路口上显得格外寂静。隐隐觉得敌人在蠕动，手电光的白线条更加明亮耀眼。胡民山无声无息地趴在我身边，凑近我的耳朵："不行呀，敌人越围越拢，前面又有卡子，不能再等，要先下手呀！"

"不，你们准备好，我到前面去引诱一下，看敌人来不来。"

我平定了一下心情。摸了摸身上的武器，看看会不会发出声响。然后，我慢慢地向前爬去。夜色如墨，伸手不见五指，眼睛已经不如耳朵管用了。我听着，看着，爬着。突然，左侧发出轻微的响声。我立刻停住，仔细看去，似乎有个东西在动。也许敌人也等急啦，前来引诱我们的。我刚要回头，猛然发现右侧又跑上来一个人。我刚站起身来，准备迎敌，那家伙就和我面对面地抱住了，两个人的枪，夹在两个人的肚子中间。糟糕，这家伙是个大块头，挣不动也甩不脱。自然，我也不能松手。又一想，敌人手里没有枪了，我通常是带两把盒子枪，身上插一支，手里拿一支，我一边和他撑持，一边打开枪机。不料原先发现的那个敌人，已来到大块头后面，拿枪伏在大块头的肩上，一股劲向我瞄，我立刻把头顶住敌人的头，后边的敌人要开枪，就得两人同归于尽。谁想敌人并没有开枪，反而拉住我就走。我情知不妙，一个人抱住我，已经挣扎不开了；再来个人一拉，岂不被他们抓个活的？这时我也顾不得许多了，用尽力气一磨，正好把两个敌人磨成了一条线，我抽出右手，对着大个子的胸膛一枪打去。后边的敌人应声倒地，大块头仍然紧抱着我，一股腥热的气味，直冲到我脸上。我身子一动，大块头就像一座小山似的倒下来；却把我压在底下了。

"叫你们捉活的，为什么打死！"

可能是敌人指挥员的声音。他的话音未落，同志们的盒子枪、手榴弹便盖向他那里。敌人一片吼叫；战斗展开了。

胡玉先匆匆跑到我身边："负伤了吗?"问声一落,猛然飞来一颗子弹,打在胡玉先的左膀上。胡玉先扭过头去,对着子弹飞来的地方,用盒子枪扫了一条子弹。

"没有负伤。"我躺在大块头敌人的身子下边对胡玉先说。

"没有就快走呀。我负了伤。"

这时胡民山也跑来了:"负伤了吗?"

"没有。就是敌人把我箍住了,动不了啦。"

"那家伙死了吗?"

"总差不多……"

胡民山伸出双手来拉大块头敌人,拉不动;胡玉先那只没有负伤的右胳膊,也伸过来拉敌人,还是拉不动。正好,一旁走来了我们的大个子朱洋人。

"指导员牺牲啦?"

"没有,被死人箍住啦;快,把他拉开。"胡民山边说边指挥着。

朱洋人一使劲,"哼哧"一声就把我和死人掀了起来。死人的手紧紧捏着我的衣服。朱洋人把衣服撕破一扒,把我扶起来了。

"敌人跑啦。我还得了支三号盒子和不少的子弹。走,快走。"朱洋人说着,拉住我就跑。

刚刚跑出合击圈,敌人的机枪、步枪激烈地扫向路口。

爬上高高的山岭,胡民山问:"再到哪里去呀? 我对这一带不熟悉。"

"从拐子凹到破塘凹。注意,破塘凹是去宣化店的十字路口,可能还有敌人的卡子。"

韩允之听我说还有卡子,马上提出要求说:"再干掉它! 他们都得了枪,我还没有呢。"

敌人激烈的枪声渐渐落在后面。到了破塘凹附近,我们又开始隐蔽着爬行。

朱洋人出主意说:"这个卡子,不和他打斗。我从半山坡爬过去,如果发现了目标,打手榴弹为号。你们听到敌人的喊叫声,就集中向敌人压盒子枪。这样还可以搞到几支枪。"

朱洋人顺着山坡爬去。我们继续向十字路口接近,还没有来得及散开,"轰"地一响,手榴弹爆炸啦,随之一片叽哇乱叫,我们立刻集中火力向目标攻击。

战斗结束，四周立刻陷入沉寂。同志们在战斗中都缴获了枪支弹药，而我却毫无所获。于是，我开始向敌人的卡子处爬去。碰上一个死人，摸摸他的身上，没有枪，再向四周探摸，果然找到一支盒子枪，又从他身上找到一些子弹。我继续向前爬去，在一块石头边又碰到一个死人，他身上有一个装满手枪子弹的皮匣子。显然，这家伙是个小军官，一定有手枪。我东寻西找，摸来摸去，没有结果。再仔细地向他身上搜去，手枪竟紧握在他的手中。我抽出手枪，划着火柴察看：竟是一把崭新的小十三太保！

　　朱洋人看到光亮，立刻走来说："指导员，剩下的几个敌人都跑到破塘凹炮楼里去啦。我又得了一把三保险。"他看我没有站起来，即问："怎么，走不动啦?"

　　"莫瞎说。走，你们有缴获，我也有胜利品!"

　　两个人跑步跟上了同志们。

　　打了一夜，恐怕敌人来追击，不能从这里进一区，只能到公路边上，黄家寨后边的墓园里隐蔽。首先清查了人数和枪支，准备应付敌人的追击。

　　东方发亮。四处没有一点动静。看看同志们，每个人的身上都是血，仔细检查一遍，只有胡玉先左胳膊负了伤。胡民山打开自己的包袱，取出一条干净裤子，撕成布条，给胡玉先包扎伤口。

　　一夜的战斗，扑掉敌人两个卡子，打死不少敌人，共缴获13支短枪和许多子弹，同志们都抑制不住兴奋的心情，乐呵呵地抚弄着新缴获的枪支。这是一个很大的胜利，但是思想不能麻痹。我对同志们说："这次战斗中所有缴获的枪支，不统计，不上缴，各队归各队。但回去调换之后，多余的枪支一定要上缴。新缴获的枪，因为不习惯，现在一律不准用；把老枪检查好，准备随时战斗。胡玉先负伤，我们每个人身上都有血，怕路上留下血迹，敌人寻踪追来。如果发现敌情，就从茶坳的缺口冲向三区；敌人追得紧，我们就打雷班塞。如果没有敌情，天黑后我们返回一区。"

　　"何指导员，一爬上山岭，熊驼子就把我身上的褂子脱下来，包住伤口，血一点也没有留在路上，你看。"胡玉先手上拿着血衣，"褂子都成了红的。"

　　一夜的战斗，加上饥渴，我的神经极度紧张，只觉得晃晃悠悠。这时，我才发现他身上似乎缺点什么东西，当一个同志递给他一件上衣时，我才恍然大悟：他没有穿上衣。韩允之随手也递给我一件褂子，我莫名其妙地接在手中。韩允之看到我在发愣，就说："何指导员，快穿上吧。这里蚂蚁多。"

我不由得"呵"了一声："谁把我的衣服脱掉啦？"

大家看着我，一阵好笑。

朱洋人靠近我，眼睛笑得眯成一条缝，说："何指导员，死人箍得紧吗？"

"莫开玩笑。"我有点尴尬，急忙掉转话题，"散开隐蔽，各人监视一方。这里的地形，两头是宣化店和黄陂站，相离乌子铺、肖家畈都不远。眼前这条汉罗公路，就是敌人最严密的一条封锁线……"

在战斗中，早把干粮丢得精光，现在隐蔽在公路边上，连头都不能抬，怎么能捞得到吃喝呢？只有忍着。亏得没有敌情，一天总算平安无事地过去了。为了不和敌人的卡子碰头，天一擦黑，我们就开始运动，抢时间赶过敌人常下卡子的要口，到了东丰庵山脚下付凹的小独湾，想办法搞了点东西吃，随即转至后坳甘树利家里。

朱洋人用暗号叫门，不管说好说坏，胡明月硬是不开门。我走上前去，对她说："我是何耀榜，快开门。"

"你们到处说何耀榜被打死啦，头挂在宣化店，身子放在黄陂站，为什么还装他来喊门？我家实在没有人。"

胡明月说得没头没脑，然而却是有声有色，听得我浑身直发麻。我稳住气，解释说："不对，胡明月同志，我真是何耀榜，没有死呀！"

我这一解释更糟，不但没有回答，连点动静都听不见了。问题很严重，我立即用第二个暗号叫门。

不一会儿，院子里传来脚步声，听声音好像不止一个人。待脚步声在门里停住，我赶紧又声明说："我确确实实没有死，你们不要听信敌人造谣。"

咯吱一声，门开了，面前站着甘树利，他一把抓住我的手说："你……咳，你真没有死呀！"

胡明月看到同志们都愣在那儿，就说："你们站在外边干啥？还不快进来！"

一进屋，甘树利就谈开啦，说今天一早，国民党就撒传单，给各地打电话，用尽各种办法宣传，说昨夜用三道卡子把何耀榜卡住啦，把脑袋割下来挂在宣化店，身子放在黄陂站；还说什么叛徒熊妖就是独立团团长熊拐子，张德恒就是罗山县委书记张家胜，鄂东北的共产党全都垮啦。还限期三天：所有通共的人都到宣化店去自报，不报则杀。甘树利接着说："我一得到这个消息，就去找驼二爷；驼二爷和好些同志，正在那里哭你……嗨，你回来啦，赶快给他们送个信。"

我考虑了一下，对同志们说："敌人伤亡可能很大，为了向他们的上级交账，才制造这许多谣言，同时也是想麻痹和诱降我们的同志。胡民山，你们赶快分散到各处去通知，揭穿敌人的阴谋。"

同志们刚要动身，被门外走来的胡明月拦住了。

"干什么，现在才去通知？"她推着大家说，"你们见了面，谈起来就没完，等你们想起来做事情，早把人给急死啦。你们好好休息吧，我已经叫支部的同志用传呼的方法去通知，这会儿怕走到一里路以外啦。"

看到她那干练的工作，细心的布置，同志们心里涌出一股钦佩的心情。

有的同志穿着血衣睡在院子里做梦；有的同志在洗澡。我只觉得浑身极度疲困，坐在那里不愿意动弹。胡明月看到我无精打采的样子，问道："何指导员，你病啦？"

"没有。"我轻声回答说。

"可能太累啦。我烧了一点热水，你去洗洗澡吧。"她拿起一个木盆，走进小屋。

洗完澡，我仍然坐在屋檐下，身上清爽得多了。不久，驼二爷来了。他谈到保人的事情，经过县委全面的布置，今天雷绍争在宣化店城里的馆子里请了四桌客，人们都已到齐，正在谈论，街上突然锣鼓喧哗，有人高喊，说你的头悬挂南门外，要各家出一个人去看。保人们都去了，刘海前回来说不很像。而其他的保人，却一个也没有回来。天黑后，雷绍争说敌人押着你家族上的人去看尸首，还一定要他们承认是你……

驼二爷还没有谈完，外面突然响起敲门的暗号。胡明月走去开门。这时天已亮了，从窗子里，我看到是董志新，便站起来迎接他，问："你一个人回来的？"

董志新两步跨到我面前，紧紧拉住我的双手，喉咙里像梗了块东西，一时说不出话来，只是瞪着泪汪汪的双眼直看我。许久，他沉重地叹了口气："咳，听说你牺牲，同志们都很难过。你牺牲了，便衣队也一定有被俘的，情况就严重了。我这才化了装，冒险在白天就向这里走来……真没有想到你还健在。有人估计说，你没有牺牲，也负了伤。"

"没有负伤，就是被死人箍了一家伙！"朱洋人翻身从席子上爬起来，插嘴说道。

看到他又想开玩笑，我急忙阻止说："我们要谈正经事。"

"我知道你们要谈问题，天亮啦，我们可不能都蹲在这里，得上山隐蔽。"他扭头看见了驼二爷，"唉，何指导员，你不是说把缴获那个军官的手枪给驼二爷吗？"他说着，随手递过来那支小十三太保。

"连子弹一齐送给驼二爷。再抽出几条子弹给董志新。你们到山上隐蔽也好，我们要在这里交谈工作。"

朱洋人忙向睡在院子里的同志们说："快起来，快起来，上山……"

我和董志新、驼二爷留在屋里，交换情况和共同研究工作。根据这些情况来判断，敌人制造出一系列的谣言，是在向我们党进行全面的政治攻势。他们这样大张旗鼓地宣传，其目的，表面上是说明他们的"倒林"已经结束，大别山的共产党已经全部垮台。实质上，他们是想迷惑和动摇我们的群众，利用"倒林"后的时刻进行大移民，使我们在失去大山绿林之后，再失去群众；使我们无立锥之地，在大别山上断绝共产党的种子。敌人借口完成了"倒林"，"消灭"了共产党，把正规军抽出山区，放在公路沿线。实际上，是我们党领导的武装斗争严重地打击和挫伤了敌人，使敌人的正规军不能在山区久停，在山区不易调动，处处挨打，这才被迫回到公路线上。

敌人既然向我们发动了政治攻势，我们就要反击敌人，用活人活事，撕破敌人的阴谋。因此，我们决定把过去埋藏的油印机扒出来，大量印刷传单，揭穿敌人的谎言，稳定群众情绪。传单的下款落红二十八军。同时，关楚印配合便衣二队申功臣，用张家胜的名义去打孙家寨；其他的便衣队专门打敌人正规军的哨兵。另外，仙居顶被捕群众的营救工作，还要继续进行。

"以上三个问题是目前最迫切的任务，要马上解决。从今天起就开始作全面布置。"

驼二爷站起来说："我现在就回去。"

"白天可以走吗？"

"我一个人可以。为了减少目标，我从山上隐蔽着走。"

"一、三分队可以分散，各归原队。你回去告诉张家胜，天黑后我到县委去。"

　　驼二爷走后，我立即想起捉洋人顾问的事情，就和董志新商议说："捉洋人顾问的事情，估计不久就会实现，为了全面地反'倒林'，把敌人指挥到长江一线，就必须在木兰山和宋埠一带现出目标，引诱敌人分散兵力。木兰山我们准备派少数便衣队去打敌人的哨兵，只是宋埠一带没有人去。你能不能配合红安四区的易元鳌同志，把他们的便衣队和你们新组织的便衣队合编成一二十人的小游击队，到宋埠活动几天，专打敌人正规军的哨兵。现出目标后，估计敌人不等追到宋埠就会退兵；如果敌人大力追击，你们就打着去皖西找红二十八军会合。"

　　董志新愿意去这一线牵制敌人。然后我们又研究了一些具体问题，直到天黑才分手。

　　在罗四区吴家凹上边的一条深山沟里，我见到了张家胜。他已经根据驼二爷的传达，挖出油印机，亲自起草了传单，并且已经印出了一部分。

　　张家胜又汇报了许多情况，我表示了个人意见说：估计敌人可能有新的布置。首先，敌人很可能配合叛徒，利用"倒林"后的时机，对山区进行大规模的"搜剿"。我们必须事先做好充分的准备，第一，在敌人进行"搜剿"之前，把所有分散隐蔽在各地的彩病号，全部抬到四区的空山里，尽量设法治疗，在可能的条件下改善生活，使他们早日痊愈和归队；第二，通知各地基本群众和联络点，埋藏所有的军用品和使敌人可疑的东西；第三，通知所有的地下党和联络点，如发现有敌人的"搜剿"，及时隐蔽，并把刘庆连叛变的情况传达下去；第四，在山上准备好柴、米，新安插一部分联络点。其次，一〇三师完成"倒林"后，可能和其他的军队换防，由新来的军队进行移民。因此，有一些没有公开的小便衣队一律不要再公开，这些小便衣队和一切秘密的党员、农民小组要利用可靠的关系隐蔽在群众中，在敌人移民时，就插进移民点，使我们以后的工作不至于和移民点失掉联系。同时，要想尽一切办法插到白色区域里去发展革命根据地。关楚印和便衣二队如能打下孙家寨，就是一个很好的机会，叫他们就地开展定远店一带的工作。另外，便衣队在出外打击敌人的哨兵时，要配备几条长枪，打完仗就把传单散出去，并且装作是红二十八军的手枪团……

　　几天之内，这些工作就已布置就绪，开始动作起来了。

二十、洋人指挥敌人

这天，我和驼二爷隐蔽在莲花石村下边的董家凹。一清早，就听得远处传来隆隆的炮声。仔细听去，像是在北安山一带。

"驼二爷，你听，这炮声是在哪里？"我问富有经验的老人。

驼二爷的神色显得十分惊讶，早就竖着耳朵，在一旁分辨炮声的来处。

"这不是在大小鸡笼山，要是在那里，听得要比这清楚。许是在大小鸡笼山西南方向的北安山一带。"他一只巴掌遮在耳朵上，凝神注意地听了一阵。"这不知又是打的哪个部队，要是警卫队和三区的便衣队，一定会遭到大损失。"语调既担心又沉重。

"我听着也是那一带。驼二爷，你派董明远到宣化店董世民那里去了解一下，了解不到就去问问刘海前。"董明远是个基本群众。而董世民虽然是个穷学生，他住在宣化店，通过同学的关系，消息是比较灵通的。

黄昏时，董明远返回来说：

"我听董世民跟别人说，县里来了电话，说西边来了大红军，在鸡公山捉去了3个洋人。下午，他又对一个人说，共产党在北安山打死了一个洋人。后来，他家来了好多客人，在客厅里唧唧咕咕，有的说，县里叫保洋人；有的说，大红军不同便衣队，不好接头；还有的说，共产党捉到洋人，是保不出来的。他们杂七杂八说了许多，我也弄不清什么洋人土人……"

"驼二爷，你去通知便衣一、二、三队队长都到雷家油榨开会。我再和董明远谈谈，随后就到。"

我赶到雷家油榨时，同志们已在那里等待了。

便衣一队队长胡民山说："西边打了一整天，据说来了大红军，和东北军接上了火；一〇三师守在原地未动。"

便衣二队队长申功臣说："打孙家寨已全部准备好，只等上级命令。"

便衣三队队长朱洋人说长枪和传单已准备好，新\老便衣队已经混编，并划分了小组和隐蔽的地区。

同志们谈得简单明了，我当即布置任务说："打孙家寨准备好了，明天就开始动作。战斗结束后，如果敌人紧追不舍，就拖着他们去定远店转个大圈子。一队到东丰庵的最高峰，三队到天丝岗的最高峰，任务是专门监视一〇三师的动作。如果一〇三师向西运动，赶快来通知我；一〇三师如果按兵不动，天黑后你们就到公路线上去活动，专打一〇三师的哨兵，散发传单。敌人追击，不要抵抗；不追就向他们的要害处打几个手榴弹，而后立刻转移。

"另外，把便衣队中没有经验的新队员和身体弱的同志组织起来，分组破坏敌人的交通。首先是割电线，锯断电线杆子，人手不够，可以动员群众。要注意，凡是割下来的电线都要埋藏起来，或是沉入水底；电线杆子要马上当木柴烧掉。

"同志们，党提出反'倒林'已不是一天了，这个目标不久就要实现。大家听到的枪炮声，就是我们捉到了洋人顾问。今天所有的工作部署，都是为了配合这一计划。我们能不能生存，能不能完成党交给我们的任务，在鄂东北保留住革命的种子，现在到了决定性的时刻。因此，不但要求同志们完成任务，而且要完成得更好……"

我和驼二爷一起，在水冲隐蔽。枪声一直没有停歇，到第二天中午，响得更加剧烈了，并且渐渐地向三区移动。朱青山保长的妻子施贵青来到水冲，找到我们说："宣化店叫络保的来了两个保丁，要找便衣队，现在还在我家。不知他们有啥事，朱保长没敢出头。"

"他们说些什么？"我问。"他们不肯说。后来才告诉我们，宣化店的王少堂、董世民在络保的炮楼上，打发他们出来找便衣队。还说一定要找到驼二爷才讲实话。"

"你回去就说没有找到我们。保丁走了以后，再叫朱保长到甘青山那里去了解情况。"天黑后，我进了朱保长家里，刚在桌旁坐下，就看到朱保长十分得意地回到家来。我忙问：

"有消息吗？"

"有呵，还是个大消息！"他把"大"字说得很重。

"什么大消息？"我装作疑惑地问。

"哈哈，"他笑了，"何指导员，你们做的事情，你还能不晓得？你不过是想了解国民党的态度。"他坐在桌旁，面对着摆好的饭菜，把手里的五加皮酒和一些小吃放在桌上，还取出一条上等香烟。"现在不忙说，把这些见面礼吃了，再说也不晚。"

我看着这许多食品，很是奇怪。

"这都是谁买的?"

"我们的老联保主任甘青山买的呵!"他品着酒，慢条斯理地说下去。"老联保主任'通共'，在宣化店是有名啦。从刘朗山回来，他就一直被软禁在区里。现在，你们一捉洋人，他可又吃得开啦。今天上午，陈区长特地请去甘主任，一见面就宣布从今天起甘主任恢复自由，并且拜托他保洋人，设法和你取得联系。甘主任对我说了许多机密，什么西边来了大红军，在鸡公山上捉了蒋介石军事顾问团的三个洋人；昨天在北安山打死了一个，今天上午又在礼山县城附近打死了一个，还散了好多传单，听说捉洋人是国民党的旅长兼县长蒋少元叫捉的，情报也是他供给的。这一来，可把蒋少元给吓坏啦。蒋少元亲笔写信给陈又文，要他一定设法和你们接上头，要什么条件给什么条件，只要能保出一个活的，不然连南京政府都不得了。下午，陈又文又把甘主任叫去啦。他回来对我说，南京政府来了命令，一定要保出洋人。他还叫我想尽办法找驼二爷，只要和你们接上头，不管是白天黑夜都去告诉他。"朱保长停歇了一会儿，然后加添说，"宣化店的人现在是开口闭口不离洋人，也不知国民党为什么把个外国人看得这样值贵。"

我对朱保长说："你明天再去宣化店，告诉甘青山，叫以前帮助我们保过人的老先生，这次都不要出面，以免暴露目标。陈又文要找共产党，就叫他想法找张家胜和驼二爷。"

我正准备转移，便衣二队副队长施大信来到朱保长家，汇报说：今天一早我们就打开了孙家寨。敌人没有派援兵。战斗结束后，一〇三师只是向前推进了一步，驻守杨家岗和定远店的南岗，没有追击。便衣一、三队夜晚打哨时，敌人很少还枪，也不出来追。电线破坏了一部分，不管我们怎样割，哪怕在一〇三师的防地附近割，他也不管。

我交代施大信说："一、三队继续执行原定任务；你们配合关楚印在那一带活动，专打敌人的哨兵，破坏交通，阻止运输，从一人一户开始扎根，发展群众工作。"

我和驼二爷转移到莲花石的后凹。小湾子里独有一户人家，是我们的基本群众。我们睡在一间矮小狭窄的草屋里，靠窗子架着小竹床。窗外明月悬空，夜色格外寂静，我躺在床上，辗转不得入眠，脑子里涌满了几天来的复杂情况……敌人的炮声，按照我们原来的计划在移动；处在敌人强烈火力下的警卫队，受到什么损失没有？……捉洋人顾问的第一步任务已经完成，在这个基础上，怎样来指挥敌人，结束这场紧张的战斗呢？……黎明时，驼二爷发现我没有睡着，坐起来问道：

　　"何指导员，今天是捉到洋人顾问的第三天，宣化店可能有人出来找我们接头，真的有人来了，我们怎么答复呢？"

　　这正是我夜间思考的问题之一。我提出初步意见说：你们可以灵活掌握。第一，就说是特委配合红二十八军捉的，的确是捉了三个洋人顾问，打死了两个，留下一个。国民党如真想保，县里来人要有县府的印和蒋少元的私章，宣化店来的人要有区公所的印和陈又文的私章，才能有效，予以接谈，否则一概不理。这样就给他们按上了长矛，哪怕蒋介石再信任他的旅长和县长，也难给他拔掉。第二，释放洋人顾问前，要区公所和一〇三师先释放"政治犯"和被押的群众，交出熊妖和张德恒。为了以毒攻毒，可向他们暗示刘庆连是我们派到宣化店专门负责交通联络的人，叫他们保证不杀并且迅速送回；看看叛徒的下场如何。第三，在军事上停止向我们追击。

　　"你谈出这三个条件以后，他们一定要求会见张家胜。只有他们接受了这几个条件之后，才能找见张家胜，而后到木兰山和中光易一带找特委联系，确定释放洋人顾问的日期。"

　　天明后，我们上山隐蔽。

　　中午时，秘密哨报告："从北边来了三个人，一个白胡子老头，一个四十多岁，还有一个青年，手里拿着些东西……"

　　我笑着对驼二爷说："不错，老反动也敢公开地进到山里来了，估计一定是个两面派。你下去吧，到山边上和他们见一面。"

　　驼二爷去后，总有两个多钟头才返回来，他笑眯眯地说："是刘前初和络摇文，还带来了不少东西。"

　　"谈到些什么情况？"我问。

"刘前初说，今天上午蒋少元派县大队一个连，拿着南京来的电报，通过一○三师的防地到宣化店区公所。中午，陈又文把宣化店所有的士绅都叫到区公所，要他们想尽一切办法保出洋人……我讲了咱们的条件，刘前初说回去后一定告诉陈又文。他们临走时，定要请我到宣化店去一次，我没有答应。他们要求和张家胜见一面，并要求留下会面的地址。我答应尽量设法去找，能不能找到，明晚给络摇文一个信儿。"

　　我对驼二爷说："宣化店的问题，由你和张家胜负责。我要过三区去，了解洋人顾问看管的情况以及如何释放的问题。"

　　当夜，我赶到三区赶鱼儿的村子里，和王定堂会合。此时黄云先也在这里，他先汇报说，洋人顾问是在下午抬出来的，当夜交给施大安便衣队，由他们秘密带回三区，现隐蔽在观音寨一带。捉洋人顾问的当天下午，敌人一直没有发觉，估计他们在天黑后才发觉，当夜没有任何动作。第二天早晨，敌人才开始疯狂地到处合击、搜查。当情况十分紧张时，我们就现出目标，同敌人展开战斗。敌众我寡，火力又强，无法相持，我们边打边退。敌人追击紧迫时，我们按照原定计划，打死了一个洋人顾问。敌人发现洋人顾问尸体，忙着收尸，停止追击。整个一下午，风平浪静。天黑后，我们转移到三区，和王定堂会合。天一明敌人又发了疯，盲目地"搜剿"合击。战斗中，吴大鼻子为党壮烈牺牲，几个同志负了伤。天黑后才对彩号作了收容和安置，吴大鼻子的尸体已掩埋。在敌人的"搜剿"合击中，有些地方工作遭到破坏，比较严重的是广水沟，现已作了全面的安顿。

　　接着，王定堂汇报说：我们接到洋人顾问后，就向礼山县附近运动。敌人真的相信旅长兼县长的蒋少元不会"通共"，所以这一带没有搜查。等我们现出目标，敌人才从四面八方合击而来，我们立即投入战斗。杀死第二个洋人顾问，散出传单，边战边退，公开地拖进颜串铅所属地区。敌人的追兵是东北军的一个团，看到我们消失在炮楼附近，只当我们进了炮楼，于是拼命向炮楼攻击。颜串铅晕头转向，不知道是谁的军队攻击他，更不知是什么原因，只好采取固守，一攻一守，直打到天黑。今天一早，东北军的一个团就散在颜家家族各村"搜剿"。等到九十点钟，我们又在朝林山上现出目标，东北军的一个团才跟踪追来，并增调一个团的兵力。我们引导这两个团，和华明清的炮楼接上火以后，才抽身走掉。自从火烧九房沟后，颜香亭、曾凤亭在省里打官司，颜家内部也起了很多矛盾，加上昨天的战斗和今早的"搜剿"，颜家是自身难保，估计他们目前不会大肆向外搜查，洋人顾问在颜家所属地区内保存几天，不会出大问题。

在这一连串的战斗中，有的同志献出了宝贵的生命，有的同志付出了鲜血，这是同志们最痛心的。此外，整个工作的开展还算顺利。对下一步的工作，我提出了个人意见：根据现有的情况来看，用洋人顾问来指挥敌人，解开"倒林"的重围，是有希望啦。留下的这个洋人顾问，还是决定释放。在放以前，对翻译要客气一些，还要有点优待，向他说明我们捉洋人顾问是为了反对帝国主义。翻译和洋人顾问要隔开，每天只准他们见一次面。每到天黑后，就带着他们上高山、走平地、过河沟、过铁路。每当爬上一个大山坡，就说出大别山的一个主峰名称；每走到一块平畈，就说是湖北、河南、四川，过铁路就说是平汉路、陇海路……总之，使他们摸不清我们的活动范围，不知道究竟在什么地方。如果敌人追击得紧迫，洋人顾问实在无法保存，就要杀，但不能再杀到礼山县，一定要带到汉罗公路的武汉段去杀，然后拖着敌人转大圈子，以免我们内部遭到破坏。如果敌人停止追击，就证明敌人答应了我们所提出的条件，先放翻译，后放洋人顾问。这件事情过去后，估计山区里能得到一个短时期的休息。敌人是不甘心失败的，很快就会进行全面"搜剿"、大移民等更毒辣的手段对付我们。我们要抓住一时一刻的机会，整顿组织，发动群众。同时，由于我们用洋人顾问指挥敌人的结果，敌人内部自相残杀，损失很大，必然会忙着打官司、整训力量。我们要争取加强对敌人的分化工作。另外，根据这两天的《扫荡报》——在这一时期，我们和上级失去联系，每个负责同志都订了一份国民党的《扫荡报》，从中寻找红军的消息，研究和分析敌情——红二十八军打下了新洲。他们可能从《扫荡报》上得知我们捉洋人的消息，或是看到各路敌人向山区进发，估计我们有所动作，才打下新洲，牵制敌人，配合我们行动。另有消息说，独立团往西来，很可能独立团配合红二十八军打下新洲后，想进山区。所以我要很快返回一、四区，和独立团取得联系，想法把东北军驻在山区的第十师牵制到平汉线上，然后再对付一〇二、一〇三师。

第二天午夜，我在洪家河找到了驼二爷。张家胜也在这里，他说：

"今天傍晚，宣化店的老头子们分作几路向山区'进军'，连刘海前也到刘家冲沟刘老八那里去啦。和驼二爷接头的仍是刘前初，因为他坚持要见我，我就和他见了一面。刘前初说，我们所提出的条件，国民党都已接受。武汉行营还送到大批钱和物资给我们，叫我们派人去宣化店接。刘前初还谈到，陈又文答应以后一切交涉定用公函。国民党的军队从明天起停止追击。凡是宣化店区公所扣押的群众，都已放出。至于刘庆连、熊妖、张德恒是归一〇三师，他们正在和该师师部商谈。在战场上负伤后被抬走的人，释放他们，陈又文说很困难；群众头上没有刻着'共产党'三个字，可以辩白，但在战场上拿枪作战的人，肯定是共产党，想不出办法来释放，连蒋少元也没得办法，要求在这个条件上放宽一点。"

我对张家胜、驼二爷说道："敌人所送的钱和物资，我们全部接受，并且要他们送出来。不过，这些东西接到手后，马上分散隐蔽，千万不要散在群众手中。这不是小气，是为了防止敌人的破坏，纸币是新的，号码也是新的，群众一拿出去用，敌人就会发觉，即使当场不扣押，也被敌人掌握了今后进行破坏的线索。必要时，可以利用宣化店的两面派代我们购买东西，等新票子在外面周转一个时期，再散发给群众使用。关于今后的活动问题，关楚印和便衣二队共同组成的游击队，由关楚印和申功臣负责，继续活动在定远店以北地区。便衣一、三队各为主力，配合新组织的便衣队，再组织两个游击队。三队仍返仙居顶；一队掩护接收物资……"

二十一、胜利声中

深夜，我沿着一〇二、一〇三师防地，穿过灵隐寺的河沟，走进了林木参天的邓沟，和罗山第三独立团会合了。团长和政委详细地叙述了他们出发后所经历的大小战斗，以及他们所活动地区的各种情况。陈明江政委还着重谈道："在外线行动虽然有些困难，一则我们是新组成的部队，目标比较小，二来敌人在集中力量搞我们的苏区，所以对独立团不大注意。在外线可以活动，就是有一个最大的困难——不易进山区和你们取得联系，更无法配合山区行动和有目的地牵制敌人。我们曾经几次想进山区，都没有成功。后来红二十八军八十二师方永乐政委派一个班白天打过来，给我们送了两封信，知道你们捉了洋人，山区情况紧张，他们为配合你们，牵制敌人，去打新洲，我们才趁这个机会，半公开地进到山区；沿途炮楼上的一〇三师和各民团没有任何阻挡。"接着，他又谈到在白区活动的经验时说："凡是接近白区的地方，山上都没有'倒林'，比较容易隐蔽。最大的困难是粮食。到白区活动还有一个好处：没有敌人的正规军，多是地方上的反动武装，白天也可以活动，进行宣传，扩充新兵。现在独立团已发展到 200 多人。"陈明江谈完，递给我方永乐的来信。

特委负责同志：

红二十八军自离开鄂东后，一进到皖西北，敌人就以十一路兵团堵击，二十五路兵团追击，1000 多人的红二十八军，不分昼夜地与敌人的两个兵团浴血苦战。由于战争的频繁和激烈，加上弹药、给养毫无补充，部队减员甚多，现全军不足 1000 人。

部队到达皖北后，高政委因鄂东没有统一的组织，放心不下，两度带领部队打向鄂东，都没有达到目的。后因他旧病复发，仅带手枪团一分队下到舒城、霍山、潜山、太湖一带活动，并命令我带部队打向鄂东。我带领部队经多次战斗，才打到经、麻一带，再前进就遇到极大困难，转战月余，连打七次，都未能通过一〇二师所看守的宋、商封锁线。至今没有完成上级交给我们的任务，部队伤亡很大，彩病号甚多。虽经徐诚基同志数次补充，部队人员仍在下降。因此要求特委设法扩兵，以便环境缓和时，我们打到鄂东后能得到补充。

根据几个月来行动的经验，部队不能这样继续打下去。我决定把部队分散，轮流到白区去活动，不但可以减少部队的伤亡，也可以使部队吃到饱饭，多少得到一点休息，如群众工作搞得好，还可能扩充少数新兵。我和高政委分手已两个多月，想打回去有困难，打向鄂东困难更多。现在我们被敌人卡在空当子里，无法向上级请示，但为了全军，我不能不这样做。待部队稍有休整，立刻集合起来打回皖西北。

我们一直没有接到红二十五军的指示，不知你们接到了没有？如接到时，请派便衣队送过来，我定转给高政委。

方永乐

明月照亮了高山绿林，河沟的溪水闪着星光。三个人坐在清寂的森林里正在交谈，吴光陆、郑定国都来到了。许久未曾见面，大家的心情都很激动、愉快，围聚在一起，谈兴更浓，不觉已是拂晓。最后的结果是：为了全区的解围，洋人顾问还是确定放。为了牵制东北军的部队，独立团打邓方家湾，便衣队配合去打同山寨，尽量想法打掉或活捉叛徒熊妖、张德恒。然后，独立团插丘陵过平原，到北丰家店去打五里店，尽量把东北军的部队牵制到平汉铁路的郑州段。最后返回大小鸡笼山休整。

大家睡了一上午觉。下午，陈明江、陈守信和我三个人，又坐到寺庙旁高高的岭峰上，在炎热的夏日，享受着松林里的阴凉。为了夜晚的行动，我开始把邓方家湾和同山寨的情况向他们介绍一番：邓方家湾的围子里，一直是地主、豪绅盘踞的中心，里面的富农都很少，历史上就极端反动，又加上邓石玉当了联保主任，与叛徒张德恒勾结一起，更是反动透顶。寨子里一共有十四个炮楼，四五十条枪。寨子的前边是一个大塘，靠后寨墙是一排炮楼和楼房。硬攻是难以打开的，只有火烧。熊妖叛变后，为了监视我们的行动，在同山寨这里修起三个炮楼，地势十分险恶，四周多是悬岩绝壁，又是交通要口；站在炮楼上，抬头看高山，低头见深沟，平看是山连着山，所以号称同山寨。寨子里根本没有老百姓，熊妖带着三十几条枪，专门看守和监视大小鸡笼山上便衣队的活动情形。这一带原是一〇三师的防地，洋人被捉后，他们才扯到汉罗公路上。这正是机会，一定要切掉敌人摆在我们心脏地区的这两个毒瘤。最后，我补充作战部署说：

"天亮后，一〇三师可能赶回来增援，你们不必管它，由我们负责拖。我还可以通知关楚印带部队警戒宣化店，或者用策应的办法打宣化店。"

天黑后，我带领着特委警卫队与独立团同时出发。50多里路的夜行军，在大半夜时就到达了目的地。我们先到烧石灰的窑上，买了许多茅草柴，每人驮上一捆，慢慢运动到寨子附近，把同山寨紧紧包围起来。

枪声和手榴弹的爆炸声惊动了大地，邓方家湾的上空卷起了冲天火柱。独立团动手了。

老奸巨猾的叛徒熊妖，可能是根据枪声，估计攻打邓方家湾的不是便衣队，而是独立团；他很清楚，同山寨在大小鸡笼山所占据的位置比邓方家湾更加重要，既然用大兵力先打邓方家湾，不会不打他。因此，他死死地守着炮楼。我立即下令开始攻击。

火舌卷扬着扑上炮楼。熊妖领着敌人向外冲。一排机枪扫去，熊妖立刻缩了回去。可惜我们只有一挺机枪，在换子弹的空隙里，熊妖带着残兵冲出贼巢，落荒逃去。

果然，天明后一〇三师赶来增援。我随即带领警卫队迎上去，和敌人接上火。此时，杨万家店和三义店的民团也赶来增援。我们虽然只有二十几个人，众寡悬殊，仍然坚持着同敌人激战；目的是牵制住敌人，使独立团迅速转移。

然而，敌人不听我们的指挥，却分兵两路，用两个营去追击独立团，一个营联合着民团回过头来，和我们应战。敌人来势凶猛，火力强烈，我们不可能固守作战，便决定边打边退，把敌人拉起走。每当退到一个有利的地势，我们就抓住时机，来一个反击，用手榴弹把敌人压下去。战斗在持续着，敌人很可能向我们实行包抄。我们抢先分出一部分力量，隐蔽着绕到敌人的尾巴后头，从两面来牵制敌人。

我们这两组战斗队，边打边退，扛了一整天，退下来十几里山路。黄昏时，两组战斗队冲散敌人，汇［会］合了。当即决定从胡家关口强渡大河，占据张家河的大山岭。这时，我们才发现大河对岸有了堵击的敌人，而后面的追兵又迫在眉睫。在这千钧一发之际，只有攻过大河，才能杀出一条生路。我们于是又分兵两组，轮番掩护、转移。来到大河边，我们猛然返身，把手榴弹集中投向敌群，在爆炸的烟雾中，冲上去同敌人展开了白刃战。敌人措手不及，稍一后缩，同志们翻身跃入大河中。

真是天遂人心，夜幕降落了。暮色中，我们打开一个缺口，攻上了河滩，迎面与敌人展开了肉搏战。我们手中的盒子枪，在这种场合发挥了极大的作用，它在我们手中机动灵活地移动着，枪枪都敲在敌人的头上。敌人的死尸遍布沙滩，鲜血染红了滚滚的河水；面前的敌人有些稀松了，而我们的战士们却斗志昂扬，势如猛虎，扫开一条血路，杀奔上高山。

敌人伤亡很大，自知在黑夜里更吃不到甜头，急忙撤兵，摆在一条山沟里。我们安然上了高山顶。为了显示显示力量，我们在山头山坎，到处燃起一堆堆熊熊的篝火——使敌人摸不清我们的兵力。

一夜平静。同志们躺倒在篝火旁，伸展四肢，睡得十分香甜。东方刚发白，四处的哨兵齐来报告：敌人正规军配合民团，已将山头团团围住了。

我们在山头守夜的目的，正是牵制敌人，不使敌人去追击独立团。我和特委警卫队指导员黄陵老爬上一个高峰，瞭望四周敌人的兵力分布，决定找出敌人的弱点，打开缺口冲出去，把敌人拉向金山岗。

从拂晓到天明，敌人只是像毒虫一样地趴在山沟里和山坡上的矮草丛中，没有一个敢向前来。太阳一露头，我们立刻组织力量，用机枪射击敌人，咬住敌人的正规军；手执盒子枪的战士们，立刻向民团的防地冲去。民团一见二十几条"猛虎"下山，早已溃不成军。缺口顺利地打开了。

冲出敌人的包围圈，走了不到 3 里路，霹雳一声，两侧的山沟里钻出来两股敌人的正规军，弹雨在我们头顶、身旁纷飞。我们着实吃了一惊，当即分兵阻击。战斗正进行得火热，突然从宣化店传来激烈的枪声；随之看到那里的天空上黑烟滚腾。我心里一阵高兴，关楚印率领便衣队打进宣化店了！

面前的敌人一发现他们的寨穴出了事，立刻慌乱起来，顾不上和我们恋战，纷纷拔腿撒丫子向宣化店奔去。直到这时，我们才判明眼前的敌人，正是昨日追击独立团的一〇三师那两个营；可见独立团摆脱了敌人，已经安全转移了。

到达金山岗后山岭，我马上派交通员去和关楚印联系，要他带队迅速退出宣化店，转移到一区，并通知张家胜日夜不停地赶往三区。

不久，交通员返回来说：关楚印看到我们昨天打了一天，便连夜把部队运动到刘家坟园里，今天一清早，趁着敌人内部空虚，又利用群众赶集的机会，打进了宣化店老城北门。敌师部缩进子城，紧闭四门；用一个营的兵力和关楚印的部队在老城进行巷战……

"他们退了没有？"我焦急地问。和敌人的正规军进行巷战，这是非常危险的。

"我出来时，他们说在退。"交通员回答。

我伏在山头上，远远地看着关楚印的部队退出宣化店，我们才向姚家畈转移。

我们安全地到达三区姚家畈，天黑时，进了尹家冲的山沟里。我刚躺到一块大石头上，想休息一会儿，王定堂带着队伍进了沟。他谈道：翻译已经由黄云先带走了，估计今天会释放。那个洋人顾问现在由一个便衣队看守着。如果上级确定释放，最好早点儿放。黄云先建议，再用便衣队去放，恐怕引起敌人的怀疑，使全区遭到更严重的破坏，要求特委最好用半公开的部队去放，而且要把目标拖走。自打了邓方家湾和同山寨，三区的民团都调到金牛城一线上。今天早上打了宣化店，中午时，民团便得到通知："各民团返回原地，固守炮楼。为保出盟友，在一星期内不准出击……"

正在这时，张家胜赶到了。说是敌人送给我们的物资和款子，由区公所派的民夫挑着，一〇三师派一个营押运，已到黑龙潭，我们把它接到空山上，并已分散隐蔽。各部队按原指示坚持工作。特务队已带来，现在沟口徐家寨休息。

我布置任务说："接款子由警卫队负责。放洋人顾问由王定堂和特务队负责。洋人顾问要在礼山县城附近放，然后把目标拖过路西。"同时，我还分别要同志们通知各工委、县委、区委书记和便衣队队长，指导员以上干部，立刻前往大小鸡笼山。

几天之后，大小鸡笼山上沸腾了。同志们汇集在一起，欢欣鼓舞地召开了特委扩大会议，总结和布置工作，庆祝反"倒林"的伟大胜利！

原载何耀榜讲、苏波记：《大别山上红旗飘——回忆鄂豫皖三年游击战争》，中国青年出版社，1959年，第131～219页。

蔡家祠堂的灯火

——记高敬亭同志关于坚持鄂豫皖三年游击战争
情况的一席谈话

◎ 程启文

红二十五军 1934 年 11 月离开皖西以后，高敬亭同志收集留下的分散部队，成立红二十八军，在鄂豫皖坚持了三年艰苦的游击战争。"七七事变"后，党中央派了郑位三、肖望东等同志去红二十八军工作，并命张体学同志和我先行去联系。回忆这段往事，至今令人激动不已……

1937 年 9 月初，张体学同志和我从潢川出发，经两天的急走，来到黄安七里坪，见到了分别三年之久的战友——红二十八军部分同志。他们见我俩穿的是"学生"服装，觉得很新鲜，便问我们："你们来这里干什么，找谁？"体学同志说："我俩是从延安来的，找我们的老首长高敬亭政委。"他们一听是从延安来的，立刻围上好多同志，并把我们拥进驻在这里的一个营部。营长和政委马上打电话报告军部，还备了两匹马送我们。

高敬亭同志住在七里坪西北约 4 公里的蔡家祠堂。当我们来到岔路口时，便有一位挎驳壳枪的青年战士向我们招手，示意随他一道走。我们随即下马，向他致谢。这位同志说："你们哪一个叫'葫芦'，哪一个叫'富农'？"问得我们哈哈大笑。我俩作了自我介绍，问他："你怎么知道我们的外号？"他说："你们的外号，'老红'（指高敬亭同志）给我们讲过多少次了。"接着，他腼腆地自我介绍说："我叫李季文，外号'小侉子'。"

走着说着，我们来到了蔡家祠堂。小李用手向前一指："你们看，祠堂门口站立的是谁?"我俩抬头一看,那不正是我们日夜思念的老首长高政委吗?我们赶忙加快步子,敬亭同志也大步迎了过来。没等我们向他行个鞠躬礼,他就用一双饱经风霜的大手把我俩紧紧抱住。他左看右看,上下打量一番,说:"都长大了,长高了。"他把我俩分为左右一边,一手抱住一个,并排来到祠堂门口。体学同志说:"高政委,请您先走。"他说:"不行,我们一起进去。"就这样三人并排进了门。好在这个祠堂门比群众住家的门宽大一些,不然就很难进去了。

这座祠堂,当中是一间高大正房,两边各有一小间厢房。靠西的小厢房就是高政委的住室,室内用门板搭了个铺,上面铺上稻草垫,有一条单子是他的盖被。正房住着一个警卫班,全是打的地铺。全班都是不超过20岁的人,最小者是敬亭同志的勤务员,外号叫"小毛"。后来我们才打听到他的名字叫万海峰。

敬亭同志接到电话后,屋里多少整理了一下,从群众家中找来几条小板凳。这时,天已黑了,房里点燃了蜡烛。我们三人围着小桌旁坐下,机灵的"小毛"同志泡了三大碗浓茶送到我们面前,小声地说:"这是六安的上等毛尖茶,你们长征后,可能再没有喝到大别山的好茶了吧!"

我俩向高政委递交了介绍信,还交给他一瓶碘酒。这封信是用米汤密写的,必须经过碘酒抹才能显现出来。他一看这瓶不平凡的碘酒,赞赏地说:"中央领导同志和位老想得真周到呀!"体学同志说:"郑位三同志让我们先来与您联系,然后到潢川去接他。"敬亭同志问:"中央一共派了几位同志到这里来?"我们说先来的共有5个人,为首的是位老和肖望东同志。还有位老的秘书,再就是我俩,以后还可能有其他同志来此工作。高政委听了,十分高兴地说:"位三同志来此工作很好,很合适,我刚刚参加革命时,跟他一起工作过一年多,他一有空就教我练习毛笔字,要我学习。"

接着,敬亭同志给我们讲起了三年来坚持大别山、桐柏山艰苦斗争的简要情况。他说:"红二十五军长征后,我在皖西担任道委书记。鄂东、豫南和皖西各留下一些零散的武装和伤员。那时没有一个统一的领导机构,都是各地区的同志负责领导自己的武装队伍,各自根据情况同敌人进行斗争。红二十五军大部队一走,敌人就分区、分地段地对我们队伍进行更加残酷的'清剿'、烧山、搜山、并村、封锁,企图把我们消灭掉。为了加强统一领导,开展对敌游击战争,1935年1月间,我们在安徽省太湖县凉亭坳，召开了干部会议，决定成立红二十八军，我任军政委，由原二一八团团长担任八十二师师长，方永乐任师政委。部队编为3个较大的营，1个手枪团，主力部队共有1400人左右。这时，国民党察觉我们组建一支红军主力部队，便命令敌三十二师不分昼夜地对我们进行'追剿'……"

敬亭同志谈得正起劲时，一个干部进来，把他叫出去，小声说了些什么。他回到座位上说："你们的介绍信还没有显现出来呢，不过这没什么，你俩我是相信的。"体学同志很快从自己的小衣包里取出一把白纸扇子，双手交给敬亭同志。高政委接过扇子，打开一看，只见扇上写着："敬亭兄大鉴：云淡风轻近午天，傍花随柳过前川……"他一看这毛笔字，就认出来是郭述申同志写的，再往下看时，落款是郭老的名字。时间是1937年7月3日，正是"七七事变"前三天于延安写的。郭老听说郑位三等同志即将来鄂豫皖红二十八军工作，特地赶来送行，与位老话别，并写了这首诗，以表达老同志对红二十八军全体同志问候之意。敬亭同志看完郭老的手书，对我俩重新仔细端详了一番说："好哇，你们真有心眼。"三人同时相顾而笑。我说："高政委，如果不是我俩先来找你，而是别人先到，您打算怎么办？"他马上回答说："要是换个人先来，我不会杀他，关他是一定的。"三人又是一阵大笑。

转回正题，高政委接着往下说："红二十八军成立后，紧接着是频繁的战斗。1935年3月回潜山县，在桃岭打了一个大仗，给尾追我之敌三十二师以沉重打击，击溃敌3个团，灭敌1个营，缴获甚多，而我方仅伤亡40人。那一仗，我手提大刀，亲自上阵，同志们打得可勇猛啦。同年5月，我军在河南商城，将敌保安团一个营包围在树林中，不到1个小时就把该敌全部歼灭。紧接着，我军到罗山杨万店，歼灭东北军一一二师2个连。我军旋即越过平汉铁路，到达桐柏山区，想与红二十五军会集。后来，从敌人的报纸上看到，红二十五军已在陕南活动。我们又找老百姓了解，知道去陕南途中险阻甚多，这才放弃追赶红二十五军的决心。于是，我率领红二十八军主力部队，又回到平汉铁路东，来到大别山西北边。我们在光山县胡山铺与东北军一〇九师遭遇，歼敌2个营，给了敌人沉重打击。这是红二十八军组建以来，缴获最多、胜利最大的一次战斗。我军士气为之大振，部队又获得了很大的补充。"高政委喝了一口茶，接着说，"这时，在我鄂豫皖地区活动的便衣队有较大发展。他们的任务是搞经济，搞交通，做群众工作，实际上是秘密地行使地方政权，负责掩护伤员，捉土豪，买物资。对能够争取的甲、保、乡长，尽量做争取工作。对顽固的反动乡长、保长，在群众的协助下给予惩处。"谈到这里，敬亭同志略有所思地说："便衣队最先的组织者是郑位三同志，是他在1933年冬天任鄂东北道委书记时拟出来的。我们是继承和发展了他的这一创造。我们的便衣队以后又由山区发展到平原地区，同时担负了一个新的任务，就是负责扩大和补充红军主力。有时主力部队不能担负的任务，便衣队不费什么力量就能完成了。这就使我们坚持大别山、桐柏山和周围平原地区斗争有了信心和群众基础。广大革命群众，对敌人憎恨极深，对我红军便衣队非常拥护。群众和我军在斗争中积累了不少经验，我们的活动地区广大，只要我们在政策上注意改正过去'左'的做法，有不少保长、乡长、地主是可以争取为我们办一些事。我们给各地区的道委、县委和便衣队说过，只要是不与我为敌，又按时给我接济，为我们做过一些有益的事的人，都要争取过来。"

由于都没有表，究竟我们谈了多久，谁也搞不清楚。警卫班的同志早已入睡，只有站岗的同志在门外执行警卫任务。"小毛"同志仍然陪着我们，不时为我们倒水冲茶。虽说还只是初秋，却已是凉意袭人。由于房子高大，空旷，又无门掩，阵阵凉风向屋内袭来，敬亭同志和我们身上都只穿一件单衣，感到凉飕飕的。睡在地上的警卫班同志冻醒了，常有人起来到外面运动一阵再睡。敬亭同志对"小毛"说："你去告诉大师傅同志，为我们做点夜饭吃。""小毛"去后，又抱了一捆干松柴来，燃上火，放在靠墙边火坑内烧着。敬亭同志问他："你干什么？""小毛"说："烧开水，取取暖，也给这大屋内加加热气。您看警卫班的同志都没有盖的，冷得睡不着觉。"这位刚满16岁的小同志，对他的首长和战友想得多么周到啊。

我们的长谈兴致越来越浓，谁也没有一点倦意。"小毛"同志为我们换上了第三支蜡烛。火越烧越旺，我俩听着敬亭同志讲述战斗生活的经历，阵阵心潮也随着沸腾起来。高政委接着说："1935年10月至1936年4月，我军包括便衣队均有所发展，对敌人的威胁越来越大。敌人为了摆脱被动挨打的局面，制定了一个'五个月清剿计划'，增加兵力四个师，要搞什么'追剿''围剿''堵剿''驻剿''清剿'。由于我军采取广泛的游击战争形式，以营为单位分散到敌人的后方去，特别深入到敌后平原地区去活动，并且化装成'敌人'来打击敌人，使敌人的'清剿'

计划全部破产。在反'清剿'斗争中，便衣队从山区发展到平原，给主力部队有力的配合，成了我们坚持鄂豫皖斗争的又一支重要力量。当敌人主力部队撤出山区后，我军和便衣队即以横扫落叶之势，给敌人留下的各地保安团以歼灭性打击，使敌人土崩瓦解。此时，我军活动范围扩大到 3 省 40 余县的广大地区，为鄂豫皖有史以来所未有。"

说到 1937 年打破敌人"三个月清剿"计划的情况时，他说："那时由于我红军主力在北方集结，'双十二'事变和平解决，国民党就集中大量兵力，企图在 3 个月内把红军在南方各省的游击队彻底清除。国民党的这一阴谋，我们是在敌人某旅部一个秘密文件上看到的。据说当时陈兵鄂豫皖地区的敌人兵力就有 20 余万，以卫立煌为'剿匪'督办。敌人企图对我主力采取多层包围，对我便衣队采取并村、搜山、火烧、夜间拦路、清查户口、连坐等手段进行'清剿'。此时，我主力部队转移到敌人包围圈子外线作战，取得了不少的胜利。由于敌人人多势大，我们有的营未能摆脱敌人的包围，遭到了严重损失，全军伤亡约 800 多人，便衣队所建立的地下政权大部被摧毁，革命群众被杀害百余人。那时，我们遇到了极大的困难，但是，红军主力仍然在不断地与敌人浴血苦战。敌人暂时得到一点便宜，但是要想彻底消灭我们是永远也办不到的！"

敬亭同志讲述三年来坚持斗争的艰苦历程，我俩简直听得出神。我们想劝他早点儿休息，他说他见到我俩来，太高兴了，所以，随便就扯开了。他兴犹未已，接着又讲了和谈问题。敬亭同志说：1936 年春，潜山县保安队有一个中队起义过来，向我投诚。何耀榜同志给全体投诚人员发钱遣散回家，但是领头起义的姜中队长坚决不愿意回去，要求分配工作。何答应了。不久何便派姜送封信给在陕西省的红二十五军。姜走后，数月未归，老何以为送信者不能回来呢。谁知就在今年 5 月底，姜突然回到岳西地区，经过许多周折找到我便衣队，由便衣队把姜送到何耀榜同志处。姜随身带了《中国共产党八月一日宣言》《论反对日本帝国主义的策略》《中国共产党在抗日时期的任务》等中央文件和一封信。信中着重说明了全国团结一致抗日的重要性，特别提到南方各省坚持游击战争的红军队伍，必须保持高度警惕，切勿上国民党的当。信中还指出，北方已取得和平，但留在南方的红军游击队将会有一段艰苦奋战的时期等等。高敬亭同志说，姜某回到岳西时，正是我们紧张艰苦、频繁战斗之时。那时,我已到了鄂东、豫南地区,何耀榜同志无法找到我,就将文件和信保存了两个多月。我来到皖西后,先派人到岳西、潜山找到何。何派专人带路接我到他活动的地区。我与何会合后,何即把中共中央文件和信交给我。我双手接过来,马上告诉有关负责同志说:"我现在要抓紧时间看文件,部队一切临时事情由你们去办,只要不是敌人打上来了,你们统统不要来找我。"我从下午到当晚 10 时,聚精会神阅读中央文件,反复看了几遍,越看越高兴,越看越亮堂。我对老何说:"耀榜同志,你办了一件大事啊!我们同二十五军分别 3 年了,从来未与中央联系过。你这次为我们沟通了联系,做得对,做得好。这些文件确实是中共中央的文件。我从鄂东来此,一路上缴到不少敌人的报纸,也是这样写的,说'西安事变'后,北方的红军已与国民党军队停战了。怪不得我们在马家畈把大地主恶霸头子易本应和他的两个中队歼灭后,俘虏们都说:你们北方的红军与我们不打了。我们同国民党梁冠英部一接触,他们的人也大喊不要打了。原来真的是国共合作,一致抗日了。"当晚,我同何耀榜进行了研究,立即召集一些干部到他的住处,根据中央文件的精神,说明我们要与国民党举行谈判。我们分析,抗战已经打了一个多月,现在同国民党谈判对我们有利,估计对方不会提出苛刻条件。但我们必须严加警惕,防止意外。我们开完会,天已大明,旋即给包围和尾追我们的国民党军队写了一封信,说明日寇大举进犯我华北和上海,前线战事吃紧,急需团结起来,共同抗击日寇。在此危急存亡关头,希望你们以国家民族利益为重,坐下来同我们举行和平谈判。如果你们想在举行和谈时乘机捣乱,那就打错了算盘。那时我们将"奉陪"到底。信送去后,对方即日来信表示愿意和谈,并要求我们派代表去岳西县谈。我即与何书记商量,要何为谈判代表。何去岳西两天后,返回我青田畈驻地。敌人撤出了对我之包围圈,并派高级参谋来青田畈,与我会谈。为了防备对方施用诡计,我化名为红二十八军政治部李主任,出面进行会谈。事先我与何商量了和谈原则,并向对方提出六个条件。对方代表提出要回到岳西电报请示,才能签字。我们同意了他的要求。此时高敬亭率一部分队伍至耀儿坪,正式准备收拢部队,前往集中地点。高敬亭在耀儿坪召集皖西便衣队讲了话,向大家说明为什么要国共合作、共同抗日的道理。

　　谈到这里,天已大明,部队起床出早操了。敬亭同志和我俩一同到外面走了走。

他说："体学同志，你和手枪团一分队经宣化店、定远店、罗山去迎接郑位三同志。要一分队在宣化店租一轿子，给位老坐。"然后，他又对我说："启文同志，你到七里坪去找何耀榜，与他住在一起，协助他同国民党谈判代表刘刚夫打交道。别的一切都等郑位三同志到后再统一研究决定。"

根据高政委的指示，我和体学同志分手出发。5 天后，郑位三同志和体学同志以及一分队同志，安全地同敬亭同志会合了。肖望东同志在潢川多待了几天，向中央报告后，也安全地到达了七里坪。

原载《星火燎原》1983 年第 1 期，第 56 ~ 82 页。

驰骋皖西

◎ 林维先

　　1933 年秋，四道河战斗之后，我率红二十五军二二四团三营，转移到活泼岭，当时，我任二二四团政委。就在活泼岭找到了皖西北道委书记郭述申同志。道委指示我们暂随三路游击师行动，等红二十五军从鄂东回来后再作新的部署。

　　10 月初，我们来到六安洪家大山的白果树湾，与三路游击师会合。三路游击师共 2 个营，1 个手枪队，约 500 人，江求顺同志任师长。自此，我们与三路游击师的同志一起，驰骋于皖西地区，打击敌人，保卫苏区。1934 年 4 月，红二十五军与红二十八军会师于皖西豹子岩，三路游击师奉命改编为红八十二师，仍继续坚持这个地区的斗争。

首战方家湾

　　自第四次反"围剿"失利后，皖西苏区除了赤城县、赤南县的一部分和六安县的六区外，绝大部分地方都被敌人占领。敌人在一些重要城镇、交通要道，都筑起碉堡，驻有重兵，三步一岗，五步一哨；在行政上推行保甲制度，设立联保组织，实行白色恐怖。当地反动民团、地主武装也十分猖獗，大肆逮捕和枪杀我革命力量，很多地方成为无人区。方家大湾民团，就是其中一支极为反动的地主武装。

　　方家大湾坐落在六安与赤南交界的一个狭长山谷里，因这个大庄院的人大都姓方而得名。这个大庄院的院主方英非常反动，早在红军初起事时，就曾经发誓，与共产党不共戴天，誓不两立。他串联了七邻湾、李家集、牛食畈、吴家店等地的土豪劣绅，组织了一批地痞流氓、亡命之徒，成立了一支武装——方家大湾民团，自己充任团总。平日横行乡里，敲诈勒索，烧杀抢掠，无恶不作，疯狂迫害革命群众。动辄给人扣上"通匪"的帽子，轻者罚款，重者断肢、挖眼、砍头、活埋，甚至使用令人发指的分尸刑罚：将人的四肢绑在两株向中间扳成弯曲状的树干上，然后让树干有力地弹回去，活活把人撕成两半。因此，方圆几十里的群众无不对他恨之入骨，纷纷要求我们消灭方家大湾民团，为民除害。

方家大湾还是卡在我军咽喉上的一颗钉子。它扼守赤南与燕子河的交通要道，将活动在赤南的一路游击师与往来于六霍地区的三路游击师阻隔，妨碍这两支武装的配合作战行动。而且，他们经常派出团丁四处搜寻、侦察红军的活动或袭击我军小股游击队和伤病员，或提供情报，配合国民党正规军，围歼我军。

为了打通六安三区、六区与赤南的通道，便于一、三路游击师配合作战，迅速恢复和开辟皖西苏区，我们决定攻打方家大湾这个反动堡垒。然而，打下方家大湾却并非容易。这个庄院背靠大山，面临峡谷，只有一条东西向的道路从这里穿过。庄院全系砖瓦结构，房子上做有工事，墙壁上掏有枪眼，防守坚固，易守难攻。背后大山，乱石如林，形成许多纵横交错的天然石缝和石洞。遇到大部队前来进攻，狡猾的敌人分散到大山上，凭借复杂的地形负隅顽抗，进可攻，退可守，形势不好还能溜，一藏进石洞叫你无处寻找。过去，兄弟部队也攻打过几次，虽然也打进了庄院，但终因地形复杂，敌人奸诈，而未能将它歼灭。这一次，我们针对上面这些特点，拟好了全歼方家大湾民团的作战方案。

10月4日夜里，月黑风高。我们从界岭出发，由六安六区战斗营带路（这个战斗营约七八十人，都是土生土长，地形熟悉），于下半夜1点钟左右，神不知鬼不觉地分三路包围了方家大湾。二营从正面大路攻击；六区战斗营随三营插到敌人背后的山上，堵击敌人的退路；一营埋伏在大路西侧，既能阻击七邻湾等地的援敌，也能防止敌人顺大道向赤南方向逃跑。

大别山的十月，金秋刚过，虽说还是"小阳春"，可山区的夜晚已是寒风飕飕，透入肌骨。夜，静得连一点声儿都没有。浓厚的乌云遮住了月光，方家大湾像一座魔窟掩藏在夜的黑纱中。战士们将枪机打开，手榴弹盖子揭开，静静地等待着冲锋的命令。

大约 2 点多钟，三声信号枪响后，顿时，军号齐鸣，杀声震天。二营的战士们冲进了庄院，像一群天兵天将突然从天而降。敌人一看势头不对，就想往后山溜，被我方埋伏在后山的战士们一阵密集的弹雨打了回去。这时，敌人腹背受击，顿时惊慌失措，乱成一团。只半个小时就结束了战斗，基本上歼灭了方家大湾民团。可惜的是，这天夜色太浓，民团头子方英——这个十恶不赦的反动地主漏了网。但方家大湾民团这颗卡在我们喉咙里的钉子，终于被拔掉了。当地群众无不拍手称快，从此，对敌斗争的情绪也更加高昂了。

一箭双雕

方家大湾打下后，我军在六安、商南等区域的活动范围大大地扩展了，我军配合作战的机会也增多了，从而更有力地打击敌人。

为了进一步开展六安六区的工作，三路游击师迅速地插到了查儿岭附近的密林里。查儿岭不大，但很险要，是七邻湾和金家寨的前哨。七邻湾驻着敌人的一个团，金家寨驻敌人一个师部，在七邻湾附近的桂家祠堂，敌人还设有一个医院。山岭的西面有一坳口，穿过坳口可以直达南庄畈。南庄畈是坐落在平畈上的一个小集镇，是查儿岭到七邻湾的必经之路，驻着敌人正规军的一个连。敌人在镇子周围修了一道围墙，东、西、南、北分设四个碉堡，组成交叉火力网，能攻能守。当时把这种工事叫作"集团工事"。因为这一带敌人据点多，是敌人为便于互相策应而设立的。师首长根据这里的具体情况，经过研究，制定了牵制七邻湾之敌、歼灭南庄畈之敌、突袭桂家祠堂敌医院的作战方案。

借着夜色的掩护，二、三营和师手枪队在六安六区战斗营的配合下，悄悄地包围了南庄畈。夜 12 点，战斗一打响，我军以锐不可当之势，勇猛突入了据点，全歼南庄畈守敌，很快就结束了战斗。与此同时，一营直插桂家祠堂敌人医院。这里敌人的战斗部队少，1 点多钟接上了火，敌人只胡乱地放了几枪就跑了。这一仗，我们轻而易举地就得到了大量的药品和医疗器械，大家都万分高兴！这些药品和器械，对于艰苦战斗的红军、游击队来说，是多么贵重的物资啊。

医院里几百名敌人伤病员全被俘虏了。我们宣传队的同志们向他们展开了宣传工作，宣传"红军是穷人的队伍，不打穷人""红军优待俘虏"等革命道理，还给俘虏发放了回家的路费。当时，俘虏中就有不少轻伤员要求参加红军。由于环境险恶，不允许我们接收，便将他们全部遣散了。

这一仗，不仅是消灭了敌人的一个正规连队，连锅端掉了敌人一个医院，缴获了大量的物资；更重要的是，我军打掉了敌人的南庄畈据点和桂家祠堂医院，使敌人之七邻湾和金家寨据点孤立无援。敌人惧怕我军的袭击，拼命加强工事，龟缩在围寨碉堡里，不敢轻举妄动了。这样一来，东到柳树湾，西到苏家畈，方圆一百多里，都在我军的控制之下，恢复和开辟了六安六区很大的一块根据地。

纵横驰骋

六安六区基本得到恢复和开辟后，我们行动到了古碑冲，进行了短暂的休整。接着又在长岭休息了几天。在长岭休息时，有天下午，敌十一路军1个团向我军驻地进攻，被我军歼灭前卫1个多排。战斗中，我挂了彩，但伤势不重。晚上撤到东、西莲花山，在两山之间的一个大畈里，打了一家大地主，把粮食、财物分给了穷苦百姓。第二天，路过茅坪，消灭了一支十几个人的民团，接着又打了杨店民团。我军所向披靡，有如秋风扫落叶，敌人闻风丧胆。傍晚，行至六安抱儿山，山上有当地的党的组织，领导着一个游击小组仍在坚持斗争，在他们的掩护下，我们从容地休息了几天；粮食、弹药也得到了补充。

11月初，我们进到六安三区龙门冲。这里是六大暴动的中心区域，群众基础好，敌人兵力薄弱。我们在这里一面休整，一面开展群众工作。一个多月来，我军辗转游击，穿行于敌人的占领区，战士们的头发、胡子养得老深，衣服湿了又干，干了又湿，穿脏了又没办法换洗，虱子生长特别快，现在该清洗一下了。我们白天不能住在村子里，一到了晚间，群众把煮好的饭，烧好的水，洗净的衣服，统统地拿了出来。战士们吃饱了饭，洗好了澡，又穿上了干干净净的衣服，可精神着呢！

11月下旬，战士们经过了一段时间的休整，士气非常旺盛。我们经独山，袭击了霍邱县的姚李庙、六安的徐集，一连几仗打得都很漂亮。因为三路游击师的二营大部分是姚李庙一带人，人熟、地熟、敌情熟，一下子把敌人连锅端了。随后，我们又折回了龙门冲。沿途打了几个小仗，消灭了不少敌人。

12月初，隆冬的大别山朔风怒号，大雪纷飞，我们趁雪天四处出击，制造声势，频繁活动于鲜花岭一带，弄得麻埠守敌惶恐不安。敌人为确保麻埠无失，四处调兵遣将，加强防卫力量。正在敌忙得不亦乐乎时，我们突然回头打下了麻埠外围的一个重要据点——白塔畈，全歼了白塔畈的敌人。随后，我们又撤到红石嘴，边休息边帮助地方党组织开展工作。接着挥兵北上，打了霍邱的大顾店，威震了叶集的敌人。自此，除了流波䃥、麻埠、叶集、金家寨、七邻湾，六安三区、六区等其他中小据点里的敌人都龟缩到这几个大据点里去了。

我军纵横驰骋，所到之处，横扫反动武装，根据地党的组织和工作得到了很大的恢复和发展。各区各乡的游击队、游击小组也纷纷开展活动，斗争非常活跃，群众踊跃参军参战，支援红军。可以说，这是自第四、五次反"围剿"后，皖西苏区所出现的黄金时代。

下旬，我军从龙门冲南下，翻越两座大山，绕道霍山县黑石渡，全歼黑石渡敌保安队一个整连。天亮后，我们不便行动，就毫无顾忌地在靠近黑石渡的山上休息。根据我们的估计，东面山县城之敌，如要前来增援，必须面河隔水作战，要付出很大的代价，这种赔本的买卖，敌人是不会主动去干的；西面诸佛庵之敌，都是地方反动武装，谅他们不敢前来送死。就这样我们在山上休息了半天，缓解了疲劳。下午，我们乘胜北上，强渡了东淠河，打下了沟通六安至霍山的重镇——青山，消灭了敌保安队一个整连。又马不停蹄，东逼六安边境又一重镇——毛坦厂。敌驻毛坦厂一个保安连闻风而逃。我们在毛坦厂饱饱地吃了一顿午饭，打了几家财主，做了一些宣传鼓动工作，就又翻山越岭，绕道霍山南岳山东边（南岳山上敌放了一个连哨，不便惊动霍山县城之敌）插入大化坪。后经佛子岭至诸佛庵（诸佛庵敌逃跑了），转回龙门冲休整。此时已是1934年的春节了。

过春节需要弄点儿年货，这是群众的习俗。我们怎样才能痛痛快快过一个战地春节呢？蒋介石向来是我们的供给部部长兼运输大队队长，我们需要什么就向他要！除夕的晚上，部队悄悄地分散出发了。二营负责袭击麻埠，牵制敌人；一营打徐家桥，歼敌保安队一个连；三营攻打唐集子，歼敌保安队一个排。当一营攻进徐家桥后，敌人正在喝酒。愚蠢的敌人根本没有估计到除夕夜红军会有行动，满以为这个地方离麻埠很近，四面都有据点，防守严密，红军从不轻易来攻，所以就放心大胆地过年，结果全被我军歼灭了。

打开徐家桥和唐集子后，缴获品很多，除一部分分给当地群众，我们仍很富足，鸡、鱼、肉、蛋、糖果、花生，吃的、用的、穿的，应有尽有。我们和群众在一起欢度了一个有意义的春节。麻埠之敌得知徐家桥、唐集子之敌被歼的消息后，一个个如惊弓之鸟，整个春节都过得不安宁。

智取诸佛庵

春节过罢，一转眼就到了正月十五元宵节。当地民谣说："正月十五大似年，吃块肥肉好下田。"正月十五，这个传统的节日，对于勤劳、善良的农民来说，又增添了一层新的意思。所以，每逢佳节，群众总是自发地组织起来唱戏、玩灯，热闹一番，故称元宵节为花灯节。

记得元宵节的前一天清晨，我们刚刚起床，诸佛庵地下党的同志就匆匆赶到了驻地。看他一脸的汗水，头发上结着的白花花的霜凌，我们估计他一定是赶了很远的路，送来什么紧急的情报。我们的估计没有错。不一会儿，师部通知我们营连干部到师部开会。江求顺师长一见到我，就拍着我的肩膀半开玩笑地说："老林啊，明天晚上我请你到诸佛庵去看花灯，高兴吗？"开始，我没有转过弯子，一下子给弄愣住了。江师长风趣地说："呵，说去看花灯就不高兴了，非要说去吃肉才行呀！"说着不由得大笑起来，"来，我们先研究研究。"当我明白过来是要打仗了，心里真是又高兴又激动。那时，我们把打仗叫"吃肉"，一天不打仗，就浑身不舒服，也馋得慌，就是真吃肉也没味道。可要是打起仗来，那比吃肉还痛快。

元宵节的晚上，我们从龙门冲出发，由三区区委战斗连带路，悄悄地插到流波磧至诸佛庵的大路上，直奔诸佛庵。

诸佛庵是敌人的区公所所在地，驻有新近调防的保安团一个中队，七八十人。敌仗恃有利的地形、坚固的工事，骄横跋扈，不把红军游击队看在眼里。所以，当我地下党组织秘密地组织群众在正月十五玩灯时，他们并没有干涉阻拦，反而想乘玩灯之机，敲诈勒索一番，以肥私囊。

大约 10 点钟光景，我二营悄悄地从河北面的烈士塔插到镇东面埋伏，防止敌人逃跑；三营翻过小山包，埋伏在西面去石家河的路上，阻击石家河的援敌，切断诸佛庵敌人的退路；我们一营、三区战斗连、师手枪队随师部从西北角的山坡上正面进攻。一切部署停当后，我们静静地卧伏在山坡上，眺望着这个著名的山村小镇：一条大河从镇的北面蜿蜒流过，河水在淡淡的月光下荡漾，泛着碎玉似的光华；东、西、南三面重峦叠嶂，峻岭逶迤；镇子里，区公所门口的广场上，人群熙熙攘攘，灯火辉煌，花灯正玩到浓兴处。敌人的营房就在区公所的旁边，这时漆黑一片。借着朦胧的月光，隐约看到营房前的工事旁，两个门哨像鬼影似的晃来晃去，大概敌人的士兵都在看灯。桥头还设有一个半月形的工事，可以看到两个哨兵的身影。看来，如若强攻，势必造成伤亡。师首长经过研究后，令手枪队悄悄绕到桥头，来个突然袭击。在一营的掩护下，手枪队靠拢桥头，出其不意，干掉了敌人的哨兵，勇猛地冲过了桥头，直捣敌人的营房。营房里只有几个敌人，还未来得及拿起武器，就当了俘虏。这时，打进据点里的师特务队员，也从里面打了起来。街上很乱，群众听到枪声，有的跑，有的叫，也有的在我地下党的组织指挥下，主动地协助我们捕捉看灯的敌人士兵。这一仗打得很漂亮，缴了几十条长短枪，生俘了几十个敌人，而我们无一伤亡。

至此，在敌人第四、五次"围剿"时，丧失的皖西革命根据地基本上恢复起来了，还开辟了一些新区。与此同时，我地方党的组织、各种革命群众组织也蓬勃发展起来。

原载《皖西革命回忆录：第二次国内革命战争时期（上）》，安徽人民出版社，1980 年，第 422 ~ 430 页。

赤胆忠勇 铁骨铮铮

——纪念高敬亭同志牺牲50周年

◎ 万海峰

1939 年 6 月 24 日，高敬亭同志带着一腔热血，满腹冤愤，在安徽青龙厂被错杀，至今已有 50 周年。为了缅怀这位老一辈无产阶级革命家，高敬亭生前所在部队从事党史研究工作的同志，在浩瀚的史料中，潜心钻研，反复考证，去伪存真，编辑出版了这本书，实现了许多老同志多年来的愿望。这本书的出版，对传播发扬我党实事求是的优良作风，一切从实际出发的光荣传统，是具有现实意义的。

高敬亭同志是河南省新县人，1907 年出生，1928 年参加革命，先后担任过中共鄂豫皖中央分局常委、鄂豫皖省苏维埃主席、红军第二十五军七十五师政治委员、中共鄂豫皖省委常委兼皖西道委书记，是鄂豫皖革命根据地的主要领导人之一。1934 年11 月，省委率红二十五军长征后，他是坚持鄂豫皖边区三年游击战争的杰出组织者和卓越领导人。他在与党中央失掉联系的极其困难的条件下，勇敢地承担起全面领导边区党、政、军的重担。他亲自重建和领导了红二十八军，初期以不足千人之兵力转战于边区的 45 个县，将国民党 17 万正规军死死拖住，并不断给以沉重打击，三年中，共歼敌 18 个营又 15 个连和大量小股敌军，有力地支援了三大主力红军和红二十五军长征，保卫和发展了鄂豫皖边区游击根据地，并在斗争中不断壮大了自己，后来成为新四军的一支重要力量。七七事变后，他在同国民党谈判共同抗日的过程中，坚决贯彻党中央的方针，把无产阶级的原则性同必要的灵活性结合起来，捍卫了人民的利益。他率领第四支队开展了皖中、皖东地区的抗日游击战争，打开了这一地区的抗战局面。

高敬亭同志被错杀，是新四军的一大冤案。他的死，是我党我军的一个巨大损失。他为祖国、为人民、为共产主义事业战斗一生，在炽热的革命熔炉里，锻炼出赤胆忠勇、刚正不阿的高尚品质，在他的言行中凝聚着我们党的许多优良传统和作风，是后人学习的榜样。

第一，高敬亭同志具有对党赤胆忠诚、对革命事业坚贞不渝、毕生为党的事业奋斗不息的高贵品质。高敬亭同志从青年时期投身革命后，矢志不渝，百折不挠，始终对党的事业怀着拳拳之心，忠心耿耿地奋斗着。在革命极端困难的条件下，他毫不动摇地坚持毛泽东同志提出的开展武装斗争，建立农村革命根据地，实行"工农武装割据"的革命道路。他经常用中央红军的胜利，来鼓舞红军和人民去斗争。他教育干部战士说："不要怕咱们现在势力小，我们铁了心革命，一定能打赢。朱、毛在江西，有十几万红军，有很大一块根据地。我们学朱、毛，以后还能把根据地再搞大些！"在三年游击战争中，高敬亭戎马倥偬，身患多种疾病，经常发疟疾睡担架。但他不顾身体有病，不仅亲自带兵打仗，而且在敌人封锁的岁月中长期得不到中央指示的情况下，时刻牢记着党，想尽一切办法寻找上级党组织。

1935年7月16日，在皖西舒城县的一个山沟里，高敬亭给党中央写了一份报告。汇报红二十八军的组建和发展情况，他诚恳地写道："我本一农民……省委只留我一人在此苏区，望党中央急派一人来领导。""望派人指示。"他在遭受王明右倾投降主义路线的打击时，虽饱受委曲，满腹冤愤，但始终对自己毕生为之奋斗的党，毫无怨言。他在被害前夕，深憾革命事业未竟，眷恋革命生涯，写给自己的妻子史玉清同志的诀别信中，仍以革命的名义，称她"同志"，并嘱咐将其女儿交人民抚养。最后遗言，丹心昭昭，赤诚可见。

第二，高敬亭同志为革命孜孜不倦，刻苦学习。他是我党军政双全、文武兼备的红军将领。高敬亭没有进过军事学校，但他善于从战争中学习战争。他能在敌人重兵进攻、敌势猖獗的险恶环境中，驾驭战局，立于不败之地；他能在敌人追、围、堵、驻、清的"大合剿"、大封锁中，带着部队忽东忽西纵横驰骋。在敌我斗争实践中，他提出一套正确的行之有效的战略战术原则和方针，如"四打四不打"的原则，即伤亡过大不打，敌情不明不打，地形不利不打，缴获不多不打。敌情明，地形好，缴获大，无大伤亡则打。又如在战术上，他提出了伪装战术、杀"回马枪"、"敌上山,我下山"、"化整为零,集零为整"等原则,在战略上提出"拖垮二十五路军""待机打击十一路军""找保安团要补充"等方针。高敬亭还发展了以党、政、军三结合体制为特点的武装便衣队。这些便衣队人少精悍、扎根群众、星罗棋布,既可经常地四面出击,神出鬼没地打击敌人,也可以集中起来打大的战斗,是坚持三年游击战的第二主力。由于到处都有便衣队,部队走到哪里,哪里就有给养供应,能安置伤员,为主力部队提供了广阔的后方。这些战略战术原则的提出和发展,使高敬亭成为不负重望、深受红军战士和人民群众爱戴的优秀指挥员,也是三年游击战争取得胜利的主要原因。

第三,高敬亭同志坚信党中央提出的"停止内战,一致抗日"的正确原则,以智克彼,以理制胜,稳操谈判胜券。1937年7月13日,高敬亭率部由鄂东北突围到达皖西的岳西县南田村,从何耀榜处得到姜术堂从西安带回关于国共合作的文件材料,开始感到意外,很不理解。他投身革命以来,同国民党反动派整整打了十年,目睹国民党反动派"剿共"、屠杀人民,犯下的种种罪行,罄竹难书,于家于党,他对国民党反动派都有很深的仇恨,无论从思想上、感情上,他都是不能接受的。当他拿到这些文件、材料,从午饭后一直读到深夜,反复研究了十余遍。他深刻领会了党中央提出与国民党建立抗日民族统一战线的重大决定后,就坚决响应党的关于国共合作抗日的号召,主动通知国民党豫鄂皖"剿共督办"卫立煌,督促他马上停止向我进攻,立即派代表来同我方进行谈判合作抗日。在谈判桌上,高敬亭同志坚持我党主张的"停止内战,一致抗日"的正确原则,以极大的努力,有理、有利、有节地和国民党代表谈判,既表现了坚强的党性立场,又表现了他灵活、机智的英雄本色,粉碎了敌人的种种阴谋。当谈判取得胜利后,高敬亭同志仍然保持着清醒的头脑,他告诫干部:"合作了……我们还是我们,我们不能丢掉过去的红军作风!"赤胆忠勇的高风亮节,显而易见。

第四,高敬亭同志为国赴难,为民赴汤,率部东进抗日,打响新四军抗日第一仗。1937年7月28日,国共谈判达成协议后,中央军委命将高敬亭率领的红二十八军改编为新四军第四支队,高敬亭为司令员。为了解救处于水深火热之中的人民群众,1938年3月8日,高敬亭奉命率部奔赴皖中、皖东抗日前线。当时皖中、皖东大部分地区已沦入敌手,老百姓纷纷逃难,部队所到之处,村村有哭声,处处是难民,一片凄凉景象。国民党杨森部二十、二十一军不战而退，还吹嘘日军如何厉害。为了打击皖中、皖东敌人的嚣张气焰，打破日军所谓"皇军不可战胜"的神话，戳穿国民党污蔑新四军"游而不击"的谎言，高敬亭决定打几个胜仗，鼓舞军民士气。5月12日，四支队在巢县蒋家河口打响了新四军对日作战的第一仗，全歼出扰日军，首战告捷，极大地鼓舞了华中军民的抗日斗志。7月，根据中共中央指示，率部参加武汉会战，袭扰日军后方运输线的战略任务，高敬亭率领四支队赴皖中前线，出师奏捷，接连在合肥—六安、安庆—合肥、舒城—六安公路线上，取得了大关、小关、范家岗、椿树岗、棋盘岭、铁铺岭、西三十里铺、七贤岗等30多次战斗的胜利，在中共地方组织配合下，创建打开了皖中抗日根据地。从此，高敬亭率领的四支队以能征善战誉满华中，受到党中央的表扬和人民群众的拥护。

第五，高敬亭同志同右倾投降主义错误进行斗争，赤胆忠勇，无私无畏，铁骨铮铮。1938年2月，高敬亭同志参加了中共中央长江局会议。会上，王明为推行右倾投降主义错误路线，置党和人民的利益于不顾，专投国民党之所好，提出与我党独立自主的抗战原则相违背的"一切服从国民党"的口号，要我党在大别山不留一兵一卒。这将使高敬亭同志经过极大努力在谈判中所赢得的胜利完全被断送；这将使十年革命战争中，党和红军、苏区人民用极大的代价，浴血奋战而换来的鄂豫皖根据地拱手相送国民党。高敬亭同志据理力争，做了坚决斗争，结果被王明等人扣上了"不尊重统一战线""在言论上反对中央、轻蔑中央，对中央武汉的领袖不尊重已极"的帽子。10月，为了建立巩固的抗日根据地，高敬亭率部发动庐江、无为讨伐战役，一举歼灭勾结日伪的反动武装3000多人，缴获1600多条枪。由于群众支持，四支队在这里扩了军，发展到近7000人。然而，这正是王明高喊"统一战线高于一切，一切服从统一战线"的时候，高敬亭这样做又"触犯"了王明的律条，被扣上"违犯兵役法""破坏党的统一战线"，破坏统一战线就是"反对中央在武汉领袖，反党反革命"的帽子。于是，1939年6月，对高敬亭采取了残酷斗争，无情打击，逼他承认错误。高敬亭义正词严地说："红二十八军艰苦奋斗几年才有今天这支部队，东进抗战，我没有错，四支队没错，为什么整我？"6月24日，新四军个别领导人奉行王明右倾投降主义路线，在未经党中央批准的情况下，竟按照蒋介石的电令，将高敬亭同志处死。死前，新四军的一位领导人在手上曾写下"兵多不由将"给高敬亭看。高敬亭说:"死对共产党人无所畏惧,我的做法是正确的,我是共产党员,我要死在红地毯上。"

在国共合作之初,抗战方兴未艾,杀了这样一个有勇、有谋、有胆、有识、有大功,经历过长期艰巨复杂的武装斗争的高级将领,这完全是使亲者痛、仇者快,这对党对革命造成了何等大的损失啊!

高敬亭同志是鄂豫皖革命根据地的卓越领导人,他在鄂豫皖边区早期革命运动和鄂豫皖红军及革命根据地的建设发展中,尤其是在重建红二十八军和领导红二十八军坚持三年游击战争中,表现出了卓越的智慧和非凡的组织才能。他为革命呕心沥血、英勇奋斗,运筹于帷幄,指挥于前沿,倾注了他的全部心血和生命。他对党忠诚,革命意志坚定,无论在任何险恶的形势下都能保持不屈不挠的革命气节。他卓识远见,思维敏锐,富有创造精神。他关于党、政、军三位一体的武装工作队及游击战争的战略战术方面的思想和实践,为我党我军建设提供了极为有益的经验。他领导的红军部队纵横驰骋,转战千里,战功显赫,是南方三年游击战中的一支"劲旅"。他光明磊落,坚持原则,是坚持实事求是的榜样。他虚怀若谷,胸襟坦荡,平易近人,是联系群众的楷模,从而赢得了广大红军指战员和人民群众的爱戴。

"人生自古谁无死? 留取丹心照汗青。"高敬亭同志为人民而生,为革命而死,他功勋卓著,光照千秋,与日月长存。为了凭吊先烈的侠骨忠魂,在这位中华民族的精英牺牲50周年之际,编辑这本书以示纪念。党和国家领导人李先念、徐向前元帅、方毅、张劲夫、郭述申等题词和撰文,表达对高敬亭同志的深切怀念和崇仰之情。我相信这本书的出版,必将使广大读者从字里行间,感受革命胜利来之不易和真诚的革命家那一颗为革命跳动着的赤诚的心。激发全国亿万人民和广大青年认真学习老一辈无产阶级革命家的崇高品德,继承和发扬党的光荣革命传统,在党的十三届三中全会精神的鼓舞下,加快治理经济环境、整顿经济秩序全面深化改革的步伐。在胜利完成"六五"计划和实施"七五"计划的建设过程中做出更大的贡献。

高敬亭同志安息吧! 你的英名将永垂青史,万古流芳!

原载方正平、许正刚主编,六安市新四军历史研究会编:《纪念高敬亭将军》,2004年,第8~13页。

在与党中央失掉联系的日子里

——怀念高敬亭同志

◎ 林维先　詹化雨　李世安　汪少川　万海峰

在编写鄂豫皖边区三年游击战史的过程中，我们访问了日夜思念的大别山区。沿着昔日战斗的足迹，会见到很多原红二十八军的老同志和当年并肩战斗过的乡亲们。几乎每到一处，人们都要说到高敬亭同志的事迹，这使我们非常感动。尽管时间已经过去了 40 多年，但人们始终没有忘记他！

1934 年 11 月 11 日，中共鄂豫皖省委在河南光山县花山寨召开常委会，根据党中央的指示，决定立即向鄂豫陕边转移，开辟新的革命根据地，以摆脱被动局面。会议同时决定，并写了一封信，留交没有参加这次会议的省委常委、皖西北道委书记高敬亭同志，要他留下重新组建红二十八军，继续坚持鄂豫皖边区的革命斗争。

高敬亭同志是一位在斗争中锻炼成长起来的农民出身的干部，1928 年参加革命，曾任中共豫东南道委书记、中共中央鄂豫皖分局常委、鄂豫皖工农民主政府主席，红二十五军七十五师政治委员等重要职务。他立场坚定，勇敢机智，具有多方面工作经验和干练的组织才能，在群众中享有威望。他留下坚持根据地斗争，是一个合适的人选。但他当时正在皖西。他率领的红二一八团被敌一〇六师、一〇八师、独立五旅包围在赤城（今河南商城、安徽金寨之间）的熊家河。经 3 天激战，高敬亭同志带领部队杀出一条血路，撤至熊家河以东小南金的荒山上。这时，北风呼啸，大雪纷飞，指战员穿的还是薄薄的单衣，在风雪如刀的山上，冻了一夜，次日拂晓，敌人尾追至山下，高敬亭来不及让大家吃饭，就带领部队连续翻越几座大山，摆脱了敌人。部队到达赤城的麦园时,已濒于弹尽粮绝,每天只能吃一点野菜。由于没有盐,个个力不支身。但在高敬亭同志的鼓舞下,部队终于赶到金寨县的抱儿山。

就在这危急关头,鄂东北道委少共书记方永乐同志率领鄂东北独立团,突破敌人的多次堵截,来到了抱儿山,把中共鄂豫皖省委的信交给高敬亭同志。听说省委和红二十五军已经离开根据地,大家都怔住了。有的说开了怪话,还有的慷慨激昂地说:"豁出去了! 跟敌人拼了。"高敬亭严厉地批评了这种无组织无纪律现象,下令不准乱说。

其实,他这时的心情也是极不平静的。省委走了,红二十五军走了,留在边区的红军,在皖西只有新编成的二一八团和一、二路游击师,不过1100余人。在鄂东北只有临时组建的鄂东北独立团和少数零散的游击队,共700余人。仅有的几小块被敌人分割、包围的根据地,由于屡遭敌人的烧杀掳掠,已基本成为无人区。党的机关虽还有鄂东北和皖西北两个道委及下属组织,但在敌人的残酷"清剿"下,已无法在原地立足,只好转入深山密林打游击。高敬亭紧锁眉头,猛吸旱烟,时而向方永乐同志询问情况,时而心事重重地来回走动。过了一阵,他果断地命令部队疾速向东南方向转移。途中,他和方永乐等同志交换意见,研究了重建红二十八军的方案。

1935年2月3日,部队到达太湖县凉亭坳。高敬亭在这里开了紧急会议,传达中央和省委的指示,要求大家坚决拥护中央和省委的决定,当即宣布将红二一八与鄂东北独立团合并,重建红二十八军,下辖八十二师和手枪团。高敬亭同志任军政委,并统一领导鄂豫皖边区的党、政、军工作。会后,他又亲自向部队宣布了这一决定,号召大家坚定信心,团结一致,战斗到底。

形势比预想的还要危急。省委和红二十五军离开根据地后,蒋介石立即令其集结在鄂豫皖边区的东北军五十七军、六十七军,刘镇华的十一路军,梁冠英的二十五路军以及其他正规军共55个团,加上鄂、豫、皖三省的10多个保安团,共约17万人,分4个"驻剿"区,以追、堵、围、截等手段,对我军留下的红军和党政机关人员,实施梳篦式的"清剿";同时,又加紧修筑碉堡封锁线,强迫根据地人民移民并村,实施"一户通匪,十户问罪"的连保连坐;在一切通道、隘口设关卡，严禁粮、油、盐、布、药品等运过封锁线，扬言 3 个月内将红军全部消灭。刚刚重建的红二十八军，面临着严重的局面。

就在部队停留于凉亭坳时，敌一九一、一九二、一九四、九十四、九十五旅的 14 个团，已从西北、东北、南面向我军合围而来。高敬亭用一晚上的时间完成了整编工作，第二天就率领刚组建的红二十八军转移，先后突破敌人两次堵截，于 2 月 12 日在霍山县太阳畈东侧的黄泥塝遭敌九十四旅 2 个团的围截。这时，大雪不止，崎岖的山路已被大雪覆盖。指战员在风雪之中凭险抵抗，师长罗成云同志壮烈牺牲。黄昏时，高敬亭以一支小部队阻击敌人，自己率领大部队翻越海拔 1700 米的皖西最高峰白马尖。经过一天的激战，粒米未入，当到达山顶时，有的同志由于过度疲劳，昏倒在雪地里。高敬亭见此情形，大声疾呼："冲下山去就是胜利！"说着迈开大步，踏着深雪向山下走去。大家立即跟上，拂晓时到达马家河，摆脱了敌人。

到 1935 年 4 月 20 日，我军连续突破了敌人几次堵截之后，转移至霍山县汤池畈东侧的桃岭。当我军登上桃岭时，发现敌一九五旅一九〇团已尾追至汤池畈。高敬亭环顾了一下周围的地势，对八十二师政委方永乐说："这里只有一条小路上山，是个打伏击的好地方。把敌人装进口袋，狠狠揍。"他命令特务营隐蔽在坳口正面，其余部队隐蔽在桃岭左侧山坡树林里。敌先头 2 个营进入坳口后，我特务营立即向敌开火。敌人以为是我小部队阻击，一窝蜂似的拥上山来，被特务营压制在山坳里。高敬亭立即令司号员吹起冲锋号，方永乐带领埋伏在树林里的部队冲向敌群，将敌人分割成数段。特务营营长林维先趁势跃出阵地，率众与敌人白刃格斗。敌人进入坳口的 2 个营被我军全歼，营长也士信被击毙，后边的 1 个营被我军击溃逃窜。

桃岭战斗后，蒋介石见 3 个月消灭我军的计划破产，又于 1935 年 4 月 14 日电令"豫鄂皖剿总"重新部署了 13 个师、1 个独立旅，共 61 个正规团，分 3 个"防区"，对我军加紧"清剿"，并限令两个月内将我军全部消灭。为了有效地保存自己，高敬亭决定西进桐柏山区，待机去陕南找红二十五军。但在我军越过平汉铁路后，敌人慌忙调兵追赶。我军到达桐柏山泌阳县的五道岭，才发现前方是一片开阔地，敌人在沿线早已驻有重兵。在前有敌军阻挡，后有追兵赶来的紧急关头，高敬亭与方永乐交换意见，认为去陕南的目的难以实现，大别山是老根据地，群众基础好，地形熟，只有重返大别山区，才有立足之地。于是决定立即东返。

我军回到皖西后，高敬亭在太湖县庙前河召开会议，总结了这次转移途中三战三捷的经验，提出了"敌情不明不打，伤亡过大不打，地形不利不打，缴获不多不打"的"四不打"作战原则。根据高敬亭确定的方针，我军在皖西和鄂东北的黄安（今红安县）、麻城一带山区游击作战，先后歼敌多股，并于1935年8月13日夜袭孤立驻守霍山县花凉亭的敌六十五师一九五旅三九〇团，全歼1个营，毙伤敌200余人，俘敌100余人，缴获步枪300余支，轻重机枪7挺，迫击炮1门，各种子弹万余发。

在这前后，蒋介石为阻止我主力红军北上，将东北军陆续调往西北，换来十师、八十三师、一〇二师、一〇三师。敌人在鄂豫皖边区的兵力显然逐渐减少，但筑成了纵横交错、密织如网的7条封锁线，给我军行动造成了极大的困难。为了摆脱困境，高敬亭派方永乐带1个营和手枪团2个分队去靠近长江的黄梅、广济一带试探。方永乐进入这一带后，发现敌人兵力相当空虚。他仅以手枪团1个分队就轻取濒临长江的孔垄镇，全歼敌1个保安分队。为了进一步摸清敌后平原地区的虚实，他又令林维先率领1个加强连潜入平原。林维先等同志化装成敌军，7天时间连过浠水县团陂、下巴河、黄冈县上巴河3个大镇，消灭敌保安团2个连，智擒过路的敌二十五路军秘书长，烧毁敌军仓库1处，缴获大批服装、武器，俘敌60余人。高敬亭听取了方永乐等同志的回［汇］报后，在太湖县柴家山召开会议，提出了"化整为零，集零为整"的方针，确定我军主要以营为单位分别深入敌人兵力薄弱的平原、丘陵地区活动。此后一年多时间，我军兵分多路，东至怀宁县高河埠，威逼安徽省会安庆，西抵鄂北重镇襄樊近郊，南临长江，北达信阳，活动范围由过去的不足30个县扩大到45个县，影响遍及江北。1936年6月28日《申报》登载的一篇《汉口通讯》透露："高俊（敬）亭全部精锐，不过千余人，在边区各县时集时散"，"现化整为零"，"日见扩大，滋蔓难图"。敌人的反应从反面说明了，我军以小部队分散出击的战术，使敌人感到多么头疼。

3年中，红二十八军共歼敌18个营又15个连和大量小股敌军；钳制敌正规军最多时达68个团，最少时也有30个团，创造了游击战的辉煌成绩。红二十八军的胜利，同高敬亭同志的正确指挥是分不开的。

还在凉亭坳重建红二十八军时，高敬亭就针对根据地被敌人占领的严重情况，提出"必须积极大胆地寻找新的立足点，建立新的游击根据地"。重建红二十八军13天后，他又在潜山县白果树召开会议，决定成立皖西特委和二四六团，派徐成基同志任特委书记兼二四六团政委，负责在舒城、潜山一带寻找立足点，安置伤员。此后，他亲自率领红二十八军在皖西与敌人周旋，计划在这里打开局面，建立游击根据地，但没有成功。而在这同一时期，中共皖西特委组织了11支便衣队，在二四六团的配合下，在霍山、太湖、舒城、潜山交界的山区，建立了十多处立足点。中共鄂东北道委领导的便衣队也在老苏区站住了脚。这一事实使高敬亭认识到：在敌人强大兵力统治的地区，以主力部队开辟游击根据地，势必吸引敌人跟踪而来，不可能立足。而便衣队机动灵活，便于隐蔽活动，可以选择党和群众基础较好、敌人统治薄弱的地区建立游击根据地或立足点。为了进一步发展便衣队组织，积极开展对敌斗争，高敬亭亲自选派了一批会打仗、会做群众工作、能够掌握政策、具有独立工作能力的指战员到各地，组织和发展便衣队；并经常带1支手枪分队，通过敌人的层层封锁，深入各地，检查便衣队的工作，总结推广他们的经验。到1936年秋，全区便衣队发展到81个500余人，活动范围东迄怀宁、安庆，西跨平汉铁路至应山，南抵蕲春、黄梅、广济、黄冈，北至信阳、固始，形成便衣队星罗棋布、四处开花的有利态势。便衣队根据高敬亭同志规定的任务和方针、政策、策略，在敌人统治薄弱的穷乡僻壤，依靠基本群众，通过亲连亲，户连户，村连村，很快把群众发动了起来，恢复和建立了党的组织。先后建立了中共黄冈中心县委、商南县委、皖鄂特委，并在农村中广泛建立了农民小组、妇女小组、少年小组等各种秘密组织，以各种方式袭击骚扰敌人，结合政治攻势，发挥政策威力，分化瓦解了一部分敌人。一些地主惧怕便衣队的制裁，不但按期交粮交款，还掩护红军伤员。我们当中就有几个同志负伤后，曾安置在地主家里，得到过保护和治疗。一些保长、联保主任被便衣队争取过来，暗地为我军筹粮、筹款、送情报，因此这些地区实际控制在我们的便衣队手里。

到1937年初，便衣队在皖鄂边的鹞落坪、大冈岭、将军山、桐柏冲一带建立了方圆200里的游击根据地。在鄂东北恢复了以老君山、天台山为中心的老苏区游击根据地，建立了以信阳县为中心的游击根据地；在黄冈地区建立了以大崎山为中心的游击根据地；在皖西老苏区建立了以金冈台为中心的游击根据地。便衣队在这些游击根据地创办了"山林医院"、小型的修械所和以手工为主的被服厂，为部队筹款，购置了大批医药、雨伞、力士鞋、手电筒。鄂东北道委又两次组建了鄂东北独立团，并组建了特务一营、特务二营，一、三、九路游击师。皖西特委和后来的皖鄂特委组建了10余支游击队。黄冈中心县委先后组建了战斗一营、战斗二营。这些部队积极配合红二十八军主力部队作战，还输送了大批兵员，从而保证了三年游击战争的光辉胜利。

在与党中央失去联系的日子里，高敬亭同志始终心向党中央，盼望着党中央的指示。1935年7月16日，他在皖西舒城县的一个山沟里，请人代笔给党中央写了一份报告，汇报红二十八军的组建和发展情况。他诚恳地写道，"我本一农民……省委只留我一人在此苏区。望党中央急派一人来领导""望派人指示"。表达了他对党中央的一片赤诚。1937年7月13日，高敬亭同志在皖鄂特委书记何耀榜同志那里，看到了起义参加我军的国民党十一路军原少尉排长姜术堂送来的我们党中央的《关于抗日救亡运动的新形势与民主共和国的决议》等两份报告。在与党中央失去联系近三年之后，终于看到了中央的指示，高敬亭非常激动。他如饥似渴地反复阅读，认为党中央提出与国民党建立抗日民族统一战线，是在民族危亡的紧要关头做出的重大决策，关系到党和国家的前途、命运，便毅然写信给国民党豫鄂皖边督办卫立煌，倡议举行联合抗日的停战谈判，卫立煌回信表示同意。

在谈判斗争中，高敬亭同志始终坚持革命立场，保持高度警惕。他首先布置我军严阵以待，直至卫立煌撤走包围我军的部队，才派何耀榜同志为我方代表，在岳西县青田畈与卫立煌的代表、少将高参刘刚夫开始谈判。高敬亭同志化名红二十八军政治部主任李守义，亲自指挥何耀榜同志同卫立煌的代表进行针锋相对的斗争。对方要求我军首先按国民党军队编制进行整编，并到岳西县的九里河一带集中。我方则坚持对方必须首先承认我党对我军的领导权，我军享有独立自主的权力，并坚持只能到靠近我军游击根据地的黄安县七里坪、礼山县（今大悟县）、宣化店一带集中。在对方接受了我方提出的要求后，我方也作了适当的让步，表示同意将我军暂时改编为鄂豫皖工农抗日联军，但必须由两党中央最后商定。斗争做到了有理、有利、有节。谈判达成协议后，卫立煌要求我军按他规定的行动路线集中，并表示沿途已布置热烈欢迎。但高敬亭没有依从，他亲自率领部队沿靠近我军游击根据地的山路行进，并派出侦察员严密警戒。他还派出干部，向分散在鄂豫皖边区各地的部队和便衣队传达我党中央的决定和我方与卫立煌签订的协定，要求大家在集中过程中提高警惕，严防敌人袭击。在高敬亭的严密安排下，红二十八军各部、各地方部队和各地便衣队，全部安全集结到七里坪，没有受到任何损失。

我军集中后，在党中央的领导和关怀下，进行了半年多的整训，并在驻地大力开展抗日救亡活动，动员了大批爱国青年参军。1938 年 2 月，红二十八军遵照党中央的决定，与豫南游击队合编为新四军第四支队，高敬亭同志任支队司令。3 月，我四支队 3000 余人在高敬亭同志率领下，东进皖东，投入了伟大的抗日战争。

正当高敬亭同志领导我们斗志昂扬地求得更大的发展时，他却在王明错误路线的影响下，于 1939 年 6 月 24 日被错杀了。这是一次令人痛心的惨重的教训！

值得告慰的是，1977 年 6 月 27 日，遵照毛泽东同志生前的批示，高敬亭同志的问题得到了昭雪，终于恢复了他本来的形象。在他 44 周年祭日的时候，我们谨以此文，表示悼念。

原载《解放军报》，1983 年 7 月 10 日

红二十八军手枪团战斗片段

◎ 詹化雨

第二次国内革命战争期间，在党的领导下，大别山地区多次举行农民起义，建立了鄂豫皖革命根据地，相继组建了中国工农红军第一军、第四方面军、红二十五军、红二十八军。

1932年秋到1934年秋，红四方面军和红二十五军先后离开鄂豫皖根据地后，蒋介石调集了几十万军队，对这块红色土地进行"清剿"，肆意烧杀。但是，中国共产党和中国人民是杀不尽、吓不倒的。留下的部队和地方游击队、便衣队从未停止过斗争。1935年2月组建了红二十八军，下设八十二师，辖二四四团3个战斗营和1个特务营，并成立1个军直属手枪团，下辖3个分队。

手枪团虽然人员不很充足，但都是身经百战、机智顽强的老战士。当时武器虽然很缺乏，但是手枪团每人配备的都是长、短枪。手枪团具有机动、灵活、精干、顽强的特点，经常入虎穴，闯龙潭，当先锋，捍后卫，探敌情，打掩护，穿插敌后，来往自如，出其不意，打击敌人。敌人对手枪团怕得要死，专门组织了"别动队"，对付我们。而我们的领导和同志们，对手枪团十分爱护，亲切地称呼手枪团为"好向导""老向导"。下面记述的就是我们手枪团在三年游击战争中参加过的一些战斗片段。

乔装入敌穴　智擒伪省长

　　红二十八军组建后，在皖西、鄂东、豫南地区，开展了敌后游击战争。蒋介石任命梁冠英为鄂豫皖"剿共"总指挥，制定了"清剿"计划，妄图在3个月内消灭红军。我方为避敌锋芒，寻机歼敌，向霍山以东游击。

　　2月17日，正是农历正月十五，我红二十八军来到舒（城）霍（山）去岳西大道上的白果镇召开干部会议，正在研究下一步行动问题，手枪团派出的侦察员进来报告说："前任伪安徽省省长余立明，年前带了200名武装人员，从安庆回到他的老家官庄过年，现在还在家里。群众对他恨之入骨，要求我们去收拾他。"

　　"余立明真大胆呀！"八十二师方永乐政委对军政委高敬亭说："高政委，你看他派头真不小呀，过年还要200人陪着他。"

　　"还不是看到他蒋介石老子派了兵来'清剿'，狗仗人势！"高政委思索了一下接着说，"余立明这个老家伙，是靠反共起家的，我们揍他一顿，给他主子一点颜色看，不然，我们在潜（山）太（湖）地区也难以立足。"

　　室内片刻沉默，方永乐政委说：

　　"这里离潜山、晓天都不远，敌人还在屁股后面找我们，要打这条狗，必须乔装智取，速战速决，免得引起麻烦。"

　　高政委沉思一下说："这个方案好。古话说：'不入虎穴，焉得虎子。'我们现在虽然打的是一条狗，也要有敢于深入虎穴的精神。你就布置吧！"

　　就这样，一个乔装入敌穴、智擒伪省长的战斗方案形成了。

　　冬天的黑夜来得特别快，天上又下起了夹着雪花的毛毛细雨，这正是我们袭击敌人的好机会。黎明前，我们已悄悄地摸到官庄附近，各营分别埋伏在官庄四周的小山上，形成一个半圆形包围圈。我手枪团一分队，隐蔽在紧贴官庄水圩近200米远的小竹林里。战斗布置好后，天已大亮，官庄情况已清晰可见：外围有一丈多宽的水圩子，门楼前有个哨兵站岗，今天是正月十五元宵节，来往客多，吊桥也没有收起来。水圩里面，四角有4个五六丈高的炮楼，易守难攻。只要门岗能控制住，部队进了庄子，就可以瓮中捉鳖了。

上午 9 时许，我手枪团团长余雄身着狐皮长袍，眼戴茶色墨镜，手挂文明棍，在通往官庄的大道上，大摇大摆地向庄上走去。他的身后紧跟着 4 个人，一个穿着国民党军官服装，是扮演"副官"的，其余 3 个都是国民党护兵打扮，每人手里都提着"红包大礼"。

只见他们 5 个人穿过吊桥和门岗交涉了一会儿，便留下"副官"和一个护兵站在门岗边。这时只见那个战士将手中红包摇了三下，已知门岗被我们解决了，便带领手枪团一分队飞一般地向官庄冲去，一边抢占炮楼，一边向屋里攻击。接着方永乐政委也带手枪团二、三分队一拥而进，刚进大院就遇余团长挥枪从里面出来，大声招呼我们：

"余立明被绑在客厅里，快封住西厢房里的敌人！"

原来大部分敌人正在西厢房赌博，还不知怎么回事，我方十几支驳壳枪突然对准了他们，师政委在门口大声喝道：

"缴枪不杀，我们是红军！谁敢动一动，我就要他的命！"就这样屋里敌人被这突如其来的行动，吓得心惊肉跳，乖乖地当了我们的俘虏。

这时，有两个炮楼还没有被我方占领。炮楼里的敌人不断向院子里射击。方政委一面命令部队占据有利地形攻打炮楼，一面叫大家喊话：

"我们是红军，余立明已被我们捉住了，我们宽待俘虏，缴枪不杀！"敌人抵抗了一小会儿，听到我战士喊话，害怕继续抗拒没有好下场，都举枪投降了。整个战斗不到半小时，缴获了 200 多支步枪，2 挺机枪，10000 多发子弹，确是一个不小的收获。

当我们问余团长怎么进入庄子，活捉余立明时，余团长炯炯有神的大眼环视了一下大家，笑了笑说：

"我们刚到官庄，敌人桥头哨兵就把我们拦住了。我的'副官'机智灵活地上前要打哨兵，大声骂道：'混蛋，没长眼吗？这是我们余司令，和余省长是至交，今天特来给余省长拜年的，还不快去通报！

"我暗中高兴，故意说：副官，不要给他作难，我早已听说余省长治军有方，弟兄们尽忠职守，今天一见果然如此……

"敌哨兵听我两声恭维，脸上现出了喜色，我赶紧对敌哨兵说：我和余省长自幼相交，兄弟，烦你代我通报一下。

"但敌哨兵仍然似信非信，端着枪不让我们进去。我怕纠缠久了误事，就随机应变说：好吧，这位兄弟忠于职守，我们不给你为难，'副官'，你和一个弟兄留在这里等一会儿，我们先进去一下。这时，我看敌哨兵收起枪，就向我们的同志使了个眼色，机灵的'副官'随即用驳壳枪顶住敌哨兵胸膛，咱们的战士伸手缴了另一个哨兵的枪。我和三个战士走进大院，只听西厢房里很多人，好像在赌钱，'天杠''地八'地嗷嗷叫。我不知余立明住处，正好迎面来了一个挎着手枪的勤务模样的敌兵，看样子对我们有所警戒，我们一个战士抢上去问：'你们省长住哪里？我们余司令是来给省长拜年的。'接着把礼物往他手里塞。这个家伙倒也勤快，马上笑着往东边一指：'就住在那边，我带路。'我们跟他转过一个花坪，见到一个富丽堂皇的客厅。我便先入为主地大声喊道：'立明兄在屋吗？'接着里面干咳一声，走出个 50 岁开外的穿着长袍的胖家伙。敌勤务兵连忙将礼物放下，敬了个礼，刚报告'余司令……'我就抢上前去，把余立明两手攥住，两个战士拔出手枪喝道：'我们是红军，今天特来找你算账的，放老实些！'同时，另一个战士缴了那勤务兵的械。余立明不知所措，呆若木鸡。我将余立明和他的勤务兵捆在客厅里，你们不就进来了吗？……"

我们大家听了以后，都竖起大拇指说："余团长，你真有两下子！"

余团长谦虚地说："我一个人管什么用！不是方政委的巧计，不是你们接应得快，我们进不去，也出不来啊！"说得大家都笑了。

寻机打伏击　三战独五旅

手枪团经过桃岭、三里坪连续几次战斗，打破了敌人的"清剿"计划，蒋介石重新调集大批人马，跟在我军屁股后面，进行"追剿"。在敌众我寡的情况下，几经转战，部队准备进入桐柏山区。行至棺材沟附近，我侦察员获知敌二十五路军独五旅的 3 个团，加上九十四旅的一八七团组成了"追剿"部队，企图寻找我军主力决战，正向棺材沟运动，情况十分危急。

军师领导得知这一情报后，召开会议分析敌情，研究对策。大家认为独五旅武器装备虽好，但他们是骄兵骄将，已经长途跋涉，十分疲惫；我军近来不断打胜仗，装备有所改善，士气高昂。因此，我们选择有利地形打击敌人，有利于我们东进。决心下定后，部队连夜火速向棺材沟进发。

棺材沟三面环山，两侧悬崖，犹如刀切斧砍，十分险恶。这是一个只有百来户人家的小镇，一条小路从东南向西北穿过小镇伸进谷底。人们都把这个小山镇看作出入桐柏山的咽喉。此时已是初夏，山上浓荫盖地，正是一个打伏击的好场所。大家非常赞同军师领导选择这个地方痛击独五旅。

拂晓前，特务营按计划占据右侧山梁。这条山梁两面都是陡坡，山顶呈一条鱼脊背形，只要用一挺重机枪封住路口，敌人就无法上来。我手枪团和二四四团按计划在左侧半山腰埋伏，伺机歼敌。同时，以1个步兵连，占据我军来路1个山头，对付可能从西南方向来犯的敌人。

上午8点多钟，敌人约1个团的兵力，沿着山谷小道，进入谷底，搭人梯，攀悬崖，妄图偷袭我军左侧。我军隐蔽在半山腰的手枪团战士和二四四团主力，沉着镇定，待敌接近。敌人还以为未被我军发觉，一个劲地往上爬。直至敌人爬到距我阵地只有20多米时，"开火！"我指挥员一声令下，顿时机枪、步枪一齐向敌猛烈开火，手榴弹也劈头盖脸地向敌群砸去。刚刚爬到陡壁悬崖上的敌人，遭此突然袭击，既无力还击，又无处躲藏，一个个滚下悬崖，跌落在山沟里，葬身谷底。敌人死伤大半，只好退了下去。

敌人偷袭不成，妄图依仗着优势兵力和装备，不顾极为不利的地形，又以1个团的兵力，顺棺材沟小街向右侧山梁偷偷地爬来。我特务营重机枪吼叫了，敌人一排排倒下去，多次冲锋也难前进一步。

敌人不甘心失败，又集中兵力，连续3次冲击，都被我军两面交叉火力击退。

下午3时许，敌重整旗鼓，在督战队威逼下，又组织2个团的残余兵力，向我军阵地猛冲。当敌人冲到离我军阵地不到30米时，只见师政委方永乐一跃跳出掩体，高声喊道：

"同志们，消灭敌人的时机到了，冲啊！"

一瞬间，各种火力一齐向敌人打。我二四四团团长梁从学一连向敌群投了数十颗手榴弹，炸得敌人哭爹叫娘，死伤无数。我手枪团战士们英勇地杀向敌群，展开了白刃搏斗，终于将疲惫不堪的敌人压到谷底，敌人被打得抬不起头来。

这时，已近黄昏，我军趁夜色撤出阵地，转移了。

棺材沟战斗，给敌独五旅以沉重打击，重创敌2个团。

6月15日晨，不甘心失败的独五旅，又紧跟上来了。我军一面阻击，一面疾进，准备把它拖垮后，选择有利地形，再狠狠地打击它。到下午3时，我军来到光山境内赛山寨，山虽不高，但山势陡峭，林木茂密，便于荫［隐］蔽，在这里设伏歼敌甚为有利。军师首长研究决定在此杀个回马枪，击退追敌后再东进，于是命我手枪团的主力荫［隐］蔽埋伏于山梁背后，一个营担任正面阻击。

6月中旬，太阳似火，天气异常炎热。敌六一三团扛着笨重武器，尾追我们。敌人又饥又渴，疲惫不堪。他们懒洋洋地来到赛山寨南部山脚下，我一营战士先敌猛烈开火。敌人顾不得疲劳，以前卫营向我阵地猛攻。埋伏在小山梁后面的手枪团主力突然发起冲击，以泰山压顶之势，勇猛冲向敌群，敌人支持不住，退下山去。我军即跟踪追击，将敌压在山脚下河滩内，歼其大部，击毙敌六一三团团长曹兴文、参谋长刘长荣以及营连军官多人。这次战斗除缴获枪支弹药外，还第一次缴获敌电台1部，又给独五旅一次沉重打击。

天近黄昏，我军撤出战斗，向南挺进，摆脱了敌人的尾追。独五旅旅长郑廷珍派兵四处侦察，第3天后才发觉我军已到湖北罗田滕家堡一带了。

6月18日，不认输的赌棍郑廷珍，率领已遭我2次打击的残兵败将，又追上来了。这时我军师首长已选好滕家堡以西15里的殷家园作战场，决定3战独五旅。

殷家园地处大别山腹部，山峦重叠，古树参天。我军已于头天夜晚进入伏击阵地。清晨，敌人闯进了我军伏击圈，我军四面一齐喊杀，战士们像潮水般冲入敌群，使得这个连吃败仗的独五旅溃不成军。激战两小时，敌人再也支持不住了，死的死，降的降。郑廷珍见势不妙，像一条丧家之犬，带一部分残兵落荒而逃。

手枪团巧用兵　青草塥歼顽敌

1935年7月初，我军主力从湖北罗田去皖西，同敌"追剿"部队在潜山、太湖境内兜了几个圈子，将敌人引进深山后，我军立即挥师回头向东，经过两天急行军，插到安庆附近活动，摆脱了尾追的敌人。7月12日晚，我军进到距离青草塥50里的徐家湾。手枪团前卫侦察得悉，青草塥只驻有保安团1个连，高河埠驻保安团2个连，附近没有发现敌正规部队。手枪团将这一情况向师领导汇报后，提出了采用伪装战术歼灭青草塥之敌的计划。军师首长研究后，指示手枪团伪装成敌二十五路军的追击部队，当晚作好伪装准备，第二天出发。

第二天早饭后，我扮成国民党军官模样，率领化装成敌二十五路军的手枪团战士，向青草塥进发。行至离青草塥10多里的路上，遇到赶集回来的农民。我问：

"老乡，青草塥驻有军队吗？"

那位老乡对我上下打量一番，便小声谨慎地对我说："街里面只有100多个人的保安团，听说他们今天也出窝到这边来了。"

得到这一情报，我注意着前方动静，率队继续前进。又走二三里，来到一个小山岗时，果然有一股敌人以行军队形向我迎面走来，这时，敌人尚未发现我们。我立即请示师领导，提出在行军中解决这股敌人。师首长同意后，我一面命令部队继续前进，一面下令："向后传，做好战斗准备，听命令行动。"

当敌前卫尖兵发现我军时，我们相距不到百米了。保安团一向是见到国民党正牌军，官矮三级，兵低三等，见我们是"国军"装束，就站在那里不敢前进了。我军仍脚不停步向前走。敌尖兵胆怯地问：

"贵军是哪一部分的？"

"哪一部分的，你眼睛瞎了！"我装着生气的样子，把手向后一扬，"他妈的，你看我们是哪一部分的。"

大概是敌连长听到前面讲话，慌忙赶上前来，一看我是营级军衔，忙不迭地点头哈腰：

"长官，别误会，都是自己人，请便！请便！"

"听说前面有共军活动，你们知道不知道？"我故意吓唬他。

"报告长官，我们听说离这儿不远的李家庄有小股游击队活动，没有听说有共军。"敌连长胆战心惊地回答。

"放屁！我们的独五旅都叫共军吃掉了，你还说没有共军，妈的，八成你们都是私通共军！"我这样狠狠地训他。

"报告长官，我们这几天都有侦探外出，确实没有发……"

"没有发现共军是不是？"我打断敌连长的话，"就是共军在你面前过，你也认不出，妈的，见到共军，你们早跑没影了！"说罢，我一边继续盘问敌连长，一边命令后边战士大步前进。

敌保安队忙让开路，在一边立正站着，呆呆地看我们队伍通过。当我看到我们队伍已和敌人队列平行时，便大喊一声："向左转！"我手枪团战士不约而同地"唰"地一下拔出手枪，对准自己身边敌人齐声喝道：

"不准动，把枪放下！"

"我们是红军，缴枪不杀！"

当敌人清醒过来时，全连已缴械当了俘虏。

师政委带的大部队到时，战斗已结束了。我们审问了敌连长，得知青草堰只留有少数匪兵守碉堡。我命令敌连长带路，向青草堰开去。来到街上，又命敌连长喊话，缩在碉堡里的匪兵很快乖乖地缴枪投降了。

青草堰是一条长街，住有三四百户人家，当天下午在街上打了几家土豪，收了他们一些粮食、衣物，分给当地贫苦群众。第二天早上，我们怀着胜利的喜悦心情，奔向桐城方向。

青草堰化装打保安团，后来当地群众还编了一首歌谣：

> 红军有个手枪团，机智勇敢不一般。
>
> 青草堰啊施巧计，乔装打掉保安团！

勇士们打出军威　别动队缴械认输

我们在挫败梁冠英的独五旅前，就听说梁冠英专门抽调一些"精兵强将"，组织了一个别动队，进行专门训练，对付我手枪团。从俘虏口中得知：这个别动队每人配备长、短枪，还有新式自动步枪，都是新家伙，直属敌三十二师指挥。

我手枪团干部、战士听了都很高兴，一是打仗有了对手，二是想要他们的"新家伙"，所以经常向领导打听：

"啥时候去打别动队呀？"

"我们下个战表给他们，找他较量较量!"我们一没下战表，二没有去寻找，没想到这回却被我们碰上了……

青草堀战斗后，我们又拖着敌人兜了几个圈子。到了7月下旬的一天下午，我们翻越潜山境内的万山，来到太湖的野鸡河附近，计划在天黑前过封锁线。这时我侦察员报告：敌人有一个旅，昨天晚上进驻野鸡河。

我和余团长立即登上野鸡河对面的山头进行观察，果然发现野鸡河小街周围有敌军活动，原打算从这里过封锁线，现在看来不可能了。

于是我们认真观察周围地形，要绕过野鸡河，只有南北两条路：往北，是一陡坡，难以攀登，又易被野鸡河之敌发现；只有向南，但要下一道三四里长的山坡，跨过一道山涧，才能到达对面山上。相比之下，往南比往北对我军有利。

我们向领导报告后，决定走南面这条路。余团长随即命令二分队迅速占领东面山头，监视野鸡河方向敌人的动静，掩护我军主力向南转移；命我一分队担任前卫，化装冒充敌九十六旅"追剿"部队，顺着南山坡前进。

走出约2里路的半山坡上，突遇藏在路边树林内的敌哨兵"砰! 砰!"对空打了两枪，嚎叫道：

"站住，站住! 你们是哪一部分的?"

我们不理睬，继续向敌哨兵逼近，敌哨兵又狂吠起来：

"快站住! 再不站住，我就开枪啦!"我一步抢上前，逼到敌哨兵面前："他妈的，谁叫你随便打枪!"并用手指指着我胸前的符号说："你他妈的，真是大水冲了龙王庙，连自家人都不认识! 你看老子是哪一部分的?"

我大个子班长怒骂道："妈的，你朝老子开枪，八成是共军冒充我们的!"不由分说，就把两个哨兵的枪给下了。经过审问俘虏，才知道山脚下小村子里也有敌人，而且是敌三十二师别动队的100多号人。

我们战士听说山下的敌人是别动队，这下子可高兴了：

"这回算是叫咱走运碰上了，今天倒要看看你别动队到底是个什么货色!"

一个战士指着两个俘虏的敌哨兵说："什么货色，都像这两个——交枪、当俘虏!"我怕时间耽误久了，被山下敌人发现，便迅速把俘虏交给后面的同志处理，准备前进。这时余团长到了，知道情况后，命令我战士作好应急准备，迅速向山下前进。没走几步，又发现两个敌兵持枪向山上跑来，我们又照刚才的办法，抓住他们，问他俩上来干什么。他说刚才听到两声枪响，队长叫他俩来看看是怎么回事。

情况异常严重，时间一刻也不能拖延。我先头部队继续快步向山下奔去。来到山脚下村庄西头时，村口敌人便大声喊叫：

"你们是哪部分的？站住！"

"我们是九十六旅追剿部队。你们是哪一部分的？"

这时，村子里又蹿出几个敌人，枪栓拉得哗哗响，并大声叫喊：

"站住，站住！再往前就开枪啦！"

山陡路窄，只能一路纵队行进，队伍拉得很长。我一分队战士正向村庄运动，过早暴露，对我方不利。我连忙抢前一步，向村口敌兵招手：

"不要误会，我们是二十五路军九十六旅追剿队！"

正在这时，从屋里走出一个小军官模样的家伙，一面用命令的口气对着村口的匪兵喊叫："快散开！快散开！"一面故作镇静地问我：

"你们是哪一部分的？"

"是二十五路军九十六旅追剿队！"我沉着地应答，并反问，"你们是哪部分的？"敌傲慢地回答："二十五路军别动队！"敌人不愧是受过专门训练的，真是奸诈狡猾，又冲着我喊：

"你们先派一个人过来联络，其他人不准动，谁敢动我就开枪！"这个敌军官，又命他的两挺轻机枪架在大门口对着我们。

我也厉声叫道："你们也快派一个人过来联络。"

经过对话，敌人看不出破绽，又见我们身上穿的服装和佩戴的符号跟他们一样，疑云逐渐消散，气氛也缓和了些。我想利用这个机会向敌人靠拢。刁滑的别动队仍端着枪对着我们，不准我们接近。

正在这相持不下的时候，扮成敌军团长模样的余雄同志带着10余名手握短枪的战士，从后面走来。我连忙一个立正："报告团长，他们是二十五路军别动队，不让我们通过！"

余团长怒气冲冲地骂道："妈的，什么别动队，打共军都是孬种，捣蛋倒是内行！你们队长是谁？喊他快出来答话！"

这时，从敌人当中走出一个佩戴上尉军衔的军官，看样子就是他们的队长了，他有些惊慌地迎上前来。没等他张口，余团长先发制人，走上去照敌军官脸上"啪啪"两个耳光，怒斥道：

"混蛋，老子正追剿共军，你们捣蛋，误了战机，当心梁总指挥要你脑袋！"弄得这个家伙晕头转向地立正站在那儿一动也不敢动。其他的敌人也连忙把枪收起来，呆呆地站在那里望着余团长。

余团长继续训斥："梁总指挥有训示：国军各地驻防甚多，为防止误会，不被共军利用，弄不清情况，不准开枪，你知道不知道？"

"知道，知道！弟兄们可能不大清楚。"

"你的职责是什么？嗯！"

"是，我知错！"

"知错，知错就是不改！"

正在这时，村口突然又"叭"地响了一枪。这突如其来的枪声，引起敌我双方的惊疑，都异口同声地问："谁开枪？谁开枪？"嚷成一团。

我回头一看，原来是我们的一个战士，见敌人手中一支新驳壳枪，又见他身上带的子弹很多，性急开了枪，打倒了敌人。见此情景，很多敌人一哄而出，齐声喊起来："你们为什么要打死我们的人？"

情况非常紧张，再发展下去，就会全面冲突起来。余团长立刻跳出来，站在稻场边的石碾上，发出洪钟般的声音：

"不要发生误会，不许开枪！谁再开枪，就先打死谁！"骚动的双方，又暂时安定下来了。这时我手枪团战士已大部赶来，分散插在敌人当中，做好歼敌准备。余团长见时机已到，把手一挥，高声喊道："动手！"

一声号令，我战士迅速将枪口对准自己面前的敌人：

"举起手来，不准动！"

"谁动一动，就打死你！"

敌人被这一突然行动吓住了，一个个愕在那里。别动队成了名副其实的"别动"队了，等清醒过来时，想抵抗也来不及了，只好束手就擒，乖乖地放下了武器。

原来在屋子里面还有十几个敌人，看到屋外发生的情况，慌忙出后门，向山上逃跑，我手枪团战士紧跟后面追去。当敌爬上山坡时，遇到我军主力，逃敌很快被消灭。战斗前后只经过20多分钟就结束了。俘虏别动队130余人，缴长、短枪各80余支，轻机枪2挺，而我军只有一个战士负伤。缴获的短枪，都是一色全新的驳壳枪，除上交给军部20支外，下余全部配备给我手枪团。缴来的新式轻机枪，发给大个子班长扛。他逢人就夸："看，别动队送给我的!"

战后，敌队长认输地说："我们别动队士兵都是班排长，直属三十二师指挥，梁总指挥亲自给我们训过话，专对付你们手枪团的，没想到，今天叫你们缴了械，我们算认输了。"

摸清敌内情　巧取柳林镇 [①]

1936年2月中旬的一天夜晚，我们到达潢川东南的李家庄宿营。这一带是东北军一〇八师防区。为了行动的安全，一进庄我们就对外封锁了消息。

事有凑巧，有人向我们报告：庄西头李老头的儿子，在河南保安团二营当兵，昨晚回来还未走。他所在的队伍，就驻扎在李家庄东北方向40里的柳林镇。这个镇子位于潢川至固始的公路上。我们通过做工作，把他找来，对他进行一番教育，说明我们红军是为穷人闹革命的，我们打的是国民党反动派，在国民党军队里当兵的，大多数是被抓壮丁来的穷苦人，我们是不伤害他们的。这个姓李的连连点头称是。我看他有些觉悟，便叫他把柳林镇敌人布防的详细情况告诉我们。

"一定从实报告。"姓李的慌忙说，"驻在柳林镇的只有我们保安第二团1个营，营部随四连驻大炮楼。五、六连驻在镇东头的营房里；每个连部门口平时只有1个人站岗；4个小炮楼，夜间人防守，白天不安岗哨；街口有2个哨兵站岗。"

"你们的武器装备呢?"我追问一句。

他思索片刻说："我们大炮楼里有2挺机枪，营房里步枪、手榴弹和子弹袋平时都挂在墙上。兄弟们白天没事干，就是满街窜、打麻将、推牌九、吃喝闲逛。"

"你所讲的都是实话吗?"

---

① 根据文中内容，柳林镇疑为双柳镇之误。——编者

"如有半句谎言，杀我的头。"他认真地表白。

我对他说："为了不使你担风险，你在家里再多住一天，等我们解决了柳林镇，你再回去，好吗？"

"是，是！谢谢长官。"他规规矩矩地深鞠一躬，半天也不敢伸直腰。

这时，他父亲李老头也来了，进门就对他儿子说："你看他们红军多好，进村就帮老百姓挑水、扫地，不拿百姓的一针一线，吃东西给钱，分文不少，跟过去听一些老人传说的一样，真是咱穷人的队伍啊！哪像你们那些兵啊，只知道糟蹋老百姓！我这胡子一大把的人，去年还被你们保安团抓去当了十多天的挑夫，要不是我逃回来，哪还有这把老骨头啊？你娘就是你走后得急病死的……"说着泪流满脸，"你可要向红军讲实话，早消灭国民党，早太平。"

李老头的现身说法很起作用，他儿子受到了良心的责备，也流泪了，一下跪到我面前："长官，我要有半句假话，你们毙了我。我给你们带路，现在就去打好吧？"我叫他站起来，关照地说："你给我们提供的情况，对我们有用，就不必帮我们带路了，好好在家照应你父亲吧。"

我把特务营营长和一分队队长找来，在一起分析，认为姓李的所讲情况是可信的。因为潢、固这一带，是敌人的后方，我红军主力、地方游击队很少到这一带活动，所以造成敌麻痹、松懈，这是自然的了。于是我们决定化装成东北军一〇八师黄团，假称由潢川到柳林镇一带来"追剿"红军。接近中午时进镇，借故搞午饭吃迷惑敌人，力争不打枪，全歼敌人。

任务布置后，各连战士连夜化装，服装不够，一部分战士打扮成被抓来的挑夫。一切准备就绪，已是深夜，我要战士们抓紧时间好好休息，养足精神，迎接明天的一场特殊战斗。

第二天吃过早饭，手枪团一分队担任前卫，特务营在后，10点钟左右，我们跨上了从潢川到固始的公路，大摇大摆地向柳林镇开去。一路上不时遇到敌军汽车驶过，我们不加理睬，继续前进。快到中午，我们顺利到达柳林镇。我事先选择好几个标准北方口音的战士担任尖兵，走在队前。到了镇边，果然有两个敌哨兵把住街口，我尖兵一直走上前去，敌哨兵持枪拦住问道：

"你们是哪一部分的？"

"一〇八师的!"我尖兵干脆、坚定有力地回答他。

两个敌哨兵一见我们是正规军,又是一〇八师的,忙收回枪,非常客气地说:"对不起,辛苦了,请进! 请进!"

我军毫不费事地通过了敌街头岗哨,队伍开进街。在街心一家茶馆里,有两个敌军官模样的家伙在那里喝茶,我一转身,带着几个战士走进茶馆。这两个家伙抬头看见我是正规军,又是团长级军衔,不约而同地放下茶碗,慌忙站起,向我敬礼、让座。我看他俩都是连长级军衔,也就不客气地坐在他俩让出的位置上,并示意叫他俩坐下。跟着我的战士机警地站在他们身后,盯住他们。

我冲着那个高个子问:"你是哪个连的?"

"我是五连副。"高个子忙欠身回答。

"报告长官,我是六连连长。"那个矮胖子还没等我问到他,就站起来报告了。

正在这时,我特务营副营长走了进来,见此情景,我已明白了几分,便一个立正:"报告团长,部队都到齐了!"并暗示各连已按原计划进入指定地点。

"好,抓紧时间做饭,1点半出发!"我趁势又向高个子五连副吩咐道:"去把你们营长请来,说我黄某到此执行公务。"

两个家伙都想溜走,争着要去。我给他俩来了个合理分配:

"六连长不必去了,我们聊聊。五连副辛苦一趟吧!"

不多久,敌营长连走带跑,气喘吁吁地来到面前,恭恭敬敬向我敬了一个礼:

"长官远道而来,陈某没有迎接,失礼! 失礼!"

"不必客气,坐下喝茶。"

"谢谢长官!"

"最近我一〇八师师部获悉,"我特意把"一〇八师"几个字说得重重的,以引起他的注意,"山区有一股共军窜到这一带来,我团特奉命前来搜剿,不知你们可得到共军情报没有?"

"报告长官,此地尚未得到共军下山消息。"敌营长讨好地说,"有贵军在此驻防,我谅共军也不敢轻易下山。"

"可不能大意失荆州啊!"我佯笑着,有意使空气缓和下来。"好吧,我部就在这里吃午饭,劳贵营代办一下,如何?"

敌营长连忙说："是，是，照办，贵军一路辛苦，卑职理应筹办。团座，你看弟兄们是否先到我部各连营房休息喝茶，稍候片刻?"我一听敌营长主动提出要我们去他营房休息，正中下怀，便顺水推舟地说：

"好，你看着安排吧!"

我即命随身警卫战士，出去传达命令，各连到指定地点"休息"。

敌营长又向我献殷勤地说："贵军各营连，由我吩咐我们副营长去照料。团座就到我营部去休息就餐吧!"

这可真是"口渴遇到个卖瓜的"，我正想去敌营部观察动静，以便控制敌人的指挥中心，没想到他却主动请我上门，我跟他说：

"那就打扰了!"便带领一班战士随其前往营部。

敌六连连长听我话音不像北方人，有些犯疑。在同去营部途中，这个狡猾的矮胖子借故说回连部去招呼他的弟兄们好好款待我军，便溜走了。我已识破他的鬼胎，乘敌营长不注意之际，给身边的战士使个眼色，他心领神会，便转身尾随敌六连连长而去。

来到敌营部，刚和敌营长搭讪几句，我们的集合号声响了，这是我们的行动信号，我猛站起身来，手枪对准敌营长：

"不许动! 我们是红军，投降不杀!"我十几个警卫战士眼明手快，一下子就完全控制了敌营部。

敌营长惊恐万状愣愣地看着我，面如土色，一下瘫痪在椅子上。

这时，各连也同时行动，不到 5 分钟，敌人各连营房枪支被缴了。只有六连那个矮胖子妄图顽抗，但我三连连长眼明手快，跳上去一拳，打中他的太阳穴，就势一匕首送他回了"老家"。

最后，只剩下营部前面的大炮楼没有拿下，因敌人听到下面有动静，将楼门关闭了。他们没弄清下面是怎么回事，也不敢随便开枪，因为国民党军队之间钩心斗角发生殴斗是常事。我特务营副营长机智沉着，趁敌人尚未清醒，指着炮楼发脾气：

"你们对国军是什么态度?! 为什么不开门让我们进去休息? 八成是私通共军! 再不开门，老子就不客气了!"

这样三诈四诈，真把敌人炮楼"诈"开了。战士们一拥而进，炮楼里的敌人也当了俘虏。

这次智取敌人保安团一个营，除缴获枪支弹药外，还缴获了200多套新军装。我全体干部战士在这里吃了一顿敌人为我们准备的丰盛午餐，迅速向固始以南转移了。

大崎山冤家路窄　横排路化险为夷

1937年2月，我手枪团和二四四团一营、特务营，在黄冈大崎山与军部会合后，准备越过敌封锁线，去麻城北部山区开展游击活动。

一天上午，天空乌云翻滚，寒气袭人，预兆着有一场大风雪。我们想趁大雪来临之前，穿过大崎山，可是山路崎岖，坎坷难行。中午过后，我们由东向西走到一条长七八里的山腰横排路上，路两旁荆棘丛生，路的左侧是悬崖陡壁。

真是冤家路窄。我率手枪团两个分队担任前卫，刚跨上横排路，不到2里，突然发现左前方隔沟的那边，有大股敌人由南向北运动，很清楚，敌人妄图抢占对面山头，堵击我军通路。

这时，我们十分清楚：要想退出横排路往回走已经不行了。只有迅速通过横排路，到达山口，跨过公路才能脱险。

情况十分紧急，必须当机立断，趁敌人尚未发现我军之前，抢占对面山头，掩护主力安全通过横排路。于是我通知主力迅速前进，自己也率领两个分队跑步前进，去抢占对面山头。当我登上山顶，向下观察时，见敌人还未运动上来，心里十分高兴，随即派出小分队，隐蔽跃进到前面半山腰处埋伏。

这时，敌人已经发现我军，随即仓促组织火力向我军射击。在半山腰的小分队，边打边退，把敌人引到离我军山顶四五米时，我一声令下，机枪、步枪、手榴弹，噼里啪啦一齐向敌人打去，击退了敌人第一次进攻。

敌人在山下又赶忙调集兵力，准备第二次进攻。我看到横排路上我军主力急速前进，便大声对战士们说：

"同志们，我们要坚决守住这个山头，不能让一个敌人上来，保证主力安全转移！"

"保证人在阵地在!"同志们个个坚强有力地回答。

敌人第二次进攻又开始了。战士们趴在阵地前,目不转睛地盯着敌人。这时,感到很平静,没有一人吭声,但是大家心里都有一个想法:要沉着,等敌人近了再打。眼看敌人越来越近,不到30米了,我把手枪一举,高声喊道:"打!"顿时,枪声大作,只见敌人一排排倒下去。敌人第二次进攻又被我们打得一败涂地。

这时,伏在我身边的大个子司号长突然喊:"团长,你快看那边……"

我顺着他指的方向看去,在山坡后面火力射不到的一个死角里,隐隐约约有几个人在晃动,原来是敌人想利用那个死角作荫[隐]蔽,企图靠近我军阵地。不一会儿,几个敌兵,在一个军官催逼下,闪出死角,向山头冲来,我举起驳壳枪,对准他们就是一梭子,撂倒了三个。我正在压子弹,又有几个家伙向上冲来。"叫你们回老家去吧!"只听到大个子司号长大叫一声,一颗手榴弹投了过去,把那几个想偷袭的家伙全部报销了。

敌人一连4次冲击,都被我军机智勇敢、顽强奋战的手枪团战士击退,我军山头阵地坚如磐石。这时,已到下午4点钟,再有一个多钟头,天就黑了。我军主力已全部安全通过横排路,出了山口,浩浩荡荡上了另一座山头。我们胜利地完成了阻击掩护任务,战士们个个兴高采烈,大家高兴的是:大崎山冤家路窄,横排路化险为夷。我们迅速地撤出了阵地,大步向前追赶主力,去接受新的任务,迎接新的胜利。

原载《星火燎原》第2辑,战士出版社,1980年,第60~71页。

红军小学

◎ 查瑞林　李金凤

在艰苦的三年游击战争年代里，谁能料到在岳西县大岗岭的磨刀坪还有一所红军小学呢？这所学校的创办人就是皖西便衣队一分队的队长陈采林和指导员宋青云。

磨刀坪地处深山老林，居住在这里的二十几户100多名穷人，世世代代以垦荒、烧炭、窖茯苓、剜瓢为生，住的是泥巴墙茅草屋，吃的是玉米掺野菜，睁眼瞎子代代相传。

自从便衣一分队来这里后，陈采林队长和指导员宋青云非常关心群众疾苦。他俩一合计，决定在这里办起一座小学，让世世代代吃尽文盲苦的劳动人民后代学点文化，于是通知红军商店的查永安，筹办一些笔墨纸砚，发给这些穷孩子。

1936年春，红军小学开始筹办，略有文化的便衣队员查瑞林被聘请为教师，择定3月8日正式开学，校址选在贫苦农民余奉美的家里。

3月8日大清早，查瑞林来到学校，余奉美一家热情地接待了他。老余笑呵呵地说："我们家是三代睁眼瞎子，要不是红军想的办法，哪能有先生进我家？"接着，查瑞林和老余一家开始布置教室，把破旧的桌椅摆设整齐，还在房子的大门口贴了一副对联：

读书须用意

做事要当心

这天是磨刀坪人民的大喜日子。往常雾海茫茫的磨刀坪，今天也轻纱漫卷，风和日丽。上午，在通往磨刀坪的山间小道上，乡亲们带着自己的孩子，兴高采烈地朝学校走来。就连没有小孩的乡亲们也赶来看热闹，一共集中了12个小孩。接着，陈队长、宋指导员来到学校，不用介绍，这些孩子与他们都是"老朋友"了！

在开学仪式上，陈队长说："……别看你们现在是娃娃，将来就是国家的主人。革命是长期的，将来的枪是你们这一班孩子拿，将来的家是你们当，不识字怎么行呢？我是一个不识字的人，只能拿枪不能拿笔，遇到许多困难。这所学校是红军办的，希望你们要听先生的话，多识字，多懂道理……"宋指导员在讲话时说："今天开学了，这个学校就叫红军小学；没有课本，暂时就读《三字经》《百家姓》和《四言杂字》。以后再想办法，读我们自己的书。"

附近红军医院的伤病员听说办起了红军小学，就制作了一批小木枪、木手榴弹送给学生。便衣队的队员们还利用战事之余，来教学生投弹、射击。有的还扎几个草人，让学生用自制的弓箭射击，带领学生做军事游戏。不久，便衣队的赵秘书和查瑞林合编了《先苦后甜三字经》做课本，教唱《十恨》和《来救星》的歌曲，学校办得有声有色。

4月5日是清明节。这天，宋指导员、赵秘书来到学校，带领师生祭扫烈士墓。赵秘书拿出写好的祭文领着学生低声诵读："时维丙子年清明节，战友宋青云率红军小学师生拜奠于烈士之墓前曰：……革命烈士为国家为人民流血牺牲……我们活着的人，非常沉痛，决心继承烈士的遗志，打倒国民党反动派！打倒土豪劣绅！为烈士报仇！……安息吧！烈士们。"

由于红军小学越来越有名气，吸引了附近的贫苦农民，学生由以前的12人增加到了18人。1937年6月20日，红军小学教师查瑞林被国民党抓去，关进岳西监狱，红军小学也因而停办了。

时至今日，健在的红军小学学生们聚在一起，谈起当年读书的事来，无不从内心感谢红军便衣队员们为磨刀坪人民办了一件大好事。

原载中国人民解放军历史资料丛书编审委员会：《南方三年游击战争·鄂豫皖边游击区》，解放军出版社，1992年，第288～289页。

战斗在敌人心脏里的便衣队

◎ 黄锦思

一

1934 年 11 月 16 日，中共鄂豫皖省委率程子华任军长、徐海东任副军长的红二十五军高举"中国工农红军北上抗日第二先遣队"的旗帜，从河南罗山县出发，开始长征后，鄂豫皖根据地革命形势逐渐转入低潮，红色政权大部被摧毁，仅剩下赤城、赤南、六安六区、鄂东北部分山区等四小块根据地。这四小块根据地的机关、部队、人民群众加起来，总共不过二三千人。由于敌人不断地摧残，实行"血洗政策"，根据地一片荒凉。当时蒋匪用来"清剿"这四小块根据地的兵力，不下 17 万人。有些山林，被敌人砍伐一光，鸟无栖息之所，人无隐蔽之地。

为了坚持鄂豫皖革命根据地的斗争，在敌人大兵压境的情况下，中共鄂豫皖省委常委、皖西北道委书记高敬亭根据省委留下的指示，将分散留在鄂豫皖边区的革命力量联络起来，重建红二十八军，指导鄂东北道委、皖西北道委恢复地方党组织，发展地方武装和便衣队展开游击战争。1934 年 11 月，鄂东北道委陈守信同志指示徐国顺和我率 10 余个红军战士，成立一个便衣队，深入到平汉路东的白区——灵山地区活动。我们的任务是在这一带山区站住脚后，秘密发动群众，为红军扩充兵员，掩护伤员，提供物资装备和敌情，并为建立红色政权创造条件。

初到这一带，我们白天住在山上树林里，夜里悄悄下山，到山边小村去找最穷的人家，向他们宣传红军的各种政策，揭露国民党反动派欺压人民的罪恶。

灵山下黄家冲有个姓黄的老人，初见我们时，吓得神色惶然，不敢接近，经过我们的宣传，加上我们说话和气，纪律严明，他的疑惧很快便打消了。我们第三次去时，他的全家已显得无拘无束，黄大爷的儿子黄毛头（十四五岁），还要我们的小克和吴战行同志唱歌。唱歌是红军的宣传方法之一，因此，小克和吴战行同志便随口唱起了根据地的流行歌曲《农民苦》：

> 穷人真正苦，
>
> 衣破无布补，
>
> 忍饥挨饿说不出的苦，
>
> 瘦得皮包骨！

歌声吸引了黄毛头，也吸引了黄毛头的父母，两位老人要求再唱下去，于是小克又独自唱道：

> 老娘得了病，
>
> 睡在床上哼，
>
> 无钱请医生，
>
> 打个鸡蛋定娘心，
>
> 胜如吃人参
>
> ……

没等小克唱完，黄大娘叹了一口气说："我娘生病时，连个鸡蛋也吃不上哩！"

以后，我们再来黄家时，他们总要拉着小克唱歌。越唱越贴心，我们相处得像一家人似的。

过年前几天，黄大娘约我们除夕晚上到她家里去做客。我们不愿增加他们的负担，因此没有去。部队仍是露宿在北风凛冽的树林里。雪花在我们身旁飞舞着，山下传来一阵阵爆竹声。这时，十三岁的小克忍不住了："指导员，今晚为啥不到黄大娘家去，不是早说好了吗？"没等我回答，徐路军冷得打着哆嗦说："人家老乡过年，我们去像什么话？"我又补充说："对，老乡们买点东西不容易，咱不能叨扰人家。"小克再也不说话了，又重新回到大石头旁边避着风雪，独自哼着根据地的歌曲。

年初二夜里，我们料想群众的年已过完了，才分组下山去。当我们出现在黄大娘家的门口时，黄大娘硬把我们拉到她屋里去，并责备我们为啥不到她家来过年。

这夜，我们又在黄家谈到半夜。黄大爷问我："黄同志，你们不是说打富救贫吗？到底哪天打呀？"

黄大爷的话，使我深思起来。是的，光向群众宣传红军好，不能满足群众的要求，要想进一步发动群众，是不可能的！

当夜回到山上，徐国顺同志告诉我，他也听到类似的反映。我们研究后，决定立刻行动，打几个土豪，分粮给群众。

一天夜里，我们把黄大爷和几十个贫苦农民组织起来，挑着箩筐，跟在便衣队后面，向一个大富豪家走去。离土豪家还有2里路时，为了不使老乡暴露，我们叫老乡们在山脚边隐蔽，便衣队继续前进。

躲过了大庄上的民团，我们闯进了地主的院子，把男女老少都押到一间小屋里。徐路军端着枪站在门口，我扭亮了电筒照着他们说："我们是红军，来向你们征粮的，不伤害你们。"

那个地主跪在地上直作揖。这时，徐国顺他们已经找到了谷仓，迅速装起担子来，挑起就走。

刚走出院子，狗叫起来了。我们就在村里边走边喊："老乡们，别害怕，我们是红军，是打富救贫的！"民团被红军的声威吓坏了，再加上摸不清我们的底细，连枪都没敢放。

出了村，没走多远，就和几十个老乡会合了。原来他们是来迎接我们的。我们一面往回走，一面把谷子分给了老乡。

以后，我们又打了几次土豪。老百姓看到红军真为穷人出力，对我们的态度更亲近了。一位老人说："红军是条龙，它一来，雨水就好了。将来天下一定是红军的。"我们到老乡家里去，老乡们自动给我们放哨，监视杜集、柳林方向。国民党军和民团一动，我们立刻就得到了消息。

群众越来越多地靠拢我们。不久，我们便秘密组织了许多农民小组。黄大爷就在这时当选了农民小组组长。

二

农民小组成立以后，积极搜集敌人的情报，掩护红军的伤员，送自己子弟参军，用亲连亲、友连友的办法秘密宣传红色政权的好处，我们的脚跟站得更稳了。

有一次，红二十八军的余营长负了伤，不能跟部队转移，上级要我们想法把他安插在老百姓家里。我们把他抬到农民小组组员张老汉家里。这里离柳林的民团不到5里路，但张老汉很有把握地对我说："藏在后山草棚里，保险没事。"一住两个月，余营长伤愈归队了，民团仍不知道这件事。以后，红二十八军就常把伤员送到我们这里养伤，依靠农民小组的掩护，一点也没有受到损失。

一天，罗陂孝特委（辖罗山、陂孝北、河口三个县委）送来了一个指示，要我们设法购买药品，还附来一张药单子。药品在当时是很贵重的东西，敌人封锁得那么紧，到哪里去买呢？徐国顺和我研究后，认为只有到南面鸡公山去买。

鸡公山位于鄂、豫两省交界，是有名的风景区。山上红楼绿窗，街道宽阔，市面非常繁荣。街里住了不少外国人，并有国民党精锐部队把守着。我们便衣队员要上山去，是非常困难的，于是便找农民小组组长老周商量。他一听，摇了摇头说：

"这么多的钱，叫敌人查到不得了。再说买西药，怎么带回来呢？"

"鸡公山上都是些什么人来往？"我问他。

"都是些戴礼帽、拄手杖的富人。"

"这样吧，我们替你弄礼帽、眼镜、手杖，再弄套绸子衣服穿上，装作一个大商人。敌人问起来，你就说是从信阳来做生意的。你看怎么样？"

"这么办倒不错，我就怕装不像。"

第二天，老周扮成了大商人，拄着手杖，上了鸡公山。

我们都非常担心，怕他装得不像露出破绽。黄昏的时候，他提着一大包西药回来了。我高兴得抓住他的手问：

"老周，药没买错吧？"

他笑笑说："什么'鸭屎屁腔'，我叫都叫不出名字来。药店里的人问我买什么，我说：'照条子上开的买！'我也不知道错不错。"

说着，我们都哈哈大笑起来。

隔不多久，柳林附近的农民小组组长老胡差人送来一个情报，说黄家湾车站的一营敌人换防到信阳，新部队明天才能开来，眼下柳林的民团都到黄家湾车站去了。我们决定抓住这个机会，烧掉柳林民团的碉堡，打击一下敌人的气焰。

傍晚，我们下山和十几个农民小组取得了联系，四五十个农民也要求参加。我们把人组织起来，半夜就出发了。到柳林附近一看，果然几十个碉堡里没有一点亮光，以往，每夜都是灯火通宵不熄。我们便衣队员放出警戒，监视着车站上的民团，农民小组的人抱着柴火，见碉堡就烧。一眨眼的工夫，柳林四周大火冲天。民团守在车站碉堡里，虽离柳林只有一二里路，但不敢出来，只是向外胡乱放枪。烧完碉堡，我们又逼近车站，冲进一个碉堡，缴了几支步枪、一台油印机和一架电话机，撒下大批传单，然后便悄然撤走了。

天亮后，柳林老百姓纷纷传说："红军四五百人，打了柳林、黄家湾车站啦！"

经过这次行动，群众对便衣队更加信赖了，纷纷把自己的子弟送到便衣队，叫便衣队送到红军那里去。黄大爷的黄毛头也来参军了。我们分批把参军的青年送到独立团和罗陂孝特委的医院去工作。

最叫人兴奋的是，农民小组组长老周、老胡自动来请示，要组织小股便衣队。丁队长（徐国顺队长已调走）很高兴地说："行，不过要注意隐蔽，要不，我们的工作会遭敌人破坏的。"在我们的具体帮助下，两个小股便衣队很快就诞生了，灵山南北又增加了两支人民的武装。

群众闹得这样红火，惹起了联保主任周干贵的恐惧。他一再要求国民党派兵来保卫他的老窝——周圹埂。国民党真的答应了他的请求。周干贵把周圹埂后山上的大庙收拾得干干净净，准备当兵营。可是国民党的军队还没有到，我们就放了一把大火，把大庙烧了个一干二净。周干贵在我们和群众的打击下，只得逃进黄家湾车站，既不敢收捐税，又不敢回老窝。一些中小地主、保甲长，见周干贵都奈何我们不得，而我们又不杀害他们，也都采取中立态度。

灵山地区，明里还有保甲制度，但实际上已变成我们控制的地区了。我们可以大白天带着枪，安全地通行在山边的小村庄之间，如遇雨天，还可在村里住下。

次年春天，由于我们的争取和宣传，黄家湾车站的东北军新五师一个排长，领着全排，带着我们的传单，跑到灵山大庙找老和尚，说是哗变出来找红军的。和尚立即给我们送了信，我们配合特务队，把这排人接了过来。那排长把传单交给我，问：

"官长，这是不是你们撒的？"

我看了看褪了色的传单，上写着："白军兄弟们，你们把枪背过来吧，愿干红军的就干，不愿干的可以回家看看你的父母妻儿……"是呀，这标语是我们撒的。那排长又说："我们受不了官长的压迫，听老百姓说你们四五百人打柳林，又看到你们的传单，因此我们决心哗变出来。"

我听了他的话，心里暗自发笑。我们何止四五百人！不过不是部队，而是秘密的农民小组。

三

1936年秋，接罗陂孝特委的指示，要我们便衣队到平汉路西许家冲一带山区活动。开头几个月，也是做宣传，发动群众，打土豪，分粮给农民。为了防止地主向农民报复，我们把张庄土豪的粮分给李庄的农民，但是这样分粮路远，农民怕路上遇到敌人，不敢来领。后来，我们研究出了一个新的办法，去找施鼻子沟的施大爷商量。

施大爷的东家姓杨，住在畈上。他每年要给东家缴三担租子。找见了他，我说："施大爷，我给你一个条子，条子上写着我们红军路过这里，吃了你家三担粮，这三担粮不许你东家再向你要。你敢把这张条子送去吗？"

施大爷接过条子，犹豫地看着，半晌才说："我去试试看。"

我又教了施大爷一些办法，他便拿着条子去找到了姓杨的地主。地主看了条子，大发雷霆说："好，你们在山里通共！"施大爷装得无可奈何的样子说："咳，穷人有什么法子，离开山到平畈来，也没有地种。说我通共，那是冤枉，是共产党来找我们的。要是不信，你自己到山里和红军说去吧。"

地主一听这话，便改了口气说："红军提没提我的租子？他们以后是不是要把我的租子全部拿去？"

施大爷说："红军说，他们要吃一半，还有一半仍交给你。如果你不应，他们就要来捉你。"地主听说还给他留下一半租子，急忙说："那一半租子你可不能少给我一粒！"施大爷一口应下："只要红军不拿，当然不会。"

施大爷从杨家岗回来，和我一谈，我高兴极了，说："施大爷，就这样和地主斗吧。"施大爷这才开朗地笑起来。

这个方法试验成功了，我们就普遍采用。这样一来我们的工作发展得比在灵山地区时还要快得多，大半年时间，农民小组普遍地建立起来了。

过了一个时候，我们在实际工作中又感到，除了坚决依靠基本群众，还应该设法争取一切可以争取的力量。这事情的开始是这样的：

当地有个黄保长，不是地主，平时也并不怎样反动。一天，他的儿子被土匪绑架到山上去了。我们获讯以后，救下了他的儿子，并送还给他。黄保长感激不尽，要给我们钱，以示酬谢。我们说："你不是地主，自种自吃，因此我们不收你的钱，只要求你今后能多为红军办点事。"黄保长一口应承了。

有一天夜里，我带着便衣队员胡少卿、张永清，到黄家湾黄保长家里去，和他商量怎样和杨家岗民团做斗争的事情。我们一踏进黄保长的门，见屋里桌上点着盏灯，围桌坐着 5 个人，正在吃茶，黄保长站在一旁说着奉承话。我一进屋，黄保长就偷着向我歪了歪嘴巴。我一看这 5 个人都穿的便衣，但露着军衣领子，就知道这一定是白狗子，掏枪已来不及了。情急智生，我便厉声喝问："你们 5 个红军从哪里来？"

那 5 个人疑惑地望了望我们。一会儿，一个大个子向我翻了翻眼说："你们是哪里来的？"

"我们是小河来的，查户口。"我说。小河是联保主任傅文风住的地方，傅文风常派民团来查户口。

那个大个子说："你们查户口有什么证件？"

"岂有此理，你倒问起我来了！"我转脸对胡少卿叫道："老二！"

胡少卿趁势拔出了枪。黄保长带笑地对大个子说："他们是傅主任的人，常来查户口。"那大个子赔笑说："那对不起，别误会，我们是驻杨家岗的国军。"

"有什么证件？"

"证件没带，你不信可问黄保长。"不等黄保长说，我又继续对那个大个子说："你们既不是红军，不要怕，一道到傅主任那里去，等傅主任证明你们确是杨家岗的就放你们回去！黄保长，拿绳子来！"

黄保长装着无可奈何的样子拿了几条麻绳来。我们把那5个家伙绑起来，枪也下了，命令他们跟我们走。走出黄家湾，就直奔东山。那大个子怀疑地问："傅主任不是在北边吗?""我们要到山上查户口去！"这时我的枪早已张开了大机头。

到了山上，我们详细盘问了他们。原来杨家岗敌人听说这一带山上红军游击队很活跃，派他们来打听情况的。如果是一般敌军士兵，我们可以释放，但这5个家伙是敌探，放了他们，就等于放虎归山，不仅会把我们的活动情况告诉敌人，黄保长的性命也难保住。因此我们没有释放他们。

以后几天，杨家岗的敌人连续派部队出来搜查，打听这5个人是怎样"失踪"的。老百姓都传说："这5个人是国军抓走的。"他们虽然不相信，但也无可奈何。

从1934年11月到1937年10月的3年时间里，我们在灵山、应山地区，建立了500多个农民小组，扩充了四五百名新兵，成立了若干个小便衣队。此外，还为红军安插、医治了不少伤员，为罗陂孝特委提供大量经费和医药用品。经过3年的艰苦斗争，我们也发展壮大起来。我们先后缴到四五百条枪，瓦解了1000多名土匪，而我们却无一伤亡。

艰难的游击战争岁月结束了。1937年10月，我们便衣队奉命来到鄂豫皖边区首府——七里坪，听候整编，准备开赴抗日前线。

原载《党史纵览》2000年第6期，第38～41页。

坚持大别山斗争的红二十八军

◎ 林维先　詹化雨　李世安　汪少川　万海峰

红二十八军是在红二十五军战略转移西征后，由留在鄂豫皖根据地的少数部队组成的一支英雄部队。他们历尽千难万险，坚持了三年游击战争，使革命红旗始终飘扬在大别山区，在中国革命史册上谱写了灿烂的篇章。

一

自红四方面军于 1932 年 10 月离开鄂豫皖革命根据地后，鄂豫皖边区的形势就一直是严峻的。蒋介石用了 20 万兵力，以各种野蛮手段，血洗我根据地，我根据地笼罩在一片白色恐怖之中。在这危急时刻，中共鄂豫皖省委及时重建了红二十五军，并两次组建了红二十八军，同强大的敌人进行了英勇顽强的斗争。

1934 年 11 月 11 日，中共鄂豫皖省委在河南光山县花山寨召开了常委会议，根据党中央的指示，决定立即向鄂豫陕边转移，以摆脱被动局面，开辟新的革命根据地。会议同时决定，由留下的省委常委委员、皖西北道委书记高敬亭同志重建红二十八军，继续坚持鄂豫皖边区的革命斗争。由于高敬亭同志远在皖西，省委只好在临行前，交由鄂东北道委转告给他。

省委和红二十五军离开根据地后，形势更加危急。蒋介石立即令其集结在鄂豫皖边区的东北军五十七军、六十七军，刘镇华的十一路军、梁冠英的二十五路军等正规军共 56 个团,加上鄂、豫、皖三省的 10 多个保安团,共约 17 万人,分四个"驻剿"区,以追、堵、围、截等手段,对我留下的红军和党政机关人员,实施梳篦式的"清剿"。同时,加紧修筑碉堡封锁线,强迫根据地人民移民并村,实施"一户通匪,十户问罪"的连保连坐;在一切通道、隘口设关卡,严禁粮、油、盐、布、药品等运进封锁线,限令于 3 个月内将我军全部消灭。

而这时,留在边区的红军,在皖西只有新编成的二一八团和一、二路游击师。在鄂东北只有临时组建的鄂东北独立团和少数零散的游击队,仅有的几小块根据地,被敌人分割、包围、屡遭烧杀抢掠,已基本成为无人区。党的机关虽还有鄂东北和皖西北两个道委及下属组织,但在敌人的残酷"清剿"下已无法在原地立足,只好转入深山密林打游击。

1935 年 1 月 21 日,高敬亭同志率领的二一八团被敌一〇六师、一〇八师、独立五旅包围在赤城(今河南商城、安徽金寨之间)熊家河地区,经三天激战杀出一条血路,撤至熊家河以东小南京的荒山上。这时,北风呼啸,大雪纷飞,指战员穿的还是薄薄的单衣,在风雪如刀的山上,冻得发抖。大家紧抱枪、身挨身,互相以热血取暖,以人墙挡风,度过了一夜。次日拂晓,敌人已尾追至山下,大家来不及吃饭,连续翻越几座大山,摆脱了敌人。部队到达赤城的麦园时,已濒于粮尽弹绝,每天只能吃一点野芹菜。由于没有盐,个个力不支身。但没有一个叫苦,没有一个掉队的。2 月 1 日,部队到达立煌县的抱儿山。

就在这危急关头,鄂东北道委少共书记方永乐同志,率领鄂东北独立团,突破敌人的多次堵截,来到了抱儿山。两支红军部队在危难中会合,都激动得热泪盈眶。但大家听说省委和红二十五军已经离开根据地,都被这惊人的消息怔住了。过一阵,部队疾速向东南方向转移。2 月 3 日,部队到达太湖县凉亭坳。高敬亭同志在这里召开了紧急会议,传达了中央和省委的指示,要求大家以革命大局为重,坚决拥护中央和省委的决定。当即宣布将二一八团与鄂东北独立团合并,重建红二十八军,下辖八十二师和手枪团,全军共 1000 多人。高敬亭同志任军政委,并统一领导鄂豫皖边区党政军工作。

红二十八军在革命的危急关头,再次成立了。从此,鄂豫皖边区的革命斗争,展开了新的一页。

二

部队在凉亭坳停留时，国民党军第一九一、一九二、一九四、九十四、九十五旅的六个团另5个营，已从西北、东北、正南向我合围而来。红二十八军只用了一晚的时间，就完成了整编工作，第二天就转移。先后于2月6日、9日、12日连续突破敌人三次堵截，八十二师师长罗成云壮烈牺牲。部队翻越海拔1774米的皖西最高峰白马尖，到达马家河。14日，我军行至霍山县白果树，得知反共老手国民党安徽省政府委员兼财政厅厅长余谊密和他的二儿子潜山县保安大队副，带着一伙护兵、马弁回到潜山县王庄祭祖过年。高敬亭同志召集各营营长说："这是个好机会，要抓住这个机会敲敌人一下，让敌人知道大别山的红军是消灭不了的！红二十八军不是好惹的！"当即命令部队连夜疾速向王庄隐蔽行进，拂晓到达王庄。部队埋伏在余家大院周围。我手枪团团长余雄化装成国民党军官，带了10多个"护兵"，去给"余老太爷"拜年。余雄等同志大摇大摆地走进余家大院，一枪未放，就缴了护院的保安大队机枪班和武装警卫20余人的械，活捉了余谊密和他的二儿子。

奇袭王庄后，我军在霍山、潜山、太湖、英山一带往返穿插游击，但因情况不明，又多次遭敌人堵截、袭击。我手枪团副团长蔡泽礼、八十二师政治部主任熊大海先后牺牲，斗争极其艰难、残酷。

1935年4月20日，我军连续突破了敌人几次堵截后，转移至潜山县汤池畈东侧的桃岭。当我军登上桃岭时发现敌九十五旅一九〇团已尾追至汤池畈。军、师领导看这里只有一条小路能上山，是个打伏击的好地方。当即命令特务营隐蔽在坳口正面，令其余部队隐蔽在桃岭左侧山坡树林里。敌先头两个营在我阵地前展开，我特务营立即向敌开火。敌人以为我军是小部队阻击，一窝蜂似的拥上来，被特务营阻止在山坳里。军政委高敬亭同志立即命令司号员吹起冲锋号，顿时杀声震天。八十二师政委方永乐同志带领埋伏在树林里的部队冲向敌群，将敌人分割成数段，特务营营长林维先趁势跃出阵地，率众与敌人白刃格斗。敌两个营在我军前后夹击下，被我军全歼，营长也士信被我击毙。

桃岭战斗后，蒋介石见其3个月消灭我军的计划破产，于1935年4月24日电令"豫鄂皖剿总",重新部署 13 个师:1 个独立旅,共 61 个正规团,分 3 个"防区",对我军加紧"清剿",并限令于两个月内将我军全部消灭。

为了有效地保存自己,红二十八军决定西进桐柏山区,寻找红二十五军。

5 月 22 日,我军越过了平汉铁路。敌人发现这一情况后,慌忙调兵追赶。5 月 23 日,我军到达桐柏山泌阳县的五道岭,这时才发现前方是一片开阔地,有敌骑兵阻挡,军师领导毅然决定东返。

这时,敌追赶我军的独立五旅,早被我军拖得疲惫不堪,但见我军东返,又继续追赶。6 月 1 日,红二十八军在随县桐桥畈东侧的桃花山,伏击了这支敌军。歼敌 600 余人,缴获大量武器弹药。战斗结束后,为了迷惑敌人,部队又转回桐柏山,登上玉皇顶,然后,乘夜疾速下山,插向应山,越过了平汉铁路。

返回老区后,6 月 13 日,我军在光山县斛山铺以南的王园歼敌东北军一○九师六二七团两个营。6 月 18 日,在麻城县段水山再次伏击敌独立五旅,歼敌 200 余人。这两次战斗,又缴获了大量武器弹药。

7 月 2 日,我军到达太湖县店前河与皖西特委、二四六团,一、二路游击师会合。军政委高敬亭同志主持召开了营以上干部会议,总结了这次往返平汉铁路、行程 1400 里、三战三捷的经验,提出了"敌情不明不打,伤亡过大不打,地形不利不打,缴获不多不打"的"四不打"作战原则;并根据敌人指挥不统一和武器装备、战斗力强弱的差异,提出了"拖垮二十五路,相机打十一路和东北军,向保安团要补给"的方针。这次会议,进一步坚定了我军坚持鄂豫皖边区革命斗争的信心,明确了游击战的方针原则,提高了我军游击战的水平。

会后,我军在皖西和鄂东北的黄安、麻城一带山区往返游击,先后歼敌多股。并于 1935 年 8 月 13 日夜袭孤立驻守霍山县花凉亭的敌六十五师一九五旅二九○团,重创其 1 个营,毙伤敌 200 余人,俘敌 100 余人,缴获步枪 300 余支,轻重机枪 7 挺,迫击炮 1 门,各种子弹万余发。

1935 年秋后,蒋介石为阻止我军主力红军北上,将东北军陆续调往西北,换来十师、八十三师、一○二师、一○三师。敌人在鄂豫皖边区的兵力,逐渐减少,但筑成了纵横交错、密织如网的 7 条封锁线,给我军行动造成了极大的困难。为了摆脱困境,八十二师政委方永乐同志带一、二、三营,特务营和手枪团两个分队去靠近长江的黄梅、广济。方永乐同志进入这一带后，发现敌人兵力相当空虚。他仅以手枪团一个分队就轻取濒临长江的孔垄镇，全歼敌一个保安分队。为了进一步摸清敌后平原地区的虚实，他又令林维先率领一个加强连下平原。林维先等同志化装成敌军，7天连克浠水县团陂，黄冈县巴河、上巴河3个大镇，消灭敌保安团两个连，智擒过路的敌二十五路军秘书长，烧毁敌军仓库一处，缴获大批服装、武器，俘敌60余人。根据这次小部队出击经验，高敬亭同志于1936年3月上旬在太湖县柴家山召开干部会议，提出了"化整为零、集零为整"的方针，确定我军今后主要以营为单位分别深入敌人兵力薄弱的平原、丘陵地区活动。此后一年多的时间，我军兵分多路，东至怀宁县高河埠，威逼安徽省会安庆；西抵鄂北重镇襄樊近郊；南临长江；北越淮河达豫南信阳。活动范围由过去的不足30个县扩大到45个县，影响远至江南。1936年6月28日《申报》登载的一篇《汉口通讯》透露："高俊〔敬〕亭全部精锐，不过千余人，在边区各县时集时散"，"现化整为零"，"日见扩大，滋蔓难图"。可见敌人对我军小部队分散出击，惊恐万分。

"西安事变"后，蒋介石在南方各省加紧"清剿"。1937年4月27日，任命卫立煌为豫鄂皖边区督办。卫立煌上任后，改变了"分区驻剿，追堵兼施"的办法，以大部分兵力组成"追剿"纵队，对我军实施"深入穷追""分头兜剿"。同时，加紧移民并村，烧山毁林，妄图以"竭泽而渔"的手段，将我军陷入绝境。针对卫立煌的毒辣手段，我军主力越过平汉铁路，到敌人外线活动。在信阳县光山地区与河南省委周骏鸣领导的鄂豫边游击队会合，协助这支兄弟部队打开了地主武装盘踞的蔡家围子，巩固了这里的游击根据地。此后，又在鄂豫边游击队的配合下，拔掉几个反动据点，进入确山县竹沟地区，为党在这里建立抗日根据地奠定了基础。

三年中，我军共歼敌18营另15个连和大量小股敌军，钳制敌正规军最多时达68个团，最少时也有30个团，创造了游击战的辉煌战绩。

三

红二十八军长期处在敌人的反复"清剿"和严密封锁下，伤病员安置、后勤供应、兵员补充等方面，都存在严重困难。为了解决这些严重的困难，明确提出要创建新的游击根据地，并为此进行了不懈的斗争。

红二十八军转战皖西，谋求打开局面，建立游击根据地，但几经奋战都没有成功。因为部队天天处于敌人前堵后追之中，根本无法立足。而新组建的皖西特委和二四六团，趁敌人主要力量追堵主力红军之际，以小部队配合便衣队，在敌人统治薄弱、地形和群众条件较好的霍山、潜山、舒城、太湖、英山等县交界的山区，通过打土豪，歼民团，发动群众，建立了几小块游击根据地。

便衣队这种组织形式，早在1933年秋红二十五军在鄂豫皖边区坚持斗争时就出现了。中共鄂豫皖省委对此十分重视，在1933年11月10日关于今后的斗争方针问题向中央的报告中，认为便衣队是"极为适宜的一种游击武装的方式"，明确提出"现在最有发展希望及最重要的运动就是便衣队的运动"。为了有效地保存自己，适应对敌斗争的需要，巩固老区，建立新区，坚持敌后游击战争，粉碎敌人的长期"清剿"，鄂豫皖边区各级党组织和红二十八军，把发展便衣队提高到战略地位，用极大的力量去发展便衣队，依靠便衣队去建立新的游击根据地。

1935年夏季以后，便衣队像雨后春笋一般蓬勃发展起来。这些便衣队有地方党组织派出的，也有红二十八军派出的。由军队派出的便衣队，以后大部分交地方党组织领导。便衣队一般10人左右，由党和苏维埃的基层干部任队长和指导员，队员一般都是当地的党员、干部或红军战士。便衣队是一支掌握武装的游击小分队，隐蔽在群众中开展工作，他们镇压反动分子，打击敌人，坚持斗争，但又不同于主力部队和地方部队，不是以打仗为主，而是以做群众工作为主，并执行苏维埃的政纲法令。便衣队的党支部，一般都履行相当于区委、工委甚至县委或中心县委的职责，实施党的集中统一领导。所以，便衣队实际上是党、政、军三位一体的武装工作队。

在三年游击战斗中，便衣队先后发展到大小100多个，遍布鄂豫皖边区20余县。便衣队的任务：（一）宣传群众，组织群众，武装群众；（二）扩大游击区，建立新的游击根据地；（三）恢复和建立党的组织，形成坚强的领导核心；（四）掩护红军伤病员，进行妥善安置和治疗；（五）筹粮筹款，提供物资供应；（六）利用敌人的基层政权为我服务；（七）严惩坏人，给群众撑腰；（八）接济老区，帮助他们渡过难关；（九）扰乱、牵制敌人，配合主力红军作战；（十）搞侦察，送情报，掩护主力红军行动；（十一）组建游击队和战斗营，补充红军兵员。他们开展工作的主要方法是：选择省界或几县交界的地形条件和群众条件好的地方，白天隐蔽，晚上到群众家里做工作，并以模范的遵纪爱民行动取得群众的信任，站住脚跟。再用亲串亲、邻连邻的方法，由点到面开展工作，由一村到几村，由山区到平原，由秘密活动（组织秘密农民小组、妇女小组、青年小组，发展地下党员）建立隐蔽的游击根据地，逐步到公开建立小便衣队和游击队，成立党的组织，掌握基层政权，开设"山林医院"、被服厂、修械所，建设比较巩固的后方基地。

在完成上述任务中，便衣队随着斗争形势的发展变化，改变了到白区"打粮"和对地主豪绅既要钱又要命的做法。在红二十八军，各地方党组织和便衣队普遍实行了税收政策，以征粮代替"打粮"，对地主采取以罚代杀，酌情罚款、罚物，只要他们交齐款物，并保证不替敌人干事，不危害群众，就开给证明，不再征粮征款，予以保护。对联保主任、保长等敌基层政权人员采取打击与争取相结合的方针和区别对待、分化瓦解的政策策略，使得一部分联保主任、保长表面上为敌人效劳，实际上按便衣队的意图办事，成为"两面政权"。对俘虏不搜腰包、不打骂、不侮辱，集中教育后，发给路费释放，愿当红军者分到连队不歧视。这些正确的方针和政策策略，孤立打击了少数，争取团结了多数，分化瓦解了敌人，是坚持鄂豫皖边区三年游击战争并取得最后胜利的一个重要因素。

便衣队通过打土豪或规定地主缴纳一定数量的现款和粮食等途径，筹集经费和粮食，请基本群众到敌占区购买粮食和生活用品，以供军需。鹞落坪便衣队还曾在包家河、青天畈、沈家桥等地开设红军地下商店，红军出钱群众办，经营红军需要的油、盐、布匹、电池、药品等。三年间，便衣队向红二十八军提供了大批现款和相当数量的粮食、布匹、鞋子、药品、雨伞、毛巾等物品，有力地支援了主力红军。红安县委和中心县委的 20 个便衣队，还负担救援鄂东北老苏区的重担。他们到附近筹粮，通过地下党和基本群众到敌占区购买生活用品和药品，夜间送进山去，或通知后方的同志下山来背，使老苏区的后方机关和医院，在敌人的反复"清剿"中能够坚持下来。

便衣队是鄂豫皖边区的党和红军的一大创举，在三年游击战争中取得了很大的发展，便衣队建立的游击根据地，成了主力红军的后方，对坚持三年游击战争起了重大作用。

四

三年敌后游击战争中，红二十八军得到鄂豫皖边区人民的全力支援，这是取得最后胜利的重要保证。

人民群众踊跃参加红军，投入保卫鄂豫皖边区的人民游击战争。黄冈地区有400多名青年参军，先后组建了两个战斗营，成建制地编入红二十八军。灵山便衣队先后组建了十几支小游击队，为红军输送了成百名战士。信阳县周塘埂、黄家湾一带有40多名青年参加了鄂东北独立团。据不完全统计，三年中参加红二十八军和各地游击队的青年，在2000人以上。许多地方出现了父送子、妻送夫的动人情景。人民群众踊跃参军，使红二十八军和地方部队不断得到兵员补充。

边区人民虽然缺衣少食，生活极其艰难，但仍把仅有的一点粮食和衣物，拿出来支援便衣队。敌人为了割断便衣队与人民群众的联系，大搞"移民并村"，把群众圈禁在移民村里，下地劳动时只准带仅够一人吃一餐的食物，还派武装监视。群众无法与便衣队直接联系，就把身上的衣物和自己吃的干粮放在比较隐蔽的地方，让便衣队夜间来取走食用。1937年4月敌人大规模"清剿"时，不少地方的便衣队员和伤病员被围困在山林里，当地群众想方设法上山送饭，护理伤员。潜山一个便衣队只剩下3人，当时正值青黄不接，便衣队员弄不到吃的，只得爬到围子旁边，用小砖头丢到群众房上联络。群众知道便衣队来了，尽管受到敌人的严密监视，还是不顾危险悄悄打开窗子，用绳子把食物吊下来给便衣队。不少便衣队员在遭到敌人"清剿"、处于最困难的时候，就是靠人民群众用各种巧妙的办法支援，才能够生存下来，继续坚持斗争的。

边区人民经常冒着生命危险掩护红军伤员和便衣队员，有的甚至献出了宝贵的生命。红军伤员分散住在群众家里，群众精心护理，胜过亲人。他们宁肯自己挨饿或吃野菜野果，也要设法给伤员弄点大米、白面吃，甚至将家中仅有的下蛋母鸡杀了炖给伤员吃，以增加营养，使伤病员早日康复。将军山便衣队安置伤病员在群众家中，碰到民团"清乡"查问时，媳妇即以"这是我的丈夫"来进行掩护。敌人"清剿"前，群众白天把伤员背上山，藏在隐蔽的山洞里，以避开敌人的搜捕，晚上再背回家里调养。红安三区便衣队在一户群众家中存放了100多支枪和一些银圆，有一次3个便衣队员正在楼上休息，碰上2个叛徒带领民团来搜查，这家男子外出刚回家，挺身上前让民团抓走，并用暗语告诉他妻子赶快叫便衣队员带上枪支和银圆转移。敌人明明看见便衣队进了光山县夏青区的一个村子，就是搜查不出来，原来是一位木匠将便衣队员藏在他家床边马桶下的一块石板盖着的地洞内，别动队抓了村里20多人，当场杀死3人，逼问便衣队藏在哪里，群众宁死不屈，无论是大人小孩，什么都没有说。有一次敌军在长岭岗搜山，贫农曾少山带着全家和红军伤员隐藏在山洞里，当敌兵正在山上搜寻时，曾少山的孩子突然惊哭起来，为了掩护伤员，他毫不犹豫地掐死了自己的孩子。像这样可歌可泣的动人事迹，是举不胜举的。

鄂豫皖边区人民的全力支援，是坚持三年游击战争并取得最后胜利的坚实的群众基础。

1937年7月下旬，红二十八军根据党中央文件精神，同国民党豫鄂皖当局进行了和平停战谈判，并达成了协议。8月，红二十八军各部队和鄂豫皖边区党组织及其所领导的地方部队、便衣队，陆续到黄安县七里坪、两道桥和礼山县宣化店、黄陂站一带集中整训。11月全部集中完毕，共约1800余人。

1938年2月下旬，红二十八军和鄂豫皖边区党组织及其所领导的地方部队、便衣队，与豫南的兄弟部队改编为国民革命军陆军新编第四军第四支队，3月8日奉命东进，踏上抗日征程，担负起新的历史重任——东进皖中、皖东创建敌后根据地，成为该地区的一支抗日主力军。

原载中国人民解放军历史资料丛书编审委员会编：《南方三年游击战争·鄂豫皖边游击区》，解放军出版社，1992年，第85~93页。

坚持党对军队的领导

——红二十八军的政治工作

◎ 石裕田　朱国栋　姚天成

红二十八军在敌后三年游击战争中，继承和发扬了中国工农红军政治工作的优良传统，根据敌后斗争复杂、残酷、艰苦等特点，采取切合实际的工作方法和政策策略，加强部队的政治思想工作，保证了三年游击战争的胜利。

红二十八军是在敌人前堵后追的紧张战斗环境中仓促重建的。从组建之日起，就始终坚持了政治委员制度。军、师、团、营都任命了政治委员，通过各级政治委员实现党对军队的领导。八十二师还成立了政治部（对外称红二十八军政治部），先后由熊大海、石裕田、吴先元同志任主任。下设负责党务工作的专职党委书记和组织科、宣传科、民运科、少共团委。后来，由于敌人已筑成以碉堡为主的封锁线，斗争更为残酷，部队主要是以营为单位分散活动，政治部工作人员分到各营，随各营活动。政治工作在各营政委的领导下，由各连政治指导员组织实施，一直保持着强有力的政治思想工作。

红二十八军各连队都建立了党支部，支委会由支部大会选举产生，政治指导员基本上都当选为支部书记。班排干部的任命、党的发展工作、连队政治思想工作等重大问题，一般都由党支部讨论决定。在政治部的领导下，部队于 1935 年发展了一批党员，由党支部把发展计划分配到党小组，物色立场坚定、政治可靠、作战勇敢、联系群众的积极分子，将他们吸收入党。工人、雇农成分的无候补期，贫农、中农成分的候补期为半年，其他成分的候补期为一年。1936 年后发展工作逐渐放松，到 1937 年，由于环境特别恶劣，基本上停止了发展工作。

红二十八军重建初期，党的组织生活严格，经常利用战斗空隙召开小组会和支部大会，党员及时向小组长汇报思想情况和工作情况。党内民主气氛浓厚，能积极开展批评与自我批评。党员组织观念强，贯彻执行支部决议坚决。平时，关心群众疾苦，积极开展思想互助，带头遵守纪律。作战时，冲锋在前，退却在后，在各方面都以自己的模范行动影响和鼓舞群众。

连队建立了少共团支部，在师政治部少共团委和连党支部领导下开展工作。团员占青年的 60% ~ 70%。入团条件，除年龄条件外，其余条件与入党条件略同。团员组织生活严格，进取心强，发扬了党的助手作用和突击作用。1936 年下半年后，团支部撤销，团员都编入党支部，与党员一起过组织生活，实际上起着党员的作用。

连队还建立了红色战士委员会，设主席 1 人，委员 4 ~ 5 人，由战士选举产生。一般半月或一月召开一次委员会或全连红色战士大会，就连队的管理、伙食和连队干部的工作提出意见，发扬民主，平时，协助连队干部开展群众工作。

为了使党员认清形势，明确任务，提高觉悟，坚定信心，部队领导有时利用战斗空隙召开党团员活动分子大会。这样的大会，部队集中活动时开过，以营为单位分散活动时也开过。1935 年 4 月下旬，部队在潜山县汤池附近的一片葱翠的松柏树林里，召开了红二十八军党团活动分子大会，到会的有军政干部和党团员共500 余人，红八十二师政治部党委书记作了党团建设的工作报告，高敬亭同志作了当前形势和今后任务的报告。原计划第二天上午进行讨论，但当晚遭敌偷袭，部队分两路安全转移。这次会议虽未圆满结束，但基本上达到了统一认识、明确任务的目的。

由于苏区大部分丧失，部队不断遭到敌重兵"围剿"，斗争极其残酷，生活异常艰苦，因此，加强形势、任务的教育，坚定指战员的胜利信心，是政治工作的经常任务之一。连队干部主要是利用晚点名、行军前集合、战斗空隙召开军人大会，进行形势教育。1935 年春，政治部印发了《红军政治教材》和《红军须知》。连队干部根据这些材料，联系部队思想实际，深入浅出地向部队讲形势、讲红军的性质、任务。部队集中时，只要条件许可，军师政委都来向部队作形势报告。他们根据敌人报刊披露的消息和俘虏提供的情况，向部队介绍各地红军的胜利和全国人民纷起反对蒋介石反动统治的大好形势，说明我军的斗争不是孤立的，困难是暂时的，前途是光明的，使部队受到鼓舞。

敌人残酷屠杀苏区人民的血淋淋的事实，是进行阶级教育最实际的教材。三年游击战争中，政治干部经常运用这些实际教材，组织指战员控诉敌人的罪行。每次控诉时，指战员都捶胸顿足，义愤填膺，誓为苏区人民报仇雪恨，从而把对敌人的阶级仇恨，变为杀敌的坚强决心。

军政干部人人做思想工作，形成了一套有针对性、有战斗性的思想工作方法。在生活中，干部和战士打成一片，熟悉每个战士的经历、个性，战士有了思想问题，能够及时发现，帮助解决。部队出发前，三言两语就能联系实际讲明情况，交代任务，提出要求。在战场上，针对情况的变化，及时高呼口号，就能鼓舞部队的战斗意志。官兵之间，上下之间，情同手足，始终保持着高昂的士气。

党的坚强领导和及时有力的政治思想工作，使红二十八军成为一支打不散、拖不垮的坚强部队，八十二师一名姓汪的饲养员，1935 年春在一次战斗中掉队，他化装成砍柴的农民，把枪藏在柴担里，挑着柴担走了一个多星期，终于找到了部队。1937 年 6 月，特务营和手枪团三分队在黄安县瓜儿山被敌包围，突围出来的同志，在当地便衣队的帮助下很快会合在一起，继续坚持战斗。新二营在麻城卢家河被敌人包围，有几名同志突围出来，化装成老百姓，走遍皖西、鄂东的几个县，终于找到部队。三营一名战士在狗耳尖战斗中负伤，被一位老贫农收容养伤。伤愈后，老贫农要招他为婿，他婉言谢绝，回到了部队。这样的事例，举不胜举。

红二十八军还十分注意做群众工作。部队每到一地，除政治部人员外，各连还派出民运小组或组织临时性的宣传队，由干部带领在驻地周围做社会调查；召开大会，揭露土豪劣绅的罪行，开仓分粮，救济贫苦人民，物色拥护红军的基本群众，组织秘密的农民小组，要求他们为我军送情报，掩护伤病员。三年游击战争中，农民小组为我军做了大量工作，使我军扎根于群众之中，立足于不败之地。

红二十八军纪律严明，指战员也都能自觉遵守。有些新区的群众，因不了解红军而躲藏起来，指战员采购东西后就留下钱，写明情况。在村舍宿营时，先挖厕所，行前填埋。凡是借用群众的门板、铺草、脚盆等，都归还原处，驻地打扫干净。

1935年春，部队离开潜山县一村庄时，宣传队发现特务营驻地未清扫，铺草未捆好，立即向师政委方永乐做了汇报，方永乐同志当即命令特务营停止前行，派人回去捆好铺草，清扫驻地，再追赶部队。

对俘虏，红二十八军规定有不准搜腰包、不准打骂、不准侮辱的政策。一般是战斗一结束，就由专人把俘虏集中起来，教育后发给路费释放。坚决要求留下当红军的，分到连队，不得歧视。这些同志多数表现好，有的后来当了干部，有的在战斗中英勇牺牲。

对地主、资本家、富农和保长、联保主任、区长等敌乡村政权人员，在1935年5月以前，仍采取杀头或没收其财产的方针政策。后来，高敬亭同志根据地方党和便衣队创造的经验，规定：只镇压那些罪大恶极，对革命危害大的地主分子。对一般的地主分子采取以罚代杀的方针政策，即酌情罚款、罚物，只要他们交齐款物，一律不究，并开给证明，给予保护。对保长、联保主任和区长，凡是能争取的，要尽量争取，以便利用他们的身份，掩护红军，为我军服务。

采取这些方针政策的结果，孤立打击了极少数反动分子，争取团结了一切可以争取团结的人。1935年3月，红二四四团在立煌县梓树坪伏击歼敌一〇八师六二二团三营大部。这次战斗，我军一面以猛烈火力杀伤敌人，一面开展阵前喊话，促使敌尖兵排缴械投降。在三年游击战争中，敌士兵在我军的影响下有的主动携械投诚，有的与我军遭遇时，对空放枪为我军送行。

1937年7月，红二十八军同国民党豫鄂皖边区督办公署达成了停战协定，这对红二十八军是一个大转折。由于国民党对鄂豫皖边区人民长期残酷屠杀，由于无数同志在同国民党的斗争中流血牺牲，当时，有些指战员和便衣队员的思想一时转不过来，有的甚至误认为上了国民党的当，是妥协、投降。针对这些思想反映，一面广泛张贴"当此国难日亟，民族危亡之际，本部同人愿意抗日者，一律到黄安县七里坪集中"的通告，一面派出干部到各地向指战员和便衣队员宣传抗日民族统一战线的方针政策，做深入细致的思想工作。同时，教育部队保持警惕，加强战备，严防国民党反动派的偷袭。

部队集中后，根据党中央的指示精神，又及时进行了整训。在黄安县七里坪的秦家祠堂举办了干部轮训班，主要是学习毛泽东同志的《中国共产党在抗日时期的任务》《为争取千百万群众进入抗日民族统一战线而斗争》《反对日本进攻的方针、办法和前途》以及《抗日救国十大纲领》。中央先后派聂鹤亭、郭述申、方毅、彭康、戴季英等同志到七里坪，方毅、彭康同志亲自为轮训班的干部授课。参加轮训的干部回到部队后，又组织部队学习中央文件，讲解建立抗日民族统一战线的伟大意义，从而使部队的思想统一到中央的方针政策上。

与此同时，红二十八军还派出干部、战士，在黄安县周围与社会上的进步团体一起，深入乡村，走向街头，贴标语，教唱抗日救国歌曲，演出抗日救国节目，掀起了抗日救国的宣传热潮。在党的号召下，许多青年踊跃报名参军，各界爱国人士积极投入到抗日救国运动之中。

红二十八军的经验证明：只要坚持党对军队的绝对领导，充分发挥基层党组织的战斗堡垒作用和党员的先锋模范作用，善于把党的路线、方针、政策同实际情况结合起来，善于联系部队的思想实际加强政治思想工作，就能够保证党的路线、方针、政策在部队贯彻执行，使部队始终团结一致和保持顽强的战斗意志，从而战胜一切艰难险阻，取得斗争的胜利。

原载中国人民解放军历史资料丛书编审委员会编：《南方三年游击战争·鄂豫皖边游击区》，解放军出版社，1992年，第94～98页。

三年游击战争的序幕

◎ 詹化雨

斗争胜利的情景，使人永远怀念；艰难困苦的日子，更使人终生难忘。

我从十几岁起投身革命，戎马生涯，到现在，算来已半个世纪了。在这半个世纪中，最使我难忘的，是三年游击战争。在那三年中，红军主力北上了，和党中央失去了联系，根据地被敌人分割占领，几十倍于我军的敌人不分昼夜，对我军进行围追堵截。打的仗，吃的苦，走的路，都是中国革命史上罕见的。我这里只回忆一下三年游击战争开始，红二一八团建立前后的一段情景。也可以说是三年游击战争的序幕吧。

腥风血雨

我的故乡，在鄂豫皖根据地的中心区域。1929 年，先后爆发了立夏节起义和六霍起义，建立了中国工农红军第十一军三十二师、三十三师。不久，鄂豫皖根据地连成了一片，接连打败了蒋介石的 3 次大规模"围剿"。在 2 年多的时间里，红军发展到 6 个正规师 50000 多人，建立了 20 多个县级政权和 20 多万赤卫军、游击队等地方武装；根据地面积达 40000 平方公里，人口 350 万。土地改革、经济建设闹得热火朝天，整个苏区到处是一派欣欣向荣的革命景象。昔日骑在人民头上作威作福的反动统治阶级，威风扫地，广大人民群众当家做主，笑逐颜开。

但由于王明右倾机会主义路线的错误和我党战略上的转移，红四方面军西去后，1934 年 10 月，红二十五军又北上了，整个根据地，几乎没有正规红军了。10 多万国民党军和地方反动武装，闯入了根据地，蒋介石驻武汉"剿共总司令部"部署他们："（一）匪区壮丁（指有劳动能力的人，笔者注）一律处决；（二）匪区房屋一律烧毁；（三）匪区粮食一律分给铲共队或撤出匪区……"于是，在广大苏区，一系列古今中外骇人听闻的大惨案发生了。匪徒们的口号是"有民就有匪，民尽匪尽""驻尽山头，杀尽猪牛，见人就打，鸡犬不留！"他们专门组织了杀人队，开展杀人比赛。杀人手段，无奇不有。挖眼、剜心、穿鼻、破腹、碎削、剥皮、戴红帽子（铁香炉烧红套头）、穿红绣鞋（犁铧尖烧红穿在脚上）、挂画（将人钉死在门板上）、坐老虎凳、灌辣椒水、火烧、冰冻、吊死、活埋……残忍至极，惨不忍睹。

敌人除大屠杀外，还实行了烧光、抢光的政策，整个苏区，尸骨遍地，庐舍成墟，田园荒芜，很多地方成了白天不见人、晚上不见灯的无人区。到 1934 年冬，整个鄂豫皖苏区，仅存有赤城、赤南、六安六区、鄂东北等 4 小块残缺不全的根据地。群众不足千户，我机关干部、伤病员、游击队、便衣队、红军战士亦仅 1 000 余人。由于敌人实行保甲连坐，不断进行搜山、烧山，我几小块根据地连互相联络和革命武装活动也很困难，枪支弹药十分缺乏，衣食无着，长期吃不到盐，几乎全靠树根、野菜为生，根据地群众还要靠红军打粮过日子。

这年冬天，好像来得特别早，冷得狠，刚刚立冬，就下了几场小雪，战士们单衣破衫，饥寒交迫。

久经革命烈火锻炼的鄂豫皖苏区军民，并没有被敌人的暴行所征服，没有被困难所吓倒，在腥风血雨、艰难困苦的日子里，表现出了坚强的革命意志和崇高的革命气节。他们用红土在岩石上写道："树也砍不完，山也烧不尽，只要青山在，到处有红军。"

红军、游击队、便衣队虽然枪支少，弹药缺，少吃缺穿，但从未停止过斗争。他们提出非常豪迈的口号："高山石洞是我房，野菜树根是我粮，红军战士志如钢，誓把白匪消灭光！"经常利用山熟、路熟、人熟的有利条件，活动于敌人据点之间，袭击敌人，镇压反动分子。人民群众感到革命的火种仍在熊熊燃烧。

握起拳头

皖西、豫南的几小块根据地的少量武装，虽然尚能在极端困难的条件下，开展斗争，但是分散的，没有统一指挥，缺乏对全局的了解，对当时的局面是很难应付下去的。11 月初，皖西北道委书记高敬亭来到道委机关所在地熊家河，把几小块根据地的红军、轻伤病员、道委机关以及部分游击队、便衣队，统一组成 1 个团，命名为中国工农红军二十五军七十三师二一八团。下设 2 个营和 1 个生产队，全团约 700 人。赤城、赤南、六安六区和三区等地方武装仍保留部分建制，统一由道委指挥。

二一八团各营及生产队编制是：

一营：由红二十五军七十四师二营四连，三营八连、九连 3 个连队组成。这 3 个连队都是二十五军由皖西向鄂东北转移时，在陶家河战斗中负担护送伤员与主力失去联系来到熊家河的。

二营：由在燕子河长山冲突围出来的原二十八军八十二师 200 余人组成。

生产队——第三营，原是二十五军苦工队（亦叫生产队），多是肃反中被错定为改组派、AB 团、第三党、反革命而"自首"过的团营连排干部，他们被罚苦役，专门从事挑粮、抬伤员，打粮等任务。全队 90 多人，没有枪支，每人除 1 根扁担外，配有 1 把大刀。他们赤胆忠心，认为不信任是暂时的，当挑夫、抬伤员，都是革命工作，他们就凭着火热的革命感情，以非常劣势的装备，创造着惊人的奇迹。

二一八团成立前，根据地军民，经常是数日粒米不见。为了解决根据地部队和群众吃粮问题，11 月 15 日，道委决定由二一八团作掩护，由生产队带一部分群众到霍邱南边的白塔畈、下骆山一带打粮。下午 1 点钟，生产队和道委交通队 10 多个同志向大顾店方向试探粮源。这时，安徽省保安团在大顾店探得了我打粮队的情况，向我打粮队进犯，被生产队侦察发觉。他们早想杀敌立功，为根据地人民报仇，去掉受冤屈的帽子，一致要求与敌决一死战。他们经过与交通队十几个同志分析，认为：敌系地方保安部队，多系兵痞流氓，贪生怕死，是红军手下败将；我方虽然只有扁担大刀，但都是久经疆场的老战士，英勇善战，还有交通队 10 多支短枪，便于近战，可隐蔽有利地势，打敌人个冷不防，为主力消灭敌人创造有利形势。于是，生产队一边向团部报告，一边隐蔽，待敌接近时，采用近战、肉搏战杀伤敌人。下午2点多钟，敌前卫营越过漫流河，成三角队形搜索前进，先是对山坡草丛一阵盲目射击，见没有动静，便一拥而上，占领山头。生产队全体战士猛地跃出草丛，抢起大刀、扁担，冲入敌群，一阵喊杀声，上百根扁担、大刀左劈右砍，交通队十几支短枪也发挥了近战的威力，打得敌人晕头转向，难以招架，伤亡惨重，一片混乱。但当敌人发现我只有大刀扁担和少量短枪时，便拼命顽抗，战斗十分激烈。生产队、交通队战士，为使敌人火力施展不开，始终与敌人杀在一起，白刃格斗。互相厮杀约半个小时，我一、二营从下骆山方向喊杀而来，切断了敌人向漫流河撤逃的后路，分三路直插敌群。生产队战士见主力赶来，士气更旺，奋勇拼杀，敌遭我四面冲杀，死伤过半，余敌纷纷缴械投降。敌后续部队得此消息，吓得不敢前进，逃回大顾店。由于生产队作战有功，战后，将缴获的武器装备，配给了生产队，以生产队为基础编为第三营。

红二一八团是在四面受敌的情况下建立的。她是白色包围中的一面革命红旗，她给备受摧残的根据地人民带来了希望，她是保卫红色根据地的一个握起的拳头。

摇篮里的战斗

红二一八团的诞生，特别是下骆山打粮，歼灭了安徽省保安团的1个营，敌人大为震惊。鄂豫皖剿共总指挥部便以数万兵力，从商城、固始、六安、霍山、罗田将我皖西根据地包围起来；同时，又从汤家汇、金寨、麻埠、叶集、方集用小包围圈重点包围我赤城、赤南、六安六区这3小块根据地，进攻重点是道委机关所在地——熊家河！敌人妄图以这种大军压境，重点围攻的方法，将我刚诞生的红二一八团，消灭在革命摇篮里，彻底摧毁我红色根据地。

形势是非常严峻的，红二一八团面临着生死存亡的关头，道委根据地面临着严峻的考验。

面对敌我力量如此悬殊，本来就很小的根据地被包围得越来越小，连回旋都有困难的情况下，道委书记高敬亭没有采纳多数同志提出的跳到外线、避实就虚、相机歼敌的正确意见，反而批评这些正确意见是不顾根据地的右倾怯战情绪。错误地决定摆开架势，与敌决战，和根据地人民同生死与根据地共存亡。命令仅有100多人的赤城、赤南一、赤南二路游击师到外线去牵制敌人，红二一八团，兵分三路坚守熊家河。一、二路游击师，人少，弹药缺，根本无力牵制敌人，这样就使二一八团处于十分困难的地位。

敌人的包围圈越来越小，我仅数百人的红军，置数倍于己的敌人包围之中。敌人侦察，得知我人少，弹药不足，便组织多路梯队，重叠进攻。我各个阵地，虽顽强坚守，击退了敌无数冲锋，杀伤了不少敌人，但敌人仍有增无减，冲锋人数一次比一次多，火力一次比一次猛烈；我军子弹打一粒少一粒，无法补给，战士伤一个少一个，无法补充。有的战士子弹打完了，全靠用刺刀捅，石头砸，靠在敌人死尸上下子弹，打击敌人，根本不能制止敌人的进攻。就这样死打硬拼，硬是坚持了三天三夜，第四天下午，我军唯一能威胁敌人的制高点——鸡冠山，一个连只剩下4个人了，阵地无法保存，整个战场的坚持无望了。这时，敌人又从我左侧叶家院墙攻来，我军几乎没有还击敌人的子弹了，如再不迅速突围，全军将有立刻覆没的危险。当时，已近黄昏，高敬亭才下决心撤退。经稍加组织，全团仓促向朝阳山方向突围。但敌人穷追不舍，我军还未撤到朝阳山，敌人又几路围攻过来；我们又转向东北，向小南京方向突围，直到天黑，敌人认为他们已设下了多层包围圈，我们无法突出，便没有攻击，我军才好容易奔到小南京一个山林子里隐蔽起来。时值严冬，寒风刺骨。半夜里又下起了大雪，我军激战三昼夜，大部分同志一餐未进，连冻带饿，一夜也未能入睡。

第二天拂晓，我军还未判明敌情，决定去向，敌人又蚁聚山下向我军进攻。我军只得一面组织少量兵力掩护，向南突围，连翻几座大山，幸有熟悉道路的赤城县委书记石裕田带路，才甩掉了敌人。第三天又被敌人发觉，从四面包围而来。战士们实在不愿意再走了，也确实走不动了，还有部分伤员寸步难行，一致要求道委批准，与敌人决战。经一再说服：不是大家怕牺牲，而是要保存革命火种。才说服了大家。于是留商北大队几十人掩护，二一八团冲出重围，经芳草畈到达与湖北接壤的胭脂、墨园。

几天后，商北大队也来到胭脂和墨园，与二一八团会合了，并带来了非常不幸的消息：我熊家河根据地被敌一〇六师完全占领了，并修了十几个碉堡，很多革命家属和群众被杀害了，隐蔽在西峰山的后方医院，被敌人破坏，30多个伤病员，全部遇难。战士们听到这个消息，无不痛心流泪，激起了对敌人的无比愤恨！

熊家河之危，使高敬亭注意总结经验教训了。二一八团何去何从，他召集了连以上干部会议，进行了研究。大家认为，我军虽然暂时脱离了敌人，但仍然在敌人大包围圈之中，形势仍然是很险恶的。必须迅速撤离根据地，向外线游击，相机歼敌，补给枪支弹药和粮食衣服。于是部队便向潜山、太湖、英山边境转移。1935年1月31日，行军到抱儿山时，遇鄂东北少共道委书记方永乐率鄂东北独立团冲过千难万险，送来了中央和鄂豫皖省委给高敬亭的指示信。两军在艰难困苦中会师，干部、战士欢欣鼓舞，高兴万分。

鄂豫皖省委给高敬亭的指示信中，传达了党中央指示：鄂豫皖省委奉中央命令率红二十五军北上，责成高敬亭重新组成鄂豫皖边区党的领导机构，并以现有武装为基础，重新组建红二十八军，继续坚持鄂豫皖边区的斗争。高敬亭根据这个指示，带红二一八团和鄂东北独立团向太湖方向游击。在太湖凉亭坳，召开了党的干部会议，传达了中央和省委指示，以红二一八团和鄂东北独立团为基础，建立了中国工农红军第二十八军。高敬亭任军长兼政委。从此，揭开了三年游击战争的序幕，踏上了更为艰苦的征程。

（台运行　记录整理）

原载中共金寨县委党史办公室：《革命斗争回忆录·立夏节烽火续集一·纪念立夏节起义五十六周年》，1985年，第128~135页。

回忆鄂豫皖边区的斗争（节选）

◎ 梅少卿

　　1934 年 10 月 26 日[①]，红二十五军奉命西进陕西，北上抗日。盘踞在鄂豫皖地区的国民党十一路军，拼命对红二十五军"追剿"，阻击我抗日队伍北上。在鄂东地方党组织和群众的帮助下，红二十五军终于跳出了包围圈。敌十一路军"追剿"失败，恼羞成怒，调回头来向鄂豫皖根据地发动了疯狂的大"清剿"，扬言要把红区变成无人区。惨无人道的白军和地主民团实行了"三光"政策，见人就杀，见东西就抢，见房子就烧。根据地的红色政权受到的破坏十分严重，党员干部损失很多。鄂豫皖革命根据地的革命形势再次转入低潮。大别山人民对敌人恨之入骨，对红军更加怀念。

　　为了适应当时鄂豫皖地区的斗争形势，党组织决定重新组织革命武装。在鄂东，1934 年 11 月，中共鄂东道委书记罗永范同志在鄂东黄安宣化店，将红二十五军北上抗日时留下的掩护部队和几百名伤员及基层红色政权人员，还有部分革命群众共 400 余人，合编为鄂东独立团，团长是陈守信同志，政委是徐成基同志，下属一、二、三连和手枪连，作为独立团的主力部队。鄂东独立团的成立，给鄂东老革命根据地的人民带来了新的希望。

　　鄂东独立团成立之后，国民党反动派大搞"清剿"，妄图把这支新生的革命武

[①] 红二十五军长征出发时间为 1934 年 11 月 16 日。作者所记时间疑有误。——编者

装扼杀在摇篮里。环境越来越恶劣，鄂豫皖边区笼罩在一片白色恐怖之中。白军、还乡团像决口的洪水到处泛滥成灾。敌人采用大兵压境，四处合围的手段，搜追、堵截、烧杀、抢掠，鄂东独立团的处境异常困苦。为了保存革命力量，坚持敌后斗争，中共鄂东道委决定将鄂东独立团转移到皖西北，与皖西北道委新组建的一个团会合，形成拳头，相机克敌。

1935年1月，鄂东独立团和特务一、二营1000人左右，在鄂东少共道委书记方永乐同志的带领下，冲破敌人的重重包围圈，闯过敌人的层层封锁线，转战3省，历尽艰险，所剩的六七百人终于来到皖西六安、霍山地区，见到皖西道委高敬亭同志，和皖西部队会合。这两支部队的会合，鼓舞了干部、战士的革命斗志，增强了广大人民群众胜利的信心，在鄂豫皖边区革命斗争历史上有着重要意义。

1935年2月，部队转移到太湖凉亭。在凉亭举行了党的干部会议，成立了新的鄂豫皖省委，统一领导鄂豫皖边区的革命斗争；并根据当时敌强我弱的斗争形势，做出了开展敌后游击战的决定，要求在各块根据地的政权工作人员和少数游击队（便衣队）坚持斗争；将部队整编为红二十八军，高敬亭同志任军政治委员，主力为八十二师，方永乐同志担任政委；鄂东独立团编为特务营，营长由陈守信、政委由徐成基担任；原特务一、二营编入手枪团，还另组编了一路、二路游击师，作为鄂豫皖地区武装斗争的骨干。

凉亭会议是大别山三年游击战争史上的一次重要会议。会议根据毛泽东同志关于"没有根据地，游击战争是不能够长期地生存和发展"的思想，决定开展广泛的游击战争，发展根据地。从此，红二十八军在皖西的潜山、太湖、舒城、霍山等地区和鄂东黄梅、广济一带积极活动起来。

新生的红二十八军组建后，立即遭到数十倍之敌"清剿"和"追剿"。部队天天行军打仗，立足不下，在大化坪一战中极为危急，伤亡较大，加上冰天雪地，部队的给养、弹药得不到补充。几次战斗后，部队人数显著下降。1935年3月，省委和军部在霍山县磨子潭召开了干部会议，总结了经验教训，决定将1个团编为小部队，分散发动群众，建立敌后根据地；而主力遵照游击战的"十六字诀"和"强敌跟进，用盘旋式的打圈子政策"，寻找战机，歼灭敌人的有生力量，摆脱敌人的"追剿"。另外，成立鄂豫皖边区特委，由徐成基同志担任特委书记，统一领导鄂豫皖边区的党政军工作，配合红二十八军作战。在人民群众和地方党组织的多方支援配合之下，部队打了许多胜仗。

1935 年 4 月 2 日，红二十八军主力在潜山县桃岭一带打伏击，歼灭敌人二十五路军三十二师前卫一九〇团的 2 个多营，击毙敌 2 个营长，缴获大批枪支弹药。这次战斗的胜利，我军士气大振；同时，也使敌人"三个月消灭红二十八军"的计划彻底破产。

这一仗打乱了敌人的部署。听说蒋介石在南京急得跺脚，急忙把他的外国顾问请来，制定新的"围剿"鄂豫皖边区红军的计划。1935 年 3 月，蒋介石拍了个电报给鄂豫皖剿共前线总指挥说："查豫皖鄂边区残匪，迭令剿办迄未肃清，现匪流窜如故，日见猖獗，若不迅速扑灭，遗患无穷。兹为彻底肃清，永绝后患计，重新部署……"蒋介石将鄂豫皖边区分为 3 个区，命令何柱国的东北军、刘茂恩的十一路军、梁冠英的二十五路军及民团分兵"进剿"，并"限本年六月底肃清匪患"。

敌人倾巢出动，情况紧急。边区特委在舒城、霍山交界的黄泥河召开会议，研究粉碎敌人新的阴谋计划。会议决定：主力部队跳出皖西，到鄂豫皖边区的桐柏山区一带活动，然后相机北上追上红二十五军。这样可转移敌人对皖西的注意力，减轻一些负担，使敌人"围剿"计划落空，也可使坚持皖西斗争的地方武装有机会巩固扩展游击根据地。

1935 年 5 月 8 日，红二十八军从商城北边的窑沟出发，行至三里坪附近，遇到敌人河南保安团的追击。军部命令特务营在三里坪阻击敌人，掩护主力转移。特务营迅速歼敌前卫营大部，紧接着就阻击敌增援部队。红二十八军领导看战机极好，就命令主力部队迅速回头迂回到敌人侧翼，将敌保安团歼灭。此战歼敌 400 余名，缴枪 300 余支，重机枪 8 挺。部队的枪支弹药得到了补充，继而通过光山至麻城的封锁线到达罗山，又在杨万店打垮敌东北军的堵击，与鄂东地方党组织和新编鄂东独立团会合。为了扩大主力部队，高敬亭同志把这个团编入部队，一起进入桐柏山区。

红二十八军突破了平汉铁路封锁线，西进至桐柏山区泌阳县境内，情况比原先预计的困难得多。这一带圩寨特别多，土顽武装知道红军来了，就强迫老百姓搬进圩寨，部队无法扎根，给养得不到供应。敌三十二师和东北军部队也接踵而至。

我军无法立足，进退两难。这时红二十五军政委吴焕先同志派了一个交通员与红二十八军接上了关系。吴焕先政委估计红二十八军已过路西，可能追赶红二十五军。因此请高敬亭同志赶快带部队返回，因为前面有180多里路的平川，敌人的川军和陕西的正规部队八九个团守在那里，想穿过这一带是不可能的。吴焕先同志建议鄂东党组织和皖西党组织及高敬亭同志碰头，共同组织鄂豫皖省的领导中心，结束党组织分散状态，省委书记由党中央决定。于是红二十八军在桐柏山区松树岗召开了营以上干部会议，当机立断，决定迅速东越平汉铁路，折回皖西，在根据地坚持斗争。

当时的敌情是：东北军的2个师在桐柏山北部，敌二十五路军的独立旅和其他部队从东南方向合围我部，企图把红二十八军赶至桐柏山西北平原就歼。形势万分危急。红二十八军决定趁夜进至桐柏山东麓，在要道——棺材沟伏击敌人，然后突围转移。当敌独立旅进到沟底，我军一齐开火，猛烈射击，把敌人打得晕头转向，死伤100余人。还未等敌人清醒过来，我部队已乘机突围，摆脱了敌人，连夜东返大别山。

1935年6月2日，红二十八军越过平汉铁路。6月13日，在河南光山南部高梅店，碰到敌"堵剿"部队东北军一一二团。我部利用有利地形，歼敌2个多连，缴获轻机枪9挺，步枪150多支，俘敌副团长。

部队辗转回到鄂东，见到鄂东党组织的同志和高敬亭同志。在这段时间里，由于鄂东两次成立独立团均编入红二十八军，武装力量大大削弱，敌人猖狂抓人、杀人。原道委书记王福明同志被捕，加上原道苏维埃主席詹以景被捕后叛变，出卖了许多党组织，造成鄂东北的党组织没有统一领导，工作难以开展。高敬亭同志本想在这一带转一两个星期，召开一个较大的会议研究一下工作，可附近敌人较强大，不宜逗留，就叫道委秘书罗作范同志先暂时负责。特委和各县委先不动，工作仍以特委为中心，其他问题待鄂豫皖省委的组织做出决定再说。另外又从部队抽出一批原来在这地区工作过的干部补充给鄂东党组织，加强党的力量。不久，鄂东党组织召开了会议，决定继续坚持根据地的对敌斗争，把道委、特委的警卫队和一部分伤员，再动员一部分群众组建第3个独立团，各县委恢复便衣队。

红二十八军于6月18日与敌独立旅六一三团遭遇，激战了6个多小时，肉搏数次。全军将士斗志极为旺盛，最后将敌击溃，毙敌团长曹兴文、参谋长刘长荣以及毙伤敌营连以下官兵数百人。突破了敌人的重重包围堵截，全军于6月下旬胜利回到皖西潜山、太湖地区。在潜山县简家河召开了全军干部会议，总结了红二十八军西进前后的得失，指出：在敌强我弱的情况下，跳出包围圈到外线去寻找立足点，歼灭敌有生力量，开展游击战是完全正确的；而审势不准的错误，由于及时更正，没有遭到更大的损失，要吸取教训。同时会议进一步明确了坚持鄂豫皖边区游击战争的方向，坚定了全体指战员必胜的信心。1935年秋，蒋介石国民党调集了更多的部队对鄂豫皖我红色武装进行大规模的"清剿"。当时整个鄂豫皖地区有敌十一路军、二十五路军20余万人，加上各民团共30多万人。敌十一路军前面堵击，后面二十五路军追击。我红二十八军1000多人，不分昼夜地与敌人浴血奋战，部队减员日益增加，弹药、给养也难以得到补充；部队曾两度想打破重围，向鄂东挺进，均未成功。

这时，高敬亭同志决定带领手枪团下舒城、霍山、潜山、太湖一带活动，而方永乐带领八十二师继续挺进鄂东。八十二师经过多次战斗，才打到了麻城一带，再前进困难就更大。在麻城一带转战月余，连打了7次，都未通过敌一〇二师的封锁线。部队虽得到皖西特委徐成基同志组织的一部分兵员补充，但人员仍在下降。八十二师进退两难，卡在这空当子里。在这种远离主力、敌我力量悬殊、活动范围极端狭小的情况下，方永乐同志决定把部队化整为零，以营、团为单位分散打游击，部队也稍可得到休息，然后再集合起来返回皖西。在战术上制订了"敌上山，我下山""敌占我地，我占敌地"的方针。在与敌人反复周旋中，充分发动群众，依靠群众，相机克敌，积小胜为大胜，逐步改变敌我在战略上的地位，以粉碎敌人的"清剿""包剿"计划。

敌人为了对付我分散游击，采取了"移民"政策，把老百姓赶到"移民点"集中控制，妄图断绝我党组织、部队与人民群众的联系。为了配合地方党组织和地方武装的反"移民"斗争，我红二十八军特务营在林维先同志的率领下，积极活动在鄂东地区。他们用伪装、偷袭的办法摧毁了一连串的"移民点"，还打垮了敌一〇二师的几个营，粉碎了敌人多次"清剿"，壮了我军的声威。敌人一听到"红二十八军特务营"就心惊胆战。鄂东的地方武装也在此时发展壮大，成立了2个游击师，党的工作也活跃起来。

冬天，高敬亭同志率领军部一行，从皖西舒城出发，通过敌人层层封锁线，到达罗山，与鄂东党组织见面，重新布置了工作；而后又带部队运动到河南沟洲，整顿和布置了当地的游击战争，于1936年春返回鄂东。这时原红二十八军八十二师参谋长丁少青叛变，他带敌紧追部队，同时还残酷地破坏我便衣队和党组织。红二十八军为保存力量，决定返回皖西。

在这期间，我红二十八军八十二师师长兼政委方永乐同志带领手枪团在麻城龟山一带活动。在黄冈偏西边的山峰上，与追击的敌一〇三师接火。我军兵力单薄，向深山转移，敌死死咬住不放。方永乐同志看处境险恶，有全军覆灭的危险，便亲自率领少数战士掩护部队迅速转移。不幸他身负重伤，虽经战士奋力抢救，突出重围，但抬下战场不久，这位鄂豫皖地区最年轻的高级指挥员就牺牲了。

由于方永乐同志和徐成基同志牺牲，何耀榜同志接替了这两位同志的职务。

1936年8月，我军在商城的辛店击溃敌4个营后，部队再次分散活动，摆脱敌十一路军和二十五路军的追击。

1936年底，红二十八军在漫天大雪的深山之中，得知了"西安事变"的消息，另得到情报说鄂豫皖地区的国民党正规部队也纷纷集结，叫喊着要"援救"蒋介石。为了配合全国形势的转变，我们决定组织力量，同敌人展开全面战斗，拖住敌人的主力。

红二十八军手枪团在汉罗公路以西活动，不断打击敌人，经常伏击敌人的军车、辎重等。特务营则在蕲春、广济交界的界岭，伏击了敌保安八团，经一个多小时的战斗，毙敌400多人，缴获重机枪6挺。接着到黄冈一带搞弹药给养，在长江边上的团风镇，扣留了1个外国传教士，利用他逼敌人为部队在汉口买了一批药品等物资。当敌派2个团来追击特务营时，我军已东行110里来到黄梅、广济边境，在那儿又打垮了1个保安团，歼敌5个连，其中一个是重机枪连，缴获了一大批武器弹药。回师时又在铁冶望军寨，利用有利地形，打垮了敌二十五路军六一三团的阻击，毙敌俘敌300余人，缴获轻机枪6挺。其他地区的游击师、战斗营也很活跃，积极消灭敌人。

不久，我们又得到情报："西安事变"后，蒋介石回到南京，不执行"停止剿共，联合红军抗日"的谈判协定,而是调兵遣将,妄图阴谋将我南方各省红军游击队"一网打尽",秘密地解决掉,而后再进攻陕北中央红军。蒋介石任命卫立煌为"鄂豫皖剿共总司令",驻金寨;下设岳西、信阳、经扶三个办事处;兵力上又增加了卫立煌的部队和武汉警备师,加上原有的共50多万人。在蒋介石、何应钦亲自督导下,于1937年2月,对鄂豫皖边区发动了"三个月清剿"。

红二十八军军部命令主力集结在黄冈地区,各地游击队主动出击,拖住敌其他部队。主力在黄冈地区经过一场激烈的战斗,歼灭敌人卫立煌部队1000余人,把卫立煌的嚣张气焰一下子打了下去。而各山区的部队也积极歼敌,消灭了敌二十五路军1000余人。卫立煌的"清剿"受到了致命的打击。为了开脱责任,他指责二十五路军司令"剿共"不积极,把他撤了职。二十五路军也因此改编为三十二师。

1937年7月,卢沟桥事变后不久,红二十八军领导同志与党中央取得了联系,了解到党中央关于建立抗日民族统一战线的方针和政策,决定主动与国民党进行谈判。刚准备谈判,敌人就大耍流氓手段,用重兵层层围住军部。我们早已料到,一面严词指责敌人这一卑劣行径,一面命外围主力和各游击队、便衣队打击敌人的有生力量,使敌人不得不坐下来谈。

1937年8月,国民党和地方当局被迫派出代表与我军谈判,签订停战协定。1937年9月,红二十八军正式改编为新四军第四支队,由高敬亭同志任支队长,郑位三同志任政委。部队担负起党中央所赋予的在华中敌后抗战的伟大任务。

原载中国人民政治协商会议全国委员会文史资料研究委员会:《革命史资料》(9),文史资料出版社,1982年,第9期,第54~62页。

回忆高敬亭同志二三事

◎ 罗映臣

三年游击战争时期，我是红二十八军交通队一班的战士。交通队一班的主要任务是担任军首长的警卫工作，这使我经常接触军政委高敬亭同志。现将他的几件小事整理如下，以作对他的怀念。

那两发子弹呢

1935年10月底，军政委率队去麻城。在通过麻城西北一座无名山地封锁线时，受到敌人的堵截。军政委亲自指挥了这次反击战。敌人凭恃精良的武器，数倍于我军的兵力，向我军发起一次又一次进攻，但因我军踞高地、守隘路，敌人终不能越过通向我军阵地的300米开阔地。但是，敌人并不甘心，后又以散兵群的阵势向我军阵地猛攻了过来。三连连长李文斌同志命令机枪排坚决粉碎敌人的进攻，掩护主力突围。机枪排排长漆德庆同志指挥3挺机枪一齐开火，敌人一排排地倒下。一会儿，我们有2挺机枪因发烫不能打了，只剩下漆德庆的那挺机枪还在怒吼，一梭子弹，就撂倒了敌人一片，残敌如丧家之犬，狼狈回窜。大家都向漆排长投去赞扬的目光，漆排长也很高兴自己的这一手。没想到，军政委这时却用马鞭点了漆排长两下，大声说："漆德庆！你怎么搞的？"说完就离开了阵地，弄得大家不知怎么回事。

战斗结束了。晚上，我们到达宿营地的时候，漆排长找到军部来了。漆排长进门就说："军政委，你今天为什么批评我？我犯什么王法了？"正在踱步的高敬亭停下来问："你那一梭子打了几发子弹？"漆答："十五发。"高又问："打死了多少敌人？""十三个。"高说："你为什么十五发子弹只打死十三个敌人？你那两发子弹呢？飞哪儿去了？你不知道子弹金贵吗？"这时，大家才明白军政委为何批评漆排长。军政委对部队干部和战士要求十分严格，越是打胜仗的时候，他就越严格要求同志们保持清醒的头脑，防止滋长骄傲情绪。这也就是十五发子弹打死十三个敌人而受到批评的原因。

枪，永远不能放下

1937年7月中旬，我随军政委到达岳西县南田村，与皖鄂特委书记何耀榜同志会合。不久，在军政委的领导下，依据中央指示，与卫立煌部进行了和平谈判，达成了停止内战、一致抗日的协议。

和谈之前的一天晚上，我值勤时发现军政委房间的灯老是亮着。我下班回来，见军政委在房里踱来踱去。我放下枪，推门进去，见桌子上放着一大摊书报。我催促首长休息，注意身体。他停下脚步，对我说："睡不着。"接着又说，"小罗，你睡吧，有些事你现在不明白，将来你会清楚的。"

一连几个白天和夜晚，军政委都是闭门不出，在房子里踱来踱去。后来我才知道，他接到了姜术堂从西安八路军办事处带来的《中共中央为西安事变告全党同志书》《关于抗日救亡运动的新形势与民主共和国的决议》两个文件后，那几天是在反复阅读和领会中央文件的精神。经过慎重考虑，他才决定向国民党鄂豫皖边区最高当局——督办公署，提出停止内战、一致抗日的谈判倡议。

在这一重大转折的历史关头，红二十八军的有些干部、战士对我党实行与国民党谈判、合作抗日很不理解，甚至有抵触情绪。为了统一认识，军政委集合部队开会，进行说服教育。我记得在岳西集合行军前，他在队列前讲话，当说到与国民党和平谈判一致抗日的意义时，有个战士站了起来，很激动地说："军政委，我们和国民党反动派拼了这么多年，牺牲了多少战士和群众，现在还和它谈判签字，那我们同志的血不是白流了吗？我把枪交给你吧，我回家算了。"我当时真为这个战士担心，他不是要被罚关禁闭，就是要挨训斥的。但这次军政委出人意料地冷静，他说："同志，你把枪拿着，听我讲下去，好不好？"这个战士坐下后，军政委继续讲话，他强调我们共产党人要以国家民族利益为重，联合国民党是为了抗日，不是不革命，更不是妥协投降。我们要在抗日民族统一战线的旗帜下，发展和壮大自己的力量，坚决打击国民党右派势力，争取中间势力。他说："在这场斗争中，我们革命战士的责任不是轻了，而是更重大了。在革命没有成功的时候，革命战士的枪能放下吗？我看，革命战士的枪永远不能放下！所以，你那支枪还是扛着吧，扛到日本侵略者被赶出中国，扛到革命胜利！"他的一席话，把战士们的心说亮了，这个战士枪也不交了，他激动地说："我响应党中央的号召，要我扛枪扛到什么时候，我就扛到什么时候。"自此以后，红二十八军从干部到战士，对于为什么要实行国共合作，思想一致了，不久，即开赴抗日前线。

两床旧被子

我们到七里坪集中整编后，于 1937 年 10 月 17 日，在方家湾一所破庙里，军政委高敬亭与史玉清同志结婚了。

新房很简陋，除了一张床和一张小方桌，只剩下不多的空间了。桌上放一只搪瓷盆和一只茶壶，床上还是两床打游击时用的黑土布被子和包着换洗衣服的枕头。唯有门上贴的红对联，给人一种喜庆之感：

为民族解放敌后坚持数载

求社会平等边区奋斗十年

秘书和杜副官一边忙着一边说："这像什么新房？除新郎和新娘外，一样新东西也没有啊！"秘书要杜副官想想办法，看能否借到直贡呢被子来用一用。我们也在边张罗边议论，战争打胜了，局势也开始稳定了，军政委结婚嘛，也总得像个样子。这时军政委进来了，恰好听到了大家的议论，他说："结婚，两床被子足够了。"还诙谐地说，"杜副官，你可不要叫我当'老财'！"大家都被逗笑了。他的爱人史玉清，原是金刚台妇女排的，性格很开朗。她也说："要那些东西干啥？打起仗来绊绊拉拉的。"晚上，原红二十八军的老干部被军政委请来吃了一顿饭。这结婚喜宴也是很别致的，我记得有萝卜烧肉、青菜烧豆腐、咸菜炒辣椒等菜肴。大别山咸小菜是很好吃的，军政委到七里坪后，每次吃饭都要弄两盘豇豆和辣椒。结婚的第二天，红安城区的群众做了一些糍粑，由郑如星同志派人送来，东西不多，却表达了群众的一片诚意。军政委高兴地紧紧拉着来人的手，连声说："谢谢同志们！谢谢同志们！"这些糍粑大概是我们在这次婚礼看到最有喜庆意义之物了。军政委平时生活很俭朴，从不铺张。他穿的衣服，打的绑腿，全是缴获来的。他在吃的方面，与战士们同甘共苦，往往几个月吃不到肉，也很少吃面，有时搞到一点儿，他总要分送给交通队的同志吃，从来不吃"独食"。有时，炊事员从外面买到他爱吃的咸菜，豇豆、辣椒等，他总是要与大家分享，高喊："来，吃呀！"直到全部吃完为止。

一碗面条

战士老刘是军政委的贴身警卫员之一，是专门喂马的能手。他喂的枣红马膘肥体壮，滚瓜溜圆。这匹马跑起来四蹄腾空，快如疾风。天长日久，我们只要听到熟悉的"哒哒哒"的马蹄声，就能辨别出是军政委回来了。

一天，老刘病了。晚上，军政委知道后，马上叫炊事员下了一碗面条，并亲自端给老刘吃。这时战士们都睡了，只有老刘还在吭吭唧唧。军政委悄悄地来到老刘床前，老刘一见，正欲起来招呼，军政委做了个制止的手势，把那碗热腾腾的面条递到了老刘跟前。老刘是放牛娃出身，从小死去父母，在苦水里泡大，参加红军后，才体会到革命大家庭的温暖。如今他生病，军政委及其爱人都来看望他，又亲自给他送面条，老刘感动得直流泪，连连推说："军政委，我不吃，我不饿，你吃吧。"军政委亲切地注视着老刘的气色，又摸摸老刘的太阳穴，边摸边转过身来对爱人轻声说："退烧了，退烧了。"然后对老刘说："老刘啊，心放宽些，哪有吃五谷不生灾的呢！人是铁，饭是钢，这碗面条是为你做的嘛。"他爱人也在一旁轻声地劝老刘："俗话说：'头痛脑热，干饭紧咽，一咽一饱，马上就好！'"在军政委的劝慰下，老刘病容顿减；病情也似乎好了许多，他坐起来，将一碗面条吃了下去。

军政委关心、体贴战士的事例很多，尤其是对伤病员，他每次检查工作时，总要去看望他们。一些老战士负伤后，养伤地点，他都要亲自过问，亲自安排，还嘱咐看护长精心调治，并派便衣队保护。有一次，我随他去鄂东北天台山检查工作。那里是红安四区便衣队的活动地方，山上有红军医院，一批伤病员在那里养伤。晚上，区委书记郑如星同志来汇报工作，他问老郑伤病员住什么地方，老郑说："我把伤病员交给了地下党员、保长余雨清负责，很安全，很保险。"又问伤病员生活怎么样，老郑说："伤病员白天在山上睡觉，天黑由便衣队背粮食上去，伤病员每天夜里可吃上一顿饭，每个星期可吃上一餐肉。"军政委听了很高兴，以赞许的眼光看着老郑，说："你的工作做得不错嘛！"又问"伤员里面可有老兵和干部"，老郑说："有。"军政委说："老郑啊，你可知道，不要说干部了，一个老战士就是我们部队的一个骨干、一个宝贝！经过这么残酷斗争考验的老战士比金子还贵。老战士如果损失了，将来新兵靠谁带！一定要把这些老战士保护好。"

（鲍劲夫　整理）

原载《皖西革命回忆录》第一部（下），黄山书社，1984 年，第 55 ～ 60 页。

难忘的岁月　艰苦的斗争

——皖西长山冲突围战前后的回忆

◎ 朱国栋

挥戈皖西洒热血，摧枯拉朽敌胆裂。

壮士威震长山冲，熊熊烈火扑不灭。

事隔 40 多年了，每当我想起长山冲突围战，心潮久久不能平静。那可歌可泣的英雄事迹、浴血奋战的悲壮情景，又把我带回到那艰苦斗争的岁月……

敌后挥戈

1934 年 9 月中旬，我们红二十八军八十二师，配合红二十五军在豫南和豫西霍邱、六安一带作战，结下了深厚的革命友谊。我们在六安郝家集打了一仗，歼灭敌十一路军独立旅两个营。而后，红二十五军经霍山、英山县境转至鄂东北，遂即接到党中央的指示，随程子华同志开始长征去了。我们红二十八军八十二师仍然留在皖西地区坚持游击战争。分开后，首先将在霍邱叶集西南遭敌人飞机袭击受伤的 80 多名伤员护送到赤城（今金寨）熊家河老苏区。当部队把伤员顺利地护送到目的地后，皖西北道委书记高敬亭召集红八十二师师长周世觉和三路游击师师长高克文开会研究。决定由周世觉同志带领二四四团三营、师部交通队和师政治部一部分工作人员，并要高克文同志带领三路游击师的两个连和手枪队（归周世觉师长统一指挥），组成一支部队去霍（山）、舒（城）、潜（山）地区敌人后方开展游击战争。

周师长接受任务回来，立即召开了干部会议，并集合部队作动员。他说："现在敌十一路军、二十五路军和张学良的一〇六师、一〇八师等上万的敌人，在我们赤城、赤南两县南北十里、东西四五十里的一块苏区周围修筑了碉堡、封锁线。不仅如此，他们还天天进攻、'清剿'，把整个苏区烧、杀、掳、掠一空。剩下少数的老乡没有饭吃，没有房子住。我军的伤病员和后方机关人员也没有饭吃。苏区的形势很紧张，斗争十分艰苦。我们要打到敌人后方去，一是为了牵制和分散围困皖西苏区的敌人兵力，二是要开辟新的游击战争地区。"

听完动员报告后，部队群情激昂，所有的干部和战士都纷纷表示："打到敌人后方去，多消灭敌人，为苏区被屠杀的父老兄弟姐妹报仇。"

经过一天的休息和整装以后，部队就出发了。出发时正是 11 月初的一个傍晚，太阳的余晖把山峦映得红灿灿。部队经狮子口，渡过史河，突破老牛背敌人的封锁线，到汪家大湾刚破晓。部队士气高昂，胜利地通过了霍山县境，进抵潜山县的衙前、天堂畈、小河南地区。

这一带地区，土地肥沃，资源丰富，人民朴实勤劳。但是，地主阶级的残酷剥削，反动统治者的横征暴敛，使得广大农民过着暗无天日、穷困潦倒的生活。

当部队到达衙前街（今岳西县城）时，得到广大农民的热情支持，一举攻克了该镇，并歼灭潜山县保安队 1 个中队，俘虏中队长以下 30 余人，缴长、短枪 30 余支。攻克衙前街后，街头巷尾到处响起了欢迎红军的欢呼声，灾难深重的人民沉浸在从来没有过的欢乐之中。

打了这一仗后，部队与中共潜山县地下党组织负责人刘正白同志接上了关系。在地方党组织的帮助下，部队在天堂畈地区发动群众，打土豪劣绅，开仓放粮，杀猪宰羊，广泛地发动群众，组织群众，成立了贫农协会。这样一来，大大地扩大了共产党和红军的政治影响，严惩了那些罪大恶极的土豪劣绅，打击了反动势力的嚣张气焰，并直接威胁到潜山、舒城县和安庆国民党的老巢。

11 月中旬，部队挺进舒城县境，攻克了晓天镇。晓天镇是舒城县西北的一个重镇，镇子很富裕，有不少工商业和资本家。他们开设有绸缎布庄、杂货商庄、盐行、药铺等。此镇子没有碉堡，只有县保安队和民团百余人固守。

东方刚出现鱼肚白，我军就闪电般地打进了镇子，一举歼灭了县保安队及民团90余人，缴长、短枪80余支，没收了该镇10多家资本家的财产，缴获了一批银圆、钞票、布匹等。昔日骑在人民头上作威作福的地头蛇、资本家、地主豪绅统统威风扫地。

接着红军将大米、布匹分了一部分给镇上的穷苦贫民。红军的政治影响深深扎根在群众之中。

太阳的光辉洒满大地，红军战士个个谈笑风生，满载战利品，于当天下午4时撤出了该镇，转移到镇西北乡村宿营休息。又在舒城地区转战数日后，于11月下旬启程回师赤南、赤城老区。

血战长山冲

部队经过几天的行军，于12月初到达霍山县境长山冲（现金寨县长岭乡石墙村）。

长山冲是大别山东麓的一个山冲，它四周环山，东西南北大约有七八里路的平畈。周世觉师长命令在这儿休息两天，打土豪、筹粮食，并通知每人要带7～10天的粮食回苏区。

当天下午，我们师政治部宣传队的5个同志，带着连队派出的调查组深入到老乡中去，调查土豪劣绅。然后没收了几户大地主的浮财和肥猪、粮食。接着部队自己动手，把谷子打成米，差不多够每人六七天的粮食。

第二天下午，中共潜山地下党组织派两名交通员赶到我军驻地，我带他们见了正在理发的周师长。他们急急忙忙报告敌情：敌十一路军有4个团正在我们后面追击。先头部队已进入西界岭号房子。周师长立即通知三路游击师师长和三营营长、政委研究行动计划。决定各部队把粮食装好（那时每个指战员都备有一条能装15～20斤粮食的布口袋），抓紧时间休息，吃完晚饭，黄昏时出发。晚饭前又突然得到一个不准确的情报，据路过的老乡说，在部队前进的方向，十多里路的地方，驻扎了很多国民党军队，是上午刚从霍山燕子河方向开来的。得知这一情报后，部队又决定推迟出发时间，一方面要三路游击师手枪队查清前面敌人的情况，另一方面严密注视后面敌人的动静。

深夜 2 点多钟，部队出发，三路游击师走前卫，师部走本卫，三营走后卫。我当时跟三路游击师一连尖兵班走在最前面撒路标（夜间撒在路上作行军联络的五寸见方的白纸标志）。东方刚出鱼肚色，前卫尖兵班走到一座山坳口跟前时，发现被人砍倒了很多大树挡住了道路。这时堵击敌人也发现了我们，敌人只喊了几声，就步枪、轻重机枪一齐向我们扫射。我尖兵班和手枪队马上往后撤，跟着前卫连抢占西侧的一座山头，以便阻击敌人攻击，掩护后面的部队撤退。此时，周师长急向三路游击师师长和三营营长下达战斗任务。

天已大亮了，前面堵击的敌人，以几挺轻、重机枪的强大火力压住三路游击师一连的火力，并以 2 个营的敌人顺着斜山坡冲压下来，直至顶住我后面的主力部队。这时后面的敌人也尾追上来了，对我方形成了前后夹攻的形势。

当即周师长要三路游击师一连向我主力部队靠拢，从侧面打击敌人。并要高克文同志指挥二连坚决顶住后面的敌人，命令三营营长带 1 个连抢占来路途中的一座小山头，打退尾追的敌人。其他部队和炊事员迅速向西侧一道山冲突围。

这时敌人乘势抢占了前后大部分制高点。尾追敌人一方面以部分兵力顶住我掩护部队，另一方面以大股兵力在山冲南向西冲击，同我突围的部队平行疾进，妄图截断我突围部队的退路。但我先头部队跑步前进，始终把敌人甩在后面。

敌人利用占据的各制高点，使用步枪、轻重机枪、迫击炮向我军猛烈开火。枪弹似暴雨倾落下来，不少同志饮弹倒下了。敌人还仗着兵多力强，向我突围部队拼命地追击围攻。敌人的指挥官挥舞着手枪、马刀在他的士兵后面威胁督战，并嚎叫："快冲，不放跑一个共军。抓活的，刘长官（指刘镇华）有重赏。"

敌人在指挥官的威胁下拼命地追击，我军却发扬了不怕流血牺牲的战斗精神，且战且退击退了敌人无数次围攻追击。敌军不顾惨重的伤亡不停地冲击。

我们部队沿着向前畈去的十五里长冲，且战且撤。开始部队的建制健全，火力集中，各连队还能采取交替掩护，逐步撤退。后来战线拉长了，派出去打掩护的部队多了，兵力也分散了。在敌人猛烈追击和密织的火力射击下，我们部队伤亡人数不断增加。营、连、排干部大部分伤亡。在这种情况下，轻伤员都得坚持战斗，重伤员能来得及的就包扎一下，背到山边村庄临时安排到老乡家里，来不及的就无法抢救。

被敌人隔断的三路游击师一连、手枪队和打掩护冲出去的队伍都相继撤退到西大山，并继续组织火力，支援沟里的部队。但毕竟距离远，火力弱，起不了什么作用。

上午10点多钟，我军大部分部队退至五凤口（乌凤沟）。敌人还是在后面紧紧追击着。这时，部队已不成建制，但许多负伤的指挥员仍奋勇指挥战斗，士气仍然高昂，英勇地阻击敌人，一直战斗到中午12点多钟，敌人的攻击才暂时停下来。同志们又饥又渴又累，发扬了连续作战的精神，继续撤到冲尾横排路口一个土地庙跟前，还未来得及喘息，又突遭地方顽匪老小八团800多人占据前畈一道山梁和隘口的有利地形对我军进行堵击。在这危急时刻，周师长亲自组织指挥部队，几次冲锋都未能冲上去，又增加了一些伤亡。

为了保存力量，集中突围，部队马上集中到土地庙周围，准备依靠小庙固守，待天黑后再冲出去。

但情况越来越危急，不仅尾追的敌人上来了，而且前面堵击的敌人亦向我发起攻击，使我们部队腹背受敌。气焰嚣张的敌人越攻越近，妄图一口吃掉我们这支陷入重围的红军。这时周世觉师长一面鼓励大家沉着应战，坚决顶到天黑就是胜利；另一方面亲自指挥战斗，身先士卒，既是指挥员又是战斗员，亲临前线指挥，一会儿用步枪射击敌人，一会儿又接过战士的轻机枪扫射。这样他就成了敌人的集中射击目标，先是帽子中弹落地，后来右肩又负伤，最后因头部中弹而英勇牺牲。

周世觉同志不愧为我党优秀党员，红军的优秀指挥员。他的牺牲，激发了同志们的斗志。战斗愈来愈激烈，许多同志都是射出最后一颗子弹后，与敌人顽强搏斗厮杀而壮烈牺牲的。

最后剩下七八十个同志，寡不敌众，无法坚持战斗。这时同志们认识到，哪怕剩下一人，只要突围出去，就是党的一分力量，就是革命的火种。因而决定向着西北一片乱石遍野、茅草丛生的地带突围。周师长乘用的一匹黑骡子，背了很多银圆和钞票，马夫将它脱缰冲在最前面，安全无恙地冲了出来。但由于敌人的火力太猛，也有不少同志在最后的突围中倒在血泊里，为革命流尽了最后一滴血。

突围后，灭绝人性的蒋匪军，对我重伤员也不放过，都一一补枪打死，并惨无人道地把所有牺牲了的指战员的耳朵割下来，以便到匪军头目刘镇华那里去报功请赏。

我们突围出来后，站在山顶上，望着远处硝烟弥漫的山冲，怀念倒在血泊里的战友，默默地向牺牲了的同志们致哀、告别，并宣誓："一定要为死难烈士报仇！"

会师整编

最后突围出来的指战员大部分都在当天夜里与三路游击师一连和手枪队会合，有少部分同志后来才陆续找到部队。也有少数同志昼伏夜行奔向龙门冲和洪家大山根据地去了，部队会合后，三路游击师高克文师长出来指挥，叫大家集合清点人数。三路游击师有130多人，红八十二师只有百十人了，整个部队损失三分之二。大家心情十分沉痛。特别是周世觉师长的牺牲，更是我党和我军的一个重大损失。

部队作了简单整编，高克文同志给大家讲了话，一方面安慰同志们，另一方面鼓舞大家总结经验，继续转移到苏区找高敬亭同志。然后部队进村买米做饭。

在吃饭时，大家总结了这次受损失的教训，主要是：在客观上，敌众我寡，主观是由于顺利地进军潜山、舒城，攻克衙前、晓天镇，缴获了大批武器物资，产生骄傲麻痹、轻敌情绪。高克文同志心思沉重吃不下饭，一方面为部队遭受这样大的损失而难过，另一方面又考虑到见军政委高敬亭同志该怎么交代啊！

次日凌晨3点钟，突围出来的部队稍经休整后就集合向霍山婆婆岩、横溪山方向出发。路上虽遭遇敌二十五路军搜剿队的堵击，但只经小的接触后，我部队就插进山里小道，摆脱了敌人。

疯狂的敌二十五路军妄图扑灭我突围出来的这支部队，星夜调动三十二师九十五旅，第二天赶到后畈、婆婆岩、横溪山等地区，包围"搜剿"我突围部队。鄂豫皖"剿总"还特意颁发了一道"围剿"电令，略谓"伪八十二师残存主力约二三百人在长山冲受重创后，溃退至前、后畈方向，特令各路追堵部队限本周内聚歼。负责追剿、堵剿的各部队如追击不力，致匪窜逸，防堵不严，使匪窜过，致不能依限肃清，各区负责部队长官均以纵匪为罪，以重军令。"

我们部队为避免与围攻"搜剿"的敌人接触，采取了走山里小道，钻敌人空隙向北疾进的方式。历尽艰辛，几经辗转，终于胜利突出敌人的包围圈，转至金寨县境的龙门冲至莲花山之间的地区与高敬亭同志率领的二一八团会师了。

这次敌后游击战，付出了巨大代价，但毕竟消灭了部分敌人有生力量，打击了敌人的嚣张气焰，震慑了国民党的反动统治。这说明了中国共产党领导的红军是不怕苦、不怕死的，也说明了中国革命的熊熊烈火是扑不灭的！

事实也是这样，这支部队经过稍许整顿后，重振精神，高举革命火炬，跟随军政委挺进霍山的抱儿山地区（现金寨县境），并于 12 月底抵达太湖县境凉亭坳，同二一八团和罗山县独立团合编，得到了补充、整顿，从而使红二十八军八十二师的部队更加壮大坚强。在三年游击战争艰难困苦的岁月里，八十二师始终高举革命红旗，百折不挠，坚持艰苦卓绝的游击战争，写下了不朽的英雄篇章。

原载中共金寨县委党史办公室：《立夏节烽火·续集一·纪念立夏节起义五十六周年》，1985 年，第 119 ~ 127 页。

夜袭"九里十八寨"

◎ 梅少卿

    1933 年冬天，皖西特委书记徐成基和何耀榜同志率领红二十八军部分队伍，在河南谭家河一带活动，离谭家河不远的光山县和经扶县交界地带，有一片寨子，连绵有 9 里路长，当地老百姓称它为"九里十八寨"。由于这里地势险要，加上平时我军很少到这一带活动，因此，反动势力十分猖獗。他们在每个寨子里都修筑了炮楼工事，由民团防守。在这"九里十八寨"中，有一个总寨子名叫"香炉寺"，地形十分险要，炮台交错，岗哨严密，是敌民团团长兼联保主任陈治忠老巢。这个寨子驻有反动民团 4 个连，都是由一些地痞流氓和土匪组成，共约 500 多人枪。他们在这一带烧杀奸淫，无恶不作，成群的妇女被他们糟蹋后又被卖往河南。他们还有一整套的统治手段，平时不让寨子里的老百姓出入，封锁、控制非常严格，就连农忙季节，老百姓收割、播种也要派保甲长监视，晚上很早就关寨子门。这一带的老百姓受尽了团练们的欺压蹂躏，对他们恨之入骨，曾多次打听红军的消息。这次我们刚好到这里活动，群众马上就来报告，要求我们除掉这些寨子里的敌人，解放这一带的老百姓，为他们报仇。正在这里率领便衣队检查工作的徐成基同志和何耀榜同志，听到群众的这一报告后，经研究，决定破袭"九里十八寨"，扩大根据地，解放受苦受难的老百姓。并立即命令便衣队派人侦察敌情，为攻打寨子作准备。

    农历腊月二十日上午，派出的侦察人员回来向徐成基和何耀榜同志汇报了情况：这 18 个寨子中，其他 17 个寨子都只有少量的民团武装，每个寨子约有 30 ~ 50 人枪不等；唯有"香炉寺"，寨子的火力配备较强，弹药粮草比较充足，但里面的群众早就有搞暴动的想法，只是由于没有枪支和机会，才一直没能实现。徐成基、何耀榜等领导同志听完汇报后，正在研究作战方案，突然有一位姓龚的人来找我便衣二队队长申功臣同志，说有要事相告。当时，申功臣同志不在，何耀榜同志就亲自接待他。坐定后，何耀榜同志问姓龚的来意，他回答说："我和你们队伍里申功臣是表兄弟，我是恶霸陈治忠的佃户，家里有两个妹妹都在十几岁就被陈治忠霸占了，为了掩人耳目，陈治忠要我在"香炉寺"当个挂名甲长，受尽了他的捉弄和欺压。"又说："陈治忠和他那帮地痞流氓无恶不作，整天催租逼债，千方百计地敲诈勒索老百姓，不知有多少人因缴不起租、还不起债被逼得家破人亡，至今牢里还关着几百名男女老幼。"他请求红军给他做主。最好能赶在年前去攻打寨子，解放这一带受苦受难的老百姓，让大家过一个舒心年。说话间，申功臣同志进来了，表兄弟见面非常高兴，申问龚是怎么出得寨子来的，龚说快过年了，是陈治忠让他到宣化店办年货的，路上听说红军在这里，就跑来找申功臣来了。申功臣同志又要他详细地介绍了寨子里的情况。最后，何耀榜同志说："你来的正是时候，我们在前两天已经接到一些群众的报告和要求，现正在研究如何攻打九里十八寨的事，你提供的情况很重要，我们一定在年前打下寨子，让你们过一个好年。"为了详细掌握情况，他们谈到很晚才吃饭。第二天，何耀榜和申功臣同志又同姓龚的进一步商量了如何里应外合攻打寨子的方案。龚说：现在接近过年，寨子民团的兵痞流氓们整天赌钱、打麻将，吃喝玩乐，警戒比平时松得多。并说农历腊月二十五晚上是他值班，负责打更查哨。领导们商量了一会儿，认为这是个好机会，现在离腊月二十五还有 4 天时间，部队完全可以做好准备，就确定于二十五晚上行动，并规定了联络暗号：夜间 12 时，龚在寨墙上咳嗽两声，然后划根火柴，把寨门打开。一切方案就绪。龚"甲长"临行前，何耀榜和申功臣同志反复叮嘱他，回去以后一定要把可靠的群众事先组织起来，准备接应红军；特别要注意保密，不能让敌人得到一点风声。龚"甲长"都一一答应了，说："我现在就去宣化店把年货运回去，你们尽管放心。"

龚"甲长"走后，徐成基、何耀榜同志又把情况报告了红二十八军军长高敬亭同志，得到了上级的同意。于是他们又召集了于启龙、蔡炳臣、吴世英、申功臣和周政委等领导同志进一步分析了敌情，研究了具体作战方案，进行了战斗分工。大家一致认为：当前敌人的主力，梁冠英的二十五路军，已去追我红二十五军；刘茂恩的十一路军，在这附近只有 1 个团；此外，潢川县、罗山县还驻有敌人 1 个保安团。我们在这一带则有八十二师的一部分部队，以及六路游击师、四路游击师、特务营和便衣队等，敌我力量对比，我方占优势。于是，决定由徐成基同志率领特务营和经扶、罗山、光山 3 个县的便衣队去攻打主寨"香炉寺"的敌人；由傅以明师长带领四路游击师，阻击可能由光山增援的敌人；六路游击师周政委带一部分人，去阻击可能由罗山增援的敌人。

经过几天的准备，各部队都按计划集结完毕。腊月二十五这一天，部队又作了动员。晚饭后，担任攻打主寨的部队，迎着风雪，冒着零下十几度的严寒，在徐成基、何耀榜同志的带领下，精神抖擞地向"香炉寺"进发了。还有 200 多名当地群众，手持大刀、长矛、木棍也自愿加入了攻打"九里十八寨"的红军行列。

漆黑的夜晚，寒风刺骨。申功臣同志是当地人，对这一带比较熟悉，他走在队伍的前面，手拿竹棍，探着积雪的深浅，给战士们带路。红军战士虽然个个穿着单薄，但在崎岖的山路上却走得汗流浃背，毫无寒意。一路上，徐成基、何耀榜和申功臣同志还不断地为大家鼓劲。经过 3 个多小时的急行军，走了 70 里山路，部队来到了何家畈，前面是一条河，河对岸的山上就是晚间要打的"香炉寺"。同志们按照上级指示，静静地卧在雪地里，两眼盯着寨门，只等一声令下，就冲进山寨活捉反动民团头子陈治忠。

大约夜间 11 时左右，上级命令部队向寨墙边运动。由于风雪交加，山高路陡，行动十分不便。大家就把事先准备好的麻绳拿出来，抓住绳子向山寨攀登，滑倒了爬起来，摔痛了一声不吭，继续前进。就这样，我们很快接近了寨墙。徐成基和何耀榜同志命令大家就地休息，胳膊上扎条白毛巾，做好战斗准备，等待进攻开始。此时，经过几十分钟的攀登，累得浑身大汗的红军战士，一停止活动，趴在雪地上，立刻冷得打战，上牙下牙直打架，有的同志鼻尖上都结了冰，但大家人人情绪饱满，只等一声令下，冲进寨子活捉恶霸陈治忠。

深夜 12 时，只见寨墙上出现了一个黑影，咳嗽了两声，接着见到了火光，不一会儿寨门打开了。这时何耀榜同志一声令下："进攻开始!"带领部队冲进寨门,寨门边龚"甲长"已带领部分群众等着我们,并为我们安排好了熟悉情况的老乡带路。部队进寨后,按照原定计划,兵分三路包围敌人。我们手枪队是何耀榜和申功臣同志带领,由龚"甲长"带路,直奔总炮楼去抓陈治忠。其余部队一路攻占西边寨墙的敌人,另一路去攻占东北寨墙的敌人。由于春节快到了,又是大雪纷飞,敌人忙着吃喝玩乐,只见各营房都是灯火通明,一阵阵的麻将牌响和吵闹声,寨内毫无戒备。申功臣等同志没有受到任何阻挡,就闯进了总炮楼。这时民团团长陈治忠和一些人也正在打麻将呢,当他们发现我们是红军,才慌忙向墙上取枪,妄图负隅顽抗。我们的战士眼明手快,大喝一声:"缴枪不杀!"开枪击毙了2名刚拔出枪来的保安团头目,吓得陈治忠等跪在地上苦苦求饶。就这样,我们擒贼擒王,轻而易举地解决了敌保安团团部。但是,还有一部分敌人和我们拼刺刀,肉搏战又进行了二十几分钟,最后打得敌人无法抵抗,只好缴枪投降。申功臣等同志把俘虏押下总炮楼后将炮楼点上一把火,总炮楼地势较高,大火一起,照得"香炉寺"通红。敌人保安团的几个连队,在我军猛烈的火力攻势和政治攻势下,又看到总炮楼被焚,一个个垂头丧气,纷纷举手投降,顽固的敌人想跳下寨墙逃命,结果摔得死的死,伤的伤。其他小寨子的敌人看到"香炉寺"火光冲天,枪声大作,早就慌作一团,及至发现自己也被红军包围以后,更是魂不附体,乖乖地缴枪投降。

经过几个小时的战斗,红军占领了全部寨子,从牢里放出了被陈治忠关押的几百名男女老幼,整个"九里十八寨"一片沸腾,老乡们拉住战士的手说:你们真是穷人的救命恩人哪,俺们永远忘不了共产党,忘不了红军!战斗结束后,负责阻击敌人的部队,也撤回了"香炉寺"。除安排一部分部队负责看管俘虏的警戒值勤外,其他部队都休息了。第二天天刚蒙蒙亮,同志们就起来清理战场。这次夜袭"九里十八寨",光在"香炉寺"总寨子就击毙了敌人200多人,俘虏300多人,缴获各种枪支500余条,还有不少粮食和布匹。而我们牺牲了2个同志(王副排长和小蔡),还有几个同志负了伤,其中我的腿部负了轻伤。

太阳出来了,当地老百姓都欢天喜地地赶来慰问红军。徐成基和何耀榜同志命令战士们打开仓库,将粮食分给寨子里和寨子周围的人民群众,让大家过个好年。广大群众欢欣鼓舞,衷心感谢党感谢红军,不少青年踊跃报名参加红军。这一仗,我们不仅沉重地打击了敌人，也壮大了红军队伍，扩大了革命根据地，并使这一带的敌人很长一段时间不敢出来活动。

原载《光山党史资料》1986 年第 2 期，第 83 ~ 89 页。

大别山区红旗不倒

◎ 余　明　黄锦思

　　大别山革命老根据地是红四方面军创建的鄂豫皖苏区，位于湖北、河南、安徽三省交界处，共有 51 个县，纵横 1000 余里。它的中心地区是湖北的黄安（红安）、河南的光山和安徽的金寨。大别山横贯全区，崇山峻岭，气势雄伟，逶迤连接桐柏山。逼近武汉，威迫长江，其战略地位十分重要。红四方面军在反"围剿"初期，设有鄂豫皖中央分局，1932 年第四次反"围剿"失利后，中央分局率红军 3 万余人，西撤去川陕地区，留下红二十五军和鄂豫皖省委坚持抗击蒋介石 20 余万兵力的"围剿"。不久，红二十五军和省委奉党中央指示，由程子华军长指挥开始长征，向京汉铁路以西实行战略转移。从此，鄂东北、豫东南、皖西北道委、特委等地方党失去了党中央的领导。在这危难时刻，分散在深山老林中的红军、游击队和伤病员，重新挺立起来，经过艰苦转战，秘密联络，于 1935 年初，重建红二十八军。他们艰苦卓绝地进行了三年游击战争，消灭敌人，保存干部，扩大红军，大别山红旗始终不倒。

国民党军疯狂"围剿"

　　红军主力撤离大别山后，鄂东北道委少共书记方永乐、鄂东北独立团团长陈守信、政委徐成基率部分红军转战来到皖西，在金寨县的抱儿山会见了鄂豫皖省苏维埃政府主席兼皖西北道委书记高敬亭，并带来了鄂豫皖省委临走时给高敬亭的指示信，信中传达了省委最后一次常委会的决定，责成高敬亭统一苏区红军武装，坚持大别山的革命斗争。1935年2月初，高敬亭在太湖县凉亭（岳西县）坳召开了干部会议，讨论通过两项决议：一是把皖西由高敬亭率领的一个团、鄂东北独立团、黄安特务营、二路游击师及地县机关等合编重建红二十八军，并成立军直手枪团，全军约1400余人，高任军政委；二是大力发展地方武装，成立四路游击师，在太湖、霍山、英山交界处创立游击根据地。

高敬亭是河南光山县人，和我（黄锦思）是同乡。1928年，他当赤卫队队长，我当队员。红二十八军成立后，我任罗陂孝苏区便衣队指导员，依托灵山、鸡公山、老君山、四望山，活动在京汉铁路两侧，战斗在敌人心脏地区，方圆300余里。余明同志在商城县成立苏维埃政府时，在高敬亭领导下工作，后任鄂东北独立团手枪队指导员。合编后，一直跟随高敬亭战斗在大别山区。

三年游击战的第一年正是蒋介石调集大军，分3路向大别山疯狂"围剿"之时。他任命梁冠英为总指挥，驻在武汉，设副总指挥于蚌埠，限令在三个月内消灭红二十八军。他们把大别山分成八个"清剿"区，四个"驻剿"区，采取包围、追击、阻截、分进合击等战术纵深推进，步步为营，砍林搜山，实行"三光"政策。在交通要道建筑了碉堡，驱使还乡团设立谍报网、情报哨，严密地封锁了山区，禁止油、盐上山。敌军所到之处，奸淫烧杀，无所不为。数以万计的青壮年被杀，大批红军家属惨遭杀害，有的株连几族，尸横遍野，惨绝人寰。妇女被奸淫、蹂躏后，一车车送去白区贩卖；逃去深山的也活活饿死。在黄安、光山、商城、金寨等县制造了无人区，百里之内，鸡犬不闻，人烟绝迹。国民党的法西斯暴行，在我国历史上，实属罕见。

大别山红旗不倒

在国民党重兵压境，疯狂、残酷的进攻面前，大别山根据地的形势处于空前危急之中。红军主力长征，红二十八军刚刚建立，弹药不足，吃穿困难，又陷入四面包围，确已到了生死存亡的关头。人们悲愤，彷徨，也有恐慌。高敬亭坚定地认为，不管敌人多么强大，红二十八军必须坚持大别山斗争，保住这块革命老根据地，这不仅是鄂豫皖苏区的生存问题，更重要的是牵制敌人，配合红军长征，只要我们团结奋斗，一定能摆脱困境而转危为安。于是，红二十八军召开了干部会议，确定了行动方针。2月12日，我军转到霍山县太阳畈、黄泥塝地区，不料遭到敌九十四旅的阻击，敌强我弱，激战半天，我军冒雨翻越了皖西最高峰白马尖，才摆脱了敌人的尾追。这次战斗，我八十二师师长罗成云英勇牺牲。2月14日，我军得知国民党安徽省财政厅厅长余谊密从安庆回到潜山林家冲老家过春节，当机立断，急行军100余里，化装奔袭，一举捕杀了反共老手余氏父子，缴获了一大批武器、物资。不料，仅隔两天，我军又被敌九十四旅包围于潜山的上龙山。战斗2个小时，我手枪团副团长蔡洋礼在突围中不幸牺牲。当晚，我军转移到驼岭附近的白果树，召开了军事会议，着重研究了战略战术问题：一、大部队行动目标大，易遭敌人包围、截击，为了摆脱困境和被动局面，要迅速转去外线作战；二、苏区情况不明，伤员无法安置，加上迭遭挫折，急需改变打法，战术上既要化整为零，也要集零为整；三、必须发动群众，组织群众，发展便衣队、游击队，建立新的根据地。

红二十八军首先要冲破敌人的封锁包围。高敬亭、方永乐等带领我军长途跋涉，实行了战略转移。我们在行军中忽东忽西以迷惑敌人，在迂回转折中，寻机歼敌。6月初，在光山通过碉堡封锁线时，我前卫手枪团，假装"剿匪"部队，联络其指挥部，弄假成真，不战而过。过了几天，迂回到光山的天谷，出敌不意，围歼其1个团全部，缴轻机枪18挺，迫击炮2门，步枪500余支，子弹万余发，俘敌300名，活捉营长2名，大获全胜。8月，我军向南到鄂东的麻城一带，在老军阀夏斗寅的家乡，乘大恶霸余硕存做丧事开吊之机，由手枪团突击包围，把聚集在吊堂里的大小官吏、土豪劣绅一网打尽，干净利落，大快人心。夏斗寅在武汉闻讯后大为震惊，直接向蒋介石告状，查处了一大批"剿匪"军官。

红二十八军经过殊死的战斗，把部队拉出了大别山。从皖西出发到进入桐柏山区，历时2月余，行程1300余里。转到外线就取得了主动，打乱了敌人的"清剿布防"，我们得到锻炼，改善了装备，战斗力也有明显的提高。

红军在大别山的发展

在此期间，红二十八军又多次召开了营以上的干部会议，总结了作战经验。到会干部一致赞同以营为单位，分别插入敌后，在红、白边界建立根据地，恢复被摧毁的地方党组织，发展游击队、便衣队，配合主力，牵制敌人。高敬亭给便衣队的任务是：一、宣传共产党和红军的主张，组织农民小组、妇女小组、儿童团等，发动群众斗争土豪劣绅，开仓济贫；二、扩大红军游击队，掌握枪杆子，消灭民团，夺取武器，镇压大土豪恶霸，给部队带路，运送弹药，抢救伤员；三、袭扰敌人，减少主力压力，侦察搜集敌情，破坏铁路、公路；四、安置、保护好红军伤病员，筹粮筹款，供应主力给养、医药和经费。

高敬亭同意在红二十八军各团和手枪团中抽调有群众工作经验的优秀党、团员，充实、加强道委、县委的领导，在山区、平原普遍发展地方武装。到 1936 年 8 月，在鄂东北有鄂东独立团、鄂东一路游击师、光（山）麻（城）二路游击师、罗陂孝九路游击师，在豫南有光山战斗营、罗山教导营、道委特务营、交通队、警卫队，在皖西有赤南一路游击师、金寨二路游击师、霍山三路游击师、潜（山）舒（城）四路游击师、宿松六路游击师、金岗台大队和道委特务连等。便衣队则在各县各区都有发展，总数共达 82 个之多，单鄂东北一地就有 40 多个。黄锦思所在的灵山便衣队，开始只有 10 余人，后来发展到 400 余人。每个便衣队又领导着若干小便衣队，都受当地党组织领导。有些地方武装还代替了被摧毁的苏维埃政府。他们均归红二十八军统一指挥，在山区，红、白边界之间，形成了反"围剿"的燎原之势。

红军队伍扩大了，游击战术也越来越丰富，已不同于张国焘时期的死打硬拼。兵不在多，有智则灵。我们地形熟悉，情报清楚，精干灵活，机动方便，纵横驰骋于大别山区。

大别山是山连山、峰连峰的大山区，一个山头绵延一二百里。鸡公山、大青山、四方山、大悟山、茶山等大山，方圆 400 里，一上山、一下山就有千余里，山高、路狭、坡陡，敌人的大炮、坦克上不去，卡车开不进，人少不敢去，人多粮食供应不上。因此，敌人上山最多一两天就得下山。我军驻在密林深山，虽然极为艰苦，没有吃的，但山上有花八菜、葛根、竹笋等野菜可以充饥，山下群众冒险送粮、送油，敌人也无法阻止。莲堂山峰回路转，有72座大庙，敌人"清剿"烧了大庙，杀了和尚，我便衣队却安然无恙。那里还有一条峡谷深沟，名叫王八沟，上18里，下18里，山洞、山泉多。我罗陂孝特委、游击队、小工厂、修械所、医院等均驻这里，虽经多次"清剿"，敌找不到进口，我们却稳坐钓鱼台，活动如常。相反，我方登高远望，观察敌人的活动，一清二楚，一旦有机可乘，便聚而歼之。我军在皖西也依托金岗台、牛皮瞳、黄道岭等大山，白天在山上隐蔽，夜里常行军80～100里，避强就弱，长途奔袭，消灭敌人。在潜山、霍山、桐城一带，军民如鱼和水，行动自如。我们的方针是：打得赢就打，打不赢就走。敌上山，我下山，敌一走，我又占山为王。当敌人隔离、包围我军，大部队搜山时，我就转到外线，你清你的"剿"，我游我的击，你去山区，我下平畈，指挥游击队、便衣队四面出击，搅得敌人晕头转向，丧失主动。1936年夏，我军一个营到达黄安县永家河地区。敌人发觉了，就尾追不放。中午，我军传令就地煮饭，待饭煮熟，高敬亭又命令丢下饭菜，集合出发；一路上又扔下东西和武器。天近黄昏，来到一条小河边，对岸是开阔的河谷，两边高山，中间只有一条狭窄的山路。我军涉水上山，布置好战斗阵地。一小时后，尾追之敌果然进了我们的"口袋"。只听一声号响，我军枪弹怒发，接着展开了白刃战，顿时喊声四起，山鸣谷应。敌人慌作一团，东奔西突，插翅难飞，一个多营兵力全部被歼。同年×月，道委九路游击师师长张凯带领部队来到四望山，准备下平畈打一仗。黄锦思提供离山下40里路外有个磨盘寨，孤立无援，好打易攻。这个寨子很大，地处红、白交界，居住有1000多户贫苦农民，有土豪劣绅，油水较多，敌军防备松懈。张师长召集连长、指导员开会研究后说："说打就打，今夜就干，8点出发，12点攻寨。"战士们斗志昂扬，经过40余里急行军，悄悄地包围了磨盘寨。待攻击时间一到，战士杨定芝第一个爬上寨子，徐路军跟着打开寨门，七八个突击队员很快消灭了碉堡里的敌人，只用一个半小时就解决了战斗，歼敌30余人，缴枪50余支，我军无一伤亡。不久，在黄安东南，我特务营营长林维先率军一部和詹化雨团长带领的手枪团被敌三个团尾追包围。在山区转了两天，到麻城的天通地区时，我军决定杀个"回马枪"，部署了兵力。敌两个营急急追赶而来，展开了鏖战。我一部兵力断其退路，一部兵力分割包围，经4个小时恶战，多次白刃肉搏，全歼敌 2 个营，击毙敌团长秦丹云、营长宋宝珠，大获全胜。我手枪团骁勇善战，屡建奇功，英名蜚声大别山。与此同时，我豫南、皖西红军也捷报频传，取得辉煌成果，粉碎了卫立煌的"五个月清剿"企图。到 1937 年 2 月，大别山根据地已得到很大恢复，红二十八军积蓄了革命力量，增长了斗争信心。

大别山的失误和挫折

到全国红军会师陕北，取得长征的伟大胜利，接着又实现国共合作抗日的协议，国内形势大有好转之际，大别山革命根据地却又陷入国民党军大规模的进攻。他们秘密地向鄂豫皖边区调兵遣将，蒋介石嫡系两个师开进了鄂东北，卫立煌的部队增兵皖西，调集了保安团向山区推进，共出动了 200 个团 30 余万兵力。从 1937 年 4 月起，再一次发动"三个月大清剿"。蒋介石任命卫立煌为"鄂豫皖边区督办公署"的督办，把"督办公署"设到金寨，下设岳西、信阳、经扶三个"督办处"，指挥部队加紧"清剿"。

高敬亭立即召开了鄂东北道委和红二十八军干部的紧急会议，研究了反"清剿"的部署，做了必要的准备。在反"清剿"初期，我军损失不大，军民艰苦抵抗，还能顶得住。但对"大清剿"的严重性估计不足，高敬亭又过高地估计了自己的实力，滋生骄傲轻敌思想，故在反"清剿"后期，贸然调集部队进行"决死战"，犯了死守硬拼的错误。而且在敌人疯狂进攻之时，他在鄂东北又搞"肃反"扩大化。他好大喜功，唯我独尊，不听劝阻。对说错了一句话，写错了一个字，正常的党内生活，均加以"莫须有"的罪名："破坏活动"。因此，错杀了一批干部，削弱了革命力量。林维先因救过高敬亭，才免于一死。结果，在敌人"清剿"中，除红二十八军一营事先跳到外线，有所发展外，新二营 200 余人和潜山地方武装全部损失，鄂东北独立团、军直特务营和手枪团三分队大部被歼，损失轻机枪 26 挺。几年来建立起来的便衣队、联络网也遭到破坏，革命群众又一次惨遭屠杀。这是红二十八军在三年游击战中最大的一次挫折。幸而时间不长，尚有挽救之机。同年夏，高敬亭转变了作战方针，率领手枪团一、二两个分队突围去皖西，途经光山南向店时，对敌易本应部开火，将易本人及其所属全部歼灭，打了一个大胜仗。7 月，鄂皖边特委书记何耀榜到达岳西南田村与高敬亭会合，带来了党中央"关于国共合作抗日"的文件，研究了与国民党军的停战谈判。这时，卫立煌迫于全国抗日的局面，又久"剿"无功，不得已而接受谈判，签署了停战协议。8月，国民党"围剿"部队陆续从鄂豫皖边区撤退。红二十八军主力和游击队、便衣队下山集中，改番号为"鄂豫皖工农抗日联军"，设立了兵站，扩大招兵，成立了新兵营。在1938年10月，奉中央军委命令改编为新四军第四支队。

大别山三年游击战争，军民万般艰难，在失去党中央的领导下，不怕牺牲，浴血苦战，捍卫了苏区，保存了革命干部。大别山广大人民为革命事业做出了巨大的牺牲与不可磨灭的贡献。

众所周知，高敬亭在新四军四支队时，犯有违抗指示、不听军部指挥的错误。这原属我党、革命队伍内部的问题，就其性质和个人功过而论，党中央采取了帮助教育的方针。但是，东南局书记项英竟向国民党军事当局请示报告，要求处死高敬亭。蒋介石哪会不批准项英的要求！[①]高敬亭遂于1939年6月26日被枪决。1975年11月30日，毛主席亲自批示了重审高敬亭一案，澄清了高敬亭的问题。1977年4月27日，解放军总政治部发出了《关于高敬亭同志平反的通知》，正式宣布为高敬亭平反、恢复名誉，并刊于1980年4月25日《安徽日报》。

原载《大江南北》1987年第2期。

---

①原文如此。项英等同时向延安和重庆发出电报，重庆先予回电。延安的电令需经中共中央长江局转皖南军部后，再转至江北指挥部。在要求不准杀高敬亭，而是要求将他送至延安学习，以教育和挽救这员大将的电令到达江北指挥部前，高敬亭已被杀。

忆鄂豫皖边区三年游击战争

◎ 林维先

1934年11月，中共鄂豫皖省委根据中共中央的指示，率领红二十五军实施战略转移，离开了鄂豫皖边区，敌四十七、五十四、一一五师和十一路军的部分部队共18个团，尾追红二十五军西去。

留在鄂豫皖边区的敌正规军共56个团，不久又增至68个团，共约17万人，加上鄂、豫、皖三省的部分保安团和反动民团，在蒋介石的指挥下，对我苏区疯狂地进行"清剿"。他们修筑碉堡封锁线，强迫边区人民移民并村，实施"一户通匪，十户问罪"的"户籍连坐法"，还在一切通道、隘口设立关卡，严禁粮、油、盐、布、药品等运过封锁线，扬言要在三个月内将我留在根据地内的红军和党政机关人员全部消灭。

当时，留在鄂豫皖边区的红军不足2000人，加上党政机关人员和伤病员，共约3500人左右。这些革命力量被敌人分割、包围在鄂东北和皖西北两地仅存的几块狭小的苏区里。皖西北的几块苏区不久又被敌人占领，在这鄂豫皖边区革命处于生死存亡的严重关头，中共鄂豫皖省委常委、皖西北道委书记高敬亭同志，根据省委留下的指示信，于1935年2月3日重建了中国工农红军第二十八军，自任军政委，统一领导边区党、政、军工作。从此在与党中央失去联系的情况下，高敬亭同志领导红二十八军和边区的党组织及其领导的地方部队、便衣队，紧紧依靠边区人民群众，前仆后继，浴血奋战，进行了艰苦卓绝的三年游击战争，使党从1927年黄麻秋收暴动以来在边区的革命武装斗争得以继续和发展，使革命红旗始终高高飘扬在大别山区。

一

　　中共鄂豫皖省委率领红二十五军战略转移后，留在边区的中共鄂东北、皖西北道委及其所属党组织是健全的，尽管被敌人分割、包围在两地，并受到残酷的"清剿"，但都领导所属的地方部队和便衣队，利用深山密林和地形熟悉的有利条件，避敌锋芒，积极活动于敌人的据点之间，袭击敌人，镇压反动分子，并采取各种手段同敌基层政权人员做斗争。开始时，有的党组织一度受到损失，但很快作了调整，使之适应斗争的需要，并在以后的斗争中得到部分恢复。

　　中共鄂东北道委原辖罗陂孝特委、光山县委、新集县委、麻城县委和红安县委（三个区委）。罗陂孝特委辖罗山县委（四个区委）、陂孝北县委和河口县委。1935年初，道委先后撤销了新集县委、麻城县委、陂孝北县委和河口县委，罗山县委改组为中心县委，辖三个区委，由道委直接领导，在老苏区一带坚持斗争。罗陂孝特委没有下属党组织，在新苏区一带坚持斗争。以光山县委为基础组建了光麻中心县委，辖四个区委，在光麻苏区坚持斗争。1935年冬，光麻中心县委又恢复了四个区委，并于1936年2月改为光麻特委。红安县委辖二个区委，1935年6月又恢复了城区区委，在红安苏区坚持斗争。

　　中共皖西北道委原辖赤城县委、赤南县委、霍山县六区区委和六安县三区、六区区委。皖西北苏区是敌人"清剿"的重点地区，1935年初被敌人占领，道委书记率部队转移至潜山、霍山、英山、立煌县（今金寨县）一带游击，道委机关随赤城县委行动，作为党的一级领导机构的皖西北道委即不再存在。霍山县和六安县的三个区委，有的被敌人摧垮，有的转移到外地。赤南县委和赤城县委在原地也难以立足，分别于1935年春夏率领所属地方部队至潜山、霍山、太湖一带游击，7月编入红二十八军。两个县委留在原地坚持斗争的少数同志，6月在商城县金刚台会合，组成了中共商南县委，继续坚持斗争。

　　1935年2月中旬，红二十八军在潜山县驼岭附近的白果树，派出干部组织中共皖西特委，谋求在舒城、霍山、潜山、太湖、英山等县边界山区开辟新区，并统一领导皖西地区的斗争。舒城、霍山、潜山、太湖等县，地处大别山腹部，山脉纵横，树林茂密，有利于开展游击战争。这几个县 1930 年曾接连爆发农民暴动，相继建立过县、区、乡红色政权，红二十五、二十八军都曾在这一带活动过。以后在国民党反革命"围剿"下，苏维埃政权被摧垮，但劳动人民心向共产党，对红军有深厚的感情。这里的地方党组织也一直进行坚持不懈的斗争。潜山县委于 1934 年夏恢复活动，以沙村河、湖乡为中心，组织革命武装，领导人民开展对敌斗争。皖西特委成立不久，与地下党潜山县委、潜山工委取得联系，并对其实施领导，还与友邻党组织中共皖西北特委取得联系，协同行动。经过几个月的努力，建立了几块游击根据地，以后又把党的工作逐步扩展到舒城、霍山、潜山、岳西、太湖、罗田、英山、蕲春、浠水、宿松、黄梅、广济等县的广大山区，并于 1936 年上半年先后成立了宿黄边区工委（三个党支部）、蕲春（桐山冲）中心区委（辖桐山冲、将军山、朱冲、仙人台、三角山等好几个党支部）。同年 9 月，皖西特委改为皖鄂特委。

1936 年 3 月中旬，红二十八军派出便衣队到黄冈与地下党取得联系，开辟新区工作，5 月底又派出干部和骨干重新组成黄冈便衣队，以加强对这一地区的领导。便衣队与地下党经过深入细致的群众工作和对敌斗争，建立了游击根据地，发展了 100 多名党员，组织了十几个党支部，建立了四个区委，成立了中共黄冈中心县委。

鄂豫皖边区的党组织，在敌人的残酷"清剿"下，没有被摧垮和消灭，而且得到了新的发展。中共鄂东北道委、皖鄂特委、黄冈中心县委、商南县委领导地方部队、便衣队和广大人民群众，不屈不挠地进行斗争，在斗争中锻炼得更加坚强，成为各该地区的领导核心。

红二十八军坚持了政治委员制度，军、师、团营都有政治委员，连队有党支部，由政治指导员任支部书记。初期还成立了师政治部，下设负责党务工作的专职党委书记和组织、宣传、民运科和少共团委。宣传科还领导了一支 10 多人的宣传队和粉笔队、油印股、张贴队。以后部队以营为单位分散活动，政治部人员亦分散随各营行动，始终保持了强有力的政治工作。党的领导和政治工作，保证了部队坚定的革命立场、旺盛的战斗意志和严格的纪律。部队除打仗外还坚持做群众工作，继承和发扬了红军的光荣传统。

事实证明，在激烈的阶级斗争中建立和发展起来的鄂豫皖边区的党，是经得起残酷斗争考验的，是深受边区人民群众的拥护和爱戴的，是有战斗力的。党的坚强领导，是坚持鄂豫皖边区三年游击战争并取得最后胜利的根本保证。

二

要继续坚持鄂豫皖边区的斗争，必须要有一支主力红军。重建后的红二十八军，就肩负起这一历史重任。

1935年2月3日，红二十八军在太湖县凉亭坳（今岳西县境内）重建时，敌十一路军和二十五路军的6个团零5个营即从三面合围而来，形势十分严重。如何打破敌人的"围剿"，在鄂豫皖边区站住脚，并坚持斗争，这是摆在红二十八军面前的一个十分紧迫的问题。红二十八军只有1000余人，武器装备差，弹药缺乏，但指战员都来自工农，相当一部分同志在红四方面军和红二十五军时就曾经历了许多战斗的锻炼和考验，他们以老带新，继承和发扬了红军的优良战斗作风，进攻时，迅速、勇猛，打得敌人措手不及，难以招架，并且勇于短兵相接，白刃格斗，解决战斗干脆利索；防御时，不畏强敌，顽强抗击，能够打退敌人的连续冲锋，并能适时组织反击，大量杀伤敌人；转移时，行动敏捷，具有日夜行军、吃大苦、耐大劳、攀绝壁、跳悬崖、战胜一切天然险阻的能力，并能边走边战，使敌人堵不住、追不上；化装进入敌人据点时，沉着机警，应付自如，具有压倒一切的英雄气概和随机应变能力。这种优良的战斗作风是一种无形的巨大力量。指战员凭借这种力量，利用大别山区层峦叠嶂、沟深林密的有利地形，辗转游击，时东时西，忽南忽北，以走的办法来摆脱敌人，保存力量。但是，我军的走并不是消极避战，条件对我军有利时，就抓住战机歼敌一部，打了以后又立即走，使敌军难以掌握我军的行动规律，无法进行合围，并且针对敌人的碉堡封锁线尚未完成，指挥不统一，行动不协调，担任"驻剿"的敌军往往滞留一地，担任"追剿"的敌军则孤军追击的情况，实行了"避强趋弱，避实击虚"的作战指导方针，以后又明确提出了"拖垮二十五路，相机打十一路和东北军，向保安团要补给"的军事斗争策略和"敌情不明不打，地形不利不打，伤亡过大不打，缴获不多不打"的作战指导原则，这样，就逐步形成了一套符合实际情况的游击战争的战略策略。1935年下半年，我军依靠在皖西新创建的游击根据地，纵横驰骋在皖西地区和皖鄂边界，一时在山区，一时在平原，拖着敌人兜圈子。敌"清剿"总指挥梁冠英几乎隔日向所属下达命令，并离开罗田总指挥部到店前河、陶家河、衙前镇、潜山等地指挥，也难觅我军踪迹。我军则能在转移中创造和捕捉战机，给敌以沉重打击。敌二十五路军战报记载："查东区之匪现于本区域内总计已达千人"，"几个月来，既未予匪重创，而所提匪情亦多含糊"，"限期将届，怀念职责，殊深焦念"。这就充分说明，尽管敌人兵力上占绝对优势，但对付我军的游击战仍是一筹莫展，束手无策。

1936 年以后，敌在鄂豫皖边区的兵力虽较前减少，但基本上筑成了纵横交错的碉堡封锁线，大部兵力进山驻守碉堡，妄图以其碉堡封锁，来阻止我军行动，从而达到围歼的罪恶目的。针对敌情新的变化，根据加强连插入敌后到黄冈平原地区活动没有遇到敌正规军阻截的情况，我军确定由在敌人碉堡封锁线内兜圈子，变为跳出碉堡封锁线到敌后活动。把敌人大部分"清剿"兵力，置于无用之地，同时确定采取"化整为零，集零为整"的方法，主要以营为单位分散活动。这样，就把敌后游击战争提高到了一个新的水平。在以后的一年多中，我军分散活动于平汉铁路两侧和鄂豫皖边区的平原、丘陵地区，东近合肥，西抵汉水，南临长江，北越淮河，七次歼灭成营敌人，还攻克高河埠，威逼安徽省府安庆。在平汉铁路以西地区，打开了许多反动围寨和据点，不仅扩大了影响，还为在豫南坚持斗争的友邻党组织和兄弟部队的发展创造了条件，也曾重返皖西山区，协同当地党组织和便衣队，拔碉堡，破围寨，歼民团，部分地恢复了老区。以营为单位分散活动为主，并不排除在有利条件下集中兵力给敌以歼灭性的打击。1937 年初，我军就曾集中大部兵力，先在麻城县啄立山歼敌三十三师 1 个营，不久又在王通歼其 2 个营，并击毙敌团长秦丹云。

在战术上，红二十八军充分发挥了游击战速决、奇袭的特点。主要的作战方式是伏击战，指战员称之为"杀回马枪"。伏击战的好处是，既能给敌以歼灭性的打击，又能用缴获的武器弹药来装备自己，利于坚持斗争。如 1935 年 4 月初，我军准备转移至黄梅、宿松、蕲春三县边界的罗汉尖地区建立游击根据地，14 日在蕲春县毛家嘴地区遭敌九十六旅一九二团袭击，即改变去罗汉尖的计划，向东北方向疾进。敌九十五旅一九〇团一直尾追我军，见我军不予接战，误以为我军是怯战，骄气十足，虽被我军拖得疲惫不堪，仍紧紧尾追不放。20 日下午，我军登上潜山县汤池畈东北的桃岭（今岳西县境内），敌一九〇团已从汤池畈跟踪追来，我军即决定利用桃岭的有利地形伏击歼敌。特务营在山坳口担任阻击，我军主力伺机向敌侧后出击，战斗于4时半左右打响，不到2个小时，歼敌2个营，溃敌1个营，毙伤敌营连军官14名，缴获各种枪400余支，待敌一九二团前来增援时，我军已胜利撤出战斗，安全转移。这次战斗的胜利，不仅改善了我军的武器装备，提高了作战能力，还打击了敌人的嚣张气焰，打破了蒋介石在3个月内消灭我军的狂妄企图。

由于我军经常处于敌人的前堵尾追之中，所以进行得最多的是阻击战。这种战斗几乎每天都有，有时一天就好几次，通常情况下，我军以小部队进行阻击，掩护主力安全转移。由于敌众我寡，战斗是异常艰苦和激烈的。如1935年9月13日我军向潜山县妙道山（今岳西县境内）转移，敌九十五旅跟踪追至。在旅长的督战下，敌军弃其辎重，蜂拥而上，在此危急的情况下，二营营长率六连利用有利地形，沿山脊一线展开，阻击敌人，掩护红军主力转移。经过激烈战斗，完成了阻击任务，但退路被敌切断，营长令六连连长带2个排迅速转移，自己留下和副连长带1个排牵制敌人，最后弹尽刃卷，向二三丈深的崖下跳去，有的同志不幸牺牲，尚存的20余人转移至小河南一带与主力会合。在以小部队阻击敌人难以奏效时，则全军据险阻击，给敌以大量杀伤后再转移。如1935年5月31日，我军到达随县桐桥畈附近，敌独立五旅六一四团和六一三团二营跟踪而至，距我二三公里宿营。不狠狠给敌以打击，歼其有生力量，是难以摆脱敌人安全转移的。6月1日我军利用桃花山的有利地形，击退在炮火掩护下向我进攻之敌，毙伤敌600余名，其中营、连级军官12名。这次战斗，给"追剿"之敌以沉重打击，为我军东返鄂豫皖边区创造了有利条件。

我军一般不主动攻袭敌人的据点，但也不放弃有利机会，出敌不意地实施攻击。如1935年8月13日，我军游击至霍山县燕子河（今金寨县境内），得知敌三九〇团1个营由流波磹移驻花凉亭，企图阻我军行动。由于花凉亭之敌分散孤立、立足未稳，我军兵力又占绝对优势，于是部队随即出发，经长途行军后于夜间向敌发起出其不意的攻击，毙伤敌200余名，俘敌百余名，缴获步枪200余支，轻机枪3挺，重机枪4挺，迫击炮1门。这是三年游击战中我军进行的唯一的夜间攻坚战斗，不仅取得了重创敌军1个营的胜利，也提高了各级干部的组织指挥能力和部队的战术技术水平。

我军还广泛采用了化装战术。首次采用这种战术是1935年2月15日。当天拂晓，我军包围了潜山县王庄伪安徽省政府委员兼财政厅厅长余谊密的家，手枪团的同志化装成余家好友前去拜年，进院后缴了 20 余名武装警卫人员的枪，活捉并处决了余谊密这个老反共政客及其任潜山县保安大队副的次子。1936 年春加强连下平原活动，活捉敌二十五路军秘书长，在团陂、上巴河、马鞍山歼敌湖北省保安团 2 个连、1 个排，烧毁下巴河敌二十五路军军需仓库；1936 年冬手枪团三分队配合商南县委的便衣队，一天内摧毁立煌县熊家河地区的 10 余座碉堡。这两次战斗采用的都是化装战术。

三年中，红二十八军以千余人的力量，转战于今湖北、河南、安徽 3 省的 45 个县，牵制了大量敌军，歼敌 18 个营、15 个连和毙伤大量敌军，粉碎了敌人的反复"清剿"，有力地支援了主力红军的战略转移，配合了南方各省红军的斗争。

鄂豫皖边区的地方党组织，十分重视地方武装建设。鄂东北道委先后 3 次组建独立团，还组建了 2 个特务营、道委特务队和一、三、九路游击师；皖西特委先后组建了四、六路游击师等 10 余支地方部队；黄冈中心县委组建了 2 个战斗营；商南县委组建了游击大队。三年中，鄂豫皖边区原有的和先后组建的地方部队约 3500 人，便衣队发展到 82 个约 600 余人。这些地方武装，不仅为红二十八军提供了大量的兵员，还就地坚持游击战争或配合红二十八军作战，形成了主力红军、地方部队、便衣队三结合的人民战争。

鄂豫皖边区三年游击战争的历史，是一部生动的人民战争史。

三

红二十八军是在皖西北苏区被敌占领后，在辗转游击途中重建的，由于后方供应无保障，在伤病员安置、后勤供应、兵员补充等方面，都存在严重的困难。为了解决这些严重困难，明确提出要创建新的游击根据地，并为此进行了不懈的斗争。

红二十八军转战皖西，谋求打开局面，建立游击根据地，但几经奋战都没有成功。因为部队天天处于敌人前堵后追之中，根本无法立足，而新组建的皖西特委和二四六团，趁敌人主要力量追堵主力红军之际，以小部队配合便衣队，在敌人统治薄弱、地形和群众条件较好的霍山、潜山、舒城、太湖、英山等县交界的山区，通过打土豪、歼民团，发动群众，建立了几小块游击根据地。

便衣队这种组织形式，早在 1933 年秋红二十五军在鄂豫皖边区坚持斗争时就出现了。中共鄂豫皖省委对此十分重视，在 1933 年 11 月 10 日关于今后的斗争方针问题向中央的报告中，认为便衣队是"极为适宜的一种游击武装的方式"，明确提出"现在最有发展希望及最重要的运动就是便衣队的运动"。为了有效地保存自己，适应对敌斗争的需要，巩固老区，建立新区，坚持敌后游击战争，粉碎敌人的长期"清剿"，鄂豫皖边区各级党组织和红二十八军，把发展便衣队提高到战略地位，用极大的力量去发展便衣队，依靠便衣队去建立新的游击根据地。

便衣队像雨后春笋般蓬勃发展起来，是在 1935 年夏天以后。便衣队有地方党组织派出的，也有红二十八军派出的。由军队派出的便衣队，以后大部分交地方党组织领导。便衣队一般 10 人左右，由党和苏维埃的基层干部或军队干部任队长和指导员，队员一般都是当地的党员、干部或红军战士。便衣队是一支掌握武装的游击小分队，是隐蔽在群众中开展工作的，掌握武装是为了镇压反动分子，打击敌人，坚持斗争，但又不同于主力部队和地方部队，不是以打仗为主，而是以做群众工作为主，并执行苏维埃的政纲法令。便衣队的党支部，一般都履行相当于区委、工委甚至县委或中心县委的职责，实施党的集中统一领导，所以，便衣队实际上是党、政、军三位一体的武装工作队。

在三年游击战争中，便衣队先后发展到 82 个，遍布鄂豫皖边区 22 个县。便衣队担负了以下任务：（一）宣传群众，组织群众，武装群众；（二）扩大游击区，建立新的游击根据地；（三）恢复和建立党的组织，形成坚强的领导核心；（四）掩护红军伤病员，进行妥善安置和治疗；（五）筹粮筹款，提供物资供应；（六）利用敌人的基层政权为我服务；（七）严惩坏人，给群众撑腰；（八）接济老区，帮助他们渡难关；（九）扰乱、牵制敌人，配合主力红军作战；（十）搞侦察、送情报，掩护主力红军行动；（十一）组建游击队和战斗营，补充红军兵员。他们开展工作的主要方法是：选择省界或几县交界的地形条件和群众条件好的地方，白天隐蔽，晚上到群众家里做工作，并以模范遵纪爱民行动取得群众的信任，站稳脚跟，再用亲串亲、邻连邻的方法，由点到面开展工作，由一村到几村，由山区到平原，由秘密活动（组织秘密农民小组、妇女小组、青年小组，发展地下党员）建立隐蔽的游击根据地，逐步到公开建立小便衣队和游击队，成立党的组织，掌握基层政权，开设"山林医院"、被服厂、修械所,建设比较巩固的后方基地。

由于缺少医伤治病的药品器材和伤病员所需的生活用品,没有供伤病员休养的安全稳定的环境,红军伤病员的医疗救治工作,是当时最困难的问题之一,因此,安置和医治伤病员,就成了便衣队的一项重要任务。从1936年起,在便衣队建立的游击根据地里,由于陆续收容伤病员,形成了伤病员收治点。皖西大岗岭、鹞落坪、小河南等地的便衣队,在山林里搭起大小草棚,办起了"山林医院",经常收容数10名伤病员,由几名医务人员负责医治工作。其他便衣队则将伤病员安置在群众家中,由医务人员巡回治疗。黄冈便衣队先后收容治愈了200余名伤病员,灵山便衣队也先后收容治愈了70余名伤病员。由于伤病员得到比较妥善的安置和治疗,痊愈后又一批批重返主力部队,或成为组建地方部队和便衣队的骨干,从而大大地鼓舞了我军的斗志,增强了我军的战斗力。

便衣队还通过打土豪或规定地主缴纳一定数目的现款和粮食等途径,筹集经费和粮食,请基本群众到敌占区购买粮食和生活用品,以供军需。鹞落坪便衣队还曾在包家河、青天畈、沈家桥等地开设红军地下商店,红军出钱群众办,经营红军需要的油、盐、布匹、电池、药品等。三年间,便衣队向红二十八军提供了大批现款和相当数量的粮食、布匹、鞋子、药品、雨伞、毛巾等物品,有力地支援了主力红军。红安县委和中心县委的20个便衣队,还担负起救援鄂东北老苏区的重担。他们到附近筹粮,通过地下党和基本群众到敌占区购买生活用品和药品,夜间送进山去,或通知后方的同志下山来背,使老苏区的后方机关和医院,在敌人的反复"清剿"中能够坚持下去。

便衣队是鄂豫皖边区的党和红军的一大创举,在三年游击战争中得到了很大的发展。便衣队建立的游击根据地,成了主力红军的后方,对坚持三年游击战争起了重大的作用。

四

鄂豫皖边区的党和红军,随着斗争形势的发展变化,改变了过去的"左"的政策,实行符合实际的政策和策略,分化了敌人的营垒,建立了比较广泛的统一战线。

首先,逐步改变了到白区"打粮"和对地主豪绅既要钱又要命的"左"的做法。

1935 年春，罗陵孝特委便衣队在鄂东北特务营的配合下，用里应外合的方法一举击破罗山县反动的"九里十八寨"的香炉寺，狠狠打击了地方反动势力，缴获了大批粮食和其他物资。攻破香炉寺后，其他寨子的地主为之胆寒，有的连夜逃走，有的托人找便衣队联系，保证以后不再做坏事，并按时纳粮。根据这一情况，鄂东北道委制定了以征粮代替"打粮"的新政策。灵山便衣队为了加快筹粮速度，还采取了直接从佃户手中收取交纳地主的租子的一半，写一收条由佃户交地主，地主不得再重复索取的办法。以后，各地党组织和便衣队陆续实行了这种革命的税收政策，对地主采取以罚代杀，酌情罚款、罚物，只要他们交齐款物，并保证不替敌人干事，不危害群众，就开给证明，给予保护。红军部队也采用了这种办法，征了粮食就开给证明。对持有证明者就不再征收。这样做的结果，既分化了敌人营垒，又保持了一定数量的钱粮来源。

其次，改变了过去对联保主任、保长等敌基层政权人员不加区别一律处决的"左"的政策，采取了打击与争取相结合的方针和区别对待、分化瓦解的政策策略。对那些罪大恶极、冥顽不化、严重危害革命的反动分子，则坚决镇压。没有对敌人首恶分子的坚决镇压，就不可能造成敌人的分化，因此，镇压之后一般都公布所镇压的反动分子的罪状，以收杀一儆百之效。对一般罪恶不大的联保主任、保长，则不采取打击的方针，而是向他们提出警告，只要他们遵守苏维埃的政纲法令，保护群众拥护红军，完成便衣队规定的任务，就给予保护。对那些迫不得已而给敌人办事的联保主任、保长，则晓以大义，争取他们站在人民一边，和他们建立统一战线。这样做的结果，使得一部分联保主任、保长表面上为敌人效劳，实际上按便衣队的意图办事，成为"两面政权"。便衣队控制了这些联保主任、保长，也就控制了他们所管辖的地区，这些地区就成了我们的游击根据地。商南县委争取了西河桥的联保主任，并在该地放了便衣队，以后这一地区工作开展很顺利。有些联保壮丁参加了我们的队伍，有些人白天是联保壮丁，晚上就成了跟便衣队向地主征粮食的群众。1937 年敌人新的大规模"清剿"时，由于商南县委掌握了西河桥、熊家河、桃树岭等地的"两面政权"，将女同志和小孩全部送到熊家河，有的还住在地主家的碉堡楼里，避免了损失。黄冈便衣队在总路咀附近的杜家湾争取了一名联保主任，他为掩护便衣队做了不少好事。敌人"清剿"时封锁很严，便衣队活动困难，他为我们传递消息；一位区委书记是从他家化装走的，便衣队女交通员外出时，是他给开的路条。各地便衣队都争取了一些联保主任、保长，他们都不同程度地为我们做了一些好事。黄安县（今红安县）陶家湖的联保主任在敌人"清剿"时曾给红安三区便衣队送过饭。蕲春县将军山的联保主任曾负责掩护过我方伤员。罗田县肖家坳的联保主任和"清剿"大队长是便衣队发展的秘密农会会员。黄梅县塔儿畈的联保主任每天都向便衣队汇报敌人的活动情况。还有的联保主任将国民党县政府的"清剿"命令给便衣队看。像这样的情况,在鄂豫皖边区是屡见不鲜的。

执行正确的俘虏政策。对俘虏，规定不准搜腰包，不准打骂，不准侮辱。一般是战斗结束后由专人将俘虏集中起来，教育后发给路费释放；坚决要求留下当红军的分到连队，不准歧视，有的还分配当军事教练。1936年4月老山寨战斗后，一营就曾吸收了70余名被俘后坚决要求参加红军的敌一〇二师士兵。这些士兵参加红军后，绝大多数表现很好，有的后来当了干部。由于执行了正确的俘虏政策，在敌军官兵中，特别是在士兵中，产生了极大的影响,有的在与我军遭遇时对空放枪，有的自动携械向我军投诚。1936年秋，敌十一路军某团少尉排长姜术堂携械到潜山县的便衣队，要求参加红军。因考虑他家有老母，就发给充足的路费，规劝其返乡。姜术堂返乡后，闻知"西安事变"和平解决，国共实行第二次合作，主动到西安找我党的办事机构，得到党中央的文件后又返回鄂豫皖边区，于1937年7月找到皖鄂特委，使我军在与党中央失去联系三年之久后，看到了中央的文件，并按照中央文件精神，成功地同国民党当局进行了和平停战谈判。

对敌军还展开政治攻势，实行分化瓦解。便衣队散发、张贴传单，动员敌军官兵投诚起义。在平汉铁路黄家湾车站驻防的东北军的一个排长，怀揣传单带着全排士兵和武器，到灵山冲老庙请和尚帮助找红军，和尚给便衣队送信，便衣队配合特务队把这一排人接了过来。红安、潜山等地的便衣队走访民团团丁的家庭，要他们认清形势，教育当团丁的儿子不要作恶，不要同便衣队为敌。这对分化瓦解和争取民团起了显著的作用。

采取正确的方针和政策策略，孤立打击少数，争取团结多数，分化瓦解敌人，是坚持鄂豫皖边区三年游击战争并取得最后胜利的一个重要因素。

五

鄂豫皖边区的人民，是经过长期革命斗争锻炼和考验的英雄人民，他们深知共产党和红军是为无产阶级的彻底解放而斗争的，是代表他们的根本利益的，因而热爱党和红军。

在白色恐怖和血腥屠杀下，他们没有被敌人的气势汹汹所吓倒，仍然竭尽全力支援革命，掩护红军伤病员和便衣队员，为保卫边区革命筑起了铜墙铁壁。

人民群众踊跃参加红军，投入保卫鄂豫皖边区的人民游击战争。黄冈地区有400多名青年参军，先后组建了2个战斗营，成建制地编入红二十八军。灵山便衣队先后组建了十几支小游击队，为红军输送了成百名战士，信阳县周塘埂、黄家湾一带有40多名青年参加了鄂东北独立团。据不完全统计，三年中参加红二十八军和各地方部队的青年，在2000人以上。许多地方出现了父送子、妻送夫的动人情景。人民群众的踊跃参军，使红二十八军和地方部队不断得到兵员补充。

边区人民虽然缺衣少食，生活极其艰难，但仍把仅有的一点粮食和衣物，拿出来支援便衣队。敌人为了割断便衣队与人民群众的联系，大搞"移民并村"，把群众圈禁在移民村里，下地劳动时只准带仅够一人吃一餐的食物，还派武装监视。群众无法与便衣队直接联系，就把身上的衣物和自己吃的干粮放在比较隐蔽的地方，以便让便衣队夜间来取走食用。1937年敌人新的大规模"清剿"时，不少地方的便衣队员和伤病员被围困在山林里，当地群众想方设法上山送饭，护理伤员。潜山一便衣队只剩下3人，当时正值青黄不接，便衣队员弄不到吃的，只得爬到围子旁边，用小砖头丢到群众房上联络，群众知道便衣队来了，尽管受到敌人的严密监视，还是不顾危险悄悄打开窗子，用绳子把食物吊下来给便衣队。不少便衣队员在遭到敌人"清剿"、处于最困难的时候，就是靠人民群众用各种巧妙的办法支援，才能够生存下来，继续坚持斗争的。

边区人民经常冒着生命危险掩护红军伤员和便衣队员，有的甚至献出了宝贵的生命。红军伤员分散住在群众家里，群众精心护理，胜过亲人。他们宁肯自己挨饿或吃野菜野果，也要设法给伤员弄点大米、白面吃，有的甚至将家中仅有的下蛋母鸡杀了炖给伤员吃，以增加营养，以利早日康复。将军山便衣队安置伤病员在群众家中，群众一般是叫媳妇出来招呼，碰到民团"清乡"查问时，媳妇即以"这是我的丈夫"来进行掩护。敌人"清剿"时，群众白天把伤员背上山，藏在隐蔽的山洞里，以避开敌人的搜捕，晚上再背回家里调养。姑娘住的房间外人不能进去，这是光山、商城一带的风俗习惯，而群众却坚持要便衣队员在姑娘房里躲藏。红安三区便衣队在一户群众家中存放了100多支枪和一些银圆。有一次3个便衣队员正在楼上休息，碰上2个叛徒带领民团来搜查，群众家男的外出回来见此情景，挺身上前让民团抓走，并用暗语告诉他妻子赶快叫便衣队员带上枪支和银圆转移。敌人明明看见便衣队员进了光山县夏青区的一个村子，就是搜不出来，原来是一位木匠将便衣队员藏在他家床边马桶下的一块石板盖着的地洞内，别动队抓了村里20多人，当场杀死3人，逼问便衣队藏在哪里，群众宁死不屈，无论是大人还是小孩，什么都没有说。有一次敌军在长岭岗搜山，贫农曾少山带着全家和红军伤员隐藏在山洞里，当敌兵正在山上搜寻时，曾少山的孩子突然惊哭起来，为了掩护伤员，他毫不犹豫地掐死了自己的孩子。像这样可歌可泣的动人事迹，是举不胜举的。

鄂豫皖边区人民的全力支援，是坚持三年游击战争并取得最后胜利的坚实的群众基础。1937年7月下旬，红二十八军根据党中央文件精神，同国民党豫鄂皖当局进行了和平停战谈判，并达成了协议。8月，红二十八军各部队和鄂豫皖边区党组织及其所领导的地方部队、便衣队陆续到黄安县七里坪、两道桥和礼山县（今大悟县）宣化店、黄陂县一带集中整训，11月全部集中完毕，共约1800余人。

1938年2月下旬，红二十八军和鄂豫皖边区党组织及其所领导的地方部队、便衣队，与豫南的兄弟部队改编为国民革命军陆军新编第四军第四支队，3月8日奉命东进，踏上抗日征程，担负起新的历史重任——东进皖中、皖东创建敌后根据地，成为该地区的一支抗日主力军。

原载《安庆党史资料》1985年第1期，第2～19页。